Information Age Economy

Information Age Economy

K. Sandbiller
Dezentralität und Markt in Banken
1998. ISBN 3-7908-1101-7

Mark Roemer

Direktvertrieb kundenindividueller Finanzdienstleistungen

Ökonomische Analyse und systemtechnische Gestaltung

Mit 38 Abbildungen
und 10 Tabellen

Physica-Verlag
Ein Unternehmen
des Springer-Verlags

Dr. Mark Roemer
Rauwolffstr. 8
D-86152 Augsburg

ISBN-13: 978-3-7908-1102-5 e-ISBN-13: 978-3-642-95932-5
DOI: 10.1007/978-3-642-95932-5

Die Deutsche Bibliothek – CIP-Einheitsaufnahme
Roemer, Mark: Direktvertrieb kundenindividueller Finanzdienstleistungen: Ökonomische Analyse und systemtechnische Gestaltung / Mark Roemer. – Heidelberg: Physica-Verl., 1998
(Information age economy)

Umschlaggestaltung: Erich Kirchner, Heidelberg

SPIN 10674144 88/2202-5 4 3 2 1 0 – Gedruckt auf säurefreiem Papier

So eine Arbeit wird eigentlich nie fertig,
man muß sie für fertig erklären,
wenn man nach Zeit und Umständen
das möglichste getan hat.
(J. W. Goethe, Italienische Reise, 16.3.1787)

Für ihre tatkräfige Unterstützung und unermüdliche Geduld

In Liebe für Katja, Laura und Isabel

Geleitwort

Die Finanzdienstleister stehen aufgrund der zunehmenden Wettbewerbsintensität auf den Finanzdienstleistungsmärkten sowie aufgrund besser ausgebildeter, informierter und anspruchsvollerer Kunden vor der Herausforderung, sich verstärkt an deren spezifischen und individuellen Bedürfnissen orientieren zu müssen. Damit kommt im Finanzdienstleistungsbereich insbesondere der zieladäquaten Produkt-, Leistungs- und Absatzwegegestaltung große Bedeutung für den Unternehmenserfolg zu. Andererseits fehlen derzeit noch weitgehend tragfähige Erklärungs- und Gestaltungsaussagen der Wissenschaft; dies gilt insbesondere auch für den Direktvertrieb kundenindividueller Finanzdienstleistungen.

Hier setzt die vorliegende hochaktuelle Arbeit an: Ihr zentrales Anliegen ist die Erweiterung des vertriebspolitischen Spielraums der Anbieter durch das Angebot *kundenindividuell maßgeschneiderter finanzwirtschaftlicher Problemlösungen im Direktvertrieb*. Insbesondere wird untersucht, ob und wie kundenindividuelle finanzwirtschaftliche Problemlösungen auch im Direktvertrieb und unter Nutzung von modernen Informations- und Kommunikationstechnologien (wie dem Internet) erfolgreich erstellbar und absetzbar sind.

Grundlegend für die Arbeit ist der Ansatz, auf der Grundlage präziser Begriffsbildung zunächst den Direktvertrieb aus ökonomischer Sicht zu analysieren, um zum einen darauf aufbauend Anforderungen für die Gestaltung des Informations- und Kommunikationssystems abzuleiten. Zum anderen werden auf der Grundlage des so geschaffenen vertieften betriebswirtschaftlichen und informationstechnischen Verständnisses methodisch fundierte sowie inhaltlich überzeugende Gestaltungsaussagen abgeleitet.

Dementsprechend erfolgt zunächst im ersten Teil der Arbeit eine knappe und treffende Einführung in die Thematik, eine gut strukturierte Herausarbeitung der hierbei zu untersuchenden betriebswirtschaftlichen und informationstechnologischen Fragestellungen sowie eine Klärung der relevanten begrifflichen Grundlagen. Von besonderer Bedeutung ist hier insbesondere die überzeugende Abgrenzung der in der Literatur meist sehr unscharf verwendeten vertriebsorientierten Begriffe.

Im zweiten Teil steht dann die Analyse des Direktvertriebs kundenindividueller Problemlösungen aus ökonomischer Sicht im Mittelpunkt. Hier gelingt es Herrn Roemer, durch eine Untersuchung der wesentlichen Eigenschaften kundenindividueller Finanzdienstleistungen sowie der zugrundeliegenden Leistungs- und Vertriebsprozesse zu zeigen, daß der Direktvertrieb nicht nur (wie bisher in der Praxis üblich) für den Absatz standardisierter, sondern auch für den Absatz *nachfragerindividuell konfigurierter bzw. selektierter* Finanzdienstleistungen eine grundsätzlich geeignete Absatzmethode darstellt. Gerade die Frage, wie die Möglichkeiten des Internet für individualisierte Angebote und Kundenbeziehungen genutzt werden können, steht bei vielen Finanzdienstleistungsunternehmungen derzeit im Mittelpunkt der Diskussion und ist bei einigen auch bereits Gegenstand konkreter Projekte. Insofern behandelt Herr Roemer in dieser Arbeit ein zum Erscheinungszeitpunkt hochaktuelles und relevantes Thema.

In einem dritten Teil werden daher Gestaltungsmöglichkeiten für das Informations- und Kommunikationssystem untersucht. Mit den Lösungsansätzen eines integrierten „2-Kanal-Vertriebskonzepts" unter Nutzung der Kommunikationsmedien Telefon und Internet sowie einer Unterstützung der Erstellung kundenindividueller Problemlösungen auf Basis von Konzepten der verteilten künstlichen Intelligenz („Agenten-Ansatz") leitet der Autor nachvollziehbar betriebswirtschaftlich fundierte und systemtechnisch überzeugende Aussagen für die Gestaltung des Informations- und Kommunikationssystems ab. Es wird deutlich, daß er sich mit der Thematik nicht nur allein in der wissenschaftlichen Studierstube beschäftigt hat, sondern auch in einem produktiven und vielseitigen Team in intensiver Zusammenarbeit mit unseren Praxispartnern.

Durch konsequente Integration von betriebswirtschaftlichen und informationstechnischen Überlegungen gelingt dem Autor somit die Entwicklung innovativer Produkt-, Leistungs- und Absatzkonzepte für den Finanzdienstleistungsbereich, die den aktuellen Wettbewerbsbedingungen Rechnung tragen.

Insgesamt stellt diese Dissertation sowohl aus Sicht der Wissenschaft als auch aus Sicht der Praxis einen zukunftsweisenden Beitrag zur Gestaltung eines zukunftsträchtigen Stücks *„information age economy"* für den Finanzdienstleistungsbereich dar. Ich wünsche der Arbeit daher eine weite Verbreitung.

Hans Ulrich Buhl

Vorwort

Die vorliegende Dissertation ist vor dem Hintergrund der beiden von der Deutschen Forschungsgemeinschaft im Rahmen des Schwerpunktprogramms *„Verteilte DV-Systeme in der Betriebswirtschaft“* geförderten Forschungsprojekte *„Unterstützung von Allfinanz-Angebotsprozessen mit verteilten wissensbasierten Systemen (ALLFIWIB)“* und *„IKS-basierte Koordination dezentraler Finanzprozesse mit Hilfe elektronischer Märkte“* sowie eines Praxisprojekts mit der Direktbank *Advance Bank*, München, entstanden, die unter Mitarbeit des Autors an den Lehrstühlen für Betriebswirtschaftslehre mit Schwerpunkt Wirtschaftsinformatik der Justus-Liebig Universität Gießen bzw. der Universität Augsburg durchgeführt wurden.

Ich möchte hier allen herzlich danken, die mich bei der Erstellung dieser Arbeit unterstützt haben!

Insbesondere bedanke ich mich bei Herrn Prof. Dr. Hans Ulrich Buhl. Er hat mir zum einen die Mitarbeit an den obengenannten Forschungsprojekten ermöglicht und hat zum anderen durch seine Diskussionsbereitschaft, seine Anregungen und seine stets konstruktive Kritik zum wissenschaftlichen Arbeiten angeleitet und hat letztlich diese Dissertation erst ermöglicht. Herrn Prof. Dr. Bernhard Fleischmann danke ich sehr für die wertvollen Anregungen, die er als Zweitgutachter gegeben hat; Herrn Prof. Dr. Günther Bamberg danke ich für die Übernahme des Vorsitzes bei der Disputation.

Für ihre sowohl fachliche als auch freundschaftliche Unterstützung gebührt meinen Kollegen Klaus Sandbiller und Andreas Will besonderer Dank: Die vielen mit ihnen geführten, sehr offenen und fruchtbaren Diskussionen waren der Ausgangspunkt wesentlicher Ideen und Überlegungen, die dieser Arbeit zugrunde liegen. Weiterhin haben sie durch das wiederholte kritische Lesen dieser Arbeit einen wesentlichen Beitrag geleistet.

Herzlich bedanken möchte ich mich auch bei allen ehemaligen und jetzigen Kollegen, Hiwis und Diplomanden an den Universitäten Gießen und Augsburg, die mich jederzeit mit Rat und Tat unterstützt haben und zu einem sehr produktiven – aber gleichzeitig auch einem sehr angenehmen und herzlichen(!) – Arbeitsumfeld beigetragen haben. Hier sei vor allem Ulrike Einsfeld, Jens Hinrichs, Stefan Klein, Bernd Reitwiesner, Gerhard Satzger, Jochen Schneider und Peter Wolfersberger sowie wiederum Klaus Sandbiller und Andreas Will gedankt, die darüber hinaus durch Übernahme zusätzlicher

„Arbeitspakete“ den erforderlichen Freiraum zur Fertigstellung der Arbeit geschaffen haben.

Meinen Eltern danke ich für ihre Unterstützung und Begleitung meines bisherigen Lebensweges. Sie haben mir durch ihr Verständnis und durch ihre finanzielle Unterstützung wesentliche Voraussetzungen für meine persönliche Entwicklung und Ausbildung geschaffen und damit den Weg zur Promotion geebnet.

Vor allem möchte ich mich aber bei meiner Frau Katja und unseren beiden Töchtern Laura und Isabel bedanken, die während des Entstehens dieser Arbeit auf viele gemeinsame Erlebnisse, Gespräche und Begegnungen verzichtet sowie mit großer Ausdauer die resultierenden Belastungen durchgestanden haben. Sie haben alle Phasen dieser Arbeit miterlebt und mir immer großes Verständnis und viel Geduld entgegengebracht. Erst durch ihren Beistand und tatkräftigen Rückhalt war die Überwindung aller „Tiefs“ und Schwierigkeiten leistbar.

Mark Roemer

Inhaltsverzeichnis

Teil II. Ökonomische Analyse

Teil III. Systemtechnische Gestaltung

Teil IV. Fazit

1. Einführung

1.1 Motivation und generelle Zielsetzung

Die Entstehung einer *vernetzten Informationsgesellschaft* stellt den Finanzdienstleistungsbereich[1] vor neue Herausforderungen:[2] Zum einen wird durch die stark zunehmende Verfügbarkeit und Verbreitung moderner Kommunikationsmedien wie *Electronic mail* (E-Mail), *World Wide Web* (WWW) usw. die Herstellung von direkten Kundenkontakten über große räumliche Distanzen und der weltweite Vertrieb von (weitgehend immateriellen) Finanzdienstleistungen möglich[3]. Der Markteintritt von auf interessante Zielgruppen spezialisierten Wettbewerbern aus Bank-, *Near Bank-* und *Non Bank-*Bereichen wird damit erleichtert, da diese auf den zeit- und kostenintensiven Aufbau *herkömmlicher* Vertriebsstrukturen verzichten können: Beispielsweise vertreibt die luxemburgische Tochter der britischen Investment Gesellschaft *Flemings* nahezu ihr gesamtes Fondsangebot direkt über das WWW[4].

---

[1] *Finanzdienstleistungen* umfassen in einer *enumerativen* Betrachtungsweise allgemein marktfähige Leistungen, die von Banken, Sparkassen, Kreditgenossenschaften, Versicherungen, Bausparkassen, Kreditkartenunternehmen sowie Finanzierungsvermittlern angeboten werden, vgl. [Koll92], S. 2. Eine für die Zwecke dieser Arbeit exaktere Begriffsdefinition von Finanzdienstleistungen erfolgt in Abschnitt 3.1.1, S. 29ff. Unternehmungen, die Finanzdienstleistungen erstellen oder diese vertreiben, werden im folgenden als Finanzdienstleistungsunternehmungen oder (kürzer) als Finanzdienstleister bezeichnet. Finanzdienstleistungen, die auf die individuelle Nachfragersituation abgestimmt sind, bezeichnen wir als *kundenindividuell*.

[2] Vgl. beispw. [RoBu96a], [RoBu96b] und [RoBu96c].

[3] Für die Zunahme der Internet-Nutzung s. z. B. `http://www.techfak.uni-bielefeld.de/techfak/persons/ps/dns/hostcount/latest.html` und `http://www.cc.gatech.edu/gvu/user_surveys`; in Deutschland sollen bis Ende 1997 etwa 8 Millionen Haushalte über einen Zugang zu Online-Diensten verfügen, vgl. [oV96c]. Nach einer Studie von Coopers & Lybrand wird sich die Nutzung der Online-Medien *„in Zukunft weiter stark erhöhen. Unter anderem aufgrund der Verringerung der Telekommunikationskosten mit dem Fall des Fernmeldemonopols 1998"*, s. [Coop96], S. 13.

[4] Siehe `http://www.flemings.lu/rapide.htm`. Die amerikanische Investmentgesellschaft *Fidelity* plant, ab Herbst 1997 für unabhängige größere Anleger, institutionelle Investoren, selbständige Vermögensverwalter und deren Kunden professionelle Abwicklungsfaszilitäten online anzubieten, vgl. [Birk97], S. 97.

Die durch den *Direktvertrieb*[5] von Finanzdienstleistungen erzielbaren Kostenvorteile können durch eine entsprechende Preisgestaltung an die Nachfrager weitergegeben und als Wettbewerbsvorteile gegenüber etablierten Anbietern genutzt werden. Zudem entstehen auf Rechnernetzen (z. B. dem Internet) *neuartige Finanzdienstleistungsmärkte* wie virtuelle Börsen[6] mit neuartigen Produkten; diese neuartigen Börsen werden unter anderem von Softwarehäusern(!)[7] – also *Non Banks* – betrieben. Zum anderen sind die Nachfrager bei Rückgriff auf diese Kommunikationsmedien zunehmend besser über Entwicklungen auf den internationalen Finanzmärkten informiert – und verfügen damit über bessere und mehr *Information(-smöglichkeiten)* bezüglich der Angebots- und Preisverhältnisse auf dem Finanzdienstleistungsmarkt.

Diese Entwicklungen stellen insbesondere die traditionellen Finanzdienstleister vor *große Probleme*: Sie verfügen zwar über erfolgreich implementierte Allfinanzkonzepte und somit über ein umfangreiches Dienstleistungs- und Beratungsangebot sowie über Erfahrungen und Know-how in der Erstellung finanzwirtschaftlicher Problemlösungen[8], vertreiben dieses Angebot aber (noch?) über umfangreiche und *mittlerweile zu teure Filialnetze oder Außendienste*[9]. Ein in letzter Zeit stark wachsender Anteil der Nachfrager ist jedoch auch für die modernen Kommunikationsmedien wie E-Mail, WWW und (konventioneller) Telefon als Absatzweg[10] affin, bzw. bevorzugt diese Medien sogar gegenüber den klassischen Absatzwegen „Filiale" und „Außendienst"[11]. Für die traditionellen Finanzdienstleister erscheint es also erfolgversprechend, ihre Leistungen auch im Direktvertrieb zu erbringen – unter Wahrung und (wenn möglich) Stärkung ihrer Kernkompetenzen, die insbesondere in der Erstellung von *beratungsintensiven* und *kundenindividuellen* Finanzdienstleistungen liegen.

Untersuchungsgegenstand dieser Arbeit ist dementsprechend, ob und wie Finanzdienstleister kundenindividuelle Finanzdienstleistungen auch im Di-

---

5 Der Begriff *Direktvertrieb* wird in Abschnitt 3.2.2, S. 43ff, genauer definiert.

6 Siehe z. B. `http://www.esi.co.uk`, für eine Kurzdarstellung des Leistungsangebots s. [Birk97], S. 105f. Für eine allgemeine Darstellung von Markttransaktionen auf elektronischen Märkten s. [Schm93].

7 So plant die Firma *Intuit* (der führende amerikanische Hersteller von Finanzsoftware für Privatkunden) in den Jahren 1997 und 1998 mehrere WWW-Server aufzubauen, über die Versicherungen, Hypothekendarlehen und Altersvorsorgeprodukte vertrieben werden sollen, vgl. [oV97f].

8 Vgl. z. B. [Weis97]. Der hier verwendete Begriff der *Problemlösung* bezeichnet Finanzprodukte und/oder Produktkombinationen, die ein Finanzdienstleister einem Nachfrager anbietet; das einer Problemlösung zugrunde liegende *Kundenproblem* zielt auf die Auswahl geeigneter Finanzprodukte/Produktkombinationen zur Erfüllung eines Konsumwunsches, Durchführung einer Investition usw. Für eine genaue Begriffsbildung s. Abschn. 3.1.2, S. 34ff.

9 Vgl. beispw. [oV96i] sowie Abschnitt 5.2, S. 90ff.

10 Der Begriff *Absatzweg* wird in Abschnitt 3.2.1, S. 41ff, definiert.

11 So wurden allein bei den Volks- und Raiffeisenbanken in Bayern im Februar 1996 ungefähr 93.000 *T-Online* Konten geführt, vgl. [Bach96], S. 10.

rektvertrieb und unter Nutzung von modernen Kommunikationsnetzen (wie dem *Internet*) den Nachfragern anbieten und erfolgreich absetzen können[12]. Da der Direktvertrieb von kundenindividuellen Finanzdienstleistungen die zieladäquate Gestaltung unterstützender *Informations- und Kommunikationssysteme*[13] voraussetzt, ist insbesondere die betriebswirtschaftliche Disziplin der *Wirtschaftsinformatik* gefragt, mit *wissenschaftlichen* Methoden Lösungsbeiträge zu entwickeln: Die Entwicklung von Informations- und Kommunikationssystemen zur betriebswirtschaftlich fundierten Bereitstellung und Verarbeitung von *Information* sowie die Unterstützung von *Kommunikation* zur Steuerung betrieblicher Prozesse ist der zentrale Forschungsgegenstand der Wirtschaftsinformatik[14]. Mit der vorliegenden Arbeit soll deshalb ein wissenschaftlich fundierter Diskussionsbeitrag der Wirtschaftsinformatik für die zielorientierte Gestaltung wettbewerbsorientierter Vertriebssysteme für das Angebot und den Absatz kundenindividueller Finanzdienstleistungen geleistet werden.

Die Interpretation von Informations- und Kommunikationssystemen als *soziotechnische Systeme*[15] sowie deren Konstruktionsziele (Sicherstellung einer betriebswirtschaftlich fundierten Bereitstellung und Verarbeitung von Information sowie der Unterstützung der Kommunikation der Aufgabenträger) verlangen, daß bei der anzuwendenden Methodik zur Bearbeitung und Lösung von konkreten Wirtschaftsinformatik-Fragestellungen nicht nur Fragen der *technischen* Effizienz und Realisierung zu beachten sind. Für eine methodisch überzeugende Vorgehensweise bei der Bearbeitung des Untersuchungsgegenstands dieser Arbeit sind insbesondere auch Fragen der *betriebswirtschaftlich* sinnvollen (wenn nicht gar optimalen) Unterstützung betrieblicher Aufgaben und der damit verbundenen Gestaltung betrieblicher Prozesse (hier: Angebots- und Vertriebsprozesse von Finanzdienstleistern) unter

---

12 Für die hohe Praxisrelevanz dieser Fragestellung siehe beispw. die Beiträge von [Birk95], [ErJoKl96], [Seil96], [MaGö96].

13 *„Informations- und Kommunikationssysteme sind soziotechnische Systeme, die menschliche und maschinelle Komponenten (Teilsysteme) umfassen, die voneinander abhängig sind, ineinandergreifen und/oder zusammenwirken. [...] Der Begriffsbestandteil ‚Information' verdeutlicht, daß es primärer Zweck dieser Systeme ist, betriebliche Prozesse mit Hilfe von Informationen zu lenken und die Informationsnachfrage von Aufgabenträgern (sei es Mensch oder Maschine) zu befriedigen. [...] Der Begriffsbestandteil ‚Kommunikation' verdeutlicht, daß eine Koordination zwischen arbeitsteilig wirkenden Aufgabenträgern stattfindet."*, s. [WKWI94], S. 80. Ziel von Konstruktion und Gestaltung sowie von Anwendung von Informations- und Kommunikationssystemen ist die *„optimale Bereitstellung von Information und die Unterstützung von Kommunikation nach wirtschaftlichen Kriterien."*, s. [WKWI94], S. 80.

14 Vgl. [WKWI94], S. 80.

15 Vgl. Fußnote 13, S. 3.

Nutzung der Gestaltungsoptionen[16] moderner Informations- und Kommunikationstechnologie zu berücksichtigen und zu lösen[17].

Bevor hier vom oben formulierten Untersuchungsgegenstand ausgehend eine präzisere Spezifikation von Problemstellung, Zielsetzung und Vorgehensweise dieser Arbeit erfolgen kann, sind demzufolge zunächst die zugrundeliegenden betriebswirtschaftlichen Aufgaben der Gestaltung und des Vertriebs marktfähiger Finanzdienstleistungen genauer zu analysieren. Weiterhin ist der Stand der wissenschaftlichen Diskussion herauszuarbeiten, um derzeitige Forschungsdefizite identifizieren zu können; dies soll in den nächsten Abschnitten erfolgen; Ausgangspunkt der Überlegungen sind die aktuellen Entwicklungen beim Vertrieb von Finanzdienstleistungen. Eine Klärung und Präzisierung der für das weitere Verständnis dieser Arbeit wichtigen Begriffe erfolgt zum Abschluß dieses einführenden ersten Teils.

Der weitere Aufbau der Arbeit ist folgendermaßen: *Teil II* der Arbeit widmet sich der ökonomischen Analyse und der betriebswirtschaftlichen Fundierung der Vorteilhaftigkeit des Angebots und Vertriebs kundenindividueller Leistungsangebote im Direktvertrieb unter Berücksichtigung sowohl der Nachfrager- als auch der Anbietersicht. Weiterhin werden den Ergebnissen dieser Analyse Anforderungen an Informations- und Kommunikationssysteme abgeleitet, deren Erfüllung Voraussetzung für eine erfolgreiche Realisierung und Markteinführung solcher Leistungsangebote ist. Anschließend werden in *Teil III* auf diesen Anforderungen aufbauend Gestaltungsaussagen für Informations- und Kommunikationssysteme abgeleitet, deren Umsetzbarkeit anhand eines Forschungsprototyps überprüft wird. Die Arbeit wird in Teil IV durch eine Zusammenfassung der Ergebnisse sowie durch einen Ausblick auf weiterführende, thematisch eng verbundene Fragestellungen abgerundet.

[16] [FrWe89] sehen als ein wesentliches Merkmal der modernen Informations- und Kommunikationstechnologie ihre *„Gestaltungsoffenheit“* an (vgl. [FrWe89], S. 11): Diese modernen Technologien implizieren keinen *„technologischen Determinismus“* für die Gestaltung von Organisationen, sondern eröffnen neuartige Gestaltungsoptionen. Damit liegen die betriebswirtschaftlichen Herausforderungen beim Einsatz dieser Technologien *„vorwiegend in der Überprüfung [und zielorientierten Gestaltung, Anmerkung des Verfassers] der organisatorischen Sollkonzeption“*, s. [FrWe89], S. 12.

[17] Die *betriebswirtschaftlich* fundierte Gestaltung innovativer und wettbewerbsorientierter betrieblicher Prozesse wird in *Wirtschafts*informatik-Arbeiten häufig vernachläßigt und die Fragen der technischen Gestaltung von Anwendungssystemen werden dementsprechend überbetont – obwohl die mit dem Einsatz von Informations- und Kommunikationstechnologie *„[...] verfolgten, in der Vergangenheit nicht oder nur unvollkommen erreichten Organisationsziele [häufig] nur in geänderten Strukturen zu realisieren sind, und diese Strukturen heute mit informationstechnologischer Hilfe überhaupt erst oder zumindest besser verwirklicht werden können“*, s. [FrWe89], S. 11. Unter dem Begriff *Anwendungssystem* werden im folgenden die maschinellen Komponenten eines Informations- und Kommunikationssystems zusammengefaßt.

1.2 Vertriebspolitische Fragestellungen im Finanzdienstleistungsbereich

Der Vertrieb von Finanzdienstleistungen ist ein integraler Bestandteil des *Finanzdienstleistungsmarketing*. Wesentliches *Ziel* des Marketing von Finanzdienstleistungen ist die Erkundung effektiv oder latent vorhandener Bedarfsstrukturen auf dem Markt für Finanzdienstleistungen und die Konzipierung von Leistungsangeboten, um diese Bedarfsstrukturen auf möglichst umfassende Art zu befriedigen[18]. Durch das Finanzdienstleistungsmarketing sollen darüber hinaus (neue) Marktsegmente erschlossen, gesichert und erweitert werden[19]. Letztlich zielt das Marketing auf die erfolgreiche Gestaltung und Veräußerung von Finanzdienstleistungen an Nachfrager mit dem Ziel der Gewinnerzielung und der Erreichung weiterer Unternehmensziele von Finanzdienstleistern.

Zur Realisierung dieses Ziels sind insbesondere vertriebspolitische Entscheidungen zu treffen, die auf die Lösung der grundsätzlichen vertriebspolitschen Fragen:

1. *„Wo und wie, mit welchem Service, sollen welche Leistungen verfügbar gemacht werden?"*
2. *„Wie wird der Kontakt zum Kunden hergestellt und gepflegt?"*

zielen[20].

Auf dem deutschen Markt für Finanzdienstleistungen sind diese vertriebspolitischen Fragestellungen in der Vergangenheit weitgehend uniform beantwortet worden: Bankdienstleistungen wurden nahezu ausschließlich über den Absatzweg „Filiale" vertrieben, beim Vertrieb von Versicherungsdienstleistungen wurde fast ausschließlich der Absatzweg „Außendienst" gewählt: So wurden 1970 über 90% der Versicherungsprodukte über die (Außendienst-) Vertriebsorganisationen der Versicherungswirtschaft vertrieben[21], der Verkauf von Bankprodukten erfolgte zu 98% über Bankfilialen[22].

Diese beiden zunächst unterschiedlichen Absatzwege besitzen aus einer *absatzmethodischen Sicht* große Ähnlichkeit, so daß von einer über lange Zeit weitgehend einheitlichen Vertriebspolitik bzw. von weitgehend einheitlichen

---

[18] Vgl. [Büsc94], S. 290ff.

[19] Vgl. [Büsc94], S. 291; allgemein auch [Schi93b], S. 244.

[20] Siehe [Büsc79], S. 35. Statt von *Vertriebspolitik* wird in der Marketingliteratur allgemein von *Distributionspolitik* gesprochen, vgl. [Meff89], [Schi93b], S. 250. Vertriebspolitische Entscheidungen können begrifflich in *Vertriebsdurchführungs-* und in *Vertriebswegeentscheidungen* gegliedert werden, vgl. [Hann93], S. 5 und [Meff89]. Für die hohe Bedeutung der Vertriebspolitik (bzw. der Distributionspolitik) für das Marketing im Bankbereich s. [Schi93b], S. 250.

[21] Vgl. [Butt97], S. 31.

[22] Vgl. [Weis97], S. 25.

Absatzmethoden[23] auf dem Finanzdienstleistungsmarkt gesprochen werden kann.

Erstens handelt es sich jeweils um *dezentrale* und *anbietereigene/anbietergebundene Vertriebssysteme*[24], die abzusetzenden Leistungen werden dezentral und in räumlicher Nähe zum Nachfrager angeboten. Zweitens sind es jeweils *direkte* und *personale Absatzwege*[25], bei denen die Vertriebsmitarbeiter, der Anbieter und die Nachfrager nach Finanzdienstleistungen zum Vertriebszeitpunkt sowie während der Phase der Kontaktpflege in unmittelbar persönlichem Kontakt stehen: Entweder sucht der Nachfrager im Falle des Absatzwegs Filiale den Finanzdienstleister auf oder der Finanzdienstleister besucht im Falle des Absatzwegs Außendienst den Nachfrager. Technologische[26] sowie indirekte Absatzwege waren demgegenüber bis Ende der achtziger Jahre von untergeordneter Bedeutung. Drittens sind diese Absatzmethoden jeweils als *betriebszugehörige Absatzformen*[27] zu bezeichnen. Bezüglich des Serviceangebots war es viertens eine nahezu selbstverständliche Gegebenheit, daß zum einen den Nachfragern jeweils ein *Service* in Form von (in der Regel kostenlosen) Beratungsleistungen bei der Produktwahl angeboten wurde und daß zum anderen nahezu ausschließlich *institutseigene Leistungen* über einen betriebszugehörigen Absatzweg vertrieben wurden.

In den letzten zehn Jahren hat jedoch eine tiefgreifende Veränderung der Absatzmethoden auf dem Markt für Finanzdienstleistungen eingesetzt, die die Finanzdienstleister bei der Lösung der vertriebspolitischen Fragen vor neue Herausforderungen stellt. Hierauf soll im folgenden eingegangen wer-

[23] Unter dem Begriff *Absatzmethode* werden Entscheidungen über die Wahl des *Vertriebssystems*, die Wahl der *Absatzform* und die Wahl der *Absatzwege* zusammengefaßt. Nach Gutenberg sind die vier wesentlichen Kriterien bei der Systematisierung von Absatzmethoden die wirtschaftliche und rechtliche *Selbständigkeit* sowie die *Zentralisation* des Vertriebssystems, die *Betriebszugehörigkeit* der Vertriebsorganisationen (Absatzform) und die *Mittelbarkeit des Kontaktes* zwischen Produzent und Bedarfsträger (Absatzweg); vgl. [Gute79], S. 104ff. Für eine Kritik der (hier verwendeten) Gutenberg'schen Terminologie von Absatzmethode, Vertriebssystem, Absatzform und Absatzweg s. [Thed92], S. 23f, und [Döri71], S. 21f.

[24] Wir übernehmen hier (um eine konsistente und nachvollziehbare Begriffsverwendung zu erreichen) die Terminologie von Gutenberg, der die Adjektive *werkseigen*, *werksgebunden* und *rechtlich* bzw. *wirtschaftlich ausgegliedert* zur Beschreibung der *wirtschaftlichen Selbständigkeit* von Vertriebssystemen verwendet, vgl. [Gute79], S. 104f, – auch wenn Finanzdienstleistungen nicht in "Werken" produziert werden.

[25] Vgl. [Gute79], S. 141f.

[26] Bei einem technologischen Vertriebsweg kommunizieren Finanzdienstleister und Nachfrager nicht direkt miteinander (*face to face*), sondern indirekt unter Nutzung von Kommunikationstechnologie, z. B. Telefon oder Online-Netzen). Bei einem technologischen Vertriebsweg kann dementsprechend sowohl ein persönlicher Kontakt (z. B. Telefonbanking) als auch ein unpersönlicher Kontakt (z. B. Homebanking) zwischen Finanzdienstleister und Nachfragern vorliegen.

[27] Vgl. [Wöhe86], S. 642.

den, um den Untersuchungsgegenstand der Arbeit genauer konkretisieren zu können.

1.3 Aktuelle vertriebspolitische Entwicklungen und neue Herausforderungen

1.3.1 Ausweitung des Leistungsangebots

In den Mittelpunkt der Betrachtung rückte die Vertriebspolitik erstmals Mitte der achtziger Jahre: Um aufgrund der zunehmenden Wettbewerbsintensität[28] ihren Kunden umfassende Problemlösungen anbieten und um bestehende Kundenbeziehungen halten zu können, nahmen sowohl Versicherungen als auch Banken unter dem Schlagwort „Allfinanz" in ihre Produktpalette die Angebote des jeweils anderen auf.[29] Wenn auch unterschiedliche Formen der Integration von Versicherungsunternehmung und Kreditinstitut gewählt wurden[30], so resultierte doch eine grundlegende *Abkehr* von der Vertriebspolitik, über betriebszugehörige Absatzwege im wesentlichen nur „hauseigene" Produkte zu vertreiben. Im Zuge der Implementierung von Allfinanzstrategien gewannen auch *indirekte Absatzwege* wie Makler, Anlageberatungsgesellschaften und Strukturvertriebe an Bedeutung, die sowohl *betriebszugehörig*[31] als auch *betriebsfremd*[32] sein können[33]. Das Angebotsspektrum dieser Vertriebsgesellschaften und Absatzmittler erstreckt sich mit Ausnahme der Zahlungsverkehrsfunktionalität nahezu über die gesamte Angebotsbreite von Finanzdienstleistungen mit einem deutlichen Schwerpunkt auf Versicherungsleistungen, Anlage- und Bausparprodukten.

[28] *Wettbewerbssitutation* und *Wettbewerbsintensität* auf dem Markt für Finanzdienstleistungen werden in Kap. 5, S. 83 noch ausführlich untersucht.

[29] Vgl. z. B. [Thed92], S. 1f, und [Kave87], S. 150.

[30] Die Integrationsformen reichen von der *Eigengründung* einer Versicherungsgesellschaft (z. B. im Fall der *Deutschen Bank* und der *Kunden-Kredit-Bank AG (KKB)*, vgl. z. B. [oV85]) über *Mehrheitsbeteiligungen* (beispw. erwarb die *Aachener und Münchener Beteiligungsgesellschaft* eine Mehrheitsbeteiligung an der *Bank für Gemeinwirtschaft* sowie an der *Badenia Bausparkasse*, vgl. [oV88b]) bis hin zu *Kooperationen* (so kooperiert etwa die *Dresdner Bank* in einigen Bundesländern mit der *Allianz-Versicherung*, vgl. [PoWi89]). Für eine allgemeine Diskussion von Integrationsmöglichkeiten s. [Farn91] und [Süch91].

[31] Dies ist beispw. bei der Vertriebsorganisation *Bonnfinanz AG für Vermögensberatung und -vermittlung* der Fall, die über die Versicherungsgruppe *Deutscher Herold* zur *Deutschen Bank AG* gehört, vgl. [Sand93], S. 16.

[32] Dies gilt z. B. für den *Allgemeinen Wirtschaftsdienst Gesellschaft für Finanzberatung GmbH*, der unabhängig von Versicherungsunternehmen oder Banken ist; vgl. [Sand93], S. 16.

[33] Für eine theoretische Analyse über den Einsatz von Maklern, Handelsvertretern und Franchise-Systemen s. [Hann93] und [Walz91]; für eine Analyse von Strukturvertrieben s. [Sand93], [FrSc94] und [Butt97].

1.3.2 Technologisierung von Absatzwegen

Parallel zu dieser Änderung der Vertriebspolitik, die aufgrund von Änderungen im Wettbewerbsumfeld induziert wurde, begann eine *Technologisierung der Absatzwege*, die durch Entwicklungen in der Informations- und Kommunikationstechnologie ermöglicht wurde. Die Einführung von *Geldausgabeautomaten*, *Kontoauszugsdruckern* sowie *Multifunktionsterminals*[34], an denen ein Großteil der benötigten Zahlungsverkehrsfunktionalität wie Durchführen von Überweisungen, Einrichten von Daueraufträgen, Bargeldversorgung usw. den Nachfragern bereitgestellt wird, hat zur Einrichtung eigenständiger Selbstbedienungsabteilungen in Bankfilialen sowie „personalloser" Selbstbedienungsfilialen geführt[35], wobei die Technologie der Videokonferenz diesen Trend in Zukunft durchaus weiter verstärken kann[36].

Die Einführung von *EFTPOS*[37] hat darüber hinaus den vertriebspolitischen Spielraum von Finanzdienstleistern durch die Möglichkeit zur Bereitstellung von Zahlungsverkehrsleistungen am Verkaufsort und zum Verkaufszeitpunkt weiter ausgeweitet: Diese können damit den Kontaktpunkt für den Absatz von Zahlungsverkehrsleistungen wesentlich dezentraler als bisher direkt an den Ort der (Konsum-)Güternachfrage heranführen.

Eine ähnliche Entwicklung ist die Errichtung von sogenannten *„Banking shops"*, bei denen es sich um kleine Filialen handelt, die in Supermärkten, Warenhäusern und ähnlichen Verkaufsorten eingerichtet werden, die weitestgehend auf abgrenzende Fenster, Türen und Wände verzichten und die über die gleichen Öffnungszeiten wie die entsprechenden Warenhäuser usw. verfügen.[38]

Die Technologisierung von Absatzwegen bezieht sich dabei nicht nur auf die Automatisierung von Filialen bzw. deren Ergänzung um Selbstbedienungsbereiche sowie um die Bereitstellung von Zahlungsverkehrsleistungen am Verkaufsort, sondern auch auf den *direkten Zugang* zum Leistungsangebot aus dem häuslichen Bereich heraus bzw. direkt vom Arbeitsplatz der

---

[34] Diese werden häufig auch als *Automated Teller Machines* bezeichnet. Für eine Einführung in Funktionsweise und Funktionalität dieser Geräte s. z. B. [Stra90], S. 101ff.

[35] Vgl. z. B. [Ausf96], S. 94, [Dunz95], [Wasc95], S. 38f. Für die weitere technologische Entwicklung von Multifunktions- bzw. Selbstbedienungsterminals s. beispw. [Hein95].

[36] So hat die *Deutsche Bank* 1995 in Augsburg in einer reinen Selbstbedienungsfiliale (ohne Personal) testweise für Kunden das Angebot einer Videokonferenz mit Bankmitarbeitern in einer konventionellen Filiale eingeführt, vgl. [Ewe95], S. 71.

[37] Die Abkürzung steht für *„Electronic funds transfer at the point of sale"*, und bezeichnet den bargeld- und/oder beleglosen Zahlungsverkehr am Verkaufspunkt (z. B. in Warenhäusern, an Tankstellen usw.), vgl. [Stra90], S. 147ff, vgl. [Kirk87], S. 149.

[38] Vgl. [oV96d].

Nachfrager. Durch die Nutzung von *Telebanking-Dienstleistungen*[39] können Nachfrager eine räumliche Trennung zwischen dem Standort der Inanspruchnahme von Finanzdienstleistungen und dem Finanzdienstleister als Anbieter dieser Leistungen schnell und einfach überwinden.

Das Telebanking wurde zwar bereits Anfang der achtziger Jahre mit dem BTX-Angebot der Bundespost[40] auf dem deutschen Markt eingeführt, erreichte eine nennenswerte Marktakzeptanz indes erst mit der Einführung des *Telefonbanking*. Das Telefonbanking wurde in Deutschland 1989 erstmals von der *Citibank Privatkunden AG* angeboten, die ihren Kunden u. a. die telefonische Abfrage ihres Girokontostands, die Veranlassung von Überweisungen sowie die Einrichtung, Änderung und Löschung von Daueraufträgen ermöglichte[41]. Es folgten weitere kleinere Finanzinstitute wie die *Augsburger Aktienbank*, die *Quelle Bank* oder auch die *Sparkasse Leipzig*, bevor 1992 die Großbanken mit eigenen Telefonbanking-Angeboten in den Markt eintraten[42]. Ähnliche Entwicklungen sind auch im Ausland zu beobachten: In den USA hat sich das Telefonbanking bereits während der achtziger Jahre durchgesetzt[43], aber auch in anderen europäischen und asiatischen Staaten ist Telefonbanking als Absatzweg für Finanzdienstleistungen bereits seit Anfang der neunziger Jahre etabliert[44].

1.3.3 Direktvertrieb als neuartige Absatzmethode

Neben dem Allfinanzansatz eröffnet die Technologisierung von Absatzwegen der Vertriebspolitik gegenüber der Vergangenheit grundsätzlich neue Absatzmethoden: Finanzdienstleistungen können nun nicht mehr nur dezentral über Geschäftsstellen oder Außendienste vertrieben werden, sondern jetzt auch von *zentralen Vertriebspunkten* aus angeboten und über elektronische Kommunikationsmedien *direkt* – unter vollständiger Umgehung von Geschäftsstellen und Außendienst(!) – an die Nachfrager abgesetzt werden. Die in Deutschland stark zunehmende Bedeutung des Direktvertriebs von Finanzdienstleistungen von zentralen Angebotsorten spiegelt sich in der Entwicklung der Direktbanken wider.

Die erste deutsche Direktbank, die *Allgemeine Deutsche Direktbank* wurde bereits 1965 unter der Firma *BSV: Bank für Sparanlagen und Vermögensbildung*[45] als gewerkschaftseigene Bank gegründet und blieb 25 Jahre lang (bis

[39] Der Begriff *Telebanking* ist in der Literatur nicht einheitlich definiert (s. z. B. [Stra90], S. 130), bezieht sich im allgemeinen aber auf die Möglichkeit, daß der Nachfrager von seinem Standort aus unter *Nutzung telematischer Dienste* wie Telefon, Videotext, Telefax, Online-Diensten, Internet usw. Bankgeschäfte tätigen kann; vgl. [Stra90], 132.

[40] Vgl. z. B. [Ploe94], S. 55.

[41] Vgl. [Metz89], S. 3, [Metz91], S. 5, [Roge91], S. 189, [Hart93], S. 76.

[42] Vgl. [Ausf96], S. 2.

[43] Vgl. [Roge91], S. 251ff.

[44] Vgl. [Roge91], S. 149ff.

[45] Vgl. [Gaer95], S. 40ff.

1990) die einzige Direktbank in Deutschland. Sie vertrieb erstmals Bankleistungen ohne Filialen, Außendienst oder sonstige Zwischenvertriebsstufen direkt an den Kunden. Die *Allgemeine Deutsche Direktbank* versteht sich seit ihrer Gründung als Vollbank und als Alternative zu den Filialbanken; sie bietet dementsprechend ein umfassendes Leistungsangebot vom Girokonto bis hin zu Anlage- und Finanzierungsleistungen an. Erst 1990 bot mit der *Quelle Bank* eine zweite Bank ihre Leistungen ausschließlich im Direktvertrieb an[46]; diese verfolgt aber, da sie ihren Kunden (bis heute) keine Girokontenfunktionalität anbietet, im Gegensatz zur *Allgemeinen Deutschen Direktbank* eine Nebenbankstrategie[47].

Die Direktbanken führten damit bis Mitte der neunziger Jahre, als die großen Universalbanken jeweils eigene Direktbanken gründeten (Beispiele sind die *Bayerische Hypotheken- und Wechselbank* mit der Neugründung *Direkt Anlage Bank*, die *Commerzbank* mit ihrer Tochter *Comdirekt Bank* und die *Deutsche Bank* mit ihrer neugegründeten Tochter *Bank 24*)[48], ein von dem großen Teil der Privatkunden kaum wahrgenommenes Schattendasein. Die Absatzmethode „Direktbank“ stellte bis vor kurzem nur einen kleinen „Nischenmarkt“ auf dem Gesamtmarkt für Finanzdienstleistungen dar.

Für die Zukunft hingegen wird der Markt für Direktbanken als *Wachstumsmarkt* eingeschätzt: Derzeit sollen bereits über 1 Million Kunden in Deutschland zumindest einen Teil ihrer Bankgeschäfte über Direktvertriebsmedien wie Briefpost, Telefon, Fax und Computer(netze) vornehmen. Bis zu 15 Millionen Kunden könnten die Direktbanken mittelfristig an sich binden[49] – ein enormes *Marktpotential*. Ein weiteres Indiz für das Marktpotential der Direktbanken: Derzeit beträgt die Bilanzsumme der Direktbanken insgesamt etwa 12 Milliarden Mark, zukünftig soll die Bilanzsumme insgesamt 1500 Milliarden Mark betragen: Dies entspricht einem Fünftel des gesamten deutschen Bankgeschäfts[50] – und damit dem Marktanteil, den die Direktbanken in den USA bereits heute besitzen[51]. Zu einer ähnlichen Schätzung kommt auch Neubauer, der davon ausgeht, daß 10-20% aller Privatkunden in Deutschland an dem Angebot von Direktbanken interessiert sind.[52]

---

[46] Die *Augsburger Aktienbank* ist seit Mitte der achtziger Jahre ebenfalls als Direktbank tätig, vertreibt ihre Leistungen aber auch über Geschäftsräume in Augsburg.

[47] Vgl. [Pisc96], S. 15.

[48] Darüber hinaus gibt es eine Anzahl weiterer Direktbanken, die mittlerweile auf dem deutschen Markt aktiv sind: Ende November 1995 gab es mindestens 12 Direktbanken, vgl. [LaRö95], S. 342; seitdem haben mindestens drei weitere Direktbanken in Deutschland ihre Tätigkeit aufgenommen.

[49] Vgl. [oV96b], S. 80.

[50] Vgl. [oV96g]. Penzel, Aufsichtsrat der Direktbank *Advance Bank*, einer Tochter der *Bayerischen Vereinsbank*, schätzt, daß dieser Marktanteil voraussichtlich im Jahre 2005 erreicht sein wird.

[51] Vgl. [LaRö95], S. 342.

[52] Vgl. [Neub94], S. 264.

Aber auch bei konventionellen Filialbanken wie der *Sparkasse Leipzig* oder der *Citibank Privatkunden AG* findet der (vorwiegend telefonbasierte) Direktvertrieb eine positive Kundenresonanz:[53] So sollen beispw. im ersten Quartal 1994 80% der Kunden der *Citibank* das Telefonbanking-Angebot in Anspruch genommen haben, die insgesamt 450.000 Anrufe bei der Bank vornahmen. Ausfelder berichtet über eine Umfrage der Firma *Infratest Wirtschaftsforschung GmbH*, wonach 30% aller Kunden von Kreditinstituten an Telefonbanking Interesse zeigen, und über eine Umfrage der *Bayerischen Hypotheken- und Wechselbank AG*, gemäß der 50% der Kunden dieser Bank gerne ihren Zahlungsverkehr mittels Telefonbanking abwickeln würden.[54]

Diese Entwicklung hin zum Direktvertrieb schlägt sich auch in der Verringerung der Produktanteile nieder, die über die traditionellen Absatzwege „Versicherungsaußendienst" und „Bankfiliale" abgesetzt werden. Während 1970 Bankdienstleistungen noch fast ausschließlich (zu 98%)[55] über Bankfilialen verkauft wurden, so betrug dieser Anteil 1990 etwa 85%[56] und soll bis zum Jahr 2000 auf 50%[57] fallen. Der Anteil von Versicherungsprodukten, die über Außendienste abgesetzt wurden, fiel von 90%[58] (1970) auf heute 70%[59]. Abbildung 1.1 veranschaulicht schematisch[60] die deutliche Verschiebung der Absatzmethoden zum Direktvertrieb von Finanzdienstleistungen im Bankbereich. Analysieren wir die neuen Direktvertriebskonzepte entsprechend der für die Charakterisierung der traditionellen Absatzmethoden gewählten Gutenberg'schen Systematik, so sind diese als *zentrale, werkseigene/werksgebundene Vertriebssysteme* mit *direkten, technologischen Absatzwegen* und als *betriebszugehörige Absatzform* zu charakterisieren, über die in der Regel (im Sinne des Allfinanzgedankens) auch *institutsfremde Finanzdienstleistungen* vertrieben werden. Zudem wird den Nachfragern im Direktvertrieb in der Regel kein *kostenloser* Zusatzservice in Form von Beratungsleistungen angeboten[61]. Damit stellt der Direktvertrieb eine Absatzmethode dar, die gegenüber den traditionellen Absatzmethoden Außendienst und Filiale über grundsätzlich andere absatzmethodische Merkmale verfügt. In Abb. 1.2 sind die Charakteristika der unterschiedlichen Absatzmethoden nochmals typisiert dargestellt. Die Fragezeichen in der Abbildung deuten an, daß Grundtyp IV, der letztlich den Untersuchungsgegenstand dieser Arbeit darstellt, auf dem

---

[53] Vgl. [Ausf96], S. 2.
[54] Vgl. [Ausf96], S. 3.
[55] Vgl. S. 5.
[56] Vgl. [Weis97], S. 25.
[57] Vgl. [Butt97], S. 31.
[58] Vgl. S. 5.
[59] Vgl. [Weis97], S. 25.
[60] Die (geschätzte) Entwicklung der relativen Transaktionszahl spiegelt die erwartete Tendenz wider und stellt keine exakte Prognose dar.
[61] Vergleiche Abschnitt 2.2, S. 16.

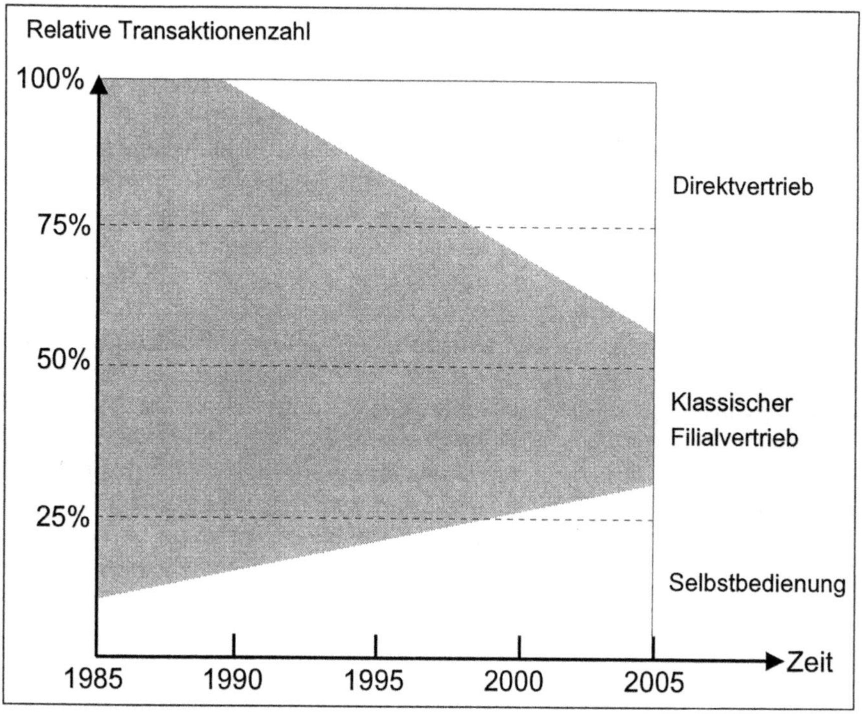

Abb. 1.1. Verschiebung der Absatzwege im Bankbereich (schematische Darstellung), aus [Penz96], S. 7

Markt erst vereinzelt beobachtbar ist[62]. Während bis zur Einführung von Telebanking-Dienstleistungen in traditionellen Filialbanken Anfang der neunziger Jahre und der „Direktbanken-Gründungswelle" Mitte der neunziger Jahre die vertriebspolitischen Entscheidungen über die Gestaltung des Vertriebssystems für Finanzdienstleistungen nahezu ausschließlich im Rahmen von dezentralen Vertriebssystemen mit personalen Absatzwegen getroffen wurden, bestehen nun mit dem Direktvertrieb als zentralisiertem Vertriebssystem mit technologischen Absatzwegen *zusätzliche und neuartige Gestaltungsmöglichkeiten* für die Absatzmethoden von Finanzdienstleistern.

Zusammenfassend kann festgestellt werden, daß für den Absatz von Finanzdienstleistungen mittlerweile eine Vielzahl von Absatzmethoden (konventionelle Filialen, Selbstbedienungsfilialen, EFTPOS, betriebszugehörige

62 Derzeit kann nur die *Advance Bank* dem Grundtyp IV zugerechnet werden, die als einzige Direktbank in Deutschland auch Beratungsleistungen anbietet, vgl. [RöLa96], S. 336. Diese beschränken sich jedoch auf eine *kundensegmentspezifische* Anlageberatung, eine Einführung von Beratungsleistungen für (private) Immobilienfinanzierungen erfolgt im Herbst 1997. Weiterhin will auch die derzeit in Gründung befindliche Direktbank der *Dresdner Bank* kundenindividuelle Leistungen und ein entsprechendes Beratungsangebot anbieten.

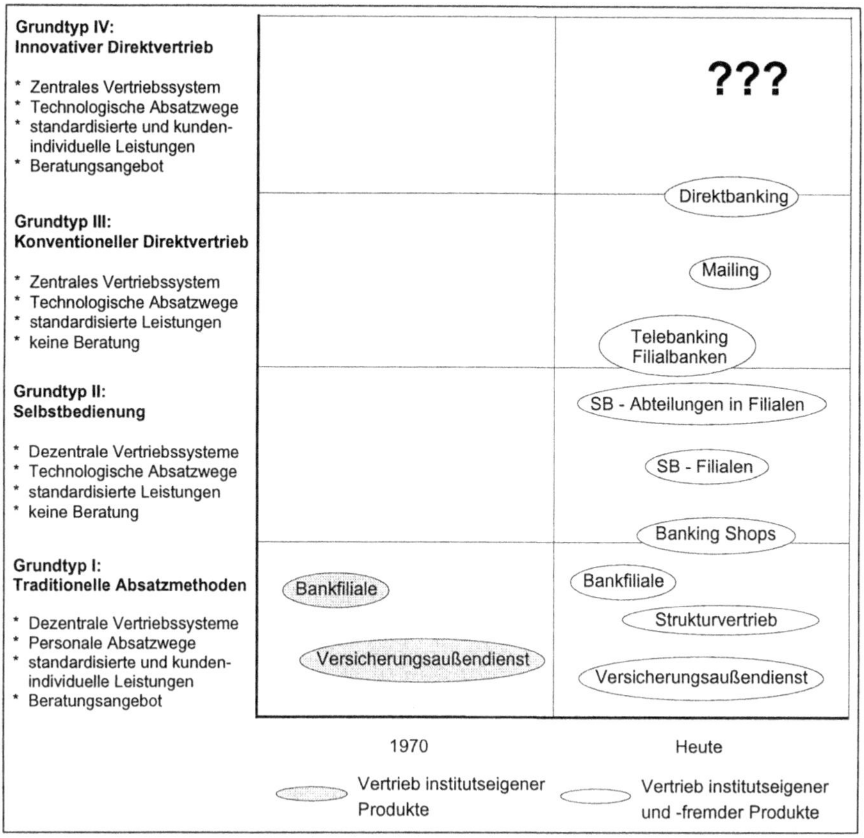

Abb. 1.2. Entwicklung von Absatzmethoden

Außendienste, betriebsfremde Absatzmittler, Direktbanken, Telebanking der Filialbanken usw.) existieren. Über die unterschiedlichen Absatzmethoden wird dabei ein zum Teil sehr differenziertes Absatzprogramm vertrieben, das von der einfachen Bereitstellung von Zahlungsverkehrsleistungen (EFTPOS) bis hin zu einem sehr umfassenden Spektrum an Finanzdienstleistungen (z. B. Filialvertrieb) reichen kann. Weiterhin wird der *Direktvertrieb* in Zukunft entsprechend der vorgestellten Prognosen noch stark an Bedeutung gewinnen. Die eingangs auf Seite 5 erwähnten vertriebspolitischen Fragestellungen können damit heute grundsätzlich anders beantwortet werden, als dieses bisher möglich (und marktüblich) war.

Ausgehend von der obigen Analyse der aktuellen Entwicklungstendenzen bezüglich der Absatzmethoden von Finanzdienstleistungen können wir nun das Untersuchungsfeld der vorliegenden Arbeit weiter eingrenzen.

2. Abgrenzung des Themas und Ziele der Arbeit

2.1 Untersuchungsfeld

Anstelle einer früher weitgehend einheitlichen Vertriebspolitik tritt heute eine wesentlich *differenziertere* Vertriebspolitik, die im allgemeinen aus einem Mix von Absatzwegen besteht[1], deren Merkmale sich teilweise deutlich voneinander unterscheiden. Für Finanzdienstleister ergeben sich damit aus einer vertriebspolitischen Sicht grundsätzlich *neue* Gestaltungsmöglichkeiten.

Bei der Gestaltung und Festlegung von Absatzmethoden besitzen die zu treffenden Entscheidungen *zentrale Bedeutung* für die gesamte Absatz- und Marketingstrategie eines Finanzdienstleisters[2]: Entscheidungen über Absatzmethoden führen im allgemeinen zu einer *mittel-* bis *langfristigen* Festlegung der Absatzpolitik. Die Entscheidung für den Aufbau einer Direktbank impliziert etwa den Aufbau einer entsprechend leistungsfähigen informations- und kommunikationstechnischen Infrastruktur, die auf die speziellen Anforderungen des Direktvertriebs von Finanzdienstleistungen ausgelegt ist (z. B. den Aufbau eines Call-Centers), die entsprechende Ausbildung und Schulung von Mitarbeitern und die Entscheidung für ein Leistungsprogramm, das im Direktvertrieb erfolgreich an Nachfrager absetzbar ist. Die Realisierung einer neuen Absatzmethode (wie beispw. der Aufbau einer Direktbank) sowie eine erfolgreiche Markteinführung und der Aufbau einer starken Marktposition mit dieser Absatzmethode benötigen erhebliche finanzielle Ressourcen[3] und eine erhebliche Zeitspanne[4]. Und sind Kunden erst einmal gewonnen, so können diese nicht einfach auf andere Absatzmethoden (wie Außendienst oder Filialvertrieb) „umgelenkt" werden. Darüber hinaus besteht häufig eine Abhängigkeit zwischen Absatzprogramm und Absatzmethode, da nicht immer

[1] Vgl. auch [Heit91]. Ähnlich auch Krupp, Vorstandsmitglied der *Deutschen Bank AG*: *„Im Endeffekt steuert das Bankgewerbe in eine Vertriebswege-Differenzierung."*, s. [Krup96], S. 712.

[2] Vgl. [Kotl74], S. 545, [Bäns82], S. 135.

[3] Das Eigenkapital der Direktbank der *Dresdner Bank*, die Mitte 1997 ihre Geschäftsaktivitäten aufnehmen will, soll 150 Millionen Mark betragen, vgl. [oV96k].

[4] So erwartet die bereits 1994 gegründete *Direkt Anlage Bank*, erst ab 1999 Gewinn erzielen zu können; ähnlich lange Anlaufzeiten erwarten auch die *Comdirect Bank* und die *Bank 24*, vgl. [oV96f].

alle Leistungen mittels einer Absatzmethode geeignet (aus Nachfrager- oder Anbietersicht) vertrieben werden können: Beispielsweise ist der Absatz von Zahlungsverkehrsleistungen für Strukturvertriebe und Außendienste (bisher) nur schwer vorstellbar. Einmal realisierte Vertriebskonzepte weisen damit *„einen starken Trend zur Erhaltung des Status quo“*[5] auf. Insgesamt stellt die Entscheidung für eine Absatzmethode häufig zugleich auch eine *„Vorentscheidung für andere absatzpolitische Instrumente“*[6] sowie für das mittels dieser Absatzmethode absetzbare Leistungsprogramm dar.

Aufgrund des großen prognostizierten Marktpotentials des Direktvertriebs von Finanzdienstleistungen einerseits sowie angesichts der weitreichenden Auswirkungen einer Entscheidung für die Implementation dieser Absatzmethode andererseits ist eine *wissenschaftliche* Auseinandersetzung mit der Absatzmethode Direktvertrieb notwendig, um durch theoretisch abgeleitete Aussagen vertriebspolitische Entscheidungen betriebswirtschaftlich fundiert(er) treffen zu können. Sollen (neue) Marktsegemente zielorientiert erschlossen, gesichert und erweitert werden[7], so dürfen aus der übergeordneten Sicht des Marketing vertriebspolitische Entscheidungen nicht unabhängig von den Bedarfsstrukturen der Nachfrager und (damit eng verbunden) nicht unabhängig vom konzipierten Leistungsprogramm getroffen werden. Dementsprechend ist das vertriebspolitische Untersuchungsfeld

1. *Welche Finanzdienstleistungen sind im Direktvertrieb an Nachfrager absetzbar ?*
2. *Wie können durch eine zielorientierte, aufeinander abgestimmte Gestaltung von* Leistungsprogramm *und* Direktvertrieb *die Marketingziele einer Erschließung, Sicherung und Erweiterung neuer Marktsegmente erreicht werden?*

von hoher praktischer und wissenschaftlicher Relevanz.

2.2 Direktvertrieb von Finanzdienstleistungen: Derzeitiger Entwicklungsstand

Betrachten wir das Absatzprogramm von Finanzdienstleistern, das derzeit mittels Direktvertrieb abgesetzt wird, so ist auffällig, daß vor allem weitgehend *standardisierte* und *produktorientierte* Leistungen angeboten werden, wie etwa Zahlungsverkehrsleistungen, Wertpapiertransaktionen mit Depotverwaltung, Termingeld- bzw. Laufzeitkonten und standardisierte Finanzierungen. Komplexere Produkte wie *kundenindividuelle* Baufinanzierungen oder kundenspezifisch zusammengestellte Wertpapierportfolios, bei denen kunden- und objektindividuelle Besonderheiten zu berücksichtigen sind,

[5] Siehe [Kotl74], S. 545.
[6] Vgl. [Wöhe86], S. 639.
[7] Vgl. Abschnitt 1.2, S. 5.

sowie *beratungsorientierte* Leistungen fehlen derzeit weitgehend im Leistungskatalog des Direktvertriebs.[8] Die Entscheidung für die Absatzmethode Direktvertrieb scheint damit gleichzeitig eine Entscheidung für eine Beschränkung des Absatzprogramms auf standardisierte und produktorientierte Finanzdienstleistungen zu implizieren (vergleiche auch Abb. 2.1). Die Fragezeichen deuten hier wiederum an, daß auf dem Markt derzeit Absatzmethoden erst im Entstehen sind, mit denen über technologische Absatzwege kundenindividuelle Finanzdienstleistungen vertrieben werden. Die Konzentration auf

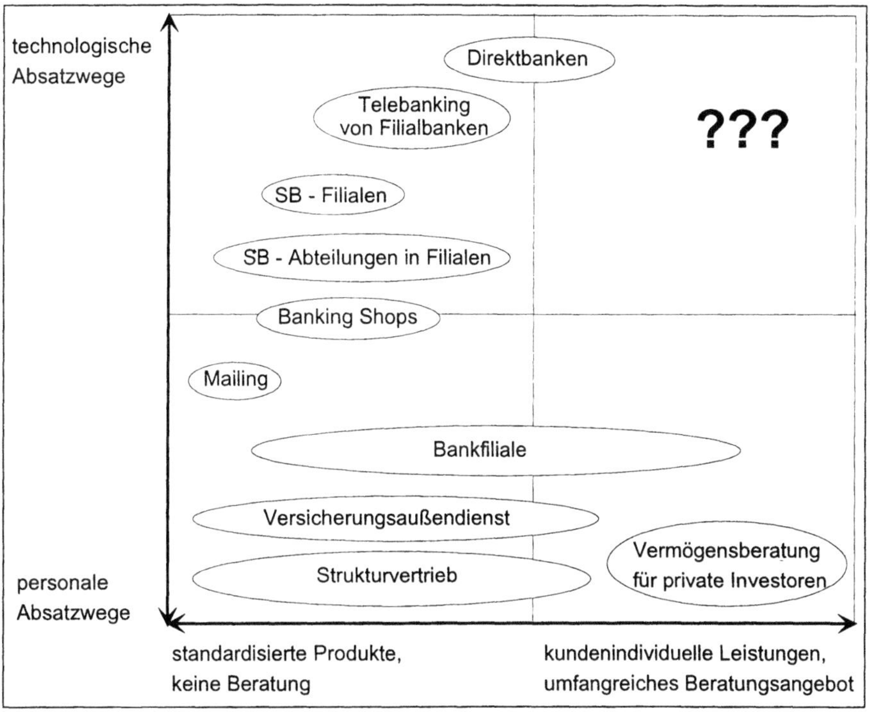

Abb. 2.1. Derzeitiges Leistungsangebot unterschiedlicher Absatzwege

standardisierte Produkte in Direktbanken wird betriebswirtschaftlich insbesondere aus zwei Überlegungen heraus begründet. Zum einen seien durch

[8] Vgl. beispielsweise die Übersichten über das Leistungsangebot von Direktbanken in [oV96b], [LaRö95], [RöLa96], [oV97c]. Eine Ausnahme stellt diesbezüglich das Angebot der *Advance Bank* dar, die ihren Kunden Beratungsleistung in Form von kundensegmentspezifisch konfigurierten Investmentfonds-Portfolios anbietet. Die Beratungsleistung wird in der Regel jedoch nur bei einem bei der Bank geführten Vermögenswert von mindestens 30.000 DM angeboten (vgl. [oV97c], S. 32) und (dies ist bei Banken im allgemeinen unüblich) den Kunden separat in Rechnung gestellt (vgl. [Wolp96]); es ist indes nicht möglich, nur die Beratungsleistung nachzufragen.

eine Konzentration auf standardisierte Produkte Kostenvorteile aufgrund einer rationelleren Leistungsproduktion im Sinne eines *Lean banking*[9] erzielbar: Standardisierte Produkte ermöglichen standardisierte Geschäftsprozesse, die durch eine umfassende Unterstützung mit elektronischen Informations- und Kommunikationssystemen in der bankbetrieblichen Praxis kostengünstig, wenig personalintensiv und mit verläßlicher Qualität realisierbar sind[10]. Zudem reduzieren einfache und standardisierte Produkte den Ausbildungsaufwand für Personal[11]. Darüber hinaus sind standardisierte Produkte in der Regel wenig erklärungsbedürftig, so daß auf eine *Beratung* der Kunden (weitgehend) verzichtet werden kann. Die eingesparten Beratungs-, Produktions- und Personalkosten können an die Kunden weitergegeben und als Preis- bzw. als Wettbewerbsvorteil[12] gegenüber Filialbanken genutzt werden, die über eine umfangreichere Produktpalette verfügen und Beratungsleistungen anbieten. Die Beratungsleistungen werden auf die Produktpreise umgelegt und den Kunden nicht separat in Rechnung gestellt. Damit müssen letztendlich auch Kunden, die keine Beratung nachfragen, indirekt „pauschalisierte" Beratungsgebühren bezahlen – ohne diese Leistungen in Anspruch zu nehmen.

Zum anderen wird die Konzentration auf standardisierte Produkte in Direktbanken als *notwendige* Konsequenz aus der räumlichen Trennung zwischen Bank und Nachfrager zum Vertriebszeitpunkt gesehen[13]: Die Erstellung kundenindividueller Finanzdienstleistungen bedinge aufgrund der notwendigen Erfassung der jeweils spezifischen Kundensituation[14], der Komplexität von Produkten, ihren steuerlichen Wirkungen usw. eine *persönliche* Beratung des Nachfragers, die über Kommunikationsmedien wie Telefon, Fax, Briefpost, elektronische Post („E-Mail") nicht ausreichend erbracht werden kann. Dementsprechend erfolgt eine Einteilung der direktbankgeeigneten Finanzdienstleistungen nahezu ausschließlich nach dem Kriterium *Beratungsintensität*[15]. Implizit wird in dieser Argumentation unterstellt, daß eine kundenindividuelle Beratung immer die räumliche Synchronität von Berater und Beratenem voraussetzt, da ansonsten der Kommunikationsprozeß zwischen beiden aufgrund einer räumlichen Trennung nicht möglich bzw. zu umständlich und langwierig wäre.

---

[9] Unter dem Begriff *Lean Banking* werden insbesondere Rationalisierungsstrategien für eine „schlanke" Aufbau- und Ablauforganisation sowie für „schlanke" Produktionsprozesse in Banken diskutiert, s. z. B. [BiFaRü92], [Uhle93], [Endr93], [Müll94b], [Krön94] und [BeWi94].

[10] Vgl. z. B. [BiFaRü92], [BeWi94], S. 195ff, und [Krön94].

[11] Vgl. [BeWi94], S. 200.

[12] Nach [Hofm95], S. 168ff, berechnen Direktbanken durchschnittlich 40 - 50% niedrigere Gebühren als herkömmliche Filialbanken.

[13] Vgl. z. B. [Dunz95], S. 42; [Brun93], S. 450, [Schm94], S. 47 und [BaKe95].

[14] Im Fall einer Baufinanzierung sind beispielsweise unter anderem persönliche Kundendaten, Informationen über die Einkommens- und Vermögensverhältnisse, Objektinformationen, Daten über bestehende Bausparverträge, Lebensversicherungen usw. zu erfassen.

[15] Vgl. z. B. [Weig95], S. 314f.

Beiden Argumentationslinien fehlt eine klare *ökonomische* Fundierung – und damit Überzeugungskraft. Sicherlich ist es zum einen richtig, daß beratungsarme Produkte mit standardisierten und wenig personalintensiven Geschäftsprozessen günstiger angeboten werden können als beratungsintensive Finanzdienstleistungen. Allerdings greift diese Überlegung aus ökonomischer Sicht aus zwei Gründen zu kurz: Es wird erstens eine reine Kostenbetrachtung zugrunde gelegt: die Analyse eines zusätzlichen Kundennutzens, der durch Beratung erzielt und von den Nachfragern vergütet[16] wird, unterbleibt. Übertragen wir diese verkürzte Argumentation für einen ausschließlichen Vertrieb standardisierter beratungsarmer Produkte auf Filialbanken, so dürften diese aus einer allein zugrundegelegten Kostenbetrachtung ebenfalls keine beratungsintensiven Leistungen anbieten. Zweitens fehlt die Untersuchung, ob nicht auch individuelle, auf den einzelnen Nachfrager maßgeschneiderte Finanzdienstleistungen standardisiert erstellt werden können.

Zum anderen ist es sicherlich richtig, daß die Erstellung kundenindividuell maßgeschneiderter Leistungen während des Angebotsprozesses häufig eine direkte Interaktion zwischen Direktbank und Nachfrager voraussetzt, die über die singuläre Nutzung eines klassischen Telekommunikationsmediums (wie Telefon) nur schwer kundenfreundlich herstellbar ist[17]. Aber gerade die Herausbildung von Online-Diensten und dem Internet mit seiner mächtigen graphischen „Benutzeroberfläche“ World Wide Web (WWW) scheint hier neues *Gestaltungspotential* zu bieten, das zu einer interaktiven kundenindividuellen Beratung auch über größere Distanzen hinweg genutzt werden kann. Trotz der intensiven Diskussion um Nutzungsmöglichkeiten des Internets bzw. von Online-Diensten durch Banken[18] sowie trotz der seit längerer Zeit andauernden Diskussion um die Gestaltung von *electronic banking*[19] zur Unterstützung der Vertriebsaktivitäten fehlt eine tiefere Auseinandersetzung

---

16 Diese Vergütung kann grundsätzlich entweder direkt vom Kunden an die Bank in Form einer leistungsgerechten Beratungsgebühr erfolgen und/oder indirekt, z. B. durch eine höhere Kundenzufriedenheit, die in einer hohen Kundenloyalität resultiert.

17 Einige (nicht repräsentative) Testberatungen in Zusammenarbeit mit der *Bayerischen Vereinsbank AG* haben für einen rein telefonbasierten Direktvertrieb (weitgehend standardisierter) Baufinanzierungen ergeben, daß aufgrund der benötigten Daten ca. 45 Minuten benötigt werden, bis ein Finanzdienstleister ein fundiertes Finanzierungsangebot erstellen kann; diese Zeit umfaßt noch nicht dessen ausführliche Erläuterung. Zudem kann der Finanzdienstleister am Telefon keine (absatzfördernden) visuellen Darstellungen von Tilgungsplänen u. ä. zur Beratung einsetzen.

18 Als Beispiele seien die Diskussion, im Zusammenhang mit elektronischen Warenhäusern (vgl. [MeSc96]) Finanzdienstleistungen anzubieten (s. z. B. [Zimm95], [MeSc96], S. 518), und die Diskussion um die Einrichtung von elektronischen Multimedia-Shops in „virtuellen Banken“ zum Vertrieb von Finanzdienstleistungen (vgl. [GeWi95]) angeführt.

19 Eine umfassende Übersicht (wenn auch unter Vernachlässigung des *Internets*) über *electronic banking* als elektronische Schnittstelle zwischen Bank und Nachfragern gibt [Stra90]; eine Kurzdarstellung bieten [BuLö97].

(etwa aus Sicht der Dienstleistungstheorie und des Marketing) mit der Problemstellung, ob über diese multimedialen Rechnernetze ein (interaktiver?) Direktvertrieb auch von *wenig* standardisierten, beratungsintensiven Finanzdienstleistungen möglich ist. Diese Technologien ermöglichen aufgrund ihrer *Multimedialität* potentiell die Unterstützung von Kommunikationsprozessen auch bei einer räumlichen Trennung von Berater und Beratenem – und damit potentiell die Erbringung einer kundenindividuellen Beratungsleistung trotz räumlicher Trennung von Anbieter und Nachfrager. Die Behauptung, die *persönliche Beratung* sei eine entscheidende Voraussetzung für die Erstellung kundenindividueller Finanzdienstleistungen, ist angesichts der neueren Technologieentwicklung letztendlich *nicht* begründet.

In der Literatur gibt es somit bisher wenig *betriebswirtschaftlich* fundierte Aussagen, unter welchen Bedingungen auch kundenindividuelle und beratungsintensive Finanzdienstleistungen im Direktvertrieb erfolgreich absetzbar sind. Weiterhin liegen bisher nur wenige überzeugende Aussagen vor, wie zum einen der Vertriebsprozeß zu gestalten ist, damit Nachfragern im Direktvertrieb (mit der räumlichen Trennung von Nachfragern und Finanzdienstleister) zum Beratungszeitpunkt schnell kundenindividuelle Angebote erstellt werden können. Zum anderen fehlen weitgehend *technisch* überzeugende Gestaltungsaussagen, wie das hierfür notwendige Informations- und Kommunikationssystem[20] zu gestalten ist.[21]

Wir können damit feststellen, daß das oben dargestellte Untersuchungsfeld[22] trotz seiner hohen praktischen Relevanz bezüglich des Direktvertriebs *kundenindividueller* Finanzdienstleistungen bisher aus wissenschaftlicher Sicht und aus Sicht der Praxis nur unzureichend bearbeitet ist.

2.3 Problemstellung der Arbeit

Ausgehend vom derzeitigen Stand der wissenschaftlichen Auseinandersetzung mit dem oben dargestellten Untersuchungsfeld können wir jetzt die zwei *grundlegenden Problemstellungen* der vorliegenden Arbeit präzisieren:

1. *Unter welchen Bedingungen sind kundenindividuelle und beratungsintensive Finanzdienstleistungen im Direktvertrieb betriebswirtschaftlich erfolgreich an Nachfrager absetzbar?*
2. *Wie ist der Absatzprozeß sowohl aus betriebswirtschaftlicher als auch aus systemtechnischer Sicht zu gestalten?*

Eine Lösung dieser Problemstellung erfordert unter anderem die Bearbeitung der folgenden Problemfelder:

[20] Für den Begriff des *„Informations- und Kommunikationssystems"* s. Fußnote 13, S. 3.
[21] Eine Ausnahme stellt diesbezüglich der Beitrag [RoBu96a] dar.
[22] Vgl. Abschnitt 2.1, S. 16.

- **Problemfeld 1: „*Eigenschaften und Anforderungen*"**
  Welches sind die *spezifischen Eigenschaften* von kundenindividuellen Finanzdienstleistungen und welche *Anforderungen* ergeben sich aus diesen Eigenschaften für die erfolgreiche Gestaltung des Vertriebsprozesses?
  Eine erste wichtige Erkenntnis ist, ob bzw. inwieweit kundenindividuelle Finanzdienstleistungen grundsätzlich für den Direktvertrieb geeignet sind und welche Voraussetzungen zu erfüllen sind, damit der Direktvertrieb kundenindividueller Finanzdienstleistungen erfolgreich ist. Hierzu sind insbesondere die spezifischen Eigenschaften derartiger Finanzdienstleistungen zu erfassen und deren Implikationen für die *Gestaltung* des Vertriebsprozesses zu erfassen. Dieser Schritt ist notwendig, da in der Literatur teilweise die Eignung kundenindividueller Finanzdienstleistungen für den Direktvertrieb bestritten wird[23].
- **Problemfeld 2: „*Wettbewerbssituation*"**
  Wie ist die *Wettbewerbssituation* auf dem Markt für Finanzdienstleistungen und sind (bei der gegebenen Wettbewerbssituation) für Finanzdienstleister durch einen Direktvertrieb von beratungsintensiven kundenindividuellen Finanzdienstleistungen *Wettbewerbsvorteile* erzielbar, bzw. können mit einem derartigen Angebot *Marketingziele* von Finanzdienstleistern erreicht werden?
  In einem weiteren Schritt ist zu klären, ob und inwicwcit Finanzdienstleister angesichts der derzeitigen (und zukünftig zu erwartenden) Wettbewerbssituation auf dem Markt für Finanzdienstleistungen durch das Angebot kundenindividueller Finanzdienstleistungen Wettbewerbsvorteile erzielen können. Nur wenn davon ausgegangen werden kann, daß ein Angebot von derartigen Problemlösungen latente Bedarfsstrukturen von Nachfragern besser befriedigen wird als bisher üblich und daß mit dieser Absatzmethode ein Beitrag zur Erreichung der Marketingziele von Finanzdienstleistern[24] geleistet wird, ist die Bearbeitung der weiteren Problemfelder sinnvoll.
- **Problemfeld 3: „*Bedingungen*"**
  Unter welchen *Bedingungen* entscheiden sich Nachfrager bei der Beschaffung kundenindividueller und beratungsintensiver Finanzdienstleistungen für die Absatzmethode[25] „Direktvertrieb"?
  Dieses Problemfeld ist eng mit dem zweiten Problemfeld verknüpft: Unter der Voraussetzung, daß Anbieter mit einem Angebot kundenindividueller Finanzdienstleistungen Wettbewerbsvorteile realisieren können, ist herauszuarbeiten, ob und unter welchen Bedingungen Nachfrager die Absatzme-

[23] Vgl. Abschnitt 2.2, S. 18.
[24] Für die Ziele des Finanzdienstleistungsmarketing s. Abschnitt 1.2, S. 5.
[25] Aus Sicht der Nachfrager handelt es sich um *Beschaffungs*methoden bzw. *Beschaffungs*wege. Da sowohl die Begriffe „Absatzweg/-methode" als auch die Begriffe „Beschaffungsweg/-methode" den gleichen Sachverhalt (wenn auch aus unterschiedlichen Perspektiven) bezeichnen, verwenden wir im folgenden einheitlich nur noch die Begriffe „Absatzweg/-methode".

thode Direktvertrieb gegenüber konventionellen indirekten Absatzmethoden für den Bezug kundenindividueller Finanzdienstleistungen bevorzugen. Die Bearbeitung und Lösung dieses Problemfelds ist Voraussetzung, um Aussagen ableiten zu können, ob (bzw. unter welchen Bedingungen) der Direktvertrieb für den Absatz kundenindividueller Finanzdienstleistungen eine zweckmäßige und zieltragende Absatzmethode zur Erschließung, Sicherung und Erweiterung neuer Marktsegmente ist.
- **Problemfeld 4: *„Gestaltung Leistungsprozeß"***
  Wie ist der *Leistungsprozeß* zu gestalten, damit im Direktvertrieb trotz räumlicher Trennung und trotz des Fehlens eines direkten persönlichen Kontakts von Nachfragern und Finanzdienstleistern wettbewerbsfähige kundenindividuelle Angebote über Finanzdienstleistungen erstellbar sind? Die Ableitung entsprechender, *betriebswirtschaftlich* fundierter Aussagen bildet die Grundlage für eine zielorientierte Gestaltung des Vertriebsprozesses, um die bei der Bearbeitung der übrigen Problemfelder identifizierten Bedingungen (Problemfeld 3 und 2) und Anforderungen (Problemfeld 1) realisieren und umsetzen zu können.
- **Problemfeld 5: *„Gestaltung Informations- und Kommunikationssystem"***
  Wie ist das *Informations- und Kommunikationssystem* zu gestalten, so daß es den Direktvertrieb kundenindividueller Finanzdienstleistungen zieladäquat unterstützt?
  Der Vertrieb kundenindividueller Finanzdienstleistungen ist ein kommunikations-[26] und informationsintensiver[27] Prozeß. Dementsprechend kann der Direktvertrieb kundenindividueller Finanzdienstleistungen nur aufgrunf einer zieladäquaten Gestaltung des Informations- und Kommunikationssystems[28] erfolgreich realisiert werden. Die Bearbeitung dieses Problemfelds zielt damit auf die Ableitung von *systemtechnisch* orientierten Gestaltungsaussagen, die die oben abgeleiteten betriebswirtschaftlich orientierten Gestaltungsaussagen ergänzen.

Die ersten drei Problemfelder zielen auf die Lösung der ersten Problemstellung, die letzten beiden Problemfelder zielen auf die Lösung der zweiten Problemstellung[29].

2.4 Ziele der Arbeit

Die vorliegende Arbeit zielt auf die *Steigerung der Wettbewerbsfähigkeit von Finanzdienstleistungsunternehmen*, indem sie dazu beitragen soll, Nachfra-

[26] Vgl. [Thed92], S. 28ff.
[27] [Will85], S. 8, [Roem94], S. 16. Wir werden dies in Abschnitt 4.1, S. 49ff, genauer betrachten.
[28] [Will95], S. 5, und [Roem94], S. 16.
[29] Siehe S. 20.

gern mit entsprechenden Bedarfsstrukturen zum Vertriebszeitpunkt preiswerte und kundenindividuelle Finanzdienstleistungen im Direktvertrieb anzubieten. Insbesondere soll die bisher vorherrschende Beschränkung des Leistungsangebots im Direktvertrieb auf weitgehend standardisierte und beratungsarme Finanzdienstleistungen überwunden und neue Kundensegmente erreicht werden, die einerseits sowohl die Absatzmethode „Direktvertrieb" gegenüber anderen Absatzmethoden bevorzugen als auch Bedarf an kundenindividuell zugeschnittenen Finanzdienstleistungen besitzen. Damit soll diese Arbeit *einen wissenschaftlich fundierten und praxisrelevanten Beitrag für eine zeitgemäße (die aktuelle Wettbewerbs- und Technologiesituation berücksichtigende) Beantwortung der oben dargestellten vertriebspolitischen Fragestellungen leisten und den Spielraum bei der kundenorientierten Gestaltung von Absatzmethoden für die Erzielung von Wettbewerbsvorteilen erweitern.*[30]

Da für den erfolgreichen Direktvertrieb von kundenindividuellen Finanzdienstleistungen die zielorientierte Gestaltung eines Informations- und Kommunikationssystems eine notwendige *Voraussetzung* darstellt[31], gliedert sich das oben formulierte Generalziel in betriebswirtschaftlich orientierte und informations-/kommunikationstechnologisch orientierte Teilziele.

Die *betriebswirtschaftlichen Teilziele* zielen zum einen (entsprechend der ersten Problemstellung[32]) auf die betriebswirtschaftlich fundierte Ableitung von Bedingungen, unter denen ein Direktvertrieb von kundenindividuellen Finanzdienstleistungen vorteilhaft realisiert werden kann. Zum anderen sollen (entsprechend der zweiten Problemstellung) ausgehend von den spezifizierten Bedingungen Gestaltungsaussagen für die betriebswirtschaftliche Gestaltung des Vertriebsprozesses abgeleitet werden. Durch die Erreichung des betriebswirtschaftlichen Teilziels kann mit dieser Arbeit damit ein Beitrag zum Marketing von Finanzdienstleistungen geleistet werden.

Die *informations-/kommunikationstechnologischen Teilziele* zielen – aufbauend auf den Ergebnissen der zuvor erfolgten betriebswirtschaftlichen Betrachtung – auf die Ableitung von systemtechnisch überzeugenden Gestaltungsaussagen für das Informations- und Kommunikationssystem. Hierbei werden zwei Dimensionen zu berücksichtigen sein[33]: Zum einen sollen hier Aussagen bezüglich einer Gestaltung des *Kommunikationssystems* zwischen Nachfrager und Finanzdienstleister erarbeitet werden. Mit diesen Gestaltungsaussagen soll eine leistungsfähige Unterstützung der Kommunikation zwischen Nachfrager und Anbieter während des Direktvertriebs von Finanzdienstleistungen (Erfassung der finanzwirtschaftlichen Problemstellung des Nachfragers, Präsentation und Erläuterung von kundenindividuell erstell-

[30] Auf Kundenorientierung als (notwendige) Wettbewerbsstrategie auf dem Markt für Finanzdienstleistungen gehen wir in Abschnitt 5.3, S. 95ff, ein.

[31] Vgl. Problemfeld 5.

[32] Vgl. Abschnitt 2.3, S. 20.

[33] Vergleiche hierzu allgemein die Darstellung der Konstruktionsziele von Informations- und Kommunikationssystemen in der Wirtschaftsinformatik in Fußnote 13, S. 3.

ten Finanzdienstleistungsangeboten usw.) erreicht werden; insbesondere soll hiermit die beim Direktvertrieb gegebene räumliche Trennung von Anbieter und Nachfrager zum Vertriebszeitpunkt mittels telematischer Dienste überwunden werden. Zum anderen sollen Aussagen bezüglich der Gestaltung des *Informationssystems* erarbeitet werden, um mit diesem entsprechend den betriebswirtschaftlichen Anforderungen die für den erfolgreichen Vertrieb und Absatz von kundenindividuellen Finanzdienstleistungen notwendigen Informationsspeicherungs-, Informationszugriffs- und Informationsverarbeitungsmöglichkeiten realisieren zu können. Mit dem Erreichen der informations-/kommunikationstechnologischen Teilziele kann damit aus Wirtschaftsinformatiksicht unter anderem ein Beitrag für die Entwicklung leistungsfähiger Systemarchitekturen für Beratungsunterstützungssysteme im Finanzdienstleistungsbereich geleistet werden.

Diese Arbeit versteht sich insbesondere auch als Beitrag für eine *gestaltungsorientierte* Wirtschaftsinformatik, die über eine Hilfsfunktion im Sinne einer „Bindestrich-Informatik"[34] hinausgeht und ein *„querschnittfunktionales Teilgebiet der Betriebswirtschaftslehre"*[35] darstellt. Es sollen also nicht unreflektiert bekannte Lösungsansätze und bestehende organisatorische Abläufe „in Code gegossen"[36], sondern unter Nutzung des Potentials moderner Informations- und Kommunikationstechnologie soll zielorientiert eine technisch leistungsfähige, betriebswirtschaftlich fundierte Lösung zur Realisierung des Direktvertriebs kundenindividueller Finanzdienstleistungen geschaffen werden. In diesem Verständnis fassen wir im folgenden Informations- und Kommunikationstechnologie als „Motor" bzw. als *„enabler"* innovativer Lösungen betriebswirtschaftlicher Probleme auf[37].

Entsprechend diesem gestaltungsorientierten Wirtschaftsinformatik-Verständnis zielt diese Arbeit zusammenfassend auf *Innovation* durch Nutzung von Gestaltungsoptionen moderner Informations- und Kommunikationstechnologie, um mit der Erreichung der Zielsetzung dieser Arbeit eine Steigerung der *Wettbewerbsfähigkeit* von Finanzdienstleistern durch eine betriebswirtschaftlich fundierte und informations-/kommunikationstechnologisch getrie-

---

[34] Vgl. [Stah93], S. 11.

[35] Vgl. [Will95], S. 16.

[36] Gerade diesbezüglich greifen die in der Informatik entwickelten Vorgehensweisen zur Realisierung von Anwendungssystemen zu kurz, da diese in der Regel eine IST-Analyse als Ausgangspunkt für die Systementwicklung wählen und eine betriebswirtschaftlich fundiert gestaltende SOLL-Analyse zur Realisierung innovativer Lösungsansätze konzeptionell nicht berücksichtigen.

[37] Vgl. für ein ähnliches Verständnis zur Auffassung von Informations- und Kommunikationstechnologie als *„enabler"* innovativer betriebswirtschaftlicher Lösungen bzw. Gestaltungsansätze beispw. [Satz97a], [RoBu96a], [Schn96], [Will95], S. 5ff, [BuSaWi94], [Roem94]. Rolf bezeichnet denn die Informatik auch als „Gestaltungswissenschaft", vgl. [Rolf92].

bene *Invention* von kundenorientierten und innovativen Absatzmethoden zu erreichen[38].

2.5 Gang der Untersuchung

Zum Abschluß dieses einführenden *Teil I* sollen im *dritten Kapitel* die wesentlichen *finanzdienstleistungsorientierten Begriffe* (Abschnitt 3.1) und *vertriebsorientierten Begriffe* (Abschnitt 3.2) definiert werden, um für den weiteren Verlauf der Arbeit ein einheitliches und konsistentes Begriffsverständnis zu erzielen. Von zentraler Bedeutung für den weiteren Gang der Arbeit sind insbesondere die in Abschnitt 3.1.2 eingeführten Begriffe des *finanzwirtschaftlichen Nachfragerproblems* sowie der *kundenindividuellen Problemlösung*: Mit diesen Begriffen werden aus einer finanzwirtschaftlich orientierten Sichtweise *Ziele* und *Restriktionen* von Nachfragern präzisiert, die diese mit der Inanspruchnahme von Finanzdienstleistungen erreichen wollen. Mit diesen Begriffen ist zugleich ein konzeptioneller Rahmen geschaffen, der sich für die weitere Untersuchung als tragfähig erweist.

Im Mittelpunkt der weiteren Arbeit steht zur Erreichung des Untersuchungsziels die Bearbeitung der oben herausgearbeiteten fünf Problemfelder[39]. Im *zweiten Teil* stehen mit der Bearbeitung der ersten drei, überwiegend betriebswirtschaftlich ausgerichteten Problemfelder *ökonomische Analysen* bezüglich der Eignung der Absatzmethode „Direktvertrieb" für den Vertrieb kundenindividueller Finanzdienstleistungen im Vordergrund. Das *vierte Kapitel* widmet sich der Bearbeitung des ersten Problemfelds *„Eigenschaften und Anforderungen"*: Auf der Literatur sowie auf dem im dritten Kapitel geschaffenen konzeptionellen Rahmen aufbauend, werden in den Abschnitten 4.1-4.6 die wesentlichen *vertriebsrelevanten Eigenschaften* kundenindividueller Finanzdienstleistungen herausgearbeitet und die grundsätzliche Eignung des Direktvertriebs als Absatzmethode derartiger Leistungen aufgezeigt. Vor dem Hintergrund dieser Ergebnisse werden in Abschnitt 4.7 die Rahmenbedingungen dargestellt, die bei einer Erstellung derartiger Finanzdienstleistungen zu berücksichtigen sind. Da die Gestaltung des Informations- und Kommunikationssystems für den Direktvertrieb kundenindividueller Finanzdienstleistungen von Bedeutung ist (vgl. Problemfeld 5), werden in Abschnitt 4.8 ausgehend von den vertriebsrelevanten Eigenschaften sowie den dargestellten Rahmenbedingungen die Anforderungen an ein geeignet gestaltetes Informations- und Kommunikationssystem herausgestellt.

[38] Wir verwenden hier die Begriffe *Invention* und *Innovation* entsprechend Schumpeter. Dieser bezeichnet *Innovation* als die (technische) Umsetzung einer Erfindung (hier: Informations- und Kommunikationstechnologie) durch einen findigen Unternehmer (hier: Finanzdienstleister) und *Invention* als die Erfindung eines neuen Produktes oder Verfahrens (hier: Verfahren zur Erstellung kundenindividueller Finanzdienstleistungsangebote), vgl. [Schu64], S. 100ff.

[39] Für die fünf Problemfelder s. Abschnitt 2.3, S. 20f.

Im *fünften Kapitel* wird zur Bearbeitung des zweiten Problemfelds *„Wettbewerbssituation"* eine *marktorientierte Betrachtungsweise* zugrundegelegt, anhand derer untersucht wird, welchen Beitrag der Direktvertrieb kundenindividueller Finanzdienstleistungen zur Erreichung der Marketingziele von Finanzdienstleistern angesichts der derzeitigen Marktsituation leisten kann und welche Wettbewerbsvorteile erzielbar sind. Hierzu wird in Abschnitt 5.1 die derzeitige Wettbewerbssituation auf dem Markt für Finanzdienstleistungen herausgearbeitet und in Abschnitt 5.2 werden deren ökonomische Auswirkungen auf die Anbieter von Finanzdienstleistungen betrachtet. Ausgehend von der Feststellung, daß sich Finanzdienstleister für die mittel- bis langfristige Erreichung von Marketingzielen verstärkt an den Bedürfnissen ihrer Nachfrager orientieren müssen (Abschnitt 5.3), werden in Abschnitt 5.4 die spezifischen Beiträge des Direktvertriebs zur Erzielung von Wettbewerbsvorteilen und der Erreichung von Marketingzielen untersucht.

Bei der Untersuchung der Eignung einer Absatzmethode müssen nicht nur die vertriebsrelevanten Gütereigenschaften sowie die Marktentwicklungen Berücksichtigung finden, sondern es ist insbesondere auch das *Nachfragerverhalten* zu analysieren: Letztlich wird eine Absatzmethode nur dann einen Beitrag zur Erreichung der Marketingziele leisten, wenn Nachfrager diese gegenüber anderen Absatzmethoden präferieren. Einer Untersuchung des Nachfragerverhaltens widmen wir uns in den Kapiteln 6 und 7 mit der Bearbeitung des dritten Problemfelds *„Bedingungen"*. Im *sechsten Kapitel* steht die Untersuchung des *Entscheidungskalküls* von Nachfragern bei der Vertriebswegewahl im Vordergrund: Ausgehend von der Entscheidung für einen ökonomischen Untersuchungsansatz in Abschnitt 6.1 wird das Entscheidungskalkül in Abschnitt 6.2 aus einer *haushaltsökonomischen* Perspektive formalisiert und analysiert. Aus der weiteren Untersuchung des Entscheidungskalküls werden Bedingungen abgeleitet, unter denen Nachfrager die Absatzmethode Direktvertrieb gegenüber anderen Absatzmethoden präferieren; hierbei unterscheiden wir zwischen Nachfragern mit und ohne Beratungsbedarf.

Da Nachfrager das Beratungsangebot von Finanzdienstleistern vor allem deshalb in Anspruch nehmen, um deren Informationsvorsprünge und Informationsverarbeitungskapazitäten zu nutzen, soll zur weiteren Bearbeitung des Problemfelds *„Bedingungen"* im *siebten Kapitel* analysiert werden, welche Folgen aus dieser *asymmetrischen Informationsverteilung* resultieren. In Abschnitt 7.1 wird dazu zunächst die Informationsverteilung in der Finanzberatung betrachtet; in den Abschnitten 7.2 und 7.3 sind dann die aus der vorliegenden Informationsverteilung resultierenden Folgen Gegenstand der Untersuchung. Hierauf aufbauend wird in Abschnitt 7.4 theoriegeleitet ein Kooperationsdesign entwickelt, mit dem die negativen Folgen der gegebenen asymmetrischen Informationsverteilung vermeidbar sind; dieses wird weiterhin anhand eines formalen Modells präzisiert.

In *Teil III* dieser Arbeit wenden wir uns der geeigneten Gestaltung des Informations- und Kommunikationssystems zu, die eine Bedingung für die

Erstellung kundenindividueller Finanzdienstleistungen im Direktvertrieb darstellt. In Kapitel 8 wird mit der Bearbeitung des vierten Problemfelds *„Gestaltung Leistungsprozeß“* zunächst untersucht, wie der Prozeß der Erstellung kundenindividueller Finanzdienstleistungen so gestaltbar ist, daß den zuvor in Abschnitt 4.7 erarbeiteten betriebswirtschaftlichen Rahmenbedingungen Rechnung getragen werden kann: In Abschnitt 8.1 wird untersucht, inwieweit diesbezüglich auf den derzeitigen Ergebnissen in Praxis und Wissenschaft aufgebaut werden kann. In Abschnitt 8.2 werden ausgehend auf der Wahl eines geeigneten Modellierungsformalismus Aussagen über die Gestaltung eines maschinell gestützten Erstellungsprozesses erarbeitet.

Im *neunten Kapitel* wird in Weiterführung der Ergebnisse des achten Kapitels mit der Bearbeitung von fünften Problemfelds *„Gestaltung Informations- und Kommunikationssystem“* gezeigt, wie das Informationssystem (Abschnitt 9.1) und das Kommunikationssystem (Abschnitt 9.2) zu gestalten ist, damit die in Abschnitt 4.8 abgeleiteten Anforderungen geeignet berücksichtigt werden. Diese beiden Teilsysteme werden in Abschnitt 9.3 dann zu einem ganzheitlichen Informations- und Kommunikationssystem integriert; die abgeleiteten Gestaltungsaussagen werden in Abschnitt 9.4 vor dem Hintergrund der in Abschnitt 4.8 erarbeiteten Anforderungen an ein geeignet gestaltetes IKS überprüft. Zum Abschluß des *Teils III* wird in Abschnitt 9.5 anhand eines einfachen Warteschlangenmodells untersucht, ob für den Direktvertrieb eine räumlich zentrale Leistungserstellung an einer Lokalität einer räumlich verteilten Leistungserstellung überlegen ist und es werden einige resultierende *organisatorische Gestaltungsoptionen* aufgezeigt.

Eine Zusammenfassung und Bewertung der erarbeiteten Ergebnisse sowie ein kurzer Ausblick auf weitere interessante Fragestellungen beschließen die Arbeit in Kapitel 10. Abbildung 2.2 stellt den weiteren Aufbau der Arbeit nochmals übersichtlich und zusammenfassend dar.

Teil I:		
Begriffsklärung		
Finanzdienstleistungsorientierte Begriffe		**Abschnitt *3.1***
Vertriebsorientierte Begriffe		**Abschnitt *3.2***
Teil II:		
***Ökonomische Analyse* des Direktvertriebs kundenindividueller Finanzdienstleistungen**		
aus Sicht *vertriebsrelevanter Leistungseigenschaften*	**Problemfeld *1***	**Kapitel *4***
aus markt*orientierter* Sicht	**Problemfeld *2***	**Kapitel *5***
aus *haushaltsökonomischer* Sicht	**Problemfeld *3***	**Kapitel *6***
aus *informationsökonomischer* Sicht	**Problemfeld *3***	**Kapitel *7***
Teil III:		
Ableitung von Aussagen für die *SOLL-Gestaltung* des IKS		
Gestaltung eines *maschinellen Problemlösungsprozesses* zur Erstellung kundenindividueller Finanzdienstleistungen	**Problemfeld *4***	**Kapitel *8***
Gestaltungsaussagen für das *Informations- und Kommunikationssystem*	**Problemfeld *5***	**Kapitel *9***
Teil IV:		
Zusammenfassung* und *Ausblick		

Abb. 2.2. Übersicht über den weiteren Aufbau der Arbeit

3. Begriffsabgrenzungen

In diesem Kapitel sollen die wesentlichen Begriffe definiert werden, die im weiteren Verlauf dieser Arbeit von zentraler Bedeutung sind. Gegenstand dieser Begriffsdefinitionen sind zum einen die absatzwirtschaftlichen Begriffe *Absatzweg* sowie *Direktvertrieb* und zum anderen die finanzdienstleistungsbezogenen Begriffe *Finanzdienstleistung*, *Finanzprodukt* und *Finanzberatung* sowie die Begriffe *Kundenproblem* und *Problemlösung*. Die Definition dieser Begriffe ist insofern notwendig, als einerseits diese in der Literatur nicht einheitlich definiert sind sowie teilweise mit unklarer Semantik verwendet werden und andererseits ein einheitliches Verständnis dieser Begriffe Voraussetzung für die Nachvollziehbarkeit und Klarheit der weiteren Argumentation dieser Arbeit ist. Damit wird das notwendige begriffliche Fundament für die Bearbeitung der in Abschnitt 2.3[1] herausgearbeiteten Problemfelder gelegt.

3.1 Finanzdienstleistungsbezogene Begriffe

3.1.1 Finanz*dienstleistung* und Finanz*produkt*

In Kap. 1[2] wurde der Begriff *Finanzdienstleistung enumerativ* definiert. Der gewählte enumerative Definitionsansatz hat zwar durch die Aufzählung von angebotenen Marktleistungen die Eigenschaft einer hohen Anschaulichkeit, ist allerdings aus wissenschaftlicher Sicht unbefriedigend: Es werden keine *Kriterien* spezifiziert, anhand derer entschieden werden kann, ob eine am Markt angebotene Leistung als Finanzdienstleistung zu bezeichnen ist. Dies impliziert, daß bei neu entwickelten Finanzdienstleistungen die Definition erweitert werden muß und damit keine zeitliche Konstanz aufweist. Dieser Nachteil ist insbesondere deshalb von Bedeutung, weil sich Wissenschaft und Praxis intensiv damit beschäftigen, ingenieurmäßig (im Sinne eines *Financial engineering*) Finanzinnovationen zu entwickeln und auf dem Markt einzuführen[3]. Darüber hinaus sind bei einer enumerativen Finanzdienstleistungsdefinition diejenigen Merkmale von Finanzdienstleistungen nur schwer

[1] Siehe S. 20f.
[2] Vgl. S. 1.
[3] Vgl. beispw. [Cram93], [Wein95] und [Maie96].

ableitbar, die für eine leistungsfähige Gestaltung des Direktvertriebs von Finanzdienstleistungen zu berücksichtigen sind. Wir wollen deshalb für die weitere Betrachtung den Begriff Finanzdienstleistungen genauer definieren und versuchen im folgenden, Kriterien für die Abgrenzung von Finanzdienstleistungen aufzustellen.

Nach Corsten können Dienstleistungen allgemein

- enumerativ,
- negativ oder
- konstitutiv

definiert werden.[4] In *negativen Definitionsansätzen* von Dienstleistungen werden Kriterien aufgestellt, mit denen alle materiellen und immateriellen Güter[5] identifiziert werden sollen, die *keine* Dienstleistungen sind. Häufig werden bei dieser Vorgehensweise alle Güter, die nicht eindeutig Sachgüter sind bzw. nicht der industriellen Produktion zugeordnet werden können, unter dem Begriff Dienstleistung zusammengefaßt[6]. Dieser Ansatz, der bereits für den allgemeinen Dienstleistungsbegriff unbefriedigend ist (Corsten spricht von einer *„wissenschaftlichen Verlegenheitslösung")*[7], ist zur Definition von Finanzdienstleistungen deshalb abzulehnen, da hier alle Sachgüter und alle Dienstleistungen anzuführen wären, die keine Finanzdienstleistungen darstellen. Damit wäre eine Negativdefinition von Finanzdienstleistungen letztendlich eine „negativ-enumerative" Definition, in der die Nachteile enumerativer und negativer Ansätze zusammenkämen.

Aufgrund der Schwierigkeiten einer enumerativen und negativen Definition des Begriffs Finanzdienstleistung wird dieser Begriff im allgemeinen *konstitutiv* definiert: Es wird hierbei versucht, in einer *induktiven* Vorgehensweise die typischen Merkmale herauszuarbeiten, aus denen sich Finanzdienstleistungen konstitutiv zusammensetzen[8]. Diese konstitutiven Merkmale können dann als Kriterium verwendet werden, um zu entscheiden, ob ein Gut eine Dienstleistung bzw. eine Finanzdienstleistung ist[9]. Es gibt grundsätzlich zwei Vorgehensweisen, um den Begriff Finanzdienstleistung konstitutiv zu definieren. Zum einen kann zunächst der Dienstleistungsbegriff allgemein (konstitutiv) abgegrenzt werden, anschließend werden Finanzdienstleistung durch additives Hinzufügen spezifischer Finanzdienstleistungsmerkmale als spezi-

---

[4] Vgl. [Cors90], S. 17. Ähnlich auch z. B. [Bere74], S. 17ff, und [Meye93], S. 176.

[5] Wir legen hier eine *Gütersystematik* in Anlehnung an [Chmi68], S. 85ff, und [ScPo83], S. 28, zugrunde.

[6] Vgl. [Zoll95], S. 55.

[7] Vgl. [Cors90], S. 18.

[8] Zollner bezeichnet diese Merkmale plakativ als *„Wesensmerkmale"*, vgl. [Zoll95], S. 57.

[9] So z. B. für Dienstleistungen allgemein bei [Bere83], S. 11ff; [Berr84], S. 29ff; [ZePaBe85], S. 37ff; [Shos87], S. 34f und [Cors90], S. 18ff. Für Finanzdienstleistungen im besonderen s. z. B. [Gies93], S. 6ff; [Bett94], S. 41ff; [Lach94], S. 32ff; [Nade95], S. 5ff;

elle Dienstleistungen definiert[10]. Zum anderen kann versucht werden, den Finanzdienstleistungsbegriff unabhängig vom allgemeinen Dienstleistungsbegriff zu definieren. Da bisher keine *überzeugende* Dienstleistungsdefinition vorliegt[11] und in neueren Arbeiten die *Zweckmäßigkeit* einer allgemeinen Dienstleistungsdefinition aus Marketingsicht grundsätzlich bezweifelt wird[12], wird hier die zweite Möglichkeit gewählt.

In der neueren Literatur orientieren sich konstitutive Finanzdienstleistungsdefinitionen an der *Funktion* von Finanzdienstleistungen aus Nachfragersicht, so zum Beispiel die Definitionen von Bühler und Lacher:

Finanzdienstleistungen sind:

- *„[...] diejenigen Dienstleistungen, welche von den Unternehmen zur Erfüllung des finanzwirtschaftlichen Bedarfs privater und kommerzieller Wirtschaftseinheiten angeboten werden.“*[13]
- *„[...] Marktleistungen, die finanzwirtschaftliche Kundenbedürfnisse teilweise oder ganz erfüllen und die erst dadurch entstehen, daß der Nachfrager in den Prozeß der Leistungserstellung einbezogen wird.“*[14]

Problematisch an diesen beiden Definitionen ist, daß diese einerseits als wichtiges konstitutives Merkmal von Finanzdienstleistungen deren Fähigkeit anse-

---

10 Vgl. beispw. [Stra66], [Bühl92c], S. 2ff, und [Gies93], S. 1ff.

11 Vgl. hierzu insbesondere [Rück95].

12 Vgl. insbesondere [EnKlRe93]: Diese schlagen vor, die *Dichotomie* von Sachgütern und Dienstleistungen zu überwinden, und entwickeln eine allgemeine *Leistungstypologie* entlang der zwei Achsen *„Immaterialität“* und *„Integrativität“*. Satzger schlägt in einer kritischen Auseinandersetzung mit dem Beitrag von [BeGü96] eine Leistungstypologie vor, die ebenfalls über die Dichotomie von Sachgütern und Dienstleistungen hinausführt und Güter entlang von *Komplexitätsdimensionen* (vgl. zu diesen Komplexitätsdimensionen ausführlich [Güth95], S. 25ff) klassifiziert, vgl. [Satz97b]. Sowohl die Arbeit von Satzger als auch von Engelhardt et al. kommen aufgrund der Abgrenzungsprobleme zwischen Sachgütern und Dienstleistungen zu dem Ergebnis, daß eine Trennung in diese beiden Güterkategorien *nicht* zweckmäßig ist. Aus Wirtschaftsinformatik-Sicht ist bezüglich einer Leistungstypologie entlang der vorgeschlagenen Komplexitätsdimensionen zu kritisieren, daß die Ausprägungen von (mindestens) zwei der vorgeschlagenen Komplexitätsdimensionen zur Charakterisierung von (Dienst-)Leistungen (Länge der Leistungserstellung und Multipersonalität) stark von der eingesetzten Informations- und Kommunikationstechnologie abhängen: Wird beispielsweise ein entsprechend der Risikonutzenfunktion eines Nachfragers optimiertes Portfolio manuell erstellt, ist diese Dienstleistung entsprechend diesen Dimensionen *ceteris paribus* als (wesentlich) komplexer einzustufen, als wenn das gleiche Portfolio innerhalb kurzer Zeit unter Nutzung entsprechender Software erstellt wird – ohne daß bezüglich der Ergebnis-/Prozeßdimension wesentliche Komplexitätsunterschiede erkennbar sind.

13 Siehe [Bühl92c], zitiert nach [Nade95], S. 5. Zu dieser Definition ist kritisch anzumerken, daß er Finanzdienstleistungen als spezifische Dienstleistungen definiert, obwohl der Dienstleistungsbegriff selbst umstritten ist, s. o.

14 Siehe [Lach94], S. 48.

hen, finanzwirtschaftliche *Bedürfnisse*[15] von Nachfragern befriedigen zu können, daß aber andererseits diese Bedürfnisse nicht weiter definiert werden. Nachfrager haben in der Regel kein unmittelbares Bedürfnis nach Finanzdienstleistungen, da deren Besitz selbst keinen unmittelbaren Nutzen stiftet, sondern sie nutzen vielmehr Finanzdienstleistungen, um andere zugrundeliegende Bedürfnisse wie Konsumwünsche oder Vorsorgebedürfnisse zu befriedigen. Finanzwirtschaftliche Bedürfnisse sind damit (in der Regel) abgeleitete Bedürfnisse[16] und als Merkmal zur Abgrenzung von Finanzdienstleistungen sehr unscharf.

Wir wollen den funktionalen Definitionsansatz jedoch aufgreifen und mit der Beobachtung verknüpfen, daß Finanzdienstleistungen die Befriedigung von anderen Bedürfnissen durch die *Bereitstellung von Liquidität* zu einem oder mehreren gewünschten Zeitpunkten ermöglichen: Finanzdienstleistungen transformieren in ihrer grundsätzlichen Funktion Liquidität über die Zeit, sie ermöglichen ihren „Käufern" den Tausch derzeitiger Liquidität gegen zukünftige Liquidität bzw. den Tausch zukünftiger Liquidität in derzeitige Liquidität[17]. Der grundsätzliche Leistungsgegenstand von Finanzdienstleistungen ist entsprechend dieser Argumentation Liquidität bzw. Geld, die Kernleistung ist *intertemporale Verteilung von Liquidität.* Wir erhalten damit folgende Definition:

Finanzdienstleistungen im engeren Sinne:
Finanzdienstleistungen im engeren Sinne sind rechtlich bindende, gegenseitige Zahlungsversprechen zwischen einem oder mehreren Anbietern und einem Kunden, die rechtlich und wirtschaftlich marktfähige Leistungen darstellen; sowohl Höhe als auch Zeitpunkt von Zahlungen können unsicher sein und damit abhängig vom Eintritt bestimmter Umweltsituationen.

Wir werden im folgenden Finanzdienstleistungen im engeren Sinne auch als *Finanzprodukte*[18] bezeichnen. Schierenbeck spricht in diesem Zusammenhang von einem *„Einzelgeschäft"*[19], Spremann von einem *„Finanzkontrakt"*[20].

Im Falle von sicheren Zahlungen (sowohl Höhe als auch Zeitpunkte der Zahlungen sind exakt spezifiziert und treten entsprechend der Spezifikation ein) kann ein Finanzprodukt Z entsprechend der klassischen Finanzierungstheorie einfach durch einen Zahlungsstrom $\boldsymbol{z}$ repräsentiert werden:

---

[15] Unter *Bedürfnis* wird in der ökonomischen Theorie ein von einem Wirtschaftssubjekt empfundener Mangelzustand verstanden, verbunden mit dem Bestreben, diesen zu beseitigen, vgl. [Sand74], S. 313, und [Herd89], S. 1.

[16] Vgl. [Hahn77].

[17] Vgl. zu dieser Überlegung auch [Nieh83], S. 538: Nach Niehans ist insbesondere der *Austausch von gegenwärtigem und zukünftigen Geld* Kernleistung von Banken; zu den weiteren Kernleistungen zählt er das Zusammenbringen der finanziellen Überschußeinheiten mit den finanziellen Defiziteinheiten einer Volkswirtschaft und die Abwicklung des Zahlungsverkehrs.

[18] Vgl. [Will95], S. 19.

[19] Vgl. [Schi94], S. 295f.

[20] Vgl. [Spre91], S. 90.

$z, z = (z_0, z_1, \ldots, z_T)$.

Der Index 0 stellt den (normierten) Zeitpunkt der ersten Zahlung dar, T den Zeitpunkt der letzten Zahlung; der Zeitraum zwischen zwei Zahlungszeitpunkten wird als *Periode* bezeichnet. $z_i > 0, i \in \{0, 1, \ldots, T\}$, bezeichnet hier eine Zahlung zum Zeitpunkt i vom Finanzdienstleister an den Kunden (eine *Einzahlung* aus Nachfragersicht), $z_j < 0, j \in \{0, 1, \ldots, T\}$, bezeichnet eine Zahlung vom Kunden an den Finanzdienstleister (*Auszahlung*). Im Sinne der klassischen Finanzierungstheorie sind Zahlungsversprechen mit $z_0 > 0$ und $z_i < 0, \forall i \in \{1, \ldots, T\}$ als *Finanzierungprodukte* zu bezeichnen. Zahlungsversprechen mit $z_0 < 0$ und $z_i > 0, \forall i \in \{1, \ldots, T\}$ sind als *Anlageprodukte* zu interpretieren; Zahlungsversprechen mit anderen Zahlungsverläufen über die Zeit werden als *gemischte Anlage- und Finanzierungsprodukte* bezeichnet. Sind die einzelnen Zahlungen unsicher, so ist die Repräsentation eines Finanzprodukts nicht ganz so einfach, da hier zusätzlich die Verteilungsfunktionen für den Eintritt einer Zahlung sowie weitere Bedingungen zu repräsentieren sind, deren Eintritt Voraussetzung für die Leistung einer Zahlung sind. Dementsprechend umfaßt ein Finanzprodukt als rechtlich bindendes Zahlungsversprechen neben der Spezifikation von Zahlungen über die Zeit weitere rechtliche Ansprüche und Pflichten zur Sicherung der späteren Zahlungen[21].

Ein Finanzprodukt als gegenseitiges rechtliches Zahlungsversprechen mit dem Leistungsgegenstand, heutige und künftige Liquidität zu tauschen, ist damit letztendlich ein immaterielles Recht (und damit ein Gut), das ein Nachfrager von einem Finanzdienstleister als Anbieter *erwirbt* bzw. *kauft*. Mit dem Erwerb bzw. Kauf eines Guts wird im allgemeinen der rechtliche Eigentumsübergang eines Guts an den Käufer verbunden, mit dem Recht, dieses Gut nutzen und verändern zu können[22]. Wir verstehen unter dem Kauf eines Finanzprodukts jedoch in erster Linie nicht einen Besitz- bzw. Eigentumswechsel eines Guts (Liquidität) im juristischen Sinne, sondern den Erwerb bzw. den Kauf von bestimmten Verfügungsrechten an (heutiger oder zukünftiger) Liquidität, die von einem Finanzdienstleister bereitgestellt wird: Hier stehen die Rechte, ein Gut (Liquidität) *nutzen* zu können, und Erträge aus der Nutzung dieses Guts *einbehalten* zu dürfen, im Vordergrund: Im Falle von Anlageprodukten kauft der Nachfrager das Recht, überschüssige Liquidität an den Emittenten zahlen zu können und später verzinst zurück zu erhalten; im Falle von Finanzierungsprodukten kauft der Nachfrager das Recht, Liquidität des Finanzdienstleisters jetzt nutzen zu können und eventuelle Erträge, die er aus der Nutzung dieses Guts erzielt, einbehalten zu können. Weiterhin ist beim Kauf von Finanzprodukten häufig noch das Recht von Bedeutung, das Finanzprodukt ganz oder teilweise an andere *veräußern*

[21] Vgl. [Will95], S. 19.

[22] In der *Property-Rights*-Theorie werden die unterschiedlichen Verfügungsrechte an Gütern aus ökonomischer Sicht untersucht; vgl. zur Einteilung von Verfügungsrechten an Gütern allgemein [Tiet81], S. 210.

zu können (vor allem bei Anlageprodukten; bei Finanzierungsprodukten ist dies häufig nicht möglich). Auf den Kaufpreis von Finanzprodukten wird im folgenden Abschnitt 3.1.2, S. 37, eingegangen.

Bisher haben wir den Finanzdienstleistungsbegriff sehr eng gefaßt. Neben Finanzprodukten bieten Finanzdienstleister ihren Nachfragern weitere marktfähige Leistungen an, die auf die Verwaltung von Finanzprodukten (Depotleistungen), auf die tatsächliche Abwicklung und Durchführung von Zahlungen sowie auf den Kauf von Finanzprodukten (Transaktions- und Zahlungsverkehrsleistungen) und auf die Beratung von Nachfragern bei der Auswahl von für sie geeigneten Finanzprodukten (Finanzberatung) zielen. All diesen Leistungen ist gemeinsam, daß sie als Leistungsgegenstand *Finanzprodukte* besitzen. Wir verstehen deshalb unter Finanzdienstleistungen in einem weiteren Sinne:

Finanzdienstleistungen im weiteren Sinne:
Finanzdienstleistungen im weiteren Sinne sind Finanzprodukte und diejenigen Leistungen, welche Finanzprodukte als Leistungsgegenstand besitzen.

Wenn wir im folgenden den Begriff *Finanzdienstleistung* verwenden, meinen wir damit immer Finanzdienstleistungen im weiteren Sinne, wir verwenden den Begriff *Finanzprodukt*, wenn wir Finanzdienstleistungen im engeren Sinne bezeichnen. Weiterhin werden wir – entsprechend dem Untersuchungsgegenstand dieser Arbeit – in der weiteren Darstellung den Direktvertrieb der Finanzdienstleistungsarten *Finanzprodukt* und *Finanzberatung* fokussieren, da die anderen, stark standardisierten Finanzdienstleistungen wie Zahlungsverkehr, Transaktionsleistungen usw. bereits im Direktvertrieb angeboten werden.[23]

3.1.2 Nachfrager*problem*, Problem*lösung* und Finanz*beratung*

Nachfrager wollen mit der Inanspruchnahme von Finanzprodukten Zahlungsströme kaufen – und führen damit letztendlich privatwirtschaftlich Aufgaben des *Finanzmanagements* durch. Nach Spremann können die Hauptziele des Finanzmanagements in *Liquiditätserhaltung* und *Erfolgserzielung* gesehen werden.[24]

Aus der Interpretation von finanzwirtschaftlichen Aktivitäten von Nachfragern als Tätigkeiten des Finanzmanagements lassen sich zwei wichtige Anforderungen an Zahlungsströme ableiten:[25]

1. Der Zahlungsstrom soll ihnen Liquidität zu gewünschten Zeitpunkten bereitstellen, für die sie bereit sind, Gegenzahlungen zu leisten. Ein derartiger Zahlungsstrom sollte aus Nachfragersicht also einen gewünschten Verlauf haben und die Zahlungen, die die Nachfrager zu leisten haben, müs-

[23] Vgl. Abschnitt 2.3, S. 20ff.
[24] Vgl. [Spre91], S. 179.
[25] Die Darstellung erfolgt in Anlehnung an [Will95], S. 18f.

sen für diese grundsätzlich finanzierbar sein. Angebotene Zahlungsströme sollen aus Nachfragersicht also die beiden Bedingungen *„gewünschter Liquiditätsverlauf“* und *„Finanzierbarkeit“* erfüllen, beide Bedingungen werden unter dem Begriff *Zulässigkeitsbedingung* zusammengefaßt[26].

2. Die Nachfrager wollen im allgemeinen nicht „irgendeinen“ zulässigen Zahlungsstrom erwerben, sondern einen Zahlungsstrom, der – gemessen an ihren jeweiligen *Bewertungskriterien* – für sie möglichst *vorteilhaft* sein soll; diese Bewertungskriterien sollen im folgenden durch eine *Bewertungsfunktion* repräsentiert werden.

Wir können also ein finanzwirtschaftliches (Nachfrager-)Problem[27] definieren durch:

Finanzwirtschaftliches (Nachfrager-)Problem:
Ein finanzwirtschaftliches Problem wird beschrieben durch eine *Zulässigkeitsbedingung* und eine *Bewertungsfunktion*. Das Problem ist die Optimierung der Bewertungsfunktion unter der Nebenbedingung, daß die Zulässigkeitsbedingung eingehalten wird.

Sowohl Zulässigkeitsbedingung als auch Bewertungsfunktion können individuell unterschiedlich sein. Beispielsweise möchte ein Nachfrager einen Zahlungsstrom erwerben, der ihm heute 1 Million DM für die Finanzierung einer gewerblichen Immobilie bereitstellt, wobei die Finanzierung in spätestens 20 Jahren abgeschlossen sein soll (Zulässigkeitsbedingung); als Bewertungsfunktion wählt er den Barwert. Ein anderer Nachfrager möchte einen Zahlungsstrom, der seiner Ehefrau im Falle seines Todes 1 Million DM bereitstellt (Zulässigkeitsbedingung); für diese bedingte Zahlung will er möglichst niedrige Beiträge leisten (Bewertungsfunktion). Um im folgenden einen einfachen Sprachgebrauch zu erreichen, gehen wir – ohne Beschränkung der Allgemeinheit – davon aus, daß Nachfrager ihre Bewertungsfunktion *maximieren*.[28]

---

[26] Vgl. [Will95], S. 18

[27] Allgemein liegt ein *Problem* vor, *„[...] wenn ein Lebewesen ein Ziel hat und nicht weiß, wie dieses Ziel erreicht werden kann“*, s. [Dunc35], S. 1. Demgegenüber sind *Aufgaben* dadurch gekennzeichnet, *„[...] daß bekannt ist, wie der unerwünschte Ist-Zustand in den erwünschten Soll-Zustand überführt werden kann“*, s. [Burk95], S. 23.

[28] Es gilt folgender mathematische Zusammenhang:

$$\min_{x \in \mathcal{M}} f(x) \Leftrightarrow \max_{x \in \mathcal{M}} -f(x);$$

wobei $\mathcal{M}$ die Menge der *zulässigen* Lösungen darstellt (hier gegeben durch die Zulässigkeitsbedingung). Dementsprechend ist jedes Problem der *Minimierung* einer Zielfunktion f ($\min f$) unter gegebenen Restriktionen als *Maximierungsproblem* der mit -1 multiplizierten Zielfunktion f ($\max -f$) und gleichen Restriktionen formulierbar. Die Annahme der *Maximierung* der Bewertungsfunktion bei gegebener Zulässigkeitsbedingung stellt damit keine Einschränkung der Allgemeinheit dar. So kann im obigen Beispiel das Ziel, für eine Lebensversicherung mit einer gegebenen Versicherungssumme in Höhe von 1 Million DM möglichst niedrige Beiträge a zu zahlen, als *Minimierung* von *zu zahlenden* Versicherung-

Ausgehend von dem Begriff Nachfragerproblem[29] können wir nun die Begriffe *finanzwirtschaftliche Problemlösung* und *kundenindividuelle finanzwirtschaftliche Problemlösung* voneinander abgrenzen:

Finanzwirtschaftliche Problemlösung:
Eine finanzwirtschaftliche Problemlösung ist ein *Zahlungsstrom*, der ein finanzwirtschaftliches Nachfragerproblem löst, indem er die *Zulässigkeitsbedingung* des Kundenproblems erfüllt.

Eine finanzwirtschaftliche Problemlösung bezeichnen wir im folgenden häufig auch kurz als *Lösung*. Der Zahlungsstrom einer Lösung kann dabei entweder durch ein Finanzprodukt oder durch mehrere Finanzprodukte (Produktkombination) erzeugt werden[30].

Nun fehlt noch der Begriff der *kundenindividuellen finanzwirtschaftlichen Problemlösung*:

Kundenindividuelle finanzwirtschaftliche Problemlösung:
Eine kundenindividuelle finanzwirtschaftliche Problemlösung ist eine Problemlösung, die mit dem Ziel erstellt wird, einem Nachfrager einen möglichst hohen Wert seiner Bewertungsfunktion bereitzustellen.

Statt von einer kundenindividuellen finanzwirtschaftlichen Problemlösung sprechen wir auch kurz von einer *kundenindividuellen Problemlösung*. Eine kundenindividuelle Problemlösung besteht aus einem kundenindividuellen Finanzprodukt bzw. aus einer Kombination kundenindividueller Finanzprodukte; die mit dem Ziel erstellt werden, eine kundenindividuelle Problemlösung zu erhalten. Die Unterscheidung zwischen Finanzprodukt und Problemlösung ist notwendig: Die Kombination aller Finanzprodukte einer Lösung (die Lösung als „Ganzes") muß die Zulässigkeitsbedingung erfüllen, einzelne Finanzprodukte einer Lösung können diese hingegen verletzen[31].

Wir stellen an eine kundenindividuelle Problemlösung bewußt *nicht* die Anforderung der Optimalität der Bewertungsfunktion bezüglich der zugehörigen Zulässigkeitsbedingung, da bisher häufig keine Optimalitätsbedingungen bzw. Optimalitätsaussagen bekannt sind[32].

Nachfrager wünschen im allgemeinen für ein gegebenes Problem eine möglichst vorteilhafte kundenindividuelle Problemlösung[33]. Sofern Nachfrager derartige Lösungen nicht selbst finden wollen/können, werden sie von einer

---

beiträgen $\min_{a>0}\{a\}$ formuliert werden oder (äquivalent) als *Maximierung* der *„nicht gezahlten"* Beiträge $\max_{a>0}\{-a\}$.

[29] Wir verwenden im weiteren die Begriffe *Nachfragerproblem* und *Kundenproblem* synonym.

[30] Zum Problem der *Aggregation* und der *Bewertung* von Zahlungsströmen, die aus einzelnen Finanzprodukten einer Produktkombination resultieren, s. [Will95], S. 111ff.

[31] In Abschnitt 4.6.3 wird dies an dem Beispiel auf S. 66ff deutlich.

[32] Auf einige Fälle, in denen Optimalitätsaussagen bekannt sind, gehen wir in Abschnitt 4.6, S. 63, ein.

[33] Die Vorteilhaftigkeit eines Finanzprodukts bzw. einer Problemlösung ist mittels der Bewertungsfunktion des Nachfragerproblems meßbar.

Finanzberatung verlangen, daß ihnen solche Lösungen entwickelt und die zugehörigen Finanzprodukte angeboten werden. Wir erhalten dementsprechend die folgende Definition:

Finanzberatung:
Eine Finanzberatung ist eine von einem Finanzdienstleister angebotene Leistung, in der dieser gemeinsam mit einem oder mehreren Nachfragern deren finanzwirtschaftliches Problem durch die Erstellung von (kundenindividuellen) Problemlösungen löst.[34]

In diesem Sinne ist der Erstellungsprozeß von Angeboten über Finanzprodukte (im weiteren auch als *„Angebotsprozeß“* bezeichnet) aus Nachfragersicht zugleich immer auch ein *„Lösungsprozeß“* – und damit Beratungsprozeß –, da die angebotenen Finanzdienstleistungen (Finanzprodukte) eine Lösung eines Nachfragerproblems darstellen sollen[35]. Leistungsgegenstand der Finanzberatung bzw. des Angebotsprozesses sollte damit letztendlich immer die Erstellung kundenindividueller Finanzdienstleistungen sein – und nicht der Verkauf von Produktschablonen. Zusammenfassend: Finanzberatung sollte zugleich

- *Lösungsprozeß* von finanzwirtschaftlichen Problemen,
- *Erstellungsprozeß* von kundenindividuellen Lösungen und
- *Angebotsprozeß* für Finanzprodukte

sein. Die Erstellung von kundenindividuellen Lösungen besitzt damit zugleich Produktionscharakter (Lösungsprozeß, Erstellungsprozeß) und Vertriebscharakter (Lösungsprozeß, Angebotsprozeß). Im folgenden werden diese drei Begriffe synonym verwendet, da sie letztendlich immer den gleichen Vorgang bezeichnen – wenn auch aus anderen Sichtweisen. Wir sprechen im folgenden kurz vom Direktvertrieb kundenindividueller Problemlösungen und subsumieren hierunter sowohl den Vertrieb der hierzu notwendigen (kundenindividuellen) Finanzprodukte als auch ein entsprechendes (kundenindividuelles) Beratungsangebot. Wir werden in der weiteren Betrachtung sichere Zahlungsströme und als Bewertungsfunktion den Barwert nach Steuern zugrundelegen, um eine möglichst einfache Darstellung zu erhalten[36].

In der Betrachtung der Inanspruchnahme von Finanzprodukten als Kauf von Zahlungsströmen[37] soll abschließend geklärt werden, was unter dem

---

[34] Der Aspekt der *gemeinsamen* Lösung von finanzwirtschaftlichen Problem durch Finanzdienstleister *und* Anbieter wird in Kap. 4, S. 47ff, detaillierter betrachtet.

[35] In diesem engen Zusammenhang von Finanzberatung und Angebotserstellung ist sicherlich ein Grund zu sehen, warum in der Regel die Finanzberatung als *kostenlose* Dienstleistung den Nachfragern angeboten wird.

[36] Sichere Zahlungsströme haben die Eigenschaft der *Zahlungsstromadditivität*, die Bewertungsfunktion Barwert hat die Eigenschaft der *Wertadditivität*, vgl. [Will95], S. 111f. Dies ermöglicht eine einfache Aggregation und Bewertung sowohl von einzelnen Finanzprodukten als auch von Produktkombinationen. Im Falle unsicherer Zahlungsströme und einem geeigneten Bewertungskriterium wie dem Risikonutzen wird die Darstellung umständlicher.

[37] Für den Begriff des Kaufs von Finanzprodukten und den damit aus Nachfragersicht erworbenen Verfügungsrechten s. Abschn. 3.1.1, S. 33.

„Preis“ von Problemlösungen zu verstehen ist; wir werden hierzu zunächst den Preisbegriff für ein einzelnes Finanzprodukt definieren. In der klassischen Mikroökonomie wird unter dem *„Preis“* eines Gutes im allgemeinen *eine* Zahlung verstanden, die ein Nachfrager leisten muß, um die gewünschten Verfügungsrechte für ein Gut zu erwerben. Übertragen auf den Bereich Finanzdienstleistungen ist der (konditionenorientierte) Preis eines Finanzprodukts der diskontierte Wert von Auszahlungen, die ein Nachfrager leisten muß, um ein Finanzprodukt kaufen zu können. Beispiele für Preisbestandteile sind dementsprechend Abschlußgebühren, Beratungsgebühren, Darlehenszinsen usw.[38] Auszahlungen eines Nachfragers, die im Rahmen eines Finanzprodukts in die Zukunft transformiert werden sollen, z. B. durch einen Sparplan oder durch Sparleistungen für eine Lebensversicherung, sind demgegenüber keine preisrelevanten Auszahlungen.

In diesem Verständnis ist der Preis eines Finanzprodukts $\dot{p}_{FP}$ die Summe diskontierter Auszahlungen $\dot{a}_t, t = 0, \ldots T$, die ein Nachfrager für den Erwerb eines Finanzproduktes leistet. Fallen preisrelevante Auszahlungen entweder zu Beginn der ersten Periode oder sonst immer am Periodenende an, dann ist der konditionenorientierte Preis von Finanzprodukten definiert als[39]:

Preis von Finanzprodukten (konditionenorientierte Betrachtung):

$$\dot{p}_{FP} = \sum_{t=0}^{T} \frac{\dot{a}_t}{(1 + i_t)^t}.$$

Aus finanzwirtschaftlicher Sicht hat eine konditionenorientierte Preisdefinition zwei gravierende Schwächen:

- Es werden keine *Steuerwirkungen* berücksichtigt.
- Für einen finanzwirtschaftlich aussagekräftigen Vergleich von Finanzprodukten sind nicht nur Auszahlungen, sondern auch *Einzahlungen* zu berücksichtigen[40]. Besitzen zwei Finanzdienstleistungen gleiche Werte der Bewertungsfunktion (also gleiche Barwerte) bezüglich der Auszahlungen, aber unterschiedliche hohe Barwerte bezüglich der Einzahlungen, so ist das Produkt mit dem niedrigeren Barwert der Einzahlungen aus einer finanzwirtschaftlich orientierten Betrachtung „teurer“.

Demzufolge ist aus finanzwirtschaftlicher Sicht eine Preisdefinition aussagekräftiger, die sich an der Bewertungsfunktion der Nachfrager orientiert und

---

[38] Dieser Sichtweise entspricht die „Legaldefinition“ des Preises von Finanzierungsprodukten nach Preisangabenverordnung (PAngV).

[39] Wir unterstellen entsprechend unserer ersten Annahme im folgenden immer sichere Zahlungsströme; als Kalkulationszins i kann die *Präferenzrate des Konsums* eines Nachfragers herangezogen werden.

[40] Im Falle unsicherer Zahlungsströme (die wir hier nicht betrachten wollen) wäre der dritte entscheidende Einflußfaktor das Risiko.

bei der auch Einzahlungen bewertet werden. Bei Zugrundelegung der Barwertfunktion als Bewertungsfunktion kann der (finanzwirtschaftliche) Preis $\tilde{p}_{FP}$ eines Finanzprodukts definiert werden als:

Preis eines Finanzprodukts (finanzwirtschaftlich orientierte Betrachtung):

$$\tilde{p}_{FP} \equiv \text{Summe diskontierter Nach-Steuer-Auszahlungen} - \text{Summe diskontierter Nach-Steuer-Einzahlungen}$$

$$\iff$$

$$\tilde{p}_{FP} \equiv \sum_{t=0}^{T} \frac{a_t^o + (1 - s_t) \cdot a_t^s}{(1 + i_t^s)^t} - \sum_{t=0}^{T} \frac{e_t^o + (1 - s_t) \cdot e_t^s}{(1 + i_t^s)^t}$$

mit:

a_t^o : nicht steuerwirksame Auszahlung in Periode t
a_t^s : steuerwirksame Auszahlung in Periode t
e_t^o : nicht steuerwirksame Einzahlung in Periode t
e_t^s : steuerwirksame Einzahlung in Periode t
s_t : Grenzsteuersatz in Periode t
i_t^s : Nach-Steuer-Kalkulationszinssatz in Periode t

Der wesentliche Unterschied zwischen einer *konditionenorientierten* Preisdefinition und einer *finanzwirtschaftlich orientierten* Preisdefinition ist also, daß bei der letzteren *alle* Zahlungen im Zusammenhang mit dem Erwerb eines Finanzprodukts anhand der jeweiligen Bewertungsfunktion der Nachfrager *nach Steuern* bewertet werden; bei der konditionenorientierten Preisdefinition werden hingegen nur *ausgewählte* Zahlungen *vor Steuern* bewertet.

s_t ist als *Grenz*steuersatz abhängig von den Zahlungen a_t^s sowie e_t^s und damit eine Funktion des Finanzprodukts: $s_t \equiv s_t(a_t^s, e_t^s, \ldots)$. Bei privaten Nachfragern kann als *Kalkulationszins* wiederum die *Präferenzrate des Konsums* (nach Steuern) zugrundegelegt werden. Die Unterscheidung zwischen *steuerwirksamen* und *nicht steuerwirksamen* Einzahlungen ist vor allem aufgrund von steuerlichen *Freibetragsregelungen* notwendig: So sind derzeit für einen privaten unverheirateten Nachfrager aufgrund der Sparerfreibetragsregelung Einkünfte aus Kapitalvermögen bis zu 6.100 DM steuerfrei, Kapitaleinkünfte, die diese Freibetragsgrenze hingegen übersteigen, sind steuerpflichtig. Ähnliches gilt für Auszahlungen: So sind für einen privaten Nachfrager Darlehenszinsen bei einer Immobilienfinanzierung beispielsweise dann steuerlich wirksam, wenn diese Immobilie vermietet werden soll; wird die Immobilien hingegen zu Zwecken der Eigennutzung erworben, sind die Darlehenszinsen nicht steuerwirksam.

Die *Minimierung des Preises* entspricht in dieser Betrachtung der *Maximierung der Bewertungsfunktion Barwert* der Nach-Steuer-Zahlungen, die aus dem Kauf eines Finanzprodukts resultieren:

$$\begin{aligned} min \longrightarrow \tilde{p} &\Leftrightarrow max \longrightarrow -\tilde{p} \\ &\Leftrightarrow max \longrightarrow \sum_{t=0}^{T} \frac{e_t^o + (1-s_t)\cdot e_t^s}{(1+i_t^s)^t} - \sum_{t=0}^{T} \frac{a_t^o + (1-s_t)\cdot a_t^s}{(1+i_t^s)^t} \\ &\Leftrightarrow max \longrightarrow Barwert. \end{aligned}$$

Wir verstehen im folgenden unter dem Preis eines Finanzprodukts (sofern wir nichts anderes erwähnen) einen finanzwirtschaftlich orientierten Preis.

Der Preis einer Problemlösung ergibt sich als finanzwirtschaftliches Aggregat aus den Preisen der einzelnen Finanzprodukte der Problemlösung. Im Fall der wertadditiven Bewertungsfunktion Barwert ist dann dieser Preis definiert als:

Preis einer Problemlösung:
Der Preis einer Problemlösung ist die Summe der (finanzwirtschaftlichen) Preise der einzelnen Finanzprodukte der Lösung und der diskontierten Summe von Zahlungen für die Lösungserstellung[41].

Abschließend ist noch der Begriff der *Qualität* von Bedeutung. Die Diskussion um den Qualitätsbegriff hat in der Betriebswirtschaftslehre eine lange Tradition, eine überzeugende Begriffsdefinition für die Qualität von Finanzprodukten liegt jedoch noch nicht vor, insbesondere fehlen klare Aussagen über Qualitätsmessung[42]. Üblich ist in der wirtschaftswissenschaftlichen Diskussion die Unterteilung in ein *objektives* und ein *subjektives* Begriffsverständnis[43]: *Objektive* Qualitätsurteile sind nach Rieger frei von persönlichen Werturteilen und beziehen sich auf meßbare Eigenschaften, subjektive Qualitätsurteile umfassen hingegen eine *subjektive* Bewertung[44].

In unserer Betrachtung beurteilt ein Nachfrager eine Problemlösung mittels einer von ihm gewählten (subjektiven) Bewertungsfunktion und einer von ihm gewählten (subjektiven) Zulässigkeitsbedingung; er stellt damit eine Beziehung her zwischen seiner individuellen finanzwirtschaftlichen Problemstellung und dem Mittel Problemlösung. Wir erhalten damit den folgenden *teleologischen* Qualitätsbegriff für eine finanzwirtschaftliche Problemlösung:

Qualität einer (kundenindividuellen) Problemlösung:
Die Qualität einer (kundenindividuellen) Problemlösung wird definiert durch den Wert der Bewertungsfunktion und die Einhaltung der Zulässigkeitsbedingung des zugrundeliegenden Problems.[45]

---

[41] Zahlungen für eine Lösungserstellung können insbesondere Beratungsentgelte sein.

[42] Es gibt sicherlich eine ganze Reihe an Definitionsansätzen, aber diese sind im allgemeinen sehr wenig präzise. So zum Beispiel:„*[Unter Qualität ist] die Menge der Merkmale zu verstehen [...], die ein wertendes Subjekt einer Dienstleistung beimißt [...]*“ (s. [Gies93], S. 46); Aussagen über diese Merkmalsmenge (insbesondere bzgl. der Mächtigkeit) und über all ihre Elemente fehlen indes.

[43] Vgl. [Gies93], S. 41f.

[44] Vgl. [Rieg62], S. 70f.

[45] Diese Qualitätsdefinition deckt sich unter anderem mit dem Begriff der „*teleologischen Aussage*“ von v. Hayek, die eine Beziehung zwischen „*einem Zweck,*

Hieraus folgt unmittelbar der Begriff der Qualität einer Finanzberatung, die definiert und gemessen werden kann über die in einer Finanzberatung erstellten Problemlösungen:

Qualität einer Finanzberatung:
Die Qualität einer Finanzberatung wird definiert durch die Qualität der erstellten Problemlösung.

Dieser Qualitätsbegriff ist bewußt sehr eng gewählt, um dem Begriff eine für den weiteren Gang der Arbeit sinnvolle und klare Semantik zu unterlegen, die insbesondere die Ausrichtung der Beratungsaktivitäten an einem gegebenen Nachfragerproblem und damit den Wert der Bewertungsfunktion einer in einer Finanzberatung erstellten Problemlösung als Qualitätsmaß berücksichtigt. Darüber hinaus sind in der Praxis weitere Merkmale für die Qualitätswahrnehmung von Bedeutung; aus Anbietersicht zählt hierzu sicherlich die Abschlußquote. Kann ein Nachfrager die Qualität einer erstellten Problemlösung nicht *selbst* feststellen, so ist für ihn insbesondere die *Vertrauenswürdigkeit* des Beratungsprozesses für die Qualitätsbeurteilung von Bedeutung.[46] Aufgrund der großen Bedeutung, die dem Vertrauen der Nachfrager in den Beratungsprozeß bzw. in Leistungsfähigkeit und Leistungswilligkeit eines Anbieters für den Vertriebserfolg zukommt, wird der Zusammenhang von Vertrauen mit der Finanzberatungsqualität im oben definierten Sinne in Kap. 7 genauer untersucht und herausgearbeitet.

Nachdem wir die wichtigsten Begriffe im Zusammenhang mit Finanzdienstleistungen geklärt haben, soll im folgenden noch das Begriffsverständnis der hier zentralen vertriebsorientierten Begriffe *Absatzweg* und *Direktvertrieb* geklärt werden.

3.2 Vertriebsorientierte Begriffe

3.2.1 Absatzweg

In der betriebswirtschaftlichen Literatur ist der absatzwirtschaftliche Begriff *Absatzweg* nicht einheitlich definiert, es herrscht Begriffsvielfalt[47]. Das Begriffsverständnis wird zusätzlich dadurch erschwert, daß neben dem Begriff Absatzweg auch der Begriff *Vertriebsweg* verwendet wird, weiterhin steht in der Regel der Absatz *materieller Produkte* im Vordergrund des Begriffsverständnisses. Exemplarisch seien vier Definitionsansätze angeführt:

- *„[Der Absatzweg ist der] Weg eines bestimmten Gutes über die verschiedenen Stationen des Absatzkanalsystems [...], das alle Wirtschaftssubjekte umfaßt, die bezüglich dieses Gutes Verkaufsfunktionen übernehmen.“*[48]

einer Person, die diesen Zweck verfolgt, und einem Ding, das diese Person für ein geeignetes Mittel für diesen Zweck hält, herstellt“, vgl. [Haye76b], S. 81.

[46] Dies wird in Abschnitt 7.2.1, S. 155ff, noch genauer dargestellt.

[47] Vgl. [Thed92], S. 19.

[48] Siehe [Ahle91], S. 27.

- *„[Der Absatzweg ist der] Weg, den ein Gut von der Herstellung bis zum Konsum zurücklegt.“*[49]
- *„Der Vertriebsweg wird [...] als Weg eines bestimmten Gutes über die verschiedenen Stationen des Absatzkanalsystems einer Unternehmung definiert [...]“*[50]
- *"Unter einem Vertriebsweg sind bereitgestellte physische Kapazitäten zu verstehen, die zur systematischen Herstellung von Kontakten zu Kunden dienen, um Informations- und Beratungsaufgaben wahrzunehmen und für den Absatz von Produkten und Dienstleistungen zu sorgen.“*[51]

Ohne hier eine ausführliche Begriffsdiskussion führen zu wollen, ist indes eine kurze Kritik dieser Definitionsansätze für den Begriff *Absatzweg* erforderlich, um die notwendige Klarheit und Nachvollziehbarkeit dieses Begriffs im Rahmen der vorliegenden Untersuchung zu erreichen. An den ersten drei Definitionsansätzen ist aus Finanzdienstleistungssicht zu kritisieren, daß hier der Begriff „Absatzweg“ den *physisch* zurückgelegten Weg eines Gutes vom Produzenten zum Anbieter fokussiert und damit ausschließlich auf die *logistische Dimension* der physischen *Distribution* materieller Güter zielt. Dieses erscheint aufgrund der Immaterialität[52] von Finanzdienstleistungen für unsere Zwecke zu einseitig, da hier das Problem der physischen Distribution eines bereits produzierten Gutes von (weitgehend) untergeordneter Bedeutung ist. Weiterhin wird die im Finanzdienstleistungsbereich wichtige *akquisitorische Dimension* in diesen Definitionen vernachläßigt: Aufgrund der notwendigen Integration eines externen Faktors[53] in den Produktionsprozeß einer Finanzdienstleistung und der damit einhergehenden Gleichzeitigkeit von Produktion und Absatz erfolgt über einen Absatzweg in erster Linie der *Absatz* einer Leistung – die *akquisitorische Dimension* muß deshalb für unsere Zwecke zwingend Bestandteil einer Definition des Begriffs Absatzweg sein.

Die vierte Definition vermeidet aus Finanzdienstleistungssicht die wesentlichen Schwächen der ersten drei Definitionen, da sie mit der Formulierung *„zur systematischen Herstellung von Kontakten zu Kunden“* die hier relevante akquisitorische Dimension fokussiert. An der vierten Definition ist indes aus unserer Sicht zu kritisieren, daß sie sich nur auf die aktive *„Bereitstellung“* von Kapazitäten durch einen Finanzdienstleister bezieht; damit wird die *Nutzung* von existierenden sowie fremdbezogenen Kommunikationsmedien wie Briefpost usw. *nicht* als Teil des Absatzweges betrachtet. Aus Sicht der *Wirtschaftsinformatik* fehlt in dieser vierten Definition zudem eine explizite Berücksichtigung von Kommunikationsaufgaben.

Wir verwenden daher in dieser Arbeit folgende Begriffsdefinition:

49 Siehe [NiDiHö88], S. 7.
50 Siehe [Hann93], S. 4
51 Siehe [Ausf96], S. 6.
52 Vgl. Abschn. 4.2, S. 51ff.
53 Vgl. Abschn. 4.4, S. 56ff.

Absatzweg:
Unter einem Absatzweg sind bereitgestellte physische Kapazitäten (einschließlich personeller Kapazitäten) zu verstehen, die zur systematischen Herstellung von Kontakten zu Nachfragern dienen, um Kommunikations-, Informations-, Beratungs- und Verkaufsaufgaben wahrzunehmen und die damit Voraussetzung für den Absatz von Produkten und Dienstleistungen sind.

Die Begriffe Absatzweg und Vetriebsweg verwenden wir im folgenden synonym.

3.2.2 Direktvertrieb

Der Begriff *Direktvertrieb* ist bisher im Finanzdienstleistungsmarketing nicht klar und überzeugend definiert. In der traditionellen Absatzlehre der Betriebswirtschaftslehre bezieht sich der Bezeichnungsbestandteil *„Direkt"* auf Absatzwege, bei denen *„sich Unternehmen bei der Verwertung ihrer Leistungen [...] unmittelbar an die Bedarfsträger wenden"*[54]. Indirekte Absatzwege sind demgegenüber Absatzwege, bei denen sich Unternehmen nicht unmittelbar an die Bedarfsträger wenden, sondern *zwischengeschaltete* selbständige Betriebe/Dienstleister wie Makler und Handelsvertreter einsetzen[55].

Ein derartiger Definitionsansatz, der den Direktvertrieb von Finanzdienstleistungen auf die *Unmittelbarkeit des Kontakts* zwischen Finanzdienstleister und Nachfrager bezieht, kann nicht überzeugen, da dann sowohl Filialvertrieb sowie Vertrieb mittels eigenem Außendienst als auch Vertriebsformen wie Telefonbanking und *Direct mail* einheitlich als Direktvertrieb zu bezeichnen wären. Eine derartige Begriffsdefinition würde jedoch nur zu Begriffs*verwirrung* und nicht zu Begriffs*klarheit* führen, da die ersten beiden Absatzwege in der Literatur im allgemeinen nicht als Direktvertrieb bezeichnet werden[56]. Weiterhin wäre ein Bankmitarbeiter, der in einem Telefongespräch sowohl ein Sparzertifikat „seiner" Bank als auch eine bankfremde Versicherungsleistung absetzt, dann sowohl als *direkter* als auch gleichzeitig als *indirekter* Absatzweg zu bezeichnen, – obwohl aus Sicht des anbietenden Finanzdienstleisters und aus Sicht des Nachfragers *kein* vertriebssystematischer Unterschied erkennbar ist[57]. Damit hat eine derartige Begriffsdefinition aus Vertriebssicht keine ausreichende Trennschärfe.

Farny versucht deshalb den Begriff „Direktvertrieb" zu definieren, indem er das Unterscheidungskriterium des Einsatzes von Absatzmittlern zwar grundsätzlich beibehält, jedoch gleichzeitig weiterfaßt[58]:

---

[54] Vgl. [Gute79], S. 141.
[55] Vgl. auch [Wöhe86], S. 640, und [West89], S. 29ff.
[56] Vgl. beispw. [Farn86], S. 424ff, [Thed92], S. 42ff, und [Ausf96], S. 7.
[57] Vgl. beispw. die Darstellungen in [Farn86], S. 424ff, [Thed92], S. 42ff, und [Ausf96], S. 7.
[58] Siehe [Farn86], S. 425.

„Der ‚Vermittler' ist hier allgemein zu verstehen, nämlich als faktisch-organisatorisch selbständige Einheit (Vertriebsorgan), der die Vertriebsfunktion wahrnimmt; auf die rechtliche Selbständigkeit kommt es erst in zweiter Linie an."

Dieser Ansatz vermag auch nicht zu überzeugen, da zum einen das Entscheidungskriterium der *„faktisch-organisatorischen"* Selbständigkeit nicht definiert ist und damit unklar bleibt[59]. Farny gibt zwar eine enumerative Aufzählung von möglichen Ausprägungen von „Vermittlern" an[60], allerdings bleibt beispielsweise unklar, ob ein *Call-Center* einer Direktbank eine *„faktisch-organisatorisch selbständige Einheit"* ist – zumal das Kriterium der *rechtlichen* Selbständigkeit von untergeordneter Bedeutung ist. Zum anderen ist grundsätzlich zweifelhaft, ob das Kriterium der organisatorischen Selbständigkeit für die Einordnung einer Absatzmethode als Direktvertrieb trennscharf ist: Vertreibt ein Finanzdienstleister seine Leistungen mittels Direktwerbung wie *Direct Mail* und schaltet hierfür keinen externen Dienstleister ein, so liegt entsprechend diesem Kriterium ein Direktvertrieb vor. Führt ein Finanzdienstleister diesen Vertrieb unter Hinzuziehung eines selbständigen Dienstleisters (z. B. einer hierauf spezialisierten Telefonmarketing-Agentur durch) so würde der Vertrieb entsprechend dem von Farny vorgeschlagenen Kriterium indirekt (über die Agentur) erfolgen – obwohl Telefonvertrieb allgemein als Direktvertrieb (bzw. als Direktmarketing) bezeichnet wird[61]. Besonders im Bereich *Direktbanken* führt eine derartige Begriffsbildung zu Verzerrungen: Würde eine Direktbank die benötigten *Call-Center*-Leistungen von einem selbständigen Dienstleister fremdbeziehen, so wäre diese „Direktbank" entsprechend diesem Kriterium kein direktvertreibender Finanzdienstleister. Dieser Definitionsansatz ist somit wiederum unbefriedigend, da grundsätzlich gleiche Absatzwege und -methoden unterschiedlich bezeichnet werden.

Thede versucht deshalb, den Begriff Direktvertrieb nicht mittels des Kriteriums der Kontaktunmittelbarkeit zu definieren: Er faßt hingegen unter Direktvertrieb alle *„unpersönlichen Absatzwege"* zusammen, *„die nicht Selbstbedienung sind"*[62]. Das Unterscheidungskriterium zwischen Selbstbedienung und Direktvertrieb besteht bei Thede darin, daß der Nachfrager bei Selbstbedienung den Abschluß eines Geschäfts selbst initiiert und dieses auch selbständig abschließen kann, während Direktvertrieb einen *„interaktiven Kommunikationsprozeß"* voraussetzt[63]. Es bleibt jedoch unklar, inwieweit Wertpapiertransaktionen über Online-Netze „Selbstbedienung" oder Direktvertrieb sind; der Kauf von Wertpapieren über Online-Netze wird indes im Sprachgebrauch als Direktvertrieb bezeichnet. Weiterhin ist der Begriff *„interaktiver Kommunikationsprozeß"* unklar: Auch im Falle einer Selbstbedienung fin-

[59] Vgl. [Thed92], S. 43.
[60] Vgl. [Farn86], S. 425.
[61] Vgl. beispw. [Gies93], [oV96h].
[62] Vgl. [Thed92], S. 42.
[63] Vgl. [Thed92], S. 42.

det im Begriffsverständnis der Wirtschaftsinformatik[64] ein interaktiver Kommunikationsprozeß zwischen Nachfrager (menschlicher Aufgabenträger) und Finanzdienstleister (maschineller Aufgabenträger) statt: Der Kunde „kommuniziert“ beispw. einen Überweisungswunsch und die notwendigen Daten an das Selbstbedienungsterminal, und das Terminal kommuniziert an den Benutzer ein Feedback über die Ausführung der Überweisung.

Wir wollen die Unterscheidung von persönlichen und unpersönlichen Absatzwegen aufgreifen, diese jedoch konkret auf den Absatzzeitpunkt beziehen und die für den Direktvertrieb typische *räumliche Trennung* zwischen Anbieter und Nachfrager für die Definition des Begriffs Direktvertrieb zugrundelegen.

Direktvertrieb:
Der Direktvertrieb von Finanzdienstleistungen ist eine Absatzmethode[65], bei der zum Absatzzeitpunkt eine räumliche Distanz zwischen Nachfrager und Finanzdienstleister vorliegt, welche mittels telematischer Dienste (wie Telefon, Fax, Internet usw.) sowie konventioneller Briefpost-Dienste überwunden wird[66].

Der Direktvertrieb als Absatzmethode ermöglicht eine *räumliche Trennung* zwischen Nachfrager und Anbieter zum Absatzzeitpunkt und *überwindet* diese gleichzeitig durch die Nutzung der erwähnten Dienste. Anzumerken ist, daß der Einsatz der hierzu notwendigen unpersönlich-technologischen Medien nicht den (indirekten) persönlichen Kontakt zwischen Finanzdienstleister und Nachfrager ausschließt, als Beispiel sei das traditionelle Telefon oder auch Bildtelefon/Videokonferenz angeführt. Der Direktvertrieb als Absatzmethode impliziert damit immer die Nutzung telematischer Dienste bzw. von Briefpost als Absatzwege. Inwieweit der Nachfrager hier nur mit maschinellen Aufgabenträgern auf Seiten des Finanzdienstleisters oder ob er auch unter Nutzung dieser Dienste mit menschlichen Aufgabenträgern kommuniziert, ist hingegen im Rahmen von Gestaltungsaussagen des Informations- und Kommunikationssystems festzulegen. Im weiteren bezeichnen wir ausgehend von der vorgenommenen Definition des Begriffs Direktvertrieb eine Bank als *Direktbank*, wenn diese ihre Leistungen ausschließlich mittels Direktvertrieb anbietet.

Ausgehend von dem erarbeiteten begrifflichen Fundament und dem damit geleisteten Beitrag zur Begriffsklärung im Bereich Finanzdienstleistun-

---

[64] Vgl. Fußnote 13, S. 3.

[65] Für den Begriff Absatzmethode vgl. Fußnote 23, S. 6.

[66] Aufgrund des Kriteriums der *räumlichen Trennung* wird auch eine Abgrenzung von Direktvertrieb und Selbstbedienung einfach möglich: Bei der Selbstbedienung handelt es sich um einen unpersönlichen Absatzweg, bei denen die räumliche Trennung zwischen Anbieter und Nachfrager dadurch aufgehoben ist, daß der Nachfrager den räumlichen Standort des Selbstbedienungsterminals oder auch der Selbstbedienungsfiliale aufsucht, von da aus aber telematische Dienste nutzt. Im weiteren ist die explizite Unterscheidung zwischen Direktvertrieb und Selbstbedienung nicht notwendig, so daß Selbstbedienung vereinfacht unter Direktvertrieb subsumiert wird.

gen bzw. im Bereich Finanzdienstleistungsmarketing können im folgenden die in Abschn. 2.3 spezifizierten Problemfelder bearbeitet werden. Hierzu wird zunächst entsprechend der in Abschn. 2.5 dargelegten Vorgehensweise eine Analyse der vertriebsrelevanten Eigenschaften kundenindividueller Problemlösungen erfolgen, um Aussagen über die grundsätzliche Eignung der Absatzmethode *Direktvertrieb* für den Absatz *kundenindividueller* Finanzdienstleistungen abzuleiten.

4. Vertriebsrelevante Eigenschaften kundenindividueller Problemlösungen

Den Ausgangspunkt der ökonomischen Analyse bildet die Herausarbeitung derjenigen *Eigenschaften* von Finanzdienstleistungen, die einen wesentlichen Einfluß auf die Gestaltung eines erfolgreichen Vertriebsprozesses von Problemlösungen besitzen (wenn sie nicht sogar die Prozeßgestaltung determinieren). Die Herausarbeitung und Berücksichtigung dieser Eigenschaften ist notwendig, um Aussagen über die *Eignung* der Absatzmethode Direktvertrieb für den Absatz kundenindividueller Problemlösungen abzuleiten. Weiterhin können ausgehend von den herausgearbeiteten vertriebsrelevanten Eigenschaften erste *Anforderungen* spezifiziert werden, die bei der zielorientierten Gestaltung eines Informations- und Kommunikationssystems zu berücksichtigen sind.

Im folgenden werden die vertriebsrelevanten Eigenschaften herausgearbeitet; die Darstellung baut auf Vorarbeiten in [RoBu96a] auf und führt die dortige Analyse weiter. Am Ende des Kapitels werden die wesentlichen Ergebnisse kurz zusammengefaßt.

4.1 Dreidimensionalität

Finanzdienstleistungen können allgemein in eine[1]

- *potentialorientierte* Dimension,
- *prozeßorientierte* Dimension und
- *ergebnis-* oder *produktorientierte* Dimension

zerlegt werden.

Die *potentialorientierte Dimension* bringt zum Ausdruck, daß Finanzdienstleistungen als Absatzobjekte zunächst nur *angebotene Leistungsfähigkeiten* darstellen[2]: Mit dem Angebot einer Finanzdienstleistung signalisiert ein Anbieter den Nachfragern seine Leistungsfähigkeit[3] (und seine Leistungs-

[1] Vgl. [Hilk89b], S. 10ff, [Cors90], S. 17ff, [Enge90], S 278ff, [Hent92], S. 19ff, und [Zoll95], S. 60.

[2] Vgl. für Dienstleistungen allgemein [Cors90], S. 18, [Meye92a], S. 18f und [Meye93], S. 179.

[3] *Leistungsfähigkeit* läßt sich allgemein in *menschliche* und *maschinelle Leistungsfähigkeiten* gliedern.

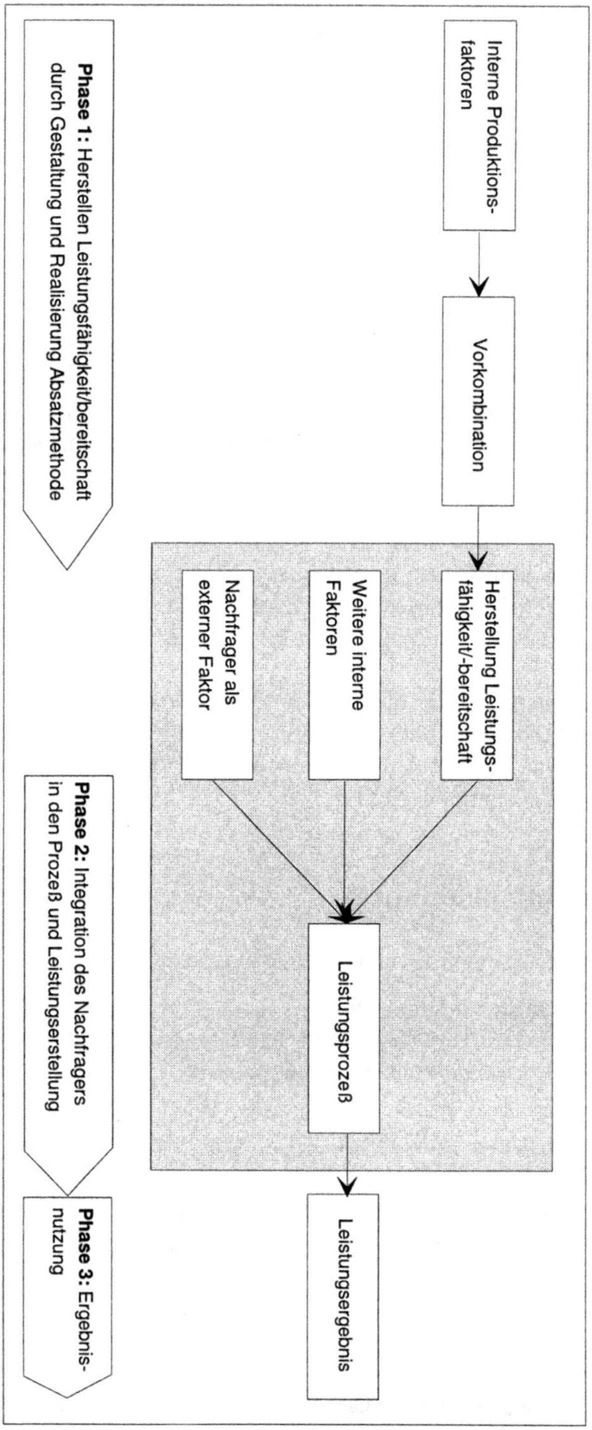

Abb. 4.1. Dreidimensionalität von Finanzdienstleistungen, in Anlehnung an [Cors86], S. 32

bereitschaft), ihnen gewünschte Liquidität zu gewünschten Zeitpunkten zur Verfügung zu stellen, Finanzberatungen durchzuführen sowie Transaktions- und Zahlungsverkehrsleistungen zu erbringen. Hierin besteht ein wesentlicher Unterschied zu einem Industriebetrieb, da den Nachfragern dort bereits *fertig produzierte Produkte* angeboten werden. Hingegen bietet ein Finanzdienstleister einem Nachfrager in der Kontaktphase nur das *Potential* an, für ihn Leistungen zu erbringen.

Dies wird am Beispiel der *Finanzberatung* besonders deutlich: Der Finanzdienstleister bietet den Nachfragern an, sie bei der Auswahl geeigneter Finanzprodukte für ihre jeweilige Situation zu beraten. In Konsequenz „kaufen" die Nachfrager damit das Beratungs*potential* und kein fertiges Beratungs*ergebnis*. Auch bei *Finanzprodukten* bietet der Anbieter zunächst nur das Potential an, einem Nachfrager gewünschte Liquidität zu gewünschten Zeitpunkten bereitzustellen.[4]

Aus der Interpretation von Finanzdienstleistungen als angebotene Leistungsfähigkeit und Leistungsbereitschaft folgt, daß es Aufgabe von Marketing und Vertrieb sein muß, die potentiellen Nachfrager über die Leistungsfähigkeiten und -bereitschaft des Anbieters zu *informieren*[5]. Weiterhin muß die Schnittstelle (Kontaktpunkt) zum Kunden so gestaltet sein, daß die Leistungspotentiale an Nachfrager herangetragen werden und daß Nachfrager durch die Inanspruchnahme der angebotenen Leistungspotentiale einen so großen *Nutzen* erfahren, daß sie nicht die Leistungspotentiale anderer Anbieter nutzen[6]. Ein Direktvertrieb kundenindividueller Leistungen wird also nur dann erfolgreich sein, wenn es gelingt, die hierfür notwendigen Leistungspotentiale so bereitzustellen, daß ein Nachfrager die gewünschte Leistungsfähigkeit über telematische Dienste und Briefpost nutzen kann.

Die *prozeßorientierte Dimension* folgt aus der potentialorientierten Dimension und bezieht sich auf den Erstellungsprozeß einer Finanzdienstleistung. Das Angebot von Leistungsbereitschaft und -fähigkeit als Absatzobjekt bewirkt, daß eine konkrete Leistung nur in Zusammenarbeit mit dem Nachfrager produzierbar ist[7]: Eine konkrete Überweisung kommt nur zustande, wenn der Nachfrager hierfür die notwendigen Daten bereitstellt, eine *Finanzberatung* kommt nur zustande, wenn der Nachfrager Informationen über sich und seine Bedarfssituation bereitstellt, ein *Finanzprodukt* (wie ein Immobiliendarlehen) wird erst realisiert, wenn Anbieter und Nachfrager ein gegenseitiges Zahlungsversprechen eingehen und über die gesamte Phase der

[4] Die Interpretation von Finanzdienstleistungen als angebotene Leistungs*potentiale* gilt beispw. auch für den Wertpapierhandel: Nachfrager fragen hier das Leistungspotential des Finanzdienstleisters nach, für sie an der Börse Wertpapiere zu kaufen und für sie zu verwalten.

[5] Vgl. auch [Kaas90].

[6] In Abschn. 6, S. 103ff, werden wir die hierfür notwendigen Bedingungen genauer untersuchen.

[7] Vgl. beispw. [Hilk89b], S. 12, [Cors90], S. 19, [Meye92a], S. 23.

Laufzeit einhalten[8]. Finanzdienstleistungen haben damit nicht nur Potentialcharakter, sondern auch *Vorgangs-* bzw. *Prozeßcharakter*. Damit fallen aber Leistungsabsatz und Erstellung bzw. Produktion der Leistung zeitlich zusammen: Mit dem Zeitpunkt, zu dem Beratungs*potential* abgesetzt wird, beginnt der Beratungs*prozeß*, in welchem der Nachfrager das Leistungspotential des Anbieters für seine Zwecke nutzt. Diese *Synchronität von Absatz und Produktion* wird auch als *uno-actu-Prinzip* bezeichnet. Aus dem *uno-actu-Prinzip* resultiert unter anderem, daß Finanzdienstleistungen nicht „auf Lager produziert" werden können, sondern immer erst ab dem Absatzzeitpunkt fertiggestellt werden.[9]

Der Zusammenhang von potentialorientierter und prozeßorientierter Dimension wird in Abb. 4.1 deutlich: In der Phase der Herstellung der Leistungsbereitschaft kombiniert der Finanzdienstleister seine internen Produktionsfaktoren soweit, daß die Leistungsfähigkeit bereitgestellt wird. In der prozeßorientierten Phase wird die Leistungsfähigkeit zusammen mit dem Nachfrager (in der Abbildung als *externer Faktor* bezeichnet) zu einem Ergebnis kombiniert. Dies hat zur Konsequenz, daß Kundenwunsch bzw. Leistungsbegehren eines Nachfragers einen entscheidenden *Produktionsfaktor* darstellen: Erst mit einem konkreten Leistungsbegehren beginnt der Leistungsprozeß. Inwieweit trotz der Notwendigkeit der Einbindung von Nachfragern in den Finanzdienstleistungsprozeß ein Direktvertrieb von kundenindividuellen Finanzdienstleistungen möglich ist, wird in Abschn. 4.4, S. 56ff, ausführlich untersucht.

In der *ergebnisorientierten Dimension* werden Finanzdienstleistungen als Ergebnis dienstleistender Tätigkeiten gesehen. Allerdings ist es aufgrund des *uno-actu-Prinzips* teilweise schwierig, bei *Finanzprodukten* zwischen prozeßorientierter und ergebnisorientierter Dimension zu unterscheiden, z. B. bei Immobiliendarlehen. Deutlich wird die ergebnisorientierte Dimension insbesondere bei Transaktions- und Zahlungsverkehrsleistungen, bei denen das Ergebnis des zugrunde liegenden Prozesses als Bestandsänderungen auf den Konten des Nachfragers deutlich erkennbar ist. Wichtig ist insbesondere bei der Finanzdienstleistung *Finanzberatung* die Unterscheidung zwischen *prozessuralem Endergebnis* und den daraus *resultierenden Wirkungen*[10]. Das *Ergebnis* einer Finanzberatung ist im allgemeinen die Kaufempfehlung einer oder mehrerer Finanzprodukte. Die *Wirkung* soll aus Finanzdienstleistersicht der Absatz von Finanzdienstleistungen sein, aus Nachfragersicht sollen zugrundeliegende Bedarfssituationen befriedigt werden. Für die Gestaltung des Absatzweges bedeutet dies in Konsequenz, daß dieser so zu gestalten ist,

---

[8] Hier wird der Prozeßcharakter besonderes deutlich: Erfolgt eine Störung des Prozesses durch den Nachfrager (z. B. durch nicht geleistete Zins- und Tilgungszahlungen), so wird der Prozeß der darlehensbasierten Immobilienfinanzierung unterbrochen – und der Nachfrager wird sein Prozeßziel der Immobiliennutzung schwerlich erreichen.

[9] Vgl. [Cors85], S. 103ff, [ZePaBe85], S. 33ff, [Male91], S. 71ff, [Meye93], S. 189.

[10] Vgl. allgemein für Dienstleistungen [Meye93], S. 178.

daß Nachfrager die angebotenen Problemlösungen wahrnehmen, verstehen und nachvollziehen können, so daß Kundenziel (Liquiditätserhaltung sowie Erfolgserzielung[11]) und Anbieterziel (Absatz von Finanzdienstleistungen) erreicht werden. Insbesondere bei Finanzdienstleistern, deren Ziel der Absatz von Finanzprodukten ist, ist Finanzberatung dementsprechend aus Sicht des Anbieters häufig „Mittel zum Zweck“, während der Nachfrager eine „objektive Beratung“ sucht.

Aus der dargestellten Dreidimensionalität folgen weitere Eigenschaften von Finanzdienstleistungen, unter anderem die *Immaterialität*.

4.2 Immaterialität

Finanzdienstleistungen sind sowohl als Finanzprodukte (gegenseitige Zahlungs*versprechen*) als auch als sonstige Leistungen, die Finanzprodukte als Leistungsgegenstand besitzen, immateriell[12]. Die fehlende sinnliche Wahrnehmung und Wahrnehmbarkeit wird allgemein als wichtige Eigenschaft von Finanzdienstleistungen angesehen[13], die weitreichende Konsequenzen für das Marketing und für den Vertrieb von (Finanz-)dienstleistungen besitzt[14]. Die Immaterialität von Finanzdienstleistungen steht in enger Beziehung zur potentialorientierten Dimension des Finanzdienstleistungsbegriffs, da dieser Finanzdienstleistungen zunächst (nur) als versprochene – und damit immaterielle – Leistungsfähigkeit bzw. Leistungsbereitschaft interpretiert[15].

Eine hier wichtige Folge der Immaterialität von Finanzdienstleistungen ist der geringe Anteil von *„search characteristics“*[16]. Unter *search characteristics* werden nach Nelson[17] Produkteigenschaften verstanden, welche der Kunde *vor* dem Kauf begutachten kann. Nelson zählt zu den Sucheigenschaften insbesondere die Produktmerkmale Farbe, Preis, Paßform, Härte, Geruch und Styling; Merkmale, die bei Finanzdienstleistungen nur schwer bzw. gar nicht wahrnehmbar sind.

Demgegenüber ist der Anteil an *„experience characteristics“* und *„credence characteristics“*[18] bei Finanzdienstleistungen gegenüber Sachgütern deutlich größer. *experience characteristics* beziehen sich auf Eigenschaften von Gü-

---

[11] Vgl. Abschn. 3.1.2, S. 34.

[12] Häufig wird in der Finanzdienstleistungsliteratur anstelle von Immaterialität auch von *Abstraktheit* gesprochen, vgl. z. B. [Süch88a], S. 884.

[13] Vgl. allgemein für Dienstleistungen z. B. [Cors85], S. 90, [ZePaBe85], S. 33, [Bäts89], S. 117, [Hilk89b], S. 14, [Meye92a], S. 24.

[14] Vgl. [EnKlRe93].

[15] Die Immaterialität folgt auch aus der prozeßorientierten Dimension von Finanzdienstleistungen, vgl. u. a. [ZePaBe85], S. 33.

[16] Vgl. [Nade95], S. 11f, [Schä95], S. 533.

[17] Vgl. [Nels70], S. 312.

[18] Für die beiden Begriffe *experience characteristics* und *credence characteristics* s. insbesondere [Nels70], S. 312, und [DaKa73], S. 68.

tern, die erst im Lauf der Güternutzung wahrnehmbar sind. Aus Nachfragersicht umfassen sie z B. die Bereitstellung einer vereinbarten Darlehenssumme zu einem versprochenen Zeitpunkt, die Auszahlung eines Sparplans mit einer versprochenen Rendite oder die jederzeitige Verkaufsmöglichkeit eines Wertpapiers ohne Verlustrisiko. Aus Banksicht zählen zu den *experience characteristics* z B. fristgerechte Zins- und Tilgungszahlungen eines Kunden für ein Hypothekendarlehen. Typische Finanzdienstleistungen mit einem hohen Anteil an *experience characteristics* sind insbesondere Zahlungsverkehrsleistungen sowie Transaktions- und Verwaltungsleistungen, da am Ende der Prozeßphase dem Kunden meßbare Erfahrungen über die Ausführung dieser Leistungen vorliegen. *credence characteristics* bezeichnen Eigenschaften von Finanzdienstleistungen, die auch nach der Nutzung der Leistung vom Kunden oder dem Finanzdienstleister nicht wahrgenommen werden können. Als Beispiel kann eine Baufinanzierung dienen, von der der Finanzdienstleister in der Beratungsphase behauptet hat, diese sei für den Kunden zum Entscheidungszeitpunkt die „günstigste" Finanzierung am Markt gewesen. Derartige Eigenschaften kann ein Kunde in der Regel weder zum Entscheidungszeitpunkt, noch während der Laufzeit noch danach beurteilen[19]. Insbesondere bei kundenindividuellen Problemlösungen und bei der Finanzberatung ist der Anteil an *credence characteristics* hoch.

Von der Immaterialität von Finanzdienstleistungen zu sprechen, erscheint trotz der Bindung von Finanzdienstleistungen an materielle Trägermedien wie Papier, Disketten, Magnetbänder, Festplattenspeicher usw. gerechtfertigt. Denn auch wenn materielle Trägermedien die Basis für die Verbreitung und die rechtliche Fixierung von Finanzdienstleistungen bilden und sie übertragbar und nutzbar machen, so kann doch aufgrund des geringen Anteils an *search characteristics* von einer materiellen *Wahrnehmbarkeit* von Finanzprodukten (als Zahlungsverprechen) und Beratungsergebnissen nicht gesprochen werden[20].

Aus der Immaterialität von Finanzdienstleistungen resultiert zunächst, daß insbesondere eine *Finanzberatung* weitgehend überall erbracht werden kann, da sie aufgrund ihrer Stofflosigkeit nahezu keine Distributionsprobleme impliziert und keine spezifischen räumlichen Anforderungen an ihre Produktion stellt, – außer daß Anbieter und Nachfrager aufgrund der prozeßorientierten Dimension zusammenwirken müssen. Ebenso kann ein *Finanzprodukt* aufgrund seiner Stofflosigkeit nahezu überall an Nachfrager abgesetzt werden. Damit ist der Absatz dieser Finanzdienstleistungen räumlich nicht an Filialen gebunden. Ebenso ist der Absatz dieser Leistungen (wenn die Nachfrager keine Filialen aufsuchen möchten) auch ohne Involvierung des Außendienstes

---

[19] Dies würde voraus setzen, daß der Kunde zum Entscheidungszeitpunkt alle Finanzierungsalternativen kennen und richtig beurteilen könnte.

[20] Vgl. für die Diskussion, ob Immaterialität allgemein für Dienstleistungen ein konstitutives Merkmal ist, [Bere83], S. 17, und [Enge90], S. 279, welche dieses verneinen, bzw. [Hilk89b], S. 14, [Meye92a], S. 21, und [Hent92], S. 24, die dieser Aussage zustimmen.

möglich, da diese Leistungen aufgrund ihrer Stofflosigkeit nicht physisch zu den Nachfragern distribuiert werden müssen, sondern auch mittels telematischer Dienste sowie mittels Briefpost abgesetzt werden können.

Weitere wichtige Eigenschaften von Finanzdienstleistungen, die wiederum eine Folge der Immaterialität von Finanzdienstleistungen sind, sind die *Erklärungsbedürftigkeit* und die *Vertrauensempfindlichkeit* dieser Leistungen.

4.3 Erklärungsbedürftigkeit und Vertrauensempfindlichkeit

Aus dem geringen Anteil an *search characteristics* bzw. dem hohen Anteil an *experience characteristics* und *credence characteristics* resultiert unter anderem, daß Nachfrager die wesentlichen finanzwirtschaftlichen Eigenschaften sowie die rechtlichen, wirtschaftlichen und steuerlichen Auswirkungen von Finanzprodukten häufig nicht *direkt* wahrnehmen, messen und bewerten können. Dieses zeigt sich beispielsweise daran, daß Nachfrager teilweise Finanzprodukte kaufen, die bei ihrer gegebenen persönlichen Situation offensichtlich „sinnlos“ bzw. nachteilig sind[21]. Die Nachfrager sind deshalb häufig auf eine „objektive“ *Finanzberatung* angewiesen[22], in der ihnen die Wirkungen und die Qualität[23] von Finanzprodukten[24] *dargestellt* werden. Weiterhin benötigen sie häufig eine Finanzberatung, um überhaupt für sie geeignete und vorteilhafte[25] Finanzdienstleistungen *auswählen* zu können. Zwar gibt es Unterschiede in der *Erklärungsbedürftigkeit* von Finanzprodukten, allerdings können selbst „einfache“ Finanzprodukte (wie ein Bank-Sparplan) für Kunden mit nur geringer Inanspruchnahme von bzw. Erfahrung mit Finanzprodukten durchaus einen erheblichen Beratungsbedarf bedingen. Ist Beratungsbedarf selbst für einfache Finanzprodukte ohne *hohen Individualisierungsgrad* erforderlich, so gilt dies erst recht für Finanzdienstleistungen mit einem hohen Individualisierungsgrad.

Nachfrager mit entsprechendem Beratungsbedarf erwarten deshalb bei der Kaufentscheidung von (kundenindividuellen) Finanzprodukten im allgemeinen eine auf ihr finanzwirtschaftliches Problem abgestimmte Beratungsleistung[26], die auf die Erstellung einer kundenindividuellen Problemlösung

---

[21] Vergleiche hierfür die Darstellung typischer derartiger Fälle bei [Walz91], S. 71ff.

[22] Vgl. [Nade95], S. 11.

[23] Vgl. [Nade95], S. 13.

[24] Für den Begriff der *Qualität* von Finanzprodukten s. Abschn. 3.1.2, S. 40.

[25] Der Begriff der *Vorteilhaftigkeit* von Finanzdienstleistungen wird in Fußnote 33, S. 36, präzisiert.

[26] Nach einer empirischen Untersuchung von Zollner ist insbesondere eine schlechte bzw. zu späte Information von Nachfragern durch Banken eines der kritischen Ereignisse, die häufig zur Kündigung von Bankbeziehungen durch den Kunden führen, vgl. [Zoll95], S. 201.

zielt. Um eine auf die individuelle Bedarfssituation von Nachfragern zugeschnittene Finanzberatung anbieten zu können, muß ein Anbieter die folgenden Leistungspotentiale am Kontaktpunkt zum Nachfrager bereitstellen:[27]

- **Erfassung der Bedarfssituation von Nachfragern:**
  Den Ausgangspunkt einer kundenindividuellen Beratung bilden Erfassung und Spezifikation des Kundenproblems. Fehlt eine genaue Erfassung der individuellen Bedarfssituation eines Nachfragers, ist letztlich weder Angebot noch Erstellung individueller Finanzprodukte möglich. Wichtig ist hierbei neben der Erfassung der relevanten Daten die *Strukturierung* der Problemstellung des Nachfragers, um *methodisch* individuell auf seine Situation abgestellte Finanzdienstleistungen selektieren[28] und konfigurieren[29] zu können[30]. Die Strukturierung des Nachfragerproblems muß hierbei mindestens die zwei Komponenten *Zulässigkeitsbedingung* und *Bewertungsfunktion* umfassen[31].
- **Erstellung kundenindividueller Problemlösungen:**
  Sollen Nachfragern tatsächlich kundenindividuelle Leistungen angeboten werden, so impliziert diese zentrale Forderung, daß sich der Beratungsumfang nicht nur auf den (finanzmathematischen) Vergleich von Standardangeboten oder die einfache Modifizierung von Standard-Produktkombinationen (z. B. Kombination von Autofinanzierung und -versicherung) beschränken darf, sondern auch eine problemorientierte Selektion und/oder Konfiguration von Finanzprodukten sowie deren Kombination zu *kundenindividuellen Problemlösungen* umfassen muß.
  Die Finanzberatung sollte damit letztendlich in ihrer ergebnisorientierten Dimension *kundenindividuelle finanzwirtschaftliche Problemlösungen* produzieren, um das Absatzziel zu erreichen.

---

[27] Vgl. [Roem94], S. 16.

[28] Die Selektion bzw. Auswahl von *vorgegebenen* Lösungsobjekten ist dem Problemlösungstyp *Klassifikation* (Diagnostik) zuzurechen, bei der allgemein ein Lösungsobjekt aus einer Menge vorgegebener Lösungsobjekte auszuwählen ist, hier lassen sich im einzelnen *sichere Klassifikation*, *heuristische Klassifikation* und *überdeckende Klassifikation* unterscheiden, vgl. [Pupp90], S. 235f. Für eine ausführliche Darstellung s. [Pupp90], S. 42ff.

[29] Unter Konfiguration wird ein Problemtyp verstanden, der zum Problemlösungstyp *Konstruktion* gehört *„und bei dem ein Lösungsobjekt gesucht wird, das bestimmte Anforderungen erfüllt. Im Gegensatz dazu ist bei der* Planung *das Lösungsobjekt vorgegeben und der Weg dahin gesucht. Im Vergleich zur* Zuordnung, *bei der die Anordnung vorgegebener Lösungsobjekte gesucht wird, müssen bei der Konfiguration die Lösungsobjekte instanziiert bzw. ihre Eigenschaften festgelegt werden"*, vgl. [Pupp90], S. 237. Für eine ausführliche Darstellung s. [Pupp90], S. 128ff. Nach Weinhardt ist in der Finanzberatung bezüglich des Problemlösungstyps *Klassifikation* nur der Problemtyp *Konfiguration* von Bedeutung, vgl. [Wein95], S. 105.

[30] Für die Anwendung dieser Methoden in der Finanzberatung s. exemplarisch [DeWe94].

[31] Vgl. die Definition von finanzwirtschaftlichen Problemen in Abschn. 3.1.2, S. 35.

- **Bewertung und Auswahl kundenindividueller Problemlösungen:** Aufgrund der Erklärungsbedürftigkeit von Finanzdienstleistungen umfaßt eine Finanzberatung indes nicht nur die Erstellung kundenindividueller Lösungen, sondern auch die *Bewertung* der erstellten Angebote (Problemlösungen) entsprechend der spezifizierten Bewertungsfunktion des Nachfragers. Dementsprechend muß eine Finanzberatung Nachfrager mit entsprechendem Beratungsbedarf auch bei der *Auswahl* der Angebote unterstützen[32]: Denn kundenindividuelle Finanzdienstleistungen stellen grundsätzlich (und vor allem im Vergleich mit Sachgütern) bezüglich einer Qualitätsbewertung und eines Qualitätsvergleichs *„erhebliche Anforderungen an den ökonomischen Sachverstand der Abnehmer“*[33] – der in vielen Fällen aufgrund der Erklärungsbedürftigkeit häufig nicht ausreichen dürfte.

Finanzprodukte sind als rechtlich bindende Zahlungsversprechen nach Vertragsschluß für den Kunden häufig nicht mehr reversibel; zumindest impliziert eine Anpassung zusätzliche Kosten für den Kunden. Erfährt ein Kunde im Zeitablauf die Wirkungen von Finanzprodukten (z. B. durch die Zins- und Tilgungszahlungen, die er über die Zeit für ein Darlehen leistet) und ist er mit diesen unzufrieden (z. B. der Höhe der Zinslast), so ist ein „Umtausch“ von Finanzprodukten für ihn nicht kostenlos möglich; ebenso kann ein Nachfrager keine „Probekäufe“ vornehmen. Aufgrund der Erklärungsbedürftigkeit von Finanzprodukten und aufgrund deren bindender Wirkung über teilweise lange Zeiträume sind Finanzprodukte aus Kundensicht insbesondere auch *vertrauensempfindliche Leistungen*. Ähnliches gilt für die *Finanzberatung*, da Nachfrager die Beratungsaussagen und -empfehlungen häufig nicht selbst (kostenlos) überprüfen können.

Ein Direktvertrieb von kundenindividuellen Problemlösungen an Nachfrager mit Erklärungs- bzw. Beratungsbedarf wird also nur dann erfolgreich durchzuführen sein, wenn auch die jeweils benötigten Beratungspotentiale (s. o.) an der Schnittstelle zum Nachfrager bereitgestellt werden; weiterhin müssen die notwendigen Informationen, Aussagen und Empfehlungen in einer für die Nachfrager geeigneten, verständlichen und nachvollziehbaren Darstellung präsentiert werden. Darüber hinaus bleibt zu untersuchen, welche ökonomischen Auswirkungen aus der Vertrauensempfindlichkeit von Finanzdienstleistungen resultieren und wie ein Finanzdienstleister hierauf zielorientiert durch Aufbau von Vertrauensbeziehungen reagieren kann; dies erfolgt in Kap. 7, S. 147ff.

[32] Nach Zollner ist das Fehlen von Hinweisen auf die (aus Kundensicht) günstigste Alternative ein Hauptgrund für die Kündigung bestehender Bankverbindungen, vgl. [Zoll95], S. 206.

[33] Vgl. [Süch88b], S. 885.

4.4 Integration eines externen Faktors

Die Integration eines externen Faktors ergibt sich aus der prozeßorientierten Dimension von Finanzdienstleistungen. Damit eine Finanzdienstleistung im Leistungsprozeß entstehen kann, muß ein Nachfrager oder ein Objekt eines Nachfragers in den Leistungsprozeß integriert werden; Finanzdienstleistungen sind in der Regel nicht ohne Interaktion zwischen Finanzdienstleister und Kunde erstellbar.[34] Für Anlage-, Finanzierungs-, und Versicherungsleistungen, die Vertragscharakter haben, ist dies unmittelbar einsichtig. Aber selbst eine einfache Überweisung setzt voraus, daß ein Nachfrager als elementarer Inputfaktor Überweisungsbetrag und Zielkonto spezifiziert. Finanzdienstleistungen entstehen erst zum Vertriebszeitpunkt durch gemeinsame Leistungserstellung mit einem Nachfrager: Der Kunde übt also eine Doppelrolle als (Mit-)Produzent und Verbraucher aus[35]; Toffler[36] hat hierfür den Begriff des *PROSUMER* geprägt (zusammengesetzt aus PROducer und conSUMER); der Leistungsprozeß wird dementsprechend auch als *Prosumption* bezeichnet.[37]

Für die Integration von Nachfragern in den Erstellungsprozeß von Leistungen sind grundsätzlich die folgenden Integrationsformen unterscheidbar:[38]

- in Abhängigkeit von der *Art* der Integration:
  - technisch bedingte Integration
  - bedarfsbedingte Integration
  - informationsbedingte Integration
- in Abhängigkeit des *raumzeitlichen Umfangs* der Integration:
  - raumzeitliche Integration
  - zeitliche Integration

Bei der *technisch bedingten Integration* ist ein materielles Objekt eines Nachfragers technische Voraussetzung der Durchführung des Dienstleistungsprozesses, z. B. bei der Fahrzeugreparatur. Bei der *bedarfsbedingten Integration* ist der Dienstleistungsprozeß zwar grundsätzlich ohne Integration von Nachfragern durchführbar, aber nicht sinnvoll, z. B. eine Vorlesung in einem leeren Hörsaal. Bei der *informationsbedingten Integration* kann der Dienstleistungsprozeß nur erfolgen, wenn Nachfrager die notwendigen Informationen bereitstellen, z. B. für die Durchführung einer Überweisung oder einer Finanzberatung. Die *raumzeitliche Integration* setzt eine räumliche Anwesenheit eines

---

[34] Vgl. Abschn. 4.1, S. 49, sowie allgemein für Dienstleistungen [Lach94], S. 39f; [Meye92a], S. 21ff; [Cors85], S. 127ff; [Lehm89], S. 77ff; [Male73], S. 69 und S. 96ff.

[35] Vgl. [Enge90], S. 280, [Hent92], S. 23, [Meye93], S. 184.

[36] Vgl. [Toff80].

[37] Vgl. auch Abb. 4.1, S. 48: In *Phase 2* wird ein Nachfrager als externer Faktor als „Mit-Produzent " in den Leistungsprozeß integriert; hieran schließt sich für den Nachfrager die Phase des „Konsums" des Leistungsergebnisses an.

[38] Siehe [Cors89], S 29ff.

Nachfragers beim Dienstleistungsprozeß voraus, die *zeitliche Integration*[39] nicht.

Bei der Erstellung von kundenindividuellen Problemlösungen liegt bezüglich der Integrationsart eine *informationsbedingte* Integration vor: Damit eine Problemlösung erstellt werden kann, *muß* ein Nachfrager die notwendigen *Informationen* bereitstellen, eine Bereitstellung eines materiellen Objektes hingegen ist (normalerweise) nicht erforderlich[40]. Trotz der Notwendigkeit der Integration von Nachfragern in den Leistungsprozeß ist ein Direktvertrieb von Finanzdienstleistungen aufgrund der Immaterialität des Integrationsobjektes „Information" grundsätzlich möglich: Der notwendige Informationsaustausch (also die Kommunikation) kann unter Nutzung telematischer Dienste sowie Briefpost auch bei räumlicher Trennung von Anbieter und Nachfrager erfolgen[41]; werden ausschließlich telematische Dienste eingesetzt ist Information fast so schnell wie in einem persönlichen Gespräch austauschbar. Inwieweit eine raumzeitliche Integration (Integrationsumfang) notwendig ist, hängt letztlich davon ab, ob alle notwendigen Informationen und Interaktionen über telematische Dienste so ausgetauscht, dargestellt, verarbeitet und durchgeführt werden können, daß Nachfrager sich für den Direktvertrieb entscheiden. Die hierfür zu erfüllenden Voraussetzungen werden in Abschn. 4.8 genauer untersucht.

Die *Tiefe* der Integration des Kunden in den Leistungsprozeß ist indes nicht extern vorgegeben, sondern abhängig von den nachgefragten Finanzdienstleistungen und der Bereitschaft eines Nachfragers, bei der Leistungser-

---

[39] Eine *zeitliche* Integration liegt im Leistungsprozeß bei Finanzdienstleistungen zwangsläufig immer vor, da ansonstern kein gemeinsamer Leistungsprozeß möglich ist. Als Beipiel sei eine Überweisung angeführt, in der zum Ausführungszeitpunkt die Kundendaten „integriert" sind.

[40] Dies gilt nicht nur für die Erstellung kundenindividueller Problemlösungen, sondern weitestgehend für alle Finanzdienstleistungen wie beispw. für den Zahlungsverkehr. Nur bei der Einzahlung von Bargeld bzw. bei der Bargeldbeschaffung ist ein materielles Gut (Geldmünzen/-scheine) Leistungsgegenstand. Dementsprechend stellt für Direktbanken die Bargeldversorgung ihrer Kunden ein Problem dar, da hier telematische Dienste (bzw. Briefpost) (noch) nicht ausreichend sind, vgl. [Pisc96], S. 15. Insbesondere die Sparkassen nutzen ihr dichtes Netz an Geldausgabeautomaten diesbezüglich als Wettbewerbsvorteil, indem sie die Gebühren für die Geldbeschaffung fremder Kunden an ihren Automaten derzeit (teilweise deutlich) erhöhen.

[41] Anzumerken ist, daß insbesondere für den Direktvertrieb (kundenindividueller) Kredite an Verbraucher telematische Dienste allein nicht ausreichend sind: So verlangt § 4 Verbraucherkreditgesetz (VerbrKG) für den Vertragsabschluß von Krediten ausdrücklich die *Schriftform* sowie eine *Unterzeichnung* des Vertrags (also die Unterschriften *aller* Vertragspartner), vgl. auch [MüHa91], S. 110. Solange eine *elektronische Signatur* einer traditionellen Unterschrift rechtlich (noch) nicht gleichgestellt ist, werden postalische Dienste die telematischen Dienste (zwingend) ergänzen (die rechtliche Gleichstellung wird derzeit mit dem geplanten „Multimediagesetz" angestrebt). Allerdings schließt sich der Vorgang des Vertragsdrucks und der Unterzeichnung an den Erstellungsprozeß von kundenindividuellen Problemlösungen an und ist hier nicht weiter zu betrachten.

stellung mitzuwirken. So ist für die Ausführung einer Überweisung der Kunde nur einmalig und kurzzeitig als auslösender Faktor von Bedeutung, der Prozeß der Überweisung erfolgt dann ohne weitere Involvierung des Kunden. Bei der Erstellung einer komplexeren Immobilienfinanzierung hingegen ist aufgrund deren Erklärungsbedürftigkeit, dem Beratungsbedarf des Kunden sowie z. B. der Grundschuldbestellung (o. ä.) eine umfangreiche Interaktion von Bank und Kunde während des Produktionsprozesses erforderlich. Tendenziell ist die Integrationstiefe in den Leistungsprozeß der Finanzberatung deutlich höher als die Integrationstiefe bei der Nutzung von Finanzprodukten, bei letzterer ist in der Regel außer der Leistung der spezifizierten Zahlungen kaum eine Integration gegeben.

Darüber hinaus kann die *Intensität* der Integration von Nachfragern stark schwanken: Ein Nachfrager ohne finanzwirtschaftliche Vorkenntnisse in der Immobilienfinanzierung wird die Aktivitäten für die Problemlösung (Erfassung seiner persönlichen finanziellen Situation, Berücksichtigung von Objektgegebenheiten, Selektion und Konfiguration geeigneter Finanzprodukte und deren Kombination, Bewertung und Auswahl von Produkten) im Rahmen einer Finanzberatung weitgehend auf den Finanzdienstleister verlagern wollen. Ein Steuerberater, der für sich eine Immobilie als Kapitalanlage sucht, wird hingegen die notwendigen Lösungsaktivitäten zu einem Großteil selbst durchführen und somit auf die Inanspruchnahme einer Finanzberatung verzichten können; der Finanzdienstleister muß entsprechend weniger Aktivitäten übernehmen.

Damit erscheint die Auffassung von Gutenberg, daß Anbieter Entscheidungen über Faktordisposition und Leistungserstellung weitgehend autonom und unabhängig von den Nachfragern treffen[42], zumindest für den Finanzdienstleistungsbereich unzutreffend: Aufgrund der informationsbedingten Integration von Nachfragern in den Leistungsprozeß und dem damit verbundenen Charakter der Leistungsbegehren der Nachfrager als externe Produktionsfaktoren wird durch einen Nachfrager nicht nur ein konkreter Produktionsprozeß erst ausgelöst (und damit dispositive Entscheidungen über die Faktorwahl getroffen), sondern auch der Leistungsprozeß selbst beeinflußt: Die Erstellung von kundenindividuellen Problemlösungen kann nur erfolgen, wenn im Leistungsprozeß sowohl die Zulässigkeitsbedingung als auch die Bewertungsfunktion des konkreten Nachfragers explizit berücksichtigt werden; es handelt sich damit bei finanzwirtschaftlichen Leistungsprozessen um *integrative* Prozesse[43].

Um kundenindividuelle Finanzdienstleistungen im Direktvertrieb erfolgreich abzusetzen, muß also ein entsprechendes *Kommunikationssystem* geschaffen werden, so daß die informationsbedingte Integration von Nachfragern

42 Gutenberg zufolge gehen im Rahmen der Faktordisposition und Leistungserstellung lediglich allgemeine Marktinformationen ein (vgl. [Gute76], 36ff), eine Beeinflussung von Potentialen und Leistungserstellungsprozessen durch den einzelnen Kunden erfolgt nicht; vgl. [EnFr95], S. 903.

43 Vgl. [EnFr95], S. 905.

in den Leistungsprozeß mit der notwendigen Integrationstiefe und -intensität erreicht wird; dies gilt insbesondere für die Finanzberatung. Die wesentlichen Anforderungen an die Gestaltung des Kommunikationssystems resultieren dabei vor allem aus der Erklärungsbedürftigkeit und damit aus der Notwendigkeit, für den Vertrieb kundenindividueller Problemlösungen im allgemeinen ein komplementäres Beratungsangebot anbieten zu müssen.

Aufgrund der informationsbedingten Integration von Nachfragern in den Leistungsprozeß von Finanzdienstleistungen und aufgrund der Integrativität dieses Leistungsprozesses ist dieser letztlich ein *Kommunikations-* und ein *Informationsprozeß*; dies soll im nächsten Abschnitt näher betrachtet werden.

4.5 Der Finanzdienstleistungsprozeß als Informations- und Kommunikationsprozeß

Der Leistungsprozeß (und aufgrund des *uno-actu-Prinzips* damit auch der Vertriebsprozeß) im Finanzdienstleistungsbereich ist ein Kommunikations- und Informationsprozeß mit mehreren Teilschritten, vgl. Abb. 4.2[44]:

1. In einem *ersten Schritt* stellt ein Anbieter seine Leistungsfähigkeit sowie Leistungsbereitschaft her und kommuniziert diese an die Nachfrager (*Informationsübertragung*[45]). Hierzu kann ein umfangreiches Instrumentarium eingesetzt werden, das sich von der Eröffnung einer Filiale, über den Besuch von Außendienstmitarbeitern bis hin zu *Mailings*, Telefonmarketingaktionen und einer Darstellung in Online-Medien erstrecken kann[46]; insbesondere können auch telematische Dienste hierfür verwendet werden.
2. In einem *zweiten Schritt* (*Problemformulierung*) nimmt der Nachfrager das Potentialangebot an und kommuniziert sein Leistungsbegehren als finanzwirtschaftliches Problem an den Finanzdienstleister[47]. In Abhängigkeit von Kundenwunsch und Kundenproblem bedingt dieser Schritt eine unterschiedliche Integrationstiefe sowie -intensität und damit eine unterschiedliche Kommunikationsintensität: Möchte ein Kunde „nur" ein von ihm genau spezifiziertes Wertpapier kaufen, so genügt die Kommunikation von Wertpapierkennummer, Stückzahl und (eventuell) Limit sowie Gültigkeit des Limits. Möchte er eine Immobilie finanzieren, so wird diese Phase entsprechend obiger Darstellung unter Umständen sehr kommunikationsintensiv, da der Finanzdienstleister zunächst das Problem strukturiert erfassen muß: Ist ein Nachfrager nicht selbst in der

[44] Siehe auch [Roem94], S. 16, und [RoBu96a], S. 568f. Die Darstellung hier lehnt sich an [RoBu96a] an.

[45] Dieser Begriff geht auf Kaas zurück, s. [Kaas90], S. 540, der hierin eine wesentliche Funktion des Marketing sieht.

[46] Dieser erste Schritt kann in Teilschritte untergliedert werden, vgl. [Thed92], S. 29.

[47] Vgl. hierzu [Koll92], S. 25, und [Will95], S. 17ff.

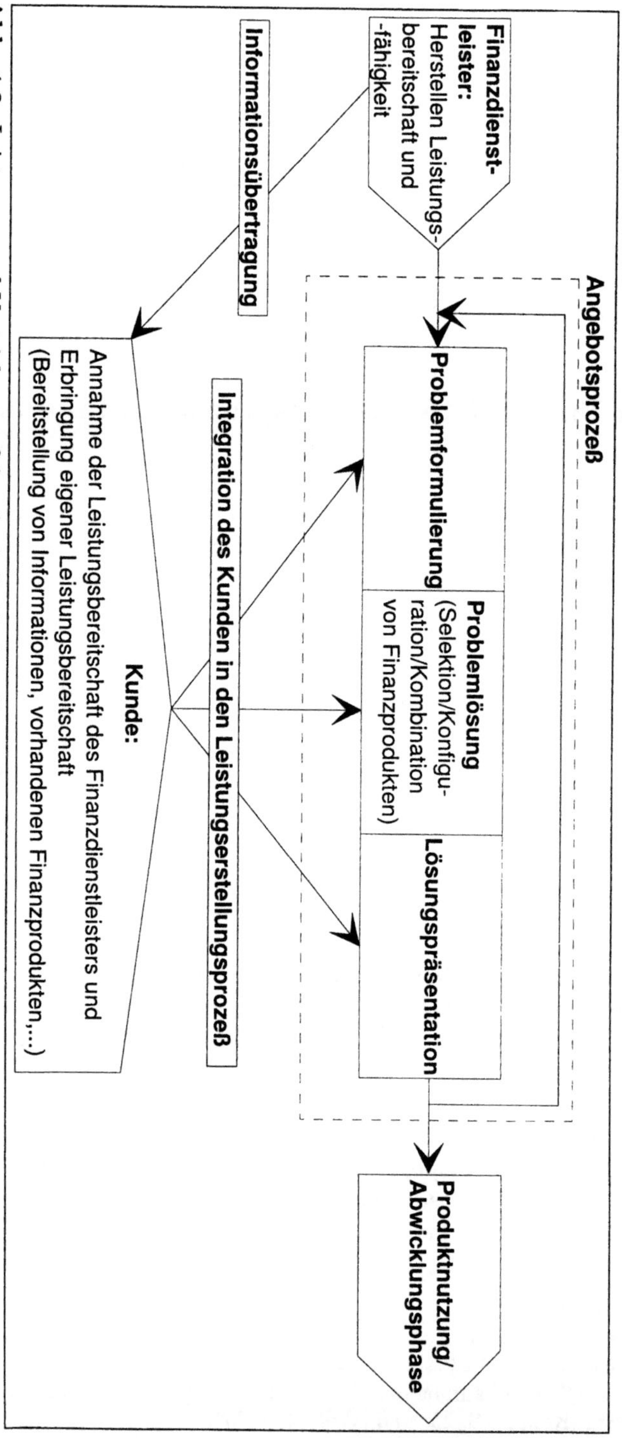

Abb. 4.2. Leistungs- und Vertriebsprozeß kundenindividueller Finanzdienstleistungen

Lage, Bewertungsfunktion und Zulässigkeitsbedingung exakt zu spezifizieren, muß ihn der Finanzdienstleister unterstützen.[48] Hierbei werden sich dann Kommunikationsprozesse mit informationsverarbeitenden Prozessen überlagern, da der Anbieter für eine strukturierte Problemerfassung die erhaltenen Informationen verarbeiten und Zulässigkeitsbedingung und Bewertungsfunktion formalisieren muß.

3. In einem *dritten Schritt* (*Problemlösung*[49]) folgt ein (überwiegend) informationsverarbeitender Teilprozeß, in welchem der Anbieter eine Lösung für das Problem des Nachfragers finden muß. Im einfachen Fall des Wertpapierkaufs ist dies die einfache Überprüfung, ob das Wertpapier mit der entsprechenden Kennummer existiert, Kontostand bzw. Lombardkredit des Kunden den Kauf der gewünschten Stückzahl dekken und ob die Wertpapiere über die Börse in der gewünschten Stückzahl zum gesetzten Limit beschaffbar sind. Für den Fall einer Immobilienfinanzierung kann dieser Schritt sehr verarbeitungsintensiv werden: Ausgehend von den im zweiten Schritt explizierten finanzwirtschaftlichen Nachfragerproblem muß der Finanzdienstleister das relevante Spektrum von Finanzdienstleistungen sichten, das durch eine große *Angebotsbreite* gekennzeichnet ist[50] und das beispielsweise durch Neuemissionen von Anlagetiteln wie Aktien, Optionen usw. sowie gesetzlichen Änderungen einem fortwährenden Wandel unterliegt. Der Finanzdienstleister muß demzufolge auf die relevanten Informationen schnell zugreifen und für die Lösung des zugrundeliegenden Nachfragerproblems diese Informationen über Finanzprodukte schnell verarbeiten können[51]. Häufig wird dies auch die Berechnung sowie Gestaltung der steuerlichen Wirkungen der entsprechenden Finanzprodukte umfassen[52]. Darüber hinaus wird neben einer *Informations*verarbeitung in der Regel auch *Wissens*verarbeitung erforderlich sein, etwa um Wissen über gute Leistungskombinationen bezüglich des Nachfragerproblems nutzen zu können[53].
4. Hieran schließt sich ein *vierter Schritt* an (*Lösungspräsentation*), der wiederum kommunikationsintensiv ist und in dem die erstellten Leistungsangebote (hier als Problemlösung verstanden) dem Nachfrager präsentiert, begründet und die Auswirkungen auf seine finanzielle Sphäre dargestellt werden. Auf Seiten des Nachfragers findet parallel hierzu ein informationsverarbeitender Prozeß statt. Im günstigen Fall ist die Wirkung der

[48] Vgl. Abschn. 4.3, S. 53.

[49] Die Teilschritte Problemformulierung und Problemlösung können unter dem Begriff *Leistungsfindung* (vgl. [Kaas90], S. 543) begrifflich zusammengefaßt werden.

[50] So sollen allein über 7.600 Leasingvertragstypen in Deutschland möglich sein, vgl. [WeDeGo94], S. 6.

[51] Vgl. z. B. [Brun93].

[52] Vgl. Abschn. 4.6, S. 63ff.

[53] Vgl. [Roem94], S. 16. Der Absatzprozeß ist also im Gegensatz zur Darstellung von Thede (vgl. [Thed92], S. 29) insbesondere auch ein informations- und wissensverarbeitender Prozeß.

bisher durchgeführten Schritte eine Abnahmeentscheidung des erstellten Angebots, an die sich die Phase der Produktnutzung anschließt. In dieser Phase findet wiederum eine Kommunikation zwischen Anbieter und Kunde statt, beispielsweise wird der Kunde über die Entwicklung seines Vermögens informiert.

Aufgrund der oben dargestellten hohen Informations- und Kommunikations*intensität* bei der Erstellung kundenorientierter Problemlösungen sind Finanzdienstleister nicht nur aus einer volkswirtschaftlichen, sondern auch aus einer Marketingperspektive als Informations*produzenten* zu bezeichnen:[54] Der Absatz kundenindividueller Problemlösungen ist aufgrund der informationsbedingten Integration von Nachfragern letztlich ein Prozeß, in dem Daten, Informationen und Wissen[55] über Nachfragerprobleme, Finanzprodukte sowie steuerliche und rechtliche Rahmenbedingungen zu einer Problemlösung verarbeitet werden. Picot und Böhme formulieren denn auch prägnant:[56]

„Das Bankgeschäft ist ein Informationsgeschäft. Nur in wenigen anderen Branchen finden sich ähnlich informationsintensive Produkte und Prozesse".

Dies impliziert für den Direktvertrieb kundenindividueller Problemlösungen die Gestaltung der Leistungspotentiale derart, daß die vorhandenen Informationen so zu kundenindividuellen Problemlösungen verarbeitet werden können, daß diese – gemessen anhand der Bewertungsfunktion des zugrundeliegenden Nachfragerproblems – den angebotenen Problemlösungen anderer Anbieter *überlegen* sind und gleichzeitig die Zulässigkeitsbedingung erfüllen. Angesichts der hohen Kommunikations- und Informationsintensität kann eine gleichmäßig hohe Angebotsqualität beim Direktvertrieb kundenindividueller Problemlösungen nur sichergestellt werden, wenn eine *„optimale Bereitstellung von Information und die Unterstützung der Kommunikation"*[57] gewährleistet wird. Hierbei ist – neben gut ausgebildetem Personal[58] und neben einem entsprechend leistungsfähigem Kommunikationssystem – insbesonde-

[54] Während Banken bezüglich der *Produktion* von Finanzdienstleistungen aus der Perspektive ihrer *volkswirtschaftlichen* Funktion (Fristentransformation, Vermögenstransformation, Risikotransformation (vgl. z. B. [Balt80]) schon seit längerer Zeit als Finanzintermediäre bzw. als Informationsproduzenten betrachtet werden (s. beispw. [LePy77], [CaKr80], [Diam84]), ist die Betrachtungsweise von Banken als Informationsproduzenten und Problemlöser bezüglich des *Absatzes* von Finanzprodukten an Privatkunden, Selbständige, Gewerbetreibende, Freiberufler usw. neu.

[55] In der Terminologie der Wirtschaftsinformatik werden unter *Daten* Folgen von Zeichen, Lauten oder Bildern, unter *Informationen* Daten mit zugewiesenen Bedeutungsinhalten und unter *Wissen* die Verknüpfung von Informationen mit (zumindest teilweise) höherer Abstraktion und zeitlicher Konstanz verstanden, vgl. [BuRoSc96], S. 25.

[56] Siehe [PiBö96], S. 30.

[57] Vgl. [WKWI94].

[58] Vgl. für den Vertrieb kundenindividueller Finanzdienstleistungen allgemein z. B. [Aust93], [KrThOl92].

re die Unterstützung durch ein zieladäquat gestaltetes Informationssystem unverzichtbar[59].

Bevor wir im Abschn. 4.8 ausgehend von diesen Ergebnissen die Anforderungen an das zu gestaltende Informations- und Kommunikationssystem für den Direktvertrieb kundenindividueller Problemlösungen darstellen, soll zuvor das Gestaltungspotential bei der Erstellung derartiger Lösungen herausgearbeitet werden.

4.6 Individualität und Gestaltungspotential

Finanzprodukte sind aufgrund der *Vertragsfreiheit* innerhalb der jeweiligen rechtlichen Rahmenbedingungen *individuell gestaltbar*. Diese Gestaltungsfreiheit bietet das Potential, Finanzprodukte bzw. Produktkombinationen zu erstellen, die sowohl für den Finanzdienstleister als auch für den Nachfrager *vorteilhaft* sind. Eine wesentliche Ursache für dieses Gestaltungspotential ist die Vielfalt steuerlicher Einzelregelungen, die dazu führt, daß finanzwirtschaftlich vergleichbare Problemlösungen steuerrechtlich häufig unterschiedlich behandelt werden (Gestaltungsabhängigkeit)[60].

Dies soll im folgenden Abschnitt exemplarisch verdeutlicht werden.

4.6.1 Gestaltungsabhängigkeit der Steuerwirkungen

Die in Finanzprodukten spezifizierten Zahlungen sind im allgemeinen „Bruttogrößen", die bei Erfüllung steuerrechtlicher Tatbestände beim Zahlenden und/oder beim Zahlungsempfänger *steuerwirksam* werden und zu entsprechenden Steuerzahlungen bzw. Steuergutschriften führen. Werden unterschiedliche finanzwirtschaftliche Problemlösungen, mit denen der *gleiche(!)* wirtschaftliche Zweck erreicht werden soll, steuerrechtlich unterschiedlich behandelt, so resultieren hieraus im allgemeinen unterschiedliche Steuerzahlungen bzw. -gutschriften. Damit weichen im Resultat dann in der Regel die Zahlungsströme *nach Steuern* – zum Teil sogar deutlich – voneinander ab. Will macht dies an jeweils einem Beispiel für Anlage- und Finanzierungsprodukte deutlich:[61]

- **Beispiel 1: Kreditfinanzierung**
  Bei einer betrieblichen Kreditfinanzierung kann der gleiche wirtschaftliche Zweck vor Steuern durch eine Vertragsgestaltung mit Disagio und niedrigem Nominalzins oder durch eine Vertragsgestaltung ohne Disagio und entsprechend höherem Nominalzins erreicht werden. Aufgrund der geltenden einkommensteuerrechtlichen Regelungen werden beide Vertragsgestaltungen jedoch zu unterschiedlichen Zahlungsströmen nach Steuern führen:

[59] Vgl. [Roem94], S. 16.
[60] Vgl. [Schn91], S. 305.
[61] Siehe [Will95], S. 21.

Zinsen sind einkommensteuerrechtlich sofort abzugsfähige Betriebsausgaben, das Disagio ist hingegen auf die Zinsbindungsfrist zu verteilen und aufwandswirksam zu verrechnen[62]. Welche der beiden Vertragsformen vorteilhaft ist, hängt im Einzelfall von der *individuellen* Gewinnsituation des finanzierenden Betriebs ab.

- **Beispiel 2: Wertpapieranlage**
  Bei einer Betrachtung vor Steuern ist eine Unterscheidung zwischen sicheren Kursgewinnen und Zinsen auf Wertpapiere ohne Bedeutung. Im Einkommensteuerrecht werden Kursgewinne und Zinsen indes steuerlich *unterschiedlich* behandelt: Im allgemeinen sind Kursgewinne steuerfrei, Zinsen stellen hingegen im allgemeinen steuerpflichtigen Kapitalertrag dar.

Auch wenn steuersystematisch zunächst nicht die Vertragsgestaltung maßgeblich ist, sondern der *wirtschaftliche* Zweck, so zeigen die beiden Beispiele jedoch anschaulich, daß aufgrund einer Vielzahl an *Einzelfallregelungen* dieses Prinzip durchbrochen wird. Obwohl die beiden Kreditfinanzierungen dem *gleichen wirtschaftlichen Zweck* (beispielsweise dem Erwerb einer gewerblich genutzten Immobilie) dienen, werden diese *steuerlich unterschiedlich* behandelt, führen damit zu unterschiedlichen steuerlichen Wirkungen und resultieren damit in unterschiedlichen (für die Bewertung maßgeblichen) Nach-Steuer-Zahlungsströmen.

In Kenntnis der steuerlichen Behandlung sind daher in einer *„Rückwärtsrechnung“*[63] von der Rechtsfolge als gewünschtem Ziel ausgehend finanzwirtschaftliche Problemlösungen vor Steuern so zu konstruieren, daß die Erfüllung gewünschter steuerrechtlicher Tatbestände erreicht wird – und damit durch Eintritt gewollter steuerlicher Wirkungen der gewünschte Zahlungsstrom nach Steuern erreicht wird[64].

Betriebswirtschaftliche Untersuchungen haben gezeigt, daß bei Zugrundelegung dieser Vorgehensweise Aussagen über die vorteilhafte (und teilweise sogar optimale!) Gestaltung von finanzwirtschaftlichen Problemlösungen abgeleitet werden können.[65]

4.6.2 Gestaltungspotential kundenindividueller Finanzprodukte

Buhl zeigt für den Fall einer Kreditfinanzierung, daß ein Kreditvertrag zwischen einem Finanzdienstleister und einem Nachfrager für beide Vertragspar-

[62] Dies folgt aus § 6 Einkommensteuergesetz: Darlehensschulden, bei denen der Ausgabebetrag niedriger als der Rückzahlungsbetrag ist, sind mit dem Rückzahlungsbetrag anzusetzen; der Unterschiedsbetrag (hier: Disagio) ist als Rechnungsabgrenzungsposten über die *Laufzeit* zu verteilen (Urteil des Bundesfinanzhofs vom 19.01.1978, s. Bundessteuerblatt Teil II (1978), S. 262). Ist die *Zinsbindungsfrist* des Darlehens *kürzer* als die Darlehenslaufzeit, so ist der Rechnungsabgrenzungsposten auf die Zinsbindungsfrist zu verteilen (Urteil des Bundesfinanzhofs vom 21.03.1988, s. Bundessteuerblatt Teil II (1989), S. 722ff).

[63] Caytas spricht von einem *„retrograden“* Angebotsprozeß, vgl. [Cayt92], S. 147.

[64] Vgl. [Krön86], S. 351ff, und [Will95], S. 21f.

[65] Vgl. [WiBuWe93], [BuSaWi93], [Buhl94], [Will95], [BuSaWi97].

teien nur dann wirtschaftlich sein kann, wenn mindestens eine der folgenden Bedingungen erfüllt ist[66]:

- Bei gleicher Besteuerung verwendet der Kreditnehmer einen *höheren* Kalkulationszinssatz (vor und nach Steuern) als der Kreditgeber.
- Bei gleichen Kalkulationszinsen nach Steuern wird der Kreditgeber *geringer* als der Kreditnehmer besteuert (damit liegt der Kalkulationszins vor Steuern des Kreditgebers unter dem des Kreditnehmers).
- Besteuerung *und* Kalkulationszinsen *differieren*.

Liegt eine dieser Bedingungen vor, dann ist stets eine Vertragsgestaltung *ohne* Zins- und Tilgungszahlungen während der Kredit*laufzeit* sowie mit *einer* kumulierten Zins- und Tilgungszahlung am *Laufzeitende* für beide Vertragsparteien *optimal*.

Auch bei Leasingfinanzierungen können durch die gezielte Berücksichtigung steuerlicher Wirkungen Lösungen konstruiert werden, die für *beide* Parteien vorteilhaft sind. So zeigen Buhl und Erhard, daß in vielen Fällen durch eine geeignete Verschiebung von Leasingraten über die Zeit ein positiver Einfluß *„auf den Barwert der* Cash flows *nach Steuern von Leasinggeber und Leasingnehmer“*[67] gegenüber „markttypischen“ Leasingverträgen mit regelmäßigen Leasingzahlungen über die Zeit erzielt werden kann. Weiterhin können durch konsequente Ausnutzung der individuellen Gestaltbarkeit von Leasingverträgen sowohl für Leasinggeber als auch Leasingnehmer deutliche Barwertvorteile durch Immobilienleasing gegenüber dem Kauf der Immobilie erreicht werden.[68] Hierbei sind Gestaltungsspielräume durch individualisierte Finanzprodukte nicht etwa nur im gewerblichen Bereich nutzbar: So zeigen Will et al., daß beispielsweise *„privates“* Immobilienleasing oft *„aus finanzwirtschaftlicher Sicht eine durchaus interessante Alternative für den Erwerb privaten Wohn*eigentums*“*[69] darstellt[70].

Die Erstellung individueller finanzwirtschaftlicher Problemlösungen für individuelle Kundenprobleme kann dabei nicht nur durch individuelle *Konstruktion* von Finanzprodukten, sondern auch durch individuelle *Selektion* von Finanzprodukten erfolgen. So haben Buhl et al. für den Anlagebereich die beiden Produkte Zerobond und Kuponanleihe verglichen und gezeigt, daß bei

- einem *proportionalen* Einkommen- und Körperschaftsteuertarif und

---

[66] Vgl. [Buhl94], S. 525. Die wirtschaftliche Vorteilhaftigkeit für beide Parteien ist auch bei Vorliegen einer dieser Bedingungen nur dann erfüllt, wenn der *Kreditzins* bei gegebenen Kalkulationsgrundlagen innerhalb eines *„Einigungsintervalls“* liegt, s. [Buhl94], S. 525.

[67] Siehe [BuEr91], S. 1368.

[68] Vgl. [BuWi93].

[69] Der *Eigentumserwerb* mittels Leasingfinanzierung kann durch einen Leasingvertrag mit Kaufoption erreicht werden; Hervorhebung durch den Verfasser.

[70] Siehe [BuWi93], S. 950; vgl. auch [Will95], S. 55ff.

– einem Nachsteuer-Kalkulationszins i_A des Anlegers, der niedriger als der Vorsteuer-Kalkulationszins i_E des Emittenten ist,

für jede Kuponanleihe mit einer Rendite in dem Intervall (i_A, i_E) ein Zerobond existiert, *„der sowohl dem Anleger als auch dem Emittenten einen höheren Barwert liefert."*[71] Will untersucht den Fall *linear-progressiver* Einkommensteuertarife[72]; Buhl et al. zeigen in einer Weiterführung dieses Ansatzes, wie Portfolios aus einzelnen (zu selektierenden) Zerobonds unterschiedlicher Laufzeit zu konfigurieren sind, damit der maximale Barwert erreicht wird[73].

4.6.3 Gestaltungspotential kundenindividueller Produktkombinationen

Die kundenindividuelle Konfiguration/Selektion *eines* Finanzproduktes kann zwar jeweils die Bewertungsfunktion von Anbieter und Nachfrager (hier den Barwert) maximieren (oder doch zumindest den Funktionswert gegenüber Standardprodukten verbessern), kann aber andererseits dazu führen, daß auf Nachfragerseite die *Zulässigkeitsbedingung verletzt* wird. Die Individualisierbarkeit von Finanzdienstleistungen bezieht sich aber nicht nur auf die Selektion/Konfiguration einzelner Finanzprodukte, sondern auch (wie im Fall der Portfoliobildung aus Zerobonds bereits angedeutet) auf die *Bildung kundenindividueller Problemlösungen* durch *Kombination* mehrerer Finanzprodukte. Insbesondere kann durch die gezielte Kombination einzelner individuell konfigurierter Produkte, die jeweils die Zulässigkeitsbedingung verletzen können, eine zulässige Gesamtlösung erstellt werden. Dies soll an einem Beispiel verdeutlicht werden:[74]

Ein Unternehmer Z mit einer Million Mark liquider Mittel im Privatvermögen möchte eine Gewerbeimmobilie im Wert von einer Million Mark bei dem Finanzdienstleister F_1 erwerben, die er 22 Jahre nutzen und danach zu einem (realistischen) Preis von 272.000 DM verkaufen möchte. Z errechnet für diesen Zeitraum ausgehend von seiner gegebenen Situation (Kalkulationszins $i_Z = 0,9\%$ pro Quartal, Einkommensteuersatz $s_Z = 50\%$, gewerbesteuerlicher Hebesatz $h_Z = 400\%$) bei eigenfinanziertem Kauf und unter Berücksichtigung des Verkaufserlöses einen Nach-Steuer-Barwert der Investition in Höhe von 553.000 DM; diesen legt er als *Referenzlösung* für den Vergleich mit anderen Finanzierungsmöglichkeiten zugrunde.

Ein Finanzdienstleister bietet ihm eine geeignete Immobilie an und legt ein marktübliches Finanzierungsangebot vor:[75] Das Angebot besteht aus einer Kuponanleihe zur Anlage der Eigenmittel und einem über die Laufzeit

[71] Siehe [BuSaWi93], S. 15f.
[72] Vgl. [Will95], S. 81ff.
[73] Vgl. [BuSaWi97].
[74] Das Beispiel wurde aus [Buhl92a], S. 21ff, entnommen. Ein ähnliches Beispiel ist in [RoBu96d], S. 29f.
[75] Für die genauen Konditionen s. jeweils [Buhl92a], S. 22.

Tabelle 4.1. Beispiel Immobilienfinanzierung: *Standardlösung*

Finanzprodukt	**Barwertvorteil F_1**	**Barwertvorteil Z**
Kuponanleihe	4.023 DM	0 DM
Tilgungsfreier Kredit	12.070 DM	6.313 DM
	16.093 DM	6.313 DM

tilgungsfreien Kredit zur Finanzierung des Kaufpreises der Immobilie. Der Barwertvorteil bezeichnet den zusätzlichen Barwert, der durch das jeweilige Finanzprodukt gegenüber der Referenzlösung erzielbar ist.

Z holt ein Vergleichsangebot bei einem Finanzdienstleister F_2 ein, der bei der Gestaltung der kundenindividuellen Problemlösung durch konsequente Berücksichtigung der Steuerwirkungen mittels „Rückwärtsrechnung" für sich und den Nachfrager die in Tabelle 4.2 angegebenen Barwertvorteile erzielen kann.[76] In dieser kundenindividuellen Problemlösung, die unter expliziter Berücksichtigung der finanz- und steuerlichen Situation der beiden Beteiligten erstellt wurde[77], dient der Zerobond zur Anlage der Eigenmittel. Die Finanzierung der Immobilie erfolgt mit einem Leasingvertrag mit einer Kaufoption am Ende der Laufzeit und einer Leasing-Einmalzahlung zu Beginn der ersten Periode. Betrachten wir nur die beiden Produkte Leasingvertrag und Zerobond, so verletzt diese Produktkombination die Zulässigkeitsbedingung, da aufgrund der Anlage der Eigenmittel Z über keine Liquidität mehr verfügt, um die Einmalzahlung finanzieren zu können. Zur Finanzierung der Einmalzahlung nimmt er deshalb einen (im Beispiel zins- und tilgungsfreien) Kredit auf – und die Kombination dieser drei Produkte ist eine zulässige Lösung bezüglich der Zulässigkeitsbedingung. Bezüglich der Bewertungsfunktion ist sie sowohl aus Sicht von Z als auch von F_2 der ersten Lösung deutlich überlegen.

Tabelle 4.2. Beispiel Immobilienfinanzierung: *kundenindividuelle Problemlösung*

Finanzprodukt	**Barwertvorteil F_2**	**Barwertvorteil Z**
Zerobond	70.498 DM	234.182 DM
Leasingvertrag	8.651 DM	26.535 DM
Zins- und tilgungsfreier Kredit	23.363 DM	8.812 DM
	102.512 DM	269.529 DM

Insgesamt sind also durch Berücksichtigung der steuerlichen Wirkungen sowie der hierauf abgestimmten Gestaltung von Finanzprodukten erhebliche

[76] Zur Vergleichbarkeit wird bei den Beispielrechnungen in [Buhl92a] unterstellt, daß Finanzdienstleister F_2 die gleichen Kalkulationsgrundlagen wie Finanzdienstleister F_1 besitzt.

[77] Der beträchtliche finanzwirtschaftliche Vorteil ergibt sich aus dem Gewerbekapitalsteuereffekt, der zins- und tilgungsfreie Kredite bei Z begünstigt, sowie aus der unterschiedlichen ertragsteuerlichen Behandlung von Zinsen bei Leasing, Kreditfinanzierung, Zerobonds und Lebensversicherungen, s. [Buhl92a], S. 26.

Vorteile sowohl für den Anbieter (Δ = 86.419 DM) als auch für den Nachfrager (Δ = 263.216 DM) erzielbar; in Abb. 4.3 sind Standardlösung und kundenindividuelle Problemlösung nochmals detailliert gegenüber gestellt[78].

Zusammenfassend kann festgestellt werden, daß bei der expliziten Berücksichtigung der jeweiligen kundenindividuellen Situation Nachfragern kundenindividuelle Problemlösungen angeboten werden können, die den marktüblichen Standardangeboten teilweise *deutlich überlegen* sind und die *zugleich* auch vorteilhaft für den Anbieter sind. Dementsprechend sollte im Leistungsprozeß der Produktionsfaktor „Nachfragerinformation" konsequent genutzt werden, da nur dann das verfügbare Gestaltungspotential bei der Erstellung kundenindividueller Problemlösungen genutzt werden kann. Dies hat zur Konsequenz, daß das Informationssystem so zu gestalten ist, daß sowohl die Nachfragerinformationen als auch das finanzwirtschaftliche Produktwissen sowie das Steuerwissen des Finanzdienstleisters zum Vertriebszeitpunkt auswertbar sind[79].

Ausgehend von den bisherigen Ergebnissen werden im folgenden Abschnitt die *Rahmenbedingungen* dargestellt, die aus den vertriebsrelevanten Eigenschaften kundenindividueller Problemlösungen folgen und bei der Erstellung kundenindividueller Problemlösungen zu berücksichtigen sind.

4.7 Rahmenbedingungen für die Erstellung von Problemlösungen im Direktvertrieb

Ausgehend von den bisherigen Ergebnissen der Untersuchung sind die Rahmenbedingungen

B1 Prozeßablauf
B2 inhärente Verteilung,
B3 unterschiedliche Lösungsmethoden,
B4 unvollständiges Kombinationswissen,
B5 Standardisierung des Lösungsprozesses und
B6 Notwendigkeit maschineller Lösungserstellung

---

[78] Der Begriff *Koalition* in der Abbildung bezieht sich auf den Barwertvorteil, den beide Akteure jeweils *gemeinsam* gegenüber der Referenzlösung erzielen können.

[79] Hier wird die Gültigkeit des *uno-actu-Prinzips* sowie die Dreidimensionalität von Finanzdienstleistungen sehr anschaulich: Zum Zeitpunkt des Absatzes des Beratungs*potentials* an einen Nachfrager beginnt ein kundenindividueller Beratungsprozeß, der mit dem Beratungsergebnis einer kundenindividuellen Problemlösung endet. Nimmt der Nachfrager dieses Angebot an, hat der Finanzdienstleister sein Potential zur Bereitstellung von Liquidität entsprechend den Kundenwünschen abgesetzt. Hierauf folgt unmittelbar ein *Leistungsprozeß*, der mit gegenseitigen Zahlungen zu Beginn der ersten Periode beginnt und am Ende von Periode 22 endet. Als *Ergebnis* hat der Nachfrager eine sehr vorteilhafte Immobilienfinanzierung erhalten, mit der *Wirkung*, daß er 22 Perioden lang die Immobilie zur Verwaltung seiner Unternehmung nutzen kann.

Standardlösung	***Barwertvorteil***	***kundenindividuelle Problemlösung***	***Barwertvorteil***
Leasing (konstante Raten)		**Leasing (Einmalzahlung)**	
Finanzdienstleister F_1	< 0 DM	Finanzdienstleister F_2	8.651 DM
Kunde Z	< 0 DM	Kunde Z	26.535 DM
Kredit (tilgungsfrei)		**Kredit (zins- und tilgungsfrei)**	
Finanzdienstleister F_1	12.070 DM	Finanzdienstleister F_2	23.363 DM
Kunde Z	6.313 DM	Kunde Z	8.812 DM
Couponanleihe		**Zerobond**	
Finanzdienstleister F_1	4.023 DM	Finanzdienstleister F_2	70.498 DM
Kunde Z	0 DM	Kunde Z	234.182 DM
Gesamtlösung		**Gesamtlösung**	
Finanzdienstleister F_1	16.093 DM	Finanzdienstleister F_2	102.512 DM
Kunde Z	6.313 DM	Kunde Z	269.529 DM
Koalition (F_1 und Z)	22.406 DM	Koalition (F_2 und Z)	372.041 DM

Abb. 4.3. Beispiel Immobilienfinanzierung: Vergleich *Standardlösung* versus *kundenindividuelle Problemlösung*

identifizierbar, die aus den oben dargestellten vertriebsrelevanten Eigenschaften von finanzwirtschaftlichen Problemlösungen resultieren und die den Lösungsprozeß von finanzwirtschaftlichen Nachfragerproblemen in der Phase *Problemlösung* determinieren. Diese sollen im folgenden aufgrund deren zentraler Bedeutung für die zieladäquate Gestaltung des Informations- und Kommunikationssystems dargestellt werden.

4.7.1 Prozeßablauf

In der Phase *Problemformulierung* sind ausgehend von den Angaben eines Nachfragers *Zulässigkeitsbedingung* und *Bewertungsfunktion* zu erheben und für die Phase *Problemlösung* geeignet zu formalisieren. Als Ausgangszustand wird für die Phase *Problemlösung* ein finanzwirtschaftliches Nachfragerproblem durch diese beiden Angaben beschrieben, das in dieser Phase durch die Erstellung kundenindividueller Problemlösungen – also durch die „maßgeschneiderte" Kombination kundenindividuell erstellter Finanzprodukte – zu lösen ist. In der Phase *Lösungspräsentation* sind die besten Lösungen einem Nachfrager zu erläutern.[80]

4.7.2 Inhärente Verteilung

Die Erstellung kundenindividueller Problemlösungen ist ein *inhärent verteilter Prozeß* (vgl. Abb. 4.4):[81] Aufgrund der vorherrschenden Spartenorganisation von Finanzdienstleistern[82] liegen Wissen, Informationen und Daten über Produkterstellung und Produkteigenschaften *funktional* und *räumlich* verteilt vor. Weiterhin müssen aufgrund gesetzlicher Regelungen die entsprechenden Finanzdienstleistungen jeweils durch unterschiedliche und rechtlich selbständige Anbieter *erstellt* werden. Hieraus folgt, daß kundenindividuelle

---

[80] Vgl. hierzu ausführlich Abschn. 4.5, S. 59ff.

[81] Die folgende Darstellung basiert auf [Roem94], S. 16.

[82] Vgl. auch Abb. 4.4, S. 71. Diese Spartenorganisation ist insbesondere *rechtlich* begründet: So verlangt Paragraph 1 Kreditwesengesetz (KWG), daß Kreditinstitute ausschließlich solche *Bankgeschäfte* betreiben, die im darauffolgenden unter den Nummern 1-9 explizit aufgeführt sind. Versicherungsgesellschaften dürfen hingegen nur *Versicherungsgeschäfte* nach Paragraph 7 Absatz 2 Versicherungsaufsichtsgesetz (VAG) betreiben und solche, die damit in unmittelbarem Zusammenhang stehen. Weiterhin darf nach Paragraph 1 Absatz 2 Bausparkassengesetz (BSpKG) das *Bauspargeschäft* ausschließlich von Bausparkassen betrieben werden; dieses Gesetz schränkt gleichzeitig in Paragraph 4 Absatz 1 die neben dem Bauspargeschäft zulässigen Geschäftstätigkeiten für Bausparkassen auf einige definierte Nebengeschäfte ein, die mit dem Bauspargeschäft in engem inhaltlichen Bezug stehen. Insbesondere die Filialbanken versuchen seit einiger Zeit im Sinne der Kundenorientierung, durch aufbau- und ablauforganisatorische Maßnahmen die Auswirkungen dieser rechtlich „erzwungenen" Spartenorganisationen zu mildern, indem sie etwa Stellen in den Geschäftsstellen schaffen, die für eine *produktübergreifende* Betreuung von Kunden verantwortlich sind, vgl. beispw. [Schm95].

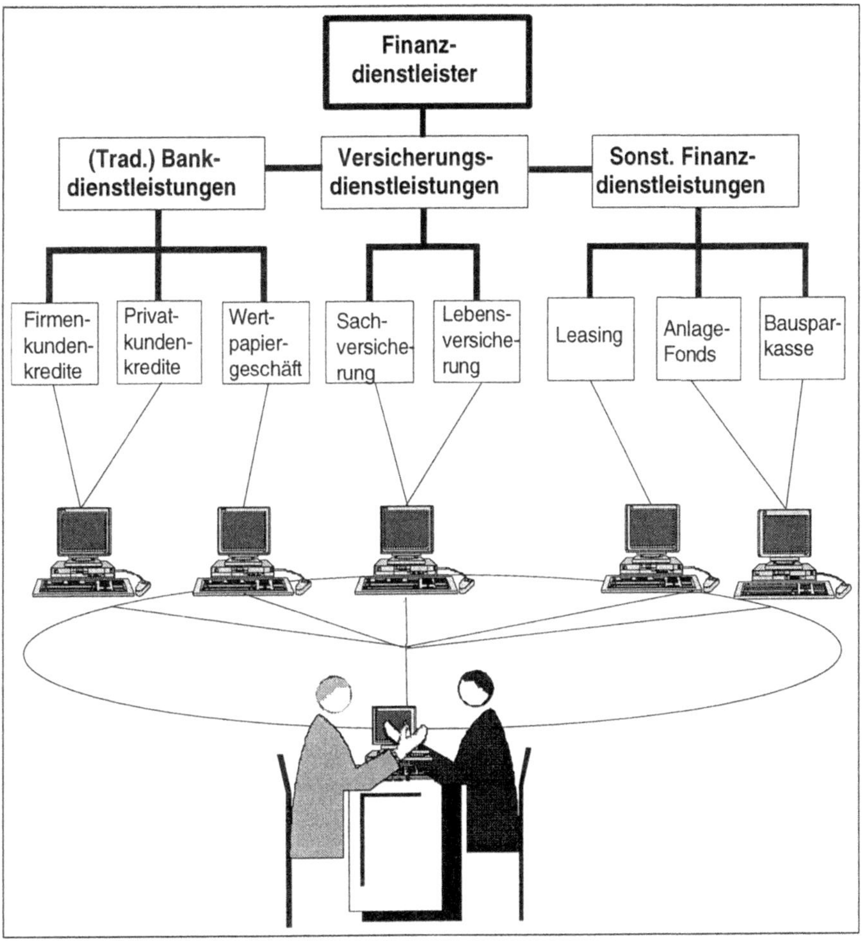

Abb. 4.4. Erstellung kundenindividueller Problemlösungen als *inhärent verteiltes Problem*, aus [BuWi93], S. 44.

Problemlösungen in der Regel nur mittels Vertriebs- bzw. Vermittlungsgeschäft erstellbar sind[83].

Damit ist zwischen spezifischem *Produkt*wissen und *Kombinations*wissen zu unterscheiden: Es liegt nicht nur eine funktionale Wissensverteilung zwischen den Produktbereichen vor, sondern auch zwischen *spartenspezifischem Produktwissen und spartenübergreifendem Kombinationswissen.* Soll eine Ausschöpfung der Gestaltungsmöglichkeiten bei der Erstellung kundenindividueller Problemlösungen im Sinne einer „Rückwärtsrechnung“[84]erreicht werden, so muß das Ziel einer weitestgehend *integrierten Auswertung* sowohl von spartenspezifischem *Produkt*wissen als auch von spartenübergreifendem *Kombinations*wissen *während* des Angebotsprozesses erreicht werden[85]. Dies wird in Abb. 4.4 veranschaulicht: Die Verteilung von Wissen, Information und Daten[86] auf unterschiedliche Produktbereiche sowie auf Kundenberater und Nachfrager ist für eine nachfragerindividuelle Finanzberatung während der Phase *Problemlösung* und an der Schnittstelle zum Anbieter durch logische *Integration* dieser Inputfaktoren mit den zu lösenden Aufgaben (gekennzeichnet durch Zulässigkeitsbedingung und Bewertungsfunktion) sowie mit den (menschlichen und maschinellen) Resourcen des Informations- und Kommunikationssystems des Anbieters zu überwinden[87].

4.7.3 Unterschiedliche Lösungsmethoden

Eine sinnvolle Integration von Wissen aus unterschiedlichen finanzwirtschaftlichen Sparten während der Phase *Problemlösung* setzt voraus, daß die jeweils angemessenen *Problemlösungsmethoden*[88] zur Auswertung von Wissen

[83] Vgl. [Koch88], S. 315f.

[84] Vgl. Abschn. 4.6.1, S. 64.

[85] Eine integrierte Auswertung *vor* dem Zeitpunkt einer Finanzberatung (etwa im Sinne der „Vorproduktion“ von Produktschablonen) kann dem Ziel der Erstellung kundenindividueller Problemlösungen aufgrund der fehlenden Integration des Nachfragers im allgemeinen nicht gerecht werden: Der Inputfaktor „Nachfragerinformation“ fehlt, der für die Erfassung einer spezifischen Nachfragersituation Voraussetzung ist.

[86] Diese können sowohl in maschinell als auch in nicht maschinell gespeicherter Form existieren; vor allem Wissen wird derzeit vor allem als menschlich gespeichertes Wissen vorliegen.

[87] Vgl. hierzu auch die Definition des Integrationsbegriffes in der Wirtschaftsinformatik: Der Begriff *Integration* bezieht sich allgemein auf die Herstellung einer Einheit, die die betriebliche Realität korrekt abbildet (vgl. [Heil89], S. 47f). Der Begriff beschränkt sich also nicht auf die Zusammenführung und gemeinsame Verwaltung von Wissen, Daten und Informationen, sondern schließt auch die Verknüpfung (betrieblicher) Funktionen mit ein: Das gesammelte Wissen soll gemeinsam genutzt werden zur *gemeinsamen* Lösung einer Aufgabe; in unserem Kontext konkret zur Lösung von finanzwirtschaftlichen Nachfragerproblemen.

[88] Unter einer Problemlösungsmethode wird nach Puppe ein *„Algorithmus [verstanden], der angibt, wie bereichsspezifisches Wissen zur Problemlösung verwendet wird. Dadurch wird auch eine gewisse Festlegung der Wissensrepräsentation impliziert“*, s. [Pupp90], S. 234.

zum Erstellungszeitpunkt herangezogen werden; dies soll exemplarisch veranschaulicht werden:[89]

- **Beispiel 1: Prozedurale Optimierungsmethoden in der Wertpapierberatung**
  Im *Wertpapierbereich* werden für die kundenorientierte Auswahl und Zusammenstellung von Aktienportfolios finanzmathematische Verfahren der *portfolio selection*[90] eingesetzt; die entsprechenden Optimierungsprobleme werden in der Regel mit *prozeduralen Optimierungsverfahren* gelöst.
- **Beispiel 2: Konstruktionsmethoden in der Leasingberatung**
  Bei Konstruktionsmethoden werden Problemlösungen allgemein aus Basiselementen zusammengesetzt, es kann zwischen Konfigurations-, Zuordnungs- und Planungsverfahren unterschieden werden[91]. *Konfigurationsmethoden* können vor allem in der Finanzierungsberatung vorteilhaft eingesetzt werden:[92] Leasingverträge lassen sich in die sechs Basiselemente *Amortisation*, *Option*, *Grundmietzeit*, *Ratenverlauf*, *Zahlungsweise* und *Vertragsdauer* zerlegen, so daß sich unter Berücksichtigung der jeweiligen Ausprägungsmöglichkeiten eine Vielzahl an individuell maßgeschneiderten Vertragsvarianten erstellen läßt.
- **Beispiel 3: Klassifikationsmethoden in der Kreditberatung**
  Bei Klassifikationsmethoden[93] werden ausgehend von Problemmerkmalen Lösungen aus einer vorgegebenen Lösungsmenge als geeignet *klassifiziert* und als Lösungskandidaten ausgewählt. Bei der Gestaltung von Kreditverträgen hat insbesondere das Ergebnis von Kreditwürdigkeitsprüfungen wesentlichen Einfluß auf die Angebotserstellung: Aus Finanzdienstleister- und Nachfragersicht ist sicherzustellen, daß die Zulässigkeitsbedingung des Nachfragers seiner finanziellen Leistungsfähigkeit entspricht; Zulässigkeitsbedingung und Kreditwürdigkeit sollten korrespondieren. Hierfür können Klassifikationsmethoden wie *fallbasiertes Schließen* vorteilhaft eingesetzt werden.[94] Ein weiterer Anwendungsbereich von Klassifikationsverfahren ist die *Selektion*[95] von Wertpapieren.

Da mit einer Festlegung einer Problemlösungsmethode auch eine Vorentscheidung für die Wahl der Wissensrepräsentation erfolgt[96], werden im allgemeinen nicht nur Problemlösungsmethoden, sondern auch *Wissensre-*

---

[89] Ähnlich auch [Sand97], Abschn. 3.2.2.3. [WeKiGo96] geben einen Überblick über Einsatzbereiche und Eignung verschiedener Problemlösungsmethoden der Künstlichen Intelligenz in der Finanzwirtschaft.

[90] Vgl. [Mark59].

[91] Vgl. Fußnote 29, S. 54.

[92] Vgl. [Wein95], S. 108f.

[93] Vgl. Fußnote 28, S. 54.

[94] Vgl. [WiBeAl96].

[95] Vgl. Fußnote 28, S. 54.

[96] Vgl. Fußnote 88, S. 72.

präsentationsformen zwischen den einzelnen finanzwirtschaftlichen Sparten unterschiedlich sein.

4.7.4 Unvollständiges Kombinationswissen

Derzeit existiert kein vollständiges Kombinationswissen, wie Finanzprodukte einzelner finanzwirtschaftlicher Sparten (wie Leasing, Kredit, Aktien usw.) methodisch so erstellbar und zu einer „maßgeschneiderten" kundenindividuellen Problemlösung kombinierbar sind, daß aus Nachfragersicht „optimale" Lösungen (im Sinne eines Maximums der Bewertungsfunktion bei gleichzeitiger Einhaltung der Zulässigkeitsbedingung) angeboten werden.[97] Dies impliziert, daß es im allgemeinen nicht möglich ist, die *komplexe* und *schlecht strukturierte* Problemstellung der „kundenindividuellen Lösung finanzwirtschaftlicher Probleme"[98] *ex ante* so in einfachere Teilprobleme zu zerlegen, daß die Synthese der einzelnen Teillösungen notwendigerweise zu einer *optimalen* Lösung eines Nachfragerproblems führt.[99]

Vor allem müssen die wechselseitigen Abhängigkeiten der Merkmale eines Produkts von den Merkmalen anderer Produkte innerhalb einer kundenindividuellen Problemlösung methodisch koordiniert werden[100]. Existiert für ein Nachfragerproblem indes Kombinationswissen, so ist dieses während der Angebotserstellung auszuwerten.

4.7.5 Standardisierung des Angebotsprozesses

Der Prozeß der Lösungserstellung sollte weitgehend „standardisiert" werden: Zur Steigerung der Wettbewerbsfähigkeit von Finanzdienstleistern werden unter dem Schlagwort *„Lean Banking"* Konzepte diskutiert, die neben einer Ertragssteigerung und einer Erhöhung von Produktivität sowie von Produkt- und Servicequalität insbesondere auf eine *Reduzierung der Kosten* zielen; gerade die Gründung von Direktbanken und der Direktvertrieb von Finanzdienstleistungen mit dem Verzicht auf teure Vertriebsstrukturen ist als eine Ausprägung des *Lean Banking* zu interpretieren.[101]

In Zusammenhang mit diesen Konzepten wird zur Erzielung von Kostenvorteilen eine *Vereinfachung* und *Standardisierung* von Geschäftsprozessen als Voraussetzung für die Erreichung einer kostengünstigen Produktion von Finanzdienstleistungen angesehen.[102] Sollen also die potentiellen Kostenvorteile des Direktvertriebs realisiert und als Wettbewerbsvorteil gegenüber

[97] Vgl. [BuRoSa96], S. 20.
[98] Vgl. Abschn. 4.7.6, S. 76.
[99] Zielfunktion des Optimierungsproblems ist die Maximierung der Bewertungsfunktion, Restriktion die Einhaltung der Zulässigkeitsbedingung.
[100] Nach Malone et al. ist unter *Koordination* allgemein das Management wechselseitiger Abhängigkeiten zu verstehen (*„managing dependencies among activities"*), vgl. [MaCr94], S. 90.
[101] Vgl. auch die Abschn. 2.2, S. 17ff, und 5.2, S. 93.
[102] Vgl. beispw. [BeWi94], S. 117, und [Krön94].

den etablierten Absatzmethoden genutzt werden, so sollte auch beim Direktvertrieb die Erstellung kundenindividueller Problemlösungen mittels eines (weitgehend) *standardisierten* Geschäftsprozesses erfolgen.

Viele Autoren sehen in einer *Reduzierung der Produktpalette* eine Bedingung für die Implementierung standardisierter Geschäftsprozesse. So schreibt Krönung:

> *„Die Standardisierung der Abläufe, die eine Reduzierung der Produktvielfalt erfordert, [...]. Je mehr kundenindividuelle Lösungen eine Bank erarbeitet, umso schwieriger fällt es ihr zu standardisieren.“*[103]

Dieser Meinung können wir uns jedoch vor dem Hintergrund der *informationsbedingten Integrativität* von Finanzdienstleistungen sowie der Zielsetzung der Ausschöpfung steuerlicher Gestaltungsmöglichkeiten bei der Erstellung von Problemlösungen nicht anschließen, da Erstellung kundenindividueller Finanzdienstleistungen und Standardisierung des Erstellungsprozesses *keinen Widerspruch* darstellen. Diese Aussage ist anhand folgender Überlegung begründbar[104]: So sind die Prozesse zur Ausführung einer Überweisung oder zur Abwicklung einer Wertpapierorder weitgehend standardisiert, die Überweisung oder die Wertpapierorder selbst sind hingegen entsprechend den Wünschen eines Nachfragers jeweils *nachfragerindividuell*: Kaum eine Überweisung wird mit einer anderen identisch sein. Zahlungsempfänger, Auftraggeber, Zahlungshöhe, Kontennummern usw. werden im allgemeinen bei jeder Überweisung unterschiedlich sein, „die“ Überweisung als standardisiertes Produkt existiert nicht, sehr wohl aber ein standardisierter Überweisungsprozeß[105].

Übertragen wir dies auf unseren Kontext, so sind auch finanzwirtschaftliche Problemlösungen durch standardisierte Produktmerkmale beschreibbar: Eine finanzwirtschaftliche Problemlösung ist per Definition[106] ein *Zahlungsstrom*, – und dieser ist wiederum durch die standardisierbare Angabe von Zahlungszeitpunkten, Zahlungshöhen, deren Verteilungsfunktion sowie durch Angabe der Finanzprodukte, in denen die entsprechenden (Teil-)Zahlungsströme rechtlich fixiert sind, beschreibbar[107]. Dementsprechend sollte aus Kostengründen durch Nutzung von Gestaltungsoptionen der modernen Informations- und Kommunikationstechnologie eine weitgehende Standardisierung des Prozesses der Problemlösung erfolgen – indes ohne die *Problemlö-*

---

103 Siehe [Krön94], S. 327f.

104 Vgl. auch Abschn. 2.2, S. 18.

105 Trotzdem wird im Zusammenhang mit derartigen Finanzdienstleistungen von *standardisierten* Finanzdienstleistungen gesprochen. Dies ist insofern berechtigt, als daß Überweisungen und ähnliche Leistungen durch standardisierte Produkt*merkmale* beschreibbar sind. Indes folgt aus standardisierten Produktmerkmalen nicht, daß auch jeweils die Merkmalsausprägungen standardisiert bzw. einheitlich sind.

106 Vgl. Abschn. 3.1.2, S. 35.

107 Vgl. Abschn. 3.1.1, S. 32ff.

sungen selbst zu standardisieren. Die weiteren Ausführungen werden zeigen, daß dieses Ziel grundsätzlich erreichbar ist.[108]

4.7.6 Notwendigkeit maschineller Lösungserstellung

Eine *bedienschnelle* Erstellung kundenindividueller Problemlösungen mit hoher Qualität setzt zwingend die Unterstützung durch *maschinelle* Aufgabenträger des Informations- und Kommunikationssystems voraus; somit ist die Realisierung eines *Anwendungssystems* zur Unterstützung der Angebotserstellung notwendig[109]. Dies soll durch vier Argumente belegt werden:[110]

- Erstens ist das Angebotsspektrum von Finanzprodukten durch eine große *Angebotsbreite* gekennzeichnet und wird zudem regelmäßig durch Einführung von Finanzinnovationen vergrößert. Damit ist bereits die Auswahl adäquater Finanzprodukte zur Lösung einfacher Anlage- und Finanzierungsprobleme keine einfache Aufgabe.
- Zweitens entstehen durch dieses große Angebotsspektrum zahlreiche und komplexe Möglichkeiten der Kombination von einzelnen Finanzprodukten zu Problemlösungen, wobei zusätzlich noch die steuerlichen Gestaltungsmöglichkeiten und eventuelle rechtliche Restriktionen zu berücksichtigen sind.
  Darüber hinaus kann sich praktisch täglich die Vorteilhaftigkeit von Produktkombinationen durch Änderung von Wechselkursrelationen, Zinsstrukturen usw. verschieben. Das Problem der Erstellung kundenindividueller Problemlösungen ist somit neben der großen Angebotsbreite auch durch eine entsprechende *Angebotstiefe*[111] gekennzeichnet. Damit ist die Lösung finanzwirtschaftlicher Nachfragerprobleme als *komplex* und *schlecht strukturiert* zu bezeichnen[112].
- Drittens ist ein *über die Zeit gleich hoher Qualitätsstandard* der Finanzberatung aufgrund von *Angebotsbreite* und *Angebotstiefe*, von *inter*personellen und *intra*personellen Leistungsschwankungen[113] und auf-

---

108 Vgl. Kap. 8, S. 207ff.

109 Es sei daran erinnert, daß der IKS-Begriff sowohl *menschliche* als auch *maschinelle* Aufgabenträger umfaßt, vgl. Fußnote 13, S. 3, die maschinellen Komponenten werden als *Anwendungssystem* bezeichnet, vgl. Fußnote 17, S. 4.

110 Vgl. hierzu auch Abschn. 4.5, S. 61f, und [Roem94], S. 16.

111 Eine große *Kombinationstiefe* (auch als *Angebotstiefe* bezeichnet) bezieht sich auf die vielfältigen Möglichkeiten, Finanzprodukte „additiv" zu kundenindividuellen Problemlösungen zu kombinieren.

112 Nach Simon ist ein *komplexes* Problem bzw. ein *komplexes* System definiert als: „*[a complex system is] made up of a large number of parts that interact in a nonsimple way. In such systems the whole is more than the sum of the parts, [in the sense that] given the properties of parts and the laws of their interaction*", s. [Simo81]; ähnlich auch [Dörn83], S. 44. Nach Nii besitzt ein *schlecht strukturiertes* Problem die Eigenschaft „*[that it] does not have a predetermined decision path to the solution*", s. [Nii89b], S. xxvii.

113 Vgl. [Nade95], S. 12f.

grund der umfangreichen informationsverarbeitenden Arbeitsschritte während der Phase *Problemlösung*[114] nur durch geeignete Unterstützung der Mitarbeiter mittels eines Anwendungssystems erreichbar.

- Viertens wird aufgrund der ersten drei Faktoren eine hinreichend schnelle Lösungserstellung[115] nur unter Verwendung maschineller Komponenten erreichbar sein.

Dementsprechend kommen Sandbiller et al. allgemein zu der Feststellung:

> *Aufgrund der großen Bedeutung der Informationsverarbeitung in ihrem Leistungsprozeß spielt für Finanzdienstleister die adäquate Systemunterstützung [. . .] der Angebotserstellung eine zentrale Rolle.*[116]

Um Mißverständnissen vorzubeugen soll angemerkt werden, daß hieraus nicht folgt, daß beim *Direkt*vertrieb kundenindividueller Problemlösungen menschliche Aufgabenträger nicht notwendig seien: Vor allem in den Phasen *Problemformulierung* und *Lösungspräsentation* werden menschliche Aufgabenträger einen wesentlichen Teil des IKS darstellen. Dies soll am Beispiel einer Immobilienfinanzierung kurz begründet werden: Nachfrager werden Wohneigentum zur Eigennutzung nur selten erwerben und finanzieren. Aufgrund der Vielzahl an relevanten Einflußgrößen (wie steuerliche Situation, Objektspezifika, verfügbare Finanzprodukte usw.) wird ein derartiger Nachfrager dementsprechend weder alle zu erhebenden Angaben verstehen (und machen können) noch die Notwendigkeit ihrer Erhebung nachvollziehen. Die Möglichkeiten eines (indirekten) persönlichen Kontakts zu *Mitarbeitern* des Anbieters, die seine Fragen flexibel und individueller beantworten, als dies über Softwareschnittstellen realisierbar ist, werden einerseits *emotionale Distanzen* des Nachfragers gegenüber dem Direktvertrieb abbauen und andererseits den Beratungsprozeß beschleunigen.

Bei der Erstellung kundenindividueller Problemlösungen sind damit die in Tabelle 4.3 dargestellen *„fünf Eckpunkte“* zu berücksichtigen. Im folgenden

Tabelle 4.3. Die fünf Eckpunkte der Erstellung kundenindividueller Problemlösungen

Die fünf Eckpunkte der Erstellung von Problemlösungen:
– Das benötigte Wissen, die benötigten Informationen und die benötigten Daten sind – zum Zeitpunkt einer kundenindividuellen Problemlösung – dynamisch, flexibel und aufgabenabhängig – in einem weitgehend standardisierten Problemlösungsprozeß zu integrieren, – so daß kundenindividuelle Problemlösungen schnell und maschinell unterstützt erstellbar sind.

114 Vgl. Abschn. 4.5, S. 59ff.

115 Vgl. Punkt 3, S. 144.

116 Siehe [SaRo94], S. 821.

Abschnitt werden nun noch die Anforderungen zusammenfassend dargestellt, die aus den vertriebsrelevanten Eigenschaften sowie den obigen Rahmenbedingungen bei der Phase *„Problemlösung"* folgen und bei der Gestaltung des Informations- und Kommunikationssystems zu berücksichtigen sind.

4.8 Resultierende Anforderungen an das Informations- und Kommunikationssystem

In Zusammenfassung der bisherigen Diskussion sind an die Gestaltung des Informations- und Kommunikationssystems (und damit die Leistungspotentiale) die folgenden Anforderungen zu stellen, damit ein erfolgreicher Direktvertrieb von kundenindividuellen Finanzdienstleistungen ermöglicht wird[117]:

1. In der Teilphase „Herstellen von Leistungsbereitschaft und -fähigkeit" ist das (in logischer Sicht) lokale Informations- und Kommunikationssystem des Finanzdienstleisters so zu gestalten, daß dieses unter Berücksichtigung der obigen Rahmenbedingungen sowohl die *Selektion/Konfiguration einzelner Finanzprodukte* als auch die *Erstellung kundenindividueller Angebotskombinationen* und die *informationsbedingte Prozeßintegration* von Nachfragern mit der jeweils adäquaten Integrationstiefe und -intensität ermöglicht.
2. Nachfrager müssen bei der *Bereitstellung der problemrelevanten persönlichen Daten und Informationen* sowie bei der *Formulierung ihrer finanzwirtschaftlichen Probleme* unterstützt werden. Insbesondere sind die *strukturierte Erfassung* von Nachfragerdaten (Zulässigkeitsbedingung sowie Bewertungsfunktion) und eine *strukturierte Vorbereitung* von Nachfragern für einen effizienten Prozeßablauf hilfreich, damit dieser nicht aufgrund fehlender Daten, Unklarheiten bei Nachfragern u. ä. verzögert wird.
3. Es sind *Schnittstellen* zu schaffen, damit die von den Nachfragern bereitgestellten Daten und Informationen für die Teilphasen Problemformulierung und -lösung in die Informationssysteme des Finanzdienstleisters übernommen werden können. Die Daten- und Informationsübertragung sollte aus Gründen der Geschäftsprozeßeffizienz und der Vermeidung von Fehlern *schnittstellenminimal* erfolgen.
4. In der Teilphase der Problemformulierung muß zumindest am Phasenende eine *schnelle Interaktion* zwischen Nachfragern und Finanzdienstleister möglich sein, damit der Finanzdienstleister schnell auf fehlende Daten usw. hinweisen kann. Insbesondere müssen einzelne Daten und Informationen durch die Nachfrager und den Finanzdienstleister *schnell änderbar* sein – und dann in ihrer aktualisierten Form jeweils beiden Akteuren vorliegen. Hierzu sollte zum einen (digitale) *Datenkommunikation* möglich sein, um die notwendigen Kommunikationsprozesse schnell

[117] Siehe [RoBu96a], S. 569f; für die einzelnen Phasen vgl. Abb. 4.2, S. 60.

durchzuführen und um multimediale (insbesondere visuelle) Darstellungen zu ermöglichen; Briefpost führt zu Prozeßverzögerungen, Sprachkommunikation ist bei komplexeren Nachfragerproblemen als einzige Kommunikationsart zu fehleranfällig und umständlich, zudem können keine multimedialen Darstellungen übermittelt werden[118]. Allerdings sollte *parallel* und *komplementär* zur digitalen Datenkommunikation *Sprachkommunikation* möglich sein, da eine reine Datenkommunikation zu anonym und unflexibel für die zum Direktvertrieb kundenindividueller Problemlösungen notwendige individuelle Finanzberatung ist.

5. In der Phase der Problemlösung muß eine *Interaktion zwischen Nachfragern und Finanzdienstleister* ebenfalls möglich sein, um gegebenenfalls fehlende Daten und Informationen schnell erfassen, Verständnisfragen klären und Rückfragen stellen zu können. Ohne die Möglichkeit einer Interaktion in der Problemlösungsphase ist die (für die Vertrauensbildung beim Kunden notwendige) Prozeßtransparenz nur schwer herstellbar. Auch hier sollte für die Erstellung der notwendigen Beratungsleistung neben einer reinen *Daten- zusätzlich* eine direkte *Sprach*kommunikation möglich sein.
6. In der Phase der Problemlösung sind zur Erstellung kundenindividueller Problemlösungen weiterhin die *integrative Auswertung* sowohl von spartenspezifischem Produktwissen als auch von spartenübergreifendem Kombinationswissen zu unterstützen. Für die Nachfrager sollten dabei die inhärenten Verteilungsaspekte *transparent* sein, indes sollten ihm über das IKS und die genutzten telematischen Dienste *alle* Leistungsfähigkeiten des Finanzdienstleisters zur Verfügung stehen.
7. Nach Abschluß der Lösungsphase sind den Nachfragern die erstellten kundenindividuellen Leistungsangebote als Problemlösungen zu übermitteln; diese Übermittlung sollte ebenfalls *schnittstellenminimal* sein.
8. In der Phase der Lösungspräsentation ist ebenfalls wieder eine zeitlich *synchrone, multimediale Interaktion* zur Erläuterung der erstellten Lösung und zur Kundenberatung notwendig, wobei sowohl Nachfrager als auch Finanzdienstleister auf den gleichen Datenbestand zugreifen müssen. Zudem ist das Angebot mit seinen rechtlichen und wirtschaftlichen Auswirkungen den Nachfragern zu erläutern und verständlich zu machen, um den Beratungsanspruch der Nachfrager einlösen zu können – ebenfalls nach Möglichkeit unter paralleler Nutzung von Sprach- und Datenkommunikation.
9. Der gesamte Prozeß muß sowohl aus Marketing- als auch aus Effizienzgründen *bedienschnell* erfolgen, und sollte nur im Falle besonderer rechtlicher oder sonstiger Gründe[119] schriftliche Kommunikationsformen nutzen (aufgrund der im Vergleich zu telematischen Diensten langen Postlauf-

[118] Vgl. Fußnote 17, S. 19.

[119] Beispielsweise um das Gebot der Schriftformerfordernis nach § 4 VerbrKrG zu erfüllen, vgl. Fußnote 41, S. 57.

zeiten sowie aufgrund von Medienbrüchen wie beispielsweise bei der Fax-Verwendung).

10. Die informationstechnische Unterstützung muß *modular, erweiterbar und wartbar* gestaltet werden, um aufgrund der hohen Dynamik in Steuerrecht und Produktangebot die auf den Kredit- und Kapitalmärkten zu erwartenden steuerlichen Änderungen und Produkteinführungen informationstechnisch einfach berücksichtigen zu können. Zudem muß das IKS *sicher* sein: Aus Nachfragersicht ist aufgrund der Vertrauensempfindlichkeit von Finanzprodukten eine Voraussetzung der Akzeptanz des Direktvertriebs, daß Kundendaten vor unberechtigtem Zugriff sowie vor unberechtigten Veränderungen geschützt sind. Aus Sicht des Dienstleisters sind dessen interne Netze ebenfalls gegen unberechtigte Eingriffe von außen abzusichern.

4.9 Zusammenfassung

Die obige Analyse der vertriebsrelevanten Eigenschaften von Finanzdienstleistungen hat gezeigt, daß aufgrund

- der *Immaterialität* von Finanzprodukten und Finanzberatung
- einer (weitestgehend) nur *informationsbedingten Integration* von Nachfragern in den Angebotsprozeß
- der Eigenschaft des Angebotsprozesses, einen Informations- und Kommunikationsprozeß darzustellen
- der Nutzung *telematischer* und *postalischer Dienste*

der Direktvertrieb eine *grundsätzlich geeignete Absatzmethode* für den Vertrieb kundenindividueller Problemlösungen darstellt. Für die Vertriebspolitik von Finanzdienstleistern eröffnet sich damit eine *weitere Gestaltungsdimension*, da mittels Direktvertrieb neben standardisierten Finanzdienstleistungen auch kundenindividuelle Finanzdienstleistungen an die Nachfrager abgesetzt werden können.

Weiterhin können wir wesentliche *Bedingungen* identifizieren, deren Erfüllung für eine erfolgreiche Implementation des Direktvertriebs kundenindividueller Problemlösungen Voraussetzung ist[120]:

- Aufbau einer *Vertrauensbeziehung* zwischen Nachfragern und Anbieter,
- *strukturierte Erfassung* von Nachfragerproblemen mit Erhebung von Zulässigkeitsbedingung, Bewertungsfunktion und steuerlicher Situation,
- Angebot von auf die jeweilige Nachfragersituation abgestimmten *Beratungsleistungen*,
- *Integration* von Nachfragern in den Angebotsprozeß mit der notwendigen Integrationstiefe und -intensität,

[120] Vgl. auch [RoBu96a], S. 567.

- Fähigkeit zur Erstellung *kundenindividueller* Finanzprodukte/Produktkombinationen unter Berücksichtigung der in Abschn. 4.7 dargestellten Rahmenbedingungen,
- *Erfüllung der in Abschn. 4.8 spezifizierten Anforderungen* an das Informations- und Kommunikationssystem durch dessen zielorientierte Gestaltung,
- *konsequente Nutzung steuerlicher Gestaltungsmöglichkeiten* für die Konfiguration/Selektion kundenindividueller Finanzprodukte und Produktkombinationen.

Dic erste dieser Bedingungen ist durch eine gezielte Gestaltung der Kooperationsbeziehung zwischen Finanzdienstleister und Nachfragern zu erfüllen[121], die weiteren durch geeignete Gestaltung des Informations- und Kommunikationssystems[122].

Darüber hinaus hat die obige Analyse verdeutlicht, daß bei Nutzung der steuerlichen Gestaltungsmöglichkeiten während des Angebotsprozesses ein erhebliches *Potential* besteht, individuell auf die Nachfragersituation maßgeschneiderte Problemlösungen zu erstellen, die marktüblichen Angeboten sowohl aus Nachfragersicht als auch aus Anbietersicht zum Teil deutlich überlegen sind. Allerdings setzt die Realisierung dieses Potentials wiederum voraus, daß der Angebotsprozeß so *integrativ* gestaltet wird, daß alle hierzu notwendigen Informationen von den Nachfragern erfaßt und verarbeitet werden, ein Angebot von vorgefertigten Produktschablonen wird hierzu im allgemeinen nicht ausreichend sein.

Wir konnten damit in diesem Kapitel einen wichtigen Lösungsbeitrag bezüglich des ersten Problemfelds *„Eigenschaften und Anforderungen"* leisten[123]. Im nächsten Kapitel wenden wir uns der Bearbeitung des zweiten Problemfelds *„Wettbewerbssituation"* zu und untersuchen, ob bzw. welche Vorteile für Finanzdienstleister angesichts der derzeitigen Wettbewerbstendenzen auf dem Markt für Finanzdienstleistungen durch das Angebot kundenindividueller Problemlösungen im Direktvertrieb erzielbar sind.

---

[121] Gestaltungsmöglichkeiten der Kooperationsbeziehung zwischen Finanzdienstleistern und Nachfragern werden in Kap. 7 untersucht.

[122] Entsprechende Gestaltungsaussagen leiten wir in Teil III dieser Arbeit ab.

[123] Vgl. Abschn. 2.3, S. 21.

5. Wettbewerbssituation und Marktpotential kundenindividueller Problemlösungen

Ein Finanzdienstleister, der vor der Entscheidung steht, *kundenindividuelle Problemlösungen im Direktvertrieb* anzubieten, muß zwei wichtige *marketingpolitische* Fragen beantworten: Zum einen ist die produktpolitische Frage zu lösen, ob und welche kundenindividuellen Problemlösungen angeboten werden sollen (und beispielsweise nicht nur standardisierte Finanzprodukte ohne Beratungsbedarf), zum anderen die *vertriebspolitische* Frage, ob und wie diese Leistungen den Nachfragern im Direktvertrieb verfügbar gemacht werden sollen.

Wir werden in diesem Kapitel untersuchen, welchen Beitrag die produkt- und vertriebspolitische Entscheidung für den Direktvertrieb kundenindividueller Problemlösungen zur Erreichung der Marketingziele von Finanzdienstleistern angesichts der derzeitigen Marktsituation leisten kann und welche Wettbewerbsvorteile mit dieser Entscheidung erreicht werden können (Problemfeld „*Wettbewerbssituation*“[1]).

Hierzu wollen wir zunächst von einer *marktorientierten* Sichtweise ausgehen[2] und in einer Marktanalyse sowohl das Wettbewerbsumfeld als auch das Kundenverhalten sowie die derzeitigen Entwicklungen im Produktangebot betrachten und resultierende Konsequenzen für Finanzdienstleistungsunternehmen aufzeigen. Anschließend werden vor dem Hintergrund dieser Ergebnisse mögliche *Wettbewerbsvorteile* herausgearbeitet, die durch das Angebot kundenindividueller Problemlösungen erzielbar sind.

5.1 Marktanalyse

5.1.1 Marktpotential

Der Markt für Finanzdienstleistungen in der Bundesrepublik Deutschland ist ein *Wachstumsmarkt*: Betrug das Geldvermögen der privaten Haushalte 1986 noch 2,3 Billiarden Mark[3], so betrug es 1992 3,5 Billiarden Mark[4] und 1994

[1] Vgl. Abschn. 2.3, S. 21.

[2] Eine *marktorientierte* Betrachtungsweise untersucht das Dreieck *Markt/Kunden – Unternehmen – Wettbewerber*, vgl. [Plin92]; für das Konzept der Marktorientierung s. auch [Raff84] und [LiWi92].

[3] Vgl. [Bund87], S. 55.

[4] Vgl. [Bund93], S. 44.

über 4,3 Billiarden Mark[5]. Aufgrund einer über die Jahre annähernd gleich hohen Sparquote, die in der Regel über 12%[6] liegt, ist von einem weiteren Wachstum[7] auszugehen – ein Vermögenszuwachs, der nach einer vorteilhaften Anlage in Finanzdienstleistungen strebt. Darüber hinaus entsteht allein durch die zunehmende Anzahl an Erbschaften[8] (so ist über ein Drittel des Gesamtvermögens in der Bundesrepublik im Besitz von Personen über 65 Jahren[9]) sowie durch ausgezahlte Kapitallebensversicherungen jährlich ein erheblicher Bedarf nach einer Neuanlage von Geldvermögen – und damit nach Finanzdienstleistungen. 1990/1991 investierten circa 37% aller privaten Haushalte in festverzinsliche Wertpapiere[10], die bei Fälligkeit (und gegebenenfalls unter anderen Umständen wie Zinsänderungen) ebenfalls neu anzulegen sind; ähnliches gilt für ausgezahlte Zinsen. Zusätzlich führen sowohl die aufgrund der Bevölkerungsentwicklung unvermeidlichen Leistungskürzungen in der gesetzlichen Rentenversicherung als auch die aufgrund der zunehmenden Pensionslasten für Beamte zu erwartenden Leistungseinschränkungen bei der Beamtenaltersversorgung zu einem zunehmenden Bedarf an betrieblicher und privater Altersvorsorge – und damit ebenfalls zu einer zunehmenden Nachfrage nach entsprechenden Finanzdienstleistungen.[11] Weiterhin scheint bei einigen Anlageprodukten der Markt noch nicht ausgeschöpft: Beispielsweise besaßen 1993 nur etwa 12% der westdeutschen Haushalte Aktiendepots[12], eine geringere Quote als in vielen anderen westeuropäischen Ländern.[13]

Zudem besteht auf dem Markt für Finanzdienstleistungen nicht nur ein großer Bedarf nach Anlageprodukten, sondern auch nach Produkten zur Risikoabsicherung und nach Finanzierungsprodukten. So fehlen derzeit in der Bundesrepublik immer noch Wohnungen, für zahlreiche Altbauwohnungen – vor allem in den neuen Bundesländern – besteht Modernisierungsbedarf[14]. So sind die Wohnungsbauinvestitionen von 1987 (ca. 100 Milliarden Mark) bis 1994 um 50% auf circa 150 Milliarden Mark in realen Preisen gewachsen; hiervon wurden über 100 Milliarden Mark fremdfinanziert[15] – es besteht also ein entsprechend großer Bedarf an Finanzierungsprodukten. Zudem wird

[5] Vgl. [Bund95], S. 40
[6] Vgl. [Bund95], S. 33, und [Bund93], S. 31.
[7] Es wird geschätzt, daß das private Geldvermögen (ausgehend von einem hohen Niveau!) bis zum Jahr 2000 mit jährlich 9% steigen wird, vgl. [HeTe95], S. 75.
[8] Das durchschnittliche Erbe je Erbfall soll circa 1 Million DM betragen, vgl. [HeTe95], S. 75.
[9] Vgl. [Pola95], S. 6.
[10] Vgl. [Bund92], S. 15.
[11] Bei dieser Entwicklung erscheint es zwar wenig wahrscheinlich, daß der Grundgedanke einer gemäß dem Solidarprinzip umlagefinanzierten Sozialversicherung aufgegeben wird, die Bedeutung privater, kapitalfundierter Vorsorge im Sinne einer „Ergänzungsstrategie" wird aber weiter zunehmen, vgl. [Schm91], S. 153.
[12] Vgl. [Utzi96], S. 460.
[13] So beträgt die Aktionärsquote in Schweden 39%, vgl. [Tane91], S. 74.
[14] Vgl. [Bund95], S. 25.
[15] Vgl. [Bund95], S. 25.

auch aus der großen Zahl an Erbschaften ein erhöhter Finanzierungsbedarf resultieren, sofern bei Erbschaften von Immobilien die Auszahlung von Miterben Hypothekendarlehen finanziert wird.

Damit scheint der Markt für Finanzdienstleistungen – zumindest aus einer volumenmäßigen Betrachtung – für die Anbieter von Finanzdienstleistungen vielversprechend und lukrativ. Zu einer ähnlichen Aussage kommt auch Polan: *Wir sehen ein Potential im Hinblick auf ein umfassenderes Produktbündel, das dem Kunden offeriert werden kann, und erst recht im Hinblick auf das Volumen, also die Wertkomponente beim Verkauf von Bankdienstleistungen.*[16]

5.1.2 Wettbewerber

Nicht zuletzt aufgrund des wachsenden Marktvolumens hat sich auf dem Markt für Finanzdienstleistungen in den letzten Jahren ein tiefgreifender Strukturwandel vollzogen. Ein wesentliches Merkmal dieses Strukturwandels ist das nahezu vollständige Zusammenwachsen einst weitgehend getrennter Marktsegmente. Hatte die Versicherungswirtschaft 1975 noch einen Teil von nur 15% an der Geldvermögensbildung, so hat sich dieser bis 1984 auf circa 30% verdoppelt und liegt 1991/1992 ungefähr auf dem Niveau der Banken – damit ist die Versicherungswirtschaft mittlerweile ein bedeutender Wettbewerber von Banken beim Vertrieb von Anlageleistungen. Ein weiterer Umbruch bei der Geldvermögensbildung fand 1994 mit dem Zweiten Finanzmarktförderungsgesetz statt, mit dem erstmals in Deutschland reine Geldmarktfonds aufgelegt werden können: Während Anfang der neunziger Jahre im Mittel jedes Jahr circa 40 Milliarden Mark von privaten Haushalten auf kurzfristigen Terminkonten bei in- und ausländischen Kreditinstituten angelegt wurden, flossen 1994 per Saldo 60 Milliarden Mark von diesen Konten ab; die Investitionen in Investmentfonds verdoppelten sich hingegen im gleichen Jahr auf 70 Milliarden Mark[17]. Ein weiterer Beleg für die Aufhebung der Trennung ehemals getrennter Marktsegmente ist auch die Zusammenführung ehemals getrennter Absatzwege im Zuge von Allfinanzstrategien[18] („alles aus einer Hand") durch die Anbieter, die seit Mitte der 80er Jahre vor allem unter der Zielsetzung des *Cross selling*[19] implementiert werden, so daß beispw.

[16] Vgl. [Pola95], S. 6.

[17] Vgl. [Bund95], S. 32.

[18] Es gibt mittlerweile eine recht umfangreiche Literatur, in der die Merkmale, die Notwendigkeit sowie (insbesondere) organisatorische Realisierungsmöglichkeiten von Allfinanzstrategien ausführlich diskutiert werden, s. u. a. [Züge87], [Prie87], [Süch88b], [Krüm91], aber auch neuere Quellen, z. B. [Will95], [PiBö96].

[19] *Cross selling* zielt auf eine Vernetzung bislang getrennter Absatzwege *verschiedener* Anbieter, bzw. auf die Vernetzung der Absatzwege getrennt operierender Sparten *eines* Anbieter(konzern)s[20], um dem Nachfrager die bestehenden Produkte kombiniert als ein Produktbündel anbieten und um bestehende Kundenkontakte für den Absatz komplementärer Finanzdienstleistungen nutzen zu können; vgl. [FrSc94], [Sand93], [Schu93], [Schw93].

über Bankfilialen neben den hergebrachten Bankprodukten auch Versicherungs- und Bausparleistungen sowie Kreditkarten und Investmentfonds angeboten und abgesetzt werden[21]. Ähnliches gilt für den Versicherungsaußendienst, über den zunehmend auch Bankdienstleistungen vertrieben werden: Banken, Versicherungen sowie – in einem geringeren Maße – Bausparkassen und Investmentfonds sind damit in einen direkten Wettbewerb um Kunden getreten[22].

Darüber hinaus stehen die traditionellen Finanzdienstleister nicht nur in einem zunehmenden Wettbewerb untereinander, der durch die im Rahmen der europäischen Einigung vereinfachte Niederlassungsfreiheit von ausländischen EU-Konkurrenten weiter verstärkt wird[23], sondern auch gegenüber neu in den Markt eingetretenen *Non banks*[24]. Ein typisches Beispiel für das Eindringen von *Non banks* in den Markt für Finanzdienstleistungen sind die Finanzierungsgesellschaften von Automobilherstellern: Diese sind inzwischen über ihre Funktion als Teil einer Absatzförderungsstrategie von Kraftfahrzeugen hinausgewachsen und sind mittlerweile als rechtlich selbständige Bankbetriebe organisiert – sie haben sich von *Non banks* zu „vollwertigen" Banken weiterentwickelt: Diese bieten neben Automobilfinanzierungen mittlerweile ein teilweise umfangreiches Finanzdienstleistungsangebot an; Beispiele sind Kreditkarten und attraktiv verzinste Tagesgeldkonten[25]; ähnliches gilt auch für die Finanzierungsgesellschaften der großen Versandhäuser[26].

5.1.3 Kundenverhalten und neue Produkte

Ein weiterer Eckpunkt des Strukturwandels ist ein verändertes Kundenverhalten: Aufgrund des vergrößerten Produktangebots (durch die Auflösung der Segmentschranken und durch den Markteintritt neuer Wettbewerber), der damit verbundenen Marketinganstrengungen der Finanzdienstleister, dem zunehmenden Informationsangebot über Finanzdienstleistungen

---

21 Siehe auch Abschn. 1.3.1, S. 7f; vgl. auch [Thed92], S. 227.

22 Neben den traditionellen Filialnetzen, Außendiensten und Maklern werden im Wettbewerb in letzter Zeit auch verstärkt Strukturvertriebe als Vertriebspartner eingesetzt, vgl. Abschn. 1.3.1, 7f.

23 Die seit dem 1.1.1993 geltende *Niederlassungs- und Dienstleistungsfreiheit* für Kreditinstitute ermöglicht *„jedem in einem EU-Mitgliedsland zugelassenen Kreditinstitut die Möglichkeit, in jedem anderen Land der EU mit den dort ansässigen Banken in Konkurrenz zu treten"* ([Frie95], S. 490); ähnliches gilt auch für *Near banks* (wie Versicherungen und Bausparkassen).

24 Einen umfassenden Überblick über das Eindringen von *Non banks* in den Markt für Finanzdienstleistungen sowie eine umfassende Analyse für die treibenden Faktoren gibt [Söhn92].

25 Siehe hierfür etwa das Angebot der VAG-Bank, der „Autobank" des Volkswagenkonzerns.

26 Als ein Beispiel sei die „Quelle-Bank" angeführt, die seit 1990 als selbständige Direktbank geführt wird, und die sowohl Aktiv- als auch Passivprodukte sowie Dienstleistungen wie Wertpapiertransaktionen und Depotverwaltung anbietet; vgl. z. B. [Pisc96], S. 14f, und [LaRö95].

(insbesondere auch durch unabhängige Informationsanbieter wie die *Stiftung Warentest*) sowie durch eine zunehmend verbraucherfreundliche Rechtsprechung in den letzten Jahren[27] werden die Kunden zunehmend aufgeklärter und anspruchsvoller gegenüber Finanzdienstleistern: Die leichtere Verfügbarkeit von Informationen über das Angebot von Finanzdienstleistern führt zu einer „rationaleren" und konditionenorientierteren Einstellung der Kunden gegenüber Finanzdienstleistern.[28] Der Markterfolg neuer, für Nachfrager attraktiver Produkte wie Geldmarktfonds, Geldmarktkonten und verzinster Girokonten kann beispielhaft als Beleg dieser Aussage dienen, ebenso der Rückgang von Spareinlagen im Vergleich zum Wachstum von festverzinslichen Wertpapieren[29]. Drewes trifft die Aussage, daß „*Produkte und Leistungen zunehmend austauschbar sind*"[30]. Zu einem ähnlichen Ergebnis kommen auch Rehm und Simmert[31]:

> „*Damit löst sich die historisch gewachsene Form der Arbeitsteilung im Kreditgewerbe auf. Die Wahl des Bankinstituts wird allein eine Funktion der individuellen Präferenz, die Leistung selbst wird zunehmend homogen*".[32]

Darüber hinaus verlangen die Kunden eine kompetente und an „*ihren Bedürfnissen orientierte Beratung*"[33].

Dieses anspruchsvollere Kundenverhalten kommt folgerichtig in einer geringeren Bankloyalität[34] zum Ausdruck: Der Anteil der Bankkunden mit mehr als einer Bankverbindung ist von 36% in 1986 auf 40% in 1990 und bis 1994 auf 49% gestiegen[35]. Auch der Anteil der Bankkunden, die mindestens einmal eine Bankverbindung gewechselt haben, ist seit Anfang der 80er

[27] Als Beispiele seien die Urteile zur Wertstellungspraxis [oV88a], zur Verrechnung von Hypotheken-Annuitäten [Heem88] sowie zur Beratungshaftung angeführt.

[28] Vgl. [EiRoRo96], S. 213; s. auch [Jasn96], S. 27.

[29] Der Anteil des in Geldanlagen bei Banken angelegten Geldvermögens der privaten Haushalte nahm von 52,4% 1970 auf 41,7% 1993 ab; im selben Zeitraum wuchs der Anteil festverzinslicher Wertpapiere von 7,7% auf 15,9%, vgl. [oV95].

[30] Vgl. [Drew92], S. 938.

[31] Vgl. [ReSi91], S. 13.

[32] Dieser Aussage ist entsprechend unserer Analyse grundsätzlich zuzustimmen, indes die Einschätzung, die Wahl eines Bankinstituts sei allein eine Funktion der individuellen Präferenz, ohne Definition des Präferenzbegriffs sowie eine Modellierung des Entscheidungskalküls der Nachfrager nicht nachvollziehbar. Damit können auch keine Einschätzung für Marketing- und Vertriebsaktivitäten hieraus gefolgert werden. Wir werden daher in Kap. 6 Präferenz, Nutzenfunktion und Entscheidungskalkül genauer modellieren, um entsprechende Aussagen ableiten zu können.

[33] Vgl. [Ried94], S. 54. In der in dieser Arbeit entwickelten Terminologie wäre statt von Bedürfnissen konkreter von Nachfragerproblemen zu sprechen.

[34] Unter dem Begriff Bankloyalität wird hier in Anlehnung an Polan „*[...] das von einer positiven Einstellung gegenüber einem bestimmten Kreditinstitut getragene Verhalten [verstanden], dauerhaft die Leistungen dieses Kreditinstituts abzunehmen*", s. [Pola95], S. 18; ähnlich auch [Süch72], S. 269.

[35] Vgl. [JaMa96], S. 108.

Jahre kontinuierlich gestiegen.[36] Damit ist der (nicht begründeten) These von Heucke und Tern „*Der schnelle technische Fortschritt auf dem Gebiet der Datenverarbeitung und Medienentwicklung hat zu umwälzenden Veränderungen im Kundenverhalten geführt*" zuzustimmen[37], wobei die skizzierten Entwicklungen sicherlich noch nicht abgeschlossen sind.

5.1.4 Neue elektronische Vertriebswege

Ein vierter Eckpunkt ist die bereits oben erwähnte Herausbildung einer vernetzten elektronischen Informationsgesellschaft, mit der Konsequenz, daß die traditionellen Finanzdienstleister zusätzliche Konkurrenz durch spezialisierte Anbieter und Direktbanken erhalten, die ihre Leistungen direkt über elektronische Medien an die Nachfrager vertreiben[38].

Bereits jetzt ist erkennbar, daß diese Entwicklungen so weitreichend sind, daß sich Nachfrager unter Nutzung derartiger Netze und Telekommunikationsdienstleistungen direkt an *elektronische Börsen* wenden werden.[39] Durch die Einführung von elektronischem Geld[40], die seit dem Jahreswechsel 1996/1997 von den Kreditinstituten durch die Ausgabe von neuartigen Euroscheck-Karten mit einem integrierten Computerchip zur Realisierung der Geldkartenfunktionalität forciert wird, werden diese Entwicklungen weiter beschleunigt, da die *Akzeptanz elektronischer Zahlungsvorgänge* zunehmen wird. Die derzeitige Einführung der Geldkarten erfolgt im Anschluß an zwei Großversuche in Hannover und Oberschwaben. Die Resonanz der Kunden im Großversuch Hannover soll „*ausgesprochen positiv*" gewesen sein[41]; in Oberschwaben hat der Anteil der Kartenzahlungen während des Versuchs indes nur zwischen 0,5% und 1,1% gelegen[42]. Im ersten Quartal nach der Ausgabe der neuen Karten erfolgten mittels dieser Karten bereits 100.000 Transaktionen im Gesamtwert von 4 Millionen Mark[43]. Wie schnell sich diese bargeldlose Zahlungsmöglichkeit durchsetzt, hängt insbesondere von der Gebührenpolitik der Banken ab; derzeit werden die Gebühren, die die Banken dem Han-

---

[36] Vgl. [Spie89], S. 9; hiernach sollen 1989 bereits 50% der Besserverdienenden (hier definiert durch ein monatliches Nettoeinkommen von mehr als 4.000 DM) mindestens einmal ihre Bankverbindung gewechselt haben. Weiterhin sollen 12% derjenigen Bankkunden, die ihrer „Hausbank" bisher treu geblieben sind, ebenfalls wechselwillig sein, [Köch92], S. 8. Nach eine Recherche von Polan betrug 1995 diese Quote in der Gruppe der leitenden Angestellten und Beamten bereits 28%, vgl. [Pola95], S. 22; s. auch [Koll92].

[37] Siehe [HeTe95], S. 74; vgl. auch [Endr94].

[38] Vgl. Abschn. 1.1, S. 1f, und Abschn. 1.3.3, S. 9f.

[39] Vgl. [BaKe95], S. 42. Ein Beispiel für eine entstehende elektronische Börse, die auch einen direkten Zugang für private Investoren bietet, ist `http://www.esi.co.uk`.

[40] Für eine Übersicht technischer Realisierungsansätze s. [BaHePf95].

[41] Vgl. [Wend96].

[42] Vgl. [oV97b].

[43] Vgl. [oV97b].

del hierfür in Rechnung stellen, vom Handel als zu hoch angesehen, so daß für diesen ein flächendeckender Einsatz zur Zeit (noch) unwirtschaftlich ist. Aber bereits jetzt planen große Handelsketten für den Fall niedrigerer Gebührenstrukturen den umfassenden Einsatz derartiger Zahlungssysteme.[44] Mit der breiten Einführung elektronischer Zahlungsmöglichkeiten dürfte mittel- bis langfristig auch die Akzeptanz elektronischen Bezahlens elektronischer „Online-Einkäufe" in elektronischen *„Shopping malls"* sowie für die Beschaffung von Finanzprodukten über elektronische Börsen stark zunehmen.[45]

Für Direktbanken impliziert die Entstehung von elektronischem Geld einerseits, daß das Problem der Bargeldversorgung ihrer Kunden zunehmend an Bedeutung verlieren wird[46] und sich damit der Markt für Direktbanken voraussichtlich weiter vergrößern wird. Andererseits impliziert die Entwicklung elektronischer Börsen, daß sich Kunden unter Umgehung auch von Direktbanken direkt an elektronische Börsen und andere Produzenten von Finanzdienstleistungen wenden können. Der Vertrieb von hochstandardisierten und beratungsarmen Produkten an Nachfrager kann dann direkt unter Nutzung telematischer Dienste über elektronische Börsen und unter Umgehung sowohl von klassischen Filialbanken als auch unter Umgehung von Direktbanken und Discount Brokern erfolgen. Bereits jetzt sind erste Ansätze zu erkennen, daß selbst die Funktion traditioneller elektronischer Börsen durch elektronische „Absatzwege" beeinflußt wird: Im Februar 1995 kam es zur ersten elektronischen Plazierung von Aktien über das Internet: Die amerikanische *„Andrew Klein's Spring Street Brewing Company"* emittierte Aktien über das Internet, das Angebot erfolgte ohne Inanspruchnahme traditioneller bzw. elektronischer Börsen[47]. Hauptmotiv soll die Einsparung von Underwriting-Fees der New Yorker Broker gewesen sein[48]. Damit dürften die neuen telematischen Dienste und Online-Medien nicht nur den Vertriebsprozeß verändern, son-

[44] Vgl. [oV97b].

[45] Bereits seit Anfang 1997 führt die *Deutsche Bank* einen Praxistest des Systems der niederländischen Firma *Digi Cash* durch, mit dem Kunden im Internet getätigte Käufe elektronisch bezahlen können, vgl. [oV96e]. Zudem können die neuen Geldkarten auch für sichere Zahlungsvorgänge über Online-Netze (wie dem Internet) genutzt werden, vgl. [oV97d]. Weiterhin wird an Geldkarten gearbeitet, die über das Internet „aufladbar" sind, vgl. [oV97e]. Für eine Diskussion bezüglich der derzeitigen Sicherheitsstandards s. [PeRö97] und [DüLu97].

[46] Weiterhin zeichnet sich nach der Studie von Priewasser auch unabhängig von der Einführung von elektronischem „Internet-Geld" ein spürbarer Rückgang der Bargeldzahlungen ab, die durch mehrere Produkte des bargeldlosen Zahlungsverkehrs substituiert werden, unter anderem Traveller Cheque (*pay before*), Euroscheck-Karte als Debit-Karte (*pay now*) und Kreditkarten (*pay after*), vgl. [Prie94], S. 211f.

[47] Vgl. [Birk95], S. 388.

[48] Dieses Ziel wurde jedoch nur bedingt erreicht: Die Firma bietet zwar an, Kauf- und Verkaufsorder ihrer Aktien über das Internet entgegenzunehmen, allerdings hat es die amerikanische Börsenaufsichtsbehörde SEC zur Auflage gemacht, daß eine Bank oder ein Wertpapierhaus die Orderabwicklung durchführt, vgl. [Birk97], S. 114f.

dern auch den Trend zur Disintermediation im Finanzdienstleistungsbereich fördern.

Im Anschluß an die Darstellung wesentlicher Wettbewerbstendenzen auf dem Markt für Finanzdienstleistungen sollen im folgenden Auswirkungen dieser Entwicklungen auf die Anbieter von Finanzdienstleistungen herausgearbeitet werden.

5.2 Ökonomische Auswirkungen

Die skizzierten Entwicklungen haben zu einem wettbewerbsintensiven Marktumfeld auf dem Markt für Finanzdienstleistungen geführt, wie eine Untersuchung von Lang empirisch[49] belegt. Für den Zeitraum von 1988 - 1992 zeigt er in einer Untersuchung von 1432 Kreditinstituten, Sparkassen sowie Volks- und Raiffeisenbanken,

> *„daß sich alle drei Bankengruppen - Kreditbanken, Sparkassen, Kreditgenossenschaften - nicht perfekt wettbewerblich verhalten, aber weit entfernt von den Charakteristika eines perfekt kollusiven Oligopols bzw. Monopols liegen. Die Vorstellung eines Marktes, der von großen Monopolisten (Kreditbanken) geprägt wird und die von einem „competetive fringe" umgeben sind, hat keine Unterstützung gefunden."*[50]

In einer Studie zum Wettbewerbsverhalten auf dem *europäischen* Markt wird die Schlußfolgerung getroffen: *„we find that the degree of coordination in the mortgage market has (significantly) decreased over time [...]. By contrast, we find no evidence that behavior might have changed in the market for corporate loans, which was admittedly more competitive to start with."*[51]

Interessant ist weiter, daß sich Sparkassen und Genossenschaftsinstitute in diesem Zeitraum *weniger* wettbewerblich verhalten haben, als dies bei Kreditbanken der Fall ist. Dies wird von Lang nachvollziehbar dadurch erklärt, daß aufgrund der regionalen Trennung von Instituten innerhalb der Sparkassen bzw. der Kreditgenossenschaften sowie aufgrund zentraler Preis- und Konditionenempfehlungen durch die jeweiligen Dachgenossenschaften ein größeres Maß an Wettbewerb verhindert wird[52]. Beachten wir aber, daß der Untersuchungszeitraum 1992 endet, also noch vor dem Zeitpunkt, als 1994 mit der *Direkt Anlage Bank* die erste Direktbank einer deutschen Universalbank gegründet wurde, kann davon ausgegangen werden, daß sich auch die Sparkassen und Kreditgenossenschaften auf einen härteren Wettbewerb einstellen müssen: Durch den Direktvertrieb von Finanzdienstleistungen mittels der Nutzung telematischer Dienste werden direktvertreibende Finanzdienstleister in einen direkten Wettbewerb mit regional vorherrschenden Finanzdienstleistern treten und diesen Kunden abwerben. Diese Vermutung kann

---

[49] Siehe [Lang97].
[50] Vgl. [Lang97], S. 15.
[51] Siehe [NeRö96], S. 13.
[52] Siehe [Lang97], S. 15.

durch erstes Datenmaterial belegt werden: So stammen nach Holtrop, Generalbevollmächtigter der *Bank 24*, nach dem ersten Geschäftsjahr der *Bank 24* im Oktober 1996 65% der Kunden aus dem Sparkassen- und Genossenschaftssektor.[53] Damit wird die Wettbewerbsintensität durch die neu gegründeten Direktbanken insbesondere auch im Bereich der Sparkassen und Kreditgenossenschaften weiter zunehmen, der „Regionalbankvorteil" wird an Bedeutung verlieren und diese Institute werden sich (zumindest) teilweise wettbewerblicher verhalten (müssen).

Die mit dem skizzierten Strukturwandel einhergehende Zunahme der Wettbewerbsintensität sowie das konditionenorientiertere Nachfragerverhalten hat direkte Auswirkungen auf die Kosten- und Ertragssituation insbesondere der traditionellen Bankdienstleister wie Kreditbanken, Sparkassen, Volks- und Raiffeisenbanken:

- Das zunehmende Preis- und Konditionenbewußtsein der Kunden hat zu einem Rückgang an Spareinlagen und des Absatzes vergleichbarer Produkte geführt, da die Kunden vermehrt rentablere und flexiblere Produkte wie Geldmarktfonds u. ä nachfragen[54]. Damit sind den Banken günstige Refinanzierungsmöglichkeiten verloren gegangen, was zu einem *Rückgang der Zinsspanne* führt.[55]
- Das zunehmende Eindringen von Wettbewerbern in den attraktiven Markt für Finanzdienstleistungen hat zu einer Konkurrenz um attraktive Kunden- und Produktsegmente (z. B. Kundensegment „gutverdienender Privatkunde")[56] geführt. Aufgrund der niedrigeren Vertriebskosten gerade auch von spezialisierten Anbietern sowie der zunehmenden Austauschbarkeit von Produkten[57], besteht für die traditionellen Finanzdienstleister die Gefahr, daß ihnen gerade ertragbringende Kundensegmente verloren gehen[58] – und damit ihr *Marktanteil an dem zum Zinsgeschäft komplementären Provisionsgeschäft zurückgeht.*
- Die *Ergebnisbeiträge vieler Kunden sind negativ.* So kam bereits 1987 eine Studie von McKinsey zu dem Ergebnis, daß nur 28% der Kunden einen po-

---

[53] Vgl. [oV96c].

[54] Vgl. Abschn. 5.1.2, S. 85.

[55] Homberg stellt in diesem Zusammenhang am Beispiel der Taunus-Sparkasse fest, daß *„der Druck auf die Zinsspanne durch das Abschmelzen der* cash cows *(Normalspareinlagen, Sichtguthaben) weiter zunehmen"* wird, vgl. [Homb96], S. 17. Benölken und Wings gehen für viele Institute von einem „Absturz" der Zinsmarge um 0,5 - 0,8% auf durchschnittlich 2,2% aus, vgl. [BeWi94], S. 35f; vgl. auch Fußnote 29, S. 87.

[56] Der Begriff *„gutverdienender Privatkunde"* wird institutsbezogen jeweils unterschiedlich definiert, etwas vereinfacht werden mit diesem Begriff Privatkunden mit mindestens 5.000 - 6.000 DM monatliches Nettoeinkommen sowie mindestens 100.000 DM Geldvermögen bezeichnet, vgl. [Pola95], S. 45.

[57] Vgl. S. 87.

[58] So verdienen 50% der Kunden der Direktbank *Bank 24* mehr als netto 4.000 DM monatlich, vgl. [oV96c]; der durchschnittliche Depotwert bei der Direktbank *Advance Bank* beträgt knapp über 100.000 DM, vgl. [oV96a].

sitven Ergebnisbeitrag leisten, beim Großteil (72%!) der Kunden jedoch ein negativer Ergebnisbeitrag erwirtschaftet wird.[59] Dieses Verhältnis dürfte sich aus Sicht der Banken aufgrund der oben skizzierten Entwicklungen nicht verbessert haben.

– Deutschland besitzt mit einer Bankfiliale je 1.500 Einwohnern (in Westdeutschland je 1.400 Einwohnern) ein sehr dicht geknüpftes Filialnetz. Aufgrund der sinkenden Margen und der hohen Wettbewerbsintensität mit Segment- und Direktanbietern, wird dieses Vertriebssystem in seinem bisherigen Umfang zunehmend zu teuer[60]. So erwägen manche Institute neben einer *Schließung unrentabler Filialen*[61] die Ausgliederung ihrer Filialorganisation in rechtlich und wirtschaftlich selbständige Profit Center, um die Filialorganisationen wettbewerbsorientiert und marktnah führen zu können.[62]

Ein Indikator für den skizzierten Kosten- und Ertragsdruck, dem die Finanzdienstleister auf dem Markt für Finanzdienstleistungen durch die zunehmende Wettbewerbsintensität ausgesetzt sind, und die damit verbundene Gefährdung der wirtschaftlichen Selbständigkeit von Bankunternehmen ist der starke *Konzentrationsprozeß*, der seit Anfang der 90er Jahre eingesetzt hat; dieser läßt sich daran messen, daß seit Ende 1990 die Zahl der unabhängigen Institute jährlich um durchschnittlich 5,3% zurückgegangen ist[63].

---

[59] Vgl. [Schl87], S. 41.

[60] Vgl. [Schm95], S. 746.

[61] Dementsprechend gehen wir davon aus, daß die Zahl der *„klassischen"* Filialen in den nächsten Jahren abnehmen wird; ein Trend, der bereits während der achtziger bis Anfang der neunziger Jahre zu beobachten war (vgl. [Wasc95], S. 37) und unseres Erachtens nur im Zusammenhang mit dem Aufbau der Filialnetze in den neuen Bundesländern (kurzzeitig) unterbrochen wurde. Ob allerdings die Zahl an Filialen absolut zurückgehen wird, kann bezweifelt werden, da der Abbau klassischer Filialen einhergeht mit dem verstärkten Aufbau von Selbstbedienungsfilialen und *Banking shops*, die entweder vollkommen ohne Personal oder zumindest mit nur wenig Personal betrieben werden und über die im wesentlichen nur standardisierte Produkte vertrieben werden; vgl. Abschn. 1.3.2, S. 8, sowie die Beschreibung des dreistufigen Filialkonzepts der Sparkasse Leipzig in [Bart95], S. 91f.

[62] So führt die *Bayerische Vereinsbank* ihre Telefonbankaktivitäten bereits durch die neugegründete Tochter *VB-Dialog GmbH* durch; die *Bayerische Hypotheken- und Wechselbank* führt das Mengengeschäft in den neuen Bundesländern unter der *HSB Hypo Service-Bank AG*, mit der Zielvorgabe, bis 1997 die Gewinnschwelle zu erreichen, vgl. [oV96i].

[63] Vgl. [Lang97], S. 1; im Vergleich hierzu betrug die Stillegungsquote im Agrarbereich „nur" 3,5%. Die obige Aussage bezieht sich auf Kreditinstitute, Sparkassen sowie Genossenschaftsbanken und bezieht sich auf der Anzahl dieser Institute in der Bankenstatistik der Deutschen Bundesbank. Die starke Abnahme der Zahl unabhängiger Institute resultiert vor allem auf zahlreichen Fusionen von Genossenschaftsbanken und (weniger stark) Sparkassen. Anzumerken ist, daß die teilweise guten Jahresabschlüsse vor allem der großen Universalbanken diesen Ertrags- und Ergebnisdruck im Privatkundengeschäft u. a. dadurch verschleiern, daß in den Jahresüberschuß neben dem Ergebnis aus dem Privatkundengeschäft

Angesichts dieser Entwicklungen scheinen die Direktbanken insbesondere dadurch Vorteile zu besitzen, daß sie weitestgehend ohne teure Vertriebsstrukturen wie Filialnetze und Außendienste ihre Leistungen vertreiben können und somit deutlich günstigere Kostenstrukturen besitzen. Damit haben sie die Chance, aufgrund ihrer günstigeren Konditionen preisbewußte Kunden an sich binden zu können. Aber auch die neugegründeten Direktbanken spüren den Wettbewerbsdruck und sind trotz dieser Vorteile keine „Selbstläufer": So hat die *Bank 24* im ersten Geschäftsjahr ihr selbstgestecktes Ziel von 60.000 Kunden um 22.000 Kunden verfehlt, also um knapp ein Drittel; vor der Jahrtausendwende wird voraussichtlich keine der neugegründeten Direktbanken die Gewinnschwelle erreichen.[64] Da die Direktbanken vor allem ihre günstigeren Konditionen als Wettbewerbsvorteil nutzen, stehen diese untereinander ebenfalls in einem direkten Preiswettbewerb. Gerade die konditionenorientierten Kunden, die bereits von den Filialbanken zu den Direktbanken abgewandert sind, werden bei günstigeren Konditionen eines Wettbewerbers kaum zu halten sein.

Die Direktbanken stehen damit vor einem *Dilemma*: Sie bieten derzeit überwiegend standardisierte Massenprodukte (wie beispielsweise Transaktionsleistungen, Zahlungsverkehr usw.) an und wollen bzw. müssen (aufgrund ihrer geringen Leistungsdifferenzierung) Kunden insbesondere durch eine *Niedrigpreispolitik* gewinnen. Damit lösen sie andererseits einen Preiskampf aus und gewinnen vor allem Kunden, die als „Rosinenpicker" bei der Wahl ihrer Bankverbindung vor allem konditionenorientiert entscheiden – und im allgemeinen eine entsprechend niedrige Loyalität ihrer neuen Bank gegenüber besitzen werden; dies ist angesichts der hohen Werbeausgaben je Neukunde nicht unproblematisch[65].

Darüber hinaus werden (nicht zuletzt aufgrund des Wettbewerbdrucks durch die Direktbanken) auch die Filialbanken im Sinne eines *Lean Banking*[66] verstärkt ihre Produktpalette und ihre Prozesse ***standardisieren***, um den Kostenvorteil der Direktbanken zumindest zu verringern. Insbesondere werden diese auch verstärkt auf den zu ihrem Filialnetz komplementären Absatzweg Direktvertrieb setzen, wie dies derzeit etwa die Sparkassen und Genossenschaftsbanken demonstrieren[67] – und damit auch auf diesem Absatzweg in Konkurrenz zu den Direktbanken treten. Ein weiteres Indiz für den steigenden Wettbewerb im Direktvertrieb[68] sind die zunehmenden

die Ergebnisse weiterer, sehr erfolgreicher Geschäftsfelder wie *Investmentbanking* und *Eigenhandel* eingehen.

64 Vgl. [oV96b].

65 Die Kosten für die Akquisition eines Neukunden sollen zwischen 500 DM - 1000 DM liegen, vgl. [oV96b], S. 77.

66 Vgl. Fußnote 9 auf S. 18.

67 Vgl. [Rode96], [Heit96]; einen Überblick (Stand Oktober 1996) über im Internet aktive Finanzinstitute s. [oV96j].

68 Karst prognostiziert „ ... *für die Finanzdienstleister, die heute die strategische Entscheidung für den Einstieg in den Direktvertrieb treffen bzw. getroffen haben,*

Akquisitionskosten für Neukunden[69]. Weiterhin werden auch Direktanbieter von Finanzdienstleistungen, die ihre Produkte über Rechnernetze vertreiben, verstärkt in Wettbewerb mit den Direktbanken treten[70]. Mittel- bis langfristig sollen nach einer McKinsey-Studie nicht mehr als 10 Direktbanken auf dem deutschen Markt überleben können[71]; damit wäre auch der Markt für Direktbanken bereits jetzt[72] *„overbanked"*.

Somit sehen sich bereits kurze Zeit nach ihrer Gründung die Direktbanken mit ähnlichen Herausforderungen konfrontiert wie die traditionellen Kreditinstitute. Wollen Direktbanken angesichts dieser Situation ihr in Abschn. 1.3.3 aufgezeigtes Marktpotential ausschöpfen, ihre wirtschaftliche Unabhängigkeit wahren und zur Erreichung ihrer Unternehmensziele[73] positive *Cash flows* erzielen, muß es ihnen genauso wie den traditionellen Finanzdienstleistern gelingen, zum einen die Eigenschaften ihrer Leistungen so zu gestalten, daß potentielle konditionen- und produktbewußte Kunden von der (relativen) Vorteilhaftigkeit der angebotenen Finanzdienstleistungen (im Vergleich zu konkurrierenden Leistungsangeboten) überzeugt werden. Zum anderen muß es ihnen gleichzeitig gelingen, ihren Leistungserstellungs- und Vertriebsprozeß so zu gestalten, daß sie ihre Leistungen auf dem Markt preislich konkurrenzfähig und nachfragerfreundlich anbieten können. Dementsprechend stehen damit alle Finanzdienstleister vor der Herausforderung, verbesserte und dauerhafte Kundenbeziehungen durch eine auf die Bedarfsstrukturen der Nachfrager abgestimmte *Preis-, Vertriebs- und Produktpolitik* zu erreichen – *Kundenorientierung* wird deshalb allgemein als notwendige Strategie im derzeitigen und zukünftigen Wettbewerbsumfeld angesehen[74].

Nachdem wir wesentliche Entwicklungen auf dem Markt für Finanzdienstleistungen und die Auswirkungen auf Direktbanken herausgearbeitet haben, werden wir im weiteren die (umfassendere) marktorientierte Sichtweise verlassen und angesichts der aufgestellten Forderung nach der Realisierung von Kundenorientierung[75] die Betrachtungsweise auf die dyadische Beziehung

daß dieser, aus heutiger Sicht attraktive Absatzweg nach einer Zeit allgemeinen Wachstums zu Lasten der Filialbanken hart umkämpft sein wird", vgl. [Kars95], S. 107.

[69] Vgl. [oV96c], S. 77.

[70] Vgl. Abschn. 5.1.4, S. 88f.

[71] Vgl. [oV96c], S. 80.

[72] Entsprechend Fußnote 48 sind derzeit mindestens 15 Direktbanken auf dem deutschen Markt aktiv.

[73] Für eine ausführliche Diskussion des Zielsystems von Banken allgemein s. z. B. [Süch92], S. 312-315.

[74] So z. B. [Drew92], S. 953: *„Kundenorientierung hat erste Priorität"*; ähnlich [SiLa95], S. 465, die die Chancen von Kundennähe als *„erheblich"* einschätzen. Zur Notwendigkeit einer kundenorientierten Betrachtung im Marketing s. insbesondere [Kroe92], S. 267.

[75] Die Forderung nach Kundenorientierung steht in einem engen inhaltlichen Bezug zu der Forderung nach Leistungsqualität und *Lean Banking*, vgl. [Uhle93], S. 6; [Ried94], S. 55.

Kunde – Bank fokussieren[76]. Ziel des folgenden Abschnitts ist, den Begriff *Kundenorientierung* zu definieren, gegenüber verwandten Begriffen wie *Kundennähe* und *Kundenzufriedenheit* abzugrenzen und in Beziehung zum Vertrieb kundenindividueller Problemlösungen setzen zu können. Anschließend werden ausgehend von diesen Ergebnissen zum einen Wettbewerbsvorteile aufgezeigt und zum anderen die Auswirkungen auf die Erreichung der Marketingziele abgeschätzt, die mit dem Angebot kundenindividueller Problemlösungen bei der gegebenen Wettbewerbssituation für Finanzdienstleister erzielt werden können.

5.3 Kundenorientierung als Wettbewerbsstrategie zur Bewältigung der Marktherausforderungen

Der Begriff *Kundenorientierung* wird in der wissenschaftlichen Literatur und in der Praxis unterschiedlich verwendet[77], wobei hierunter teilweise ein eigenständiges *Unternehmens(sub)ziel* und teilweise eine *Verhaltensweise* verstanden wird. In neueren Arbeiten wird der Begriff Kundenorientierung aber weitgehend einheitlich als (strategisches) *„Verhalten von Bankdienstleistern“*[78] im Sinne einer *„Ausrichtung der Aktivitäten am Kunden bzw. seinen Bedürfnissen“*[79] verstanden; diese Begriffsverwendung soll hier aufgegriffen werden. Der mit dem unternehmerischen Verhalten „Kundenorientierung“ auf dem Markt für Finanzdienstleistungen verfolgte Zweck ist dementsprechend, die Marktaktivitäten so auf die Nachfrager auszurichten, daß ihnen ein Leistungsangebot gemacht wird, das auf deren jeweilige persönliche Situation zugeschnitten ist und diese so gut befriedigt, daß die Nachfrager entweder als Neukunden gewonnen oder aber als Stammkunden gehalten werden können[80]. Mit Kundenorientierung soll also durch die Erfüllung von Kundenwünschen *Kundenzufriedenheit* erzielt werden, um (zufriedene) Kunden langfristig zu binden. Kundenorientierung ist dementspechend als *Instrument/Verhaltensweise* zur Erreichung des Ziels Kundenzufriedenheit anzusehen.

---

[76] Für den Zusammenhang zwischen marktorientierter und kundenorientierter Betrachtungsweise s. ausführlich [KoJa90], S. 3; [Grön89], S. 52ff und [Zoll95], S. 9ff.

[77] Vgl. [Oehl96], S. 3.

[78] Vgl. [Zoll95], S. 15.

[79] Vgl. [Oehl96], S. 1.

[80] Herrhausen forderte in diesem Zusammenhang ein Leistungsangebot, daß *„unter Umständen viele Produkte umfaßt und aus intelligenten, auf den Einzelfall (*den einzelnen Kunden, Anmerkung des Autors*) zugeschnittenen Produktkombinationen besteht“*, vgl. [Herr88].

Für die große Bedeutung, die eine erfolgreiche Kundenbindung für den langfristigen Unternehmenserfolg spielt[81], seien hier kurz folgende Belege angeführt[82]:

- nahezu 70% des Umsatzes entfallen auf Wiederholungskäufe[83],
- die Neugewinnung eines Kunden ist fünfmal so teuer, wie einen bestehenden Kunden zu halten[84],
- bei Senkung der Abwanderungsquote um fünf Prozent steigen die Gewinne um 25%-85%[85].

Der Begriff Kundenorientierung ist bisher sehr allgemein gehalten und damit wenig operabel, um diesen in Beziehung zum Direktvertrieb kundenindividueller Problemlösungen setzen zu können. Weiterhelfen kann hier die Betrachtung, daß ein Nachfrager ein finanzwirtschaftliches Problem hat und dieses von einem Finanzdienstleister lösen lassen möchte. Damit der Finanzdienstleister dem Nachfrager eine kundenindividuelle finanzwirtschaftliche Problemlösung erstellen kann, die die Zulässigkeitsbedingung des Problems erfüllt und die einen hohen Wert der Bewertungsfunktion besitzt, sind Distanzen zwischen Kunde und Anbieter zu überwinden[86]:

- **Geografische Distanzen:**
  Eine *geografische Distanz* liegt vor, wenn Anbieter und Nachfrager an verschiedenen Orten residieren. Diese kann sowohl durch räumliches Zusammentreffen von Nachfrager und Anbieter an einem Ort (beim Anbieter in der Filiale oder beim Kunden durch einen Außendienstmitarbeiter) überwunden werden, aber auch durch die Nutzung telematischer sowie postalischer Dienste. Bei der Nutzung von telematischen Diensten im Direktvertrieb ist zusätzlich eine *technologische Distanz* zu überwinden.
- **Zeitliche Distanzen:**
  Eine *zeitliche Distanz* liegt vor, wenn der Nachfrager ein finanzwirtschaftliches Problem (z. B. aufgrund von Öffnungszeiten) nicht zu dem Zeitpunkt an den Finanzdienstleister herantragen kann, an dem der Nachfrager es gelöst haben möchte.
- **Technologische Distanzen:**
  Eine *technologische Distanz* liegt vor, wenn ein Informations- oder Datenaustausch zwischen Nachfrager und Finanzdienstleister aufgrund von

[81] Vgl. beispw. [MeMe97], S. 8ff, [QuLa94], S. 89ff.

[82] Die ersten beiden Aussagen beziehen sich zwar nicht direkt auf den Finanzdienstleistungsbereich, dürften aber auf diesen in ihrer Grundtendenz übertragbar sein.

[83] Vgl. [GrGlPr95], S. 65; diese Aussage bezieht sich auf den amerikanischen Verbrauchermarkt.

[84] Diese Aussage beruht zum einen auf einer repräsentativen Untersuchung von *A. T. Kearney* in Deutschland und zum anderen auf Erfahrungen bei *Avis* (Autovermietung) in Deutschland; vgl. [Bunk92], S. 41, und [Bial93], S. 41.

[85] Vgl. [Grön89], S. 56. [ReSa90], kommen für den Fall einer amerikanischen Kreditkartengesellschaft zu ähnlichen Ergebnissen, vgl. [ReSa90], 107ff.

[86] vgl. [Krap96], S. 6

Software- oder Hardwareinkompatibiliäten verhindert bzw. behindert wird. Weiterhin liegt eine technologische Distanz vor, wenn Nachfrager keinen Zugang zu den telematischen Diensten besitzen oder wenn sie diese aus sonstigen Gründen nicht benutzen/anwenden können.

- **Sachliche Distanzen:**
  Eine *sachliche Distanz* liegt vor, wenn die einem Nachfrager angebotenen Finanzprodukte die finanzwirtschaftliche Problemstellung des Nachfragers nicht zufriedenstellend lösen; Grund kann aus Nachfragersicht eine Verletzung der Zulässigkeitsbedingung und/oder ein zu niedriger Wert der Bewertungsfunktion sein.
- **Emotionale Distanzen:**
  Eine *emotionale Distanz* liegt vor, wenn ein Nachfrager beispielsweise die Freundlichkeit, die Vertrauenswürdigkeit oder auch die Kompetenz des Anbieters als gering einschätzt. Eine emotionale Distanz kann auch vorliegen, wenn die sachliche Distanz gering ist, der Anbieter dies aber aufgrund mangelnder Erklärungsleistung einem Nachfrager nicht transparent machen kann.

Gelingt es einem Anbieter, diese Distanzen[87] zu den Nachfragern zu überwinden, ist der Anbieter als *kundennah* zu bezeichnen und wird mit den angebotenen Problemlösungen eine hohe *Kundenzufriedenheit* erzielen können. Kundenorientierung kann damit jetzt konkret als *Streben nach der Überwindung der Distanzen zwischen Kunde und Finanzdienstleister* definiert werden. Sie verfolgt das Ziel, Kundennähe (aus Sicht des Anbieters) bzw. Kundenzufriedenheit (aus Sicht des Kunden) zu erreichen[88].

Kundennähe bzw. Kundenzufriedenheit beziehen sich auf eine konkrete Kundenbeziehung und auf einen Absatzzeitpunkt: Bei jedem Leistungsbegehren, das ein Kunde an einen Finanzdienstleister heranträgt, sind die Distanzen jedesmal neu zu überwinden[89]. Kundennähe ist damit nicht eine statische Eigenschaft, die ein Finanzdienstleister durch einmalige Maßnahmen erreicht, sondern ist aufgrund der informationsbedingten Integrativität

---

[87] Der Ansatz, den Begriff Kundenorientierung (bzw. den Begriff Kundennähe als Ziel von Kundenorientierung) in Distanzen bzw. Dimensionen zu zerlegen, findet sich häufiger in der Literatur, vgl. z. B. [Homb95], S. 319, und [SiLa95], S. 464. Diese stellen insbesondere die hier als Sach- und emotionale Distanzen bezeichneten Dimensionen in den Vordergrund und berücksichtigen die geografischen, zeitlichen und technologischen Distanzen kaum. In [Löbl97] findet hingegen die emotionale und technologische Distanz keine Berücksichtigung.

[88] Dieser Begriffszusammenhang wird ausführlich in [Krap96], S. 2ff, diskutiert. Der Begriff *Kundennähe* ist insbesondere seit dem Buch von Peters und Waterman (s. [PeWa82] Gegenstand intensiver Diskussionen in mehreren betriebswirtschaftlichen Disziplinen (z.B Marketing, Innovationsforschung und Organisationsforschung); s. hierzu insbesondere [Zoll95], S. 15ff.

[89] Ein Finanzdienstleister wird die Distanzen natürlich nur dann versuchen zu überwinden, wenn dieser (zumindest langfristig) einen positiven Deckungsbeitrag aus der Kundenbeziehung erwartet. Kundenorientierung impliziert damit auch eine kundenbezogene Einzelgeschäftskalkulation.

der Leistungserstellung *dynamisch* mit jedem Kundenkontakt neu herzustellen.

Nachdem wir den Begriff der Kundenorientierung geklärt haben, soll im folgenden Abschnitt aufgezeigt werden, daß die aufgrund der dargestellten Wettbewerbssituation notwendige Kundenorientierung durch den Direktvertrieb kundenindividueller Problemlösungen (zumindest teilweise) erreicht werden kann; weiterhin werden wir die erzielbaren Wettbewerbsvorteile sowie den Beitrag zur Erreichung der Marketingziele darstellen.

5.4 Direktvertrieb kundenindividueller Problemlösungen als Realisierungsansatz

Kundenorientierung zielt, wie wir oben dargestellt haben, auf Kundennähe und impliziert damit die Überwindung der obigen Distanzen. Der Direktvertrieb kundenindividueller Problemlösungen stellt ein produkt- und vertriebspolitisches *Maßnahmenbündel* dar, mit dem diese Distanzen überbrückbar sind: Zunächst ermöglicht das Direktvertriebskonzept die Überwindung der ersten beiden Distanzen auf einfache Weise: Der Vertrieb von Finanzdienstleistungen unter Nutzung telematischer und postalischer Dienste überwindet die *geografische Distanz*, ohne daß ein Nachfrager zum Finanzdienstleister (wie bei einer Filialbankorganisation üblich) bzw. ohne daß der Finanzdienstleister zum Nachfrager kommt (wie bei einer Außendienstorganisation üblich).

Auch die *zeitliche* Distanz wird durch das Direktvertriebskonzept mit seiner typischen Leistungsbereitschaft von 24 Stunden am Tag („Öffnungszeit") gut überwindbar: Nachfrager können ihre finanzwirtschaftlichen Probleme nahezu zu jeder von ihnen gewünschten Tageszeit an einen direktvertreibenden Finanzdienstleister herantragen. Das Direktvertriebskonzept bietet damit Finanzdienstleistern die Chance, durch den Aufbau leistungsfähiger Telekommunikationsschnittstellen und eines entsprechenden Leistungspotentials ihre Leistungsfähigkeit und -bereitschaft aktiv an die Nachfrager zu von diesen gewünschten Zeiträumen heranzutragen; Filialbanken hingegen müssen die Überwindung geografischer und zeitlicher Distanzen den Nachfragern überlassen. Der Direktvertrieb kann demenstprechend bezüglich dieser beiden Distanzen als kundennahe (und damit als kundenorientierte) Vertriebsform bezeichnet werden und besitzt damit einen deutlichen Wettbewerbsvorteil gegenüber Filialbanken[90].

Die *technologische* Distanz zwischen Direktbank und Kunde dürfte im allgemeinen ebenfalls problemlos überwindbar sein, da Dienste wie Briefpost und Telefonkommunikation (nahezu) jedem Kunden zur Verfügung stehen,

[90] Der Direktvertrieb besitzt bezüglich der zeitlichen Distanz auch gegenüber dem Außendienst eine größere Kundennähe, da Nachfrager in der Regel mit einem festen Außendienstmitarbeiter zusammenarbeiten und Rücksicht auf die anderen Termine des Mitarbeiters nehmen müssen.

ebenso besteht häufig die Möglichkeit des Faxversands und -empfangs (zumindest unter Berücksichtigung der häufig möglichen Nutzung der Geräte beim Arbeitgeber). Auch der Zugang zu anderen telematischen Diensten wie Online-Diensten und Internet wird angesichts der prognostizierten Zuwachszahlen immer häufiger gegeben sein (entweder privat oder am Arbeitsplatz)[91]. Die PC-basierten Anwendungssysteme für die Kommunikation zwischen Direktbank und Kunde basieren im allgemeinen auf weitgehend standardisierten Kommunikationssystemen (BTX/Datex-J bzw. Internet) und verfügen über die weitverbreiteten PC-typischen grafischen Oberflächen, so daß (bei gegebenen Netzzugängen) Bedienungsprobleme in der Regel nicht vorkommen sollten. Durch neuere Programmiersprachen wie JAVA und Active-X sowie durch das Browserkonzept ist das Nachfrager-Frontend darüber hinaus weitestgehend plattformunabhängig. Die technologische Distanz kann durch entsprechende Gestaltung[92] des Nachfrager-Frontends in der Regel problemlos überwunden werden – sofern der Nachfrager über die notwendigen Dienstzugänge verfügt.

Die Überwindung der *sachlichen* Distanz wird im Direktvertrieb durch das Angebot von Leistungspotentialen zur Erstellung kundenindividueller Problemlösungen ermöglicht. Kann das erhebliche Gestaltungspotential kundenindividueller Problemlösungen zum Absatzzeitpunkt realisiert werden, wird ein Finanzdienstleister demzufolge Nachfragern individuell maßgeschneiderte Produkte oder Produktkombinationen anbieten können, die den marktüblichen Standardangeboten zum Teil deutlich überlegen sein werden[93]. Die Leistungsfähigkeit zur Erstellung derartiger Problemlösungen stellt insbesondere angesichts der oben dargestellten Tendenz zu mehr Konditionentransparenz[94] einen wichtigen Wettbewerbsvorteil dar und ermöglicht die Erzielung von Differenzierungs-, Innovations- und Qualitätsvorteilen[95] gegenüber Anbietern weitgehend standardisierter Produkte[96]. Ein Angebot kundenindividueller Problemlösungen bietet dabei für die Anbieter die Chance, durch (produktpolitische) Ausnutzung steuerlicher Gestaltungsmöglichkeiten den Preiswettbewerb[97] nicht ausschließlich über Konditionen führen zu müssen. Darüber hinaus erzielen nicht nur Nachfrager durch das Angebot kundenindividueller

---

[91] Vgl. Fußnote 3, S. 1.

[92] Vgl. hierzu die in Abschn. 4.8, S. 78f, abgeleiteten Anforderungen.

[93] Vgl. das Beispiel in Abschn. 4.6.3, S. 66ff.

[94] Vgl. Abschn. 5.1.3, S. 86f.

[95] Aufgrund der Nichtpatentierbarkeit von Finanzprodukten (das Patentrecht schützt nur schöpferische Leistungen auf *technischem* Gebiet, vgl. [Nirk81], S. 226) ist die Leistungsfähigkeit zur Erstellung kundenindividueller Problemlösungen, die individuell auf die Zulässigkeitsbedingung und die Bewertungsfunktion des Nachfragers maßgeschneidert ist, letztlich eine der wenigen Möglichkeiten zur Leistungsdifferenzierung, Gestaltung innovativer Problemlösungen und zur Erzielung von Qualitätsvorteilen gegenüber Wettbewerbern.

[96] Vgl. allgemein auch [Meff94].

[97] Es sei daran erinnert, daß eine Minimierung des (finanzwirtschaftlich) definierten Preises einer Maximierung der Bewertungsfunktion Barwert entspricht.

Problemlösungen hoher Qualität finanzwirtschaftliche Vorteile, sondern die Anbieter können bei entsprechender Gestaltung ebenfalls (Barwert)Vorteile erzielen[98]. Der Direktvertrieb kundenindividueller Problemlösungen besitzt dementsprechend nicht nur eine *produkt-* und *vertriebspolitsche*, sondern zusätzlich auch eine *preispolitische* Marketingdimension.

Der hohen Bedeutung der sachlichen Distanz wird auch in der Literatur Rechnung getragen, allerdings stehen dort in der Regel kunden*segmentspezifische* Überlegungen im Vordergrund[99]: Ausgehend von der Klassifikation homogener Zielgruppen sollen Produkte und Produktkombinationen identifiziert werden, für die diese Zielgruppen affin sind. Allerdings kann bei diesen kundensegmentorientierten Ansätzen letztlich nicht das Individualisierungspotential von kundenindividuellen Problemlösungen im vollen Umfang realisiert werden, da hier die individuelle Situation eines Nachfragers (steuerliche Situation, Planungszeiträume usw.) nicht ausreichend berücksichtigt wird.

Bezüglich der Überwindung der *emotionalen* Distanz durch den Direktvertrieb kundenindividueller Problemlösungen werden sicherlich einige Nachfrager ihre bestehenden Vorgehensweisen und Vorlieben beim Kauf von Finanzdienstleistungen beibehalten wollen, insbesondere dürfte dies für den direkten persönlichen Kontakt zum Finanzdienstleister gelten. Weiterhin werden viele Nachfrager aufgrund der Vertrauensempfindlichkeit von Finanzdienstleistungen zunächst einem neuartigen Angebot nur wenig Vertrauen entgegenbringen.

Andererseits werden viele Nachfrager die Möglichkeit schätzen, vorteilhafte kundenindividuelle Problemlösungen ohne Aufsuchen von Filialen und zu beliebigen Tageszeiten beziehen zu können. Insgesamt lassen die Schätzungen für die Entwicklung von Direktbanken[100] den Schluß zu, daß viele Nachfrager den Direktvertrieb dem Filialvertrieb aufgrund der geringen geografischen und zeitlichen Distanz vorziehen werden. Haben sie darüber hinaus die Möglichkeit, im Direktvertrieb vorteilhafte Problemlösungen beziehen zu können, die den Angeboten von Wettbewerbern überlegen sind, wird durch die Kombination geringer sachlicher, geografischer und zeitlicher Distanzen häufig auch eine geringe emotionale Distanz erreichbar sein. Der Aufbau einer Vertrauensbeziehung zwischen Anbietern und Nachfrager wird dabei von hoher (wenn nicht ausschlaggebender) Bedeutung sein.[101] Darüber hinaus wird eine entsprechend geringe *emotionale* (und sachliche) Distanz nur realisierbar sein, wenn die entsprechenden Anforderungen an die Gestaltung des Informations- und Kommunikationssystems bezüglich der benötigten und erwarteten Beratungsleistung erfüllt werden. Ein erster (indes nicht umfassender) Ansatz für die Berücksichtigung der emotionalen Distanz bei der Entscheidung von Nachfragern für einen Vertriebsweg wird in Kap. 6 dargestellt.

[98] Vgl. das Beispiel in Abschn. 4.6.3, S. 66ff.
[99] Vgl. [Pola95], S. 19ff, [Redl97], [MeBa97], [Krei97]
[100] Vgl. Abschn. 1.3.3, S. 9ff.
[101] Vgl. Abschn. 4.9, S. 80.

5.5 Zusammenfassung

Angesichts der oben herausgearbeiteten derzeitigen und zukünftig zu erwartenden Wettbewerbssituation auf dem Markt für Finanzdienstleistungen ist *konsequente Kundenorientierung der Anbieter notwendig*, sofern sie bestehende Kundenbeziehungen erhalten bzw. neue Kundenbeziehungen aufbauen wollen. Der Direktvertrieb kundenindividueller Problemlösungen schafft durch die Überwindung der sachlichen, geografischen und zeitlichen Distanz zwischen Anbietern und Nachfrager *wesentliche Voraussetzungen* für die Realisierung von Kundenorientierung in Finanzdienstleistungsunternehmen; insbesondere können folgende *Wettbewerbsvorteile* erzielt werden:

1. *große zeitliche und (virtuell) räumliche Nähe* zu den Nachfragern durch „Öffnungszeiten" rund um die Uhr und durch die Interaktion zwischen Nachfragern und Anbieter unter Nutzung telematischer Dienste trotz räumlicher Trennung,
2. *Differenzierungs-, Innovations- und Qualitätsvorteile* durch das Angebot kundenindividueller Problemlösungen sowie
3. *Preisvorteile* durch hohe Werte der Bewertungsfunktionen von Nachfragern *und* Finanzdienstleister.

Bezüglich der Bearbeitung des zweiten Problemfelds *„Wettbewerbssituation"*[102] kann damit begründet die Aussage aufgestellt werden, daß der Direktvertrieb kundenindividueller Problemlösungen ein *geeignetes produkt-, vertriebs- und preispolitisches Maßnahmenbündel* darstellt, um angesichts der derzeitigen und zukünftig zu erwartenden Wettbewerbssituation auf dem Markt für Finanzdienstleistungen durch große Kundennähe bzw. große Kundenzufriedenheit neue Kunden gewinnen, bzw. alte Kundenbeziehungen sichern und ausbauen zu können. Damit leistet der Direktvertrieb kundenindividueller Problemlösungen einen *wesentlichen Beitrag zur Erreichung der Marketingziele* von Finanzdienstleistern.

Sicherlich stellt der Direktvertrieb kundenindividueller Problemlösungen nur ein Maßnahmenbündel zur Erreichung von Kundenorientierung und Marketingzielen dar: Zum einen gibt es weitere Finanzdienstleistungen wie Transaktionsleistungen, Zahlungsverkehrsleistungen usw., die ebenfalls ein wichtiges Leistungsobjekt für Finanzdienstleister darstellen. Zum anderen werden nicht alle Nachfrager diese Vertriebsform präferieren, über die notwendigen Netzzugänge verfügen und beispielsweise ein direktes persönliches Gespräch gegenüber der Nutzung telematischer Dienste vorziehen.

Die Wettbewerbsvorteile und Marketingziele werden nur erreicht werden, wenn zum einen die notwendige Vertrauensbeziehung zwischen Anbieter und Nachfragern aufgebaut werden kann und zum anderen die bisher qualitativ abgeleiteten und diskutierten Vorteile des Direktvertriebs von kundenindividuellen Problemlösungen mit dem Entscheidungskalkül der Nachfrager kor-

[102] Vgl. Abschn. 2.3, S. 21.

respondieren. Diese beiden Voraussetzungen sollen im folgenden untersucht werden.[103]

[103] Weiterhin ist entsprechend den Ergebnissen des vorigen Kapitels eine zieladäquate Gestaltung des Informations- und Kommunikationssystems Voraussetzung für die Erzielung der Wettbewerbsvorteile und die Erreichung der Marketingziele; hierauf gehen wir im vierten Teil der Arbeit ein. Aufgrund des hohen Verbreitungsgrads von Telefon und Fax sowie den hohen prognostizierten Zuwachsraten bei Internet bzw. Onlineanschlüssen gehen wir im folgenden nicht weiter auf das Problem der verfügbaren Netzzugänge ein, sondern unterstellen, daß diese in nächster Zukunft ausreichend zur Verfügung stehen (entweder privat oder am Arbeitsplatz), um entsprechend große Marktsegmente neu erschließen, sichern und ausbauen zu können.

6. Analyse des Nachfragerverhaltens nach Finanzdienstleistungen

Die obige Analyse von Wettbewerbsvorteilen, die durch das Angebot kundenindividueller Problemlösungen im Direktvertrieb erzielbar sind, fokussierte eine *marktorientierte Sichtweise* und das Konzept der *Kundenorientierung*. Hierbei wurden vor allem die Wettbewerbsvorteile einer geringen sachlichen, zeitlichen und geografischen Distanz herausgearbeitet und dargestellt, daß im Direktvertrieb die emotionale Distanz zwischen Anbieter und Nachfragern schwerer überbrückbar ist als bei den „persönlichen" Absatzmethoden Filial- und Außendienstvertrieb. Eine Operationalisierung der Distanzen fehlt jedoch bisher ebenso wie eine *ökonomisch* fundierte Analyse des Entscheidungskalküls der Nachfrager bei der Beschaffung von Finanzdienstleistungen. Erst wenn eine geeignete Modellierung des Entscheidungskalküls vorliegt, können Aussagen abgeleitet werden, welche Bedeutung die Ausprägungen der einzelnen Distanzen für die Entscheidung der Nachfrager besitzen, kundenindividuelle Problemlösungen im Direktvertrieb zu beziehen.

Im folgenden soll deshalb zunächst das *Entscheidungskalkül der Nachfrager* bei der Beschaffung von Finanzdienstleistungen modelliert werden, um einen Bezug zwischen den einzelnen Distanzen herzustellen und Aussagen abzuleiten, wann Nachfrager die Distanzen im Direktvertrieb insgesamt niedriger als bei anderen Vertriebsformen einschätzen. Aufgrund der derzeit hohen Bedeutung der Absatzmethode *Filiale* für den Vertrieb finanzwirtschaftlicher Problemlösungen konzentriert sich die Analyse in diesem Kapitel auf den Vergleich *Filialvertrieb versus Direktvertrieb*.

Hierzu erfolgt im nächsten Abschnitt zunächst die *Auswahl* eines Untersuchungsansatzes für die Durchführung der Analyse, an die sich in einem zweiten Schritt die *Modellierung* des Entscheidungskalküls anschließt. Ausgehend von dieser Modellierung erfolgt dann die *Analyse* des Nachfragerverhaltens bei der Beschaffung von Finanzdienstleistungen und die Ableitung von Bedingungen, unter denen der Direktvertrieb gewählt wird. Abschließend werden die *Ergebnisse* kurz zusammengefaßt.

6.1 Wahl eines adäquaten Untersuchungsansatzes

Mit der Untersuchung des Verhaltens von Nachfragern auf Gütermärkten setzt sich die Forschungsdisziplin der *Konsumentenforschung* intensiv auseinander[1]. Die Konsumentenforschung versteht sich als „*angewandte Verhaltenswissenschaft*"[2] und besitzt das Erkenntnisziel, Gesetzmäßigkeiten über das Verhalten von Nachfragern zu formulieren, zu überprüfen und Empfehlungen für die Praxis (insbesondere für das Marketing) abzuleiten[3]. Die Konsumentenforschung versteht unter dem Begriff Verhaltenswissenschaft bzw. Verhaltensforschung zwar „*alle*" Wissenschaften, „*die sich auf das menschliche Verhalten beziehen*"[4]; indes werden nahezu ausschließlich *psychologische* und *sozialwissenschaftliche* Forschungsmethoden als Untersuchungsgrundlage herangezogen[5]. Teilweise werden in *sozialpsychologischen* Absätzen sozialwissenschaftliche und psychologische Fragestellungen auch integriert untersucht.

Ökonomische Forschungsansätze finden demgegenüber in der Konsumentenforschung kaum Beachtung[6], obwohl die Wirtschaftswissenschaften[7] ebenfalls als Verhaltenswissenschaften einzuordnen sind[8]. Als Begründung wird häufig eine angebliche *Realitätsferne* der den ökonomischen Untersuchungsmodellen zugrundeliegenden Modellannahmen angeführt: Diese würden zwar einerseits die Grundlagen für präzise Modellformulierungen und stringente Ableitungen exakter Modellaussagen bilden, andererseits seien diese aber aufgrund ihrer Vernachlässigung *emotionaler Einflüsse* sowie aufgrund ihrer *Rationalitätsaxiome* wirklichkeitsfremd[9]. Aufgrund der Realitätsferne der den Modellergebnissen zugrunde gelegten Annahmen sei dementsprechend eine Übertragung von modelltheoretisch abgeleiteten Ergebnissen in die Realität fragwürdig (wenn nicht gar unmöglich). Mit dieser Argumentation werden wir uns unten kritisch auseinandersetzen.

Im folgenden sollen (trotz der Kritik am Einsatz wirtschaftswissenschaftlicher Untersuchungsmethodik) zunächst alle drei angesprochenen Untersu-

---

[1] Wir beziehen uns bei der Überprüfung, welchen Beitrag die traditionelle Konsumentenforschung für die Lösung unserer Problemstellung leisten kann, im wesentlichen auf das Standardwerk im deutschsprachigen Raum ([Kroe92]); auf eine umfassende Literaturaufarbeitung der Konsumentenforschung wird verzichtet.

[2] Vgl. beispw. [Kroe92], S. 7.

[3] Vgl. [Kroe92], S. 7.

[4] Siehe [Kroe92], S. 7.

[5] Als Beleg sei die folgende Aussage von Kroeber-Riel angeführt: „*Die Gliederung der verhaltenswissenschaftlichen Betrachtung nach „individuellen" und „sozialen" Aspekten ist in der Konsumentenforschung weit verbreitet*", s. [Kroe92], S. 8; ähnlich auch [Behr88], S. 10f.

[6] Eine Ausnahme stellt unter anderem [DeMu80] dar.

[7] Die Begriffe Ökonomie und Wirtschaftswissenschaften werden hier synonym verwendet.

[8] Als Beleg seien hier die Aussage von Case und Fair: „*Economics is a behavioral science*" (s. [CaFa96], S. 2) und die Definition des Begriffs Ökonomie von Robbins angeführt, s. Fußnote 18.

[9] Beispielhaft die Aussage von Walters: „*There is no consideration of emotions, external influences, etc. Consumers in economics react only to price, income, quantities, and competition. As the reader can observe, what economics gains in precision concerning consumers, it gives up in reality.*", s. [Walt78], S. 26.

chungsansätze kurz charakterisiert und anschließend bezüglich ihrer Eignung für unsere Problemstellung überprüft werden.

6.1.1 Sozialwissenschaftliche Untersuchungsansätze

In den *sozialwissenschaftlichen* Ansätzen stehen die *soziale Situation* sowie Aspekte des *sozialen Verhaltens* einzelner Nachfrager als determinierende Einflußfaktoren des Nachfragerverhaltens im Mittelpunkt der Betrachtung. Der Schwerpunkt sozialwissenschaftlicher Untersuchungsansätze liegt auf der Analyse, welche *sozialen Faktoren* (wie beispielsweise die einzelnen Phasen des „Familienlebenszyklus", der Lebensstil und die soziale Position eines Nachfragers innerhalb eines Gemeinwesens) die Nachfrage nach Gütern und deren Konsum beeinflußen, und welchen Einfluß diese Faktoren auf das Nachfrageverhalten einzelner Konsumenten besitzen.[10] Methodisch kommen vor allem *empirische Untersuchungsansätze* zum Einsatz.

6.1.2 Psychologische Untersuchungsansätze

Im Gegensatz zu den sozialwissenschaftlichen Untersuchungsansätzen steht bei den *psychologischen* Forschungsansätzen nicht die soziale Komponente, sondern mit der *Analyse der Bedürfnisse und Ansprüche* der Nachfrager die *individuelle Komponente* im Mittelpunkt der Betrachtung[11]. Als Beispiel für eine psychologische Betrachtungsweise sei der Neobehaviourismus mit dem häufig in der Konsumentenforschung verwendeten Stimulus-Organismus-Response Paradigma angeführt[12]. Das individuelle Nachfragerverhalten wird dort ausgehend von der Analyse der Verarbeitung von „Stimuli" untersucht, die von außen auf einen Organismus einwirken und gemeinsam mit diesem zu einer Reaktion führen[13].

Als wesentliche Einflußfaktoren auf die Nachfrage nach Finanzdienstleistungen sind aus pyschologischer Sicht unter anderem die Befriedigung von *Vorsorge-, Sicherheits-, Konsumbedürfnissen* sowie von *Machtbedürfnissen* und *Geltungsstreben* anzusehen.[14] Ein zentrales Ergebnis psychologischer Untersuchungen ist, daß für Nachfrager Finanzdienstleistungen in der Regel

---

[10] Für eine Analyse relevanter sozialer Einflußfaktoren, die die Nachfrage von Finanzdienstleistungen beeinflussen, s. z. B. [Krem94], [Küsp92], [Schl91], [FaSp91].

[11] „*Stark vereinfacht kann man sagen: Die Psychologie setzt sich mit den* individuellen *Aspekten des Verhaltens, die Soziologie mit den* sozialen *Aspekten auseinander*", vgl. [Kroe92], S. 8.

[12] Unter einem *Paradigma* werden nach Kuhn wissenschaftliche *Problemlösungsmuster* verstanden, die innerhalb einer wissenschaftlichen Gemeinschaft verwendet werden, vgl. [Kuhn72]. Für die Anwendung des Stimulus-Organismus-Response Paradigmas s. beispielhaft [Krem94]; vgl. auch [EnKoBl68], S. 27.

[13] Vgl. beispw. [NiDiHö88], S. 103.

[14] Vgl. z. B. [Krem94], [Wisw73], [Kato60].

nur „Mittel zum Zweck“ sind, um diese oder ähnliche Bedürfnisse zu befriedigen.[15] Methodisch werden neben *empirischen Verfahren* auch *Experimente* eingesetzt.[16]

6.1.3 Ökonomische Untersuchungsansätze

Der Erkenntnisgegenstand der (Mikro-)Ökonomie[17] ist insbesondere das menschliche Verhalten bei der *Allokation knapper Ressourcen* für unterschiedliche Verwendungszwecke[18]. Der zentrale Ausgangspunkt mikroökonomischer Forschungen ist die Hypothese, daß die Wirtschaftssubjekte (hier Nachfrager) durch ihr ökonomisches Handeln ihre Bedürfnisse bestmöglichst befriedigen wollen.[19]

Aus dieser Hypothese resultieren die wichtigen mikroökonomischen Axiome[20], daß Nachfrager die für sie realisierbaren (d. h. mit gegebenen Ressourcen erreichbaren) Alternativen bezüglich ihres *individuellen Nutzens*[21] bewerten und versuchen, diejenigen Alternativen zu realisieren, die ihren *Nutzen maximieren*. In der Mikroökonomie steht also insbesondere *auch* das Verhalten von Menschen und *nicht nur* – wie in der Konsumentenforschung wiederholt behauptet[22] – das Verhalten von Systemen im Fokus der Analyse[23]. Die in der Mikroökonomie vorherrschende Methodik ist die Untersuchung der Realität anhand ökonomischer *Modelle*[24], wobei neben *verbalen* und *grafischen* vor allem auch *mathematisch-formale* Modellformulierungen Anwendung finden.

---

15 Vgl. z. B. [Krem94], S. 100.

16 Vgl. [Krem94], S. 12.

17 Makroökonomische Untersuchungsansätze können wir hier von der Betrachtung ausschließen, da diese die Betrachtung ökonomischer Aggregate (wie z. B. die Gesamtheit aller Verbraucher, die Gesamtheit aller Unternehmungen in einer Volkswirtschaft) in den Mittelpunkt stellt, vgl. beispw. [Demm92], S. 1; [CaFa96], S. 8; [Blum85], S. 8.

18 *„Economics is the study of the allocation of scarce means to satisfy competing means“*; s. [Beck71], S. 1; ähnlich auch: *„Economics is the science which studies human behavior as a relationship between ends and scarce means which have alternative uses“*, s. [Robb62], S. 16; vgl. auch [Blum85], S. 1.

19 Vgl. [Mars56].

20 Diese Axiome werden im folgenden Abschnitt näher dargestellt.

21 Unter Nutzen wird in der Ökonomie der „Beitrag“ eines Guts zur Bedürfnisbefriedigung verstanden.

22 Siehe z. B. [Walt78], S. 25f.: *„Economics was always preoccupied with understanding the behavior of the system ... “*.

23 Insofern besteht zwischen ökonomischen und psychologischen Untersuchungsansätzen ein enger Konex, da psychologische Ansätze die *Bedürfnisse* selbst fokussieren und ökonomische Ansätze das *Verhalten der Nachfrager zur nutzenmaximalen Befriedigung* dieser Bedürfnisse.

24 Für den Modellbegriff in der Ökonomie s. insbesondere [Eich72a], [Eich72b] und [Abel79].

6.1.4 Bewertung und Auswahl

Zu den ersten beiden (und vorherrschenden) Untersuchungsansätzen der Konsumentenforschung liegt mittlerweile eine umfangreiche Literatur vor; insbesondere sind beide Untersuchungsansätze auch für die Analyse des Nachfrageverhaltens nach Finanzdienstleistungen herangezogen worden. Die hier erzielten Ergebnisse beziehen sich vor allem (wie oben erwähnt) auf die der Nachfrage nach Finanzdienstleistungen zugrundeliegenden Bedürfnisse (Vorsorge-, Sicherheits-, Konsum- und Machtbedürfnisse und Geltungsstreben) sowie auf spezifische Lebenssituationen, in denen Bedarf nach Finanzdienstleistungen besteht (wie beispielsweise Kauf eines Fahrzeugs, Kauf einer Immobilie, Berufseinstieg, Ehegründung, Familienzuwachs, Pensionierung/Renteneintritt usw.). Diese Ergebnisse werden häufig für Marketing- und Vertriebskonzepte von Finanzdienstleistungen genutzt und haben damit auch Eingang in die Praxis gefunden; dies gilt vor allem für die Beeinflussung der Präferenzbildung der Nachfrager durch Werbung sowie für die Bildung von Kundensegmenten mit weitgehend homogener Struktur[25].

Für unsere Zwecke greifen diese Ergebnisse allerdings zu kurz. Zum einen sind dem Autor keine wissenschaftlichen Untersuchungen bekannt, die das Nachfrageverhalten nach Finanzdienstleistungen in Abhängigkeit unterschiedlicher Vertriebskonzepte wie Direkt- bzw. Filialvertrieb analysieren. Zum anderen leisten die bisherigen Ergebnisse vor allem einen Beitrag zur *Beschreibung* bzw. zur *Erklärung* der Präferenzbildung in Abhängigkeit sozialer und psychologischer Einflußfaktoren[26]. Die Ergebnisse beziehen sich aufgrund der überwiegend empirischen Vorgehensweise letztendlich auf eine Darstellung der *Ist*-Situation gegebener Vertriebskonzepte und der über diese angebotenen Absatzprogramme. Wir hingegen wollen mit einer Analyse auf Gestaltungsaussagen bezüglich des im Direktvertrieb anzubietenden Leistungsprogramms – und damit auf *Soll-Aussagen* – zielen.

Dementsprechend erscheint es sinnvoll und vielversprechend, unter Beachtung und Verwendung der bisher erzielten Ergebnisse die enge Fokussierung der Konsumentenforschung auf sozialwissenschaftliche und psychologische Untersuchungsansätze zu durchbrechen und zu untersuchen, unter welchen Bedingungen bei *gegebenen, stabilen Präferenzen* und *gegebenen Ressourcen* (wie etwa Einkommen) sich Nachfrager dafür entscheiden, Finanzdienstleistungen im Direktvertrieb bzw. im Filialvertrieb zu beziehen[27]. Dieser Ansatz erscheint auch unter Berücksichtigung der Ergebnisse von psychologisch ausgerichteten Untersuchungen sinnvoll: Die Präferenzbildung bezieht sich in erster Linie auf die Befriedigung von *Bedürfnissen* und nicht auf spezifische Finanzdienstleistungen und insbesondere nicht auf einzelne Absatzme-

[25] Siehe z. B. [BeWi94].
[26] Vgl. [Beck76], S. 14.
[27] Vgl. hierzu auch die Meinung von Becker: *„Indeed, I have come to the position that the economic approach is a comprehensive one that is applicable to all human behavior“*, s. [Beck76], S. 8.

thoden von Finanzdienstleistungen. Dementsprechend sind die Präferenzen von Nachfragern zunächst als unabhängig von den Absatzmethoden bzw. den Absatzwegen anzusehen; die Nachfrager werden sich für das Vertriebskonzept entscheiden, das ihnen die Befriedigung ihrer Bedürfnisse entsprechend ihrer Präferenzen und ihrer gegebenen Ressourcen „am besten" ermöglicht[28].

Dies legt die Wahl eines ökonomischen – genauer eines mikroökonomischen – Untersuchungsansatzes nahe. Mikroökonomische Ansätze ermöglichen zum einen die hier relevante Untersuchung der Auswahlentscheidung eines Nachfragers zwischen unterschiedlichen Verwendungsmöglichkeiten bei der Allokation seiner ihm zur Verfügung stehenden Ressourcen zur Befriedigung seiner Bedürfnisse. Zum anderen ermöglichen sie auch die Ableitung von Soll-Aussagen durch die zugrundeliegende modelltheoretische Vorgehensweise.

Dementsprechend werden wir im folgenden Abschnitt ein mikroökonomisches Modell des Nachfragerverhaltens aufgreifen und bezüglich unserer Fragestellung untersuchen.

6.2 Haushaltsökonomische Analyse der Nachfragerentscheidung für einen Absatzweg

6.2.1 Modellannahmen

Wir legen für die Modellierung der Nachfrageraktivitäten zunächst die in der Mikroökonomie üblichen Axiome zugrunde[29] :

- **Güterknappheit und Vergleichbarkeit:**
  Die auf dem Markt angebotenen Güter sind ebenso wie die verfügbaren Ressourcen der Nachfrager knapp. Weiterhin kann ein Nachfrager für alle von ihm auf einem Markt realisierbaren Güterbündel (als Vektor aller von ihm nachgefragten Güter) eine vergleichende *ordinale* Rangordnung $\succeq$ bilden. Die Rangordnung $A \succeq B$ bringt beim Vergleich zweier Güterbündel A und B zum Ausdruck, daß der Nachfrager das Güterbündel A mindestens so hoch einschätzt wie das Güterbündel B, bzw. Güterbündel A hat einen mindestens ebenso hohen Nutzen für den Nachfrager wie Güterbündel B[30].
- **Reflexivität und Transitivität:**
  Die Rangordnung $\succeq$ ist *reflexiv* und *transitiv*.

  Transitivität: Gilt: $A \succeq B$ und $B \succeq C$

[28] Es ist insbesondere Ziel der folgenden Abschnitte zu präzisieren, was in diesem Zusammenhang unter „am besten" zu verstehen ist.

[29] Vgl. beispw. [Beck71], S. 11ff, [HeQu71], S. 6ff, [DeMu80], S. 25ff, [Demm92], S. 9ff.

[30] Schätzt ein Nachfrager zwei Güterbündel gleichermaßen, so ist er *indifferent* zwischen diesen Güterbündeln.

dann gilt auch: $A \succeq C$.

Reflexivität: $\forall$ Güterbündel A: $A \succeq A$

- **Nichtsättigung und Abgeschlossenheit:**
Sind zwei Güterbündel A und B gleich bis auf den Unterschied, daß Bündel A mehr von einem Gut enthält (und von keinem anderen Gut weniger!) als Güterbündel B, so gilt für einen Nachfrager:

$A \succeq B$.

Kurz formuliert bedeutet dies: „Mehr ist besser als weniger".
Für jedes Güterbündel A bezeichne $\mathcal{C}_{\mathcal{A}}$ die Menge aller Güterbündel, die mindestens so hoch geschätzt werden wie A, also: $\mathcal{C}_{\mathcal{A}} = \{B|B \succeq A\}$, und $\tilde{\mathcal{C}}_{\mathcal{A}}$ bezeichne die Menge aller Güterbündel, die nicht höher als A geschätzt werden, also $\tilde{\mathcal{C}}_{\mathcal{A}} = \{B|A \succeq B\}$. Beide Mengen seien *abgeschlossen.*
- **Rationale Wahl:**
Wählt ein Nachfrager ein mit seinem gegebenen Einkommen realisierbares Güterbündel A, so schätzt der Nachfrager das Güterbündel A mindestens so hoch ein wie diejenigen Güterbündel, die er bei gegebenem Einkommen auch hätte realisieren können, aber nicht realisiert hat.
- **Sinkende Grenzrate der Substitution:**
Substituiert ein Nachfrager fortgesetzt ein Gut Y durch ein Gut X in einem Güterbündel A derart, daß der Nutzen des Güterbündels A für ihn gleich bleibt, so sinkt die Zahl der Einheiten des Gutes Y, die der Nachfrager maximal für eine zusätzliche Einheit von X aufzugeben bereit ist.
- **Vollständige Information und Fehlen von Transaktionskosten:**
Zusätzlich zu den obigen Annahmen wird unterstellt, daß die Nachfrager über vollständige Informationen über die Güterpreise und Güterqualität verfügen, daß keine Transaktionskosten existieren und daß ein Markteintritt kostenlos möglich ist.

Der wesentliche Aussagengehalt dieser Axiome ist, daß jeder Nachfrager eine *ordinale Rangordnung* für alle (relevanten) Güterbündel besitzt und daß er dasjenige Güterbündel aus der Menge aller für ihn realisierbaren Güterbündel auswählt, welches ihm den höchsten Nutzen bietet – also seine zugrunde liegenden Bedürfnisse *„am besten"* befriedigt. Da diese Axiome Basis der meisten mikroökonomischen Untersuchungen sind, braucht hier nicht im Detail auf die einzelnen Axiome eingegangen werden. Aus den Axiomen folgt, daß die Präferenzordnung der Nachfrager durch eine *ordinale, steti ge* und *differenzierbare Nutzenfunktion U* repräsentiert werden kann[31]. Die

[31] Siehe beispw. die in Fußnote 29, S. 108, angegebene Literatur. Für die Repräsentierbarkeit der Präferenzordnung durch eine ordinale, stetige und differenzierbare (konkave) Nutzenfunktion ist das letzte Axiom *„vollständige Information und Fehlen von Transaktionskosten"* nicht erforderlich. Eine Nutzenfunktion für ei-

Nutzenfunktion U ordnet den einzelnen Güterbündeln einen positiven reellen Funktionswert so zu, daß allen Güterbündeln, die ein Nachfrager gleich hoch schätzt (denen er also indifferent gegenüber steht) der gleiche Funktionswert zugeordnet wird. Weiterhin wird durch die Nutzenfunktion U einem Güterbündel A, das einem Güterbündel B vorgezogen wird, ein größerer Funktionswert zugeordnet.

Bezeichnen wir mit $\mathcal{G}$ die Menge aller Güterbündel und stellen wir ein Güterbündel durch einen n-dimensionalen Vektor $\boldsymbol{x} = (x_1, x_2, \ldots, x_n)$ dar, mit $\boldsymbol{x} \in \mathcal{G}$ und ist x_i die Menge des Gutes X_i in diesem Güterbündel, $i \in \{1, 2, \ldots, n\}$, dann gilt für die Nutzenfunktion U somit:

$$U = f(x_1, x_2, \ldots, x_n),$$

mit:

$$\begin{aligned} f : \mathcal{G} &\mapsto \mathbb{R}_0^+ \\ \forall\, \boldsymbol{x}, \boldsymbol{y} \in \mathcal{G} : f(\boldsymbol{x}) > f(\boldsymbol{y}) &\Leftrightarrow \boldsymbol{x} \succ \boldsymbol{y} \qquad \text{und} \\ f(\boldsymbol{x}) = f(\boldsymbol{y}) &\Leftrightarrow \boldsymbol{x} = \boldsymbol{y} \end{aligned}$$

Aus den obigen Axiomen folgt weiterhin, daß die Nutzenfunktion U *streng (quasi)konkav* ist[32] und daß ein Nachfrager von allen Güterbündeln, die er kaufen kann, dasjenige mit dem größten Wert der Nutzenfunktion kauft. Für die partielle Ableitung der Nutzenfunktion U nach der Menge x_i eines Gutes X_i gilt:[33]

$$\frac{\partial U}{\partial x_i} > 0.$$

6.2.2 Kritik der Modellannahmen

Bezüglich dieser Modellannahmen soll kurz auf den oben erwähnten Vorwurf der *Realitätsferne* ökonomischer Modellannahmen eingegangen werden[34].

Der Vorwurf der Realitätsferne resultiert aus einem häufigen Mißverständnis bezüglich des Axioms der *rationalen Wahl*, da dieses die Berücksichtigung von menschlichen Emotionen und „irrationalem Verhalten“ angeblich ausschließe und damit realitätsfern sei[35], beides typische und in der Realität wichtige menschliche Verhaltensweisen. Aber auch bei Unterstellung dieser Axiome kann ein Nachfrager Emotionen wie Kinderliebe oder die Vorliebe für persönliche Gespräche mit Bankmitarbeitern gegenüber unpersönlicher Kommunikation mit Sprachcomputern in seiner Präferenzbildung (einfach)

ne gegebene Präferenzordnung ist bis auf eine *monotone Transformation* dieser Funktion eindeutig, vgl. ausführlich [HeQu71], S. 19ff.

32 Vgl. z. B. [DeMu80], S. 30, und [Demm92], S. 29f.

33 Vgl. [Demm92], S. 20.

34 Für eine ausführlichere Diskussion hierzu s. insbesondere die Beiträge von Becker in [Beck62], [Beck71], [Beck76] und [StBe77].

35 Vgl. Fußnote 9.

berücksichtigen. Es wird durch die obigen Axiome nicht ausgeschlossen, daß ein Nachfrager ein Güterbündel A, das seinen emotionalen Vorlieben besser gerecht wird als ein Güterbündel B, ansonsten aber gleiche Eigenschaften besitzt, einen höheren Nutzen beimißt als dem Güterbündel B.

Weiterhin implizieren die obigen Axiome nicht, daß jeder Nachfrager ein ausschließlich selbstbezogener *homo oeconomicus* ist, der beispielsweise nicht vom Nachfrageverhalten anderer Wirtschaftssubjekte beeinflußt wird oder der ohne soziale Bindung nur seinen persönlichen Konsum als Zielfunktion seiner individuellen Handlungen maximieren will. So kann ein Nachfrager in der zugrunde gelegten Modellwelt sehr wohl den Nutzen der Pflege eines kranken Kindes höher einschätzen als den Konsum anderer Güter während dieser Zeit (die Gesundheit bzw. das Wohlbefinden des Kinds stellt in dieser Betrachtung ein immaterielles Gut dar!). Das Adjektiv „rational" unterstellt hier also *nicht* ein intersubjektiv nachvollziehbares oder ein bezüglich einer Werteordnung objektiv richtiges Verhalten von Nachfragern, sondern nur, daß ein Nachfrager bezüglich seiner eigenen, gegebenen Rangordnung, die seine subjektiven Bedürfnisse widerspiegelt, und unter Berücksichtigung der gegebenen Güterknappheit das in dieser Rangordnung am höchsten bewertete Güterbündel wählt.

Wesentlich restriktiver – und damit realitätsferner – als das Axiom der rationalen Wahl ist das Axiom der *vollständigen Information*. Insbesondere bei den hier interessierenden Finanzprodukten mit einer hohen Angebotstiefe und Angebotsbreite sowie ihrer (aufgrund der gegebenen steuerlichen und rechtlichen Rahmenbedingungen) komplexen Kombinierbarkeit kann zurecht bezweifelt werden, daß Nachfrager über vollständige Informationen verfügen. Hierzu ist indes anzumerken, daß es für Finanzdienstleistungen Informationsquellen wie Tageszeitungen, Magazine usw. gibt, die über Finanzdienstleistungen, ihre Eigenschaften und Preise informieren; weiterhin gibt es Nachfragergruppen, die sich intensiv mit Finanzdienstleistungen auseinandersetzen und die über umfangreiche Information bezüglich Finanzdienstleistungen verfügen. Trotzdem werden viele Nachfrager nicht über vollständige Information über den Finanzdienstleistungsmarkt verfügen. Wir werden deshalb im Verlauf der Untersuchung das Axiom der vollständigen Information abschwächen und damit in unserer Betrachtung auch diejenigen Nachfragergruppen erfassen können, für die dieses Axiom nicht erfüllt ist.

In der obigen Modellierung wird die konsumierte Menge eines Marktgutes X_i eines Güterbündels direkt als Argument der Nutzenfunktion U abgebildet. Diese Abbildung ist für unsere Zwecke *unbefriedigend*, da sie letztlich einen Realweltvorgang widerspiegelt, bei dem direkt der *Konsum* bzw. die *Nutzung* eines Marktgutes zu einem positiven Nutzen führt. Wählen wir nun Finanzdienstleistungen als Argumente dieser Nutzenfunktion (diese sind ebenfalls Marktgüter), so folgt als Interpretation, daß der *„Konsum"* bzw. die *Nutzung* von Finanzprodukten ebenfalls unmittelbar einen positiven Nutzen für die Nachfrager generiert. Eine derartige Modellierung steht im Widerspruch zu der oben formulierten Feststellung, daß die *Nutzenwirkung* von Finanzdienstleistungen nicht aus deren direktem Konsum resultiert, sondern nur indirekt aus der Möglichkeit folgt, durch die Nutzung von Finanzprodukten andere Marktgüter zu gewünschten Zeitpunkten konsumieren zu können[36].

Weiterhin folgt aus der Abbildung von Finanzprodukten auf Argumente von Nutzenfunktionen für den Zweck der Modellierung des Entscheidungskalküls von Nachfragern bei der Wahl des Beschaffungswegs von finanzwirtschaftlichen Problemlösungen ein weiteres, grundlegendes Problem: In der bisher erfolgten Modellierung sind die *Allokationsentscheidungen* eines nutzenmaximierenden Nachfragers vollständig determiniert durch die Preise der Marktgüter sowie durch die Ressourcen („Einkommen") des Nachfragers und seine Präferenzen.[37] Alle Verhaltensunterschiede bei der nutzenmaximierenden Zusammenstellung von Güterbündeln, die nicht auf Unterschiede in der Ressourcenausstattung oder nicht auf unterschiedliche Präferenzen zurückgeführt werden können, müssen über unterschiedliche Preise erklärt werden. Dies besitzt für eine mikroökonomische Analyse der vertriebskonzeptabhängi-

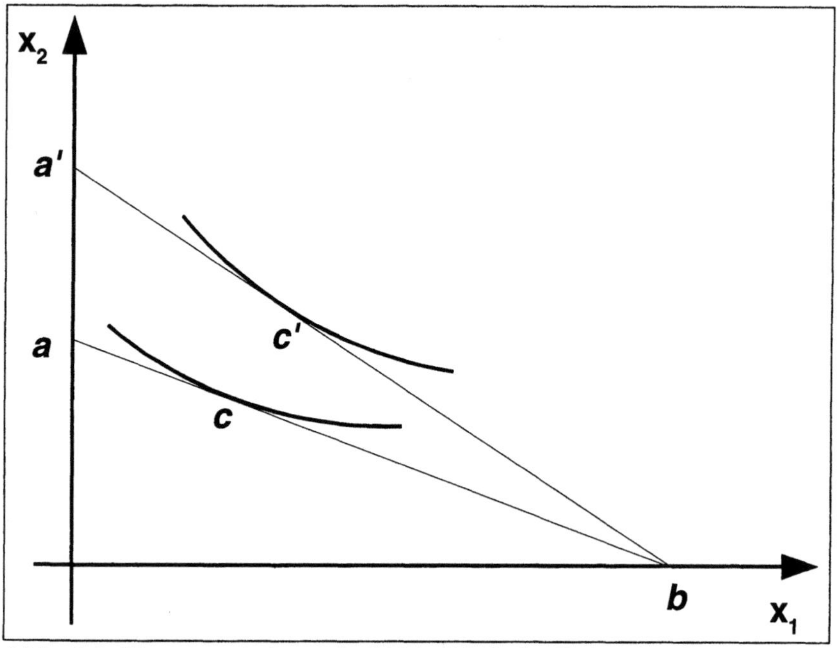

Abb. 6.1. Nutzenmaximierung in Abhängigkeit der Budgetrestriktion

gen Nachfrage nach Finanzdienstleistungen offensichtlich *wenig* Erklärungskraft für relevante Realweltphänomene, wie das folgende einfache Beispiel

[36] Vgl. Abschn. 3.1.1, S. 32.

[37] Vgl. [Beck71], S. 43.

zeigt (vgl. Abb. 6.1): Ein Nachfrager habe die Wahl, sein Einkommen entweder für den Konsum des Gutes x_1 auszugeben oder aber es durch den Kauf festverzinslicher Wertpapiere (Gut x_2) zu sparen und erst am Periodenende zu konsumieren. Kauft er die Papiere im Filialvertrieb, ergibt sich für ihn die Budgetrestriktion durch die Gerade ab in Abb. 6.1; bezieht er hingegen die Papiere zu einem (im Vergleich zum Filialvertrieb) günstigeren Preis im Direktvertrieb, resultiert die Gerade $a'b$ als Budgetrestriktion. Jeder nutzenmaximierende Nachfrager würde also entsprechend dem Axiom *rationale Wahl* und dem Axiom *Nichtsättigung und Abgeschlossenheit* die Wertpapiere im Direktvertrieb kaufen und damit den Nutzen c' realisieren. Indes kaufen viele Nachfrager Wertpapiere und vergleichbare Finanzprodukte teurer im Filialvertrieb – und realisieren nur den *geringeren* Nutzen c.

Mit der obigen Modellierung kann also das häufig beobachtete Verhalten von Nachfragern nicht befriedigend erklärt werden, Finanzprodukte im *teureren* Filialvertrieb zu beziehen. Weiterhin können in der obigen Modellwelt unterschiedliche Fähigkeiten von Nachfragern bei der Lösung von finanzwirtschaftlichen Problemen nicht abgebildet werden. Ebenfalls kann nicht ohne weiteres untersucht werden, unter welchen *Bedingungen* Nachfrager finanzwirtschaftliche *Problemlösungen* über Finanzdienstleister (fremd) beziehen und unter welchen Bedingungen sie die Problemlösung *selbst* erstellen und nur die Finanz*produkte* der Problemlösung kaufen. Zudem wird die bei realen Beschaffungsvorgängen knappe Ressource „Zeit" nicht als eigenständige Modellgröße abgebildet.

Um einen größeren Realitätsbezug zu erreichen, werden wir deshalb die obigen Modellannahmen erweitern. Entsprechend der Schwächen der bisherigen Modellierung sollten hierbei die folgenden Anforderungen berücksichtigt werden:

- Abbildung der *indirekten Nutzenwirkung* von Finanzprodukten
- Abbildung des knappen Faktors *Zeit*
- Abbildung unterschiedlicher *finanzwirtschaftlicher Fähigkeiten* von Nachfragern bei der Lösung finanzwirtschaftlicher Probleme.

Ausgehend von diesen Anforderungen sollen im nächsten Abschnitt die weiteren Modellannahmen abgeleitet werden.

6.2.3 Modellpräzisierung: Nachfrager als Produzenten von Konsumleistungen

Um die obigen Anforderungen zu erfüllen, zerlegen wir den Konsumprozeß in *zwei logische Schritte*:

- **Schritt 1:**
  In einem ersten Schritt kaufen Nachfrager Marktgüter und benutzen diese Marktgüter als *Inputfaktoren* in einem Produktionsprozeß; Finanzdienstleistungen sind eine spezielle Klasse dieser Inputfaktoren.

- **Schritt 2:**
  Die als Ergebnis des Produktionsprozesses im ersten Schritt erzeugten Güter werden im zweiten Schritt für *Konsumzwecke* genutzt und erst der Konsum dieser produzierten Güter generiert für die Nachfrager den erstrebten Nutzen.

Diese Zerlegung des Konsumprozesses in zwei Schritte erscheint zunächst umständlich, erlaubt allerdings auf anschauliche und einheitliche Weise die Modellierung von Finanzdienstleistungen als Inputfaktoren von Konsumprozessen. Dies soll anhand von zwei Beispielen verdeutlicht werden.

- **Beispiel 1: Nahrungsaufnahme**
  Ein Nachfrager erzeugt in einem ersten Schritt aus gekauften Nahrungsmitteln als Inputfaktoren (Marktgüter) sowie mit Hilfe weiterer Produktionsfaktoren wie Herd, Strom usw. mittels des Produktionsprozesses „Kochen" eine Mahlzeit, die er im zweiten Schritt verspeist. Durch den Produktionsprozeß des „Kochens" wird im ersten Schritt aus den gekauften Nahrungsmitteln ein nutzengenerierendes Leistungs*ergebnis* in Form eines Gerichts; erst der zweite Schritt, der Konsum der erstellten Leistung (die eigentliche Nahrungsaufnahme), generiert den Nutzen „Sättigung" (Wirkung). Für diesen Produktionsprozeß werden in der Regel (falls überhaupt) im allgemeinen nur standardisierte Finanzdienstleistungen wie Zahlungsverkehrsleistungen als Inputfaktoren für den Produktionsprozeß benötigt.
- **Beispiel 2: Nutzung einer Immobilie**
  Ein Nachfrager kauft im ersten Schritt die Marktgüter Immobilie, Notarleistungen, Hypothekendarlehen usw., die er als Inputfaktoren in einem Produktionsprozeß so miteinander verknüpft (oder verknüpfen läßt), daß als Ergebnis dieses Produktionsprozesses die Leistung „Nutzungsrecht einer Immobilie" resultiert. In einem zweiten Schritt macht er von diesem Recht Gebrauch und erzielt die gewünschte Nutzenwirkung[38]. In diesem Fall benötigt der Nachfrager eine finanzwirtschaftliche Problemlösung, die er in einem Teilprozeß des Produktionsprozesses des Nutzungsrechts in Zusammenarbeit mit einem Finanzdienstleister erstellt.

Die Zerlegung von Konsumaktivitäten in zwei logische Schritte erfüllt offensichtlich die *erste Anforderung* auf S. 113, da nun nicht die Finanzdienstleistungen selbst, sondern die mit Hilfe dieser Finanzdienstleistungen produzierten Leistungen konsumiert werden. Die *zweite Anforderung* wird erfüllt, indem unterstellt wird, daß der Produktionsprozeß *Zeit* benötigt. So wird beispielsweise ein Nachfrager, der selten kocht, bei der Zubereitung eines Essens mehr Zeit benötigen als ein Nachfrager, der häufig kocht. Analog wird ein Nachfrager, der in finanziellen Angelegenheiten unerfahren und

[38] Vgl. hierzu die Analogie mit der Ergebnisdimension von Finanzdienstleistungen in Abschn. 4.1, S. 50, bei der ebenfalls zwischen Leistungsergebnis und Wirkung unterschieden wird.

unsicher ist, länger für die Lösung als ein diesbezüglich erfahrener Nachfrager benötigen und eventuell eine gänzlich andere Prozeßgestaltung für die Erstellung einer finanzwirtschaftlichen Lösung des Immobilienfinanzierungsproblems wählen[39]. Die *dritte Anforderung* wird bei dieser Modellierung ebenfalls erfüllt, wenn angenommen wird, daß ein Parameter des Produktionsprozesses die Fähigkeiten, Erfahrungen usw. eines Nachfragers bei der Produktion einer „Haushaltsleistung" sind.

Diese Modellierung des Nachfragerverhaltens führt zu den mikroökonomischen Ansätzen der neueren Haushaltstheorie, die von Becker 1965 entwickelt wurden[40]; er bezeichnet die von den Nachfragern produzierten Güter als *commodities*[41].

Becker führt gegenüber der traditionellen Mikroökonomie zwei zusätzliche Annahmen ein[42]:

- **Nachfrager sind Produzenten von Konsumleistungen:**
  Die Wertschätzung von Nachfragern bezieht sich nicht unmittelbar auf Marktgüter, also Güter, die direkt auf dem Markt nachgefragt werden, sondern auf Konsumleistungen $Z_1, Z_2, \ldots, Z_m$, die die Nachfrager unter Nutzung von Marktgütern selbst bzw. in Zusammenarbeit mit Dienstleistern produzieren.
- **Die Produktion von Konsumleistungen verbraucht Zeit:**
  Die Produktion von Konsumleistungen durch Nachfrager verbraucht Zeit, insbesondere ist Zeit damit ein Inputfaktor des Produktionsprozesses bzw. der Produktionsfunktion.

Wir werden diese Annahmen übernehmen, da sie der oben abgeleiteten Zerlegung von Konsumprozessen in zwei logische Schritte entsprechen und damit die Anforderungen an eine adäquate Modellierung der Nachfrage nach Finanzdienstleistungen[43] erfüllen.

Als wesentliche Konsequenz dieser beiden zusätzlichen Annahmen entscheiden Nachfrager bei der Allokation ihrer knappen Ressourcen bezüglich des *Nutzens der verschiedenen produzierbaren Konsumleistungen* und bilden dementsprechend für ihre Entscheidungen eine *ordinale Rangordnung über Konsumleistungen* – und nicht mehr eine Rangordnung über Marktgüter. Die ersten vier Modellaxiome können damit nahezu unverändert beibehalten werden, allerdings beziehen sich diese jetzt auf Konsumleistungen und nicht mehr auf Marktgüter.

---

[39] Damit wird diese Betrachtung der unterschiedlichen Integrationsintensität bei der Erstellung von kundenindividuellen Problemlösungen gut gerecht, vgl. Abschn. 4.4, S. 58.

[40] Vgl. [Beck65].

[41] In der deutschsprachigen Literatur wird dieser Begriff mit *Konsumleistung* übersetzt, vgl. z. B. [Demm92], S. 166ff.

[42] Vgl. [Beck65], S. 495.

[43] Siehe Abschn. 6.2.2, Seite 113.

Nach Becker kann die Rangordnung einzelner Nachfrager bezüglich *Konsumleistungen* wieder durch eine ordinale Nutzenfunktion U repräsentiert werden[44]. Diese ist analog der traditionellen Nutzenfunktion definiert und besitzt die gleichen Eigenschaften (insbesondere ist sie stetig differenzierbar und (quasi)konkav):

$$U = f(z_1, z_2, \ldots, z_m),$$

mit:

$$\begin{aligned} f : \mathcal{S} &\mapsto \mathbb{R}_0^+ \\ \forall \boldsymbol{x}, \boldsymbol{y} \in \mathcal{S} : f(\boldsymbol{x}) &> f(\boldsymbol{y}) \Leftrightarrow \boldsymbol{x} \succ \boldsymbol{y} \qquad \text{und} \\ f(\boldsymbol{x}) &= f(\boldsymbol{y}) \Leftrightarrow \boldsymbol{x} = \boldsymbol{y} \end{aligned}$$

wobei $\mathcal{S}$ die Menge aller Bündel von Konsumleistungen beschreibt, der m-dimensionale Vektor $\boldsymbol{z} \in \mathcal{S}, \boldsymbol{z} = (z_1, z_2, \ldots, z_m)$, ein Bündel von Konsumleistungen repräsentiert und $z_j, j \in 1, 2, \ldots m$, die produzierte Menge der Konsumleistung Z_j in dem Bündel $\boldsymbol{z}$ von Konsumleistungen darstellt.

Produktionsfaktoren für die Erstellung von Konsumleistungen durch einen Nachfrager sind entsprechend den obigen Annahmen die für die Produktion eingesetzten *Marktgüter*, die eingesetzte *Zeit* (z. B. Zeit für die Suche einer Immobile, Zeit für die Durchführung von Kaufverhandlungen, Zeit für die Immobilienfinanzierung usw.) und zusätzlich eine *Umweltvariable* R, die weitere Inputfaktoren für den Produktionsprozeß dieser Konsumleistung zusammenfaßt (etwa Vorkenntnisse des produzierenden Nachfragers, seine Erfahrungen, Ausbildung, technische Ausstattung usw.). Der weiteren Darstellung legen wir die folgenden Bezeichnungen zugrunde:

x_{ij} : die Mengen der für die Produktion einer Konsumleistung z_j, eingesetzten „Marktgüter" X_i, $i \in \{1, 2, \ldots, n\}$,

t_{lj} : die für die Produktion von z_j eingesetzte Zeit der „Zeitart" $T_l, l \in \{1, 2, \ldots, k\}$,

R_j : Variable weiterer Umweltfaktoren.

Der von Becker entwickelte Modellansatz erfüllt damit die oben aufgestellten Anforderungen, da die *indirekte Nutzenwirkung* von Finanzdienstleistungen, der Faktor *Zeit* und die *unterschiedlichen Fähigkeiten* von Nachfragern explizit berücksichtigt werden. Wir werden deshalb auf diesen und den in Abschn. 6.2.1 dargestellten Modellannahmen für die weitere Untersuchung aufbauen und diese für die Modellierung des Entscheidungskalküls von Nachfragern zugrunde legen; eine Darstellung erfolgt im nächsten Abschnitt[45]. Hieran anschließend werden wir anhand des modellierten Entscheidungskalküls untersuchen, unter welchen Bedingungen sich Nachfrager

[44] Vgl. [Beck65], S. 495.

[45] Die Darstellung basiert auf [Beck65], [Beck71], S. 45ff und [Beck93], S. 23ff.

bei der Inanspruchnahme von Finanzdienstleistungen für die Absatzmethode Direktvertrieb bzw. Filialvertrieb entscheiden[46].

Zur Vereinfachung der folgenden Darstellung führen wir zuvor die folgenden *Schreibweisen* ein. Wir bezeichnen mit t_j die Summe der zur Produktion der Konsumleistung z_j eingesetzten Zeiten t_{lj},

$$t_j = \sum_{l=1}^{k} t_{lj},$$

mit $\boldsymbol{x}_j$ den Vektor der zur Produktion von z_j eingesetzten Marktgüter X_i,

$$\boldsymbol{x}_j = (x_{1j}, x_{2j}, \ldots, x_{nj}),$$

und mit $\boldsymbol{p}_j$ den Vektor der Preise der Marktgüter,

$$\boldsymbol{p} = (p_{1j}, p_{2j}, \ldots, p_{nj}).$$

6.2.4 Haushaltsökonomische Modellierung des Entscheidungskalküls bei der Produktion von Konsumleistungen

Ein Nachfrager unterliegt (entsprechend den Modellannahmen) bei seinen Entscheidungen über die Verwendung seiner Ressourcen für die Produktion von nutzenstiftenden Konsumleistungen zwei Restriktionen:

- einer *Budgetrestriktion*, auf die zunächst eingegangen wird, und
- einer *Zeitrestriktion*.

Ein Nachfrager kann für den Erwerb von Marktgütern nicht mehr Ressourcen verwenden, als er besitzt. Die für den Erwerb von Marktgütern einsetzbaren Ressourcen eines Nachfragers werden im folgenden (vereinfacht) als dessen Einkommen I bezeichnet.

Die Budgetrestriktion eines Nachfragers ist gegeben durch:

$$\sum_{j=1}^{m} \boldsymbol{p}_j \boldsymbol{x}_j = T_w \cdot \bar{w} + V = I, \tag{6.1}$$

wobei T_w die Arbeitszeit eines Nachfragers, $\bar{w}$ einen (als konstant unterstellten) Lohnsatz und V Nichtarbeitseinkommen (z. B. Zinseinkommen, Einkommen aus der Veräußerung von Vermögensgegenständen des Nachfragers, usw.) bezeichnen. Das Produkt $T_w \cdot \bar{w}$ stellt dementsprechend das Arbeitseinkommen eines Nachfragers dar. Zur Vereinfachung der Darstellung werden wir im

[46] Weitere Anwendungsbereiche des hier gewählten Untersuchungsansatzes sind u. a. das Angebot von Arbeit, die Nachfrage nach Transportdienstleistungen und medizinischen Leistungen sowie ökonomische Aspekte der Geburtenentwicklungen. Mit dieser Arbeit erfolgt (nach Wissen des Verfassers) erstmalig eine Anwendung auf die Nachfrage nach Finanzdienstleistungen.

folgenden das Nichtarbeitseinkommen V vernachlässigen, dementsprechend gilt:

$$\sum_{j=1}^{m} \boldsymbol{p}_j \boldsymbol{x}_j = T_w \cdot \bar{w} = I. \tag{6.2}$$

Die *gesamte* in einer Periode zur Verfügung stehende Zeit sei T, wobei T 24 Stunden pro Tag, 168 Stunden pro Woche, 720 Stunden pro Monat beträgt und (natürlicherweise) *exogen* gegeben und *fix* ist (Zeitrestriktion). Außer für *Erwerbsarbeit* kann die zur Verfügung stehende Zeit noch für Konsumaktivitäten – und damit als *Konsumzeit* – genutzt werden, wobei die Konsumzeit sowohl die Zeit für die Nutzung von Konsumleistungen als auch die Produktionszeit für Konsumleistungen umfaßt[47].

Durch die Marktarbeitszeit T_w und durch die insgesamt zur Verfügung stehende Zeit T ist auch die Konsumzeit T_c bestimmt ($T_c = T - T_w$). Damit ist entsprechend Gleichung (6.2):

$$\sum_{j=1}^{m} \boldsymbol{p}_j \boldsymbol{x}_j = (T - T_c) \cdot \bar{w}. \tag{6.3}$$

Da die Produktion von Konsumleistungen Zeit erfordert, ist ein Nachfrager bei der Nutzenmaximierung neben der Budgetrestriktion der *Zeitrestriktion* unterworfen:

$$\sum_{j=1}^{m} t_j = T_c. \tag{6.4}$$

Aber nur wenn der Nachfrager Konsumzeit nicht in Marktarbeitszeit bzw. Marktarbeitszeit nicht in Konsumzeit transformieren könnte, unterläge er einer zweifachen Restriktion, die durch die Gleichungen (6.3) und (6.4) gegeben ist. Wir gehen im folgenden (wie Becker) davon aus, daß ein Nachfrager frei bestimmen kann, wie er sein Zeitbudget auf Marktarbeitszeit bzw. auf Konsumzeit aufteilt.[48] Damit kann er nach Gleichung (6.2) durch eine Erhöhung

[47] Wir interpretieren neben der Konsumleistung „Nahrungsaufnahme" auch die anderen Aktivitäten zur Befriedigung von Grundbedürfnissen wie Schlafen usw. als Konsumzeit. Freizeit ist in dieser Betrachtung damit letztendlich ebenfalls Konsumzeit. Ein weiterführender Ansatz von Gronau unterscheidet neben der Zeit für Erwerbsarbeit explizit zwischen Zeit für die Haushaltsproduktion und Freizeit, vgl. [Gron77].

[48] Damit unterstellen wir die Möglichkeit, daß Nachfrager *frei* über ihre Beschäftigungszeiten bestimmen können (*„beliebig teilbare Vollbeschäftigung"*). Dies ist angesichts der hohen Arbeitslosigkeit sowie des Arbeitszeitgesetzes nicht unproblematisch; indes besteht auch in dieser Situation häufig die Möglichkeit, zusätzlicher Tätigkeit nachzugehen – wenn auch außerhalb traditionell üblicher Beschäftigungsverhältnisse.

der Marktarbeitszeit sein Einkommen erhöhen. Substituieren wir in Gleichung (6.3) T_c entsprechend Beziehung (6.4) durch $\sum_{j=1}^{m} t_j$, so lassen sich die beiden Restriktionen zu einer Restriktion zusammenfassen:

$$\sum_{j=1}^{m} \boldsymbol{p}_j \boldsymbol{x}_j = (T - \sum_{j=1}^{m} t_j) \cdot \bar{w} \qquad \text{bzw.} \tag{6.5}$$

$$\sum_{j=1}^{m} (\boldsymbol{p}_j \boldsymbol{x}_j + t_j \bar{w}) = T \cdot \bar{w}. \tag{6.6}$$

Wir definieren zur Vereinfachung der Schreibweise:

$$S \equiv T \cdot \bar{w}. \tag{6.7}$$

S stellt das Einkommen dar, das ein Nachfrager maximal erzielen könnte, wenn er seine gesamte verfügbare Zeit als Arbeitszeit nutzen würde. Becker bezeichnet S auch als *„full income“*[49].

Die linke Seite von Beziehung (6.6) beschreibt, wie das *„full income“* eines Haushalts für die Produktion von Konsumleistungen verwendet wird:

- Der Term $\sum_{j=1}^{m} \boldsymbol{p}_j \boldsymbol{x}_j$ gibt an, wieviel Geldeinheiten ein Nachfrager bei der Produktion von Konsumleistungen zur Beschaffung von Marktgütern einsetzt; aufgrund von Beziehung (6.2) entspricht dies genau dem Arbeitseinkommen, das der Nachfrager erzielt.
- Der Term $\sum_{j=1}^{m} t_j \bar{w}$ stellt das für die Erstellung von Konsumleistungen entgangene Arbeitseinkommen dar.

Der Term

$$\sum_{j=1}^{m} (\boldsymbol{p}_j \boldsymbol{x}_j + t_j \bar{w})$$

in Gleichung (6.6) repräsentiert also letztendlich die Gesamtkosten der Produktion aller Konsumleistungen eines Nachfragers. Konsumleistungen besitzen zwar keinen Marktpreis (da diese auf dem Markt nicht gekauft werden können), dafür aber einen *Schattenpreis*, der den monetären Wert der erstellten Konsumleistungen für einen Nachfrager beschreibt.

Das maximal erzielbare Einkommen S wird also sowohl direkt für den Kauf von Marktgütern als auch indirekt für die Erstellung von Konsumleistungen „ausgegeben“. Das aufgrund der Produktion einer Konsumleistung z_j dem Nachfrager entgangene Arbeitseinkommen $t_j \cdot \bar{w}$ stellt für diesen die Opportunitätskosten dieser Konsumleistung dar, jede für die Erstellung von

---

[49] Vgl. [Beck65], S. 497.

Konsumleistungen verwendete Zeiteinheit wird mit dem Opportunitätskostensatz $\bar{w}$ bewertet.

Insgesamt hat ein Nachfrager bei der Maximierung seiner Nutzenfunktion trotz der Wahlmöglichkeit zwischen der „Investition" in zusätzliches Einkommen, mit dem er zusätzliche Marktleistungen beziehen (und als Input für die Produktion von Konsumleistungen verwenden) kann, sowie zwischen der Investition in Konsumzeit letztlich nur *eine* Restriktion zu berücksichtigen: Die Zeit- und die Budgetrestriktion sind nicht unabhängig voneinander, da Zeit als Arbeitszeit zur Erzielung zusätzlichen Arbeitseinkommens verwendet werden kann[50] und damit in Marktgüter „transformierbar" ist.

Für den Nachfrager ergibt sich nach Becker folgendes Nutzenmaximierungsproblem:

$$\textbf{OPT 1:} \quad \begin{cases} \max & U(z_1, z_2, \ldots, z_m) \\ \text{u. d. N.} & \sum\limits_{j=1}^{m} (\boldsymbol{p}_j \boldsymbol{x}_j + t_j \bar{w}) = S \end{cases} \tag{6.8}$$

Dieses Nutzenmaximierungsproblem ist mit Hilfe eines Lagrange-Ansatzes L lösbar:

$$L = U(z_1, z_2, \ldots, z_m) - \lambda \cdot \left(\sum_{j=1}^{m} (\boldsymbol{p}_j \boldsymbol{x}_j + t_j \bar{w}) - S \right) \tag{6.9}$$

Die Bedingungen *erster Ordnung* lauten:

$$\frac{\partial L}{\partial z_j} = \frac{\partial U}{\partial z_j} - \lambda \cdot \frac{\partial \sum\limits_{j=1}^{m} (\boldsymbol{p}_j \boldsymbol{x}_j + t_j \bar{w})}{\partial Z_j} \stackrel{!}{=} 0, \qquad j = 1(1)m \tag{6.10}$$

$$\frac{\partial L}{\partial \lambda} = S - \sum_{j=1}^{m} (\boldsymbol{p}_j \boldsymbol{x}_j + t_j \cdot \bar{w}) \stackrel{!}{=} 0 \tag{6.11}$$

Die Bedingungen (6.10) bzw. (6.11) stellen nur die Bedingungen erster Ordnung für ein lokales Optimum dar. Die Bedingungen *zweiter Ordnung* sind aufgrund der Eigenschaften der Nutzenfunktion U (insbesondere aufgrund der Konkavität von U) erfüllt[51]. Zur Vereinfachung der weiteren Analyse unterstellen wir weiterhin:

$$\forall i \in \{1, 2, \ldots, m\}, i \neq j: \quad \frac{\partial \boldsymbol{x}_i}{\partial z_j} = 0 \quad \text{und} \quad \frac{\partial \boldsymbol{t}_i}{\partial z_j} = 0. \tag{6.12}$$

Definieren wir $GU_j \equiv \frac{\partial U}{\partial z_j}$, so erhalten wir unter Berücksichtigung von (6.12) aus den Gleichungen (6.10) die Optimalitätsbedingungen[52]:

[50] Dies setzt (wie bereits erwähnt) beliebig teilbare Vollbeschäftigung voraus.

[51] Vgl. [HeQu71], S. 403ff.

[52] Vgl. [Beck93], S. 24f.

$$\frac{GU_i}{GU_j} = \frac{\boldsymbol{p}_i \cdot \frac{\partial \boldsymbol{x}_i}{\partial z_i} + \bar{w} \cdot \frac{\partial t_i}{\partial z_i}}{\boldsymbol{p}_j \cdot \frac{\partial \boldsymbol{x}_j}{\partial z_j} + \bar{w} \cdot \frac{\partial t_j}{\partial z_j}} \equiv \frac{\pi_i}{\pi_j}, \quad i,j \in \{1,2,\ldots,m\}, \tag{6.13}$$

bzw.:

$$\frac{GU_i}{\pi_i} = \frac{GU_j}{\pi_j} \tag{6.14}$$

Im Nutzenmaximum ist das Grenznutzenverhältnis zweier Konsumleistungen gleich dem Verhältnis der Grenzkosten dieser Konsumleistungen. Mit anderen Worten: Der Nutzenzuwachs der letzten zur Produktion einer Konsumleistung Z_j investierten Zeit- bzw. Geldeinheit ist im Nutzenmaximum gleich dem Nutzenzuwachs der letzten zur Produktion einer Konsumleistung Z_i investierten Zeit- bzw. Geldeinheit; die Terme[53]

$$\frac{\partial \boldsymbol{x}_i}{\partial z_i} \quad \text{bzw.} \quad \frac{\partial t_i}{\partial z_i}, \qquad i = 1(1)m,$$

stellen die „marginalen Produktionskoeffizienten“[54] dar.

π_j stellt in ökonomischer Interpretation den *Schattenpreis* für die Produktion *einer* Einheit einer Konsumleistungen Z_j dar. Der Schattenpreis für die Produktion einer Einheit einer Konsumleistung Z_j setzt sich dementsprechend zusammen

- aus dem Skalarprodukt $\boldsymbol{p}_j \cdot \frac{\partial \boldsymbol{x}_j}{\partial z_j}$ der Marktpreise $\boldsymbol{p}_j$ und dem marginalen Produktionskoeffizienten $\frac{\partial \boldsymbol{x}_j}{\partial z_j}$ sowie
- aus den Opportunitätskosten $\bar{w} \cdot \frac{\partial t_j}{\partial z_j}$ für das entgangene Arbeitseinkommen aufgrund der Produktion dieser Konsumleistung.

Damit entsprechen die Optimalitätsbedingungen in diesem Modellierungsansatz den Optimalitätsbedingungen der klassischen Mikroökonomie: Hierzu sind lediglich Konsumleistungen durch Marktgüter und die Schattenpreise der Konsumleistungen durch die Preise der Marktgüter zu ersetzen. Der Nachfrager wird bei seinen Beschaffungs- und Produktionsentscheidungen also neben den Preisen der Marktgüter insbesondere auch den Zeitaufwand für die Produktion von Konsumleistungen in sein Entscheidungskalkül einbeziehen. Zusammenfassend kann gesagt werden: *Nicht nur Geld, sondern auch Zeit ist knapp.*

Aus den Optimalitätsbedingungen (6.13) folgt insbesondere, daß Nachfrager bei der Erstellung von Konsumleistungen dann *indifferent* zwischen unterschiedlichen Kombinationen von Faktoreinsatzmengen und/oder unterschiedlichen Produktionsprozessen für die Erstellung einer Konsumleistung

---

[53] Die Schreibweise $\frac{\partial \boldsymbol{x}_i}{\partial z_i}$ entspricht formal dem Skalarprodukt $\frac{1}{\partial z_i} \cdot \partial \boldsymbol{x}_i$.

[54] Für den Fall linear-limitationaler Produktionsfunktionen sind die Produktionskoeffizienten konstant, vgl. beispw. [Demm92], S. 248, [Kist93], S. 58.

sind[55], wenn der Schattenpreis dieser Konsumleistung hierdurch nicht beeinflußt wird. Dies bedeutet für die Vertriebswegeentscheidung beim Bezug von Finanzdienstleistungen, daß Nachfrager bei der Absatzwegeentscheidung für den Bezug von Finanzdienstleistungen dann zwischen zwischen unterschiedlichen Absatzwegen indifferent sind, wenn die Absatzwegewahl keine Auswirkungen auf die Schattenpreise besitzt. Diese Überlegung dient uns im nächsten Abschnitt als Ausgangspunkt für die Analyse der Absatzwegentscheidung von Nachfragern bei der Beschaffung von Finanzdienstleistungen.

Im folgenden führen wir zur Vereinfachung der Schreibweise der Bedingungen (6.13) die Bezeichnungen

$$\hat{p}_j = \boldsymbol{p}_j \cdot \frac{\partial \boldsymbol{x}_j}{\partial z_j}, \qquad \text{und} \qquad b_j = \frac{\partial t_j}{\partial z_j}, \quad j \in \{1, 2, \dots, m\}$$

ein. Unter Verwendung dieser Bezeichnungen gilt für den Schattenpreis π_j einer Konsumleistung Z_j:

$$\pi_j = \hat{p}_j + b_j \cdot w. \tag{6.15}$$

Ausgehend von dem oben modellierten Nachfragerverhalten, das insbesondere die indirekte Nutzenstiftung von Finanzdienstleistungen und den Faktor Zeit berücksichtigt, soll entsprechend unserer Zielsetzung im folgenden untersucht werden, ob bzw. unter welchen Bedingungen Nachfrager die Entscheidung treffen, Finanzdienstleistungen im Direktvertrieb zu beziehen. Wir werden die Analyse ausgehend von dem vorgestellten haushaltsökonomischen Entscheidungskalkül entwickeln und in einem zweiten Schritt die restriktive Annahme der vollständigen Information der Nachfrager abschwächen.

6.2.5 Absatzwegentscheidung bei Nachfragern *ohne* Beratungswunsch

Entsprechend dem obigen Axiom der vollständigen Information weiß ein Nachfrager, der für die Realisierung einer Konsumleistung Finanzdienstleistungen nutzen möchte, welcher Finanzdienstleister welche Finanzdienstleistung zu welchem Preis anbietet und welche Finanzdienstleistungen zur Produktion einer Konsumleistung am besten geeignet sind. Damit weiß ein

[55] Nachfrager können aus einer *produktionstheoretischen* Sicht eine Konsumleistung grundsätzlich entweder mittels einer *subsitutionalen* oder mittels einer *limitationalen* Produktionsfunktion erstellen. Bei der Produktion mittels einer *subsitutionalen* Produktionsfunktion hat der Nachfrager technisch die Möglichkeit, eine Konsumleistung (bei konstantem Output) durch verschiedene Kombinationen an Faktoreinsatzmengen zu produzieren. Bei einer *limitationalen* Produktionsfunktion ist eine Konsumleistung aus technologischen Gründen nur mit einem gegebenen Verhältnis der Einsatzmengen der jeweiligen Produktionsfaktoren produzierbar. Weiterhin besteht die Möglichkeit, daß ein Nachfrager für die Produktion einer Konsumleistung zwischen *mehreren* Produktionsfunktionen wählen kann. Er kann also in diesem Fall für die Erstellung einer Konsumleistung zwischen mehreren „Produktionsprozessen“ wählen, die er darüber hinaus grundsätzlich auch miteinander kombinieren kann; s. hierzu beispw. [Demm92], [Kist93].

Nachfrager letztendlich, welche Finanzdienstleistungen er zur Produktion einer Konsumleistung kaufen will. Wir untersuchen in diesem Abschnitt also Nachfrager ohne Beratungsbedarf bzw. ohne Beratungsinteresse[56]. Da ein Großteil der Nachfrager regelmäßig standardisierte Finanzdienstleistungen wie z. B. Zahlungsverkehrsleistungen, Transaktionsleistungen und „einfache" Anlage- bzw. Finanzierungsprodukte (wie Sparbuch, Festgeld, Kontokorrentkredit usw.) nutzt und sich über Preise informiert, wird er bezüglich dieser Produkte in der Regel über keinen Beratungsbedarf bzw. kein Beratungsinteresse verfügen. Damit werden sich die nachfolgenden Aussagen insbesondere auf diese Leistungen beziehen. Darüber hinaus beziehen sich die folgenden Aussagen aber auch auf Nachfrager von kundenindividuellen Problemlösungen, die diese selbst und ohne Inanspruchnahme einer Finanzberatung erstellen wollen, und die dann (nur) noch vor der Entscheidung stehen, welchen Absatzweg sie für die Beschaffung der Finanzprodukte der Problemlösung wählen wollen.

Zusammenfassend untersuchen wir also die Situation, in der informierte Nachfrager die für sie relevanten Finanzdienstleistungen selbst auswählen. Um eine einfache Darstellung zu erhalten, nehmen wir an, daß ein Nachfrager die Wahlmöglichkeit hat, die für ihn interessanten Finanzdienstleistungen entweder im Filialvertrieb F oder im Direktvertrieb D zu erwerben; beide Dienstleister bieten dabei annahmegemäß diese Finanzdienstleistungen mit ansonsten gleichen Merkmalen an. In der weiteren Betrachtung sind damit die Finanzdienstleistungen fix und kein Unterscheidungsmerkmal zwischen den Anbietern.

Ein informierter Anbieter steht bei der Produktion einer Konsumleistung z bezüglich der Vertriebswegewahl vor dem Problem, sich entweder für den Filialvertrieb F oder den Direktvertrieb D entscheiden zu müssen. Dieses ist bei Zugrundelegung des oben dargestellten Entscheidungskalküls einfach modellierbar, wenn wir annehmen, daß der Nachfrager für die Produktion dieser Konsumleistung die Wahl zwischen zwei „Beschaffungsprozessen" (bzw. Vertriebssystemen) besitze, nämlich dem Beschaffungsprozeß „Filialvertrieb" und dem Beschaffungsprozeß „Direktvertrieb"[57]. Wir gehen im weiteren davon

[56] Im folgenden Abschnitt untersuchen wir Nachfrager mit Beratungsbedarf/Beratungsinteresse.

[57] Produktionstheoretisch unterstellen wir bei dieser Modellierung implizit, daß die Konsumleistung z entweder mit einer *limitationalen* Produktionsfunktion „Filialvertrieb" oder mit einer *limitationalen* Produktionsfunktion „Direktvertrieb" erstellt wird; für den Zusammenhang zwischen „Produktionsprozessen" und zugrundeliegender Produktionsfunktion s. beispw. [Kist93], S. 54ff. Diese implizite Annahme stellt indes keine Beschränkung der Allgemeinheit dar, da das obige Entscheidungsmodell keine Annahmen diesbezüglich unterstellt. Alternativ hätten wir auch unterstellen können, daß ein Nachfrager z mittels *einer substitutionalen* Produktionsfunktion erstellt, in welche dann entweder die im Direktvertrieb beschafften Finanzdienstleistungen (und die zugehörigen Beschaffungszeiten) oder die im Filialvertrieb beschafften Finanzdienstleistungen (und die zugehörigen Beschaffungszeiten) als Produktionsfaktoren eingehen.

aus, daß der Nachfrager die Wahlmöglichkeit zwischen genau *einer* Direktbank und genau *einer* Bankfiliale habe. Da der Nachfrager die Finanzprodukte über unterschiedliche Beschaffungs- bzw. Vertriebssysteme beziehen kann, können sich insbesondere die Preise und Beschaffungszeiten bei den beiden unterschiedlichen Vertriebssystemen unterscheiden.[58]

Ein Nachfrager ist bei der Produktion der Konsumleistung z zwischen beiden Beschaffungsprozessen dann *indifferent*, wenn beide Prozesse den *gleichen Schattenpreis* besitzen[59], also wenn gilt:

$$\pi_F = \hat{p}_F + b_F\bar{w} \quad = \quad \hat{p}_D + b_D\bar{w} = \pi_D \tag{6.16a}$$

$$\Longleftrightarrow$$

$$\hat{p}_F \quad = \quad \hat{p}_D + \bar{w} \cdot (b_D - b_F); \tag{6.16b}$$

wobei π_F den Schattenpreis der Konsumleistung z bei Wahl von Beschaffungsprozeß „Filialvertrieb" F und π_D den Schattenpreis von z bei Wahl von Beschaffungsprozeß „Direktvertrieb" D darstellt.[60] $\hat{p}_D$ und $\hat{p}_F$ in Gleichung (6.16b) bezeichnen entsprechend ihrer Definition[61] jeweils die Summe der Preise der Marktgüter, die benötigt werden, um eine Einheit der Konsumleistung z herzustellen.

Da bei der Produktion der hier betrachteten Konsumleistung z bei beiden Beschaffungsprozessen jeweils die *gleichen* Marktgüter eingesetzt werden, die – bis auf die Finanzprodukte – jeweils die *gleichen* Preise und Beschaffungszeiten besitzen, kann bei Wahrnehmung unterschiedlicher Beschaffungsprozesse (bzw. unterschiedlicher Absatzwege) ein Unterschied in den Schattenpreisen bei der Produktion von z *ceteris paribus* nur aus unterschiedlichen Preisen für die Finanzprodukte oder aus unterschiedlichen Beschaffungszeiten resultieren. Damit folgt für den Fall der Indifferenz des Nachfragers bezüglich der Wahl eines Beschaffungsprozesses/eines Vertriebssystems aus Beziehung (6.16b):

$$\dot{p}_F^d \quad = \quad \dot{p}_D^d + \bar{w} \cdot (b_D^d - b_F^d), \qquad d \in \mathcal{P}, \tag{6.16c}$$

wobei $\dot{p}_F^d$ (bzw. $\dot{p}_D^d$) der Preis einer Finanzdienstleistung d im Filialvertrieb (bzw. im Direktvertrieb) ist. b_F^d (bzw. b_D^d) ist die Zeit für die Be-

[58] Es sei daran erinnert, daß wir oben angenommen haben, daß der Anbieter unabhängig vom gewählten Vertriebssystem jeweils die gleichen Finanzprodukte kauft.

[59] Vgl. Abschn. 6.2.4, S. 121.

[60] Hätten wir oben eine *substitutionale* Produktionsfunktion für die Erstellung von z unterstellt, so würde π_F den Schattenpreis bezeichnen, der sich ergibt, wenn der Nachfrager die Finanzprodukte im Filialvertrieb beschafft und diese als „Input-Finanzprodukte" (mit den entsprechenden Beschaffungszeiten) im Produktionsprozeß einsetzt. π_D würde dann dementsprechend den Schattenpreis bezeichnen, der sich ergibt, wenn der Nachfrager die Finanzprodukte im Direkvertrieb beschafft und diese als „Input-Finanzprodukte" (mit den entsprechenden Beschaffungszeiten) verwendet.

[61] Vgl. Abschn. 6.2.4, Seite 122.

schaffung[62] der Finanzdienstleistung d im Filialvertrieb (bzw. im Direktvertrieb)[63], $\mathcal{P}$ ist die Menge aller Finanzdienstleistungen, die ein Nachfrager zur Produktion von z in Anspruch nehmen will. Dementsprechend ist Gleichung (6.16c) so zu interpretieren, daß ein Nachfrager indifferent zwischen diesen beiden Absatzwegen ist, solange der *Marktpreis im Falle einer Filialbeschaffung* $\dot{p}_F^d$ so groß ist wie die *Summe* aus dem *Marktpreis im Direktvertrieb* $\dot{p}_D^d$ und der mit dem Lohnsatz als Opportunitätskostensatz bewerteten *Zeitdifferenz* $b_D^d - b_F^d$, die sich aus der Beschaffung von Finanzdienstleistungen im Direktvertrieb im Vergleich zum Filialvertrieb ergibt.

Tabelle 6.16 stellt die Zusammensetzung der Beschaffungszeiten b_D^d bzw. b_F^d sowie (näherungsweise) die Größenverhältnisse in der Realwelt dar.

Tabelle 6.1. Komponenten der *Beschaffungszeiten* in Abhängigkeit vom Absatzweg

$\mathbf{b_F^d}$: **Zeit Filiale**	**Verhältnis**	$\mathbf{b_D^d}$: **Zeit Direktbank**
Wegezeit zur Filiale	$\gg$	Wählzeit Telefon
Wartezeit in Warteschlange	$\geq$	Verbindungszeit Telefon
Zeit Kaufgespräch	$\cong$	Zeit Kaufgespräch
Wegezeit von Filiale	$\gg$	Auflegen/Verbindungsabbau

Nach Tabelle 6.16 gilt damit in Gleichung (6.16c) für die Differenz der Beschaffungszeiten:

$$b_D^d - b_F^d < 0. \tag{6.16d}$$

Dementsprechend muß der Marktpreis in der Filiale *niedriger* als im Direktvertrieb sein, damit der Kunde zwischen Absatzwegen indifferent ist bzw. den Vertriebsweg Filiale wählt. Weiterhin ist neben dem *Preis* von Finanzdienstleistungen die *Beschaffungszeit* ein zweiter wesentlicher Einflußfaktor für die Entscheidung für einen Absatzweg.

Bevor wir dieses Modellergebnis interpretieren, soll kurz auf den Fall eingegangen werden, daß der Lohnsatz $\bar{w}$ nicht konstant ist[64]. Dies impliziert, daß damit auch der Opportunitätskostensatz nicht konstant ist. Wird ein variabler Lohnsatz unterstelllt, so hängt der Schattenpreis einer Konsumleistung nicht mehr vom durchschnittlichen Lohnsatz, sondern von einem „Grenz-Lohnsatz“ ab.[65] Im Fall variabler Lohnsätze ist der „Grenz-Lohnsatz“

[62] Diese wird im folgenden auch als „*Beschaffungszeit*“ bezeichnet.

[63] Da hier jeweils gleiche Finanzdienstleistungen miteinander verglichen werden, ist für einen Preisvergleich von Finanz*produkten* eine *konditionenorientierte* Preisdefinition (vgl. Abschn. 3.1.2, S. 37ff.) ausreichend (die Produkte besitzen bis auf die preisrelevanten Bestandteile ansonsten gleiche Zahlungsströme).

[64] Dies ist z. B. dann der Fall, wenn eine Nebentätigkeit schlechter vergütet wird oder wenn für Überstunden Zuschläge bezahlt werden.

[65] Zur Ableitung der hier relevanten Aussagen können wir auf die explizite Formulierung des entsprechend modifizierten Modells und der entsprechenden Bedingungen für das Nutzenmaximum verzichten, s. hierfür allgemein [Beck65].

als Opportunitätskostensatz für die monetäre Bewertung der benötigten Produktionszeit einer Konsumleistung als beste, aufgrund der Produktion dieser Konsumleistung nicht wahrgenommenen Verdienstmöglichkeit zugrunde zu legen.

Ist beispielsweise für einen Nachfrager die Produktivität einer Zeiteinheit Marktarbeit (als „Grenz-Lohnsatz") während der üblichen Arbeitszeiten tagsüber (bezeichnet mit w^a) höher als zu einer anderen Tageszeit (bezeichnet w^t), so gilt:

$$w^a \quad > \quad w^t$$

bzw. es gilt (*ceteris paribus*) entsprechend Gleichung (6.7):

$$\pi_j^a = \hat{p}_j + b_j \cdot w^a \quad > \quad \pi_j^t = \hat{p}_j + b_j \cdot w^t \tag{6.17}$$

Der Schattenpreis π_j^a von Finanzdienstleistungen, die in Zeitperioden mit höheren Opportunitätskostensätzen gekauft werden, ist damit höher als der Schattenpreis π_j^t von Finanzdienstleistungen, die in Zeitperioden mit niedrigeren Opportunitätskostensätzen gekauft werden.

Interpretieren wir die obigen Ergebnisse[66] vor dem Hintergrund der derzeitigen Verhältnisse auf dem Markt für Finanzdienstleistungen, so wird deutlich, daß der Direktvertrieb bei Nachfragern ohne Beratungsbedarf gegenüber dem Filialvertrieb außer dem direkten Preisvorteil, der aus den niedrigeren Marktpreisen resultiert, drei weitere (indirekte) Preisvorteile besitzt:

- Die Beschaffung von im Direktvertrieb angebotenen Finanzdienstleistungen verbraucht gegenüber der Beschaffung von im Filialvertrieb angebotenen Finanzdienstleistungen *weniger* von der knappen Ressource *Zeit*, der Zeitvorteil beträgt entsprechend Beziehung (6.16d) $|b_D^d - b_F^d|$.
- Aufgrund des höheren Zeitbedarfs bei der Beschaffung von Finanzdienstleistungen im Filialvertrieb fordern Nachfrager von diesen einen entsprechend *niedrigeren* Produktpreis als *Kompensation* für den zusätzlichen Zeitaufwand. Wird der Zeitvorteil $|b_D^d - b_F^d|$ mit dem Opportunitätskostensatz $\bar{w}$ multipliziert, so ergibt sich ein *Opportunitätskostenvorteil* für den Direktvertrieb von

  $$|b_D^d - b_F^d| \cdot \bar{w}.$$

  Damit der Filialvertrieb von Nachfragern ohne Beratungswunsch gewählt wird, muß der Preis für eine Finanzdienstleistung dort um mindestens diesen Opportunitätskostenvorteil geringer sein. Der Opportunitätskostenvorteil ist eine linear *wachsende Funktion des Lohnsatzes* eines Nachfragers.
- Finanzdienstleistungen können im Filialvertrieb in der Regel nur tagsüber während (weitgehend starrer) Filialöffnungszeiten gekauft werden, im Direktvertrieb hingegen im allgemeinen rund um die Uhr. Dies ermöglicht es

[66] Dem obigen Vergleich liegt die Alternative Filialvertrieb versus *telefonbasiertem* Direktvertrieb zugrunde; bezüglich einem Vergleich Filalvertrieb versus *internetbasiertem* Direktvertrieb oder versus Direktvertrieb über *Online-Dienste* würden sich ähnliche Größenverhältnisse ergeben.

Nachfragern, die Beschaffungszeiten von Finanzdienstleistungen in Zeiten mit *niedrigeren* Opportunitätskostensätzen zu verlegen (z. B. abends und am Wochende)[67].

Vergleichen wir dieses Ergebnis mit den Preisverhältnissen auf dem Markt für Finanzdienstleistungen, so werden derzeit im Filialvertrieb nicht etwa niedrigere, sondern höhere Preise als im Direktvertrieb verlangt. Einerseits lassen sich hieraus für Nachfrager ohne Beratungswunsch die Schlußfolgerungen ziehen, daß *Direktbanken derzeit einen erheblichen Preisspielraum und -vorteil* besitzen bzw. daß *Filialbanken letztendlich (deutlich) zu teuer* sind. Ein wesentliches Problem ist für die Filialbanken diesbezüglich, daß ihr *Preisnachteil mit steigendem Einkommen eines Nachfragers gegenüber dem Direktvertrieb relativ zunimmt*[68], so daß vor allem das für einen Finanzdienstleister attraktive Nachfragersegment der „gutverdiendenden" bzw. „vermögenden" Privatkundschaft[69] sich verstärkt dem Direktvertrieb zuwenden wird. In Zukunft wird damit für Filialbanken ein Preiswettbewerb kaum zu gewinnen sein und der Ergebnisdruck im Filialgeschäft durch die Direktbanken-Konkurrenz deutlich zunehmen.

Zusammenfassend kann damit gesagt werden, daß für Nachfrager *ohne* Beratungswunsch drei Einflußfaktoren für die Wahl des Absatzweges entscheidend sind:

- Angebot der *gewünschten* Finanzdienstleistungen,
- *niedriger Preis* und
- *niedrige Beschaffungszeiten.*

Bezüglich der letzten beiden Kriterien ist der Direktvertrieb dem Filialvertrieb im allgemeinen überlegen. Sofern im Direktvertrieb Nachfragern ohne Beratungswunsch die jeweils nachgefragten Finanzdienstleistungen angeboten werden, wird der Direktvertrieb den Filialvertrieb in der Regel *dominieren*; der Filialvertrieb stellt also aus Sicht des Nachfragers keinen *„effizienten"* Produktionsprozeß dar[70]. Aus Nachfragersicht resultiert hieraus, daß ein Nachfrager durch die Inanspruchnahme des Direktvertriebs die Produktivität sowohl von eingesetzten Marktgütern als auch von der eingesetzten Zeit gegenüber einer Inanspruchnahme des Filialvertriebs erhöht. Da eine erhöhte

---

[67] Häufig liegen diese Beschaffungszeiten zu Beginn oder am Ende der Arbeitszeit von Nachfragern und erfolgen vom Arbeitsplatz aus, um den (aus Nachfragersicht) sehr knappen (und damit teuren Faktor „Konsumzeit" bzw. Freizeit) für die Durchführung von Bankgeschäften u. ä. möglichst wenig in Anspruch zu nehmen.

[68] Es sei daran erinnert, daß der Opportunitätskostenvorteil des Direktvertriebs bzw. der Opportunitätskostennachteil des Filialvertriebs eine steigende Funktion des Lohnsatzes ist, vgl. S. 126

[69] Vgl. [Pola95], S. 40ff.

[70] Unter *effizienten* Produktionsprozessen werden Produktionsprozesse verstanden, die von keinem anderen Produktionsprozeß dominiert werden; vgl. beispw. [Kist93], S. 59f.

Produktivität letztlich einem erhöhten „full income“ S im obigen Entscheidungsmodell entspricht, führt das neuartige Angebot der Finanzdienstleister, Finanzdienstleistungen im Direktvertrieb anzubieten, aus Nachfragersicht zu positiven Einkommenseffekten und zu einem veränderten Konsumverhalten: Ein Nachfrager wird *ceteris paribus* die Produktion aller Konsumleistungen mit positiven Einkommenselastizitäten erhöhen.

Bezogen auf die im letzten Kapitel herausgearbeiteten Distanzen, die für einen erfolgreichen Absatz von Finanzdienstleistungen zu überwinden sind, bezieht sich *sachliche Distanz* nur auf das Angebot der von einem Nachfrager gewünschten Finanzdienstleistungen zu einem niedrigen Preis; ein Beratungsangebot sowie ein Angebot kundenindividueller Problemlösungen ist in diesem Fall nicht entscheidungsrelevant für die Entscheidung des Nachfragers. Weiterhin sind für einen Nachfrager vor allem unterschiedliche Ausprägungen der *zeitlichen* und *geografischen Distanzen* entscheidend für die Wahl des Absatzweges. Nur wenn die emotionale Distanz so groß ist, daß sich im Produktionsprozeß die Beschaffungszeiten im Direktvertrieb so erhöhen, daß der Schattenpreis des Direktvertriebs größer als der Schattenpreis des Filialvertriebs wird, kann der Filialvertrieb vorteilhaft sein. Insbesondere sind diese drei Dimensionen nicht unabhängig voneinander, sondern ihre *Summe* (gemessen im Schattenpreis) ist entscheidend. Darüber hinaus kann mit dem obigen Ansatz eine Operationalisierung, Messung sowie ein Vergleich der Ausprägungen der bisher nur abstrakt formulierten geografischen und zeitlichen Distanzen erfolgen.

Andererseits stellt sich die Frage, wieso Filialbanken Finanzdienstleistungen zu *höheren* Preisen anbieten als Direktbanken und trotzdem Abnehmer für ihr Angebot finden. Im folgenden wird gezeigt, daß ein Erklärungsansatz das Beratungsangebot von Filialbanken darstellt, welches im Direktvertrieb (bisher noch) weitgehend fehlt.

6.2.6 Absatzwegentscheidung bei Nachfragern *mit* Beratungswunsch

In der obigen Partialanalyse wurde unterstellt, daß die miteinander zu vergleichenden Konsumleistungen gleiche Eigenschaften besitzen, mit der gleichen Produktionsfunktion produziert werden und – bis auf unterschiedliche Absatzwege für den Inputfaktor Finanzdienstleistungen – gleiche Inputfaktoren besitzen. Als *ceteris paribus* wesentliche Determinante der Entscheidung für einen Absatzweg wurde neben dem *Marktpreis* der Finanzdienstleistungen die Höhe der *Opportunitätskosten für die benötigte Beschaffungszeit* identifiziert und argumentiert, daß aufgrund der geringeren Beschaffungszeiten im Direktvertrieb eine Konsumleistung bei ansonsten gleichen Bedingungen mit im Direktvertrieb beschafften Finanzdienstleistungen kostengünstiger erstellbar ist.

Ein bisher zentrales Modellaxiom ist die Annahme, daß Nachfrager über *vollständige Informationen* über am Markt verfügbare Finanzdienstleistungen, deren Eigenschaften, Preise, Anbieter etc. und über die Fähigkeit einer (unendlich) schnellen Informationsverarbeitung verfügen. Während diese Voraussetzung zumindest für das Marktsegment standardisierter und von den einzelnen Nachfragern häufig genutzter Finanzdienstleistungen (wie z. B. Zahlungsverkehrsfunktionalität) für viele Nachfrager als realitätsnah angesehen werden kann, wird diese Voraussetzung indes bei der Lösung *kundenindividueller finanzwirtschaftlicher Probleme* angesichts der dargestellten *Komplexität* des Lösungsprozesses[71] sowie der *Erklärungsbedürftigkeit* vieler Finanzprodukte[72] in der Regel *nicht* gegeben sein: Weder wird ein Nachfrager über alle relevanten Informationen zur Selektion/Konfiguration geeigneter Finanzprodukte bzw. zur nachsteuerorientierten Gestaltung von Problemlösungen *verfügen*[73], noch wird er über die Fähigkeit verfügen, diese finanzwirtschaftlichen und steuerlichen Informationen schnell (und richtig) *verarbeiten* zu können[74].

In Konsequenz bedeutet dies letztlich, daß ein Nachfrager bei der Produktion von Konsumleistungen häufig *nicht* wissen wird, welche Kombinationen von Finanzprodukten die Zulässigkeitsbedingung seines zugrundeliegenden Problems erfüllen und gleichzeitig vorteilhafte (wenn nicht maximale) Werte der Bewertungsfunktion besitzen. Ein Nachfrager steht damit vor dem Problem, sich entweder die notwendigen Informationen für eine „Eigenerstellung" der entsprechenden finanzwirtschaftlichen Problemlösung *selbst* zu beschaffen, oder er kann sich Problemlösungen von einem Finanzdienstleister *extern* erstellen lassen – und damit dessen Informationen und Informationsverarbeitungskapazitäten für seine Zwecke nutzen.

Letztendlich hat ein Nachfrager also eine *„make or buy"* Entscheidung bezüglich der Erstellung von finanzwirtschaftlichen Problemlösungen zu treffen. *Buy* bedeutet hier für den Kunden die Inanspruchnahme einer Finanzberatung, in der der Anbieter bzw. Produzent der Finanzberatung – ausgehend von der Problemstellung des Kunden – durch Auswahl, Gestaltung und Kombination einzelner Finanzprodukte eine kundenindividuelle Problemlösung erstellt. *Make* bezieht sich auf die Eigenerstellung einer finanzwirtschaftlichen Problemlösung für die Produktion einer Konsumleistung. Im Fall der Eigenerstellung durchläuft ein Nachfrager den dargestellten Lösungsprozeß[75] *ohne* Inanspruchnahme einer externen Finanzberatung. Er konfiguriert, se-

[71] Vgl. Abschn. 4.5, S. 59ff.

[72] Vgl. Abschn. 4.3, S. 53.

[73] Wir gehen jedoch (hier noch) davon aus, daß keine *Qualitätsunsicherheit* bzgl. der angebotenen Finanzprodukte bzw. der angebotenen Problemlösungen herrscht: Die Produkte besitzen die vom Anbieter versprochenen Eigenschaften, bzw. bei Nichtvorliegen dieser Eigenschaften stellen die Rechtsinstitutionen sicher, daß ein Nachfrager im Falle von Produktdefekten angemessen entschädigt wird.

[74] Nach Simon sind beschränkte Informationsverarbeitungskapazitäten des Menschen (*„bounded rationality"*) wesentliches Merkmal menschlicher Entscheidungsprozesse, s. [Simo64].

[75] Vgl. Abschn. 4.5, S. 59ff.

lektiert und kombiniert Finanzprodukte zu einer Problemlösung ohne Unterstützung durch einen Finanzdienstleister; diesen nimmt er nur für den *Kauf* der entsprechenden Finanz*produkte* in Anspruch. Aufgrund der hohen Informationsintensität, der Komplexität und der schlechten Strukturiertheit der Problemstellung sowie aufgrund des Gestaltungspotentials (dessen Ausschöpfung die Integration unterschiedlichen Wissens voraussetzt) bei der Lösung finanzwirtschaftlicher Probleme und seiner unvollständigen Information wird ein Nachfrager erwägen, eine Finanzberatung zur Problemlösung in Anspruch zu nehmen. Für die Entscheidung der Nutzung einer Finanzberatung sind neben diesen Erwägungen zur Überwindung der sachlichen Distanz auch Aspekte zur Überwindung der anderen Distanzen von Bedeutung. Im Fall der Eigenerstellung muß der Nachfrager zwar die sachliche Distanz selbst überwinden, zeitliche, geografische und emotionale Distanzen sind dann aber zumindest bezüglich der Finanzberatung nicht gegeben. Im Fall des Fremdbezugs (Nutzung der Finanzberatung) hingegen wird die sachliche Distanz als Dienstleistung durch den Anbieter überwunden, hinzu kommen aber die anderen Distanzen.

Bisher hat ein Nachfrager üblicherweise die Wahl zwischen dem Fremdbezug einer Problemlösung im Filialvertrieb und der Eigenerstellung; im Direktvertrieb werden kundenindividuelle Problemlösungen im allgemeinen (noch) nicht angeboten[76]. Im Falle des zusätzlichen Angebots kundenindividueller Problemlösungen im Direktvertrieb würde ihm ein weiterer „Fremdbezugsweg" zur Auswahl stehen. Wir modellieren (in Analogie zum letzten Abschnitt) das Entscheidungsproblem eines Nachfragers, über welchen „Beschaffungsweg" (bzw. „Produktionsprozeß") er eine Problemlösung beziehen soll, vor dem Hintergrund des oben dargestellten Entscheidungskalküls wie folgt: Ein Nachfrager benötigt zur Produktion von Konsumleistungen jeweils eine finanzwirtschaftliche Problemlösung, die er für eine Konsumleistung entweder selbst erstellt oder von einem externen Finanzdienstleister fremdbezieht. Für die Erstellung dieser Konsumleistung hat er bereits weitgehend festgelegt, welche Marktgüter er einsetzen möchte, und welchen Zeitverbrauch die Erstellung dieser Konsumleistung mit sich bringt; damit sind diese Größen für die weitere Analyse exogen und fix. Indes benötigt der Nachfrager noch eine finanzwirtschaftliche Problemlösung, für die er zwischen den drei Erstellungsalternativen „Eigenerstellung", „Fremdbezug über eine Filiale" und „Fremdbezug über eine Direktbank" wählen kann. Wir gehen also davon aus, daß er für die Produktion einer Konsumleistung jeweils drei „Produktionsprozesse" zur Verfügung hat[77], und betrachten zunächst als *Referenz* die bisherige Wahlsituation zwischen „Eigenerstellung" und „Fremdbezug über eine Filiale". Anschließend wird untersucht, wann er sich für den Direktvertrieb als Beschaffungsweg für finanzwirtschaftliche Problemlösungen entscheidet. Zuvor benötigen wir noch einige hinführende Überlegungen.

[76] Vgl. Abschn. 2.2, S. 16.
[77] Fußnote 57, S. 123, gilt hier entsprechend.

Im Filialvertrieb werden Beratungsleistungen im allgemeinen ***kostenlos*** angeboten, da dort erstellte Problemlösungen (als Ergebnis von Beratungsprozessen) in der Regel institutseigene Finanzdienstleistungen umfassen und die Beratung damit abschlußbezogen auf den *Verkauf* von Finanzdienstleistungen aus dem anbietereignenen Absatzprogramm zielt; die Beratungskosten werden auf die einzelnen Finanzprodukte umgelegt. Wir nehmen dementsprechend für die weitere Analyse an, daß der *„Preis"* p_{FB} der Finanzberatung den Nachfragern nicht separat in Rechnung gestellt wird (aus Nachfragersicht: $p_{FB} = 0$), sondern daß der Marktpreis der angebotenen Finanzprodukte den Preis der Finanzberatung beinhaltet. Weiterhin gehen wir davon aus, daß Nachfrager die eine Problemlösung konstituierenden Finanzprodukte bei demjenigen Anbieter kaufen, der die Problemlösung erstellt hat.

Im Fall der Eigenerstellung einer Problemlösung trifft der Nachfrager *selbst* die Entscheidung, *welche* Finanzdienstleistungen er zu einer Problemlösung kombiniert und als Inputfaktoren für den Produktionsprozeß der entsprechenden Konsumleistung verwendet. Er kann insbesondere frei entscheiden, ob er diese mittels Filial- oder mittels Direktvertrieb erwerben will. Im allgemeinen wird er diese entsprechend unseren obigen Ergebnissen im *Direktvertrieb* beziehen, da dort sowohl die *Marktpreise* vergleichbarer Finanzdienstleistungen günstiger als auch die *Beschaffungszeiten* geringer als im Filialvertrieb sind. Im Fall des Fremdbezugs hat ein Nachfrager also den Vorteil, daß der Dienstleister für ihn die sachliche Distanz überwindet. Er hat aber im Vergleich zur Eigenerstellung die Nachteile zusätzlicher Distanzen bezüglich der Finanzberatung und muß bezüglich der Beschaffung der Finanzprodukte die höheren Marktpreise des Filialvertriebs bezahlen.

Im allgemeinen wird die finanzwirtschaftliche Qualität einer eigenerstellten Problemlösung (gemessen an der Bewertungsfunktion des Nachfragers) von der investierten *Zeit* für die Problemlösung abhängen. Statt Zeit in eine selbsterstellte Problemlösung zu investieren, kann ein Nachfrager diese Zeit auch als Marktarbeitszeit nutzen: Er wird also nur soviel Zeit investieren, bis die (erwartete) Qualitätsverbesserung gleich oder kleiner dem in einer Zeiteinheit erzielbaren Arbeitseinkommen ist. Bevor ein Nachfrager also eine Entscheidung für Eigen- oder Fremdbezug trifft, muß er zunächst dieses *Optimierungsproblem* lösen. In der weiteren Diskussion beziehen wir uns deshalb immer auf das Optimum bezüglich investierter Zeit und erzielbarer finanzwirtschaftlicher Qualität.

Zum Zeitpunkt der Entscheidung für die Eigenerstellung oder den Fremdbezug einer finanzwirtschaftlichen Problemlösung für die Produktion einer Konsumleistung kennt ein Nachfrager bei unvollständiger Information *ex ante* weder Menge noch Art der Finanzprodukte, die in der fremdbezogenen bzw. in der selbsterstellten Problemlösung enthalten sein werden, noch kennt er mit Sicherheit die Ausprägungen der einzelnen Zeitkomponenten.[78] Da er die jeweiligen Finanzprodukte nicht kennt, kennt er ebenfalls weder die Marktpreise der einzelnen Produkte noch die finanzwirtschaftliche Qualität der jeweiligen Problemlösung. Die oben definierten Schattenpreise sind also nur *ex post* feststellbar, z. B. durch Ausprobieren *beider* Möglichkeiten.

Wir nehmen daher an, daß ein Nachfrager im Falle unvollständiger Informationen *Erwartungen* für die Marktpreise, die Zeitintensitäten der einzelnen Teilvorgänge sowie die erzielbare Güte finanzwirtschaftlicher Problemlösungen bildet. Hierfür können Nachfrager etwa auf umfangreiches Informationsmaterial von Anbietern und unabhängigen Dritten (z. B. Medien) sowie eigene Erfahrungen zurückgreifen und bilden für die jeweiligen Größen *Erwartungswerte*. Weiterhin sei der Nachfrager bezüglich dieser Erwartungswerte *risikoneutral*.[79]

Unter Berücksichtigung dieser Interpretation von Marktpreisen und der jeweils benötigten Zeit als erwartete Größen kann das obige Entscheidungskalkül beibehalten werden. Betrachten wir wieder Finanzprodukte mit *sicheren Zahlungsströmen* und als Bewertungsfunktion die Barwertfunktion der Nach-Steuer-Zahlungen einer Problemlösung, so entspricht die *Maximierung des Barwerts* aus Nachfragersicht der *Minimierung des finanzwirtschaftlichen Preises* einer finanzwirtschaftlichen Problemlösung[80]. Wir gehen also im folgenden davon aus, daß ein Nachfrager für einen Preisvergleich unterschied-

---

[78] Dies gilt sowohl bezüglich von Problemlösungen mit *sicheren* Zahlungsströmen als auch bezüglich von Problemlösungen mit *unsicheren* Zahlungsströmen.

[79] Um Mißverständnissen vorzubeugen: Bei der Entscheidung, eine Finanzberatung in Anspruch zu nehmen, bestimmt ein Nachfrager in einem ersten Schritt als Entscheidungsgrundlage den erwarteten Schattenpreis; dieser berücksichtigt (entsprechend der Annahme der diesbezüglichen Risikoneutralität) die erwarteten Abweichungen von den erwarteten Schattenpreisen (also die Varianz bzw. die Standardabweichung) *nicht*. In einem zweiten Schritt entscheidet er bei der Allokation seiner verfügbaren Ressourcen (finanzielle Mittel und Zeit) anhand seiner Präferenzordnung, wobei er als Grundlage der Allokationsentscheidung statt bekannter Schattenpreise jetzt die erwarteten Größen verwendet. Da keine Unsicherheit bezüglich der *Eigenschaften der erstellten Konsumleistung* besteht und die Axiome der *Güterknappheit und Vergleichbarkeit*, *Reflexität und Transitivität*, *Nichtsättigung und Abgeschlossenheit*, *rationalen Wahl* und der *sinkenden Grenzrate der Substitution* unverändert gültig sind, bleibt das modellierte haushaltsökonomische Entscheidungskalkül (und hier insbesondere die Repräsentierbarkeit der Präferenzordnung durch eine konkave Nutzenfunktion) gegenüber der Analyse im letzten Abschnitt ebenfalls unverändert. Wäre der Nachfrager bezüglich der erwarteten Schattenpreise risikoavers, dann würde er nach der Bildung der Erwartungswerte diese mittels einer Risikonutzenfunktion bewerten und dann diese „bewerteten Erwartungswerte" für Allokationsentscheidungen auf Basis des haushaltsökonomischen Kalküls verwenden. Dieser Aspekt soll hier zur Klarheit der weiteren Darstellung nicht weiterverfolgt werden. Weiterhin bezieht sich die obige Annahme der Risikoneutralität auf die erwarteten Schattenpreise und nicht auf die Bewertung von Finanzprodukten mit sicheren bzw. unsicheren Zahlungsströmen, vgl. Fußnote 78, S. 132.

[80] Vgl. Abschn. 3.1.2, S. 37ff.

licher finanzwirtschaftlicher Problemlösungen jeweils den *finanzwirtschaftlichen Preis* $\tilde{p}_{PL}$ einer Problemlösung *PL* zugrundelegt. Damit berücksichtigt er aus einer finanzwirtschaftlichen Sicht also nicht nur (wie bei einer Zugrundelegung des konditionenorientierten Preises $\dot{p}_{PL}$ einer Problemlösung) die Auszahlungen, die er für den Erwerb dieser Problemlösungen leisten muß, sondern *alle Zahlungen nach Steuern*, die für ihn aus der Inanspruchnahme einer finanzwirtschaftlichen Problemlösung resultieren. Er berücksichtigt damit nicht nur die Kosten, sondern explizit auch die *finanwirtschaftliche Qualität von Problemlösungen* bei der Absatzwegewahl. Die Zugrundelegung des finanzwirtschaftlichen Preises als monetärer Bewertungsmaßstab für den Preis einer Problemlösung ermöglicht damit nicht nur eine *kostenorientierte*, sondern darüber hinaus auch eine *qualitätsorientierte* Betrachtung unterschiedlicher Problemlösungen bei der Absatzwegewahl; vergleiche hierzu ausführlich den Abschn. 3.1.2[81].

Berücksichtigen wir weiterhin, daß die benötigte Zeit für die Beschaffung bzw. die Erstellung einer Problemlösung ein knapper Faktor ist, so erhalten wir als Entscheidungskriterium für die Absatzwegeentscheidung wiederum den *Schattenpreis*: Ein Nachfrager ist bei der Produktion einer Konsumleistung dann zwischen den Absatzwegen (bzw. „Beschaffungsprozessen") „Fremdbezug über eine Filiale" *F* und „Eigenerstellung" *E* für den Bezug einer entsprechenden finanzwirtschaftlichen Problemlösung *indifferent*, wenn deren Schattenpreise π_F bzw. π_E gleich sind.[82] Da Beratungsgebühren beim Bezugsweg „Filiale" annahmegemäß nicht anfallen, gilt für die Definition dieser Schattenpreise:

$$\pi_F = \sum_{i \in \mathcal{P}_\mathcal{F}} \tilde{p}_i + b_F \cdot \bar{w}, \tag{6.18}$$

$$\pi_E = \sum_{j \in \mathcal{P}_\mathcal{E}} \tilde{p}_j + b_E \cdot \bar{w}, \tag{6.19}$$

[81] Siehe S. 37ff. Da ein Nachfrager den „Nutzen" von Marktgütern nur indirekt berücksichtigt (über den Nutzen der mit diesen erstellten Konsumleistungen, die die Argumente seiner Nutzenfunktion darstellen), den Preis von Marktgütern aber explizit in seine Allokationsentscheidungen einbezieht (vgl. die Optimalitätsbedingungen (6.13)), ist die Berücksichtigung der finanzwirtschaftlichen Qualität von Problemlösungen und deren monetären Wirkungen über den *finanzwirtschaftlichen Preis* dieser Problemlösung eine elegante und zugleich mit dem obigen Entscheidungskalkül *konsistente* Modellierung. Es sei ferner daran erinnert, daß sich der finanzwirtschaftliche Preis einer Problemlösung additiv aus den finanzwirtschaftlichen Preisen der einzelnen Finanzprodukte zusammensetzt (da dieser letztendlich den negativen Barwert einer Problemlösung darstellt und die Barwertfunktion selbst additiv ist); s. Abschn. 3.1.2, S. 37ff.

[82] Es sei daran erinnert, daß bis auf die Finanzprodukte der zu beschaffenden Problemlösung die anderen Einsatzfaktormengen und Zeiten für die Produktion dieser Konsumleistung festliegen und damit für diese Analyse exogen vorgegeben sowie jeweils gleich sind, so daß dieser hier nicht entscheidungsrelevant sind; vgl. die Diskussion auf S. 130.

$\mathcal{P}_{\mathcal{F}}$ sei die Menge der in einer *fremdbezogenen* Problemlösung enthaltenen Finanzprodukte und $\mathcal{P}_{\mathcal{E}}$ die Menge der in einer *eigenerstellten* Problemlösung enthaltenen Finanzprodukte; $\tilde{p}_k$ sei der finanzwirtschaftliche Preis eines Finanzproduktes einer Problemlösung $\mathcal{K}$, $k \in \mathcal{P}_{\mathcal{K}}$.

Der Schattenpreis π_F einer kundenindividuellen Problemlösung, die der Kunde im Filialvertrieb *fremdbezieht*, ist dementsprechend die Summe der Marktpreise $\tilde{p}_i$ der in der Problemlösung enthaltenen Finanzprodukte und der mit Opportunitätskosten bewerteten Zeit b_F, die der Nachfrager für die Erstellung und den Kauf dieser Problemlösung benötigt.

Die benötigte Zeit b_F für den Fremdbezug einer Problemlösung setzt sich aus den Komponenten entsprechend Gleichung (6.20) zusammen:

$$\begin{aligned} b_F = \; & \text{Wegezeit } \textit{zur} \text{ Filiale} \\ & + \text{Wartezeit in Warteschlange} \\ & + \text{Zeit Kaufgespräch} \\ & + \text{Wegezeit } \textit{von} \text{ Filiale} \\ & + \text{Beratungszeit.} \end{aligned} \tag{6.20}$$

Die Summe der ersten vier Summanden wird im weiteren auch als *Beschaffungszeit* b_F^b einer fremdbezogenen Problemlösung bezeichnet; die *Beratungszeit* wird im folgenden mit b_F^s bezeichnet; es gilt somit: $b_F = b_F^s + b_F^b$. b_F^b ist damit gleich der Beschaffungszeit von Finanzdienstleistungen im Filialvertrieb b_F^d[83].

Der Schattenpreis π_E einer *eigenerstellten* Problemlösung setzt sich analog dem Schattenpreis einer fremdbezogenen Problemlösung zusammen aus der Summe der Marktpreise $\tilde{p}_j$ der in der selbsterstellten Problemlösung enthaltenen Finanzdienstleistungen und der mit Opportunitätskosten bewerteten Zeit b_E, die der Nachfrager für die Erstellung dieser Problemlösung (bzw. Konsumleistung) benötigt:

Die Zeit b_E für die *Eigenerstellung* einer Problemlösung setzt sich aus den Komponenten entsprechend Gleichung (6.21) zusammen. Die ersten drei Summanden bezeichnen wir als *Lösungszeit* b_E^s der eigenerstellten Problemlösung und die restlichen vier Summanden als *Beschaffungszeit* b_E^b der eigenerstellten Problemlösung; es gilt also: $b_E = b_E^s + b_E^b$. b_E^b entspricht hier der Beschaffungszeit von Finanzdienstleistungen im Direktvertrieb b_D^d[84].

[83] Siehe Tabelle 6.16, S. 125.

[84] Vgl. Tabelle 6.16, S. 125.

$$
\begin{aligned}
b_E = {} & \text{Zeit für Informationsbeschaffung} \\
& + \text{Problemlösung (eventuell mehrere alternative Lösungen)} \\
& + \text{Bewertung, Vergleich und Auswahl Problemlösung} \\
& + \text{Wählzeit Telefon} \\
& + \text{Verbindungszeit} \\
& + \text{Zeit Kaufgespräch} \\
& + \text{Auflegen.}
\end{aligned}
\tag{6.21}
$$

Wir nehmen weiterhin an, daß zum einen mit *zusätzlich* investierter Lösungszeit der Wert der Bewertungsfunktion des zugrundeliegenden Problems steigt. Zum anderen gehen wir davon aus, daß das Wachstum des Werts der Bewertungsfunktion mit zunehmender Lösungszeit *abnimmt* und der Funktionswert gegen einen Grenzwert *konvergiert*; ansonsten wäre mit zunehmender Lösungszeit ein unbeschränktes Wachstum der Bewertungsfunktion denkbar. Da ein Anstieg der Bewertungsfunktion einer Abnahme des finanzwirtschaftlichen Preises der Problemlösung entspricht, erhalten wir folgende Bedingungen:

$$
\begin{aligned}
&\frac{\partial \sum_{j \in \mathcal{P}_\mathcal{E}} \tilde{p}_j}{\partial b_E^s} \leq 0 \quad \text{und} \quad \frac{\partial^2 \sum_{j \in \mathcal{P}_\mathcal{E}} \tilde{p}_j}{\partial {b_E^s}^2} \leq 0, \quad \text{bzw.} \\
&\frac{\partial \sum_{i \in \mathcal{P}_\mathcal{F}} \tilde{p}_i}{\partial b_F^s} \leq 0 \quad \text{und} \quad \frac{\partial^2 \sum_{i \in \mathcal{P}_\mathcal{F}} \tilde{p}_i}{\partial {b_F^s}^2} \leq 0.
\end{aligned}
\tag{6.22}
$$

Zusammenfassend schwächen wir also gegenüber der bisherigen Anaylse die Annahme der vollständigen Information der Nachfrager ab und führen folgende *zusätzliche Annahmen* ein:

- Ein *nicht vollständig informierter Nachfrager* kann für die Lösung eines finanzwirtschaftlichen Problems zwischen *Eigenerstellung* (Lösung des Problems durch den Nachfrager, Kauf der Produkte im Direktvertrieb) und *Fremdbezug* (Inanspruchnahme Finanzberatung und Kauf der Produkte beim gleichen Anbieter) wählen.
- Der Nachfrager bildet *Erwartungswerte* bezüglich der erwarteten *Beschaffungs-*, *Lösungs-* und *Beratungszeiten* sowie bezüglich der erwarteten Schattenpreise und ist bezüglich der Erwartungswerte *risikoneutral*.
- Entscheidungsrelevant sind für den Nachfrager die jeweiligen *Schattenpreise*. Die Schattenpreise sind entsprechend den Gleichungen (6.18) sowie (6.19) und die benötigten Zeiten sind entsprechend den Gleichungen (6.20) sowie (6.21) definiert; als Marktpreis eines Finanzprodukts wird aus Nachfragersicht der finanzwirtschaftliche Preis zugrunde gelegt. Für die Lösungszeit gelten zusätzlich die Bedingungen (6.22).
- Als Preis für Finanzprodukte *FP* einer Problemlösung $\mathcal{K}$, $FP \in \mathcal{K}$, legen Nachfrager den finanzwirtschaftlichen Preis $\tilde{p}_{FP}$ zugrunde. Damit können

wir in der weiteren Analyse nicht nur eine *kostenorientierte* Analyse, sondern auch eine *qualitätsorientierte* Analyse durchführen.

Ein Nachfrager wird entsprechend den obigen Annahmen den Fremdbezug immer dann vorziehen (bzw. indifferent sein), wenn der Schattenpreis für den Fremdbezug kleiner oder gleich dem Schattenpreis der Eigenerstellung ist, also wenn:

$$\pi_F \leq \pi_E. \tag{6.23}$$

Wir setzen für die Schattenpreise π_F und π_E die jeweils „rechten Seiten" der Gleichungen (6.18) und (6.19) ein und erhalten:

$$\begin{aligned} \sum_{i \in \mathcal{P_F}} \tilde{p}_i + b_F \cdot \bar{w} &\leq \sum_{j \in \mathcal{P_E}} \tilde{p}_j + b_E \cdot \bar{w} \\ \Longleftrightarrow \quad \sum_{i \in \mathcal{P_F}} \tilde{p}_i - \sum_{j \in \mathcal{P_E}} \tilde{p}_j &\leq (b_E - b_F) \cdot \bar{w} \end{aligned} \tag{6.24}$$

Entsprechend Ungleichung (6.24) wird sich ein Nachfrager immer dann für den Fremdbezug einer Problemlösung entscheiden, wenn die Opportunitätskosten des (erwarteten) zusätzlichen Zeiteinsatzes für eine Eigenerstellung im Vergleich zum Fremdbezug $(b_E - b_F)$ größer sind als eine erzielbare Einsparung durch die Eigenerstellung einer Problemlösung. Wir wollen diese allgemeine Bedingung noch etwas genauer betrachten und zerlegen die einzelnen Größen in ihre Bestandteile, um genauere Aussagen ableiten zu können, wann sich ein Nachfrager für den Fremdbezug entscheidet.

Hierzu zerlegen wir die benötigten *Zeiten* für die Eigenerstellung b_E und für den Fremdbezug b_F in ihre jeweiligen Komponenten: $b_E = b_E^s + b_E^b$[85] bzw. $b_F = b_F^s + b_F^b$[86]. Der *finanzwirtschaftliche Preis* $\tilde{p}_{FP}$ eines Finanzprodukts *FP* kann logisch ebenfalls in zwei Komponenten zerlegt werden. Zum einen in den *konditionenorientierten Preisanteil* $\dot{p}_{FP}$[87]: Der konditionenorientierte Preisanteil stellt den Barwert des Gewinnanteils und der (Produktions-, Vertriebs- und Abwicklungs)kosten dar, die ein Finanzdienstleister einem Nachfrager für die Erstellung bzw. den Verkauf eines Finanzprodukts in Rechnung stellt[88]. Die zweite Komponente

$$\tilde{p}_{FP}^q \equiv \tilde{p}_{FP} - \dot{p}_{FP}$$

kann interpretiert werden als der um die obigen Kostenanteile bereinigte negative Barwert der Nach-Steuer-Zahlungen eines Finanzprodukts und damit

[85] Vgl. die Anmerkung zu Gleichung (6.19).
[86] Vgl. die Vorbemerkung zu Gleichung (6.21).
[87] Vergleiche für die Definition des konditionenorienitierten Preisanteils $\dot{p}_{FP}$ Abschn. 3.1.2, S. 37ff.
[88] Der konditionenorientierte Preisanteil wird im folgenden auch kurz als *Beschaffungspreis* bezeichnet.

als ein Maß für die *finanzwirtschaftliche Qualität* eines Finanzprodukts aus Nachfragersicht. Durch die Zerlegung in diese beiden Preisbestandteile ist in der weiteren Analyse zwischen dem „Qualitätsanteil" und dem „Kostenanteil" einer Problemlösung unterscheidbar.

Zerlegen wir die benötigten Zeiten und die Preise in die entsprechenden Komponenten, so erhalten wir:

$$\underbrace{\sum_{i\in\mathcal{P_F}} \dot{p}_i + \sum_{i\in\mathcal{P_F}} \tilde{p}_i^q}_{\sum_{i\in\mathcal{P_F}} \tilde{p}_i} - \left(\underbrace{\sum_{j\in\mathcal{P_E}} \dot{p}_j + \sum_{j\in\mathcal{P_E}} \tilde{p}_j^q}_{\sum_{j\in\mathcal{P_E}} \tilde{p}_j}\right) \leq \left[\underbrace{(b_E^s + b_E^b)}_{b_E} - \underbrace{(b_F^s + b_F^b)}_{b_F}\right] \cdot \bar{w} \tag{6.25}$$

$\iff$

$$\sum_{i\in\mathcal{P_F}} \dot{p}_i - \sum_{j\in\mathcal{P_E}} \dot{p}_j + \sum_{i\in\mathcal{P_F}} \tilde{p}_i^q - \sum_{j\in\mathcal{P_E}} \tilde{p}_j^q + (b_F^b - b_E^b)\cdot\bar{w} \leq (b_E^s - b_F^s)\cdot\bar{w} \tag{6.26}$$

$\iff$

$$\underbrace{\sum_{i\in\mathcal{P_F}} \dot{p}_i - \sum_{j\in\mathcal{P_E}} \dot{p}_j}_{\text{Mehrkosten Filialvertrieb}} + \underbrace{\sum_{i\in\mathcal{P_F}} \tilde{p}_i^q - \sum_{j\in\mathcal{P_E}} \tilde{p}_j^q}_{\text{Qualitätsdifferenz}} + (b_F^b - b_E^b + b_F^s)\cdot\bar{w} \leq b_E^s\cdot\bar{w} \tag{6.27}$$

Ungleichung (6.27) beschreibt ein *ökonomisches Entscheidungskriterium*, anhand dessen Nachfrager mit unvollständiger Information entscheiden, ob sie finanzwirtschaftliche Problemlösungen selbst erstellen (und für die Beschaffung der entsprechenden Finanzprodukte den Direktvertrieb nutzen) oder ob sie den Filialvertrieb in Anspruch nehmen. Zugleich stellt Ungleichung (6.27) einen *Erklärungsansatz* dar, warum Nachfrager nach Finanzdienstleistungen trotz höherer Marktpreise und trotz höherer Beschaffungspreise (als Opportunitätskosten des zeitlichen Mehraufwandes) den Filialvertrieb gegenüber dem Direktvertrieb bevorzugen: Nicht nur die *Beschaffungspreise* der Finanzdienstleistungen und die *Beschaffungszeiten* fließen in das Entscheidungskalkül der Nachfrager ein, sondern insbesondere auch die mit dem Opportunitätskostensatz $\bar{w}$ bewerteten *Zeiteinsparungen* und *Qualitätsgewinne*, die Nachfrager erwarten, wenn sie das Filialbankangebot nutzen. Immer wenn ein Nachfrager erwartet, daß die *Summe* aus den zusätzlichen Beschaffungskosten im Filialvertrieb, der Qualitätsdifferenz, der zusätzlichen Opportunitätskosten im Filialvertrieb sowie den Opportunitätskosten für die Finanzberatung kleiner als die Opportunitätskosten der Lösungszeit im Fall der Eigenerstellung ist, wird ein Nachfrager das Filialbankangebot nutzen.

Ein wesentlicher Entscheidungsfaktor ist dementsprechend die erwartete Qualitäts*differenz*, die im folgenden näher betrachtet werden soll.

- **Fall 1: Gleiche finanzwirtschaftliche Güte**
  Erwartet ein Nachfrager, eine Problemlösung im besten Fall mit gleicher Qualität wie im Fall des Fremdbezugs zu erstellen (gilt also $\sum_{i \in \mathcal{P}_\mathcal{F}} \tilde{p}_i^q = \sum_{j \in \mathcal{P}_\mathcal{E}} \tilde{p}_j^q$), vereinfacht sich Ungleichung (6.26) zu:

$$\underbrace{\sum_{i \in \mathcal{P}_\mathcal{F}} \dot{p}_i - \sum_{j \in \mathcal{P}_\mathcal{E}} \dot{p}_j}_{>0 \text{ (Mehrkosten Filialkauf)}} + \underbrace{(b_F^b - b_E^b)}_{>0\ \Delta \text{ Beschaffungszeiten}} \cdot \bar{w} \leq \underbrace{(b_E^s - b_F^s)}_{>0\ \Delta \text{ Lösungszeiten}} \cdot \bar{w}.$$

  Entsprechend der obigen Analyse[89] sind die Beschaffungszeiten im Direktvertrieb b_E^b im allgemeinen kleiner als die Beschaffungszeiten im Filialvertrieb b_F^b. Der Term $(b_F^b - b_E^b)$ ist somit größer 0. $(b_F^b - b_E^b) \cdot \bar{w}$ beschreibt die (positive!) Differenz der Opportunitätskosten der unterschiedlichen Beschaffungszeiten für die jeweiligen Problemlösungen. Die rechte Seite der Ungleichung $((b_E^s - b_F^s) \cdot \bar{w})$ beschreibt demgegenüber die Differenz der Opportunitätskosten der unterschiedlichen Lösungszeiten. Ein Nachfrager wird sich also immer dann für den Fremdbezug entscheiden, wenn die Summe aus den Mehrkosten der Finanzprodukte und aus den Mehrkosten der Beschaffungszeiten kleiner als die Mehrkosten der Problemlösungszeit bei Eigenerstellung sind.
  Vor allem bei finanzwirtschaftlichen Problemstellungen, die *komplex* und nur *selten* von Nachfragern zu lösen sind (wie z. B. die Finanzierung einer eigengenutzten Wohnung), wird die *Problemlösungszeit* im Fall der Eigenerstellung für eine vergleichbare Lösungsqualität häufig (erheblich) größer sein als die Beratungszeit im Fall des Fremdbezugs. Ein Nachfrager muß für eine gute eigenerstellte Lösung einen entsprechend hohen Aufwand betreiben, um die notwendigen Informationen zu beschaffen, zu verarbeiten und die Ergebnisse zu interpretieren, wobei er diese Informationen in der Regel nur einmal nutzen kann. Externe Finanzdienstleister können hier hingegen aufgrund von *Economies of scale* und *Economies of scope* Größen- und Spezialisierungsvorteile erzielen.
  Bei finanzwirtschaftlichen Problemstellungen, die hingegen einen nur *geringen* Komplexitätsgrad besitzen oder *häufig* von Nachfragern gelöst werden (z. B. die Anlage kurzfristig verfügbarer Gelder in Termingeldern), werden diese in der Regel von den Nachfragern selbst und unter Inanspruchnahme des Direktvertriebs gelöst.
- **Fall 2: Kleinere bzw. höhere finanzwirtschaftliche Güte**
  Der Fall einer *kleineren* finanzwirtschaftlichen Güte einer selbsterstellten Lösung wird für viele Nachfrager aufgrund der vielfältigen Einflußfaktoren auf deren Vorteilhaftigkeit insbesondere bei umfangreicheren Finanzierungen (Immobilienfinanzierungen, KFZ-Finanzierungen), Vorsorgeplanungen über einen längeren Zeitraum oder auch bei komplexeren Anlageproblemen

[89] Siehe Tabelle 6.16, S. 125.

auftreten. Im Extremfall wird ein Nachfrager eventuell gar nicht fähig sein, eine Problemlösung selbst erstellen zu können.
Eine geringere finanzwirtschaftliche Güte einer eigenerstellten Finanzdienstleistung impliziert einen höheren finanzwirtschaftlichen Preis der eigenerstellten Finanzdienstleistung[90], so daß $\sum_{i \in \mathcal{P}_{\mathcal{F}}} \tilde{p}_i^q < \sum_{j \in \mathcal{P}_{\mathcal{E}}} \tilde{p}_j^q$ ist. Es gilt also:

$$\sum_{i \in \mathcal{P}_{\mathcal{F}}} \tilde{p}_i^q - \sum_{j \in \mathcal{P}_{\mathcal{E}}} \tilde{p}_j^q < 0$$

und damit ist die Qualitätsdifferenz in Ungleichung (6.27) negativ. Unter Beachtung, daß vor allem bei größeren Anlage- bzw. Finanzierungsbeträgen in Abhängigkeit der angebotenen Problemlösungen teilweise erhebliche Unterschiede bezüglich des finanzwirtschaftlichen Preises eintreten können[91], werden sich vor allem Nachfrager mit geringen finanzwirtschaftlichen Kenntnissen trotz eventuell längerer Beschaffungszeiten sowie höheren Beschaffungskosten für den Fremdbezug entscheiden; zusätzlich führen die (im Vergleich zur Eigenerstellung) häufig kürzeren Beratungszeiten beim Fremdbezug zu einer Bevorzugung des Filialvertriebs.
Im Fall einer *höheren* erwarteten Qualität bei Eigenerstellung wird hingegen die Eigenerstellung tendenziell *vorteilhafter*, da zusätzlich zur höheren Qualtität auch die Beschaffungszeiten und die Beschaffungskosten günstiger als im Filialvertrieb sind: Nur wenn der Nachfrager im Vergleich zum Fremdbezug eine relativ lange Lösungszeit benötigt und dabei nur einen geringen Qualitätszuwachs im Vergleich zum Fremdbezug erzielt, wird auch in diesem Fall der Fremdbezug vorteilhaft sein.

Es ist anzumerken, daß das obige Entscheidungskriterium sich auf die Erstellung *einer* Konsumleistung (und der hierzu benötigten Problemlösungen bezieht). Ein Nachfrager wird sich also bei der Entscheidung bezüglich der Inanspruchnahme einer Finanzberatung bzw. der Eigenerstellung der Problemlösung bei der Produktion einer Konsumleistung jedesmal neu entscheiden. Im allgemeinen wird dies dazu führen, daß in Abhängigkeit der jeweils zu erstellenden Konsumleistung und der Komplexität der zugrundeliegenden finanzwirtschaftlichen Problemstellung Nachfrager sowohl Problemlösungen fremd beziehen (und damit Finanzdienstleistungen im Filialvertrieb kaufen) als auch Problemlösungen selbst erstellen werden (und die entsprechenden Finanzdienstleistungen mittels Direktvertrieb nachfragen). Nachfrager werden also häufig ein „Portfolio“ von Filialbank- und Direktbankleistungen bilden.[92]

---

[90] Vgl. Abschn. 3.1.2, S. 37ff.
[91] Vgl. Abschn. 4.6.3, S. 66ff.
[92] Vor allem für Nachfrager, die bereits Depots bei einer Filialbank führen, kann es aufgrund der hohen Kosten von Depotübertragungen häufig vorteilhaft sein, ihr bestehendes Depot weiterzuführen und erst bei Investitionen in Wertpapiere, die sie bisher nicht in ihrem Depot führen, zu einer Direktbank zu wech-

Die Entscheidung für eine Eigenerstellung ist damit letztendlich abhängig von der *Effizienz eines Nachfragers* bei der Erstellung einer Problemlösung: Sind die Schattenpreise für die eigenerstellte Problemlösung höher als diejenigen des Fremdbezugs einer Problemlösung, wird der Nachfrager die kostengünstigere Produktionstechnologie externer Anbieter nutzen und bereit sein, hierfür ein Entgelt zu zahlen. Wie oben angesprochen, liegt eine leistungsfähigere Produktion von Problemlösungen im Filialvertrieb insbesondere in *Economies of scale* (Größenvorteile) bzw. *Economies of scope* (Spezialisierungsvorteile) des Anbieters begründet. Die Entscheidung eines Nachfragers für die Nutzung des Filial- bzw. Direktvertriebs ist damit letztlich durch ein ökonomisch fundiertes Entscheidungskriterium ***beschreibbar*** und ***erklärbar***.

Dies hat insofern weitreichende Konsequenzen, als persönliche Präferenzen eines Nachfragers für eine Absatzmethode oder einen speziellen Anbieter im obigen Kalkül ebenfalls berücksichtigt sind: Persönliche Vorlieben gehen als Umweltvariable R in die Produktionsfunktion ein[93], und haben Auswirkungen auf die Entscheidung für eine Absatzmethode nur dann, wenn diese Vorlieben dazu führen, daß die Effizienz des Produktionsprozesses so stark beeinflußt wird, daß die Schattenpreisverhältnisse sich so weit verschieben, daß vorher teurere Absatzwege und Anbieter „billiger“ werden. Damit ist jedoch letztendlich die Wahl eines Anbieters nicht (ausschließlich) über schwer meßbare und beeinflußbare individuelle Präferenzen der Nachfrager beschreibbar und erklärbar, sondern auch über die unterschiedliche Effizienz von Produktionsprozessen, die durch Maßnahmen der Anbieter gezielt beeinflußbar sind: Durch eine entsprechende Gestaltung der Absatzmethode können sowohl *Beratungsschnelligkeit* und *Beratungsqualität* des Angebotsprozesses gesteigert als auch die *Beschaffungszeiten* verringert werden. Angesichts der derzeit *wenig* überzeugenden Systemunterstützung des Informations- und Kommunikationsprozesses in der Finanzberatung[94] besteht hier bei zieladäquater Gestaltung des Informations- und Kommunikationssystems noch ein (erhebliches) Gestaltungspotential[95].

---

seln. Weiterhin können während einer Finanzberatung auch *mehrere* Probleme *gleichzeitig* gelöst werden, d. h. während einer Finanzberatung (bzw. einem Eigenerstellungsprozeß) werden Problemlösungen für *mehrere* Konsumleistungen gleichzeitig erstellt, so daß etwa die Beschaffungszeiten je Konsumleistung aufgrund einer „Größendegression“ geringer werden. Sind die einzelnen Zeiten und Produktpreise nicht eindeutig einer Konsumleistung zurechenbar, so ist eine Erweiterung der haushaltsökonomischen Modellierung erforderlich; hierfür s. z. B. [PoWa75].

93 Vgl. Abschn. 6.2.3, S. 116.

94 Untersuchungen und Analysen über den Realisierungsstand und den Einsatz von Beratungsunterstützungssystemen im Finanzdienstleistungsbereich zeigen, daß die Systemunterstützung in der Finanzberatung sowohl aus wissenschaftlicher Sicht als auch aus Sicht der Praxis als *unzureichend* anzusehen ist, vgl. Abschn. 8.1.1, S. 208ff.

95 Vgl. beispw. [Roem94] und [RoBu96a].

Damit ein Nachfrager die Erstellung einer finanzwirtschaftlichen Problemlösung durch eine Direktbank gegenüber einer Erstellung durch eine Filialbank bzw. gegenüber einer Eigenerstellung präferiert, muß gelten:

$$\pi_D \leq \pi_F \qquad \text{und} \qquad \pi_D \leq \pi_E, \tag{6.28}$$

π_D bezeichne den Schattenpreis einer von einer Direktbank angebotenen Problemlösung. Es wird zur Klarheit der Darstellung wiederum unterstellt, daß im Fall einer Problemlösung, die ein Finanzdienstleister in einer Finanzberatung erstellt, der Nachfrager die in der jeweiligen Problemlösung enthaltenen Finanzdienstleistungen wieder bei diesem Finanzdienstleister nachfragt; im Fall der Eigenerstellung bezieht er die entsprechenden Finanzprodukte wieder im Direktvertrieb (ohne Inanspruchnahme von Beratungsleistung!).

Für den Schattenpreis einer im Direktvertrieb angebotenen Problemlösung gelte analog:

$$\pi_D = \sum_{k \in \mathcal{P}_\mathcal{D}} \tilde{p}_k + p_D^{FB} + b_D \cdot \bar{w}, \tag{6.29}$$

$\mathcal{P}_\mathcal{D}$ sei die Menge der in einer fremdbezogenen (Direktvertriebs-)Problemlösung enthaltenen Finanzprodukte. Im Fall des Angebots kundenindividueller Problemlösungen im Direktvertrieb erbringt ein Finanzdienstleister im Vergleich zum Direktvertrieb ohne Beratungsangebot eine *zusätzliche* Dienstleistung, die für ihn mit zusätzlichen Kosten verbunden ist. Wir nehmen an, daß der Anbieter diese Dienstleistung im Direktvertrieb dem Nachfrager *separat* in Rechnung stellt und *nicht* auf die einzelnen Finanzprodukte umlegt[96]; p_D^{FB} bezeichne dieses Beratungsentgelt.

Falls die Forderung in Bedingung (6.28) durch die Ungleichung

$$\pi_D < \pi_F \leq \pi_E \tag{6.30}$$

erfüllt wird, wird der Kunde sich statt für eine Finanzberatung durch eine Filialbank für eine Finanzberatung durch eine Direktbank entscheiden, er *substituiert* den Filialvertrieb durch den Direktvertrieb.

Für die Beschaffung von kundenindividuellen Problemlösungen wird ein Nachfrager also dann den Filialvertrieb durch den Direktvertrieb substituieren, wenn gilt:

$$\pi_D < \pi_F. \tag{6.31}$$

---

[96] Diese Annahme ist sinnvoll, da die Dienstleistung die Erstellung einer Problemlösung ist und somit nicht für einzelne Finanzprodukte anfällt. Würden im Direktvertrieb die Kosten für Beratungsleistungen ebenfalls wie im Filialvertrieb üblich als Gemeinkosten pauschal auf alle Finanzprodukte umgelegt werden, würde der Anbieter seinen Preisvorteil gegenüber Nachfragern ohne Beratungswunsch zumindest verringern.

Durch Äquivalenzumformungen, die wir in Analogie zu den Umformungen von Ungleichung (6.23) zu Ungleichung (6.27) durchführen, erhalten wir die Bedingung:

$$\underbrace{\sum_{l\in\mathcal{P}_\mathcal{D}} \dot{p}_l - \sum_{i\in\mathcal{P}_\mathcal{F}} \dot{p}_i}_{\text{Vorteil Direktvertrieb } (<0)} + p_D^{FB} + \underbrace{\sum_{l\in\mathcal{P}_\mathcal{D}} \tilde{p}_l^q - \sum_{i\in\mathcal{P}_\mathcal{F}} \tilde{p}_i^q}_{\text{Qualitätsdifferenz}} + (\underbrace{b_D^b - b_F^b}_{\Delta\text{ Beschaff.zeit } (<0)} + b_D^s)\cdot \bar{w} \le b_F^s \cdot \bar{w}. \qquad (6.32)$$

$\tilde{p}_l^q$ sei wieder definiert als die Differenz aus finanzwirtschaftlichem Preis $\tilde{p}_l$ und konditionenorientiertem Preis $\dot{p}_l$: $\tilde{p}_l^q \equiv \tilde{p}_l - \dot{p}_l$.

Während für Nachfrager *ohne* Beratungsbedarf der Direktvertrieb *jeweils* bezüglich der beiden Einflußfaktoren Produktpreis und Beschaffungszeit überlegen ist und damit im allgemeinen in niedrigeren Schattenpreisen des Direktvertriebs resultiert, so ist die Vorteilhaftigkeit dieser Absatzmethode für Nachfrager *mit* Beratungsbedarf nicht so eindeutig: Zwar besitzt der Direktvertrieb auch in diesem Fall *Preisvorteile* aufgrund niedrigerer *Beschaffungspreise* sowie aufgrund geringerer Opportunitätskosten bezüglich der *Beschaffungszeit*. Allerdings wird der Vorteil geringerer Beschaffungspreise aufgrund des zusätzlichen *Beratungsentgelts* p_D^{FB} aus Nachfragersicht kleiner. Darüber hinaus ist in diesem Fall zusätzlich das Verhältnis der *Beratungszeiten* b_D^s und b_F^s von Bedeutung, dabei kann aufgrund der räumlichen Trennung von Anbieter und Nachfrager sicherlich der Fall auftreten, daß die Beratungszeiten im Direktvertrieb *größer* als die Beratungszeiten im Filialvertrieb sind[97].

Dementsprechend sollte ein Anbieter im Direktvertrieb Nachfragern eine zumindest gleichwertige Qualität der Problemlösung anbieten können, damit die Bedingung in Ungleichung (6.32) eingehalten wird. Etwas vereinfacht formuliert heißt dies:

> Für ein erfolgreiches Angebot von kundenindividuellen Problemlösungen im Direktvertrieb sind *allein* die Vorteile durch *niedrige* Beschaffungspreise und Beschaffungszeiten nicht ausreichend; diese müssen durch Problemlösungen mit (im Vergleich zum Filialvertrieb) *vorteilhaften* Werten der Bewertungsfunktion eines Nachfragers komplementiert werden.

Wird die Bedingung (6.28) durch die Ungleichung

[97] Ein Grund liegt zum einen in den längeren Übertragungszeiten bei der Nutzung telematischer Dienste. Zum anderen können vor allem visuelle Informationen aufgrund der räumlichen Trennung nicht so einfach und schnell dargestellt sowie ausgetauscht werden: Während ein Berater im Filialvertrieb durch handschriftliche Darstellungen visuelle Information in einem persönlichen Gespräch schnell veranschaulichen und kommunizieren kann, ist bei räumlicher Trennung hierfür die Bedienung entsprechender Software erforderlich – sofern ein entsprechender Online-Informationsaustausch überhaupt möglich ist.

$$\pi_D < \pi_E \leq \pi_F \tag{6.33}$$

erfüllt, wird der Kunde die Eigenerstellung durch den Direktvertrieb substituieren. In diesem Fall kann durch den Direktvertrieb kundenindividueller Problemlösungen ein Nachfragersegment erschlossen werden, das bisher auf Beratungsleistungen verzichtet hat.

Gelingt es also durch die entsprechende Gestaltung eines Informations- und Kommunikationssystems trotz der räumlichen Trennung zwischen Finanzdienstleister und Nachfragern, diesen im Direktvertrieb finanzwirtschaftliche Problemlösungen hinreichend schnell und mit hinreichender Lösungsqualität erstellen und auch erläutern zu können, kann eine Kombination der Vorteile des Direktvertriebs mit dem Angebot kundenindividueller Problemlösungen erreicht werden – und Nachfrager werden sich für den Bezug kundenindividueller Problemlösungen mittels Direktvertrieb entscheiden.

6.3 Zusammenfassung

In diesem Kapitel wird unter Verwendung von Ansätzen der *neueren Haushaltsökonomie* ein *ökonomisches Modell* für das Entscheidungskalkül bei der Nachfrage nach Finanzdienstleistungen entwickelt, das insbesondere die *indirekte Nutzenstiftung* von Finanzdienstleistungen, die Bedeutung des knappen Faktors *Zeit* und *unterschiedliche Nachfragererfahrungen und -kenntnisse* bezüglich der Lösung finanzwirtschaftlicher Probleme berücksichtigt. Anhand dieses Untersuchungsmodells konnten wir unter anderem die folgenden Aussagen ableiten:

1. Für Nachfrager *ohne* Beratungswunsch sind (außer dem Angebot der gewünschten Leistung im Absatzprogramm) *zwei* Faktoren bei der Entscheidung für einen Absatzweg von wesentlicher Bedeutung:
   – die *Beschaffungspreise* und
   – die *Beschaffungszeiten.*
   Bezüglich beider Faktoren ist der Direktvertrieb im allgemeinen dem Filialvertrieb *überlegen*, so daß in diesem Fall der *Direktvertrieb* als Beschaffungsweg gewählt wird (solange keine technologische Distanz vorliegt, die die Benutzung entsprechender telematischer Dienste durch einen Nachfrager verhindert und die nachgefragten Finanzdienstleistungen angeboten werden).
   In Konsequenz wird ein *Preiswettbewerb* um Nachfrager ohne Beratungsbedarf für die Filialbanken kaum zu gewinnen sein.
2. Im Fall von Nachfragern *mit* Beratungsbedarf sind *vier* wesentliche Einflußfaktoren von Bedeutung:
   – die *Beschaffungspreise*,
   – die *Beschaffungszeiten*,
   – die *Beratungs-* bzw. *Lösungszeiten* und

– die *finanzwirtschaftliche Qualität* von Problemlösungen.
Aufgrund der *Erklärungsbedürftigkeit* von vielen Finanzdienstleistungen, des großen Umfangs an benötigtem *Wissen* bzw. an benötigten *Informationen* sowie an *Informationsverarbeitung* beziehen Nachfrager häufig Problemlösungen über Finanzdienstleister. Dies ist insbesonders dann der Fall, wenn diese aufgrund von *Economies of scale* und *economies of scope* bei komplexeren finanzwirtschaftlichen Problemstellungen Problemlösungen mit *höherer Qualität* und *kürzeren Lösungszeiten* als die Nachfrager selbst erstellen.

3. Für einen erfolgreichen Direktvertrieb kundenindividueller Problemlösungen sind damit insbesondere *kurze Lösungszeiten* sowie *hohe finanzwirtschaftliche Qualität* der erstellten Problemlösungen entscheidende Voraussetzungen; kurze Beschaffungszeiten und niedrige Beschaffungspreise *allein* werden im allgemeinen nicht ausreichend sein.

Dies bestätigt das bisherige Ergebnis, daß die *zieladäquate Gestaltung des Informations- und Kommunikationssystems* eine notwendige Bedingung für einen erfolgreichen Direktvertrieb kundenindividueller Problemlösungen ist. Wird diese Bedingung erfüllt, dann sind angesichts der Kommunikations- und Informationsintensität des Angebotsprozesses in der Finanzberatung die Vorteile des Direktvertriebs (kurze Beschaffungszeiten und niedrige Beschaffungspreise) mit hoher finanzwirtschaftlicher Qualität und hinreichend kurzen Beratungszeiten vorteilhaft kombinierbar.

Darüber hinaus können wir anhand dieser Ergebnisse den Begriff *Kundenorientierung* und die Bedeutung der im vorigen Kapitel identifizierten Distanzen *präzisieren* und *operationalisieren*: Aufgrund der Bewertung der benötigten Zeit für die Überbrückung von *geografischen* und *zeitlichen Distanzen* mit dem Lohnsatz eines Nachfragers können diese Distanzen in direkte Beziehung mit der *sachlichen Distanz* (gemessen als finanzwirtschaftlicher Preis einer Problemlösung) gesetzt werden; die Überbrückung der *technologischen Distanz* ist als notwendige Voraussetzung für einen Direktvertrieb anzusehen. Die *emotionale Distanz* ist im Ansatz über die Umgebungsvariable R ebenfalls abbildbar. Indes ist es kaum möglich, die vielfältigen *emotionalen* Faktoren, die für die Vertriebswegwahl eines Nachfragers von Bedeutung sind, in einer oder mehreren quantitativen Variablen in einem haushaltsökonomischen Modell zu erfassen und deren Auswirkungen erschöpfend zu analysieren; hier sind sowohl weitere ökonomische als auch sozialpsychologische Untersuchungen zu komplementieren.

Es ist kritisch anzumerken, daß die obige Analyse *nicht* alle Kosten erfaßt, die bei der Wahl des Absatzweges aus Nachfragersicht anfallen, wie etwa Telekommunikationskosten der Nachfrager im Direktvertrieb oder Fahrtkosten für das Aufsuchen einer Filiale. Darüber hinaus haben wir *nur sichere Zahlungsströme* und als Bewertungsfunktion den *Barwert* zugrunde gelegt; hier wäre eine Erweiterung um *unsichere* Zahlungsströme sowie entsprechende Bewertungsfunktionen wünschenswert. Weiterhin haben wir unterstellt, daß die Nachfrager *risikoneutral* bezüglich der gebildeten Erwartungswerte für die vier entscheidungsrelevanten Faktoren (s. oben unter 2.) sind; hier wäre eine Erweiterung auf *risokoaverse Nachfrager* sinnvoll. Zudem werden oben nur einige Aspekte des Nachfragerverhaltens modelliert, so werden etwa Phänomene wie *habitualisierte Entscheidungen*, Beeinflussung durch soziale Vorbilder usw. nicht explizit modelliert[98]. Indes leistet die *ökonomische* Analyse des Verhaltens bei der Nachfrage nach Finanzdienstleistungen aufgrund der erzielten Ergebnisse einen *wesentlichen Beitrag für die Bearbeitung des dritten Problemfelds* „Bedingungen“[99].

Wir haben oben unterstellt, daß Nachfrager bezüglich der angebotenen Problemlösungen keine *Qualitätsunsicherheit* besitzen. Die Auswirkungen von Qualitätsunsicherheit sowie Möglichkeiten zur Reduzierung von Qualitätsunsicherheit beim Direktvertrieb kundenindividueller Problemlösungen sollen im nächsten Abschnitt untersucht werden.

---

98 *Habitualisiertes Verhalten* bezeichnet gewohnheitsmäßiges Verhalten, und wird in der Regel auf Verhaltensmuster bezogen, die sich im Sozialisationsprozeß oder *„durch Beibehalten von Entscheidungen, die sich bewährt haben“* (s. [Shet77], S. 10) herausgebildet haben. Habitualisierte Entscheidungen sind im Rahmen des gewählten Modellierungsansatzes *ökonomisch* gut erklärbar: Durch *gewohnheitsmäßiges* Entscheiden versuchen Anbieter die Lösungszeiten mit der *Erwartung* zu reduzieren, daß die gesparten Opportunitätskosten mögliche Qualitätsgewinne durch längere Entscheidungsprozesse überwiegen. In habitualisierten Entscheidungen ist (neben unvollständigen Informationen über das Produktangebot) ein Erklärungsansatz in der nur langsamen Wanderungsbewegung der Nachfrager vom Filial- zum Direktvertrieb zu sehen.

99 Vgl. Abschn. 2.3, S. 21.

7. Informationsökonomische Analyse der Marktakzeptanz kundenindividueller Problemlösungen im Direktvertrieb

Die Analyse im letzten Kapitel hat unter anderem gezeigt, daß sich Nachfrager insbesondere aufgrund *unvollständiger Information* für den *Fremdbezug* finanzwirtschaftlicher Problemlösungen entscheiden, um den Informations- und Wissens*vorsprung* der Finanzdienstleister sowie deren Möglichkeiten zur Informations- und Wissensverarbeitung durch Inanspruchnahme einer Finanzberatung für sich vorteilhaft zu nutzen.

Für den Ablauf und das Allokationsergebnis von Marktprozessen kommt indes der *Verteilung* von Information zwischen Marktakteuren und den Prozessen der Informationsverarbeitung entscheidende Bedeutung zu: Nach von Hayek ist das Grundproblem bei der *Gestaltung ökonomischer Austauschprozesse* zwischen Wirtschaftssubjekten sowie bei der damit verbundenen *Koordination* wirtschaftlicher Aktivitäten und bei der *Allokation* von Ressourcen, daß kein Wirtschaftssubjekt über *alle* (relevante) Information in ihrer Gesamtheit verfügt:

„The peculiar character of the problem of a rational economic order is determined precisely by the fact that the knowledge of the circumstances of which we must make use never exists in concentrated or integrated form, but solely as the dispersed bits of incomplete and frequently contradictory knowledge which all the separate individuals possess. The economic problem of society is thus not merely a problem to allocate ‚given' resources [...] it is rather a problem [...] of the utilization of knowledge not given to anyone in its totality."[1]

Die Bedeutung von Information, Informationsverteilung und Informationsprozessen für das Ergebnis von Marktprozessen wird auch von Kaas herausgestellt: Er schreibt Information *konstitutive* Wirkungen auf den Marktprozeß zu[2] und sieht in der „Bewältigung" von Informations- und Unsicherheitsstrukturen auf Märkten eine wesentliche Aufgabe des Marketing[3]. Holm-

---

[1] Siehe [Haye45], S. 519f.

[2] *„Informationen und Informationsprozesse wirken nicht nur additiv im Marktprozeß – etwa wie Sand oder Öl im Getriebe eines Motors –, sondern konstitutiv. Um im Bild zu bleiben: Sie sind eher die Teile und Kräfte, die sich im Motor bewegen und ihn in Gang halten"*, s. [Kaas91], S. 358.

[3] Vgl. [Kaas90].

strom sieht die Informationsverteilung auf Dienstleistungsmärkten allgemein als wesentliche Ursache für (Koordinations-)Probleme auf diesen Märkten.[4]

Aufgrund der zentralen Bedeutung von Information, Informationsverteilung und von Informationsprozessen als Rahmenbedingungen für die Gestaltung von ökonomischen Austauschprozessen und für das Ergebnis von marktlichen Koordinations- und Allokationsprozessen einerseits und dem gegebenen Informations*vorsprung* von Finanzdienstleistern andererseits[5] stellen sich bezüglich des Angebots kundenindividueller Problemlösungen im Direktvertrieb zwei Fragen:

1. Welche *Koordinationsprobleme* zwischen Anbietern und Nachfragern können bei Absatzprozessen kundenindividueller Problemlösungen im Direktvertrieb aufgrund der unvollständigen Information der Nachfrager und dem damit einhergehenden Informationsvorsprung der Anbieter auftreten?
2. Welche *Auswirkungen* können sich hieraus für einen erfolgreichen Absatz von Problemlösungen im Direktvertrieb ergeben und wie können Anbieter kundenindividueller Problemlösungen im Direktvertrieb auf diese Auswirkungen reagieren?

In diesem Kapitel sollen beide Fragestellungen untersucht und Ansätze herausgearbeitet werden, mit denen die *Kooperationsbeziehung* zwischen beiden Partnern so gestaltbar ist, daß die aus dem Informationsvorsprung der Anbieter resultierenden Probleme vermeidbar sind.

Zur Lösung dieser Fragen soll eine *informationsökonomische Betrachtungsweise* gewählt werden. Die wirtschaftswissenschaftliche Teildisziplin der *Informationsökonomie* beschäftigt sich zum einen mit der Untersuchung der Informations*verteilungen* zwischen Marktakteuren, mit den jeweils resultierenden Informationsverarbeitungsprozessen und insbesondere mit den Allokations- sowie Preis(bildungs)prozessen auf Märkten mit *unvollständiger* Information eines Kooperationspartners[6]. Zum anderen untersucht sie die *Gestaltung* geeigneter Rahmenbedingungen („Kooperationsdesigns") für ökonomische (marktliche) Austauschbeziehungen, um die jeweiligen Informationsverteilungen bzw. Informationsprozesse entsprechend der jeweiligen Zielsetzung vorteilhaft zu beeinflussen.[7] Den Ausgangspunkt der weiteren

---

[4] *„Paired with the flexibility with which quality can be varied over time, this informational asymmetry causes particular problems for the services sector"*, s. [Holm85], S. 183.

[5] Dies gilt zumindest für Nachfrager mit Beratungsbedarf.

[6] Vgl. [FiHüMü93], S. 445, [Scha96], S. 19.

[7] Informationsökonomische Überlegungen sind im Marketingbereich in Deutschland (erst) seit Beginn der neunziger Jahre von zunehmender Bedeutung, vgl. beispw. [Kaas90], [Kaas91], [Kaas92a], [FiHüMü93], [Toll94], [Schä95], [Scha96].

Untersuchung bildet die Untersuchung der *Informationsverteilung* zwischen Finanzdienstleistern und Nachfragern in der *Finanzberatung*.[8]

7.1 Informationsverteilung in der Finanzberatung

Um Aussagen über die Informationsverteilung in der Finanzberatung abzuleiten, können allgemein zwei Fälle unterschieden werden[9]:

- *symmetrische* Informationsverteilung und
- *asymmetrische* Informationsverteilung.

Im folgenden soll herausgearbeitet werden, welcher Fall in der *Finanzberatung* im allgemeinen vorliegen wird; *wir werden als Bezugspunkt die Informationsverteilung zwischen* Ende *einer Finanzberatung und* Entscheidung über den Kauf *von in einer Finanzberatung erstellten Problemlösungen fokussieren.*

7.1.1 Symmetrische Informationsverteilung

Bei *symmetrischer Informationsverteilung* besitzt ein Finanzdienstleister nach Beendigung einer Finanzberatung keinen Informationsvorsprung gegenüber einem Nachfrager, die Informationen sind symmetrisch zwischen den beiden Kooperationspartnern Finanzdienstleister und Nachfrager verteilt: Sofern der Finanzdienstleister zu Beginn oder während der Finanzberatung einen Informationsvorsprung über den Markt für Finanzdienstleistungen, über das Kundenproblem, über die angebotenen Problemlösungen sowie über seine Fähigkeiten und Absichten besaß, so hat er im Fall symmetrischer Informationsverteilung *während* der Beratung alle (relevanten) Informationen an den Nachfrager *ehrlich* und *vollständig* weitergegeben.

Bei symmetrischer Informationsverteilung sind die Nachfrager bezüglich der finanzwirtschaftlichen Qualität angebotener Problemlösungen einer *exogenen Qualitätsunsicherheit* ausgesetzt[10]. Die exogene Qualitätsunsicherheit bezieht sich auf unvollständige Information über das (unsichere oder ungewisse) Eintreten von Umweltzuständen in der Zukunft; das Eintreten dieser Umweltzustände ist dabei weder vom Finanzdienstleister noch vom Nachfrager beeinflußbar.[11] Beispiele für *exogene* Qualitätsunsicherheit sind die Änderung von rechtlichen und steuerlichen Rahmenbedingungen (z. B. Einkommensteuerreform, Änderung der Besteuerung von Lebensversicherungen usw.) und veränderte Marktbedingungen wie die (Nicht-)einführung des

[8] Wir konzentrieren uns auf die Finanzberatung, da in diesem Leistungsprozeß ausgehend von einem gegebenen Nachfragerproblem kundenindividuelle Problemlösungen erstellt werden, vgl. Abschn. 3.2, S. 36f, und Abschn. 4.3, S. 53.

[9] Vgl. [Spre90], S. 564.

[10] Vgl. [Spre90], S. 564, und [Kaas92a], S. 886.

[11] Vgl. z. B. [HiRi79] und [Kaas90].

EURO. Exogene Qualität folgt damit also aus Faktoren, die *außerhalb* der Kooperationsbeziehung zwischen Finanzdienstleister und Nachfrager stehen. Mit anderen Worten: Der Eintritt der entsprechenden Ereignisse ist (im stochastischen Sinne) *unabhängig* von dieser Kooperationsbeziehung.

In der Praxis wird der Fall einer *symmetrischen* Informationsverteilung zwischen Finanzdienstleistern und Nachfragern am Ende einer Finanzberatung in der Regel nicht gegeben sein – zumindest können Nachfrager das Vorliegen einer symmetrischen Informationsverteilung nicht (problemlos) beobachten und überprüfen. Dementsprechend haben Nachfrager nach Beendigung einer Finanzberatung in der Regel keine Gewißheit, daß der Finanzdienstleister ihnen alle relevanten Informationen mitgeteilt hat, und keine Sicherheit, daß sich der Anbieter während der Finanzberatung entsprechend den Nachfragerinteressen[12] verhalten hat[13]. Der (realistischere) Fall, daß der Anbieter auch nach Beendigung der Finanzberatung einen Informationsvorsprung hat (*asymmetrische* Informationsverteilung), soll im folgenden Abschnitt betrachtet werden.

7.1.2 Asymmetrische Informationsverteilung

Bei *asymmetrischer Informationsverteilung* besitzt ein Kooperationspartner einen Informationsvorsprung[14]. In der Finanzberatung lassen sich vier wesentliche *Grundtypen* von Informationsasymmetrien identifizieren:[15]

- *hidden characteristics*,
- *hidden intention*,

[12] Das Interesse eines Nachfragers während einer Finanzberatung ist, kundenindividuelle Problemlösungen als Beratungsergebnis angeboten zu bekommen, welche die Zulässigkeitsbedingung erfüllen und einen hohen (wenn nicht maximalen) Wert der Bewertungsfunktion besitzen.

[13] Unter dem *Verhalten* eines Wirtschaftssubjekts werden aus einer informationsökonomischen Sicht Faktoren verstanden, die das Ergebnis einer kooperativen Austauschbeziehung zwischen zwei oder mehreren Wirtschaftssubjekten beeinflussen. Beispiele für solche Faktoren sind Kompetenz, Fleiß, Anstrengung, Fähigkeit, Ehrlichkeit usw., vgl. [Spre90], S. 562.

[14] Vgl. z. B. [Spre90], S. 564.

[15] Zu einer ähnlichen Gliederung kommt auch [Schä95], S. 536ff. Dort wird der Schwerpunkt der Betrachtung auf den Zeitraum der *Vertragsbeziehung* zwischen Finanzdienstleister und Nachfrager gelegt – also den Zeitraum der Nutzungsphase kundenindividueller Problemlösungen. Wir fokussieren hier hingegen die Phasen der Problemformulierung, Lösungsfindung und Lösungspräsentation (vgl. Abschitt 4.5, S. 59ff). Um die Darstellung möglichst einfach zu halten, betrachten wir Finanzdienstleister als logische Einheit und unterscheiden nicht zwischen dem Arbeitgeber Finanzdienstleister („Prinzipal") und seinen Mitarbeitern („Agenten"), auf die der Prinzipal die Aufgabe der Erstellung von Problemlösungen delegiert. In dieser Prinzipal-Agenten Beziehung können ebenfalls wieder Informationsasymmetrien zwischen beiden Akteuren auftreten. Wie Anreizsysteme so gestaltbar sind, daß sich die Agenten im Sinne des Prinzipals bei der Finanzberatung in Direktbanken verhalten, stellt z. B. [Sand97] dar.

- *hidden action* und
- *hidden information.*

Diese Typisierung geht insoweit über die in der Informationsökonomie übliche hinaus, als sie mit den ersten drei Typen Informationsasymmetrien bezüglich des *Verhaltens* eines Kooperationspartners umfaßt und mit dem vierten Typ eine Informationsasymmetrie bezüglich des *Ergebnisses* des Leistungsprozesses[16]. Im folgenden sollen die einzelnen Typen jeweils kurz dargestellt und erläutert werden.

hidden characteristics. Der Begriff[17] bezieht sich auf *Eigenschaften* eines Finanzdienstleisters, die dieser bereits *zu Beginn* einer Finanzberatung kennt, aber nicht mehr willentlich beeinflussen kann; Nachfrager hingegen kennen diese Merkmale nicht und können sie auch nicht unmittelbar beobachten[18].

hidden characteristics liegen bei der Finanzberatung zum einen bezüglich der *potentialorientierten* Dimension dieser Dienstleistung vor: Ein Nachfrager wird in der Regel weder die Begabung noch das Talent noch die Qualifikation des Finanzdienstleisters bzw. seiner Mitarbeiter bezüglich der Erstellung von finanzwirtschaftlichen Problemlösungen überprüfen können. Ebenfalls liegen ihm in der Regel keine vollständigen Informationen über die im Absatzprogramm enthaltenen einzelnen Finanzprodukte vor. Damit hat ein Nachfrager auch keine vollständige Information, ob der Finanzdienstleister überhaupt (im Vergleich zu den am Markt verfügbaren Produkten) über geeignete Inputprodukte für eine gute Problemlösung verfügt. Weiterhin wird ein Nachfrager im allgemeinen auch nicht die Qualität der unterstützenden technischen Infrastruktur (z. B. Rechenleistung, Beratungssysteme) beurteilen können.

Zum anderen liegen *hidden characteristics* bezüglich der *Prozeßdimension* der Finanzberatung vor. Insbesondere wird hier ein Nachfrager nicht die Qualität der methodischen Vorgehensweise bei der Erstellung der Problemlösung überprüfen oder nachvollziehen können. Zusammenfassend führen *hidden characteristics* zu dem Problem, daß ein Nachfrager die *Leistungsfähigkeit* eines Finanzdienstleisters bezüglich der Lösung seines spezifischen Problems nicht kostenfrei überprüfen kann.

---

[16] Arrow unterscheidet zwischen *hidden information* und *hidden action*, Spremann zwischen *hidden characteristics*, *hidden intention* und *hidden action*, vgl. [Arro85] und [Spre90]; beide beziehen ihre gewählten Typisierungen im wesentlichen auf das *Verhalten* von Kooperationspartnern in einer Kooperationsbeziehung und nicht auf das *Ergebnis* der Kooperationsbeziehung.

[17] Für eine allgemeine Darstellung von *hidden characteristics* s. [Arro86].

[18] *hidden characteristics* werden oft mit dem Begriff *Qualitätsunsicherheit* gleichgesetzt, vgl. beispw. [Schä95], S. 536, und [Spre90], S. 567. Dieser Bezug von Qualitätsunsicherheit auf die Unsicherheit eines Kooperationspartners über Leistungsfähigkeit und -bereitschaft des anderen Kooperationspartners ist in der *Agency-Theorie* üblich, für unsere Zwecke ungeeignet, da hier die Unsicherheit der Nachfrager bezüglich der (finanzwirtschaftlichen) Qualität des Leistungsgegenstandes im Mittelpunkt der Betrachtung steht.

hidden intention. *hidden intention* bezeichnet *Absichten* und *Ziele* eines Finanzdienstleisters *während* einer Finanzberatung; Nachfrager hingegen können diese *während* der Finanzberatung nicht beobachten, nach Beendigung der Finanzberatung (und nach einem eventuellen Vertragsabschluß) können sie ihnen indes *ex post* deutlich werden. Bei *hidden intention*-Situationen verhält sich der Finanzdienstleister zwar entsprechend den gemeinsamen Absprachen und Vereinbarungen, sein Verhalten ist aber innerhalb dieser Rahmenbedingungen variabel, insbesondere kann das Prozeßergebnis von ihm *willentlich* und zu *seinem* Vorteil beeinflußt werden. So kann er etwa Finanzprodukte in eine Problemlösung integrieren, die *seine* Provisionserträge maximieren, nicht aber die finanzwirtschaftliche Qualität einer Problemlösung aus Nachfragersicht[19].

hidden intention kann bei der Finanzberatung sowohl bezüglich der *Potential-* als auch bezüglich der *Prozeß*dimension vorliegen: Nachfrager können im allgemeinen nicht beobachten, ob ein Finanzdienstleister überhaupt die Absicht hat, die ihm verfügbaren Potentialfaktoren und Prozeßfähigkeiten tatsächlich entsprechend ihren Interessen einzusetzen und gute Lösungen *aus Nachfragersicht* zu erstellen.

In Konsequenz können Nachfrager aufgrund von *hidden intention* nicht die *Leistungsbereitschaft* eines Finanzdienstleisters beurteilen, ihnen vorteilhafte Problemlösungen zu erstellen.

hidden action. *hidden action* bezeichnet verborgene *Aktivitäten*, die ein Finanzdienstleister *während* des Prozesses der Lösungserstellung durchführt und die er willentlich beeinflussen kann; Nachfrager hingegen können diese Aktivitäten weder während der Finanzberatung noch danach erkennen.

Typische *hidden action* sind etwa *geringer Fleiß*, *mangelhafte Sorgfalt* oder *geringe Anstrengung* eines Finanzdienstleisters bei der Lösungserstellung. Insbesondere kann *hidden action* Handlungen umfassen, die der finanzwirtschaftlichen Qualität einer zu erstellenden Problemlösung abträglich sind[20], etwa indem ein Finanzdienstleister mögliche steuerliche Gestaltungsmöglichkeiten nicht wahrnimmt oder aus Gründen seiner Provisionsmaximierung aus Nachfragersicht ungeeignete Produkte in die Problemlösung integriert. Dieses Phänomen wird allgemein auch als *moral hazard*[21] (moralisches Wagnis) bezeichnet.

hidden action resultiert im Finanzdienstleistungsbereich aus dem Handlungsspielraum, die einem Finanzdienstleister im allgemeinen bei der Aus-

---

19 Das mit der Verfolgung von *hidden intention* realisierte Verhalten wird auch als *hold up* bezeichnet; für eine allgemeine Darstellung s. [AlWo88].

20 Vgl. [Meye92b], S. 44.

21 Der Begriff stammt ursprünglich aus der Versicherungstheorie (vgl. [Paul74]) und bezieht sich auf den Fall, daß Versicherungsnehmer aufgrund eines Versicherungsschutzes ihr Verhalten ändern und etwa den Versicherungsfall aufgrund von Fahrlässigkeit, grober Fahrlässigkeit oder sogar Vorsatz häufiger herbei führen, als dies der Fall wäre, wenn sie über keinen Versicherungsschutz verfügen würden.

wahl und Kombination von Finanzdienstleistungen aufgrund der großen Angebotsbreite und -tiefe verbleiben. Die Potentialfaktoren bei der Erstellung von Problemlösungen sind dementsprechend von hoher „Plastizität“:[22]

„We call resources or investment 'plastic' to indicate that there is a wide range of discretionary, legitimate decisions within which the user may choose. For example, compare a drug research laboratory with a steel manufacturer. There are fewer options for discretionary behavior in steel manufacturing. The technology is largely determined by the nature of the plant. We conjecture as further illustrations that enterprises with intellectual research and capital, for example, fashion designers, professional services firms (...), are especially plastic and susceptible to moral hazard.“

Entsprechend dieser Aussage unterliegen vor allem auch Dienstleistungsunternehmen (*„professional services firms“*) potentiell *moral hazard*-Problemen. Dies gilt insbesondere auch für Finanzdienstleister, da deren Leistungsgegenstand *Zahlungsversprechen* und damit letztendlich Geld ist; Geld ist aufgrund seiner universellen Verwendbarkeit als *„eine im höchsten Maß plastische Ressource“*[23] einzustufen.

hidden action bezieht sich dementsprechend vor allem auf die *Prozeß*dimension: Ein Nachfrager kann in der Regel nicht beobachten, ob der Anbieter während der Lösungserstellung alle notwendigen Aktivitäten mit gebotener Sorgfalt, Fleiß, Anstrengung sowie methodischen Vorgehensweisen durchführt[24]. Konkret hat dies zur Folge, daß ein Nachfrager im allgemeinen nicht beobachten kann, ob ein Finanzdienstleister alle verfügbaren bzw. relevanten Informationen beschafft, richtig auswertet und verarbeitet. Insbesondere kann ein Nachfrager nicht beobachten, ob der Finanzdienstleister *systematisch* gute Problemlösungen erstellt, oder ob dieser nicht vielmehr Handlungen durchführt, die dessen Einkommen (etwa aus Provisionen) maximieren. Aufgrund der Gefahr von *hidden action* kann ein Nachfrager in der Regel nicht die Intensität und die Qualität des Lösungsprozesses (aus Nachfragersicht) beobachten.

hidden information. *hidden information* bezeichnet verborgene Informationen, die einem Finanzdienstleister zur Verfügung stehen; Nachfragern hingegen sind diese Informationen nicht (kostenlos) zugänglich[25].

hidden information hat einerseits sowohl eine *potential-* als auch eine *prozeßorientierte* Dimension; diese sind nicht überschneidungsfrei mit den zuvor dargestellten Typen von Informationsasymmetrien in der Kooperationsbeziehung zwischen Finanzdienstleister und Nachfrager. So können einem Anbieter bereits *ex ante* zu Beginn der Finanzberatung wichtige Informationen vorliegen, über die der Nachfrager nicht verfügt und die der Anbieter diesem

---

[22] Siehe [AlWo88], S. 88.

[23] Siehe [Spre90], S. 572.

[24] Vgl. allgemein z. B. [Arro86], S. 1184, und [AlWo88].

[25] Die Unterscheidung zwischen *hidden information* und *hidden action* geht auf [Arro85] zurück.

auch nicht mitteilt, es handelt sich also um *hidden characteristics*. Informationen können indes auch während des Beratungsprozesses entstehen und vom Anbieter unbemerkt für seine Zwecke genutzt werden, in diesem Fall handelt es sich um *hidden action*.

Andererseits besitzt *hidden information* darüber hinaus aber auch eine *ergebnisorientierte* Dimension: Informationen über die finanzwirtschaftliche Qualität einer Problemlösung entstehen unter anderem während des Lösungsprozesses als „Kuppelprodukt" und werden häufig nur vom *Finanzdienstleister* wahrgenommen und verarbeitet, so daß sie dem Nachfrager nicht unmittelbar zur Verfügung stehen. Diese Informationen können sich einerseits auf die Lösung selbst beziehen und andererseits auf Kriterien, wie die Lösung hinsichtlich des Kundenproblems zu bewerten ist. So kann ein Finanzdienstleister eine Immobilienfinanzierung mittels Bausparvertrag aufgrund des niedrigen Effektivzinses des Bauspardarlehens empfehlen und gleichzeitig dem Nachfrager vorenthalten, daß der Effektivzins bei der finanzwirtschaftlichen Bewertung von Bausparverträgen ein schlechtes Entscheidungskriterium ist (da hier die in Verhältnis zu anderen Sparformen niedrigen Zinssätze in der Ansparphase nicht berücksichtigt werden). In Konsequenz der ergebnisorientierten Dimension von *hidden information* kann ein Nachfrager die Aussagen des Anbieters über die Güte der angebotenen Problemlösungen nicht unmittelbar beobachten und deren Richtigkeit beurteilen.

Ausgehend von der *Identifikation* und *Charakterisierung* der in der Finanzberatung auftretenden Informationsasymmetrien sollen im folgenden die *Probleme* herausgearbeitet werden, die aus diesen für einen erfolgreichen Direktvertrieb kundenindividueller Problemlösungen resultieren können; hierbei soll sowohl auf die *Nachfragersicht* als auch auf die *Anbietersicht* eingegangen werden.

Anzumerken ist, daß Nachfrager im allgemeinen bezüglich ihres *eigenen* Verhaltens ebenfalls einen Informationsvorsprung besitzen (gegenüber dem Anbieter). Beispielsweise kann ein Nachfrager ein Darlehen mit dem Wissen aufnehmen, daß er aller Wahrscheinlichkeit nach wirtschaftlich nicht in der Lage sein wird, das Darlehen zurückzahlen zu können (*hidden characteristics*). Ein anderes Beispiel wäre die Aufnahme eines Kredits, bei der der Darlehensnehmer zwar zunächst die Rückzahlungsabsicht besessen hat, indes durch riskante, vom Darlehensgeber unbemerkte Börsenspekulationen seine Rückzahlungsfähigkeit gefährdet (*hidden action*). Die Kooperationsbeziehung zwischen Finanzdienstleister und Nachfrager kann somit nach Schäfer als *„reziproke Prinzipal-Agenten Beziehung"* bezeichnet werden[26]. Da jedoch die Gestaltung entsprechender Verträge aus informationsökonomischer Sicht[27] nicht zentraler Gegenstand dieser Arbeit ist, soll dieser Aspekt hier nicht weiter verfolgt werden.

---

[26] Siehe [Schä95], S. 534.

[27] Siehe hierzu beispw. [Schm92] und [Meye92b] sowie die dort angegebene Literatur.

7.2 Qualitätsunsicherheit als Problem für die Marktakzeptanz kundenindividueller Problemlösungen im Direktvertrieb

7.2.1 Nachfragersicht: Qualitätsunsicherheit als Folge von Ergebnis- *und* Verhaltensunsicherheit

Um die Qualität angebotener Finanzprodukte bezüglich seiner zugrunde liegenden Problemstellung überprüfen zu können, benötigt ein Nachfrager möglichst vollständige Information über das Leistungsangebot auf dem Markt für Finanzdienstleistungen, über die Gestaltbarkeit einzelner Finanzprodukte sowie über deren Kombinierbarkeit, über rechtliche und steuerliche Rahmenbedingungen, über die Leistungsfähigkeit der Anbieter usw. Ein Nachfrager, der eine Finanzberatung zur Lösung eines finanzwirtschaftlichen Problems in Anspruch nimmt, verfügt aber gerade nicht über vollständige Information bzw. die Fähigkeit, diese richtig und schnell verarbeiten zu können – sonst würde er Problemlösungen für seine finanzwirtschaftlichen Probleme selbst erstellen.

Darüber hinaus sind aufgrund des hohen Anteils von *experience characteristics* und *credence characteristics* bzw. aufgrund des geringen Anteils von *search characteristics* an Finanzdienstleistungen[28] für Nachfrager mit Beratungswunsch die *qualitätsbestimmenden Eigenschaften* von angebotenen kundenindividuellen Problemlösungen nicht *sinnlich* wahrnehmbar[29]. Damit ist in Konsequenz für die Nachfrager die finanzwirtschaftliche *Qualität* angebotener kundenindividueller Problemlösungen mittels Beobachtung, Messung und Vergleich von Leistungsmerkmalen nur schwer feststellbar – zumindest nicht ohne zusätzlichen Einsatz der knappen Ressourcen Geld und Zeit. Dementsprechend ist ein Nachfrager weitgehend auf die Angaben des Finanzdienstleisters angewiesen, der die Problemlösung erstellt hat sowie an den ratsuchenden Nachfrager *verkaufen* will – und der damit ein *Eigeninteresse* besitzt.

Für Nachfrager resultiert aus der *asymmetrischen* Informationsverteilung zwischen Anbieter und Nachfrager zusätzlich zur exogenen Unsicherheit[30] eine *endogene Unsicherheit*[31] aus der Kooperation mit dem Finanzdienstleister: Sie können aufgrund von *hidden information* die Aussagen des Finanzdienstleisters bezüglich der Ergebnisqualität der Finanzberatung nicht nachvollziehen und (kostenfrei) bezüglich ihrer *Richtigkeit* und *Vollständigkeit* überprüfen (*Ergebnisunsicherheit*).

Darüber hinaus können sie aufgrund von *hidden characteristics*, *hidden intention* und *hidden action* Eigenschaften, Vorgehensweise und Verhalten

[28] Vgl. Abschn. 4.2, S. 51.
[29] Vgl. Abschn. 4.3, S. 53f.
[30] Diese ist auch im Fall symmetrischer Informationsverteilung gegeben, vgl. Abschnit 7.1.1, S. 149.
[31] Vgl. allgemein [HiRi79].

des Anbieters nicht beobachten (*Verhaltensunsicherheit*[32]): Durch die Nichtbeobachtbarkeit von Eigenschaften, Vorgehensweise und Verhalten des Finanzdienstleisters während der Finanzberatung besteht für die Nachfrager damit die Gefahr, daß ein Finanzdienstleister dieses *opportunistisch*[33] zum eigenen Vorteil (bzw. zum Nachteil des Nachfragers) ausnutzt. Beispielsweise kann ein Finanzdienstleister aufgrund der geringen Marktkenntnis eines Nachfragers höhere Abschlußgebühren oder einen höheren Zinssatz für ein Darlehen als seine Mitbewerber verlangen – und gegenüber dem Nachfrager durchsetzen. Weiterhin kann er dem Nachfrager gegenüber falsche bzw. unvollständige Aussagen über eine angebotene finanzwirtschaftliche Lösung machen: So werden beispielsweise bei Baufinanzierungen Nachfragern häufig Bausparverträge mit überhöhten Bausparsummen als vorteilhaft angeboten[34]. In Konsequenz können Nachfrager nicht mit Sicherheit vom Verhalten eines Anbieters auf die Qualität angebotener Problemlösungen rückschließen.

Die obige Darstellung fokussiert die Analyse der Informationsverteilung *während* der *Finanzberatung*; die Darstellung konzentriert sich also auf die Phasen *Problemformulierung*, *Problemlösung* und *Lösungspräsentation*[35]. Darüber hinaus besteht aus Nachfragersicht indes auch während der *Nutzungsphase* kundenindividueller Problemlösungen *Verhaltensunsicherheit*[36]. So besitzen nach Schäfer kundenindividuelle Finanzdienstleistungen im allgemeinen *nicht explizit festgeschriebene Vertragsinhalte*, die von der sich benachteiligt fühlenden Partei häufig *juristisch nicht einklagbar* sind; die Durchsetzbarkeit derartiger Vertragsbestandteile ist in diesen Fällen wie bei *impliziten Verträgen* nur mit außergerichtlichen Mitteln möglich (z. B. Drohung einer Vertragspartei mit dem Abbruch einer Vertragsbeziehung)[37]. Da hierbei die Risiken in der Regel ungleich verteilt sind (ein Finanzdienstleister wird in der Regel über eine Vielzahl an Absatzbeziehungen verfügen und damit eine bessere Verteilung und Steuerung dieses Risikos erreichen können), wird bezüglich dieser Vertragsbestandteile im allgemeinen der *Anbieter* im Vorteil sein. Aber auch bei explizit festgeschriebenen Vertragsbestandteilen haben Finanzdienstleister häufig eine größere Verhandlungsmacht; ein Beispiel sind die „Allgemeinen Geschäftsbedingungen", die im allgemeinen vom Anbieter

---

[32] Vgl. allgemein [Spre90], S. 564f, [Kaas92a], S. 887.

[33] Als *Opportunismus* wird ein *„eigennütziges Verhalten mit List und Tücke"* bezeichnet, vgl. [Kaas92a], S. 887. Williamson definiert Opportunismus als *„self-interest seeking with guile"*, vgl. [Will85], S. 47.

[34] Eine 1994 von der Stiftung Warentest durchgeführte Untersuchung über die Beratungsqualität bei Bausparkassen ergab, daß bei 40% der 165 ausgewerteten Einzelberatungen mangelhafte oder schlechte Beratungsleistungen vorlagen, von 33 getesteten Bausparkassen erhielten 13 die Note mangelhaft bezüglich der Beratungsqualität, in 43% der Beratungsfälle wurden Bausparverträge mit überhöhten Bausparsummen angeboten, in 69% erfolgte entweder keine oder nur eine schlechte Beratung über die Gesamtfinanzierung; vgl. [oV94].

[35] Vgl. Abschn. 4.5, S. 59ff.

[36] Vgl. [Schä95].

[37] Vgl. [Schä95], S. 535.

vorgegeben werden und die Nachfrager in der Regel „akzeptieren" müssen – sofern aus ihrer Sicht eine Vertragsbeziehung zustande kommen soll. Zusammenfassend verbleibt also für Nachfrager eine häufig nicht unerhebliche Unsicherheit des Verhaltens von Anbietern *während der Nutzungsphase*: Für sie ist (in der Regel) nicht vorhersehbar, wie sich Finanzdienstleister bei nicht explizit festgeschriebenen Vertragsinhalten und in Situationen verhalten, in denen die Nachfrager (beispielsweise aufgrund *kurz*fristiger Liquiditätsprobleme) auf kulantes und entgegenkommendes Anbieterverhalten angewiesen sind. In der Regel werden Nachfrager das Verhalten von Finanzdienstleistern während der Nutzungsphase kennenlernen, so daß dieses im folgenden zu den *experience characteristics* einer Problemlösung gerechnet wird.

In Konsequenz der asymmetrischen Informationsverteilung stehen die Nachfrager letztendlich vor einem *Dilemma*: Aufgrund ihrer unzureichenden Information (und Informationsverarbeitungskapazitäten) möchten sie zur Lösung finanzwirtschaftlicher Probleme eine Finanzberatung in Anspruch nehmen, können aber häufig weder das Beratungsergebnis mit Sicherheit beurteilen noch das Verhalten des Finanzdienstleisters mit Sicherheit beobachten. Die mit diesem Dilemma verbundene *Qualitätsunsicherheit* der Nachfrager bezüglich der finanzwirtschaftlichen Qualität angebotener Lösungen hat also zwei *komplementäre* Ursachen: *Ergebnis*unsicherheit und *Verhaltens*unsicherheit, vgl. Abb. 7.1.[38] Die *Ergebnis*unsicherheit bezieht sich auf die Unsicherheit bezüglich der *finanzwirtschaftlichen Qualität* angebotener Problemlösungen; die *Verhaltens*unsicherheit bezieht sich sowohl auf das Verhalten von Finanzdienstleistern während einer *Finanzberatung* (Angebotsphase) als auch auf das Verhalten von Finanzdienstleistern während der *Nutzungsphase* von Problemlösungen. Als Bezugszeitraum betrachten wir jeweils den Zeitraum zwischen Beendigung einer Finanzberatung und der Entscheidung zur Abnahme angebotener Problemlösungen. Sprechen wir im weiteren von Unsicherheit, beziehen wir uns immer auf eine aus einer Kooperationsbeziehung zwischen Finanzdienstleister und Anbieter *endogen resultierenden Qualitätsunsicherheit* entsprechend dem oben entwickelten Begriffsverständnis.

Die dargestellte *Ergebnisunsicherheit* von Nachfragern mit Beratungsbedarf liegt grundsätzlich sowohl im klassischen Filialvertrieb als auch im Direktvertrieb vor, da bei beiden Absatzmethoden Nachfrager aufgrund der Immaterialität von Finanzdienstleistungen durch eine *physische Inspektion* des Beratungsergebnisses keine (oder nur sehr wenige) Qualitätsinformationen gewinnen können – somit ist die *Ergebnisunsicherheit* bei beiden Absatzmethoden als vergleichbar einzuschätzen. Allerdings dürften die mit der *Verhaltensunsicherheit* verbundenen Schwierigkeiten und negativen Folgen (die wir unten herausarbeiten werden) im Direktvertrieb weitergehender als

[38] Wir fassen hier die bisherige Diskussion ganz bewußt nochmals zusammen (und trotz der Gefahr einer Wiederholung), um diesbezüglich die notwendige gemeinsame Begriffsverständnis sicherzustellen.

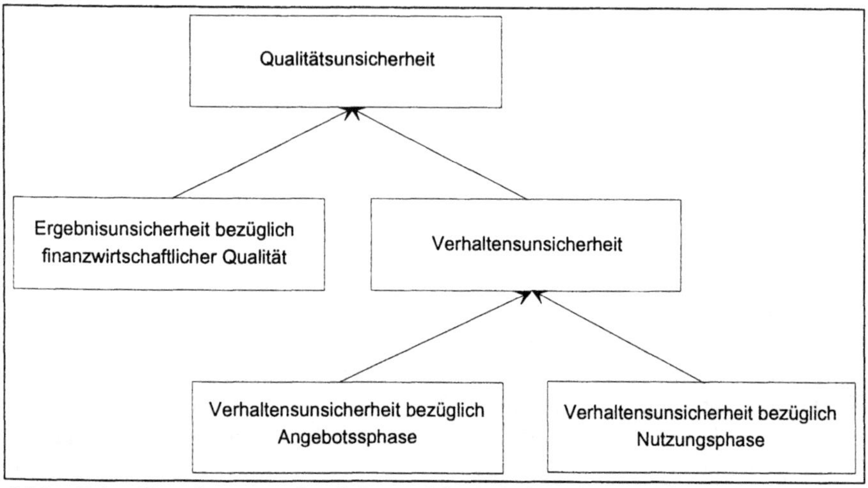

Abb. 7.1. Ursachen von Qualitätsunsicherheit bei der Nachfrage nach Finanzdienstleistungen

im Filialvertrieb sein, da die Nachfrager aufgrund der *räumlichen Synchronität von Anbieter und Nachfrager* im Filialvertrieb die Anbieteraktivitäten umfassender als im Direktvertrieb *beobachten* können: Im Filialvertrieb haben die Nachfrager zumindest die Möglichkeit, sich an einigen Merkmalen der Bereitstellungsleistung zu orientieren. So können sie beispielsweise einen *persönlichen Eindruck* gewinnen von den Räumlichkeiten, dem Auftreten und der Präsentation der Mitarbeiter, von der technischen Ausstattung des Anbieters, von visuell wahrnehmbarem Verhalten usw. Diesen gewonnenen Eindruck sowie gemachte Erfahrungen im persönlichen Umgang mit dem Anbieter können sie als *Surrogat* für die „primären" Qualitätsmerkmale heranziehen[39]:

> *"Der Eindruck, den der Kunde von Mitarbeitern, Geschäftsräumen etc. des Anbieters gewinnt entscheidet darüber, ob ein Absatzvorgang zustande kommt. Insbesondere dem Verhalten und dem Auftreten der Mitarbeiter kommt dabei entscheidende Bedeutung zu."*[40]

[39] Für die Gewinnung von Surrogat-Informationen kann in erster Linie die *Bereitstellungsleistung* (Potentialdimension) herangezogen werden, vgl. [EnSc82], S. 508, [Hilk89b], S. 16.

[40] Siehe [EnKlRe93], S. 419. Der informationsökonomische Hintergrund der Orientierung von Nachfragern an derartigen Surrogat-Informationen wird in Abschnitt 7.3.2, S. 177 dargestellt. Zu einer ähnlichen Aussage kommt Meyer: *„Dementsprechend werden für die Qualitätsbeurteilung einer Dienstleistung Ersatzindikatoren [also „Surrogate", Anmerkung des Verfassers] wie beispielsweise die Freundlichkeit und das Aussehen des Personals, die Gestaltung und die Sauberkeit der Serviceumgebung und last but not least das Anbieter-Image herangezogen"*, vgl. [Meye93], S. 902.

Im Direktvertrieb ist indes für die Nachfrager die Möglichkeit, einen persönlichen Eindruck von der Leistungsfähigkeit und Leistungsbereitschaft des Anbieters zu gewinnen, aufgrund der räumlichen Trennung zwischen den beiden Kooperationspartnern sowie aufgrund der zwischengeschalteten technischen Kommunikationsmedien (noch) weiter eingeschränkt als im Filialvertrieb, da den Nachfragern als Kontaktpunkt nur eine telematische Schnittstelle zur Verfügung steht. Damit können sie insbesondere nicht oder nur in einem wesentlich geringeren Umfang als im Filialvertrieb Surrogat-Informationen durch die Beobachtung von (gemäß der obigen Aussage) entscheidungsrelevantem Anbieterverhalten und durch die Beobachtung der genutzten technischen Infrastruktur gewinnen.

Ausgehend von der erfolgten Herausarbeitung der *asymmetrischen* Informationsverteilung in der Finanzberatung und der hiermit (aus *Nachfragersicht*) verbundenen *Unsicherheit* bezüglich der Qualität von während einer Finanzberatung erstellten Problemlösungen soll im folgenden Abschnitt dargestellt werden, welche Probleme hieraus für den *Anbieter* resultieren können.

7.2.2 Anbietersicht: Marktversagen als mögliche Konsequenz von Qualitätsunsicherheit

Auf den ersten Blick erscheint es aus Anbietersicht vorteilhaft, Informationsvorsprünge gegenüber den Nachfragern zu besitzen und diese für eigene Zwecke ausnutzen zu können. Allerdings haben informationsökonomische Untersuchungen gezeigt, daß asymmetrische Informationsverteilungen zu ineffizienten Marktergebnissen führen können, die im Extremfall in *vollständigem Marktversagen* resultieren können – mit entsprechenden Konsequenzen für die Anbieter. Hierbei sind die Phänomene *„adverse selection"* und *„moral hazard"* von zentraler Bedeutung, deren potentielle Auswirkungen in den nächsten beiden Abschnitten dargestellt wird.

Marktversagen aufgrund *adverse selection*. Die grundlegende Untersuchung der Auswirkung von asymmetrischen Informationsverteilungen auf das Verhalten von Anbietern und Nachfragern sowie auf das Güterangebot auf Märkten mit Informationsasymmetrien stammt von Akerlof[41].

Akerlof untersucht das Phänomen von Informationsasymmetrien am Beispiel eines Gebrauchtwarenmarkts. Grundlegende Annahmen der Untersuchung sind[42], daß auf diesem Markt Fahrzeuge mit unterschiedlichen Qualitäten zu einem jeweils einheitlichen Preis angeboten werden und daß die Zahlungsbereitschaft der Nachfrager von der Qualität eines Fahrzeugs abhängt. Weiterhin sei die Qualität eines Fahrzeugs eindeutig feststellbar und alle Nachfrager ordnen die angebotenen Qualitäten in der gleichen Rangfolge ein (alle Nachfrager haben bezüglich der angebotenen Fahrzeugqualität

[41] Vgl. [Aker70].
[42] Vgl. [Aker70], S. 490f.

die gleiche Präferenzordnung). Allerdings kann die Zahlungsbereitschaft für gegebene Qualitäten zwischen den Nachfragern unterschiedlich sein.

Akerlof unterstellt folgende asymmetrische Informationsverteilung auf diesem Markt: Die *Käufer* können die Qualität eines entsprechenden Fahrzeugs *vor* dem Kauf *nicht* beurteilen, kennen aber die Häufigkeitsverteilung von guten und schlechten Fahrzeugen und damit auch die durchschnittliche Qualität des Fahrzeugangebots auf diesem Markt. Die *Verkäufer* kennen hingegen die Qualität der von ihnen angebotenen Fahrzeuge vor dem Verkauf.

Da die Nachfrager die Qualität eines Fahrzeugs zum Kaufzeitpunkt nicht kennen, ihnen aber die Durchschnittsqualität auf dem Markt bekannt ist, sind sie nur bereit, den Preis für die Durchschnittsqualität zu zahlen. In Konsequenz werden die Besitzer von Gebrauchtwagen mit hoher Qualität diese nicht mehr anbieten, da sie keinen angemessenen Preis erzielen können. In Folge sinkt die durchschnittliche Marktqualität, was wiederum zu einem weiteren Absinken der Zahlungsbereitschaft der Nachfrager führt. Dieses resultiert wiederum im Marktaustritt der über dem Qualitätsdurchschnitt liegenden Fahrzeuge. Im Endeffekt werden nur noch Fahrzeuge der niedrigsten Qualität angeboten:

„*... it is quite possible to have the bad driving out the not-so-bad driving out the medium driving out the not-so-good driving out the good in such a sequence of events that no market exists at all.*“[43]

Dieser von Akerlof beschriebene Prozeß der *adverse selection* („negative Auswahl“) mit dem Resultat einer ineffizienten Marktallokation beruht auf der unvollständigen Information der Nachfrager über die ihnen angebotenen Qualitäten. Ursache für *adverse selection* aufgrund unvollständiger Qualitätsinformation der Nachfrager (diese Dimension der Qualitätsunsicherheit haben wir oben als *hidden information* bezeichnet) ist dementsprechend (wie im Beispiel von Akerlof) die mangelnde Fähigkeit der Nachfrager, die exogen gegebene Qualität der angebotenen Güter zum Kaufzeitpunkt überprüfen zu können.[44]

Der von Akerlof untersuchte Gebrauchtwagenmarkt weist deutliche Ähnlichkeiten auf mit dem hier relevanten Markt für Finanzdienstleistungen für den Fall von Nachfragern mit Beratungsbedarf. Nachfrager mit Beratungsbedarf können in Analogie zu den Nachfragern auf dem Akerlof'schen Gebrauchtwagenmarkt ebenfalls die (finanzwirtschaftliche) Qualität einer vom Finanzdienstleister angebotenen Problemlösung zum Entscheidungszeitpunkt nicht überprüfen (zumindest nicht ohne zusätzlichen zeitlichen und/oder monetären Aufwand); die anbietenden Finanzdienstleister haben (ebenfalls in Analogie zum Gebrauchtwagenmarkt von Akerlof) einen Informationsvorsprung gegenüber den Nachfragern über die angebotene Qualität der Problemlösung.

---

[43] Siehe [Aker70], S. 491.

[44] Vgl. [Vahr91], S. 40. In unserem Kontext haben wir dies als *Ergebnis*unsicherheit bezeichnet.

Damit ist die Gefahr von *adverse selection* Prozessen auf dem Markt für Finanzdienstleistungen im Marktsegment beratungsbedürftiger Nachfrager potentiell vorhanden. Die Konsequenz für die hier relevante Betrachtung des Vertriebs kundenindividueller und beratungsintensiver Finanzdienstleistungen wäre, daß Anbieter, die Finanzdienstleistungen hoher Qualität anbieten und aufgrund der hohen Qualität höhere Produktionskosten (z. B. aufgrund von teuren Schulungsmaßnahmen, Investition in leistungsfähige Beratungssoftware) als Anbieter von Finanzdienstleistungen mit niedriger Qualität besitzen, aufgrund des Phänomens *adverse selection* auf dem Markt nicht erfolgreich anbieten können.

Bevor wir die Relevanz von *adverse selection* für das Angebot von kundenindividuellen Problemlösungen im Direktvertrieb weiter untersuchen, und prüfen, ob nicht durch gezielte Gestaltung der Kooperationsbeziehung zwischen Anbieter und Nachfrager („Kooperationsdesign“) dieses Phänomen verhindert werden kann, soll auf ein weiteres Phänomen eingegangen werden, das ähnlich wie *adverse selection* zu Marktversagen führen kann.

Marktversagen aufgrund *moral hazard*. Ursache von *adverse selection* Prozessen ist entsprechend der obigen Diskussion die mangelnde Fähigkeit von Nachfragern, die ihnen angebotene Qualität unabhängig von den Anbietern überprüfen zu können (Ergebnisunsicherheit). Auf dem Markt für Finanzdienstleistungen ist jedoch zu Beginn der Finanzberatung das Beratungsergebnis und damit die Qualität der angebotenen Problemlösung noch nicht determiniert. Der Anbieter hat also zusätzlich zu den Anbietern auf dem Gebrauchtwagenmarkt von Akerlof die Möglichkeit, während der Beratung die Qualität der Problemlösung zu beeinflussen.

Für den Nachfrager besteht dementsprechend zusätzlich zur Qualitätsunsicherheit bezüglich des Ergebnisses einer Finanzberatung eine *endogene* Unsicherheit bezüglich des *Verhaltens* des Finanzdienstleisters. Aufgrund von *hidden characteristics* kann ein Nachfrager nicht die Leistungsfähigkeit, aufgrund von *hidden intention* kann ein Nachfrager nicht die Leistungsbereitschaft und aufgrund von *hidden action* kann ein Nachfrager weder die Intensität noch die Qualität des Lösungsprozesses beobachten.[45] Insbesondere besteht damit für ihn das Risiko von *moral hazard*[46]. Welche Auswirkungen kann das Phänomen *moral hazard* auf das Marktergebnis haben?

Wir unterstellen wie oben, daß die Nachfrager zum Kaufzeitpunkt die angebotene Qualität nicht beurteilen können und sich wieder am Preis der erwarteten Durchschnittsqualität orientieren. Da die Nachfrager weder die qualitätsbeeinflussenden Entscheidungen der Anbieter beobachten noch die Qualität der angebotenen Leistung direkt wahrnehmen können, besteht für die Anbieter ein Anreiz, durch versteckte Maßnahmen die Qualität negativ zu beeinflussen: Sie täuschen hohe Qualität vor, bieten jedoch nur niedrige

[45] Vgl. Abschn. 7.1.2, S. 150.
[46] Vgl. Abschn. 7.1.2, S. 152.

Qualität an und können damit (versteckt) ihren Gewinn erhöhen[47]. Dabei ist der für die Anbieter versteckt erzielbare Gewinn um so höher, je größer die Differenz von durchschnittlich erwarteter Qualität und angebotener Qualität ist. Aufgrund der Qualitätsunsicherheit der Nachfrager, die die verdeckte Qualitätsverschlechterung nicht (in vollem Umfang) wahrnehmen und dementsprechend nicht ihre Zahlungsbereitschaft entsprechend der verdeckten Qualitätsverschlechterung anpassen können, werden die Kosten einer Qualitätsentscheidung eines Anbieters nicht vollständig internalisiert.[48]

Vermuten die Nachfrager jedoch ein derartiges Anbieterverhalten (*Verhaltens*unsicherheit), senken sie ihre Zahlungsbereitschaft. Dies hat jedoch Rückwirkungen auf die Anbieter hoher Qualität, die ihre Leistungen nicht mehr zu einem angemessenen Preis absetzen können. Typische Beispiele für *moral hazard* beim Vertrieb von Finanzdienstleistungen stellt Walz dar[49].

In Konsequenz besteht damit auch aufgrund des Phänomens *moral hazard* die potentielle Gefahr für Anbieter qualitativ hochwertiger finanzwirtschaftlicher Problemlösungen, daß sie mittel- bis langfristig qualitativ hochwertige Leistungen nicht erfolgreich absetzen können.

7.3 Instrumente zur Vermeidung von Marktversagen

Die Existenz asymmetrischer Informationsverteilung zwischen Anbieter und Nachfragern kann also aufgrund der Phänomene *adverse selection* und *moral hazard* potentiell zu Marktversagen führen. Wir werden deshalb im folgenden untersuchen, wie die Kooperationsbeziehung zwischen Anbietern und Nachfragern so gestaltbar ist, daß beim Angebot kundenindividueller Problemlösungen im Direktvertrieb kein Marktversagen eintritt. Nur wenn derartige Kooperationsdesigns realisierbar sind, sind aus *informationsökonomischer Sicht* die Voraussetzungen für ein mittel- bis langfristig erfolgreiches Angebot kundenindividueller Problemlösungen im Direktvertrieb gegeben.

Die folgende Darstellung gliedert sich in drei Schritte. Zunächst werden wir betrachten, welche *marktexternen Institutionen* einem Marktversagen entgegenwirken[50]. Im zweiten Schritt werden wir *marktinterne Mechanismen*

---

[47] Auch hier liegt die grundsätzliche Annahme zugrunde, daß niedrige Qualität zu niedrigeren Produktionskosten als hohe Qualität erstellt werden kann.

[48] Vgl. [Tiro88], S. 107ff.

[49] Vgl. [Walz91], S. 71ff.

[50] In einem weiten Begriffsverständnis *„regeln und leiten Institutionen, aufgrund von Traditionen, Normen, Werten oder Gesetzen, dauerhaft menschliches Verhalten"*, vgl. [Gerh95], S. 10; ähnlich auch die Definitionen in [Rich94], S. 2, und [Kaas92b], S. 3. Die institutionelle Verfassung ökonomischer Systeme wird im wesentlichen durch die ökonomischen Institutionen *Markt* und *Unternehmen* geprägt; darüber hinaus gibt es jedoch Institutionen wie beispw. das allgemeine Rechtssystem (bzw. konkret: Gerichte, Aufsichtsämter u. ä.), die aus Sicht ökonomischer Systeme (hier dem Markt für Finanzdienstleistungen) extern insti-

für die Gestaltung von Kooperationsbeziehungen bei asymmetrischer Informationsverteilung vorstellen und ihre Eignung für unsere Problemstellung diskutieren. Anschließend werden wir ausgehend von diesen Ergebnissen ein Kooperationsdesign ableiten und modellanalytisch untersuchen.

7.3.1 Marktexterne Mechanismen

Auf dem Markt für Finanzdienstleistungen existieren einige marktexterne Institutionen, die dem Versagen des Marktmechanismus entgegenwirken. Von zentraler Bedeutung sind hier zunächst staatlich getragene *Kontrollinstitutionen* wie das *Bundesaufsichtsamt für das Kreditwesen*, das *Bundesaufsichtsamt für Versicherungen*, das *Bundesaufsichtsamt für den Wertpapierhandel* oder die *Bundesbank*. Diese Institutionen überwachen die Einhaltung aufsichtsrechtlicher Regelungen (wie Kreditwesengesetz (KWG) und Versicherungsaufsichtsgesetz (VAG)), in denen rechtliche *Mindeststandards* für den Geschäftsgegenstand, Organisation und die Durchführung von Geschäftsaktivitäten derjenigen Institute festgelegt sind, die den jeweiligen aufsichtsrechtlichen Regelungen unterworfen sind. Zu diesen Überwachungstätigkeiten gehört einerseits die Überprüfung der festgelegten Mindeststandards *vor* Aufnahme des Geschäftsbetriebs durch einen entsprechenden Finanzdienstleister[51]. Andererseits umfassen die Aufsichtstätigkeiten auch die Überwachung des *laufenden* Geschäftsbetriebs; bei Verstößen gegen die aufsichtsrechtlichen Regelungen kann im Extremfall die vergebene Lizenz wieder entzogen werden.

Allerdings zielen die hier zugrundeliegenden aufsichtsrechtlichen Regelungen auf das Rechtsverhältnis zwischen Finanzdienstleistern und den entsprechenden Aufsichtsämtern; sie haben in der Regel keine rechtliche Wirkung auf die Beziehung zwischen Nachfrager und Finanzdienstleister.[52] Darüber hinaus zielen diese Mindeststandards und die *Überwachung* von deren Einhaltung nur auf die in den jeweiligen Rechtsnormen spezifizierten Finanzinstitute; sie umfassen daher nicht alle auf dem Markt aktiven Finanzdienst-

tutionelle Regelungen für diese definieren (beispw. die oben genannten Gesetze, Werte, Normen usw.). Anzumerken ist, daß der Institutionenbegriff sowohl allgemeine *Regelungssysteme* (Systeme, die Handlungsabläufe grob strukturieren) als auch *Handlungssysteme* umfaßt; Handlungssysteme sind durch Regelsysteme organisierte Einrichtungen, *„in denen Menschen unter bestimmten Regeln zeitweise zusammen oder auch gegeneinander arbeiten, in der Absicht, ihre persönlichen Ziele zu erreichen.“*, vgl. [Schn93], S. 20.

[51] Für die Zulassung zur Aufnahme des Geschäftsbetriebs müssen beispielsweise Kreditinstitute die in § 33 KWG definierten Voraussetzungen erfüllen, die neben Anforderungen an die *Eigenkapitalausstattung* auch Anforderungen an *Zuverlässigkeit* und *Qualifikation* von Antragstellern und Geschäftsleitern stellen; die Zulassungsvoraussetzungen wurden im Rahmen der „Zweiten Bankrechtskoordinationsrichtlinie“ verschärft, vgl. [Betg96], S. 137.

[52] Verstoßen z. B. Kreditinstitute gegen die vom Bundesaufsichtsamt für das Kreditwesen erlassenen „Anforderungen an Regelungen der Kreditinstitute für Mitarbeitergeschäfte“, so können Kunden weder gegen die Bank noch gegen das Aufsichtsamt Schadensersatzansprüche ableiten; vgl. [Aren96], S. 775.

leister. Als Beispiele für Finanzdienstleister, die keinen aufsichtsrechtlichen Regelungen unterworfen sind, seien Anlageberatungs-, Anlagevermittlungs-, Vermögensberatungs- sowie Kreditvermittlungsgesellschaften genannt[53].

Neben den aufsichtsrechtlichen Institutionen gibt es deshalb eine ganze Reihe weiterer rechtlicher Regelungen, die dem Schutz von Nachfragern dienen. Auf diese kann und braucht hier im einzelnen nicht weiter eingegangen werden; für die hier relevante Untersuchung von externen Marktinstitutionen reicht die exemplarische Betrachtung von Wertpapierhandelsgesetz (WpHG), Verbraucherkreditgesetz (VerbrKrG) und Preisangabenverordnung (PAngV) aus.

Das WpHG ist zum 1. Januar 1995 in Kraft getreten und dient dem Schutz von *Anlegern*[54], indem dort die *Verpflichtung* der Wertpapierdienstleistungsunternehmen, die Interessen ihrer Kunden zu wahren, und die *Priorität des Kundeninteresses* festgeschrieben sind[55]. Hierzu werden in den Paragraphen 31ff weitgehende Verhaltensregeln definiert, die sicherstellen sollen, daß Nachfragern nur Wertpapiere empfohlen werden, die auf die *individuellen Verhältnisse* des einzelnen Nachfragers „angepaßt" sind[56]. Unter anderem wird in Paragraph 31 Absatz 1 Nr. 1 von Wertpapierhandelsunternehmen verlangt, daß diese über die erforderliche *Sachkenntnis*, *Sorgfältigkeit* und *Gewissenhaftigkeit* für die Durchführung von Wertpapiergeschäften verfügen. Fehlt einem Anbieter bezüglich bestimmter Wertpapiere und Anlageformen die notwendige Sachkenntnis, so ist der Nachfrager hierüber zu informieren. Weiterhin verpflichtet das Gesetz in Paragraph 31 Absatz 2 Nr. 2 Wertpapierdienstleistungsunternehmen dazu, einem Nachfrager alle relevanten Informationen mitzuteilen, *„soweit dies zur Wahrung der Interessen der Kunden und im Hinblick auf Art und Umfang der beabsichtigten Geschäfte erforderlich ist"*[57]. Der Anwendungsbereich des WpHG bezieht sich dabei auf alle am Kapitalmarkt handelbaren Wertpapiere und Derivate einschließlich Geldmarktinstrumenten[58]. Weiterhin haben die im WpHG spezifizierten Verhaltensregeln *Norm*charakter; bei einem Verstoß gegen diese Regeln kann das betreffende Wertpapierhandelsunternehmen für die negativen Folgen *haftbar* gemacht werden[59].

Ferner dient das im Januar 1991 eingeführte Verbraucherkreditgesetz der Stärkung des Verbraucherschutzes beim Abschluß von *Kreditverträgen*[60]. Der

---

[53] Vgl. [Aren96], S. 776.
[54] Vgl. [Aren96], S. 775.
[55] Vgl. [Aren94], S. 257.
[56] Vgl. [Fahn96], S. 630.
[57] Siehe [Fahn96], S. 630.
[58] Vgl. [Aren96], S. 776.
[59] Vgl. [Aren96], S. 775.
[60] So z. B.: *„Das neue Verbraucherkreditgesetz trägt zweifellos zur Verbesserung des Verbraucherschutzes, insbesondere mit Blick auf die Schutzbedürftigkeit der sozial Schwächeren, bei."*, s. [Vort91], S. 31. Allerdings ist anzumerken, daß das VerbrKrG kein umfassendes Verbraucherschutzgesetz darstellt, vgl. [Vort91], S. 27;

Kredit-Begriff ist hier sehr weit gespannt, da er nicht nur Darlehen im Sinne von Paragraph 607 BGB umfaßt, sondern auch jedes einem Schuldner (entgeltlich) eingeräumte Recht, geschuldete Gegenleistungen erst nach Vorleistungen des Gläubigers erbringen zu dürfen[61]. Um das Ziel des Verbraucherschutzes zu erreichen, definiert das VerbrKrG in Paragraph 4 Formvorschriften, die bei der Einräumung von Verbraucherkrediten zu beachten sind, unter anderem werden die *Schriftform* verlangt und *Mindestinhalte* von Kreditverträgen[62] festgeschrieben. Hiermit soll dem Verbraucher die Möglichkeit gegeben werden, sich über die Vertragsbedingungen und die gesamte Kostenbelastung informieren zu können (*Warn-* und *Informationsfunktion*)[63]. Um weiterhin eine definierte, nachvollziehbare Berechnungsgrundlage für den Effektivzins zu erhalten, wird in Paragraph 4 Absatz 2 Satz 2 der Paragraph 4 der PAngV als Berechnungsgrundlage vorgeschrieben; zusätzlich ist nach Paragraph 4 VerbrKrG anzugeben, wann und unter welchen rechtlichen Bedingungen sich preisbestimmende Faktoren ändern können. Vor allem durch die Pflicht zur Angabe des Effektivzinssatzes wird für die Verbraucher eine gewisse einfache Vergleichbarkeit auch von unterschiedlich gestalteten Kreditverträgen (z. B. mit/ohne Disagio) erreicht.

Die falsche Angabe des Effektivzinses durch den Kreditgeber wird durch das Gesetz sanktioniert, für sonstige falsche Angaben ist auf allgemeine Regelungen zurückzugreifen[64]; fehlen hingegen Angaben, so ist der Vertrag nichtig[65]. Darüber hinaus hat der Verbraucher ein Widerrufsrecht: Innerhalb einer Woche nach Vertragsabschluß kann er seine Willenserklärung über die Annahme eines Kreditangebots widerrufen[66], bis zum Ablauf dieser Frist bleibt der Vertrag in der *Schwebe*. In Konsequenz hat der Verbraucher damit noch *nach* „Vertragsabschluß" eine Woche Zeit, sich über die finanzwirtschaftliche Qualität des angebotenen Kredits zu informieren und Preisvergleiche vorzunehmen. Insgesamt werden durch das VerbrKrG und (damit verbunden) durch die PAngV Mindeststandards für die Verbraucherinformation beim Abschluß von Kreditverträgen sowie Haftungsregelungen bei falschen bzw. fehlenden Angaben festgeschrieben.

Damit existieren außer für Anlageprodukte auch für Finanzierungsprodukte rechtliche Normen, die *Mindeststandards* und *Haftungsfolgen* bei Ver-

---

dies stellt jedoch aus dem Blickwinkel des Verbraucherschutzes und angesichts der Rechtsprechung nicht unbedingt einen Nachteil dar, vgl. [GrEmKe91], S. 6.

61 Vgl. [Bülo91], S. 3.

62 Diese Mindestangaben umfassen Nettokreditbetrag, alle vom Verbraucher zu entrichtenden Teilzahlungen, einschließlich Zinsen und sonstiger Kosten, Rückzahlungsmodalitäten, Vermittlungskosten, den (anfänglichen) effektiven Jahreszins, Kosten einer Restschuldversicherung sowie zu bestellende Sicherheiten, vgl. Paragraph 4 Absatz 1 VerbrKrG.

63 Vgl. [BrOtWa92], S. 162.

64 Vgl. [BrOtWa92], S. 255.

65 Vgl. [LwPeGö93], S. 95.

66 Siehe Paragraph 7 Absatz 1 VerbrKrG; dieser ist als negative Wirksamkeitsvoraussetzung zu interpretieren, vgl. [GrEmKe91], S. 266.

stößen gegen diese Mindeststandards definieren. Ergänzt werden diese gesetzlichen Institutionen durch Institutionen der Rechtspflege (wie beispw. Gerichte), mit denen Nachfrager ihre Rechtspositionen durchsetzen können. Neben den hier vorgestellten gesetzlichen Rahmenbedingungen, die spezifisch auf die Regelung der Besonderheiten auf dem Finanzdienstleistungsmarkt zielen, existieren darüber hinaus noch weitere gesetzliche Regelungen des Verbraucherschutzes, die branchenübergreifenden Charakter haben: So sanktioniert das *Gesetz gegen unlauteren Wettbewerb (UWG)* „irreführende Werbung" der Anbieter, wie beispielsweise falsche Information der Nachfrager.[67]

Informationsökonomische Untersuchungen[68] zeigen, daß durch die Festlegung von *Mindeststandards* und *Haftungsregelungen* (wie sie auf dem Markt für Finanzdienstleistungen durch gesetzliche Regelungen definiert werden) Anreize für Anbieter bestehen, qualitativ hochwertige Leistungen anzubieten. Diese gesetzlichen Mindeststandards und Haftungsregelungen schaffen damit wichtige Voraussetzungen, die es Nachfragern ermöglichen, Qualitätsaussagen von Anbietern Glauben zu schenken, ohne diese *selbst* prüfen zu müssen: Durch die gesetzlichen Mindestanforderungen an die Nachfragerinformation über die *Qualität* bzw. den *Preis* angebotener Finanzprodukte werden Nachfragern Kriterien bereitgestellt, mit denen diese die Qualität von Finanzprodukten zum Kaufzeitpunkt beurteilen und vergleichen können. Hierbei sind die entsprechenden Angaben vom jeweiligen *Anbieter* bereitzustellen und damit auch von Nachfragern beobachtbar, die nicht in der Lage sind, ausgehend von den Merkmalen angebotener Finanzprodukte diese Qualitäts- und Preisinformationen selbst zu berechnen.

Weiterhin legen die gesetzlichen Institutionen Rahmenbedingungen (Mindeststandards) für das *Verhalten* von Finanzdienstleistern fest und reduzieren so für die Nachfrager neben der *Ergebnis*unsicherheit auch die *Verhaltens*unsicherheit – sofern die Nachfrager davon ausgehen, daß sich die Anbieter an die Mindeststandards halten. Zum anderen werden durch die gesetzlichen Regelungen bei Verstößen der Anbieter gegen diese *Haftungsfolgen* festgeschrieben, so daß die Anreize für Anbieter, gegen diese Regelungen zu ihrem Vorteil (bzw. zum Schaden der Nachfrager) zu verstoßen, stark reduziert werden.

Durch diese gesetzlichen Regelungen wird natürlich nicht garantiert, daß Anbieter nicht gegen die Mindeststandards und ihre Aufklärungs- und Informationspflichten verstoßen: Ist der Erwartungswert des Barwerts bei gesetzwidrigem Verhalten (unter Einberechnung eventueller Strafen, die bei Aufdeckung eines Gesetzesverstoßes fällig werden) größer als der Erwartungswert des Barwerts bei ehrlicher Qualitätsangabe und ist der Anbieter hinreichend risikofreudig, so kann es für ihn trotz gesetzlicher Sanktionsmaßnahmen vor-

[67] In besonderes schwerwiegenden Fällen können auch *Verbraucherschutzverbände* das Klagerecht wahrnehmen, vgl. [Hipp86], S. 101f.

[68] Für detaillierte informationsökonomische Untersuchungen von *Mindeststandards* und *Haftungsregelungen* s. beispw. [Spen77] und [Shap86].

teilhaft sein, gegen diese Standards zu verstoßen. Darüber ist mit den gesetzlichen Regelungen das Problem verbunden, daß Nachfrager aufgrund des hohen Anteils an *experience characteristics* und *credence characteristics* häufig nur selten feststellen können, daß ein Anbieter gegen diese Mindeststandards verstoßen hat.

Weiterhin besteht die Möglichkeit, daß sich Anbieter zwar an die gesetzlichen Regelungen halten, indes nur eine mit diesen Standards konforme Mindestqualität q anbieten. In diesem Fall würde zwar kein *vollständiges* Marktversagen eintreten. Allerdings kann grundsätzlich wiederum die Situation eintreten, daß (entsprechend der Darstellung in den Abschn. 7.2.2[69] und 7.2.2[70]) aufgrund von *adverse selection* und *moral hazard* sowie der resultierenden Qualitätsunsicherheit ein Angebot von Qualitäten $\hat{q} > q$ für die Anbieter nicht vorteilhaft ist; für Praxisbeispiele sei auf Walz verwiesen[71].

Zudem sind die gesetzlichen Mindeststandards aus finanzwirtschaftlicher Sicht *unbefriedigend*: Sie orientieren sich an Vor-Steuer-Zahlungen, so daß sie (kundenindividuelle) steuerliche Wirkungen angebotener Finanzprodukte nicht berücksichtigen. Auch umfassen sie als Bewertungsgrundlage in der Regel nur ausgewählte Vor-Steuer-Zahlungen; so werden etwa die Beiträge für die (häufig) zwingenden Restschuldversicherungen bei Immobilienfinanzierungen nicht in die Effektivzinsberechnung nach PAngV einbezogen. Als weiteres Beispiel für unzureichende gesetzliche Mindeststandards kann in diesem Zusammenhang wiederum die schlechte Beratungsqualität vieler Bausparkassen angeführt werden: Dort wird häufig mit geringen Effektivzinsen für Bauspar*darlehen* als spezifischem Produktvorteil geworben, aber nur selten darauf hingewiesen, daß diesem Vorteil niedrige Sparzinsen in der Ansparphase gegenüber stehen und daß die häufig notwendigen (und teuren) Zwischenfinanzierungen diese Vorteile wieder kompensieren können[72].

Neben den *marktexternen* Institutionen existieren indes *marktinterne* Mechanismen, die einem Marktversagen aufgrund von Informationsasymmetrien zwischen Anbietern und Nachfragern entgegenwirken.

7.3.2 Marktinterne Mechanismen

Die oben dargestellten Phänomene *moral hazard* und *adverse selection* basieren auf der mangelnden Fähigkeit von Nachfragern, die Qualität von angebotenen Leistungen direkt beurteilen zu können (Ergebnisunsicherheit), *und* der mangelnden Fähigkeit, das Verhalten von Anbietern beobachten zu können (Verhaltensunsicherheit). Marktversagen aufgrund von *adverse selection* und *moral hazard* tritt damit letztlich deshalb auf, weil Nachfrager auch „ehrlichen" Anbietern hoher Qualität nicht *vertrauen*, wenn sie davon ausgehen

[69] Siehe S. 159ff.
[70] Siehe S. 161ff.
[71] Vgl. [Walz91], S. 71ff.
[72] Vgl. Abschn. 7.2.1, S. 156.

(müssen), daß für Anbieter niedriger Qualität ein Anreiz zu opportunistischem Verhalten besteht, und wenn sie zum Kaufzeitpunkt nicht zwischen „ehrlichen“ und unehrlichen Anbietern unterscheiden können.

Bei den vorherrschenden Wettbewerbsbedingungen auf dem Markt für Finanzdienstleistungen können Anbieter, denen es gelingt, kundenindividuelle Finanzdienstleistungen im Direktvertrieb schnell und mit hoher Qualität zu erstellen, entsprechend den Ergebnissen unserer bisherigen Untersuchung Wettbewerbsvorteile erzielen[73]. In Konsequenz besitzen diese Anbieter ein starkes Interesse daran, Nachfrager – und damit potentielle Kunden – von der Qualität maßgeschneiderter Problemlösungen zu überzeugen. Voraussetzung für einen erfolgreichen Direktvertrieb kundenindividueller Problemlösungen ist damit letztendlich die Fähigkeit von „Qualitätsanbietern“, *Vertrauen* bei den Nachfragern in ihr Angebot aufzubauen.[74]

In der informationsökonomischen Literatur werden mehrere *Instrumente* vorgestellt, mit denen für Anbieter durch die Gestaltung *marktinterner Mechanismen* ein Vertrauensaufbau bei Nachfragern mit der Zielsetzung realisierbar ist, Marktversagen aufgrund von Qualitätsunsicherheit zu vermeiden. Die wesentlichen Instrumente sind:[75]

- *Kontingenzverträge, Garantien und Anreizsysteme*
- Aufbau von *Reputation* und *Selbstbindung*
- *Signaling*
- *Zertifizierung und Überwachung*

Die verschiedenen Instrumente sollen im folgenden bezüglich ihrer Anwendbarkeit bzw. bezüglich ihrer Ausgestaltung für die Reduzierung von Qualitätsunsicherheit beim Angebot kundenindividueller Problemlösungen im Direktvertrieb untersucht werden. Anschließend wird ausgehend von den erzielten Ergebnissen ein geeignetes Kooperationsdesign vorgeschlagen und modellanalytisch untersucht.

Kontingenzverträge, Garantien und Anreizsysteme. Zur Vermeidung von Ergebnisunsicherheit kann ein ***Kontingenzvertrag*** zwischen Anbieter und Nachfrager geschlossen werden. In diesem Kontingenzvertrag werden *alle möglichen* zukünftigen Umweltzustände oder Ereignisse vollständig aufgelistet, die eintreten können, und es werden für *alle* diese zukünftigen Umweltzustände Regelungen der gegenseitigen Rechte und Pflichten der Vertragspartner festgeschrieben. Beide Akteure besitzen also einen Zustandsraum S, der beschreibt, wie ihre jeweilige Güterausstattung und ihre Güterpräferenzen in den jeweiligen Umweltzuständen sind und mit welchen Wahrscheinlichkeiten

[73] Vgl. hierzu insbesondere die Zusammenfassungen zu den Kap. 5, S. 101ff, und 6, S. 143ff.

[74] Die praktische Relevanz dieser informationsökonomischen Überlegung zeigt sich beispielhaft an den Werbekampagnen der Kreditinstitute: So fokussiert die *Deutsche Bank* mit dem Werbeslogan *„Vertrauen ist der Anfang von allem“* als zentrale Werbebotschaft explizit ihre „Vertrauenswürdigkeit“.

[75] Vgl. z. B. [Holm85], [Spre90], [Kaas90].

die jeweiligen Zustände eintreten[76]. Arrow hat für diesen Fall eine Ökonomie modelliert, in der Tauschvorgänge auch mit unsicheren Gegenleistungen abgewickelt werden: Kontingenzverträge werden als Marktgüter gehandelt.[77] Spremann führt als Beispiel für die grundsätzliche Leistungsfähigkeit von Kontingenzverträgen die Gestaltung von Finanzkontrakten mittels *Financial engineering* an: Dort wird durch geschickte Kombination mehrerer Finanztitel ein neuer Titel synthetisiert, der über die gewünschten Eigenschaften verfügt, *„womit eben die bei den denkbaren Umweltzuständen fälligen Rückflüsse gemeint sind"*[78].

Zwar ist der Grundgedanke des *Financial engineering* eng verwandt mit der Erstellung kundenindividueller Problemlösungen und der damit verbundenen Erstellung von Zahlungsströmen entsprechend *Zulässigkeitsbedingung* und *Bewertungsfunktion* des Kundenproblems. Trotzdem dürften Kontingenzverträge aus zwei Gründen in der Regel nicht anwendbar sein[79]:

- **Notwendigkeit einer Spezifikation aller Umweltzustände *a priori*:**
  Nachfrager wenden sich für die Lösung von finanzwirtschaftlichen Problemen unter anderem deshalb an Finanzdienstleister, weil sie über unvollständige Information über den Finanzdienstleistungsmarkt verfügen. Der Abschluß kontingentierter Verträge setzt aus Nachfragersicht zwar keine perfekte Information über den tatsächlich eintretenden zukünftigen Umweltzustand voraus, jedoch (nahezu) perfekte Information über den Zustandsraum S[80]. Über diese Informationen dürften Nachfrager bei komplexeren Problemen im allgemeinen nicht verfügen. Zudem ist ein derartiger Vertragsschluß in der Regel *nicht kostenlos* möglich.
- **Notwendigkeit einer Einigung *a posteriori*:**
  Die Anwendbarkeit kontingentierter Verträge setzt voraus, daß Anbieter und Nachfrager zweifelsfrei und kostengünstig feststellen können, *welcher* Umweltzustand eingetreten ist. Insbesondere Nachfrager mit Beratungsbedarf stehen hier vor dem Problem, daß dieses für sie im allgemeinen nicht ohne zusätzliche Kosten bzw. nicht ohne zusätzlichen Zeitaufwand feststellbar ist.

Da Nachfrager also in der Regel weder *a priori* über genügend Information zum Abschluß kontingentierter Verträge verfügen noch *a posteriori* den Eintritt der entsprechenden Umweltsituation problemlos überprüfen können,

---

[76] Vgl. [JaFö90], S. 17.

[77] Vgl. [Arro64]. Eine Diskussion und Erweiterung erfolgt in [Dréz71].

[78] Vgl. [Spre90], S. 573.

[79] Vgl. allgemein [Spre90].

[80] *„My construction, therefore, is a contingent-market version of the old idea of perfect foresight. With uncertainty present, it is not required that the future be known in order to achieve optimal allocation, only that commoditiy prices be known on the state of nature; ...* ", s. [Arro75], S. 487.; Arrow versteht hier unter *commodities* Kontingenzverträge.

dürften kontingierte Verträge damit in der Regel als Instrument zur Verhinderung von Marktversagen ungeeignet sein. Ein dritter Grund ist in den Transaktionskosten (Kosten für den Vertragsabschluß, Marktzugang usw.) zu sehen, die die Nutzung marktlicher Prozesse zum Handeln von im Rahmen von Finanzberatungen kundenindividuell erstellten Kontingenzverträgen im allgemeinen als zu teuer erscheinen lassen[81]. Eine ähnliche Meinung bezüglich der Anwendbarkeit von Kontingenzverträgen vertritt Holmstrom:

> *„Unfortunately, explicit contracts are often infeasible in service trade, because needed contingencies are either not observed or more often, not measurable in a verifiable way. Indeed quality has to be assured by other means, perhaps most often by building a good reputation.“*[82]

Ein enger Zusammenhang besteht zwischen Kontingenzverträgen und ***Garantien***: Während Kontingenzverträge sämtliche Umweltsituationen über die gesamte Vertragslaufzeit einbeziehen, umfassen Garantien im allgemeinen nur bestimmte Situationen über eine begrenzte Laufzeit. Ihr Leistungsgegenstand bezieht sich vor allem auf Situationen, in denen die vom Anbieter gemachten Qualitätsaussagen nicht eintreten. Informationsökonomische Untersuchungen zeigen, daß Garantien die Qualitätsunsicherheit von Nachfragern reduzieren können[83]. Bei Garantien stellen sich jedoch grundsätzlich die gleichen Probleme wie im Fall von Kontingenzverträgen: Sie sind insbesondere nur sinnvoll, wenn Nachfrager *a priori* klar spezifizieren können, welche Aussagen eines Finanzdienstlers bzw. Eigenschaften kundenindividueller Problemlösungen sie bezüglich welcher Umweltsituation absichern möchten, und wenn *a posteriori* zweifelsfrei feststellbar ist, welche Umweltsituation eingetreten ist.

Weiterhin müßten derartige Garantien aufgrund der Kundenindividualität erstellter Problemlösungen kundenindividuell formulierbar und vertraglich fixierbar sein[84]; diese Voraussetzung wird in der Regel kaum gegeben sein[85]. Da sich weiterhin finanzwirtschaftliche Problemlösungen im allgemeinen über längere Planungshorizonte (bei Immobilienfinanzierungen bis zu 30 Jahren, bei privaten Rentenversicherungen zur Altervorsorge können die Planungshorizonte sogar noch länger sein) erstrecken, sind Garantien über

---

[81] Bereits Coase hat erkannt (vgl. [Coas37]), daß Transaktionskosten dazu führen können, daß eine Koordination über einen Markt *unvorteilhaft* ist und daß andere Koordinationsmechanismen in derartigen Situationen vorteilhafter sein können; vgl. hierzu auch [Spre90], S. 574.

[82] Siehe [Holm85], S. 183f. Ähnlich auch Schäfer: *„Im Grunde dürften in der Kreditbranche in praxi keine vollständigen Verträge anzutreffen sein, da jeder Vertrag [...] ein gewisses Maß an Unvollständigkeit und damit an Mehrdeutigkeit besitzt“*, [Schä95], S. 535.

[83] Vgl. z. B. [Spen77], [Gros81], [Rapo88]; einen Überblick gibt [Toll94], S. 934f.

[84] Die hierfür benötigte Zeit wäre in Analogie zum letzten Kapitel wieder mit Opportunitätskosten zu bewerten.

[85] Zumindest der Nachfrager verfügt in der Regel kaum über Möglichkeiten, hierfür kostengünstig Rechtsberatungen in Anspruch nehmen zu können.

begrenzte Laufzeiten nur in Einzelfällen bei kurzen Planungshorizonten sinnvoll[86]. Garantien sind damit ähnlich wie Kontingenzverträge bezüglich des Angebots kundenindividueller Problemlösungen im Direktvertrieb nur beschränkt als Instrument zum Abbau der Qualitätsunsicherheit bei Nachfragern geeignet.

Anreizsysteme zielen auf die Reduktion von *Verhaltensunsicherheit*, indem ein *Prinzipal* (Auftraggeber, hier: ein Nachfrager) einen *Agenten* (Auftragnehmer, hier: Finanzdienstleister) in Abhängigkeit vom Leistungs*ergebnis* entloht. Eine zentrale Voraussetzung für die Anwendbarkeit von Anreizsystemen ist nach Spremann:

> *[... ein Anreiz-]Schema [sollte] den Lohn nur von solchen Größen abhängen lassen, die von beiden Partnern ohne Dissens beobachtet werden können. Eine solche Größe ist annahmegemäß das Produktionsergebnis.“*[87]

Damit liegt bezüglich der Anwendbarkeit von Anreizsystemen ein Problem vor, das im gegebenen Anwendungsbereich der Problemstellung bei der Verwendung von Kontingenzverträgen entspricht, *a posteriori* den eingetretenen Umweltzustand zweifelsfrei und preisgünstig feststellen zu können. Aufgrund der Ergebnisunsicherheit des Prinzipals (ein Nachfrager als „Auftraggeber“ einer Finanzberatung) kann dieser die Qualität des Produktionsergebnisses des Agenten bei komplexeren Problemstellungen bezüglich der Einhaltung der Zulässigkeitsbedingung und dem Wert der Bewertungsfunktion in der Regel nur schwer oder gar nicht einschätzen – damit fehlt jedoch der fixe Bezugspunkt für die Messung der Entlohnungsgrundlage. Anreizverträge sind damit im allgemeinen für Situationen mit Verhaltens- *und* Ergebnisunsicherheit nur beschränkt verwendbar. Anzumerken ist, daß auch Anreizverträge im allgemeinen Transaktionskosten für Vertragsabschluß sowie für die Überwachung durch den Prinzipal (den Nachfrager!) verursachen können.

Anzumerken ist, daß im Finanzdienstleistungsbereich im Fall einfach meßbarer „Produktionsergebnisse“ Anreizsysteme sehr wohl eine (zunehmend) wichtigere Rolle spielen. Als Beispiel sei der Absatz von Investmentfonds angeführt: Nachfrager können im allgemeinen das Verhalten des Fondsmanagements nur schwer beobachten und überprüfen; selbst bei Annahme eines gesetzeskonformen Verhaltens besitzen diese teilweise einen erheblichen Handlungsspielraum (*hidden action*). Da zumindest die Performanz von Investmentfonds (gemessen als Wertentwicklung der Anteile) für die Nachfrager leicht beobachtbar ist[88], bieten Investmentgesellschaften in den letzten Jahren vermehrt sogenannte *„No-Load-Funds“* an: Hier entfallen die Ausga-

---

[86] Ein Beispiel sind sogenannte „Garantiefonds“, bei denen der Fondsanbieter den Nachfragern garantiert, daß diese nicht unter einen bestimmten Mindestwert (häufig der Ausgabepreis) fallen.

[87] Siehe [Spre90], S. 582.

[88] Der Rücknahmepreis von Fondsanteilen wird für viele Fonds in leicht zugänglichen Tageszeitungen veröffentlicht.

begebühren, dafür ist die erfolgsabhängige Mangemententlohnung auf Basis der jeweiligen Fondsperformanz höher als bei herkömmlichen Fonds. Dies soll dem Fondsmanagement den Anreiz geben, eine hohe Performanz zum Vorteil des Anlegers zu erzielen[89]. Der Verzicht auf einen Ausgabeaufschlag und die performanzorientierte Entlohnung des Fondsmanagement soll für die Nachfrager die Verhaltensunsicherheit reduzieren.

Reputation und Selbstbindung. Ein Instrument, mit dem Anbieter von Problemlösungen mit hoher finanzwirtschaftlicher Qualität Nachfragern glaubwürdige Qualitätssignale senden können, ist der Aufbau einer hohen ***Reputation***[90]. Unter der Reputation[91] eines Anbieters wird eine (ausgehend von in der Vergangenheit gemachten Qualitätserfahrungen) *extrapolierte Erwartung von Nachfragern* über die Leistungsqualität von Anbietern verstanden[92]. Durch den Aufbau einer hohen Reputation (also durch den Aufbau einer hohen extrapolierten Qualitätserwartung) will ein Anbieter erreichen, daß Nachfrager seinen Qualitätsangaben Glauben schenken und von der Qualität seines Leistungsangebots überzeugt sind, ohne einen „Einzelnachweis" der jeweiligen Qualität einzufordern.

Eine wesentliche Voraussetzung für einen erfolgreichen Aufbau von Reputation durch einen Anbieter ist, daß er seine Qualität über längere Zeit aufrecht erhält: In der ersten Periode des Marktauftritts sind die Nachfrager nur bereit, den Preis für die durchschnittlich erwartete Qualität zu bezahlen, auch ein Anbieter mit hoher Qualität muß dementsprechend zunächst zum Preis der Durchschnittsqualität anbieten. Während dieser Zeit lernen die Nachfrager aufgrund von Qualitätserfahrungen die „wahre" Qualität der angebotenen Leistungen kennen – und sind bereit, in Folgeperioden höhere Preise zu bezahlen, da sie nun die wahre Qualität kennen.[93] Offensichtlich setzt Reputationsaufbau voraus, daß es sich um Güter mit einem

[89] Hier wird wiederum das Problem derartiger Anreizsysteme in unserem Anwendungsbereich deutlich: Zwar können die Nachfrager die *Performanz* einzelner Investmentfonds gut beobachten. Allerdings ist es für sie in der Regel kaum möglich, das *Risiko* einzuschätzen, das mit den Investitionsentscheidungen des Fondsmanagement verbunden ist: Finanzwirtschaftliche Maßzahlen für das Risiko werden in der Regel nicht veröffentlicht: So werden etwa die portfoliotheoretisch wichtigen Kovarianzen von Wertpapieren eines Fonds nicht angegeben, ersatzweise wird auch nicht der β-Faktor als Maß für das systematische Risiko in für die Nachfrager leicht zugänglichen Publikationen veröffentlicht (für die verwendeten portfoliotheoretischen Begriff s. z. B. [CoWe88], S. 173ff). Damit können rein performanzorientierte Anreizsysteme dazu führen, daß das Fondsmanagement ein aus Sicht vieler Anleger zu hohes Risiko eingeht.

[90] Vgl. zu diesem Instrument ausführlich [Weiz80a], [Weiz80b], [KlLe81], [Shap83b], [Unge84], [Rapo88].

[91] In der Informationsökonomie wird synonym häufig auch der Begriff *Vertrauen* verwendet, vgl. [Kaas90], S. 4; in der Marketingtheorie wird synonym der Begriff *Goodwill* verwendet, vgl. [Simo85] und [Toll94], S. 928; Gutenberg spricht vom *akquisitorischen Potential* eines Anbieters, vgl. [Gute79], S. 243ff.

[92] Vgl. [Alba80].

[93] Vgl. [Shap83a], [Unge84], S. 61ff, [Vahr91], S. 44ff.

überwiegenden Anteil von *experience characteristics* handelt, da Nachfrager hier *während* der Güternutzung die entsprechende Güterqualität wahrnehmen können. Dies ist hingegen bei Gütern mit einem überwiegenden Anteil an *credence characteristics* nicht der Fall.[94]

Die Wirkungsweise des Reputationsmechanismus soll anhand eines einfachen Modells von Shapiro dargestellt werden[95]. Betrachtet wird ein Markt für ein Gut mit *experience characteristics*, das in zwei Qualitäten $q \in \{q_0, q_1\}$ angeboten wird, q_0 sei eine nicht unterschreitbare Minimumqualität. Die Produktion des Gutes erfolge je Qualität mit konstanten Grenz- und Durchschnittskosten $c(q)$, die mit zunehmender Qualität steigen. Die Qualitätserwartungen der Nachfrager hängen von den gemachten Qualitätserfahrungen der Vorperiode ab (diese seien aufgrund von *Kommunikationsprozessen* allen Nachfragern bekannt); die Zahlungsbereitschaft p hängt wiederum von der erwarteten Qualität ab: $p \equiv p(q_i), i \in \{0, 1\}$. Jeder Anbieter maximiert den Barwert seiner Gewinne und kann unendlich lange im Markt verbleiben. Der Preis der Minimumqualität sei gleich hoch wie die Durchschnittskosten. Weiterhin gilt: $p(q_1) - c(q_1) > p(q_0) - c(q_0) = 0$.

Ein Unternehmen, das in den Perioden zuvor q_1 angeboten hat (also die Qualitätsreputation q_1 besitzt) und weiterhin q_1 anbietet, erzielt den Barwert C_1 (r sei der periodenkonstante Zinsfuß):

$$C_1 = \frac{1+r}{r} \cdot [p(q_1) - c(q_1)]. \tag{7.1}$$

Bietet ein Anbieter mit hoher Qualitätsreputation q_1 in der *ersten* Periode nur die Qualität q_0 an, so kann er in der *ersten* Periode einen Zahlungsüberschuß von

$$p(q_1) - c(q_0) > p(q_1) - c(q_1) > p(q_0) - c(q_0) = 0 \tag{7.2}$$

erzielen und damit einen „Betrugsvorteil" von $c(q_1) - c(q_0) > 0$ „erschleichen"; in den Folgeperioden wird er aber nur den Zahlungsüberschuß $p(q_0) - c(q_0) = 0$ erzielen. Der Barwert C_0 der „Betrugsstrategie" beträgt also:

$$C_0 = p(q_1) - c(q_0).$$

Damit in jeder Periode die höhere Qualität angeboten wird, muß $C_1 \geq C_0$ gelten. Diese Bedingung ist äquivalent zu

$$p(q_1) \geq c(q_1) + r[c(q_1) - c(q_0)]. \tag{7.3}$$

[94] Bei Gütern mit einem hohen Anteil von *search qualities* ist der Aufbau von Reputation aus informationsökonomischer Sicht irrelevant, da hier für die Nachfrager die Güterqualität *vor* einer Kaufentscheidung wahrnehmbar ist.

[95] Vgl. [Shap83a], die Modelldarstellung lehnt sich an [Vahr91], S. 44f, an. Wir stellen hier deshalb kurz die grundsätzliche Wirkungsweise des Reputationsmechanismus dar, weil dieser bei dem in Abschn. 7.4.1, S. 183ff, vorgeschlagenen Kooperationsdesign eine wichtige Rolle spielen wird.

Durch Umformung erhalten wir $p(q_1) - c(q_1) \geq r[c(q_1) - c(q_0)]$. Der Term $r[c(q_1) - c(q_0)]$ wird als *„Qualitätsprämie"* bezeichnet[96] und kann entsprechend (7.3) als Mindestforderung interpretiert werden, die ein Anbieter zusätzlich zu den Produktionskosten verlangt, damit er weiterhin hohe Qualität anbietet. Klein und Leffler zeigen, daß einerseits die geforderte Qualitätsprämie mit der Höhe der Qualität q_1 steigt und daß andererseits mit steigender Mindestqualität die geforderte Qualitätsprämie fällt.[97]

In Konsequenz folgt aus (7.3), daß in einem Marktgleichgewicht mit hoher Qualität q_1 der Marktpreis über den Durchschnitts- bzw. Grenzkosten liegt. Dies ist über die Existenz von Marktzugangskosten im Sinne von *sunk costs* erklärbar[98]: Sind die Marktzugangskosten höher als die erzielbare Qualitätsprämie, so ist der Markteintritt nicht vorteilhaft. Diese *sunk costs* sind als Kosten interpretierbar, die ein Anbieter leisten muß, um in der ersten Periode seiner Marktteilnahme Reputation aufzubauen[99]. Der Aufbau einer hohen Reputation setzt dementsprechend zunächst Investitionen sowie Wiederholungskäufe oder Kommunikationsprozesse von Nachfragern über Qualitätserfahrungen voraus.

Hierin kann ein Erklärungsansatz gesehen werden, warum Direktbanken beim Angebot von standardisierten Leistungen ohne Beratungsbedarf zu derzeit niedrigeren Produktpreisen als Filialbanken anbieten, obwohl sie den zusätzlichen Preisvorteil geringerer Opportunitätskosten aufgrund kürzerer Beschaffungszeiten besitzen[100]. Weiterhin stellt einmal aufgebaute Reputation eine ***Selbstbindung*** eines Anbieters an die Erstellung hoher Qualität dar: Verschlechtert ein Anbieter versteckt seine Qualität und dieses wird den Nachfragern offenbar, so wird der Anbieter seine Reputation verlieren – und damit auch seine Investition. Einmal aufgebaute Reputation kann damit als Selbstbindung und als ein wichtiges Qualitätssignal an die Nachfrager wirken, das diesem einen hohen Leistungswillen[101] bzw. (in unserer Terminologie) eine hohe Leistungbereitschaft eines Anbieters demonstriert: *„Eine einmal aufgebaute Reputation ist wie eine Geisel in der Gewalt des Kunden, deren Leben bei jedem Kauf neu aufs Spiel gesetzt wird."*[102]

Für den Aufbau von Reputation ist Voraussetzung, daß Nachfrager während der Produktnutzung Qualitätserfahrungen sammeln und diese als Information bei weiteren Käufen in Folgeperioden nutzen können.[103] Bei kun-

---

[96] Vgl. [Vahr91], S. 45.
[97] Vgl. [KlLe81], S. 622.
[98] Vgl. [Unge84], S. 65ff, [Alle84], S. 312.
[99] [KlLe81], S. 625ff, interpretieren diese Kosten als Investitionen zum Aufbau eines *„markenspezifischen Firmenkapitals"*.
[100] Vgl. Abschn. 6.2.5, S. 122ff.
[101] Vgl. [Kaas92a], S. 896. Eine Kurzeinführung in das (spieltheoretische) Konzept der *Selbstbindung* gibt [Riec93], S. 224; dieses kann hier nicht weiter vertieft werden.
[102] Siehe [Kaas90], S. 545.
[103] Im obigen Modell ist ein Reputationsaufbau auf Märkten nur bei unendlich langer Teilnahme von Unternehmen am Marktprozeß möglich: Plant ein Unterneh-

denindividuellen Problemlösungen handelt es sich indes um Güter mit einem hohen Anteil an *credence characteristics*[104]; bei derartigen Gütern lernen Nachfrager auch durch „Gebrauchserfahrungen“ nicht die Qualität eines Gutes kennen. Weiterhin kauft ein Nachfrager (in der Regel) nur selten mehrmals die gleiche kundenindividuelle Problemlösung, da diese jeweils auf seine zu einem Zeitpunkt gegebene persönliche Situation (z. B. Steuersatz, Einkommen) sowie auf die zu einem Zeitpunkt gegebene Marktsituation (z. B. Kurs-, Zins-, Inflationsentwicklungen) zugeschnitten ist. Damit stellt sich die Frage: Kann ein Finanzdienstleister mit dem Direktvertrieb kundenindividueller Problemlösungen überhaupt erfolgreich Reputation aufbauen?

Wichtig für den hier betrachteten Markt ist, daß Nachfrager Qualitätserfahrungen nicht selbst machen müssen, um Vertrauen in die Leistungsfähigkeit eines Finanzdienstleisters zu gewinnen. Vertrauen in die Leistungsfähigkeit eines Anbieters kann insbesondere auch aufgebaut werden durch die Kommunikation von Nachfragern untereinander über ihre Erfahrungen[105] sowie durch unabhängige Dritte, die Informationen über die Angebotsqualität von Anbietern liefern[106]. Ausgehend von den derzeitigen Tendenzen auf dem Markt für Finanzdienstleistungen zu einer hohen Angebotstransparenz kann unserer Meinung nach grundsätzlich davon ausgegangen werden, daß unabhängige Dritte ein neues Angebot (wie der Direktvertrieb kundenindividueller

men nur begrenzte Zeit am Markt aufzutreten, so ist es für dieses vorteilhaft, in der letzten Periode hohe Qualität vorzutäuschen und niedrige Qualität anzubieten. Aufgrund des anschließenden Ausscheidens aus dem Markt stellt ein Reputationsverlust keine „Abschreckung“ dar. Kreps und Wilson entwickeln nun in Anlehnung an das „Handelskettenparadoxon“ von Selten folgende Argumentation (vgl. [KrWi82]): Die Nachfrager durchschauen diese Anbieterstrategie, erwarten nur noch niedrige Qualität und sind dementsprechend nur noch bereit, den Preis für die Mindestqualität zu bezahlen. Damit besteht für einen Anbieter jedoch kein Anreiz mehr, in der vorletzten Periode hohe Qualität anzubieten, da Nachfrager in der letzten Periode ohnehin nur den Preis für die Mindestqualität bezahlen werden: *„Durch Rückwärtsinduktion läßt sich folglich ableiten, daß bereits in der ersten Periode ein konsistentes Gleichgewicht nur bei niedriger Qualität bestehen kann“*, s. [Vahr91], S. 49. Für dieses Spiel gibt es also nur ein teilspielperfektes Gleichgewicht (für diesen Begriff vgl. [Selt65]): Der Anbieter bietet in jeder Periode die Mindestqualität an, der Nachfrager ist bereit, in jeder Periode nur den Preis für die Mindestqualität zu bezahlen. Allerdings zeigen Kreps und Wilson, daß bei der zusätzlichen (realitätsnahen) Annahme *unvollständiger Information* (z. B. unvollständige Information der Nachfrager über die Kostenfunktion der Anbieter) Reputation auch bei endlichem Planungshorizont aufbaubar ist; sie verwenden hierzu das Konzept des *sequentiellen Gleichgewichts*, vgl. [KrWi82], S. 257.

104 Vgl. Abschn. 4.2, S. 51.

105 So untersucht Tirole den Fall zweier Nachfragergruppen (vgl. [Tiro88]): Informierte und Nichtinformierte. Er zeigt, daß – sofern die Zahl der Informierten „genügend“ groß ist – ein Marktgleichgewicht mit einem Angebot hoher Qualität resultiert.

106 Als Beispiel seien Informationsmagazine in Fernsehen, Rundfunk und Presse sowie Verbraucherzentralen u. ä. Institutionen angeführt; vgl. [Unge84], S. 48ff.

Problemlösungen) auf diesem Markt wahrnehmen und Qualitätsinformationen über dieses an Nachfrager kommunizieren.

Indes handelt es sich bei kundenindividuellen Problemlösungen nicht um standardisierte, homogene Güter, die an einen anonymen Massenmarkt abgesetzt werden, sondern um heterogene Güter, die individuell auf einzelne Nachfrager „maßgeschneidert" werden: Zumindest die Zulässigkeitsbedingung kann im Extremfall für jeden Nachfrager unterschiedlich sein und „Wiederholungskäufe" der gleichen Problemlösung werden nur selten erfolgen. Dementsprechend muß ein Anbieter mit Qualitätsreputation nicht notwendigerweise über die Fähigkeit verfügen, für jeden Nachfrager vorteilhafte Angebote anbieten zu können. Da bei kundenindividuellen Problemlösungen das (entscheidungsrelevante) Merkmal „Wert der Bewertungsfunktion" für viele Nachfrager zu *credence characteristics* zu rechnen ist, wird für Nachfrager auch *während* der „Laufzeit" einer Problemlösung die Lösungsqualität bezüglich dieses Merkmals nur schwer wahrnehmbar sein. In der Folge ist damit aus Anbietersicht ein Reputationsaufbau bezüglich dieses Merkmals in der Regel nur mittels externer Informationsquellen wie Verbraucherzentralen, Testzeitschriften u. ä. möglich – ein zeitintensiver Prozeß mit unklarem Umfang der Dispersion einer hohen Reputation bezüglich der *Ergebnis*qualität unter den Nachfragern. Ein Reputationsaufbau bezüglich *experience characteristics* des *Anbieters* wie Eigenschaften der Zuverlässigkeit, Erfüllung gegebener Zusagen (insbesondere nicht vertraglich fixierter Zusagen), Kulanz in Streitfällen usw. dürfte aufgrund der „Erfahrbarkeit" dieser Merkmale während der Nutzungsphase von Produkten dieses Anbieters hingegen kein Problem darstellen.

Wir kommen zu dem Schluß, daß einerseits ein Reputationsaufbau auf dem Markt für Finanzdienstleistungen bezüglich den *experience characteristics* des Anbieters und der von ihm angebotenen kundenindividuellen Problemlösung aufgrund eigener Erfahrungen der Nachfrager, externer Informationsquellen sowie von Kommunikationsprozessen der Nachfrager untereinander für Anbieter mit entsprechend hoher Qualität nicht nur möglich, sondern sehr wahrscheinlich ist. Damit kann aufgrund des Reputationsmechanismus bezüglich dieser Eigenschaften für den Fall des Direktvertriebs kundenindividueller Problemlösungen ein Marktversagen vermieden werden. *Dementsprechend sollte der Reputationsmechanimus ein wesentliches Element des Kooperationsdesigns für den Direktvertrieb kundenindividueller Problemlösungen sein.*[107] Andererseits sollte bezüglich von *credence characteristics*, die insbesondere von der einzelnen kundenindividuellen Problemlösung abhängig sind (und weniger vom Anbieterverhalten), weitere Instrumente zur Reduzierung von Unsicherheit bezüglich der Ergebnisqualität eingesetzt wer-

[107] Wir schlagen in Abschn. 7.4, S. 183ff, ein Kooperationsdesign vor, in dem Reputation eine zentrale Rolle spielt; dort werden wir diese hier theoriegeleitet aufgestellte Aussage der Eignung des Instruments Reputation modellanalytisch belegen.

den; dies gilt insbesondere für die *credence characteristics* „Erfüllung der Zulässigkeitsbedingung“ und „Wert der Bewertungsfunktion“.

Bevor wir ein Kooperationsdesign zur Vermeidung von Marktversagen beim Direktvertrieb kundenindividueller Problemlösungen vorstellen, sollen deshalb im folgenden zwei weitere Instrumente zum Abbau von Unsicherheit bezüglich der Ergebnisqualität vorgestellt und diskutiert werden: *signaling* und *Zertifizierung/Überwachung*.

Signaling. Die grundsätzliche Wirkungsweise von *signaling* soll an einem einfachen Beispiel von Spence erläutert werden[108]: Auf dem Arbeitsmarkt stehen Arbeitssuchende mit einer hohen Leistungsfähigkeit bei der Stellensuche vor der Herausforderung, sich von weniger leistungsfähigen Arbeitssuchenden abzuheben. Hierzu senden sie an potentielle Arbeitgeber ein *Signal*, das diesen einen Hinweis auf ihre (überlegene) Leistungsfähigkeit geben soll. Damit ein Arbeitgeber auf ein derartiges Signal reagiert, muß es *glaubwürdig* sein: Es darf von einem weniger fähigen Arbeitssuchenden entweder nicht imitierbar sein, oder aber weniger fähige Arbeitssuchende haben keinen Anreiz, ein derartiges Signal abzugeben, da es für diese zu teuer wäre. Ein solches Signal kann eine Ausbildung sein, wenn die Ausbildung mit entsprechend hohen Kosten verbunden ist, nur von fähigen Absolventen erfolgreich abgeschlossen werden kann und wenn der Absolvent erwartet, daß er mit dieser Ausbildung (dem „Signal“ für seine Leistungsfähigkeit) später ein so hohes Arbeitseinkommen erzielen kann, daß die Kosten für dieses Signal kompensierbar sind.

Im Finanzdienstleistungsbereich können derartige Signale der Anbieter insbesondere die Höhe der *Werbeausgaben*[109] und *markenfördernde Investitionen*[110] sein. Unter derartigen Investitionen sind Ausgaben zu verstehen, die für einen Anbieter beim Marktaustritt oder bei einem eventuellen Reputationsverlust *sunk costs* darstellen; als Beispiele führt Tolle Kosten für die Entwicklung von Markenlogos, luxuriöse Ladenausstattungen u.ä an[111]. Die Signalwirkung dieser markenfördernden Investitionen ergibt sich aus der Diskussion des Reputationsmechanismus, wenn diese als *sunk costs* interpretierbar sind: Je höher die markenspezifischen Investitionen ausfallen, desto höhere *sunk costs* resultieren aus diesen im Falle eines Marktausscheidens/ Reputationsverlustes. Je höher die *sunk costs* sind, desto mehr müssen sich also die entsprechenden Anbieter anstrengen, um aus diesen Investitionen einen positiven Ertrag zu ziehen. Da die Qualitätsprämien, die ein Anbieter erzielen kann, mit steigender Qualität steigen[112], müssen Anbieter mit hohen Investitionsausgaben hohe Qualitätsprämien erzielen – und bieten zu ent-

---

108 Vgl. [Spen73].

109 Vgl. [Nels74], [Schm78], [Unge84], S. 56ff; diesen Modellen zufolge ist das Qualitätssignal um so stärker je höher die Werbeausgaben sind.

110 Vgl. [KlLe81], S. 625, sowie die Übersichtsdarstellung in [Toll94], S. 929ff.

111 Vgl. [Toll94], S. 929.

112 Vgl. Abschn. 7.3.2, S. 174.

sprechend hohen Preisen an. Ausgehend von der Annahme, daß die Produktionskosten mit der Qualität steigen, wissen die Nachfrager aufgrund dieser Annahme, daß gewisse Qualität einen Mindestpreis besitzt: Kaufen die Nachfrager nun hochpreisige Güter, die ihre Qualitätsvorstellungen nicht erfüllen, verlieren die entsprechenden Anbieter aufgrund von Kommunikationsprozessen am Markt Kunden – und können ihre Investitionsausgaben nicht mehr am Markt „verdienen".[113]

Investitionen in den Aufbau von Marken und die *Höhe der Werbeausgaben* besitzen als Signal für die Qualität kundenindividueller Problemlösungen im Direktvertrieb zwei wesentliche Probleme. Erstens sind im Direktvertrieb gegenüber dem Filialvertrieb Investitionen in Geschäftsausstattungen u. ä. nur von sehr begrenztem Wert, da aufgrund der räumlichen Trennung diese für Nachfrager nur (sehr) begrenzt wahrnehmbar sind[114]. Darüber hinaus fragen Nachfrager in diesem Fall keine „Markenprodukte" nach, die über längere Zeit mit gleichen Produktmerkmalen angeboten werden, sondern „kundenindividuelle Maßanfertigungen"; Absatzobjekt ist bei der Erstellung kundenindividueller Problemlösungen zunächst das Leistungspotential und nicht ein produziertes Produkt[115]. Weiterhin dürften vor allem neue Marktakteure wie Direktbanken zumindest in der Phase des Markteintritts nicht über genügend finanzielle Ressourcen verfügen, um die Werbebudgets der etablierten Marktanbieter übertreffen zu können – damit können sie in der Markteintrittsphase die Höhe der Werbeausgaben kaum als Qualitätssignal verwenden. Demgegenüber wäre ein in der Markteintrittsphase nicht kostendeckender Preis ein geeignetes Qualitätssignal, da dieser ebenfalls den Charakter von *sunk costs* besitzt. Wenn Nachfrager ihre positiven Qualitätserfahrungen kommunizieren (die Qualität ist höher als der Preis vermuten läßt), kann der Anbieter eine entsprechende Qualitätsreputation aufbauen[116].

Das zweite Problem ist eher theoretischer Natur: In den meisten Modellen werden sowohl Marktpreis als auch angebotene Qualität exogen vorgegeben und nicht explizit aus einem Nutzenkalkül von Anbieter und/oder Nachfrager abgeleitet[117]. Weiterhin beziehen sich die zugrundeliegenden Modelle im wesentlichen auf Güter mit einem dominierenden Anteil an *experience cha-*

---

[113] Die Preishöhe selbst wird in diesem Fall zu einen Qualitätsindikator: Zwar kann ein hoher Preis auch von Anbietern mit niedriger Qualität problemlos imitiert werden und Anbieter niedriger Qualität haben in diesem Fall größeren Preisspielraum. Tätigen Nachfrager im Falle eines Guts mit *experience characteristics* bei positiver Qualität indes Wiederholungskäufe und im Fall negativer Qualitätserfahrung nicht, so kann nur der Qualitätsanbieter einen langfristigen Vorteil erzielen, vgl. insbesondere [Nels74] und [Schm78].

[114] Vgl. Abschn. 7.2.1, S. 157.

[115] Vgl. Abschn. 4.1, S. 47.

[116] In [Weiz80a] und [Shap83a] wird jeweils die Annahme zugrunde gelegt, daß Nachfrager aufgrund von Qualitätsunsicherheit zunächst nicht bereit sind,mehr als den Preis für die Minimumqualität zu bezahlen.

[117] Dies gilt beispw. in dem oben vorgestellten Modell von Shapiro, vgl. Abschn. 7.3.2, S. 172f.

racteristics, da die Nachfrager aus der Güternutzung in der ersten Periode entsprechende Informationen gewinnen, die in ihre Entscheidungen in den Folgeperioden einfließen; im Fall kundenorientierter Problemlösungen verfügen diese als Leistungsobjekte indes ebenfalls über einen hohen Anteil an *credence characteristics*. Können Nachfrager keine (oder nur wenig Information) über die Produktgüte während der Nutzungszeit gewinnen, werden sie auch nur wenig positive oder negative Qualitätserfahrungen sammeln können, so daß Signalisierungsinstrumente, die auf Qualitätserfahrungen basieren, nur von begrenzter Wirksamkeit sein können. Darüber hinaus ist fraglich, ob die Annahme von Produktionskosten, die mit steigender Qualität wachsen, für unseren Anwendungsbereich adäquat ist: Mittels Direktvertrieb sind *ceteris paribus* gegenüber den Absatzmethoden Filialvertrieb bzw. Außendienst aufgrund „schlankerer" Vertriebsstrukturen Kostenvorteile erzielbar.

Anbieter kundenindividueller Problemlösungen im Direktvertrieb haben gegenüber konventionellen Anbietern insbesondere zwei *Preisvorteile*: Erstens können sie auf das Angebot umfangreicher Filialstrukturen bzw. Außendienstorganisationen verzichten und damit niedrigere Beschaffungspreise anbieten. Zweitens können sie ihren Kunden durch konsequente Ausnutzung steuerlicher Gestaltungsmöglichkeiten vorteilhafte Problemlösungen anbieten. *Dementsprechend liegt es nahe, den Wert der Bewertungsfunktion, der mittels einer kundenindividuellen Problemlösung im Direktvertrieb erzielbar ist, als Qualitätssignal zu verwenden*; dieses wird deshalb im unten vorgeschlagenen Kooperationsdesign für den Direktvertrieb kundenindividueller Problemlösungen Berücksichtigung finden. Bevor wir dieses Koopertionsdesign vorstellen können, soll im folgenden noch kurz auf die Instrumente *Zertifizierung* und *Überwachung* zur Reduktion von Qualitätsunsicherheit eingegangen werden.

Zertifizierung und Überwachung. Ein weiteres Instrument zur Reduktion von Ergebnis- und Verhaltensunsicherheit ist, daß relevante (Teil-)Prozesse, mit denen in der Finanzberatung kundenindividuelle Problemlösungen erstellt werden, von einer dritten, von dem betreffenden Anbieter *unabhängigen* „Stelle"[118] *zertifiziert* und/oder *überwacht* werden.[119]

Zertifizierung und Überwachung können von Finanzdienstleistern insbesondere dazu genutzt werden, um die *Ergebnisunsicherheit* von Nachfragern zu reduzieren: Wird durch Zertifizierung bzw. Überwachung der entsprechenden Teilprozesse für die Nachfrager sichergestellt, daß die Angabe der Merkmale

- *Einhaltung der Zulässigkeitsbedingung* und
- *Wert der Bewertungsfunktion*

[118] Hierbei kann es sich grundsätzlich um öffentlich-rechtliche und um privatwirtschaftliche Institutionen handeln.

[119] Vgl. z. B. [Holm85], S. 189f, und [Schä95], S. 539.

einer Problemlösung durch den anbietenden Finanzdienstleister sachlich und rechnerisch richtig erfolgt, so werden die verschiedenen finanzwirtschaftlichen Merkmale von Problemlösungen – für die Nachfrager glaubhaft – in diesen beiden zentralen Angaben aggregiert.

Damit sind aber kundenindividuelle Problemlösungen – trotz ihrer *Immaterialität* und obwohl die für eine Kaufentscheidung relevanten Merkmale „Erfüllung der Zulässigkeitsbedingung" und „Wert der Bewertungsfunktion" grundsätzlich als *credence characteristics* einzuordnen sind – für Nachfrager finanzwirtschaftlich *vergleichbar*: Nachfrager brauchen für eine finanzwirtschaftliche Beurteilung von kundenindividuellen Problemlösungen im wesentlichen nur diese beiden Merkmale vergleichen. Hierbei müssen sie diese Angaben nicht selbst berechnen, sondern können die zertifizierten bzw. überwachten Berechnungen der Anbieter zugrundelegen.

Durch diese Instrumente kann damit bezüglich der für einen finanzwirtschaftlichen Qualitätsvergleich maßgeblichen Kriterien ein *Aufbau von Vertrauen in die Ergebnisqualität* – und damit eine Vermeidung von Marktversagen – erreicht werden[120]: Nachfrager können aufgrund von Zertifizierung/Überwachung entsprechende Aussagen und Qualitätsangaben als *glaubwürdig* einschätzen.

Aus informationsökonomischer Sicht werden mittels dieser beiden Instrumente die zwei zentralen Kriterien zur finanzwirtschaftlichen Beurteilung kundenindividueller Problemlösungen[121] für Nachfrager von *credence characteristics* zu *search characteristics*, die *zum Kaufzeitpunkt wahrnehmbar* sind.[122] Zwar können die Nachfrager – ausgehend von einem Angebot – dessen finanzwirtschaftliche Qualität nicht *unmittelbar* beurteilen; holen sie für eine gegebene Problemstellung indes mehrere Angebote ein, so können sie mit zunehmender Angebotszahl die Qualität der einzelnen Angebote zunehmend besser (vergleichend) beurteilen.

Implizit haben wir bei dieser Diskussion unterstellt, daß Anbieter kundenindividueller Problemlösungen ein Interesse daran haben, Nachfragern „Qualitätsinformationen" *freiwillig*, *wahrheitsgemäß* sowie *vollständig* und *glaub-*

---

[120] In Abschn. 7.3.2, S. 167, wurde als eine wesentliche Ursache von Marktversagen identifiziert, daß Nachfrager aufgrund der potentiellen Gefahr von opportunistischem Verhalten auch den Qualitätsaussagen „ehrlicher" Anbieter nicht vertrauen, wenn sie zwischen ehrlichen und opportunistischen Anbietern nicht unterscheiden können.

[121] Vgl. Abschn. 3.1.2, S. 34f.

[122] Insofern übernehmen beispw. auch die nach VerbrKrG vorgeschriebenen Angaben die Funktion von Zertifizierung/Überwachung und dienen (vgl. Fußnote 62, S. 165) ebenfalls dem Zweck, eine leichtere finanzwirtschaftliche Vergleichbarkeit von Krediten für Verbraucher zu erreichen (Reduzierung der *Ergebnis*unsicherheit). Allerdings werden diese jeweils für *einzelne* Finanzprodukte sowie *vor Steuern* ausgewiesen. Diese Pflichtangaben sind deshalb einerseits aus finanzwirtschaftlicher Sicht unbefriedigend und andererseits auch aus Sicht des Marketing, da diese Kriterien nicht notwendigerweise der Bewertungsfunktion der Nachfrager entsprechen.

haft zu kommunizieren (dieses soll ja durch die Instrumente Zertifizierung/Überwachung erreicht werden). Wir haben jedoch bisher nicht die Bedingungen dargestellt, unter denen dieses Verhalten für die Anbieter vorteilhaft ist. Vahrenkamp arbeitet mittels einer Analyse mehrerer informationsökonomischer Arbeiten[123] Bedingungen heraus, unter welchen Anbieter ein hinreichend großes Eigeninteresse besitzen:[124]

- Die Menge der von den Anbietern gegebenen Informationen ist auf *„wahre" Information* beschränkt; Qualitätsinformationen sind *überprüfbar* und falsche Informationen werden bestraft,
- Qualitätsinformationen können mit *„geringen"* Kosten produziert und verarbeitet werden,
- durch die Informationen können die Anbieter die Qualitätserwartungen der Nachfrager *positiv* beeinflussen.

Diese Bedingungen sind bei der zertifizierten/überwachten Angabe der qualitätsrelevanten Merkmale „Wert der Bewertungsfunktion" und „Einhaltung Zulässigkeitsbedingung" erfüllt: *Erstens* sind durch die Zertifizierung bzw. Überwachung der Teilprozesse, mit denen diese Angaben berechnet werden, die Qualitätsinformationen für die Nachfrager *glaubhaft*, die „Überprüfung" dieser Angaben erfolgt indirekt mittels der Bestätigung der sachlichen und rechnerischen Richtigkeit der zugrundeliegenden Teilprozesse durch die Zertifizierungs-/Überwachungsstelle. Weiterhin werden durch das Rechtssystem sowie durch die neuere Gesetzgebung[125] falsche Information der Nachfrager durch Finanzdienstleister sanktioniert.

Zweitens können die Qualitätsinformationen einfach aus den finanzwirtschaftlichen Eigenschaften einer kundenindividuellen Problemlösung finanzmathematisch *berechnet* werden, technisch aufwendige Verfahren zur physischen (gar zerstörenden) Qualitätsprüfung sind hingegen nicht erforderlich; die Zertifizierung selbst dürfte bei entsprechenden Stückzahlen nur zu geringfügig höheren Stückkosten führen.

Auch die *dritte* Bedingung ist beim Angebot *kundenindividueller* Problemlösungen im allgemeinen erfüllt, da bereits per Definition kundenindividuelle Problemlösungen mit dem Ziel der Erreichung hoher Werte der Bewertungsfunktion erstellt werden[126]. Gelingt es einem Anbieter indes nicht, dieses Ziel zu erreichen, dann wird er allerdings kein Interesse an expliziten Qualitätsangaben besitzen. Gelingt es den Anbietern, kundenindividuelle Problemlösungen hoher Qualität anzubieten, dann haben die entsprechenden

---

[123] Es handelt sich um die Arbeiten [ScAp82], [Gros81], [Milg81], [MiRo86].

[124] Vahr91, S. 123f.

[125] Als Beispiel seien die oben erwähnten Gesetze (Wertpapierhandelsgesetz und Verbraucherkreditgesetz) sowie die Preisangabenverordnung erwähnt, vgl. Abschn. 7.3.1, S. 163ff.

[126] Vgl. Abschn. 3.1.2, S. 36.

Angaben für die Nachfrager vorteilhafte Ausprägungen und werden dementsprechend ihre Qualitätserwartungen *positiv* beeinflussen.[127]

Indes wird auch bei ***ausschließlichem*** Einsatz der Instrumente Zertifizierung/Überwachung für die Nachfrager weiterhin Qualitätsunsicherheit verbleiben: Die Nachfrager können zwar (in der Regel) darauf vertrauen, daß Anbieter die zertifizierten/überwachten Angaben richtig berechnen und entsprechende Teilprozesse entsprechend durchführen. Es wird aber weiterhin ein Spielraum für nicht beobachtbares bzw. zertifiziertes/überwachtes Verhalten für einen Anbieter sowohl während der Angebotsphase als auch während der Nutzungsphase verbleiben: Läßt ein Anbieter beispielsweise die rechnerische Richtigkeit von Qualitätsaussagen zertifzieren, so folgt aus Nachfragersicht nicht, daß der Anbieter gemachte Zusagen, die nicht explizit vertraglich fixiert sind, auch einhält bzw. diese nicht jeweils zu seinem eigenen Vorteil auslegt.[128] Wir wollen deshalb unten für den Fall des Direktvertriebs kundenindividueller Problemlösungen ein Kooperationsdesign untersuchen, in dem *Zertifizierung/Überwachung*, *Qualitätssignale* und *Reputation kombiniert* eingesetzt werden.

Die Zertifizierungs- und Überwachungsausgaben können darüber hinaus ebenfalls als Signale aufgefaßt werden, da sie wiederum ***sunk costs*** darstellen: Wird offenbar, daß die Zertifizierungsangaben unwahr sind, besteht für den Anbieter die Gefahr, daß dies am Markt bekannt wird und die Zertifizierungs-/Überwachungskosten für ihn wertlos sind. Diese Signalwirkung wird weiter dadurch verstärkt, wenn diese Zertifizierungen bzw. Überwachungsleistungen durch einen hierauf spezialisierten Anbieter mit einer entsprechenden Reputation erbracht werden: Stellen Nachfrager (oder sonstige Wirtschaftssubjekte) fest, daß diese Zertifizierungen falsch und somit wertlos sind, so hat neben dem Finanzdienstleister ebenfalls die Zertifizierungsstelle Reputation zu verlieren. Darüber hinaus stellen diese Instrumente ebenfalls Maßnahmen zur ***Selbstbindung*** von Anbietern dar: Durch Zertifizierung bzw. Überwachung verzichtet der Anbieter darauf, heimlich bestimmte Aktionen zum Nachteil der Nachfrager durchzuführen.

Zusammenfassend stellen Zertifizierung und Überwachung einen geeigneten Ansatz dar, um die *Ergebnis*unsicherheit der Nachfrager im Direktvertrieb kundenindividueller Problemlösungen zu reduzieren; dies gilt insbesondere, wenn die entsprechenden Zertifizierungen bzw. Überwachungsleistungen von diesbezüglich „renommierten Unternehmen" mit hohem Bekanntheitsgrad erstellt werden.

Anzumerken ist, daß diese beiden Instrumente in der letzten Zeit zunehmend Eingang in das Marketing von Finanzdienstleistern finden: So läßt die *Bayerische Vereinsbank* seit 1995 in der Vermögensverwaltung ihre Vermö-

---

[127] Wir zeigen in Teil III anhand eines prototypischen Systems, daß bei zieladäquat gestalteten Informations- und Kommunikationssystemen dieses Ziel erreichbar ist.

[128] Vgl. Abschn. 7.2.1, S. 156.

gensverwaltungsaktivitäten in ihrem Privatkundengeschäft von einem unabhängigen und hierauf spezialisierten Unternehmen überwachen; dieses soll dem *„Anleger die Sicherheit, die er sich in anderen Bereichen vom Testat eines Wirtschaftsprüfers erwartet,“* geben[129]. Auch die Direktbank *Advance Bank* läßt ihre Empfehlungen zur *„asset allocation“* aus diesem Grunde von einem externen Dienstleister prüfen – und wirbt mit diesem Qualitätssignal.

7.4 Kooperationsdesign für den Direktvertrieb kundenindividueller Problemlösungen: Ein Vorschlag

Ausgehend von den bisherigen Ergebnissen soll in diesem Abschnitt ein Kooperationsdesign für den Direktvertrieb kundenindividueller finanzwirtschaftlicher Problemlösungen vorgestellt werden, mit dem sowohl Marktversagen verhindert als auch die spezifischen Vorteile eines derartigen Angebots im Wettbewerb mit traditionellen Wettbewerbern genutzt werden können.

7.4.1 Entwurf des Kooperationsdesigns

In Zusammenfassung der obigen Diskussion über die Eignung von Instrumenten zur Vermeidung von Marktversagen aufgrund von *moral hazard* bzw. *adverse selection* beim Direktvertrieb kundenindividueller Problemlösungen scheint die Verwendung der folgenden Instrumente für die Gestaltung der Kooperationsbeziehung zwischen Nachfragern und Finanzdienstleister plausibel:

- Die Anbieter kundenindividueller Problemlösungen lassen ihre *Teilprozesse* zur Berechnung des Werts von Bewertungsfunktionen sowie zur Feststellung der Erfüllung der Zulässigkeitsbedingung von einem hierauf spezialisierten und diesbezüglich renommierten Dienstleister *zertifizieren und/ oder überwachen.* Damit wird zum einen erreicht, daß Nachfrager entsprechende Angaben als *glaubwürdig* einschätzen können. Zum anderen werden diese beiden Angaben zur Beurteilung kundenindividueller Problemlösungen damit von *credence characteristics* in *search characteristics* transformiert[130]. Ziel dieser Maßnahmen ist der Abbau von Unsicherheit der Nachfrager bezüglich der Ergebnisqualität der Finanzberatung. Entsprechend der Diskussion in Abschn. 7.3.2 sollten Anbieter ein entsprechend hohes Eigeninteresse an der wahrheitsgemäßen und freiwilligen Information ihrer potentiellen Nachfrager über die Ergebnisqualität erstellter Problemlösungen besitzen.[131]

---

[129] Siehe [Bros95], S. 651.
[130] Vgl. Abschn. 7.3.2, S. 179.
[131] Diese Aussage wird im folgenden noch modellanalytisch überprüft.

- Die Anbieter verwenden als *Qualitätssignal* kundenindividueller Problemlösungen die Merkmale „Erfüllung der Zulässigkeitsbedingung" und „Wert der Bewertungsfunktion". Sie versuchen, *auf Dauer* kundenindividuelle Problemlösungen hoher finanzwirtschaftlicher Qualität anzubieten und investieren hierzu in entsprechend gestaltete Informations- und Kommunikationssysteme. Ziel dieser Maßnahmen ist es, über die Zeit Reputation aufzubauen. Darüber hinaus wird der Prozeß des Reputationsaufbaus durch entsprechende Werbemaßnahmen unterstützt (diese sind ebenfalls als Qualitätssignal interpretierbar), in denen insbesondere die Investitionen in leistungsfähige Informations- und Kommunikationssysteme sowie der hohe Qualitätsanspruch an sich selbst an die Nachfrager kommuniziert werden.
- Die Nachfrager beurteilen die Qualität kundenindividueller Problemlösungen mittels der Kriterien „Einhaltung der Zulässigkeitsbedingung" sowie „Höhe der Bewertungsfunktion" und führen anhand dieser Qualitätsmerkmale einen *Angebotsvergleich* durch. Sie unterliegen bezüglich der Wahrnehmung dieser Qualitätsmerkmale keiner Unsicherheit, da entsprechende Angaben durch deren Zertifizierung/Überwachung für die Nachfrager *glaubhaft* sind. Da sie indes *a priori* die „beste" Problemlösung nicht kennen, „suchen" sie auf dem Markt nach dieser, indem sie sich alternative Problemlösungen von mehreren Finanzdienstleistern erstellen lassen; hierbei wenden sich sich an Anbieter mit hoher *Reputation* und entscheiden bezüglich der ihnen jeweils angebotenen *finanzwirtschaftlichen (Ergebnis-) Qualität*[132].

Wir wollen im folgenden anhand eines formalen Modells untersuchen, ob mit einem *Kooperationsdesign*, das auf der Verwendung dieser theoriegeleitet ausgewählten Instrumente und deren Wirkungsmechanismen basiert, Marktversagen beim Direktvertrieb kundenindividueller Problemlösungen vermeidbar ist und für Anbieter ein entsprechender Anreiz besteht, Problemlösungen mit hoher Qualtität anzubieten. Dieses Modell baut auf einem Modell von von Ungern-Sternberg auf[133], wobei hier insbesondere die Formulierung der Annahmen auf unseren Anwendungskontext adaptiert wird. So unterstellt von Ungern-Sternberg *identische Nachfrager*[134]: Eine derartige Modellierung

132 Um Begriffsunklarheit zu vermeiden, sei daran erinnert, daß Nachfrager die finanzwirtschaftliche Qualität einer Problemlösung anhand der Erfüllung der Zulässigkeitsbedingung und anhand eines hohen Wertes der Bewertungsfunktion bewerten, vgl. Abschn. 3.1.2, S. 40. Die Unsicherheit bezüglich der finanzwirtschaftlichen Qualität angebotener Problemlösungen resultiert zum einen aus der Ergebnisunsicherheit, wenn Nachfrager den Qualitätsangaben aufgrund unterstelltem Opportunismus der Anbieter kein Vertrauen schenken und aus der Verhaltensunsicherheit während der Finanzberatung. Zum anderen resultiert Qualitätsunsicherheit, weil die Nachfrager aufgrund Verhaltensunsicherheit zum Zeitpunkt des Vertragsabschlusses nicht wissen, wie sich die Anbieter während der Nutzungsphase verhalten; vgl. Abschn. 7.2.1, S. 157ff.

133 Vgl. [Unge84], S. 84ff.

134 Vgl. [Unge84], S. 87.

wäre für unsere Zwecke unbefriedigend, da wir das Angebot *kundenindividueller* Problemlösungen untersuchen – und somit zweckmäßigerweise *heterogene* Nachfrager unterstellen.[135]

Das Modell von von Ungern-Sternberg wurde als Ausgangspunkt gewählt, weil es einerseits eines der wenigen Modelle ist, bei denen sowohl Preisniveau als auch angebotene Qualität *modellendogen* bestimmt werden[136] und weil es andererseits trotzdem hinreichend anschaulich und nachvollziehbar ist. Wir stellen das Modell hier ausführlicher vor, da wir die Modellformulierung für unsere Fragestellung angepaßt haben und die Neuformulierung eine Erweiterung vom Ausgangsmodell darstellt; außerdem ist durch die explizite Darstellung die intersubjektive Nachvollziehbarkeit der Modellaussagen besser gewährleistet.

7.4.2 Modellannahmen

Wir legen für die Analyse des oben vorgestellten Kooperationsdesigns die folgenden *Modellannahmen* zugrunde:

1. Auf dem betrachteten Marktsegment wird ein heterogenes Gut *„kundenindividuelle Problemlösung"* von *verschiedenen* Anbietern angeboten; dieses Gut kann in verschiedenen Qualitäten hergestellt werden.
2. In jeder Periode t treten Q Nachfrager auf den Markt. Jeder Nachfrager $j, j = 1, \dots Q$, kaufe in der ersten Periode von genau einem Anbieter $i, i = 1, \dots N$, genau eine Problemlösung m_{ij}.[137] m_{ij} kann als *Vor-Steuer-Zahlungsstrom* der Problemlösung interpretiert werden.
3. Jeder der Anbieter i produziere mit einer *Kostenfunktion* $c_i(\beta_i)$ Problemlösungen, die Kostenfunktionen können zwischen den Anbietern unterschiedlich sein. Der Parameter β_i beschreibe die Leistungsfähigkeit des Anbieters i bezüglich der Erstellung kundenindividueller Problemlösungen.[138]
   Für die Kostenfunktion eines Anbieters soll gelten, daß die Produktionskosten mit zunehmender *Leistungsfähigkeit* β_i *steigen*. Für $c_i(\beta_i)$ gelte:

$$c_i' = \frac{\partial c_i(\beta_i)}{\partial \beta_i} > 0, \qquad c_i'' = \frac{\partial^2 c_i(\beta_i)}{\partial \beta_i^2} > 0, \ \forall i \in \{1, \dots, N\}. \tag{7.4}$$

---

[135] Das unten vorgestellte Modell stellt damit eine Erweiterung des Modells von von Ungern-Sternberg dar.

[136] So wird beispielsweise bei dem in Abschn. 7.3.2, S. 173f, vorgestellten Modell von Shapiro, anhand welchem die grundsätzliche Wirkungsweise des Reputationseffekts erläutert wurde, das Preisniveau *modellexogen* vorgegeben.

[137] Diese Annahme bedeutet letztendlich nur, daß die Nachfrager in jeder Periode mit anderen Problemen an die Finanzdienstleister herantreten und wiederholt einen Suchprozeß starten.

[138] Als ein wesentlicher Faktor für die Leistungsfähigkeit des Anbieters kann die Investition in und die Gestaltung des Informations- und Kommunikationssystems angesehen werden.

Zur Vereinfachung interpretieren wir $c_i(\beta_i)$ als den *Barwert* der Kosten, die sowohl für die Erstellung einer Problemlösung m_{ij} als auch für deren „Abwicklung" während der Nutzungsphase anfallen, wenn der Anbieter die Leistungsfähigkeit β_i realisiert.

4. Jeder Anbieter i bewerte eine für einen Nachfrager j erstellte Problemlösung m_{ij} mit der Bewertungsfunktion U_j des Nachfragers j[139]; die Nachfrager wollen ihre Bewertungsfunktion *maximieren*[140]. Die „finanzwirtschaftliche Qualität" $U_j(m_{ij})$ einer Problemlösung m_{ij} steige mit der Leistungsfähigkeit des Anbieters i. Für eine Bewertungsfunktion U_j gelte damit:

$$\frac{\partial U_j(m_{ij})}{\partial \beta_i} > 0, \qquad \frac{\partial^2 U_j(m_{ij})}{\partial \beta_i^2} < 0, \qquad U_j(m_{ij}) \in \mathbb{R}. \tag{7.5}$$

5. Für die Erstellung einer Problemlösung m_{ij} verlange (und erhalte) jeder Anbieter i einen festen, von der jeweiligen Problemlösung unabhängigen *Preis* p_i. Dieser Preis beziehe sich nur auf die Erstellung der Problemlösung selbst, Zinszahlungen für Finanzprodukte u. ä. seien in dem Preis nicht enthalten.[141]

   Für einen Nachfrager j beträgt der „Nettonutzen" einer Problemlösung m_{ij} damit:

$$b_j(m_{ij}, p_i) = U_j(m_{ij}) - p_i. \tag{7.6}$$

   Zur weiteren Vereinfachung der Schreibweise definieren wir $U_{ij} \equiv U_j(m_{ij})$ und $b_{ij} \equiv b_j(m_{ij}, p_i)$. Wir bezeichnen U_j im weiteren auch als (Brutto-) Nutzenfunktion eines Nachfragers.

   Bezüglich der drei Größen b_{ij}, U_{ij} und p_i habe kein Nachfrager j Qualitätsunsicherheit, da der jeweilige Anbieter einer Problemlösung diese Werte für ihn sachlich sowie rechnerisch richtig berechne und die entsprechenden Berechnungsprozesse zertifizieren/überwachen lasse; damit seien entsprechende Aussagen des Anbieters für die Nachfrager vertrauenswürdig.

---

[139] Im hier betrachteten Fall sicherer Zahlungsströme kann dies insbesondere der Barwert der Nach-Steuer-Zahlungen sein.

[140] Wird die Zulässigkeitsbedingung nicht eingehalten, nehme jede Bewertungsfunktion den Wert $-\infty$ an.

[141] Der explizite Ausweis eines „Beratungspreises" p_i ist zwar (noch) nicht marktüblich (in der Regel verrechnen Finanzdienstleister ihre Beratungskosten in den Produktkonditionen (vgl. auch Abschn. 2.2, S. 18); diese Kosten werden dann im Wert der Bewertungsfunktion $U_j(m_{ij})$ erfaßt), ermöglicht uns aber zusätzlich die Modellierung von anbieterunabhängigen Finanzmaklern, die ihren Kunden eine Beratungsgebühr in Rechnung stellen. Weiterhin erscheint für Direktbanken die Berechung einer Beratungsgebühr eine sinnvolle preispolitische Strategie, vgl. Fußnote 96, S. 141.

6. Nachfrager *suchen vor* dem Kauf einer Problemlösung denjenigen Anbieter, der ihnen den größten Wert der Bewertungsfunktion b_{ij} bietet und kaufen das Gut bei diesem; die Suche ist *nicht kostenlos*. Wir unterstellen, daß die Auswahlentscheidung neben der Angebotsqualität eine Funktion $k(a)$ des Suchaufwands a sei, die ein Nachfrager investiere, und weiterhin von der Reputation eines Anbieters abhänge. Ein Nachfrager kann durch einen höheren Suchaufwand die Wahrscheinlichkeit erhöhen, den für ihn „besten" Anbieter zu finden. Für die Funktion $k(a)$ nehmen wir an[142]:

$$k' \equiv \frac{\partial k(a)}{\partial a} > 0, \quad k'' \equiv \frac{\partial^2 k(a)}{\partial a^2} > 0, \quad k(a) > 0, \quad \lim_{a \to \infty} k(a) = \infty. \tag{7.7}$$

7. Die Anbieter können damit durch *gute finanzwirtschaftliche Qualität*[143] sowie *günstige Preise* die Wahrscheinlichkeit steigern, von den Nachfragern aufgesucht zu werden.[144]
Die Wahrscheinlichkeit q_{ij}, daß ein Nachfrager j den Anbieter i *auswählt*, sei definiert als:[145]

$$q_{ij} \equiv \frac{[n(b_{ij})]^{k(a)}}{\sum\limits_{t=1}^{N} [n(b_{tj})]^{k(a)}}. \tag{7.8}$$

Da entsprechend Annahme 2 jeder Nachfrager j *genau einen Anbieter auswählt*, gilt offensichtlich: $\sum_{i=1}^{N} q_{ij} = 1$.
Für die Funktion $n(b_{ij})$ gelte:

$$n' \equiv \frac{\partial n(b_{ij})}{\partial b_{ij}} > 0, \qquad n'' \equiv \frac{\partial^2 n(b_{ij})}{\partial {b_{ij}}^2} < 0, \qquad n(b_{ij}) > 0. \tag{7.9}$$

Diese Funktion repräsentiert also den Suchprozeß der Nachfrager und berücksichtige hierbei auch die Reputation eines Anbieters.
Die Anbieter handeln als Nash-Wettbewerber[146] bezüglich ihrer Aktionsparameter *Preis* p_i und *Leistungsfähigkeit* β_i.

---

[142] Vgl. [Unge84], S. 88f.

[143] Dies setzt entsprechend Annahme (7.5) eine entsprechend hohe Leistungsfähigkeit β_i des Anbieters voraus.

[144] Von Ungern-Sternberg betrachtet weiterhin den Fall, daß die Anbieter werben; auf diese Überlegung können wir hier verzichten.

[145] Diese Definition entspricht der Definition von [Unge84], S. 88f; sie erweitert sie allerdings um die Möglichkeit, heterogene Nachfrager zu betrachen und verzichtet auf die Berücksichtigung von Werbung.

[146] In einem *Nash-Gleichgewicht* hat kein Spieler einen Anreiz, als einziger den Gleichgewichtszustand zu verlassen; die Spieler spielen *wechselseitig beste Strategien*, vgl. [Riec93], S. 25.

8. Die Nachfrager kennen Preise, die finanzwirtschaftlichen Qualitäten $U_j(m_{ij})$, die auf dem Markt angeboten werden, und die Leistungsfähigkeit β_i der Anbieter (z. B. durch unabhängige Informationsanbieter und sonstige Kommunikationsprozesse). Die Anbieter kennen jeweils die Nachfragerstruktur zu Beginn einer neuen Periode (z. B. durch Marktforschungen).

Die getroffenen Annahmen dürften aufgrund der bisherigen Untersuchung im wesentlichen nachvollziehbar sein. Die Definition von q_{ij} mag auf den ersten Blick etwas willkürlich erscheinen, sie besitzt allerdings für unsere Zwecke zwei wünschenswerte Eigenschaften: Zum einen folgt, daß die Wahrscheinlichkeit, daß ein Nachfrager j den Anbieter i auswählt, umso größer ist, je größer b_{ij} ist.[147] Man betrachte hierzu zwei Anbieter i und t mit $b_{ij} > b_{tj}$; der Nachfrager j zieht somit die Problemlösung m_{ij} der Problemlösung m_{it} vor. Damit ergibt sich als „*relative* Wahrscheinlichkeit“, daß der Nachfrager j den Anbieter i, und nicht den Anbieter t ausgewählt[148]

$$\frac{q_{ij}}{q_{tj}} = \left[\frac{n(b_{ij})}{n(b_{tj})}\right]^{k(a)}, \qquad i \neq t,\ i, t \in \{1, \ldots, N\}. \tag{7.10}$$

Da nach Annahme (7.9) $n' > 0$ gilt, folgt unmittelbar aus:

$$\left[\frac{b_{ij}}{b_{tj}}\right]^{k(a)} > 1 \qquad \Longrightarrow \qquad \left[\frac{n(b_{ij})}{n(b_{tj})}\right]^{k(a)} > 1. \tag{7.11}$$

Aus den Beziehungen (7.10) und aus (7.11) folgt damit die wünschenswerte Eigenschaft, daß die „relative Wahrscheinlichkeit“, daß ein Nachfrager j den Anbieter i auswählt, mit steigendem „Nettonutzen“ b_{ij} wächst.

Zweitens folgt aus der Definition von q_{ij}, daß die Wahrscheinlichkeit, daß ein Nachfrager j einen Anbieter i auswählt, der ihm ein Angebot höherer Qualität unterbreitet als ein Anbieter t, mit größerem Suchaufwand a wächst. Hierzu betrachten wir:

$$\frac{\partial\left(\frac{q_{ij}}{q_{tj}}\right)}{\partial a} = \frac{\partial\left(\left[\frac{n(b_{ij})}{n(b_{tj})}\right]^{k(a)}\right)}{\partial a} > 0. \tag{7.12}$$

Da zum einen entsprechend der Schlußfolgerung (7.11) $\left[\frac{n(b_{ij})}{n(b_{tj})}\right]^{k(a)} > 1$ ist und zum anderen nach Definition (7.7) die Funktion $k(a)$ streng monoton wächst, folgt, daß auch der Term $\left[\frac{n(b_{ij})}{n(b_{tj})}\right]^{k(a)}$ streng monoton in a wächst.

[147] Vgl. für die folgende Darstellung [Unge84], S. 89.

[148] Ist beispw. der Quotient: $\frac{q_{ij}}{q_{tj}} = 2$, so ist dies wie folgt interpretierbar: Die Wahrscheinlichkeit q_{ij}, daß Nachfrager j den Anbieter i auswählt, ist *doppelt* so groß wie die Wahrscheinlichkeit q_{tj}, daß Nachfrager j den Anbieter t auswählt.

Damit wächst dann auch die „relative Wahrscheinlichkeit", daß ein Nachfrager j den Anbieter i auswählt, mit steigendem Suchaufwand a.

Ausgehend von den getroffenen Annahmen soll im folgenden das Verhalten der Anbieter hier genauer untersucht werden.

7.4.3 Modellergebnisse

Jeder Anbieter i wird seine Aktionsparameter p_i und β_i, so bestimmen, daß er seinen erwarteten Barwert $C_i \equiv C_i(p_i, \beta_i)$ maximiert, den er an jeder Generation von Nachfragern verdient.

$$\textbf{OPT 2:} \quad \max_{\{p_i,\beta_i\}} C_i = \sum_{j=1}^{Q} \left[q_{ij} \cdot (p_i - c_i(\beta_i))\right]. \tag{7.13}$$

$(p_i - c_i(\beta_i))$ ist der Barwert, den ein Anbieter i je abgesetzter Problemlösung in einer Periode an Nachfrager j verdienen kann, q_{ij} ist die Wahrscheinlichkeit, daß er eine Problemlösung an Nachfrager j verkauft.

Die Bedingungen erster Ordnung lauten:

$$\frac{\partial C_i}{\partial p_i} \stackrel{!}{=} 0, \qquad \text{und} \qquad \frac{\partial C_i}{\partial \beta_i} \stackrel{!}{=} 0, \qquad \forall i = 1, \ldots N. \tag{7.14}$$

q_{ij} ist eine Funktion, die nach Annahme (7.8) von b_{ij} abhängt; b_{ij} hängt nach Beziehung (7.6) wiederum von U_{ij} (und damit von β_i) sowie von p_i ab. Deshalb sollen im folgenden (um eine übersichtliche Darstellung zu erreichen) zunächst die partiellen Ableitungen von q_{ij} bestimmt werden. Wir gehen zur Vereinfachung davon aus, daß jeder Anbieter den Einfluß von p_i und β_i auf den Nenner von q_{ij} vernachlässige (dieser entspricht damit einem von diesen Variablen unabhängigen Term).[149] Wir können damit für $\frac{\partial q_{ij}}{\partial p_i}$ schreiben:

$$\frac{\partial q_{ij}}{\partial p_i} = \frac{1}{\sum\limits_{t=1}^{N} \left[n\left(b_{tj}\right)\right]^{k(a)}} \cdot \frac{\partial \left(n\left(b_{ij}\right)^{k(a)}\right)}{\partial p_i}.$$

Wir erhalten mit Anwendung der *Kettenregel*:

$$\begin{aligned}
\frac{\partial q_{ij}}{\partial p_i} &= \frac{1}{\sum\limits_{t=1}^{N} \left[n\left(b_{tj}\right)\right]^{k(a)}} \cdot k(a) \cdot \left[n\left(b_{ij}\right)\right]^{k(a)-1} \cdot \frac{\partial n(b_{ij})}{\partial p_i} \\
&= \frac{1}{\sum\limits_{t=1}^{N} \left[n\left(b_{tj}\right)\right]^{k(a)}} \cdot k(a) \cdot \left[n\left(b_{ij}\right)\right]^{k(a)-1} \cdot \frac{\partial n(b_{ij})}{\partial b_{ij}} \cdot \frac{\partial b_{ij}}{\partial p_i}.
\end{aligned}$$

---

149 Diese Annahme erscheint bei einer großen Anbieterzahl plausibel, ist jedoch bei einer kleinen Anbieterzahl nicht unkritisch, da in diesem Fall die Veränderung der Aktionsparameter p_i und β_i sehr wohl relevante Auswirkungen auf den Nenner von q_{ij} besitzen können.

Gemäß (7.6) gilt $\frac{\partial b_{ij}}{\partial p_i} = -1$; weiterhin ist nach Definition (7.9) $n'(b_{ij}) \equiv \frac{\partial n(b_{ij})}{\partial b_{ij}}$. Wir erweitern im nächsten Schritt zur Vereinfachung der weiteren Schreibweise den Bruch in Zähler und Nenner mit $q_{ij} = \frac{[n(b_{ij})]^{k(a)}}{\sum_{t=1}^{N}\left([n(b_{tj})]^{k(a)}\right)}$[150] und erhalten:

$$
\begin{aligned}
\frac{\partial q_{ij}}{\partial p_i} &= \frac{k(a)\cdot[n(b_{ij})]^{k(a)-1}}{\sum_{t=1}^{N}[n(b_{tj})]^{k(a)}}\cdot\frac{\partial n(b_{ij})}{\partial b_{ij}}\cdot\frac{\partial b_{ij}}{\partial p_i}\\
&= \frac{k(a)\cdot[n(b_{ij})]^{k(a)-1}}{\sum_{t=1}^{N}[n(b_{tj})]^{k(a)}}\cdot n'(b_{ij})\cdot(-1)\cdot q_{ij}\cdot\frac{1}{\underbrace{\frac{[n(b_{ij})]^{k(a)}}{\sum_{t=1}^{N}[n(b_{tj})]^{k(a)}}}_{q_{ij}}}\\
&= -\frac{q_{ij}\cdot k(a)\cdot n'(b_{ij})}{n(b_{ij})}. \qquad (7.15)
\end{aligned}
$$

Analog erhalten wir mit $\frac{\partial b_{ij}}{\partial \beta_i} = \frac{\partial U_{ij}}{\partial \beta_i}$[151]; zur Vereinfachung der Schreibweise definieren wir: $\frac{\partial U_{ij}}{\partial \beta_i} \equiv U'_{ij}$. Damit gilt:

$$
\begin{aligned}
\frac{\partial q_{ij}}{\partial \beta_i} &= \frac{1}{\sum_{t=1}^{N}[n(b_{tj})]^{k(a)}}\cdot k(a)\;[n(b_{ij})]^{k(a)-1}\cdot\frac{\partial n(b_{ij})}{\partial b_{ij}}\cdot\frac{\partial b_{ij}}{\partial \beta_i}\\
&= \frac{k(a)\cdot q_{ij}\cdot U'_{ij}\cdot n'(b_{ij})}{n(b_{ij})}. \qquad (7.16)
\end{aligned}
$$

Bei Anwendung der *Produktregel* und unter Berücksichtigung von Gleichung (7.15) folgt für $\frac{\partial C_i}{\partial p_i}$:

---

[150] Vgl. Annahme (7.8), S. 187.

[151] Vgl. die 5. Annahme auf S. 186.

$$\begin{aligned}
\frac{\partial C_i}{\partial p_i} &= \frac{\partial\left(p_i \cdot \sum_{j=1}^{Q} \cdot q_{ij}\right)}{\partial p_i} - \frac{\partial\left(c_i(\beta_i) \cdot \sum_{j=1}^{Q} q_{ij}\right)}{\partial p_i} \\
&= \sum_{j=1}^{Q} q_{ij} + p_i \cdot \sum_{j=1}^{Q} \frac{\partial\left(q_{ij}\right)}{\partial p_i} - c_i(\beta_i) \cdot \sum_{j=1}^{Q} \frac{\partial q_{ij}}{\partial p_i} \\
&= \sum_{j=1}^{Q} q_{ij} + p_i \cdot \sum_{j=1}^{Q} \left(-\frac{q_{ij} \cdot k(a) \cdot n'(b_{ij})}{n(b_{ij})}\right) - \\
&\qquad c_i(\beta_i) \cdot \sum_{j=1}^{Q} \left(-\frac{q_{ij} \cdot k(a) \cdot n'(b_{ij})}{n(b_{ij})}\right) \\
&= \sum_{j=1}^{Q} q_{ij} + [p_i - c_i(\beta_i)] \cdot \sum_{j=1}^{Q} \left(-\frac{q_{ij} \cdot k(a) \cdot n'(b_{ij})}{n(b_{ij})}\right) \\
&\stackrel{!}{=} 0
\end{aligned}$$

$$\Longleftrightarrow$$

$$\boxed{[p_i^{\star} - c_i(\beta_i)] = \frac{\sum_{j=1}^{Q} q_{ij}}{k(a) \cdot \sum_{j=1}^{Q} \frac{n'(b_{ij})}{n(b_{ij})} \cdot q_{ij}}.} \tag{7.17}$$

Entsprechend folgt für $\frac{\partial C_i}{\partial \beta_i}$ bei Anwendung der *Produktregel* und unter Berücksichtigung von Gleichung (7.16):

$$\begin{aligned}
\frac{\partial C_i}{\partial \beta_i} &= \frac{\partial\left(p_i \cdot \sum_{j=1}^{Q} q_{ij}\right)}{\partial \beta_i} - \frac{\partial\left(c_i(\beta_i) \cdot \sum_{j=1}^{Q} q_{ij}\right)}{\partial \beta_i} \\
&= p_i \cdot \sum_{j=1}^{Q} \frac{k(a) \cdot q_{ij} \cdot U'_{ij} \cdot n'(b_{ij})}{n(b_{ij})} \\
&\quad - \left(c'_i(\beta_i) \cdot \sum_{j=1}^{Q} q_{ij} + c_i(\beta_i) \cdot \sum_{j=1}^{Q} \frac{k(a) \cdot q_{ij} \cdot U'_{ij} \cdot n'(b_{ij})}{n(b_{ij})}\right) \\
&= -c'_i(\beta_i) \cdot \sum_{j=1}^{Q} q_{ij} + [p_i - c_i(\beta_i)] \cdot \sum_{j=1}^{Q} \frac{k(a) \cdot q_{ij} \cdot U'_{ij} \cdot n'(b_{ij})}{n(b_{ij})} \\
&\stackrel{!}{=} 0
\end{aligned}$$

$\Longleftrightarrow$

$$[p_i - c_i(\beta_i^\star)] = \frac{c_i'(\beta_i^\star) \cdot \sum_{j=1}^{Q} q_{ij}}{k(a) \cdot \sum_{j=1}^{Q} \frac{n'(b_{ij})}{n(b_{ij})} \cdot q_{ij} \cdot U_{ij}'}. \tag{7.18}$$

Um zu untersuchen, welcher Zusammenhang im Optimum zwischen der Leistungsfähigkeit $\beta_i^\star$ eines Anbieters i und dem für einen Nachfrager j resultierenden Bruttonutzen U_{ij} besteht, setzen wir die Gleichungen (7.17) und (7.18) gleich und erhalten:

$$\frac{\sum_{j=1}^{Q} q_{ij}}{k(a) \cdot \sum_{j=1}^{Q} \frac{n'(b_{ij})}{n(b_{ij})} \cdot q_{ij}} = \frac{c_i'(\beta_i^\star) \cdot \sum_{j=1}^{Q} q_{ij}}{k(a) \cdot \sum_{j=1}^{Q} \frac{n'(b_{ij})}{n(b_{ij})} \cdot q_{ij} \cdot U_{ij}'}$$

$\Longleftrightarrow$

$$c_i'(\beta_i^\star) = \frac{1}{\sum_{j=1}^{Q} \frac{n'(b_{ij})}{n(b_{ij})} \cdot q_{ij}} \cdot \sum_{j=1}^{Q} \left(\frac{n'(b_{ij})}{n(b_{ij})} \cdot q_{ij} \cdot U_{ij}' \right). \tag{7.19}$$

Unterstellen wir *identische* Nachfrager[152], dann gilt:

$$q_{ij} = q_i, \quad n(b_{ij}) = n(b_i), \quad n'(b_{ij}) = n'(b_i), \qquad \forall j = 1, \ldots Q, \tag{7.20}$$

und es folgt unter Berücksichtigung der Beziehung (7.19):

$$c_i'(\beta_i^\star) = U_{ij}'. \tag{7.21}$$

In diesem Fall ist die Beziehung zwischen der Steigerung der Leistungsfähigkeit β_i durch einen Anbieter i und dem zusätzlichen Nutzen U_{ij}', der für einen Nachfrager j hieraus resultiert, ökonomisch einfach und anschaulich interpretierbar: Jeder Anbieter setzt seine Leistungsfähigkeit $\beta_i^\star$ so fest, daß der zusätzliche Nutzen U_{ij}' gleich den zusätzlichen Kosten für die bessere Leistungsfähigkeit ist.[153]

---

[152] Das ist der Spezialfall, den von Ungern-Sternberg untersucht, vgl. Fußnote 133, S. 184.

[153] Vgl. [Unge84], S. 92.

Im hier relevanten Fall *heterogener* Nachfrager ist die im Optimum bestehende Beziehung (7.19) nicht so einfach interpretierbar, aber auch hier besteht ein *Zusammenhang zwischen den Kosten in Abhängigkeit der Leistungsfähigkeit* $\beta_i^\star$ *des Anbieter* i *und dem Wert* U_{ij} *der Bewertungsfunktion* U_j, den Anbieter i einem Nachfrager j aufgrund der Realisierung der Leistungsfähigkeit $\beta_i^\star$ anbieten kann. Um die Beziehung (7.19) zu veranschaulichen, setzen wir:

$$\frac{n'(b_{ij})}{n(b_{ij})} \cdot q_{ij} \equiv x_j. \tag{7.22}$$

Damit vereinfacht sich Beziehung (7.19):

$$c_i'(\beta_i^\star) = \frac{1}{\sum\limits_{j=1}^{Q} x_j} \cdot \sum_{j=1}^{Q} \left(x_j \cdot U_{ij}'\right) = \sum_{j=1}^{Q} \frac{x_j}{\sum\limits_{j=1}^{Q} x_j} \cdot U_{ij}'. \tag{7.23}$$

Im Optimum gestaltet jeder Anbieter i seine Leistungsfähigkeit $\beta_i^\star$, daß die zusätzlichen Kosten $c_i'(\beta_i^\star)$, die er bei einer Erhöhung der Leistungsfähigkeit zu tragen hat, gleich der Summe der mit x_j gewichteten Nutzensteigerungen $U_{ij}' \equiv U_j'(m_{ij}(\beta_i^\star))$ ist, die ein Anbieter seiner Zielkundschaft jeweils aufgrund der gestiegenen Leistungsfähigkeit anbieten kann. In die Gewichte x_j gehen sowohl die Abschlußwahrscheinlichkeiten q_{ij} ein als auch die durch die Erhöhung der Leistungsfähigkeit verursachten Änderungen im Suchverhalten der Nachfrager, beschrieben durch $\frac{n'(b_{ij})}{n(b_{ij})}$. Die Nutzensteigerung U_{ij}' eines Nachfragers j bei Erhöhung der Leistungsfähigkeit β_i resultiert daraus, daß aufgrund der Annahme (7.5) ein Anbieter diesem bei größerer Leistungsfähigkeit β_i kundenindividuelle Problemlösungen besserer finanzwirtschaftlicher Qualität – gemessen anhand dem Wert der Bewertungsfunktion U_j – anbieten kann.

Anbieter werden also bei dem vorgeschlagenen Kooperationsdesign entsprechend der Optimalitätsbedingung (7.19) solange ihre Leistungsfähigkeit β_i – und damit die finanzwirtschaftliche Qualität angebotener Problemlösungen – erhöhen, solange dem ein entsprechender Nutzenzuwachs der Nachfrager gegenüber steht. Informationsökonomisch folgt damit, daß bei dem dem Modell zugrundeliegenden Kooperationsdesign die Anbieter die Gestaltung ihrer Leistungsfähigkeit an dem für ihre Kundschaft erzielbaren Nutzen ausrichten. Auf dem Markt werden dann aber qualitativ so hochwertige Problemlösungen angeboten, daß eine weitere Qualitätssteigerung aus Nachfragersicht ökonomisch nicht sinnvoll ist, da die zusätzlichen Kosten den zusätzlichen Nutzen dominieren. Da auf dem Markt aber Problemlösungen hoher Qualität angeboten werden, ist damit kein *Marktversagen* beobachtbar; die Phänomene *moral hazard* sowie *adverse selection* spielen keine (entscheidende) Rolle bei dem aus dem modellierten Kooperationsdesign resultierenden Marktprozeß.

Wir können damit zusammenfassend die folgende Aussage ableiten:

Mit dem gegebenen Kooperationsdesign tritt **kein** *Marktversagen beim Direktvertrieb kundenindividueller Problemlösungen aufgrund von* moral hazard *und* adverse selection *ein. Der Aufbau einer Vertrauensbeziehung zwischen Nachfragern und Anbietern ist damit beim Angebot kundenindividueller Problemlösungen im Direktvertrieb grundsätzlich möglich.*

Diese Aussage ist insofern von weitreichender Bedeutung, als die Etablierung einer Vertrauensbeziehung zwischen Anbieter und Nachfragern entsprechend den Ergebnissen in Kap. 4 eine wesentliche Voraussetzung für die erfolgreiche Realisierung eines Direktvertrieb kundenindividueller Problemlösungen darstellt.[154] Die *ökonomische Erklärung* ist offensichtlich: Da aufgrund der Zertifizierung/Überwachung der entsprechenden Qualitätsangaben von kundenindividuellen Problemlösungen[155] diese für die Nachfrager glaubhaft sind, sind die Nachfrager bereit, einem Anbieter solange seine zusätzlichen Kosten zu erstatten, die diesem aufgrund zusätzlicher Investitionen in eine höhere Leistungsfähigkeit β_i entstehen, solange ihr Nutzenzuwachs größer als die zusätzlichen Kosten ist.

Dieser Erklärungsansatz bezieht sich aber nur auf die für die Nachfrager meßbare Ergebnisqualität, und damit auf die Verhinderung von *adverse selection* aufgrund von Ergebnisunsicherheit. Darüber hinaus besteht für Nachfrager weiterhin potentiell das Problem eines *moral hazard*-Verhaltens der Anbieter, dieses tritt indes ebenfalls nicht auf. Die Erklärung liegt nahe: Aufgrund der Kommunikationsprozesse auf dem Markt (repräsentiert durch die Funktion der Suchkosten $n(\cdot)$), kann ein Anbieter Reputation aufbauen und Prämien für die zusätzliche Qualität erzielen.

Diese Erklärungsansätze sind auch *modellanalytisch* ableitbar.[156] Hierzu führen wir zunächst die zusätzliche Bezeichnung ein:

$$E_{ij} = U_{ij}(\beta_i) - c_i(\beta_i) \tag{7.24a}$$

und schreiben die Beziehung $b_{ij}(m_{ij}(\beta_i), p_i) = U_{ij}(m_{ij}(\beta_i)) - p_i$[157] als

$$b_{ij}(m_{ij}(\beta_i), p_i) = E_{ij} - [p_i - c_i(\beta_i)]\,. \tag{7.24b}$$

E_{ij} ist interpretierbar als *Effektivitätsmaß* eines Anbieters i für die Erstellung einer Problemlösung für einen Nachfrager j: Ein Anbieter i, der bei gegebenen Lösungskosten $c_i(\beta_i) = c_k(\beta_k)$ einen höheren Wert der Bewertungsfunktion U_j erzielt als Anbieter k, hat bei gleichem Nachfragernutzen einen zusätzlichen Preisspielraum, er produziert „effektiver" als k. Analog ist die Definition, wenn der Wert der Bewertungsfunktion vorgegeben ist. Die Effektivität eines Anbieters soll im folgenden näher betrachtet werden; hierzu

[154] Vgl. Abschn. 4.9, S. 80.

[155] Ein Anbieter setzt diese annahmegemäß als Qualitätssignal ein.

[156] Vgl. Die folgende Darstellung basiert auf [Unge84], S. 93ff.

[157] Vgl. (7.5), S. 7.5.

führen wir noch die Bezeichnung Δ_i ein, um den Zusammenhang zwischen dem verlangten Preis p_i und den Kosten $c_i(\beta_i)$ zu bezeichnen:

$$\Delta_i \equiv p_i - c_i(\beta_i). \tag{7.24c}$$

Wir setzen nun noch die Beziehungen (7.24b) sowie (7.24c) in Gleichung (7.17) ein. Es folgt:

$$\Delta_i = \frac{\sum_{j=1}^{Q} q_{ij}}{k(a) \cdot \sum_{j=1}^{Q} \frac{n'(E_{ij}-\Delta_i)}{n(E_{ij}-\Delta_i)} \cdot q_{ij}}. \tag{7.25}$$

Ausgehend von Gleichung (7.25) läßt sich modellanalytisch erklären, warum das Angebot hoher finanzwirtschaftlicher Qualität und der damit verbundene Aufbau von Reputation eine vorteilhafte Strategie ist. Hierzu betrachten wir die beiden partiellen Ableitungen $\frac{\partial \Delta_i}{\partial E_{ij}}$ und $\frac{\partial \Delta_i}{\partial k(a)}$.[158] Es läßt sich zeigen, daß gilt:[159]

$$\frac{\partial \Delta_i}{\partial k(a)} < 0, \qquad 0 < \frac{\partial \Delta_i}{\partial E_{ij}} < 1. \tag{7.26}$$

Damit lassen sich die folgenden Aussagen treffen:

- Mit wachsendem E_{ij} steigt Δ_i. Nach Definition (7.24c) bedeutet dies jedoch letztlich, daß ein Anbieter, der „effektiver“ Problemlösungen erstellt[160], im Optimum eine größere Differenz $p_i - c_i(\beta_i)$ erzielt und damit letztlich eine *größere Gewinnmarge* realisiert.
- Da nach den Beziehungen (7.26) die partielle Ableitung $\frac{\partial \Delta_i}{\partial E_{ij}}$ in dem offenen Intervall $(0, 1)$ liegt, ist

  $$\frac{\partial (E_{ij} - \Delta_i)}{\partial E_{ij}} = 1 - \frac{\partial \Delta_i}{\partial E_{ij}} > 0. \tag{7.27}$$

  Da weiterhin gemäß Definition (7.9) $n'(\cdot) > 0$ ist, wächst mit zunehmender Effektivität eines Anbieters auch der Funktionswert $n(E_{ij} - \Delta_i)$. In Konsequenz steigt damit die Wahrscheinlichkeit q_{ij}, daß ein Nachfrager j den Anbieter i auswählt[161].

[158] Es sei daran erinnert, daß annahmegemäß gilt: $n(\cdot) > 0$, $n'(\cdot) > 0$, und $k(a) > 0$.

[159] Vgl. hierzu auch die Ergebnisse von [Unge84], S. 94.

[160] Die Formulierung „effektiver“ ist folgendermaßen interpretierbar: Ein Anbieter produziert bei gegebenen U_{ij} eine Problemlösung mit geringeren Kosten $c_i(\beta_i)$ als ein anderer Anbieter, oder aber ein Anbieter erzielt bei gegebenen Kosten $c_i(\beta_i)$ ein größeres U_{ij}.

[161] Siehe auch die Definition von q_{ij} in (7.8).

Also steigt mit zunehmender Effektivität E_{ij} auch die Reputation eines Anbieters und damit der Absatz von kundenindividuellen Problemlösungen des Anbieters.

- Die Gewinnmarge Δ_i fällt bei abnehmenden Suchkosten $k(a)$ der Nachfrager: Je höher also der Suchaufwand a ist (bzw. je kleiner k') desto geringer sind die Gewinnmargen der Anbieter.

Diese Überlegungen ermöglichen modellanalytisch die Erklärung, warum für Anbieter der Aufbau von Reputation und das Angebot qualitativ hochwertiger finanzwirtschaftlicher Problemlösungen vorteilhaft ist: Die Steigerung der Effektivität E_{ij} eines Anbieters führt zu einer Steigerung von q_{ij}, die wiederum gemäß der Zielfunktion (7.13) zu einer Steigerung des Barwerts C_i des Anbieters i führt, den dieser an einer Nachfragergeneration erzielen kann. Mit anderen Worten: Ein Anbieter i wird zur Maximierung von C_i seine Effektivität E_{ij} durch Steigerung seiner Leistungsfähigkeit β_i[162] erhöhen, bis entsprechend der im Optimum gültigen Beziehung (7.19) die Grenzkosten einer Erhöhung der Leistungsfähigkeit gleich dem gewichteten Nutzenzuwachs der Nachfrager ist.

Unter Berücksichtigung der Beziehungen (7.24b) und (7.27) folgt, daß:

$$\frac{\partial b_{ij}(\cdot)}{\partial E_{ij}} > 0. \tag{7.28}$$

Entsprechend obiger Formel (7.28) wächst also auch die Bewertungsfunktion b_{ij} mit zunehmendem E_{ij}: Sowohl Nachfrager als auch Anbieter sind an einer effektiven Erstellung kundenindividueller Problemlösungen mit hoher finanzwirtschaftlicher Qualität interessiert. Interpretieren wir in Anlehnung an das Reputationsmodell von Shapiro[163] Δ_i als *Qualitätsprämie*, dann bedeutet dies, daß Anbieter bei dem untersuchten Kooperationsdesign mit einem Angebot steigender finanzwirtschaftlicher Qualität steigende Qualitätsprämien erzielen[164]; dieses Ergebnis ist damit konsistent mit Modellergebnissen bei exogen vorgegebener Qualität[165]. Zudem folgt aus der obigen Analyse, daß unter den gegebenen Annahmen ein *Reputationsaufbau* mit dem Angebot kundenindividueller Problemlösungen im Direktvertrieb für Qualitätsanbieter möglich und daß der Nettonutzen b_{ij} einer Problemlösung m_{ij} ein geeignetes *Qualitätssignal* ist: Die Nachfrager suchen insbesondere die Anbieter auf, die Problemlösungen mit hoher finanzwirtschaftlicher Qualität anbieten und entscheiden aufgrund des angebotenen Nettonutzens b_{ij}. Ursache für die Möglichkeit eines Reputationsaufbaus sind die mit der Funktion $n(\cdot)$ repräsentierten Kommunikationsprozesse der Nachfrager über gemachte Qualitätserfahrungen: Positive Qualitätserfahrungen der Nachfrager mit einem

[162] Vgl. Beziehung (7.24a), S. 194f.

[163] Vgl. Abschn. 7.3.2, S. 174.

[164] Nach Definition (7.24c) kann Δ_i^* als Qualitätsprämie interpretiert werden, die entsprechend den Beziehungen (7.26) mit zunehmender Effektivität wächst.

[165] Vgl. Abschn. 7.3.2, S. 174f.

Anbieter führen zu steigenden Werten $n(\cdot)$, d. h. zu einer höheren Reputation – und zu einem höheren Absatz dieses Anbieters: Reputationsaufbau ist damit vorteilhaft für die Anbieter[166].

Damit liegen die in Abschn. 7.3.2[167] angeführten Bedingungen vor, damit Anbieter ein Interesse haben, wahre Qualitätsaussagen an die Nachfrager zu kommunizieren:

- Durch die Zertifizierung bzw. Überwachung sowie das Rechtssystem wird sichergestellt, daß nur wahre Aussagen kommuniziert werden.
- Qualitätsinformationen werden von Nachfragern mit hinreichend geringen Kosten verarbeitet (im Modell fallen diesbezüglich keine direkten Kosten an, nur die Kosten für die Informationssuche),
- die Nachfrager reagieren auf hohe Qualität und ihre Qualitätserwartungen wachsen, Anbieter können die Qualitätserwartungen sowohl bei den direkten Käufern als auch bei den Nicht-Käufern (über den Reputationsgewinn) steigern;

diesbezüglich ist das Modell also konsistent mit den Annahmen.

Ein weiteres Ergebnis ist, daß entsprechend (7.26) bei hohen Suchkosten die Gewinnmargen der Anbieter steigen bzw. bei fallenden Suchkosten die Gewinnmargen abnehmen – der Markt nähert sich in diesem Fall der Situation bei vollständiger Information der Nachfrager. Hohe Suchkosten bzw. unvollständige Information der Nachfrager führen damit bei gegebenem Kooperationsdesign zwar zu *moral hazard – dieser resultiert aber nicht in einem Marktversagen aufgrund niedriger Qualität, sondern in einem Marktversagen bezüglich „überhöhter Preise" der Anbieter.* Weiterhin läßt sich zeigen, daß sowohl mit zunehmender Zahl an Käufen eines (heterogenen oder homogenen) Guts als auch mit der Höhe des Bruttonutzens[168] der Suchaufwand und damit die Nachfragerinformation steigt. In Konsequenz werden Anbieter hoher Reputation insbesondere Kunden unter denjenigen Nachfragern gewinnen, die über ein hohes Einkommen und/oder ein hohes Vermögen verfügen – sie sprechen also ein potentiell attraktives Nachfragersegment an.

Abschließend soll noch angemerkt werden, daß das obige Kooperationsdesign letztlich einen *impliziten (marktlichen) Anreizmechanismus* darstellt. Aus (7.24b), (7.27) und (7.28) läßt sich folgende Aussage ableiten: Solange ein Nachfrager durch einen Nutzenzuwachs U_{ij} besser gestellt wird als bei vergleichbaren Anbietern, solange ist er bereit, den Anbieter (leistungsabhängig) zusätzlich zu entlohnen – sofern der Preis nicht den Nutzenzuwachs kompensiert. Damit gibt der Nachfrager den Anbietern den Anreiz, für ihn qualitativ hochwertige Problemlösungen zu produzieren. Fehlt allerdings der Wettbewerb (etwa aufgrund hoher Suchkosten), dann resultiert ein hoher

[166] Von Ungern-Sternberg zeigt in seinem Modell weiter, daß auch die Höhe der Werbeausgaben ein Qualitätssignal darstellen, vgl. [Unge84], S. 95.

[167] Siehe S. 181.

[168] Bewertungsfunktionen wie der Barwert der Nach-Steuer-Zahlungen können auch negative Werte annehmen.

Preis für die Nachfrager: Der Anbieter kann einen Großteil des Nutzenzuwachses für sich vereinnahmen[169]. Bei intensivem Wettbewerb fallen hingegen die Preise, da die Anbieter aufgrund des Wettbewerbs einen Großteil des Nutzenzuwachses an die Nachfrager abtreten müssen, da ansonsten die Nachfrager jeweils andere Anbieter vorziehen würden. Übertragen wir diese Aussage auf die Markteinführungsphase kundenindividueller Problemlösungen (und gelingt es den Anbietern dieser Lösungen, das Gestaltungspotential besser als bisher üblich auszuschöpfen), dann werden sie zwar einen Teil an die Nachfrager abtreten müssen, werden voraussichtlich aber trotzdem noch einen erheblichen Teil für sich nutzen können. Wenn weitere Anbieter mit diesem Angebot auf den Markt kommen, werden diese „Qualitätsrenten" jedoch abnehmen. Die Interpretation dieses Kooperationsdesigns als Anreizsystem widerspricht nicht unserer grundsätzlichen Ablehnung von zweiseitig ausgehandelten Anreizverträgen[170]: Denn wie der Fall bei hohen Suchkosten zeigt, ist bei Anreizverträgen der Nachfrager kaum in der Lage, zu überprüfen, wie hoch der Anteil des Agenten (des Finanzdienstleisters ist), den dieser für sich vereinnahmt. Bei dem vorgeschlagenen Kooperationsdesign übernimmt nicht der Prinzipal diese Überwachungsfunktion, sondern letztlich der Markt, der bei niedrigen Suchkosten den Nachfrager informiert, inwieweit der Preis des Nachfragers angemessen ist.

Zusammenfassend kommen wir aufgrund der modellanalytischen Untersuchung in diesem Abschnitt zu der Schlußfolgerung, daß mit dem oben vorgestellten Kooperationsdesign sichergestellt ist, daß ein Marktversagen mit einem ausschließlichen Angebot der Minimumqualität nicht eintreten wird – und für Anbieter aus informationsökonomischer Sicht ein erheblicher Anreiz für ein Angebot kundenindividueller Problemlösungen besteht.

7.4.4 Kritische Bewertung

Voraussetzung für die *Wirkung des obigen Kooperationsmechanismus* ist, daß Nachfrager *keine Unsicherheit* bezüglich der finanzwirtschaftlichen Qualität von angebotenen Problemlösungen besitzen: Sie können Qualität wahrnehmen und zweifelsfrei vergleichen.

Voraussetzung für die *Übertragbarkeit* der theoretisch-modellanalytisch abgeleiteten Aussagen auf die Realwelt ist also vor allem, daß Nachfrager auch in der Realwelt über die Möglichkeiten einer zweifelsfreien Qualitätsmessung und eines Qualitätsvergleichs verfügen. Diese Voraussetzung wird derzeit im allgemeinen kaum umfassend gegeben sein. Zwar verpflichtet der

[169] Anzumerken ist, daß wir ein „Arbeitsleid" des Anbieters nicht explizit modelliert haben: Es kann also bei geringem Wettbewerb der Fall eintreten, daß Anbieter nicht die bestmögliche finanzwirtschaftliche Qualität anbieten, wenn der zusätzliche Nutzenzuwachses, den sie für sich vereinnahmen können, aus ihrer Sicht den Mehraufwand nicht lohnt.

[170] Vgl. Abschn. 7.3.2, S. 171f.

Gesetzgeber die Anbieter zu einer Preisinformation, etwa im Sinne der Angabe des Effektivzinses nach PAngV[171], allerdings gewährleisten diese Pflichtangaben in der Regel keinen Vergleich von Problemlösungen entsprechend einer (finanzwirtschaftlich sinnvollen und) kundenindividuellen Bewertungsfunktion (wie beispielsweise bei sicheren Zahlungsversprechen der Barwert der Nach-Steuer-Zahlungen).

Indes sind wir trotzdem der Meinung, daß dieses Kooperationsdesign bezüglich seiner grundsätzlichen Wirkung auf den Finanzdienstleistungsmarkt *übertragbar* ist: Treten Anbieter auf den Markt, die den Nachfragern anbieten, Problemlösungen entsprechend ihren Bewertungsfunktionen zu erstellen, glaubhaft für sie bewerten und damit zugleich den Qualitätswettbewerb suchen, so ist dieses für Nachfrager ein wichtiges Qualitätssignal – ein Qualitätssignal, mit dem Anbieter zumindest *Aufmerksamkeit* und *Wahrnehmung* eines neuen Angebots bei Nachfragern erreichen können. Ergänzen die Anbieter dieses Qualitätssignal mit weiteren Qualitätssignalen wie günstigen Markteintrittspreisen, Werbung und ähnlicher Öffentlichkeitsarbeit, so wird entsprechend den Modellergebnissen ein entsprechender Reputationsaufbau gelingen. Zudem wird über Kommunikationsprozesse (wie etwa mittels "Vergleichstests" in entsprechenden Magazinen) die Fähigkeit und Bereitschaft von Anbietern, kundenorientiert und vergleichbar Problemlösungen anzubieten, an Nachfrager kommuniziert und ein positive Außenwirkung aufgebaut. Zudem stellen Rechtssystem, Verbraucherschutzverbände und ähnliche (marktexterne) Institutionen in Zusammenwirkung mit dem Reputationsmechanismus im allgemeinen sicher, daß *in praxi* falsche Qualitätssignale häufig aufgedeckt und zu Sanktionen führen, so daß für Anbieter langfristig kein dementsprechender Anreiz bestehen wird.[172]

Darüber hinaus stellt der *Verzicht* auf die Aussendung eines derartigen Qualitätssignals ein *negatives* Signal dar: Ist ein Anbieter nicht bereit, die Angebotsqualität offen zu legen, können Nachfrager (begründet) vermuten, daß er aufgrund niedriger Qualität hieran kein Interesse besitzt. Weiterhin werden von unabhängigen Softwareanbietern Programme angeboten, die unterschiedliche Problemlösungen finanzwirtschaftlich vergleichen, so daß Nachfrager einen Vergleich auch dann durchführen können, wenn Anbieter die entsprechenden Qualitätsangaben nicht machen. Sollten derartige Programme von unabhängigen Anbietern nicht mit dem erforderlichen Funktionsumfang ausgestattet sein, so kann der Anbieter (etwa über ein Tochterunternehmen) solche Programme selbst erstellen lassen, deren Funktionalität und Funktionsweise er in diesem Fall jedoch bezüglich sachlicher und rechnerischer Richtigkeit zertifizieren lassen sollte.

---

[171] Vgl. Abschn. 7.3.1, S. 163ff.

[172] Wir sind uns wohl bewußt, daß dieses nur eine Tendenzaussage darstellt, da wiederholt über Anlageberater und -gesellschaften berichtet wird, die Nachfrager mittels hohen Renditeversprechungen geworben und anschließend betrogen haben.

Weiterhin werden in der Realwelt auch die anderen Modellannahmen nicht (vollständig) erfüllt sein; so ist beispielsweise nicht davon auszugehen, daß die Nachfrager die Verteilung der angebotenen Qualitäten und der entsprechenden Preise kennen.[173] Inwieweit es deshalb tatsächlich möglich ist, mit dem vorgeschlagenen Kooperationsdesign auf dem realen Markt tatsächlich Marktversagen zu verhindern, kann letztendlich nur eine empirische Überprüfung zeigen. Ein gemeinsames Kooperationsprojekt mit einer Direktbank zeigt jedoch, daß die hier erarbeiteten und vorgestellten Ergebnisse auch in der Praxis auf Interesse stoßen und als zukunftsweisend eingeschätzt werden.

Die Diskussion der Konzepte der Kundennähe bzw. Kundenorientierung in Kap. 5 zeigen zudem, daß angesichts der derzeitigen Wettbewerbsbedingungen auch in der Praxis einer Orientierung an den Kundenbedürfnissen hohe Bedeutung beigemessen wird und daß die Tendenzen zu mehr Wettbewerb insbesondere in einem Preis- und *Qualitätswettbewerb* resultieren. Ebenfalls zeigen die in Abschn. 5.3[174] kurz erwähnten empririschen Untersuchen zum Thema Kundennähe, daß einer Kundenbindung und Wiederholungskäufen eine hohe Bedeutung zukommt und eine Orientierung an den Kundenbedürfnissen für den langfristigen Markterfolg von zentraler Bedeutung ist. Damit können wir die hier abgeleiteten Modellergebnisse zwar nicht empirisch überprüfen, sie besitzen indes diesbezüglich ein hohes Maß an (praxisnaher) *Plausibilität*.

Die oben erzielten Modellergebnisse haben unseres Erachtens auch aus einem weiteren Grund *Aussagekraft*: Zum einen verdeutlichen die Annahmen wesentliche Voraussetzungen, unter denen das (gewünschte) Ergebnis eines Angebots kundenindividueller Problemlösungen realisierbar ist. Damit können andererseits aber gleichzeitig Zielzustände identifiziert werden, auf deren Erreichen Anbieter ihre Handlungen ausrichten können – beispielsweise indem sie das Angebot von zertifizierter Finanzanalysesoftware fördern. Somit können die Ergebnisse durchaus als betriebswirtschaftlich fundierte Grundlage für die Planung von Finanzdienstleistern interpretiert werden. Zum anderen wird deutlich, daß Anbieter und Nachfrager bezüglich eines Angebots von qualitativ hochwertigen Problemlösungen nicht notwendigerweise einen Interessensgegensatz besitzen: Beide Akteure können sich durch ein entsprechendes Angebot gegenüber einer Situation verbessern, in der nur niedrige Qualität angeboten wird. Darüber hinaus zeigen die Ergebnisse die hohe Bedeutung, die dem Aufbau von Reputation, Selbstbindungen und einer „ehrlichen“ Nachfragerinformation durch die Anbieter selbst zukommt.

Die obige Analyse kann in einigen Punkten noch erweitert werden: Im obigen Modell wurden die Funktionen $k(a)$ und $n(b_{ij})$ nicht weiter spezifiziert. Das bedeutet in Konsequenz, daß in diesem Modell keine weiteren Annahmen über den *Prozeß* der Informationssuche der Nachfrager berücksichtigt werden. Insbesondere sind damit keine Aussagen über optimale „Nachfrager-

---

[173] Siehe Modellannahme 8., S. 188.

[174] Siehe S. 95ff.

Suchstragien" möglich. Für den Fall homogener und heterogener Suchgüter mit exogen gegebener Qualität (hier besitzen die Nachfrager keine *Qualitäts*unsicherheit, sondern nur eine „*Preis*unsicherheit") werden in der Literatur zwar *optimale Suchstrategien* abgeleitet und es wird untersucht, welche Auswirkungen diese auf den Marktprozeß und das Marktergebnis haben[175]; dem Verfasser sind diesbezüglich aber keine detaillierten Modelle bekannt, in denen bei Qualitätsunsicherheit sowohl Preis, Qualität als auch Suchstrategie *modellendogen* bestimmt werden; selbst für den Fall eines vorgegebenen Qualitätsniveaus wird die mathematische Darstellung bereits komplex und wenig anschaulich[176]. Weiterhin kann damit auch der Prozeß des Reputationsaufbaus nicht näher analysiert werden. Dementsprechend wäre zu untersuchen, ob und wie durch genauere Annahmen über die Funktionen Aussagen über Suchstrategien der Nachfrager ableitbar sind.

Wir haben im obigen Modell die Erlösfunktion eines Anbieters i von Problemlösungen so definiert, daß diese ausschließlich vom Preis p_i abhängt, den die *Nachfrager* j bei Kauf einer Problemlösung m_{ij} an i zahlen. Insbesondere werden damit keine *Provisionszahlungen* berücksichtigt, die *Produzenten von Finanzprodukten* den Anbietern von Problemlösungen dafür zahlen, daß die Problemlösungs-Anbieter deren Finanzprodukte als Bestandteil von Problemlösungen verkaufen. Hier ist weiterer Forschungsbedarf gegeben: Einerseits besteht für die Anbieter aufgrund der Provisionszahlungen ein Anreiz, bei der Erstellung von Problemlösungen ihre Provisionseinnahmen zu erhöhen und damit nicht (ausschließlich) das Ziel der Maximierung der Bewertungsfunktionen *von Nachfragern* zu verfolgen. Besitzen andererseits Nachfrager keine Qualitätsunsicherheit und haben bei geringen Suchkosten die Möglichkeit, umfangreiche Qualitätsvergleiche vorzunehmen, so besteht für derartige Provisionsmaximierer das Problem, daß Nachfrager deren Problemlösungen aufgrund niedriger Werte der Bewertungsfunktion nicht abnehmen – und sie dementsprechend auch keine Provisionseinzahlungen realisieren. Eine Modellerweiterung mit Berücksichtigung von Provisionszahlungen dürfte dementsprechend zu weiteren interessanten Ergebnissen führen. In Fortführung der hier angestellten Überlegungen werden in dem Projekt *„Effizienzbedingungen für die vorteilhafte Gestaltung Elektronischer Finanzdienstleistungsmärkte"*[177] Bedingungen untersucht, unter denen eine Koordination über elektronische Finanzdienstleistungsmärkte bei der Erstellung kundenindividueller Problemlösungen durch *mehrere Anbieter von Finanzprodukten*

[175] Vgl. beispw. [Stig61], [Roth73], [Butt77], [Unge84], [RoSt90].

[176] Vgl. beispielsweise das Modell von [RoSt90].

[177] Dieses Projekt des Lehrstuhls für Betriebswirtschaftslehre mit Schwerpunkt Wirtschaftsinformatik der Universität Augsburg ist ein Teilprojekt im Rahmen der von der Deutschen Forschungsgemeinschaft geförderten ortsübergreifenden Forschergruppe *„Effiziente elektronische Koordination in der Dienstleistungswirtschaft"*.

vorteilhaft ist[178]; hier spielen Entlohnungs- und Anreizsysteme eine zentrale Rolle. Derartige weiterführende Überlegungen würden indes den Rahmen dieser Arbeit sprengen.

Insgesamt lassen sich aber unseres Erachtens bereits jetzt aus der informationsökonomischen Analyse für die betriebswirtschaftlich überzeugende Gestaltung von Absatzmethoden und Marketingkonzepten für den Direktvertrieb von Finanzdienstleistungen theoretisch fundierte Aussagen mit Praxisrelevanz ableiten: Es zeigt, daß für Finanzmakler *ohne Provisionsinteresse*, die sich konsequent an den Nachfragerinteressen orientieren (gemessen in einer Maximierung der Bewertungsfunktion) und auf eine provisionsabhängige Entlohnung von Anbietern verzichten, durchaus ein Marktpotential besitzen: Nachfrager sind bereit, derartige Makler für diese Leistung zu entlohnen, solange ihr Nutzenzuwachs größer als die zusätzliche Entlohnung ist. Berücksichtigen wir weiterhin, daß die Nachfrager anspruchsvoller werden un zunehmend besser informiert sind, wird eine konsequente Nachfragerorientierung vom Markt zunehmend honoriert werden. Anbieter, die eine „reine Provisionsmaxmierungsstragie" verfolgen, werden bei zunehmend besser informierten Nachfragern vor Probleme gestellt werden, da sie ihre „Problemlösungen" nur noch eingeschränkt absetzen werden.

7.5 Zusammenfassung

Der *Verteilung von Information* zwischen den Marktakteuren und den *Informationsprozessen* auf dem Markt kommt für den Ablauf und das Ergebnis von Marktprozessen zentrale Bedeutung zu. Wir haben deshalb in diesem Kapitel die Informationsverteilung zwischen Anbietern und Nachfragern von kundenindividuellen Problemlösungen untersucht und herausgearbeitet, daß aufgrund von *hidden characteristics*, *hidden intention*, *hidden action* und *hidden information* eine *asymmetrische Informationsverteilung* vorliegt.

Anschließend haben wir die *Auswirkungen* dieser asymmetrischen Informationsverteilung analysiert und gezeigt, daß hieraus sowohl für Nachfrager als auch für Anbieter Probleme resultieren, die weitreichende Konsequenzen für das Angebot kundenindividueller Problemlösungen im Direktvertrieb haben können: Nachfrager sind zusätzlich zur exogenen mit einer *kooperationsendogenen Qualitätsunsicherheit* konfrontiert, die sowohl als *Ergebnis*- als auch als *Verhaltensunsicherheit* zu charakterisieren ist: Ergebnisunsicherheit liegt vor, da Nachfrager in der Regel nicht in der Lage sind, die finanzwirtschaftliche Qualität einer kundenindividuellen Problemlösung anhand von ihren Bewertungsfunktionen und Zulässigkeitsbedingungen *selbst* und unabhängig vom Finanzdienstleister beurteilen zu können. Die Verhaltensunsicherheit besteht, da Anbieter aufgrund der Ergebnisunsicherheit der

[178] Eine Ausprägung dieser allgemeinen Fragestellung ist insbesondere die Erstellung von kundenindividuellen Problemlösungen im Direktvertrieb durch mehrere Anbieter von Finanzprodukten.

Nachfrager ihren Informationsvorsprung opportunistisch zur Erzielung eigener Vorteile und zu Lasten der Nachfrager ausnützen können. Für Anbieter resultiert aus dieser Qualitätsunsicherheit der Nachfrager wiederum die potentielle Gefahr eines Marktversagens: Aufgrund von *adverse selection* und *moral hazard* sind Nachfrager nur bereit, den Preis für die Minimumqualität zu entrichten. Für Anbieter würde dann der Anreiz fehlen, mit einem Angebot kundenindividueller Problemlösungen in den Markt einzutreten.

Zur *Lösung dieser Probleme* haben wir die Eignung informationsökonomischer Instrumente zur Gestaltung von Kooperationsbeziehungen zwischen Marktakteuren und den entsprechenden Informationsprozessen untersucht und ausgehend von den erzielten Ergebnissen ein *Kooperationsdesign für den Direktvertrieb kundenindividueller Problemlösungen* entwickelt. Die wesentlichen Merkmale dieses Kooperationsdesigns sind:

- **Bewertungsfunktion als Qualitätssignal:**
  Anbieter kundenindividueller Problemlösungen erstellen diese mit dem Ziel der Erreichung hoher Werte der Bewertungsfunktion und teilen den Nachfragern diese als *Qualitätssignal* mit. Nachfrager holen mehrere Angebote ein, und entscheiden sich aufgrund des Qualitätssignals für ein Angebot.
- **Zertifizierung und Überwachung:**
  Anbieter kundenindividueller Problemlösungen lassen ihre Teilprozesse zur Berechnung des Werts von Bewertungsfunktionen *zertifizieren* und/oder *überwachen* von einem hierauf spezialisierten und diesbezüglich renommierten Dienstleister, um den Nachfragern Qualitätsangaben unterbreiten zu können, die für diese vertrauenswürdig sind. Ziel ist der Abbau von *Ergebnis*unsicherheit.
- **Aufbau von Reputation:**
  Anbieter nutzen weiterhin den *Reputationsmechanismus*, um zum Kaufzeitpunkt die (verbleibende) Verhaltensunsicherheit der Nachfrager während der Nutzungsphase zu reduzieren und um Nachfrager für ihr Angebot zu interessieren.

Eine modellanalytische Untersuchung dieses Kooperationsdesigns hat zu dem Ergebnis geführt, daß mit unter den oben genannten Voraussetzungen ein *Marktversagen verhindert* wird, da einerseits für die Nachfrager aufgrund der ersten beiden Instrumente finanzwirtschaftliche Qualität wahrnehmbar wird und andererseits für Anbieter aufgrund des Reputationsmechanismus ein hinreichend starker Anreiz gegeben ist, kundenindividuelle Problemlösungen mit hoher Qualität anzubieten.

Damit wurde nach der *haushaltsökonomischen* Analyse im letzten Kapitel mit diesem Kapitel ein *informationsökonomischer* Beitrag zur Erarbeitung von Bedingungen geleistet, unter denen sich Nachfrager bei Kaufentscheidungen von kundenindividuellen Finanzdienstleistungen für die Absatzmethode „Direktvertrieb“ entscheiden (Problemfeld *„Bedingungen“*)[179],

[179] Vgl. Abschn. 2.3, S. 21.

und gezeigt, daß der Aufbau einer Vertrauensbeziehung zwischen Anbietern kundenindividueller Problemlösungen und Nachfragern grundsätzlich möglich ist. Dementsprechend ist diesbezüglich die Voraussetzung für eine erfolgreiche praktische Implementierung der Absatzmethode Direktvertrieb für den Absatz kundenindividueller Problemlösungen gegebenen[180].

Darüber hinaus konnte weiterhin ein Beitrag zur informationsökonomischen Untersuchung von Gütern mit einem hohen Anteil an *credence characteristics* geleistet werden: Nach Tolle zufolge sind *„Produkte, die hauptsächlich durch Vertrauenseigenschaften geprägt sind, in der informationsökonomischen Literatur bisher weitgehend unberücksichtigt geblieben“*[181]. Wir haben hier anhand kundenindividueller Problemlösungen exemplarisch einen Ansatz entwickelt, wie aus informationsökonomischer Sicht die *Ergebnis*unsicherheit der Nachfrager bezüglich dieser Güter reduzierbar ist: „Transformation“ von Gütern mit einem hohen Anteil an *credence characteristics* in Güter mit einem hohen Anteil an *search characteristics* unter Verwendung von marktinternen Mechanismen wie Zertifizierung und Überwachung als glaubhafter Selbstbindung der Anbieter sowie unter Sanktionierung von Falschinformation mittels marktexterner Institutionen wie dem Rechtssystem. Wenn – wie im Fall von kundenindividuellen Problemlösungen – auch nach dem eigentlichen Zeitpunkt des Vertragsabschlusses für die Nachfrager eine (erfahrbare) *Verhaltens*unsicherheit verbleibt, dann kann diese mit Hilfe anderer informationsökonomischer Instrumente bewältigt werden: In unserem Fall verblieb aufgrund der Eigenschaft von kundenindividuellen Problemlösungen, Absatzbeziehungen über die Zeit darzustellen, die „Erfahrungseigenschaft“ der Einhaltung von Zusagen, die ein Anbieter während der Erstellung oder zum Zeitpunkt des Vertragsabschlusses gegeben hat. In dem gewählten Kooperationsdesign wurde dieses Unsicherheitsproblem mit dem Reputationskonzept gelöst.

Eine weitere, verbraucherpolitische Implikation dieses Kapitels ist die hohe Bedeutung von Nachfragerinformation durch die Anbieter selbst: Sofern sichergestellt ist (bei uns aufgrund der Modellannahmen gegeben), daß die Anbieterinformation sachlich und rechnerisch richtig sind, können Nachfrager durch *vergleichende Werbung* der Anbieter besser gestellt werden. Dementsprechend sollten verbraucherschutzpolitische Maßnahmen insbesondere darauf hinwirken, daß Rahmenbedingungen für einen fairen bzw. „ehrlichen“ Wettbewerb der Anbieter untereinander geschaffen werden, um den marktinhärenten, dezentralen Mechanismus des Wettbewerbs als verbraucherpolitischen Schutz wirkungsvoll zu nutzen. Inwieweit diesbezüglich rechtliche Regelungen, die (wie das in der Bundesrepublik geltende Verbot vergleichender Werbung) aus marktlicher Sicht als zentralistische und marktextern vorgegebene Eingriffe in den Marktmechanismus interpretierbar sind, tatsächlich der

---

[180] Vgl. Abschn. 4.9, S. 80.

[181] Siehe [Toll94], S. 936.

Zielerreichung des Schutzes schwächerer Marktakteure dienen, kann aufgrund dieser Ergebnisse bezweifelt werden[182].

In Zusammenfassung der Ergebnisse des Teils II dieser Arbeit kann die Schlußfolgerung abgeleitet werden, daß

- der Direktvertrieb unter der Voraussetzung eines zieladäquat gestalteten Informations- und Kommunikationssystems eine grundsätzlich geeignete Absatzmethode kundenindividueller Problemlösungen ist,[183]
- durch ein Angebot kundenindividueller Problemlösungen im Direktvertrieb sowohl aus einer *wettbewerbs- bzw. kundenorientieren Perspektive*[184] als auch aus einer *haushaltsökonomischen Perspektive*[185] als auch aus einer *informationsökonomischen Perspektive* erhebliche wirtschaftliche Vorteile erzielbar sind,
- ein erhebliches *produkt- und vertriebspolitisches Differenzierungspotential* angesichts der derzeitigen Wettbewerbstendenzen besteht und
- das Angebot kundenindividueller Finanzdienstleistungen im Direktvertrieb letztendlich eine *betriebswirtschaftlich sinnvolle und vielversprechende Gestaltungsoption für das Finanzdienstleistungsmarketing* darstellt.

Da die zieladäquate Gestaltung des Informations- und Kommunikationssystems eine entscheidende Voraussetzung für die Erstellung kundenindividueller Problemlösungen im Direktvertrieb ist[186], sollen in Teil III dieser Arbeit technisch überzeugende und betriebwirtschaftlich fundierte *Gestaltungsaussagen* für das Informations- und Kommunikationssystem abgeleitet werden.

[182] Vgl. [Vahr91], S. 122.
[183] Siehe Kap. 4.
[184] Siehe Kap. 5.
[185] Siehe Kap. 6.
[186] Vgl. Abschn. 4.5, S. 62.

8. Spezifikation eines maschinellen Problemlösungsprozesses für die Erstellung kundenindividueller Problemlösungen

In der ökonomischen Analyse des Direktvertriebs kundenindividueller Problemlösungen konnten wir ausgehend von verschiedenen ökonomischen Untersuchungsansätzen zeigen, daß der Direktvertrieb aus Nachfragersicht wesentliche *ökonomische Vorteile* gegenüber traditionellen Absatzmethoden besitzt. Voraussetzung für eine erfolgreiche Markteinführung und einen mittel- bis langfristig erfolgreichen Marktauftritt dieser Absatzmethode ist insbesondere die *zieladäquate Gestaltung des Informations- und Kommunikationssystems* (IKS) eines entsprechenden Anbieters[1].

Ein IKS ist dann als *zieladäquat* (bzw. als *geeignet*) gestaltet zu bezeichnen, wenn es die in Kap. 4 abgeleiteten Anforderungen erfüllt[2], die die wesentlichen *SOLL*-Eigenschaften eines entsprechenden IKS definieren. Aus Anforderung 1 folgt, daß der Phase *Problemlösung* bei der Erstellung kundenindividueller Problemlösungen entscheidende Bedeutung zukommt. Nur wenn es gelingt, diese informationsverarbeitungsintensive Phase so zu implementieren, daß die in Abschn. 4.7[3] dargestellten Rahmenbedingungen

B1 Prozeßablauf
B2 inhärente Verteilung,
B3 unterschiedliche Lösungsmethoden,
B4 unvollständiges Kombinationswissen,
B5 Standardisierung des Lösungsprozesses und
B6 Notwendigkeit maschineller Lösungserstellung

erfüllt sind, ist der Leistungsgegenstand „kundenindividuelle Problemlösung“ mit gleichmäßig hoher Qualität produzierbar und das im letzten Kapitel spezifizierte Kooperationsdesign realisierbar. Bevor wir also Gestaltungsaussagen über das IKS selbst ableiten können, ist der *Soll*-Prozeß der Erstellung kundenindividueller Problemlösungen während der Phase *Problemlösung* genauer zu spezifizieren; diesen Prozeß bezeichnen wir im folgenden auch als *Problemlösungsprozeß*. Dementsprechend steht in diesem Kapitel zunächst die *Gestaltung eines maschinell gestützten Problemlösungsprozesses* im Vor-

---

[1] Vgl. Abschn. 4.9, S. 81.
[2] Siehe Abschn. 4.8, S. 78ff.
[3] Vgl. S. 68ff.

dergrund[4], um im folgenden Kapitel unter Berücksichtigung der hier erzielten Ergebnisse und unter Beachtung der weiteren in Abschn. 4.8[5] dargestellten Anforderungen Gestaltungsaussagen für das IKS selbst abzuleiten.

Zur *Spezifizierung eines maschinellen Problemlösungsprozesses* in diesem Kapitel werden zunächst der derzeitige *Realisierungsstand in der Praxis* (Abschn. 8.1.1) und *neuere Forschungsergebnisse der Wissenschaft* (Abschn. 8.1.2) diskutiert, um zu prüfen, inwieweit auf bestehenden Ergebnissen aufgebaut werden kann. Nach der Darstellung eines Formalismus zur Modellierung von maschinellen Problemlösungsprozessen in Abschn. 8.2.1 erfolgt hierauf aufbauend die Ableitung von Gestaltungsaussagen (Abschn. 8.2.2). Anschließend werden diese Gestaltungsaussagen in Abschn. 8.3 zusammengefaßt und vor dem Hintergrund der obigen Rahmenbedingungen bewertet.

8.1 Evaluation derzeitiger Lösungsansätze

8.1.1 Einsatzstand in der Praxis

Untersuchungen über den derzeitigen Realisierungsstand und den Einsatz von Beratungsunterstützungssystemen im Finanzdienstleistungsbereich zeigen, daß die in der Praxis implementierten IKS zur Unterstützung der Finanzberatung als unzureichend anzusehen sind. So zeigen Buhl et al., daß die eingesetzten Systeme statt einer Unterstützung bei der *Erstellung* von Finanzdienstleistungsangeboten im wesentlichen nur eine Unterstützung für den *rechnerischen Vergleich* manuell erstellter Angebote bieten[6]. Penzel konstatiert, daß Beratungsunterstützungssysteme lediglich als nebeneinanderliegende, wenig verknüpfte Spartensysteme realisiert sind[7]. Rehkugler et al. formulieren dann auch prägnant:

> *„Insgesamt kann damit das Fazit gezogen werden, daß das Eingehen auf die* individuellen *Anlageziele offenbar zu den Schwachstellen der Anlageberatung der Banken gehört [und] daß die überwiegend hohe Selbsteinschätzung der Qualifikation der Anlageberater und die weitgehende Unterstützung durch Informationstechnologien* nicht *in befriedigendem Maße ihren Niederschlag in der* Qualität des Beratungsprozesses *und der resultierenden Anlageempfehlungen findet."*[8]

Sandbiller identifiziert unter anderem die folgenden *konzeptionellen* Mängel der derzeitigen Beratungsunterstützung:[9]

[4] Die Entscheidung, den Problemlösungsprozeß als *maschinell* gestützten Problemlösungsprozeß zu realisieren, folgt unmittelbar aus der Rahmenbedingung **B6**. Statt von einem *maschinell gestützten Problemlösungsprozeß* sprechen wir im folgenden kurz von einem *maschinellen Problemlösungsprozeß*.

[5] Vgl. S. 78ff.

[6] Vgl. [BuHaMü93], S. 275.

[7] Vgl. [Penz91], S. 8.

[8] Siehe [ReVoKr92], S. 51; Hervorhebungen durch den Verfasser. Für die Finanzierungsberatung gilt ähnliches, vgl. [oV93], S. 19.

[9] Vgl. [Sand97], Abschn. 3.2.1.

- Die Qualität der Finanzberatung wird vor allem durch die *„effektive Nutzung“* verfügbarer Information bestimmt.[10] Dieser Anforderung werden die derzeitigen Systeme aber nicht gerecht, da sie weitgehend nur auf *algorithmischen* Lösungsverfahren aufsetzen[11].
- In der Vergangenheit hat die Systemunterstützung im Finanzdienstleistungsbereich vor allem auf das kostengünstigere und schnellere Durchführen *(vor-)gegebener Abläufe* im Rahmen des Leistungsprozesses gezielt. An einer kurz- und mittelfristig irreversiblen Systemunterstützung, die noch weitgehend die klassische Spartenorganisation der Finanzdienstleister aus den 60er und 70er Jahren abbildet, scheitern denn auch viele sinnvolle sowie notwendige organisatorische Lösungen und marketingorientierte Maßnahmen.[12]

Vor dem Hintergrund der oben dargestellten Rahmenbedingungen gilt damit, daß zum einen den inhärenten Verteilungsaspekten der Problemstellung und der damit verbundenen notwendigen Integration unterschiedlicher Wissens-, Informations-, und Datenquellen sowie der Einbeziehung unterschiedlicher Problemlösungsmethoden *nicht hinreichend Rechnung* getragen wird. Zum anderen kann aufgrund des unvollständigen Kombinationswissens in Verbindung mit der fehlenden Möglichkeit, Wissen, Informationen und Daten unterschiedlicher Produktbereiche zum Beratungszeitpunkt kundenindividuell zu integrieren, mit den traditionellen Beratungssystemen das Ziel einer Erstellung kundenindividueller Problemlösungen mit gleichmäßig hoher Qualität nicht erreicht werden.[13]

Insgesamt kann also festgestellt werden, daß die angestrebte Kundenorientierung und eine entsprechende *produktübergreifende* Finanzberatung derzeit durch IKS unterstützt werden, die sowohl aus Sicht der Praxis als auch aus Sicht der Wirtschaftsinformatik als *unzureichend* zu beurteilen sind.[14] Wir kommen zu dem Schluß:

Der IST-Zustand in der Praxis ist damit als Basis für die Erreichung des SOLL-Zustands der Erstellung kundenindividueller Problemlösungen mit hoher finanzwirtschaftlicher Qualität ungeeignet.

Dieses Ergebnis ist aus unserer Sicht um so überraschender, als daß das Finanzdienstleistungsgeschäft häufig als *„technology driven business“* bezeich-

---

[10] Vgl. auch [KlMe89]; unseres Erachtens gilt dies nicht nur für den Inputfaktor Information, sondern auch für die Inputfaktoren Wissen und Daten.

[11] Die Bezeichnung *algorithmisch* wird in Abschn. 8.2.1, S. 224, genauer definiert.

[12] Vgl. hierzu auch [Buhl92b].

[13] Insbesondere der diesbezüglich unbefriedigende Zustand der bestehenden IKS ist als ein Grund dafür anzusehen, daß gerade auch etablierte Anbieter wie die großen Universalbanken ihre neu gegründeten Direktbanken – trotz erheblicher Kosten! – teilweise mit komplett neugestalteten IKS ausgerüstet haben. So soll etwa die *Advance Bank* seit ihrer Gründung im Frühjahr 1996 bis Mitte 1997 ungefähr 76 Millionen Mark in Hard- und Software investiert haben, vgl. [oV97a].

[14] Vgl. auch [BuWi93], S. 43.

net wird[15], und bereits seit längerem bekannt ist, daß die Qualität der Finanzberatung und der Finanzdienstleistung vor allem durch den *Grad der Informationsadaption*[16] bestimmt wird.

Da es entsprechend einem gestaltungsorientierten Wirtschaftsinformatik-Verständnis[17] nicht zieltragend ist, die unzureichenden Strukturen und Prozesse bestehender Beratungssysteme in einem IKS für den Direktvertrieb kundenindividueller Problemlösungen abzubilden, *kann für die Ableitung von Aussagen bezüglich der Gestaltung eines Prozesses zur Lösung finanzwirtschaftlicher Nachfragerprobleme nicht auf den derzeitigen Lösungsansätzen der Praxis aufgebaut werden.*

In den folgenden Abschnitten soll deshalb ein Problemlösungsprozeß vorgestellt werden, der in dem Forschungsprojekt ALLFIWIB entwickelt wurde und unter Vermeidung der konzeptionellen Schwachstellen konventioneller Beratungsprozesse die obigen Rahmenbedingungen adäquat berücksichtigt. Wesentliches Merkmal dieses Prozesses ist es, daß er explizit vor dem Hintergrund maschinellen Problemlösens entwickelt wurde, und damit die Rahmenbedingung **B6**[18] berücksichtigt.

8.1.2 Ergebnisse der Wissenschaft: Das Projekt ALLFIWIB

Entsprechend der hohen praktischen Bedeutung einer zieladäquaten Gestaltung des IKS für die Realisierung einer kundenindividuellen Finanzberatung[19] einerseits und der unbefriedigenden Situation in der Praxis andererseits beschäftigt sich in der letzten Zeit auch die Forschung verstärkt mit dieser Fragestellung. Hier ist insbesondere das Forschungsprojekt ALLFIWIB zu erwähnen, in dessen Mittelpunkt die Gestaltung eines *Verbunds verteilter wissensbasierter Systeme zur betriebswirtschaftlich fundierten Unterstützung von Allfinanz-Angebotsprozessen* stand.[20] Die Erstellung von Allfinanzangeboten impliziert in einer kundenorientierten Sichtweise die kundenindivi-

[15] Siehe [Endr92], S. 21.

[16] Vgl. [Büsc91], S. 57.

[17] Vgl. Abschn. 2.4, S. 24.

[18] Vgl. Seite 207.

[19] In [RoBu96c], S. 18, wird insbesondere auch auf die volkswirtschaftliche Bedeutung hoher Lösungsqualität hingewiesen.

[20] ALLFIWIB war ein Gemeinschaftsprojekt der Wirtschaftsinformatik-Lehrstühle an den Universitäten Marburg und Gießen bzw. Augsburg, das von der Deutschen Forschungsgemeinschaft in dem Schwerpunktprogramm *„Verteilte DV-Systeme in der Betriebswirtschaft"* (vgl. [MeEhGr92], [KöKuMe96]) von Anfang 1992 bis Ende 1995 gefördert wurde. Neben dem Projekt ALLFIWIB wurde im gleichen Schwerpunktprogramm das Projekt MAGNIFICO gefördert, das als Anwendungsbereich ebenfalls die Allfinanzberatung zum Gegenstand hatte; für einen Projektüberblick s. beispw. [MeMüMü93] und [HeMeMü93]. Da dort allerdings der Schwerpunkt auf die Entwicklung einer (weitgehend) *anwendungsunabhängigen Multi-Agentenarchitektur* gelegt wurde und die Finanzberatung („nur") als exemplarischer Anwendungsfall herangezogen wurde (zu der gleichen Einschätzung kommt nach einem ausführlichen Vergleich von ALLFIWIB und

duelle Lösung von finanzwirtschaftlichen Nachfragerproblemen[21]; es besteht also ein *enger thematischer Bezug* zu unserer Fragestellung der Entwicklung eines systemgestützten Lösungsprozesses für derartige Probleme. Um die in diesem Projekt erzielten Forschungsergebnisse bezüglich unserer Problemstellung einordnen zu können, sollen kurz wesentliche Zusammenhänge zwischen dem grundsätzlichen Ablauf maschineller Problemlösungsprozesse und der Erstellung von Allfinanzangeboten aufgezeigt werden.

Die oben geforderte *maschinelle* Unterstützung der Lösungserstellung[22] bedeutet nicht, daß durch ein Anwendungssystem das zugrundeliegende Realweltproblem *selbst* gelöst wird[23]: Es erfolgt vielmehr in einem ersten Schritt eine *formale Repräsentation* eines Realweltproblems so, daß dieses „geeignet" durch das Anwendungssystem „bearbeitbar" ist. In einem zweiten Schritt wird durch *Ausführung maschineller Operationen* die Problemrepräsentation in einen Zustand transformiert, der als Lösung des modellierten Realweltproblems *interpretierbar* ist. Wenn wir im folgenden also von systemgestützten Lösungsprozessen oder von maschinellen Problemlösen sprechen, meinen wir also immer eine maschinelle Transformation einer Problemrepräsentation in eine Darstellung, die als Lösung interpretierbar ist; unten definieren wir den Begriff des maschinellen Problemlösens noch genauer.

Der grundsätzliche Ablauf von systemgestützten Lösungsprozessen ist damit durch die in Tabelle 8.1 angegebenen drei Schritte beschreibbar.

Tabelle 8.1. Schritte des maschinellen Problemlösens

Schritt	**Vorgang**
1.	*Transformiere* ein Realweltproblem in eine formale (syntaktische) Problemrepräsentation.
2.	Führe geeignete *Operatoren* über dieser Problemrepräsentation aus.
3.	*Interpretiere* die nach Beendigung von Schritt 2 erhaltene Repräsentation als Lösungsergebnis und transformiere diese Aussagen in die Realwelt.

Vergleichen wir diese drei Schritte mit den drei Teilphasen *Problemformulierung*, *Problemlösung* und *Lösungsrepräsentation* des aus betriebswirtschaftlicher Sicht modellierten Angebotsprozesses, so sind die Angebotsphasen entsprechend Tabelle 8.2 auf die Problemlösungsschritte abbildbar.

MAGNIFICO auch [Wein95], S. 177), kann hier auf eine weitere Darstellung verzichtet werden.

[21] Vgl. Abschn. 3.1.2, S. 37.

[22] Vgl. Fußnote 4, S. 208.

[23] Vgl. [Kain94], S. 81.

Tabelle 8.2. Abbildung von Phasen des Angebotsprozesses auf die Schritte des maschinellen Problemlösens

Phasen des Angebotsprozesses	$\longrightarrow$	**maschinelle Problemlösungsschritte**
1. *Problemformulierung*	$\longrightarrow$	Schritt 1
2. *Problemlösung*	$\longrightarrow$	Schritt 2
3. *Lösungspräsentation*	$\longrightarrow$	Schritt 3

In dem Projekt ALLFIWIB wurden unter anderem *betriebswirtschaftlich* orientierte Forschungsergebnisse erzielt, die einen geeigneten Ausgangspunkt für die Gestaltung eines systemgestützten Erstellungsprozesses kundenindividueller Problemlösungen bilden. In Tabelle 8.3 sind hierfür wesentliche Ergebnisse den einzelnen Angebotsphasen zugeordnet.

Für die Entwicklung eines systemgestützten Problemlösungsprozesses sind die Projektergebnisse bezüglich der Phasen *Problemformulierung* und *Lösungspräsentation* als geeignet anzusehen. Erstens wird durch die zahlungsstromorientierte Repräsentation von finanzwirtschaftlichen Nachfragerproblemen die formale Beschreibung mittels Zulässigkeitsbedingung und Bewertungsfunktion von finanzwirtschaftlichen Problemlösungsprozessen ermöglicht: Damit liegt sowohl eine für die formale Repräsentation von finanzwirtschaftlichen Realweltproblemen geeignete Repräsentationsform vor als auch ein Verfahren zur Transformation eines finanzwirtschaftlichen Problems in eine formale Darstellung. Schritt 1 eines maschinellen Lösungsprozesses kann also durch diese Repräsentationsform sowie durch das Transformationsverfahren realisiert werden. Zweitens bieten diese Projektergebnisse eine Vorgehensweise zur Interpretation von formal repräsentierten Finanzprodukten und Produktkombinationen als Problemlösungen für finanzwirtschaftliche Nachfragerprobleme, so daß auch bezüglich Schritt 3 auf den Ergebnissen aufgebaut werden kann[24].

Bezüglich Schritt 2 liegen mit der Definition der finanzwirtschaftlichen Operatoren zur Zerlegung von finanzwirtschaftlichen Problemen und zur *bottom up*-Synthese aus betriebswirtschaftlicher Sicht leistungsfähige Ansätze zur Angebotserstellung vor, ebenso wurde das Kombinationswissen bezüglich vorteilhafter Problemlösungen erweitert. Weiterhin wurden wesentliche Ergebnisse für die Erstellung von Finanzprodukten *innerhalb* einer Spar-

[24] Auf die Repräsentationsform, die Transformations- und Interpretationsvorschriften sowie die weiteren Ergebnisse kann hier nicht detaillierter eingegangen werden, diesbezüglich wird auf die in der Tabelle angegebene Literatur verwiesen. Sofern diese Ergebnisse im einzelnen indes für die Verständlichkeit der folgenden Ausführungen notwendig sind, werden diese jeweils kurz erläutert.

Tabelle 8.3. Relevante betriebswirtschaftliche Ergebnisse des Projekts ALLFI-WIB

Phase	Ergebnisbeitrag
Problemformulierung:	Zahlungsstromorientierte Repräsentationsform für finanzwirtschaftliche Probleme und für Finanzprodukte.[a]
	Vorgehensweise zur Repräsentation von Realweltproblemen.[b]
Problemlösung:	Ableitung von betriebswirtschaftlich vorteilhaften Angebotskombinationen.[c]
	Betriebswirtschaftliche und informationstechnische Analyse von Gestaltungsmöglichkeiten für die (maschinelle) Erstellung von Finanzprodukten der Sparten Leasing[d], Kredit[e], Bausparen[f], festverzinsliche Wertpapiere[g] und Aktien[h].
	Finanzwirtschaftliche Operatoren zur *bottom up*-Synthese von Finanzprodukten mittels „Rückwärtsrechnung" (für den Fall von Zahlungsstromadditivität).[i]
	Finanzwirtschaftliche Operatoren zur Zerlegung von formal repräsentierten Finanzprodukten in einfachere Teilprobleme (für den Fall des Vorliegens von Kombinationswissen und bei Fehlen von Zahlungsstromadditivität).[j]
Lösungspräsentation:	Operatoren zur Aggregation von repräsentierten Finanzprodukten zu (repräsentierten) Angebotskombinationen.
	Vorgehensweise zur Interpretation von formal repräsentierten Finanzprodukten.[k]

[a] Vgl. [Will95], S. 134ff.
[b] Vgl. [Will95], S. 134ff, und [Roßb93].
[c] Vgl. beispw. [Will95].
[d] Vgl. [BuWi93], [WeDeGo94].
[e] Vgl. [BaRo93], [Buhl94], [Pfei94].
[f] Vgl. [Ditt95].
[g] Vgl. [Gräf94], [Sand97], [BuSaWi97].
[h] Vgl. [Roßb94].
[i] Vgl. [Will95], S. 134ff.
[j] Vgl. [Will95], S. 134ff, und [Roßb97].
[k] Vgl. [Cloo94].

te erzielt.[25] Allerdings fehlt eine Spezifikation, wie diese Operatoren sowie das sparten*übergreifende* Kombinationswissen und das sparten*spezifische* Produktwissen zusammen mit Systemen der Informations- und Kommunikationstechnologie in einem maschinellen Lösungsprozeß kombinierbar und integrierbar sind. Diese wurde im Projekt unter wesentlicher Beteiligung des Verfassers ebenfalls geleistet und soll im folgenden vorgestellt werden. Für die Modellierung des Problemlösungsprozesses wird der Formalismus des *Produktionssystems* herangezogen, da dieser insbesondere zur Modellierung von *maschinellen Lösungsprozessen* geeignet ist[26]; dieser Modellierungsformalismus soll zunächst eingeführt werden.

8.2 ALLFIWIB: Ein *verteilter* Problemlösungsprozeß für die Erstellung kundenindividueller Problemlösungen in der Finanzberatung

8.2.1 Das Produktionssystem als Formalismus zur Modellierung maschineller Problemlösungsprozesse

Um ein einheitliches Begriffsverständnis zu erreichen, sollen zunächst die Begriffe *Problem*, *maschinelles Problemlösen* und *maschinelle Lösung* definiert werden. Ausgangspunkt für eine Begriffsdefinition soll die folgende Überlegung sein:

Da eine digitale Rechenmaschine letztlich nur binäre Speicherinhalte bearbeitet und manipuliert, stellt eine formale, durch syntaktische Konstrukte dargestellte Problemrepräsentation nichts weiter als ein abstraktes Abbild eines binären Speicherinhalts dar. Die Manipulation dieser Speicherinhalte erfolgt bei maschinellem Problemlösen durch Ausführung der durch den jeweiligen Maschinenbefehlssatz definierten Operationen. Diese auf eine *formale Repräsentation* anwendbaren Operatoren werden dabei in eine Sequenz elementarer Maschinenoperationen umgesetzt, die Veränderungen der binären Speicherinhalte bewirken. Maschinelles Problemlösen ist also nichts anderes als die „mechanistische" Anwendung von Operationen auf eine formale Repräsentation, die so erfolgt, daß gewisse durch die Operationen erzeugten Speicherinhalte als „Lösung" interpretierbar sind. Diese Vorgehensweise ist dabei grundsätzlich unabhängig von dem verwendeten Implementierungs- bzw. Programmierparadigma zur Beschreibung der zur Lösung durchzuführenden Operatoren sowie unabhängig von der Repräsentationsform für Ausgangsproblem, Operatoren und Lösung. Diese – in der Regel datenstrukturorientierten, objektorientierten und wissensbasierten – Repräsentationsformen unterscheiden sich weniger bezüglich der grundsätzlichen Vorgehens-

[25] Für weitere Ergebnisse in anderen Forschungsprojekten s. exemplarisch [RoSc94] und [Stic94].

[26] Vgl. Rahmenbedingung **B6**, Kap. 8, S. 207.

weise bei der Realisierung maschinellen Problemlösens als vielmehr bezüglich ihres Abstraktionsgrads von der jeweiligen Rechenmaschine und deren Funktionsprinzip[27]. Der Unterschied zwischen diesen grundsätzlichen Repräsentationsformen bezieht sich damit letztlich nicht auf das, *was* dargestellt wird, sondern *wie* es dargestellt wird, ein Programmablauf ist immer durch die vorspezifizierte Anwendung definierter Operatoren auf einen maschinell repräsentierten Ausgangszustand gekennzeichnet.[28] Grundsätzlich sind also maschinelle Problemlösungsprozesse unabhängig von den Berechnungsstrukturen, Programmiersprachen und Formen der Wissensrepräsentation, die zu deren Realisierung gewählt bzw. implementiert werden.

Wir können damit die Begriffe *Problem, maschinelles Problemlösen und maschinelle Lösung* wie folgt definieren[29]:

Problem, maschinelles Problemlösen und maschinelle Lösung:
Ein *maschinell zu lösendes Problem* ist durch einen Ausgangszustand und einer Menge von angestrebten Zielzuständen gegeben. Für eine maschinelle Lösung sind Operatoren zu spezifizieren, durch deren einmalige oder wiederholte Ausführung ein Ausgangszustand in einen Zielzustand überführt wird. Weiterhin ist eine Bedingung zu spezifizieren, anhand der entschieden werden kann, ob ein Zustand ein Zielzustand ist[30].

Der Vorgang *maschinellen Problemlösens* bezeichnet die automatische Anwendung von Operatoren zur Überführung eines Ausgangszustands in einen Zielzustand.

Eine *maschinelle Problemlösung* ist eine Operatorsequenz auf einem „Weg" von einem Ausgangszustand zu einem Zielzustand.

---

[27] Siehe [MüSm96], S. 55: *„Programmiersprachen dienen dazu, auf Computern ausführbare Berechnungsprozesse zu beschreiben. Das einer Programmiersprache zugrundeliegende Programmiermodell legt dabei die prinzipiell möglichen Softwareabstraktionen fest. Programmiermodelle können sich stark in ihrem Abstraktionsgrad unterscheiden. So fallen die Berechnungsstrukturen des imperativen Programmiermodells weitgehend mit derjenigen der Hardware zusammen [imperative Programmiermodelle basieren auf einer datenstrukturorientierten und im Programmablaufschema implizit definierten Wissensrepräsentation, Anmerkung des Verfassers], während die Berechnungsstrukturen des funktionalen und logischen Modells aus berechnungsorientierten Logiken [...] abgeleitet sind"*; die letztgenannten Berechnungsstrukturen setzen wissensbasierte Repräsentationsformen voraus.

[28] Siehe [Stoy92], S. 1237: *„There is no principal difference between computing with numbers [diese Berechnungsvorgänge basieren auf datenstrukturbasierten Repräsentationsformen] and computing with strings (structures) that represent logical formulas [diese Berechnungsvorgänge basieren auf wissensbasierten Repräsentationsformen]. A computer creates „new knowledge" the same way it adds two numbers or substitutes a formula into a variable of logical axiom. There is only one difference of the basic domain – the permitted operations, nothing else!"*; die Anmerkungen in Klammern sind Ergänzungen des Verfassers. Vgl. hierzu auch [Stoy91].

[29] Vgl. [Kain94], S. 81f; ähnlich auch [Amar92], S. 1214.

[30] Eine Bedingung kann aus mehreren Teilbedingungen bestehen, die mittels logischer Operatoren miteinander verknüpft sind.

Der Vorgang maschinellen Problemlösens als die wiederholte automatische Anwendung von Operatoren ist durch einen gerichteten *Lösungsgraphen* visualisierbar[31] (vgl. Abb. 8.1). Jeder Knoten des Lösungsgraphen repräsentiert einen Zustand während des Problemlösungsprozesses, unterschiedliche Zustände werden immer durch unterschiedliche Knoten repräsentiert; jede Kante beschreibt die Anwendung eines Operators. Die Richtung einer Kante gibt wider, welches der Zustand *vor* der Anwendung des einer Kante zugeordneten Operators war und welches der Zustand *hinterher* ist. In Abb. 8.1 transformiert i also den Zustand x in den Zustand y. Der Wurzelknoten repräsentiert den Ausgangszustand, die grauschattierten Knoten repräsentieren Zielzustände. Die Dreiecke stellen *„dead ends“* dar, also Zustände, bei denen keine weitere Operatoranwendung möglich ist und die keinen Zielzustand darstellen. Wird ein Operator während eines Prozesses wiederholt auf unterschiedliche Zustände angewendet, so entsprechen dem gleichen Operator unterschiedliche Kanten.[32] Maschinelle Lösungssuche ist damit als *Konstruktion eines Lösungsgraphen* interpretierbar; eine Lösung als ein Pfad von dem Wurzelknoten zu einem Zielzustand.

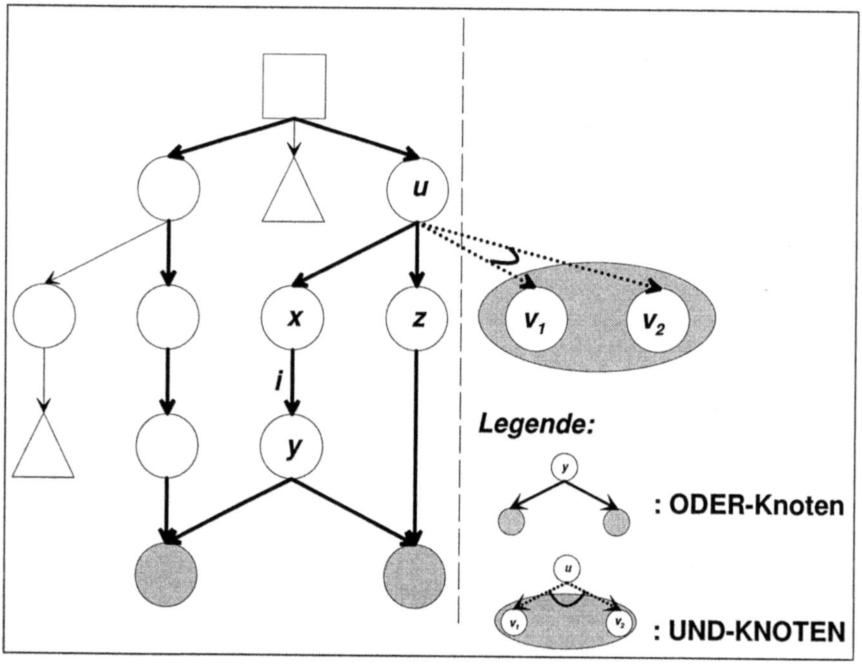

Abb. 8.1. Beispiel eines Lösungsgraphen

[31] Für eine grundlegende Einführung in die *graphentheoretischen* Begriffe siehe z. B. [Neum75b].

[32] Auf eine formale Beschreibung kann hier verzichtet werden.

Jeder Pfad entlang der fettgedruckten und durchgezogenen Pfeile beschreibt dementsprechend *jeweils* eine Lösung, da die jeweilige Operatorsequenz vom Ausgangszustand zu einem als Zielzustand definierten (grauschattierten) Knoten führt. Der Teil des Lösungsgraphen links der gestrichelten durchgezogenen Linie hat also eine spezielle Struktur: Jede aus einem Knoten herausführende Kante (bzw. jede durch eine Kante dargestellte Operatoranwendung) führt auf einem dieser Pfade zu einem Zielzustand. Mit anderen Worten: Es gibt in dem Beispielgraphen in dem Teil links der gestrichelten Linie insgesamt vier derartige Operatorsequenzen – es existieren also (aus Sicht des maschinellen Problemlösens) vier Lösungen[33].

Eine andere Situation liegt rechts der gestrichelten Linie vor: Hier liegen zwei Knoten in einer grauschattierten Ellipse. Dies soll zum Ausdruck bringen, daß die *beiden* Knoten v_1 und v_2 dieser Ellipse *zusammen* einen Zielzustand bilden. Mit anderen Worten: Beide Zustände müssen in der Datenbasis *gemeinsam* vorliegen, damit ein Zielzustand erreicht ist. Dies heißt, ausgehend von Knoten u müssen die beiden Kanten zusammen vorliegen (bzw. die zugeordneten Operatoren müssen ausgeführt sein), um einen Zielzustand zu erreichen; die beiden Kanten sind also nicht alternativ, sondern *komplementär*. In Abb. 8.1 wird dieses durch den „Bogen" zwischen beiden Kanten zum Ausdruck gebracht. Knoten aus denen alternative Lösungspfade herausführen (beispielsweise aus dem Ausgangsknoten) werden als ODER-Knoten bezeichnet; Knoten aus denen komplementäre Kanten herausführen, werden als UND-Knoten bezeichnet. Der Knoten u ist also sowohl UND- als auch ODER-Knoten: Von Knoten u gibt es drei alternative Möglichkeiten, einen Zielzustand zu erreichen, wobei die rechte Möglichkeit die komplementäre Anwendung zweier Operatoren voraussetzt.[34]

Die Spezifikation eines maschinellen Problemlösungsprozesses erfordert einen Formalismus zur geeigneten *Modellierung* von Problem und Problemlösungsprozeß. Eine Modellierung von Problemlösungsprozessen sollte dabei zunächst unabhängig von Programmiersprachen, spezifischen Wissensrepräsentationsmechanismen und ähnlichem erfolgen, da mit deren Festlegung im allgemeinen zugleich eine Festlegung auf die anwendbaren Operatoren erfolgt: Erst wenn der Problemlösungsprozeß spezifiziert ist, sollte entschieden werden, wie und mit welchen Werkzeugen dieser geeignet zu implementieren

---

[33] Aus Anwendungssicht werden meist nur die Zielzustände als Lösungen interpretiert, so daß aus Anwendungssicht hier nur zwei Lösungen vorliegen (bezogen auf die linke Seite der Abbildung).

[34] Graphentheoretisch stellt ein Lösungsgraph im allgemeinen einen *Hypergraphen* L, $L = \{N, C\}$, dar, wobei N die Menge der *Knoten* von L und C eine Menge von *Konnektoren* darstellt, $C \subseteq \cup_{k=1}^{m} N^{k+1}$, und N^{k+1} ist das kartesische Produkt. Ein k Konnektor ist ein geordnetes $(k+1)$-Tupel, wobei die erste Stelle des Tupels der Ausgangsknoten und die anderen Stellen die Nachfolgeknoten darstellen. Im obigen Beispiel stellen damit die beiden gestrichelten „UND-Kanten" vom Knoten u zu den Knoten v_1 und v_2 einen 2-Konnektor dar. Ein 1-Konnektor ist dementsprechend die „ODER"-Kante von u zu x.

ist.[35] Insbesondere sollte ein Modellierungsansatz gewählt werden, der eine *deklarative* Problembeschreibung ermöglicht[36].

Ein derartiger Formalismus wird durch *Produktionssysteme* bereitgestellt.[37] Ein *Produktionssystem* besteht aus[38]:

1. einer ***Datenbasis***: Die Datenbasis umfaßt den jeweils zu einem Zeitpunkt eines Problemlösungsprozesses vorliegenden Datenbestand.[39] Der Zustand der Datenbasis entspricht also einem Knoten in Abb. 8.1.
2. den ***Produktionsregeln***: Die Produktionsregeln bestehen aus einem Bedingungsteil und einem Aktionenteil. Im *Bedingungsteil* ist spezifiziert, welche Voraussetzungen in der Datenbasis vorliegen müssen, damit der Aktionenteil ausführbar ist. Der allgemeine Aufbau einer Produktionsregel ist dementsprechend:

   `IF` *Situation* `THEN` *Aktion*

   Durch die Ausführung des *Aktionenteils* einer Produktionsregel[40] können Daten der Datenbasis erzeugt, verändert oder gelöscht werden. Der Aktionenteil einer Regel ist also als Operator interpretierbar, der während eines maschinellen Problemlösungsprozesses bei einem gegebenen Zustand anwendbar ist. Der Bedingungsteil einer Produktionsregel ist als Funktion interpretierbar, die Zustände auf den Wertebereich $\{0, 1\}$ abbildet: der Funktionswert ist in Abhängigkeit eines gegebenen Zustands „1", wenn der entsprechende Operator (bzw. Aktionenteil) bei dem gegebenen Zustand anwendbar ist, und „0" sonst.
3. einem ***Kontrollsystem***: Das Kontrollsystem steuert, welche Produktionsregeln, deren Bedingungsteil erfüllt ist, bei einem gegebenen Zustand der Datenbasis ausgeführt werden sollen. Weiterhin ist im Kontrollsystem eine *Endebedingung* spezifiziert, anhand der das Kontrollsystem entscheidet, ob der Prozeß der sukzessiven Ausführung von Produktionsregeln beendet werden soll.

---

[35] Dies entspricht dem Vorgehen im *Software Engineering*, bei dem erst nach der Analysephase entschieden wird, mit welchen Werkzeugen implementiert wird.

[36] *„It is useful to abstract the main components of a problem statement and to define in their terms the concept of a* declarative problem representation *(or* declarative problem formulation*)"*, s. [Amar92], S. 1216 (Hervorhebung in der Quelle). Siehe auch ausführlich [Amar81].

[37] Vgl. [Kain94], S. 82.

[38] Die vorgestellte Darstellung von *Produktionssystemen* geht auf [Nils80], S. 17ff, zurück; der Begriff leitet sich aus dem englischen Terminus *production system* ab.

[39] Der Begriff *Datenbasis* leitet sich aus der Terminologie von Nilsson ab, der von *global database* spricht, vgl. [Nils80].

[40] Diese wird im folgenden häufig auch kurz als *Regel* bezeichnet.

Unter *Daten* werden hier Konstrukte einer gewählten Repräsentationsform[41] verstanden, die einerseits Probleme repräsentieren können, aber auch weitere „Objekte", die während eines maschinellen Problemlösungsprozesses durch Ausführung von Produktionsregeln erzeugt wurden. Diese syntaktischen Konstrukte bedürfen für eine Übertragung in die Realwelt einer *Interpretation*.[42]

Ein Produktionssystem ist außer durch seine deklarative Repräsentation (gegeben durch die Spezifikation der drei Komponenten Datenbasis, Produktionsregeln und Kontrollsystem) auch durch einen *(„Produktions-")Graphen* beschreibbar. Dieser *(„Produktions-)Graph* beschreibt alle für einen gegebenen Ausgangszustand erreichbaren Zustände sowie die Sequenz entsprechender Kantenfolgen (Sequenzen von Produktionsregeln); er stellt damit eine *prozedurale* Repräsentation der deklarativen Regelform dar[43]. Da ein Produktionsgraph im allgemeinen sehr groß (im Einzelfall sogar unendlich groß) werden kann[44], wird hier (trotz einer hohen Anschaulichkeit des Produktionsgraphen) die deklarative Darstellung gewählt.

Die Wahl des Formalismus des Produktionssystems zur Modellierung des Problemlösungsprozesses impliziert keine Vorentscheidung für ein spezielles Problemlösungsparadigma bzw. ein Problemlösungsmodell wie etwa wissensbasierte Ansätze[45]: So sind auch „klassische" Problemlösungsverfahren des *Operations Research* wie das Simplex-Verfahren mit Hilfe dieses Formalismus repräsentierbar: Die Datenbasis umfaßt während der Anwendung dieses Verfahrens jeweils das aktuelle Simplex-Tableau. Es gibt weiterhin (im wesentlichen) eine Produktionsregel, deren Aktionenteil ausgehend von einem

---

41 Diese werden im folgenden auch (etwas vereinfachend) als *syntaktische Konstrukte* bezeichnet.

42 Der hier verwendete Datenbegriff darf also nicht mit dem in der Wirtschaftsinformatik üblichen Datenbegriff verwechselt werden (vgl. hierfür Fußnote 55, S. 62), insbesondere besteht zunächst keine Beziehung zwischen Datenbasis und Datenbanksystemen. Bei der Realisierung in Programmsystemen können diese „Daten" bzw. syntaktischen Konstrukte letztendlich mit einer für den jeweiligen Kontext geeigneten Sprache bzw. Repräsentationsform implementiert werden. Auch wenn diese Begriffsverwendung hier aufgrund der doppelten Begriffsbelegung unglücklich ist, soll sie doch beibehalten werden, da sie einerseits für Produktionssysteme in der Informatik und der Künstlichen Intelligenz üblich ist und andererseits aus dem Kontext die jeweilige Bedeutung hervorgeht.

43 Vgl. beispw. [Bech93], S. 23.

44 *„There is a distinction between the graph to be searched [hier als Produktionsgraph bezeichnet] and the graph or tree that is constructed as the search proceeds. The graph to be searched is ordinarily not explicit. It is called search space. It can be large or even infinite. The graph that is constructed as the search proceeds is called the search graph [hier als Lösungsgraph bezeichnet]. It is explicit. A node is included in the search graph only if a path has been discovered from the start node to it. The search graph grows as the search proceeds"*, s. [SlGi92], S. 1211. Auf den Begriff *„search"* (bzw. *„Suche"*) gehen wir unten noch genauer ein.

45 Wissensbasierte Ansätze sind dadurch gekennzeichnet, daß Wissen symbolisch repräsentiert wird; auf symbolischen Repräsentationsformen (z. B. Prädikatenlogik 1 Stufe) sind Inferenzprozesse ausführbar (z. B. mittels Resolution).

gegebenen Tableau das nächste berechnet (der Aktionenteil führt also einen Eckenaustauschschritt durch). Das Kontrollsystem ist dementsprechend einfach: Es prüft vor jeder Veranlassung der Ausführung der Produktionsregel, ob die Endebedingung erfüllt ist, also ob ein Optimum vorliegt (bzw. ob ein Optimum existiert).[46] Der Aktionenteil der Produktionsregel ist in diesem Fall relativ komplex, da dieser alle Berechnungen für die Bestimmung eines neuen Tableaus vornimmt.

Die Allgemeinheit von Produktionssystemen als Repräsentationsformalismus läßt sich auch allgemein nachweisen: Post hat Produktionssysteme bereits 1943[47] als *allgemeine* Form eines Berechnungsmodells entwickelt. Insbesondere läßt sich zeigen, daß dieser Ansatz *äquivalent zu der Mächtigkeit einer Turingmaschine* ist[48]: Damit lassen sich alle mit Turingmaschinen berechenbaren Programme grundsätzlich als Produktionssystem modellieren und umgekehrt. Mit anderen Worten: Alle auf digitalen Computern ausführbaren Programme lassen sich als Produktionssystem modellieren[49]; die Verwendung dieses Modellierungsmechanismus bedingt also keine Einschränkung bezüglich der Modellierungsmächtigkeit von maschinellen Problemlösungsprozessen.

Der vorgestellte Formalismus sollte insbesondere nicht mit den Produktionsregelsystemen verwechselt werden, die derzeit im Bereich wissensbasierter Systeme verwendet werden. Hier besteht zwar ein sehr enger konzeptioneller Zusammenhang, aber es gibt *zwei zentrale Unterschiede*: Erstens werden im allgemeinen *spezielle* Produktionsregeln der Form

`IF` *Prämisse* `THEN` *Konklusion*

verwendet[50]. Bei diesen Systemen wird aus der *Prämisse* eine *Konklusion* gefolgert, die der globalen Datenbasis *hinzugefügt* wird; es werden also keine Daten in der Datenbasis verändert oder gelöscht. Ein zweiter wesentlicher Unterschied ist, daß (sofern es sich nicht um Konklusionen handelt) die Aktionen in derartigen Systemen „atomar" sind, d. h. sie umfassen keine weiteren ausführbaren „Programmsegmente", sondern stellen direkt der Datenbasis hinzufügbare, zu ändernde oder zu löschende syntaktische Kon-

---

[46] Einen detaillierten Überblick über das Simplexverfahren gibt beispw. [Neum75a], S. 75.

[47] Vgl. [Post43].

[48] Vgl. [LuSt93], S. 165.

[49] *„Computer scientists and logicans have shown that Turing machines – given enough time and tape – can compute any function that any conventional digital computers can compute"*, vgl. Stanford Encyclopedia of Philosophy (`http://plato.stanford.edu/entries/turing-machine/turing-machine.html#0th`); vgl. auch [Davi92] und [Case92].

[50] Vgl. beispw. [Kurb92], S. 47.

strukte dar.[51] Kaindl bezeichnet derartige Systeme als *Produktionssysteme im engeren Sinne*.[52]

Weiterhin kann in Anlehnung an Nilsson zwischen zwei Typen von Produktionssystemen unterschieden werden: Enthält die Datenbasis Beschreibungen von *Problem*zuständen, wird das System als *Vorwärts-Produktionssystem* bezeichnet; enthält die Datenbasis *Ziel*zustände, wird das System als *Rückwärts-Produktionssystem* bezeichnet. Die grundlegende Vorgehensweise bei Vorwärts-Produktionssystemen wird in Tabelle 8.4 angegeben;[53] Abb. 8.2 veranschaulicht den Prozeß graphisch.

Tabelle 8.4. Problemlösen mit einem Vorwärts-Produktionssystem

1.	Bestimme für den gegebenen Zustand der Datenbasis alle Produktionsregeln, deren Aktionenteil ausführbar ist.
2.	Wähle von diesen Regeln diejenigen aus, die ausgeführt werden sollen. Falls keine Regeln mit erfüllten Bedingungsteilen vorliegen, ist der Prozeß beendet.
3.	Führe die Aktionenteile aus.
4.	Wurde durch Ausführung mindestens eines Aktionenteils die Datenbasis verändert, so prüfe die Endebedingung und gehe zu 1., falls die Endebedingung nicht erfüllt ist.

Bei Rückwärts-Produktionssystemen sind im Gegensatz zu Vorwärts-Produktionssystemen Zielzustände in der Datenbasis enthalten. Dementsprechend werden die Regeln danach ausgewählt, ob der Aktionenteil zur Herleitung eines vorgegebenen Ziels beiträgt.[54]

Bei Vorwärts-Produktionssystemen sind durch *iteratives Durchlaufen* dieses Zyklus *potentiell* alle Zustände erzeugbar, die bei gegebenem Ausgangszustand und gegebenen Produktionsregeln ableitbar sind: Am Ende des Lö-

[51] Vgl. z. B. [Kain89], S. 9ff. Bibel formuliert: *„Man beachte jedoch, daß Regel im Sinne einer Produktionsregel zunächst verschieden von der üblichen Bedeutung einer logischen (Hornklausel-)Regel ist, bei welcher zunächst keinerlei Aktion intendiert ist. Zusammen mit einer prozeduralen Semantik verhält sich eine Hornklausel eines Prolog-Programms jedoch schließlich genau so wie Produktionsregeln, so daß der Unterschied verschwindet"*, vgl. [Bibe93], S. 78. Ähnlich auch Bench-Capon: *„In such a case all the actions in the action part of the rule will be actions which do no more than update the working memory. [...] Rules written in this style will have less the appearence of condition-action pairs, and more the appearance of logical implications [...] Here the reasoning style is very like ordinary deduction"*, vgl. [Benc90], S. 67.

[52] Brownston hat ein eigenständiges Programmiermodell auf Basis des Produktionssystemansatzes entwickelt, vgl. [BrFaKa85].

[53] Vgl. z. B. [Benc90], S. 66ff, [Kurb92], S. 51f, [Bibe93], S. 78f

[54] Vgl. [Benc90], S. 69f.

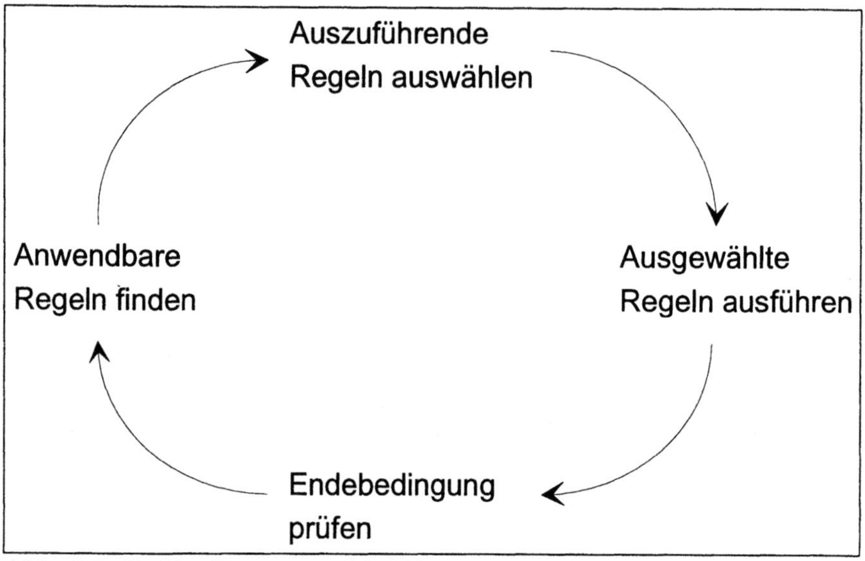

Abb. 8.2. Problemlösungsprozeß bei Vorwärts-Produktionssystemen

sungsprozesses entspricht der Lösungsgraph dem Produktionsgraph[55]. Dieses als Vorwärtsverkettung bezeichnete Verfahren ermöglicht die schrittweise *Konstruktion* des Lösungsraums. Ob alle Schlußfolgerungen in einem Problemlösungsprozeß gezogen werden, hängt insbesondere von der Gestaltung des *Kontrollsystems* ab: Veranlaßt das Kontrollsystem im obigen Algorithmus immer die Ausführung aller ausführbaren Regeln, so können innerhalb eines Problemlösungsprozesses alle Zustände erzeugt werden.

Allerdings wird ein derartiges Vorgehen schon bei „kleinen" Problemen aufgrund einer „kombinatorischen Explosion" in exponentiellen – und damit im allgemeinen in (unzumutbar) langen Lösungszeiten – Lösungszeiten (gemessen an der Anzahl an Regelsequenzen) resultieren. Enzinger et al. machen dies an einem anschaulichen Beispiel deutlich:[56]

> Gegeben sei ein Straßennetz mit 20 Wegkreuzungen, an jeder Wegkreuzung bestehen drei Wahlmöglichkeiten: links, rechts, geradeaus. In unserem Formalismus kann jede dieser Wahlmöglichkeiten als eine Produktionsregel abgebildet werden. Sollen von einem Ausgangspunkt ausgehend alle möglichen Wegestrecken bestimmt werden, so können 3^{20} (also ungefähr 3,5 Milliarden!) mögliche Pfade durch das Netz bestimmt werden.

55 Damit diese Situation eintreten kann, müssen darüber hinaus weitere Bedingungen erfüllt sein, insbesondere darf das Kontrollsystem nicht in Zyklen „festlaufen".

56 Vgl. [EnPuSt94], S. 73.

Im allgemeinen ist deshalb zu versuchen, den Problemlösungsprozeß durch gezielte Regelauswahl „abzukürzen“. Hierbei kann zwischen zwei Fällen unterschieden werden:[57]

- **Fall 1: Recognition bzw. Erkennungsprozeß**
  In diesem Fall liegt bei einem gegebenen Zustand der Datenbasis zusätzliches Wissen darüber vor, welche Produktionsregel einen Beitrag zur Lösungssuche leisten kann. So „weiß“ im Beispiel des Simplex-Verfahrens das Kontrollsystem, welche Produktionsregel es auswählen soll, um ein Tableau mit maximalem Zielfunktionswert zu erreichen. Soll im Beispiel der Wegstreckenplanung von einem Ausgangspunkt zu einem vorgegebenen Endpunkt ein Weg gefunden werden und „weiß“ das System, welche Wegrichtung an jeder Kreuzung einzuschlagen ist, so „erkennt“ das System den Weg; das Kontrollsystem weiß, welche Regel „paßt“.
  Bei Erkennungsprozessen handelt es sich also um Situationen mit „starkem Wissen“ bzw. um „wissensreiche Situationen“. In diesem Fall werden also nur diejenigen Pfade des Problemlösungsbaums aufgebaut, die sicher und direkt zu einer Zielsituation führen. McDermott et al. formulieren:

  „[...] the complete recognition system does not reason, it knows. Reasoning shows up in the occurence of combinational search.“[58]

- **Fall 2: Search bzw. Suchprozeß**
  In diesem Fall liegt entsprechendes Wissen nicht vor. Es ist nicht mit Sicherheit bekannt, ob die Anwendung einer ausführbaren Produktionsregel bei einem gegebenen Zustand während der Lösungssuche zum Ziel führt oder nicht.[59] Allgemein kann zwischen einer *uninformierten* und einer *informierten* Suche unterschieden werden. Bei einer *informierten* Suche liegen im Vergleich zu einer *uninformierten* Suche zumindest Entscheidungs*hinweise* vor (z. B. aufgrund von Erfahrungswissen in ähnlichen Situationen), welche der anwendbaren Produktionsregeln zu einem Zielzustand führen *kann*; eine Lösungs*garantie* ist damit jedoch nicht verbunden[60]. Suchprozesse haben lange Zeit die Problemlösungsansätze in der

---

[57] Vgl. [Nii89a], und [Simo95], S. 109; ähnlich auch [Amar92], S. 1220; der zwischen *reduction schema* und *production schema* unterscheidet; er setzt dabei *production schema* und Suche gleich, was darauf zurückzuführen ist, daß er (in unserer Terminologie) ein Produktionssystem im engeren Sinne unterstellt.

[58] Siehe [McNe83]; zitiert nach [Nii89a], S. 71. Amarel spricht statt von *„recognition“* von *„reduction“*: *„The information about a gap [Differenz zwischen IST- und Zielzustand, Anmerkung des Verfassers] in solution structure, which permits decisions to be made about ‚how to fill the gap‘, is precisely the information that enters in the definition of a state of a reduction procedure“*, s. [Amar92], S. 1222.

[59] Korf definiert Suche als *„systematic trial-and-error exploration of alternatives“*, s. [Korf92b], S. 1460. Eine umfangreiche Übersicht über Suche geben [Pear84] und [KaKu88].

[60] Diesbezüglich wird dann auch von *heuristic search* gesprochen: Unter *heuristic search* wird in der Regel die Verwendung einer heuristischen Bewertungsfunktion verstanden, die den jeweils ausführbaren Produktionsregeln einen Wert zuordnet,

Künstlichen Intelligenz dominiert, grundlegende Arbeiten stammen diesbezüglich von Newell und Simon.[61]

Sowohl bei *Erkennungsprozessen* als auch bei *Suchprozessen* ist maschinelles Problemlösen als Aufbau eines Lösungsgraphen interpretierbar; allerdings besteht auch ein wesentlicher Unterschied: Bei *Suchprozessen* erfolgt die Festlegung einer Operatorreihenfolge dynamisch *während* des Prozesses, bei *Erkennungsprozessen* erfolgt die Festlegung einer Operatorreihenfolge statisch durch den Entwickler *vor* Ausführung des Lösungsprozesses. Da mittels Produktionssystemen im allgemeinen sowohl Erkennungs- als auch Suchprozesse realisierbar sind (dies ist insbesondere abhängig von dem „Wissensreichtum" eines Zustandes sowie der Gestaltung des Kontrollsystems), sprechen wir im allgemeinen von einem Lösungsgraphen und nicht von einem Suchgraphen[62].

Weiterhin müssen noch zwei weitere Begriffe eingeführt werden: Wir bezeichnen einen Problemlösungsprozeß als *heuristisch*, wenn bei Auswahl anwendbarer Produktionsregeln *nicht* garantiert ist, daß die gesuchten Zielzustände gefunden werden. Ein Lösungsprozeß wird als *algorithmisch* bezeichnet, wenn die gesuchten Zielzustände mit Sicherheit gefunden werden.[63] Erkennungsprozesse sind als *algorithmisch* einzuordnen, Suchprozesse in der Regel als *heuristisch*. Nur wenn der Lösungsgraph alle Zielzustände des Produktionsgraphen umfaßt und wenn sichergestellt ist, daß während eines Problemlösungsprozesses alle (relevanten) Suchregeln angewendet werden, sind auch Suchprozesse als *algorithmisch* zu bezeichnen.[64] Eine Gleichsetzung von Produktionsregelsystemen mit heuristischen Lösungsverfahren (wie sie häufig vorgenommen wird) ist somit als unzulässig anzusehen, da *Produktionsregeln* allgemein einen *Modellierungs-* (bzw. einen Repräsentations-)Mechanismus darstellen, *Heuristik* aber als *Wissenstyp* zu bezeichnen ist.[65] Erkennungsprozesse bzw. algorithmische Lösungsverfahren können als ein Spezialfall von Suchprozessen aufgefaßt werden, in dem das Kontrollsystem bei jeder Entscheidung bezüglich der Auswahl anwendbarer Produktionsregeln mit Sicherheit weiß, welche dieser Regeln zu einer Lösung führen. Wir wollen indes im weiteren zwischen *Suche* und *Erkennen* unterscheiden, da es sich hier erstens um unterschiedliche Wissenstypen (Heuristik versus „sicherem" Wis-

---

wobei die Regel mit dem besten Wert ausgeführt wird, vgl. [Korf92b], S. 1464, sowie [Korf92a]. Für heuristische Produktionsregeln s. allgemein [Lena82].

61 Siehe z. B. [NeSi72], [Newe82].

62 Vgl. beispw. die Terminologie in Fußnote 44, S. 219.

63 Vgl. für diese Begriffsbildung auch [Kain89], S. ix. Im englischen Sprachraum wird diesbezüglich von *Vollständigkeit* („*completeness*") gesprochen, vgl. beispw. [RuNo95], S. 73, [Stef95], S. 153.

64 Dies kann im allgemeinen aufgrund des Problems der kombinatorischen Explosion während eines Suchprozesses nur für kleine Problemgrößen der Fall sein.

65 Vgl. [Chan91] und [Kain94], S. 82.

sen) handelt; zweitens ist bei Erkennungsprozessen bekannt, daß eine Lösung gefunden wird.[66]

Auf dem Formalismus von Produktionssystemen aufbauend soll im folgenden ein maschineller Problemlösungsprozeß für die Erstellung kundenindividueller Problemlösungen entwickelt werden, der die oben angegebenen Rahmenbedingungen erfüllt. Die Darstellung ist eine überarbeitete Fassung von Beiträgen des Verfassers zu der Arbeit von Buhl et al.[67]

8.2.2 Die Erstellung kundenindividueller Problemlösungen in der Finanzberatung: Ein verteilter Such- und Erkennungsprozeß

Der vorgestellte Formalismus bietet einen konzeptionellen Rahmen für die Entwicklung eines maschinellen Lösungsprozesses zur Erstellung kundenindividueller Problemlösungen. Vor dem Hintergrund dieses Formalismus sind für die Prozeßgestaltung drei Fragen zu lösen:

1. Was sind die Zustände während des Problemlösens und wie sind diese in der Datenbasis abzubilden?
2. Welche Produktionsregeln gibt es?
3. Wie ist das Kontrollsystem zu gestalten?

Um diese Fragen methodisch, begründet und nachvollziehbar zu beantworten, sollen zum einen die Rahmenbedingungen als „Axiome“ zugrundegelegt und die Gestaltungsentscheidungen aus diesen schrittweise abgeleitet werden. Zum anderen soll der obige Modellierungsformalismus zugrundegelegt werden. Sprechen wir im folgenden von Problem, Problemlösungsprozeß und Problemlösung, so unterlegen wir hier eine Semantik aus Sicht des maschinellen Problemlösens. Beziehen wir uns auf die betriebswirtschaftliche Semantik dieser Begriffe, werden wir das jeweils deutlich hervorheben.

Aus den Rahmenbedingungen **B1** und **B4** folgt[68], daß das betriebswirtschaftliche Problem der Erstellung kundenindividueller Problemlösungen als *Konstruktions-* bzw. (genauer) als *Konfigurationsproblem*[69] charakterisierbar ist: Aus betriebswirtschaftlichen Lösungselementen – einzelnen Finanzprodukten – ist ausgehend von einem formal durch Zulässigkeitsbedingung und

---

[66] Kaindl unterscheidet nicht explizit zwischen diesen beiden Typen, Enzinger et al. hingegen sehr wohl. Dementsprechend ist die in [Kain94] und [EnPuSt94] geführte Diskussion nur schwer nachvollziehbar, da in beiden Arbeiten ein unterschiedlicher Suchbegriff verwendet wird. Versuchen wir, diese unterschiedliche Begriffsbildung zu berücksichtigen, kommen unserer Meinung nach beide Arbeiten zu der ähnlichen Feststellung, daß in wissensreichen Situationen die Realisierung von Erkennungsprozessen der Realisierung von Suchprozessen (aufgrund deren potentieller kombinatorischer Explosion) vorzuziehen ist; in wissensarmen Situationen hingegen verbleibt Suche als oft einzige Möglichkeit, maschinelle Problemlösungsprozesse zu realisieren.

[67] Vgl. [BuRoSa96], S. 20ff.

[68] Vgl. für die Rahmenbedingungen jeweils Abschn. 8, S. 207f.

[69] Vgl. für den Begriff des Konfigurationsproblems Fußnote 29, S. 54.

Bewertungsfunktion gegebenen finanzwirtschaftlichen Nachfragerproblem in der Phase *Problemlösung* eine *Kombination* von Finanzprodukten (als kundenindividuelle Problemlösung) so zu konstruieren, daß die Zulässigkeitsbedingung eingehalten und zugleich ein möglichst hoher Wert der Bewertungsfunktion erzielt wird.

Eine Interpretation der Problemstellung „Erstellung kundenindividueller Problemlösungen" als *Klassifikations-* bzw. als *Selektionsproblem* ist demgegenüber als unangemessen zu bezeichnen und greift zu kurz[70]: Aufgrund der *hohen Spezifität* von finanzwirtschaftlichen Nachfragerproblemen, der *informationsbedingten Integration* eines Nachfragers sowie aufgrund einer zur Ausschöpfung des Gestaltungspotentials notwendigen *„Rückwärtsrechnung"*[71] unter Berücksichtigung *der individuellen Nachfragersituation* ist davon auszugehen, daß auf Nachfragersituationen maßgeschneiderte Produktkombinationen am Markt nicht als *vorgefertigte* Einheiten angeboten werden. Diese sind vielmehr *kundenindividuell* mittels Rückwärtsrechnung explizit aus den einzelnen Lösungselementen zu „berechnen" bzw. zu konfigurieren. Auch die einzelnen finanzwirtschaftlichen Bausteine derartiger Lösungen (die Finanzprodukte) sind (im allgemeinen) keine *ex ante* vorgegebenen Einheiten, sondern sind ebenfalls während des Problemlösungsprozesses im Sinne einer „Rückwärtsrechnung" nachfragerspezifisch zu erstellen. Nur wenn es sich bei Finanzprodukten um vorgegebene, am Markt gehandelte Einheiten handelt, sind diesbezüglich auch *Selektionsverfahren* einzusetzen.[72]

Da entsprechend der obigen Überlegung eine finanzwirtschaftliche Problemstellung bereits in der Phase *Problemformulierung* erfaßt sowie formalisiert wird und Darstellung sowie Erläuterung von erstellten Problemlösungen in der Phase *Lösungspräsentation* erst im Anschluß an den maschinellen Problemlösungsprozeß erfolgen, ist die maschinelle Problemlösung nahezu *ohne Interaktion*[73] mit dem Nachfrager durchführbar. Der Problemlösungsprozeß ist damit in erster Linie als *Informations-* und weniger als Kommunikations-

---

[70] Für diese Begriffe vgl. Fußnote 28, S. 54.

[71] Vgl. Abschn. 4.6.1, S. 64ff.

[72] Aus Gründen der Vollständigkeit sei angemerkt, daß es neben den Problemlösungstypen *Konstruktion/Konfiguration* bzw. *Klassifikation/Selektion* weiterhin den Problemlösungstyp der *Simulation* gibt, *„bei dem die Lösung in der Vorhersage der Auswirkungen von gegebenen Ursachen in einem Modell besteht"*, vgl. [Pupp90], S. 237. Dieser Problemlösungstyp spielt für die Angebotserstellung in der Finanzberatung keine wesentliche Rolle. Ziel der Finanzberatung ist es ja gerade, mittels Rückwärtsrechnung eine Problemlösung zu erstellen. Interpretieren wir eine solche in diesem Zusammenhang als „Modell", dann geht es zunächst um die Erstellung des Modells selbst. Ist ein Modell (eine Problemlösung) erstellt, dann ist Simulation (etwa zur Sensitivitätsanalyse) voraussichtlich sinnvoll einsetzbar; diese Überlegung soll hier und im folgenden aber nicht weiter verfolgt werden.

[73] Indes ist eine Interaktion konzeptionell zu berücksichtigen, da etwa eine Kommunikation mit einem Nachfrager aufgrund fehlender Daten notwendig sein kann, vgl. auch Anforderung 5, S. 79.

prozeß zu gestalten[74]. Für die Gestaltung des maschinellen Problemlösungsprozesses folgt, daß (bis auf Daten- bzw. Informationsanforderungen) keine interaktiven Prozeßelemente vorzusehen sind.

Weiterhin können wir bereits den *Ausgangszustand* des Problemlösungsprozesses spezifizieren: Ein ***Ausgangszustand*** ist ein formal durch Zulässigkeitsbedingung und Bewertungsfunktion repräsentiertes Nachfragerproblem. Für eine maschinelle Repräsentation kann dabei auf der im Projekt ALLFIWIB entwickelten Repräsentationsform aufgebaut werden[75].

Ausgehend von einem gegebenen Ausgangszustand ist das zu lösende *Problem* dann das „Finden" einer solchen Abfolge von Operatorsequenzen (als Sequenz der noch zu genauer zu spezifizierenden Produktionsregeln), daß ein derartig beschriebener Ausgangszustand in einen oder mehrere Zielzustände überführt wird. Wie sollte indes ein *Zielzustand* definiert sein?

Wir können dazu zunächst feststellen, daß *Zustände* während des Problemlösungsprozesses unter anderem dadurch gekennzeichnet sind, *welche Finanzprodukte* durch Anwendung von Operatoren (bzw. von finanzwirtschaftlichem Wissen) bereits als Lösungselemente ausgewählt bzw. erstellt wurden: Im Fall des *Ausgangs*zustands liegen keine Finanzprodukte vor, in einem *Ziel*zustand umfaßt die Menge der ausgewählten Lösungselemente genau solche Finanzprodukte, die in ihrer Gesamtheit eine kundenindividuelle Problemlösung darstellen – und damit insbesondere die Zulässigkeitsbedingung erfüllen. Aus Rahmenbedingung **B4** folgt, daß im allgemeinen *a priori* kein vollständiges Kombinationswissen für eine optimale Lösung eines finanzwirtschaftlichen Nachfragerproblems vorliegen wird. Da also erstens im allgemeinen kein explizites Kombinationswissen vorliegt und zweitens im allgemeinen keine Optimalitätsbedingungen für betriebswirtschaftliche Lösungen eines Nachfragerproblems existieren, ist im allgemeinen nicht feststellbar, ob eine kundenindividuelle Lösung, die die Zulässigkeitsbedingung erfüllt, die *beste* zu findende Lösung ist. Dementsprechend können wir einen *Zielzustand* aus Sicht des maschinellen Problemlösens nicht daran messen, daß er einen *hohen* oder gar *maximalen* Wert der Bewertungsfunktion besitzt. Wir definieren einen Zielzustand deshalb wie folgt: Ein ***Zielzustand*** ist dadurch gekennzeichnet, daß die auf einer Operatorsequenz vom Ausgangszustand bis zu diesem Zustand erstellten Finanzprodukte in *Kombination* die Zulässigkeitsbedingung erfüllen.

Da es aus betriebswirtschaftlicher Sicht nicht wünschenswert ist, den Nachfragern alle „Zielzustände" als Problemlösungen anzubieten, sind nach Beendigung der Problemlösungstätigkeiten die erreichten Zielzustände mittels Bewertungsfunktion zu bewerten, finanzwirtschaftlich zu vergleichen und die besten betriebswirtschaftlichen Lösungen dem Nachfrager anzubieten.

[74] Vgl. Abschn. 4.5, S. 61.
[75] Vgl. Abschn. 8.1.2, S. 211.

Aus der Rahmenbedingung **B4** folgt weiterhin, daß der Problemlösungsprozeß als *Suchprozeß* zu modellieren ist[76], in welchem der (nach Möglichkeit *heuristisch*) implizit aufgespannte Raum aller kundenindividuellen Problemlösungen, die das gegebene Nachfragerproblem lösen, nach denjenigen Problemlösungen mit hohen Werten der Bewertungsfunktion zu *durchsuchen* ist. Berücksichtigen wir weiter die Rahmenbedingung **B2**, so liegt eine Modellierung als ***verteilter Suchprozeß*** unmittelbar nahe. Dies bedeutet eine *Partitionierung* von Datenbasis, Produktionsregeln und Kontrollsystem so, daß mehrere „Problemlöser" lokale Problemlösungsaktivitäten nebenläufig ausführen, ihre lokal erarbeiteten Ergebnisse einander mitteilen und so *verteilt* Lösungen suchen und konstruieren;[77] statt von Problemlösern wird auch von *processing elements* gesprochen.

Ausgehend von dieser Überlegung, den Problemlösungsprozeß als *verteilten Suchprozeß* zu gestalten, ist genauer zu untersuchen, was unter diesen „Problemlösern" sowie „lokalen Lösungsaktivitäten" zu verstehen ist und wie „Problemlöser" *während* eines Problemlösungsprozesses „verteilt" Lösungen so suchen und konstruieren, daß ein Ausgangszustand in einen oder mehrere Zielzustände transformiert wird. Hierbei wird sich im weiteren zeigen, daß die Modellierung als *verteilter Suchprozeß* zu einer zieladäquaten Prozeßgestaltung führt.

Produktionsregeln als spezialisierte Problemlöser für finanzwirtschaftliche Sparten. Ziel der Modellierung des Problemlösungsprozesses als verteilter Suchprozeß ist, möglichst „gute" kundenindividuelle Problemlösungen zu erstellen[78]. Da der Lösungsaufwand bei einer „vollständigen" Suche, bei der alle in jedem Zustand anwendbaren Produktionsregeln ausgeführt werden, im allgemeinen jedoch *exponentiell* in der Zahl der Zustände wächst (bei jedem Zustand ist erneut über eine Regelanwendung zu entscheiden), sollte bereits bei der Modellierung der Suchaufwand durch gezielte Nutzung von finanzwirtschaftlichem Wissen so minimiert werden, daß keine „guten" kundenindividuellen Problemlösungen ausgeschlossen werden.

Hierbei kann zum einen ausgenutzt werden, daß in den meisten finanzwirtschaftlichen Sparten Methodenwissen existiert, *wie* in der jeweiligen Sparte für viele (typische) Problemstellungen „gute" kundenindividuelle Finanzprodukte erstellbar sind.[79] Somit kann in vielen Sparten bei der Finanzpro-

---

[76] Ein *Erkennungsprozeß* ist offensichtlich ungeeignet, da das Fehlen von Kombinationswissen diesbezüglich letztlich impliziert, daß eine *wissensarme* Situation vorliegt; vgl. auch Abschn. 8.2.1, S. 223.

[77] Vgl. [Less90].

[78] Da entsprechend der Rahmenbedingung **B4** im allgemeinen kein Kombinationswissen vorliegt und keine Optimalitätsbedingungen bekannt sind, kann ein Optimalitätsanspruch nicht aufgestellt (und erfüllt) werden, wir müssen dementsprechend das „bescheidenere" Ziel der Erstellung „guter" bzw. (in der Terminologie des maschinellen Problemlösens) *satisfizierender* Problemlösungen beschränken.

[79] Als Beispiel seien die im ALLFIWIB-Projekt abgeleiteten Ergebnisse angeführt, vgl. hierzu die in den Fußnoten zu Tabelle 8.3 referenzierten Arbeiten.

dukterstellung auf Suche zumindest teilweise verzichtet werden; diese ist im wesentlichen für die spartenübergreifende Produkt*kombination* einzusetzen. Zum anderen sind zur Reduktion von Suchaufwand die von Puppe erwähnten Techniken der *Abstraktion* und *Modularisierung* einsetzbar[80].

Bei der *Modularisierung* wird der Suchraum in mehrere kleinere Module bzw. „Teilsuchräume" zerlegt, die weitgehend unabhängig voneinander durchsuchbar sind. Hiermit sind in unserem Kontext zwei grundsätzliche Vorteile erzielbar: Erstens können voneinander unabhängige „Teilsuchräume" *nebenläufig* also logisch *parallel* durchsucht werden. Damit sind bereits bei der Prozeßkonzeption Voraussetzungen schaffbar, Probemlösungsaktivitäten mittels nebenläufiger bzw. paralleler Rechenprozesse[81] zu realisieren, womit die Problemlösungszeiten verkürzt werden können. Zweitens impliziert die Modularisierung die Zusammenfassung von logisch zusammengehörigen Regeln zu Regelgruppen: Damit wird durch Zerlegung in kleinere, übersichtlichere Einheiten *Komplexität* reduzierbar und während des Problemlösens sind nur diejenigen Regeln auf Anwendbarkeit zu prüfen, die einer entsprechenden Regelgruppe zugeordnet sind. Abb. 8.3 veranschaulicht diese Technik: Der Lösungsgraph aus Abb. 8.1 wird in drei modulare Teilsuchräume zerlegt, die jeweils unabhängig voneinander durch die Anwendung der Regelmengen $R1$, $R2$ und $R3$ durchsucht werden, wobei wir unterstellen, daß die Produktionsregelmengen der Teilsuchräume disjunkt seien.[82]

Bei der *Abstraktion* wird eine Lösung nicht aus *elementaren*, sondern aus bereits *aggregierten Lösungselementen* konstruiert bzw. konfiguriert (vgl. Abb. 8.4): Hier besteht die Lösung aus drei „abstrakten" Lösungsmodulen, die sich wiederum aus mehreren Teilelementen zusammensetzen. Die Anwendung der Techniken *Modularisierung* und *Abstraktion* setzt offensichtlich voraus, daß ein Zusammenfügen von in Teilsuchräumen gefundenen Lösungsbausteinen bzw. von aggregierten Lösungsbausteinen tatsächlich auch zu kundenindividuellen Problemlösungen führt. Wie können wir nun diese drei Techniken *Anwendung von methodischem Anwendungswissen*, *Abstrakti-*

---

[80] Vgl. [Pupp90], S. 133.

[81] Der Informatikbegriff des *Rechenprozesses* unterscheidet sich vom betriebswirtschaftlichen Prozeßbegriff und vom Begriff des Problemlösungsprozesses: Unter einem *Rechenprozeß* wird eine „Softwareeinheit" verstanden, der Hardwareressourcen (insbesondere Speicher, Prozessor) sowie Daten und eine Programmdatei zugeordnet sind. Ein Rechenprozeß wird zur Ausführung einer Programmdatei vom Betriebssystem „erzeugt", führt die Instruktionen der Programmdatei auf dem (bzw. den) ihr zugeordneten Prozessor(en) aus und wird vom Betriebssystem nach Beendigung der Instruktionsabarbeitung wieder beendet, vgl. beispw. [DeKo92], S. 108. Wir sprechen im folgenden wiederholt statt von einem Rechenprozeß auch nur kurz von einem *Prozeß*, wobei dann aus dem Zusammenhang deutlich wird, welche Semantik dem Begriff jeweils zugeordnet ist.

[82] Nach [Bech93], S. 33, sind *zerlegbare Produktionssysteme* wesentliche Voraussetzung für die Verwendung dieser Technik. *Zerlegbarkeit* bedeutet anschaulich, daß die Ausführung von Regeln einer Regelmenge keine Wechselwirkung auf die Ausführung von Regeln in anderen Regelmengen besitzt; eine formale Definition gibt [Kain89], S. 18.

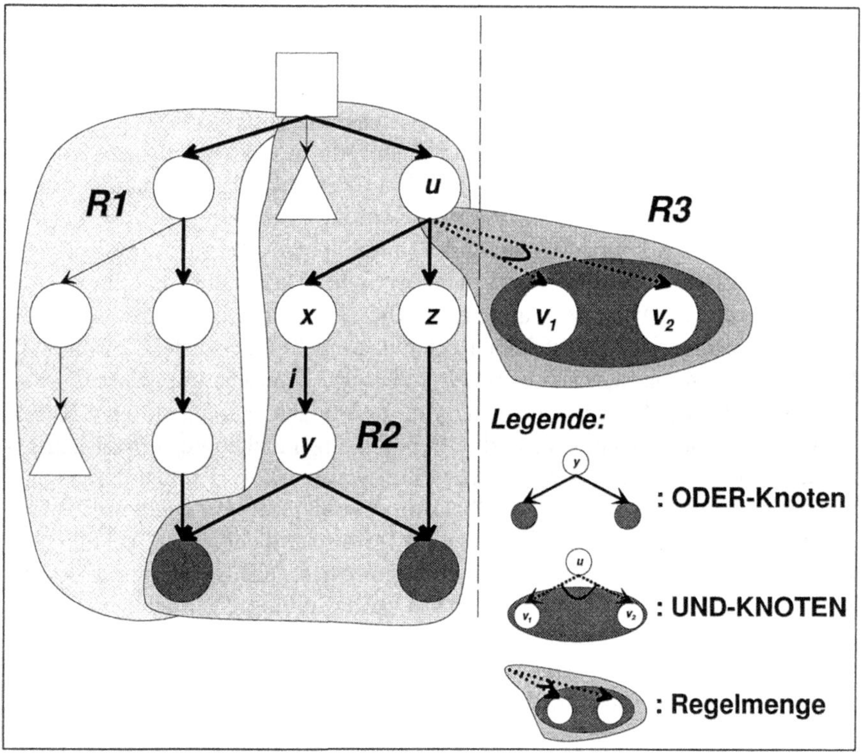

Abb. 8.3. Ein exemplarischer Lösungsgraph mit modularen Teilsuchräumen

on und *Modularisierung* vor dem Hintergrund eines *verteilten* Suchprozesses für unseren Kontext vorteilhaft anwenden und welche Voraussetzungen müssen dafür aus betriebswirtschaftlicher Sicht gegeben sein?

Die Strukturierung des Lösungsraums in Module ist unter Berücksichtigung der Rahmenbedingung **B3** dann sinnvoll realisierbar, wenn die Problemlöser des verteilten Suchprozesses jeweils *das Wissen einer finanzwirtschaftlichen Sparte abbilden*[83]. Die subdomänenspezifischen Problemlöser können dann jeweils unabhängig und nebenläufig über die Produkterstellung entscheiden und – sofern sinnvoll möglich – Finanzprodukte als betriebswirtschaftliche Lösungselemente erarbeiten. Der im letzten Abschnitt noch offen gelassene Begriffsinhalt der *lokalen* Problemlösungsaktivitäten bezieht sich dann also in unserem Fall darauf, daß Problemlöser modulare Teilsuchräume *unabhängig* voneinander durchsuchen können. Aus dieser Überlegung ist auch ableitbar, wie die Technik der *Abstraktion* umsetzbar ist: Die Problemlöser konfigurieren (bzw. selektieren) in ihrer jeweiligen finanzwirtschaftli-

[83] Wir erhalten damit bezogen auf die Erstellung von spartenspezifischen Finanzprodukten disjunkte Regelmengen; die wesentliche Voraussetzung für die Anwendbarkeit der Technik *Modularisierung* ist also gegeben.

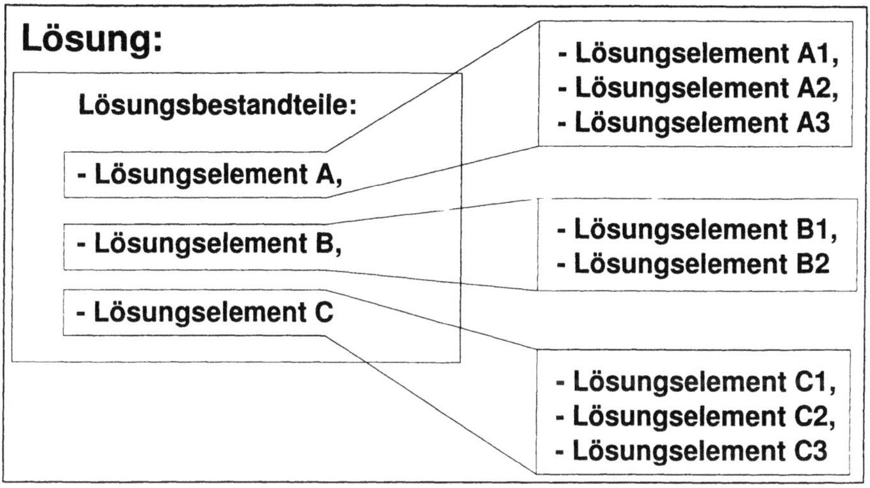

Abb. 8.4. Eine aus „abstrakten" Lösungselementen konfigurierte Lösung

chen Sparte Finanzprodukte als Lösungselemente für den Erstellungsprozeß. Finanzprodukte sind insofern aggregierte Konstrukte, als sie wiederum in mehrere Elementarbestandteile zerlegbar sind[84]; s. auch Abb. 8.5[85].

Der Suchprozeß zur maschinellen Erstellung kundenindividueller Problemlösungen (als *„Anwendungsdomäne"*) beschränkt sich jetzt nur noch auf die Frage der Anwendbarkeit und die Kombination von „Subdomänenwissen" (den einzelnen finanzwirtschaftlichen Sparten) bzw. der Anwendbarkeit und Abfolge von Problemlösern während des Problemlösungsprozesses. Wir können damit weiterhin festhalten, daß ein maschineller Problemlösungsprozeß für die Erstellung kundenindividueller Problemlösungen also aus einem *globalen* Suchprozeß und einer Vielzahl *„problemlöserspezifischer"* und damit lokaler Problemlösungsprozesse besteht. Diese Gestaltungsmaßnahmen haben zusätzlich einen weiteren Vorteil: Da Problemlöser lokal, also unabhängig voneinander arbeiten, können sie jeweils die für ihren Kontext geeigneten Problemlösungsmethoden verwenden; wir können auf diese Weise also auch die Rahmenbedingung **B3** erfüllen. Da teilweise umfangreiches spartenspezifisches Methodenwissen existiert, können hierbei einzelne Problemlöser eventuell vollständig auf Suche verzichten und sind als *Erkennungsprozeß* konzipierbar; dies gilt beispielsweise für den Fall der Erstellung von Aktienportfolios[86]. Zusammenfassend können wir also die Aussage treffen, daß die Modellierung als verteilter Problemlösungsprozeß eine in sich konsistente und zweckmäßige Berücksichtigung der oben vorgestellten Techniken zur Reduktion von Suchaufwand ermöglicht.

[84] Vgl. Beispiel 2 in Abschn. 4.7.3, S. 73.
[85] Vgl. für die Lösungsdarstellung auch das Beispiel in Abschn. 4.6.3, S. 66ff.
[86] Vgl. Abschn. 4.7.3, Beispiel 1, S. 73.

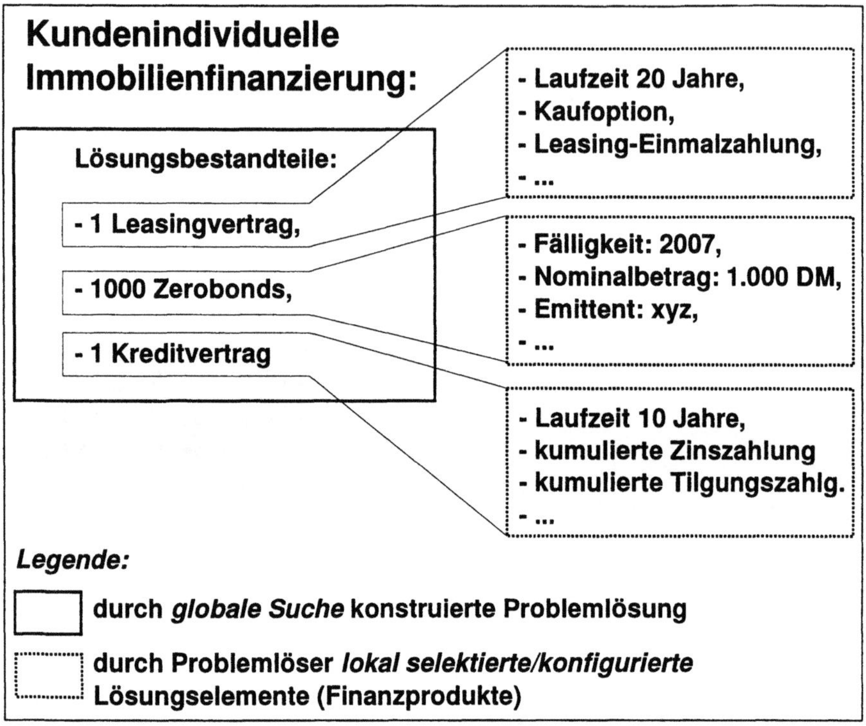

Abb. 8.5. Konstruktion einer „globalen" Lösung aus „lokal" selektierten/konfigurierten Lösungselementen

Übertragen wir diese Ergebnisse auf den Modellierungsformalismus des Produktionssystems, so ist jeder dieser Problemlöser als ein – gegebenenfalls sehr komplexer – Aktionenteil einer ***Produktionsregel*** interpretierbar. Der Aktionenteil einer Produktionsregel bildet das finanzwirtschaftliche Wissen einer finanzwirtschaftlichen Subdomäne ab und wertet dieses zur Erstellung von Finanzprodukten *lokal* und weitgehend unabhängig von den anderen Problemlösern aus. Damit folgt, daß aus Sicht des globalen maschinellen Problemlösungsprozesses die Operatoren, die über den Zuständen der Datenbasis ausgeführt werden, durch diese Problemlöser dargestellt werden; eine Operatorsequenz ist eine Abfolge von Problemlösern.[87] Weiterhin folgt, daß Aktionenteile bzw. Problemlöser über eigene *Kontrollautonomie* verfügen: Sie erstellen intern bzw. lokal ihre Lösungselemente nicht nur unabhängig von anderen Problemlösern, sondern auch von den Auswertungsstrategien des

[87] Wie eine „sinnvolle" Abfolge gefunden werden kann, wird unten noch herausgearbeitet.

Kontrollsystems auf globaler Ebene: Problemlöser können damit aus logischer Sicht jeweils eigenständige Produktionssysteme darstellen[88].

Die Funktionalität des Bedingungsteils einer Produktionsregel umfaßt dementsprechend zwei wesentliche Aspekte: Erstens ist zu evaluieren, ob ein Problemlöser bei einem gegebenen Zustand grundsätzlich ein Finanzprodukt aus seiner Subdomäne anbieten kann; es ist also festzustellen, ob der Aktionenteil anwendbar ist. Zweitens ist zu evaluieren, ob der Aktionenteil *sinnvoll* anwendbar ist: Die umfangreichere Auswertung von Wissen einer Subdomäne (dem zugehörigen Aktionenteil) ist aus Sicht des Verbrauchs an knappen Rechnerressourcen sowie an knapper Lösungszeit nur sinnvoll, wenn zu erwarten ist, daß durch die Anwendung des entsprechenden Wissens ein „gutes" Finanzprodukt erstellbar ist. Der Bedingungsteil kann also nicht nur über die grundsätzliche Anwendbarkeit des zugehörigen Aktionenteils entscheiden, sondern zusätzlich anhand heuristischen Wissens eine Bewertung vornehmen.

Ausgehend von der Spezifikation der Funktionalität der „Produktionsregeln" ist weiterhin zu untersuchen, unter welchen Bedingungen die Aktionenteile ausführbar sein sollen und wie eine *lokale* Konstruktion bzw. *Selektion* von Finanzprodukten so erfolgen kann, daß ein „Lösungspfad" von einem Ausgangszustand zu einem Zielzustand konstruiert wird. Dies entspricht dann der Spezifizierung, wie *während* des Problemlösungsprozesses eine Folge von Operatoren gefunden werden kann, die einen Ausgangszustand in einen Zielzustand überführt. Damit wird weiterhin gleichzeitig die Frage beantwortet, unter welchen Voraussetzungen die oben dargestellten Techniken zur Reduzierung von Suchaufwand (Abstraktion, Modularisierung), die wir durch die Gestaltung von Problemlösern mit eigenem Kontrollfluß realisieren, in unserem Kontext anwendbar sind.

Verteilte Suche nach Finanzprodukten als Interaktion von Problemlösern. Die Beantwortung der ersten Teilfrage entspricht der Spezifizierung, wann ein Bedingungsteil einer Produktionsregel zu der „Erwartung" kommen soll, daß durch Ausführung des Aktionenteils ein „gutes" Finanzprodukt erstellbar ist. Hierzu greifen wir wiederum die obige Überlegung auf, daß in der Regel keine Optimalitätsbedingungen bekannt sein werden: Ein einzelner Problemlöser wird durch Ausführung seines Bedingungsteils in der Regel also nicht wissen, ob ein von ihm erstellbares Finanzprodukt (im finanzwirtschaftlichen Sinne) besser als ein vergleichbares Produkt einer anderen Subdomäne sein wird.

Subdomänenspezifisches Wissen muß aber auch in diesem Fall anwendbar sein, um überhaupt einen Zielzustand während eines maschinellen Problemlösungsprozesses erreichen zu können. Subdomänenspezifisches Wissen

[88] Derartige Produktionssysteme werden in der Künstlichen Intelligenz auch als *„multiagent production systems"* bezeichnet; vgl. ausführlich [Ishi94], S. 86ff. Die interne Funktionsweise der einzelnen Problemlöser wird in dieser Arbeit nicht genauer spezifiziert werden, vgl. hierfür unter anderem die in den Fußnoten zu Tabelle 8.3, S. 213, angegebene Literatur.

eines Problemlösers sollte darum speziell immer dann angewendet werden, wenn durch Auswertung dieses Wissens ein Zielzustand erreichbar ist. Tritt der Fall ein, daß durch Anwendung von Subdomänenwissen direkt auf den Ausgangszustand ein Zielzustand erreicht wird, dann besteht die kundenindividuelle Problemlösung in dem Fall also aus genau den Finanzprodukten der finanzwirtschaftlichen Sparte, die durch den erstellenden Problemlöser repräsentiert wird und die dieser Problemlöser während seiner Lösungsaktivitäten erstellt hat. Eine Problemlösung besteht aus Sicht des maschinellen Problemlösens hier aus der Anwendung genau einer Produktionsregel; wir sprechen auch von „vollständigem Problemlösen" eines Problemlösers. Dies soll durch ein einfaches Beispiel veranschaulicht werden.

Beispiel:
Ein Nachfrager möchte eine Immobilie zur gewerblichen Nutzung erwerben; er verfügt über Eigenmittel in Höhe des halben Kaufpreises. Sein Finanzproblem ist: Wie soll er die Immobilie am günstigsten finanzieren? Als Bewertungsfunktion legt er den Barwert der Nach-Steuer-Zahlungen zugrunde. Ein Problemlöser für (Hypotheken-)Kredite weiß, daß er für diese Problemstellung eine Lösung anbieten kann; das durch diesen repräsentierte Subdomänenwissen sollte also anwendbar sein. Durch Ausführung des zugehörigen Aktionenteils (Erstellung eines Hypothekendarlehens, welches die fehlenden Mittel bereitstellt) ist dementsprechend unmittelbar ein Zielzustand erreichbar.

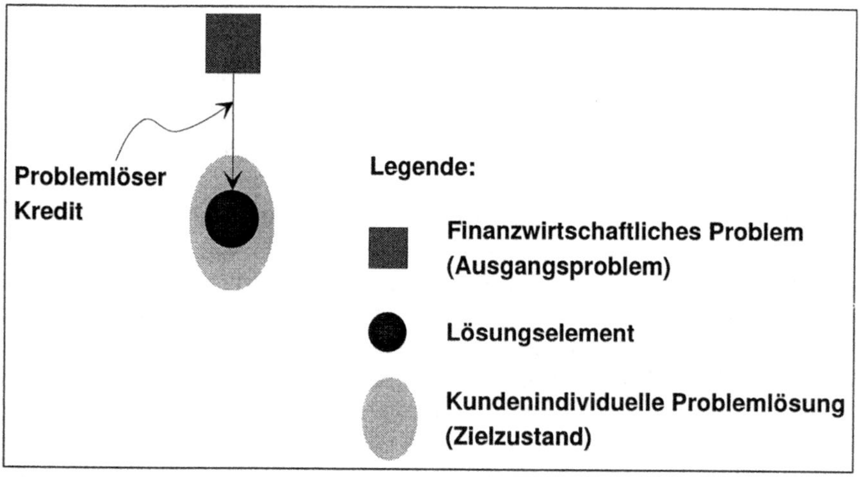

Abb. 8.6. *Vollständiges Problemlösen* durch einen Problemlöser, in Anlehnung an [SaWeWi92], S. 5

Abb. 8.6 veranschaulicht diese Vorgehensweise an einem beispielhaften Lösungsgraphen. Der Ausgangszustand wird wiederum durch einen quadratischen Knoten dargestellt, der Zielzustand durch einen schattierten runden Knoten. Der Lösungsgraph ist denkbar einfach: Bei positiver Evaluation des Bedingungsteils eines Produktionsregel-Problemlösers „Kredit" wird der Aktionenteil als ausführbar gekennzeichnet, ausgeführt und erstellt einen Zielzustand.

Da eine Kombination von mehreren Finanzprodukten einem einzelnen Finanzprodukt aus finanzwirtschaftlicher Sicht jedoch überlegen sein kann, soll das Subdomänenwissen eines Problemlösers auch dann anwendbar sein, wenn dieser Problemlöser unter Ausnutzung steuerlicher Gestaltungsmöglichkeiten ein lokal optimiertes Finanzprodukt hoher Güte anbieten kann (gemessen anhand der jeweiligen Bewertungsfunktion), dieses Angebot jedoch einen Zahlungsstrom besitzt, der die Zulässigkeitsbedingung nicht erfüllt[89]. Aus finanzwirtschaftlicher Sicht stellt ein derartiges Finanzprodukt nur *ein* Lösungselement einer Produktkombination dar – und keine vollständige Problemlösung. Aus Sicht des maschinellen Problemlösens wird dementsprechend in diesem Fall auch kein Zielzustand erreicht, sondern eine Situation, in der noch ein *Restproblem* zu lösen verbleibt.

Das jeweils verbleibende *Restproblem* kann hierzu von den *anderen* Problemlösern durch Erstellung eines subdomänenspezifischen Angebots bearbeitet und gelöst werden (vgl. untenstehendes Beispiel). Diese Art der Lösungssuche ist als *heuristisch* zu charakterisieren: Grundannahme ist, daß andere Problemlöser das verbleibende Restproblem ebenfalls gut lösen werden. „Gut" bezieht sich darauf, daß die (hohen) Werte lokal optimierter Finanzprodukte derartig erstellter kundenindividueller Problemlösungen (bzw. auf derartig konstruierten Lösungspfaden) insgesamt in einer hohen Güte der kundenindividuellen Problemlösung resultieren.[90] Das stufenweise Aufeinanderfolgen von lokalen Problemlösungsaktivitäten[91] wird im weiteren als *implizite Kollaboration*[92] der beteiligten Problemlöser bezeichnet.

Voraussetzung für die Anwendung dieser Vorgehensweise ist also, daß die Werte der Bewertungsfunktion finanzwirtschaftlich *aggregierbar* sind[93]. Eine zweite Voraussetzung ist, daß das Restproblem aus der „Differenz" zwischen einem von einem Problemlöser bearbeiteten Problem (Ausgangsproblem, Teilproblem) und der von diesem erstellten lokal optimierten Lösung bestimmbar ist. Für die Berechnung von verbleibenden Restproblemen wurden im Projekt ALLFIWIB entsprechende Operationen definiert.[94]

---

[89] Vgl. hierzu die Beobachtung in Abschn. 4.6.3, S. 66, daß zwar eine kundenindividuelle Problemlösung als Ganzes die Zulässigkeitsbedingung eines Nachfragerproblems erfüllen muß, nicht aber die einzelnen Finanzprodukte dieser Lösung.

[90] „Hohe" Güte bezieht sich hier jeweils auf die mittels Bewertungsfunktion gemessene finanzwirtschaftliche Qualität einer finanzwirtschaftlichen Problemlösung.

[91] Im folgenden wird das stufenweise Aufeinanderfolgen von lokalen Problemlösungsaktivitäten allgemein auch als *„Interagieren"* von Problemlösungsaktivitäten bzw. von Problemlösern bezeichnet.

[92] Der Begriff wurde der Arbeit [SaWeWi92] entlehnt.

[93] Im Fall der Bewertungsfunktion des Barwerts der Nach-Steuer-Zahlungen setzt dies voraus, daß „Wertadditivität" vorliegt, vgl. ausführlich [Will95], S. 113ff. Für den Fall, daß unsichere Zahlungsströme mittels der Parameter Rendite und Risiko beurteilt werden, ist eine finanzwirtschaftlich sinnvolle Aggregation durch einfache Addition dieser beiden Parameter hingegen nicht erreichbar.

[94] Vgl. Abschn. 8.1.2, S. 211ff.

Ein Zustand während des verteilten Problemlösens ist dadurch charakterisiert, welche Restprobleme noch zu bearbeiten sind, welche Problemlöser nebenläufig welche Restprobleme (bzw. das Ausgangsproblem) gerade bearbeiten und welche Lösungselemente bereits auf den jeweiligen „Pfaden“ zwischen Ausgangsproblem und gerade bearbeiteten Restproblemen erstellt bzw. selektiert wurden.

Bestandteile der ***Datenbasis*** sind dementsprechend:

- Ausgangsproblem,
- Restprobleme,
- Lösungselemente (Finanzprodukte) sowie
- Information, welche Lösungselemente in Kombination eine Teillösung bzw. Lösung darstellen.

Um eine anschauliche Darstellung des Lösungsgraphen zu erhalten repräsentieren wir im folgenden nicht mehr die Folge von Zuständen in dem Lösungsgraphen, sondern die Folge von Ausgangsproblem, erstelltem Lösungselement, verbleibendem Restproblem usw. Weiterhin geben wir an, welcher Problemlöser ein Lösungselement erstellt hat. Ein Zielzustand ist ein Blattknoten, der eine (Teil-)Lösung darstellt, da kein verbleibendes Restproblem zu lösen ist.

Beispiel – Fortsetzung:
Ein Problemlöser für festverzinsliche Wertpapiere bietet an, die Eigenmittel in einem Zerobond anzulegen: Der Nachfrager erhält also sämtliche Zinszahlungen erst am Ende der Anleihelaufzeit mit in der Regel erheblichen steuerlichen Vorteilen gegenüber konventionellen Anleihen. Es verbleibt das Restproblem der Immobilienfinanzierung – jetzt allerdings über den vollen Kaufpreis, da die verfügbaren Eigenmittel bereits angelegt sind. Der Problemlöser fügt das Restproblem der Datenbasis hinzu (vgl. Abb. 8.7, Teil *a*)).

Für dieses Restproblem bietet der Problemlöser für *Leasing* einen steuerlich lokal optimierten Leasingvertrag mit einer Leasing-Einmalzahlung zu Beginn der Laufzeit an. Nun verbleibt noch die Finanzierung der Leasing-Einmalzahlung (vgl. Abb. 8.7, Teil *b*)).

Auf dieses Restproblem reagiert der Problemlöser Kredit und bietet einen – ebenfalls steuerlich im Sinne einer Rückwärtsrechnung optimierten – Kreditvertrag mit Zins- und Tilgungszahlung am Ende der Laufzeit an (der Zerobond kann hier gleichzeitig als Sicherheit dienen). Die kundenindividuelle Problemlösung besteht somit aus einem Zerobond, einem Leasing- und einem Kreditangebot, die – wenn auch in unkonventioneller Kombination – das Nachfragerproblem aus finanzwirtschaftlicher Sicht lösen (vgl. Abb. 8.7, Teil *c*)).

Häufig werden mehrere Problemlöser jeweils ein Finanzprodukt als Lösungselement für ein Ausgangs- bzw. Restproblem anbieten können. Da normalerweise *a priori* nicht gesagt werden kann, welches von diesen in einer Lösungskombination das (aus finanzwirtschaftlicher Sicht) bessere sein wird, darf sich die Lösungssuche jeweils nicht auf einen Teilast beschränken. Das ***Kontrollsystem*** muß hingegen vielmehr die Verfolgung *alternativer* Lösungsäste ermöglichen.

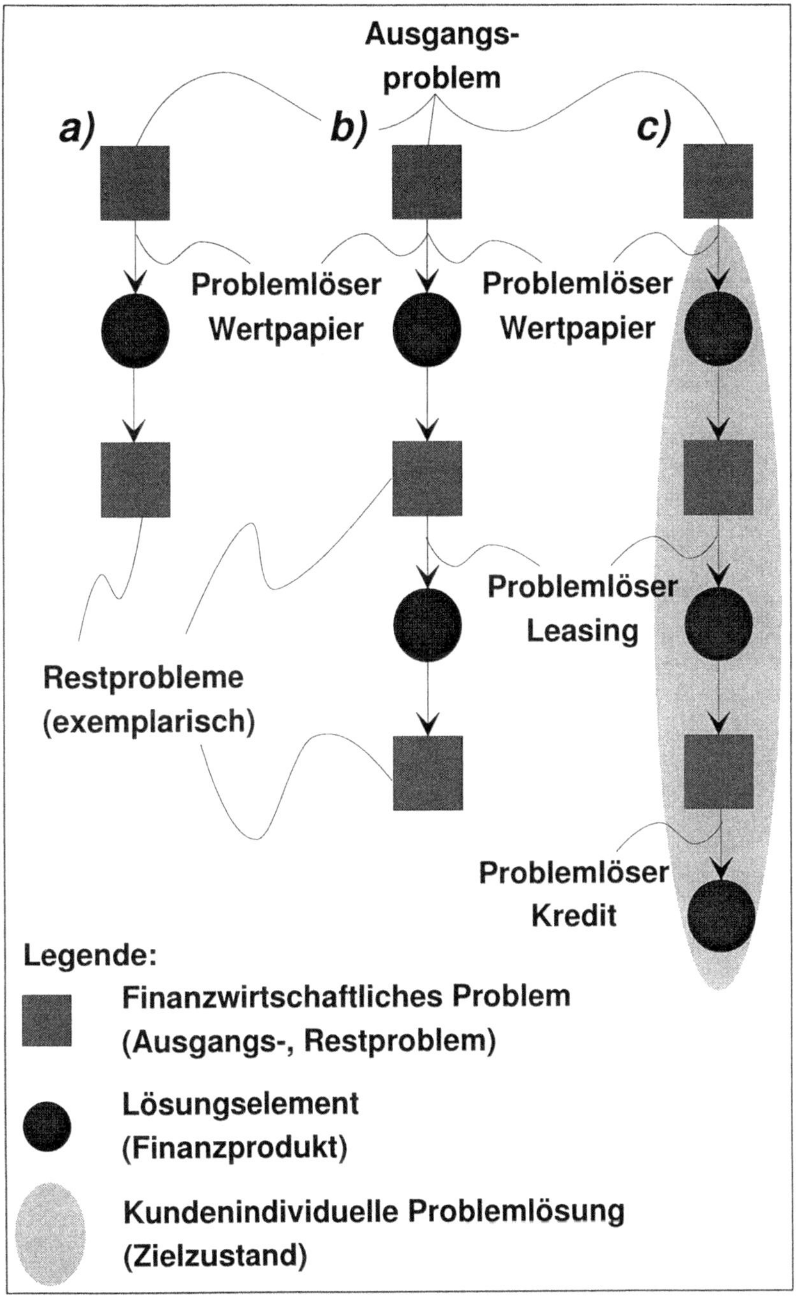

Abb. 8.7. *Implizite Kollaboration* mehrerer Problemlöser, in Anlehnung an [SaWeWi92], S. 7

Durch den verteilten Suchprozeß sind also aus Sicht des maschinellen Problemlösens nicht nur ein Zielzustand, sondern nach Möglichkeit alle Zielzustände zu suchen, die durch vollständiges Lösen bzw. implizite Kollaboration gefunden werden können. Die (heuristische) Einschränkung des Suchraumes durch Anwendung von finanzwirtschaftlichem Wissen erfolgt damit im wesentlichen durch die lokalen Problemlöser, die entsprechend ihres lokalen methodenspezifischen Wissens nur ausgewählte Folgezustände (gekennzeichnet durch erstellte Finanzprodukte und verbleibendes Restproblem) erstellen: So weiß im obigen Beispiel etwa der Problemlöser für Kredit aufgrund einer finanzwirtschaftlichen „Rückwärtsrechnung“ sowie seines (formal repräsentierten) Wissens, daß aufgrund steuerlicher Effekte in diesem Fall ein zins- und tilgungsfreier Kredit anderen Kreditvarianten überlegen ist – und erstellt darum *ziel*gerichtet nur ein Vertragsangebot; allgemein wären viele alternative Vertragsvarianten denkbar, die allerdings in der gegebenen Situation finanzwirtschaftlich der vorgeschlagenen Variante unterlegen sind – und darum (unter Annahme von *Wertadditivität*) nicht anzubieten sind.

Da die Ausführung von Problemlösern bei der impliziten Kollaboration und bei der vollständigen Lösung allein in Abhängigkeit von den jeweils verbleibenden Restproblemen erfolgt, sind diesbezüglich die Zustände während des Problemlösungsprozesses als *Problem*-Zustände zu bezeichnen, das Produktionssystem selbst als *Vorwärts*-Produktionssystem.

Sind die beiden oben definierten Voraussetzungen einer finanzwirtschaftlich sinnvollen Aggregation von Werten von Finanzprodukten einer Problemlösung sowie die finanzwirtschaftlich sinnvolle Bestimmbarkeit von eventuell resultierenden Restproblemen nicht gegeben (liegen also bei der gewählten maschinellen Repräsentationsform weder Wertadditivität noch Zahlungsstromadditivität vor), so ist die implizite Kollaboration nicht sinnvoll anwendbar. Wie auch in diesen Fällen für die Nachfrager durch Auswertung von explizitem subdomänenübergreifendem Kombinationswissen aus finanzwirtschaftlicher Sicht gute Problemlösungen erstellbar sind, soll im folgenden Abschnitt untersucht werden.

Subdomänenübergreifendes Kombinationswissen als Produktionsregel. Bisher wurde nur der allgemeine Fall betrachtet, daß für eine Problemstellung kein Wissen über gute Kombinationsmöglichkeiten vorliegt. Für manche Problemstellungen sind jedoch aufgrund von Erfahrungswissen der Finanzexperten sowie aufgrund der Ergebnisse der oben angesprochenen Forschungsarbeiten *ex ante* gute subdomänenübergreifende Produktkombinationen bekannt.

Beispiel – Fortsetzung:
Aufgrund der steuerlichen Situation des Nachfragers kann für das Ausgangsproblem erwartet werden, daß die Kombination der (geeignet durchgeführten) Anlage

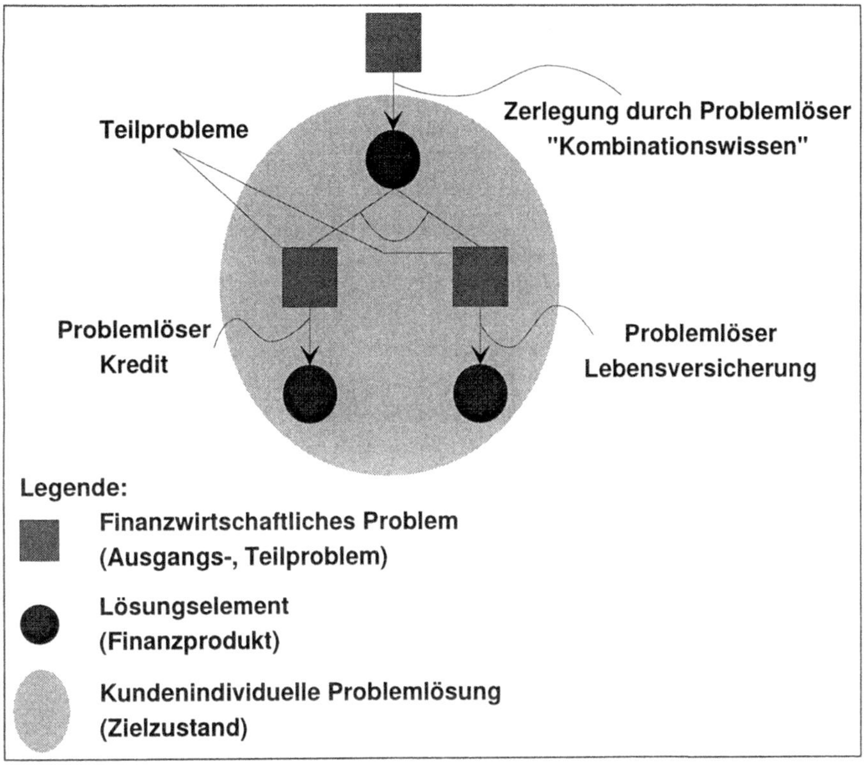

Abb. 8.8. *Explizite Kollaboration* mehrerer Problemlöser, in Anlehnung an [SaWeWi92], S. 6

der Eigenmittel in einer Lebensversicherung[95] mit einem endfälligen Darlehen zur Finanzierung der Immobilie das Nachfragerproblem aus finanzwirtschaftlicher Sicht gut löst (vgl. Abb. 8.8).

In Analogie zum bisher betrachteten Subdomänenwissen und um eine einfache Integration der Auswertung von subdomänenübergreifendem Kombinationswissen in den Suchprozeß zu ermöglichen (vgl. Rahmenbedingung **B5**), ist das Kombinationswissen als spezielle „Subdomäne" der Anwendungsdomäne „Erstellung kundenindividueller Problemlösungen" zu interpretieren und ebenfalls als (im Sinne der obigen Ausführungen) komplexe Produktionsregel abzubilden. Der *Bedingungsteil* prüft, ob für einen gesuchten Zahlungsstrom (als wesentliches Merkmal eines Problemzustands) auswertbares spartenübergreifendes Kombinationswissen vorliegt. Falls ja, so weiß der (komplexe) *Aktionenteil* (im Sinne eines Erkennungsprozesses), welche Kombination von

[95] Damit die Zinserträge einer Lebensversicherung steuerfrei sind, muß etwa die Mindestlaufzeit einer Lebensversicherung 12 Jahre betragen und es sind während der Laufzeit mindestens 5 Einzahlungen vorzunehmen.

Finanzprodukten ein gegebenes Problem im finanzwirtschaftlichen Sinne gut löst. Er zerlegt das Ausgangsproblem dementsprechend so in einfachere *Teilprobleme*, daß die Anwendung von jeweils geeignetem Spartenwissen zu einer Lösung der jeweiligen Teilprobleme führt. *Teilprobleme* werden von den anderen Problemlösern wie Restprobleme oder Ausgangsprobleme behandelt; insbesondere sind sie Teile der *Datenbasis*. Die „Interaktion" des Kombinations-Problemlösers mit den „spartenspezifischen Problemlösern" wird als explizite Kollaboration bezeichnet[96].

Der Kombinations-Problemlöser erstellt damit selbst keine Lösungselemente, sondern er spezifiziert vielmehr Teilprobleme, deren kombinierte Lösung das von ihm bearbeitete Problem lösen. Dementsprechend ist der von diesem Problemlöser erstellte Lösungsknoten als UND-Knoten zu interpretieren (vgl. Abb. 8.8). Ein Lösungsgraph besitzt damit in unserem Kontext im allgemeinen die Struktur eines UND/ODER-Graphen (bzw. eines Hypergraphen).

Im Gegensatz zur impliziten Kollaboration, bei der Kombinationen von Finanzprodukten durch *Suche* gefunden werden, entspricht die explizite Kollaboration einem *Erkennungsprozeß*. Der Kombinations-Problemlöser erkennt für ein Problem eine gute Kombination von Finanzprodukten als betriebswirtschaftliche Lösung, er zerlegt Probleme so, daß ein Zielzustand aus der Lösung der entsprechenden Teilprobleme resultiert. Der Problemlösungsprozeß für die Erstellung kundenindividueller Problemlösungen ist somit insgesamt als *hybrider Such- und Erkennungsprozeß* zu bezeichnen.

Liegt im übrigen für ein Problem sowohl Wertadditivität als auch explizites Kombinationswissen – über das in der Regel indes keine Optimalitätsaussage treffbar ist – vor, ist auf dieses sowohl *implizite* als auch *explizite* Kollaboration anwendbar. In diesem Fall sind nach Möglichkeit beide Vorgehensweisen zu verfolgen (vgl. Abb. 8.9): Liegt Kombinationswissen vor, ist dieses auszuwerten, da *ex ante* aus finanzwirtschaftlicher Sicht nichts über die bei impliziter Kollaboration resultierende Lösungsgüte aussagbar ist. Die Kombinationslösung kann damit als *Referenzlösung* für den Fall der impliziten Kollaboration genutzt werden. Da im Einzelfall aber sehr wohl der mittels Suche aufgebaute Lösungsast *b*) den Lösungsästen *a*) und *c*) überlegen sein kann, sollte auf die implizite Kollaboration nicht verzichtet werden; in dem Lösungsgraph in der Abb. 8.9 sind also drei miteinander „konkurrierende" kundenindividuelle Problemlösungen dargestellt.

Das Kontrollsystem als verteiltes System. Das ***Kontrollsystem*** hat in Produktionssystemen die Aufgabe, über die *Anwendung* ausführbarer Produktionsregeln zu entscheiden und die *Terminierung des Suchprozesses* durch Überprüfung der Endebedingung festzustellen. Durch die Modellierung des maschinellen Problemlösens als verteilten Suchprozeß, in dem Problemlöser weitgehend unabhängig voneinander und logisch nebenläufig Probleme lö-

[96] Vgl. für diesen Begriff [SaWeWi92].

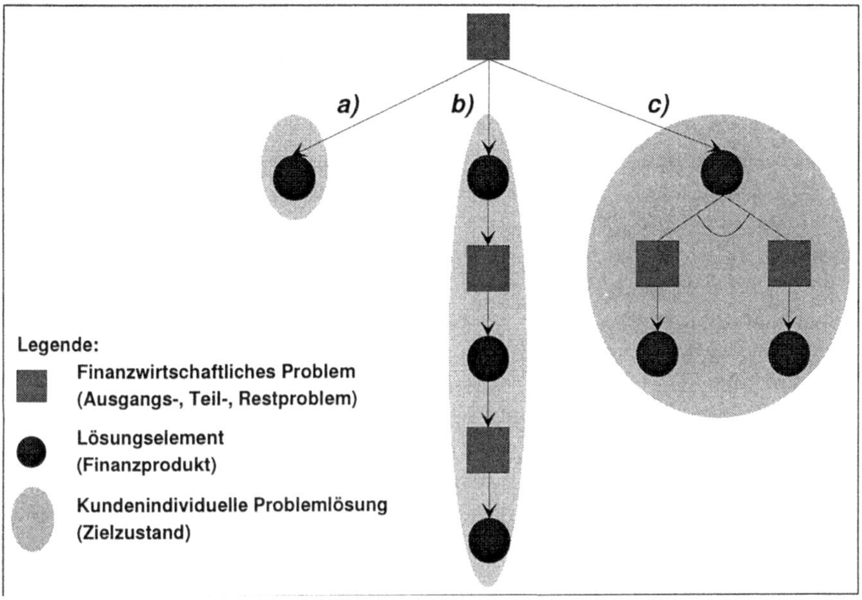

Abb. 8.9. Beispielhafter Lösungsgraph für ein finanzwirtschaftliches Nachfragerproblem mit „konkurrierenden" Problemlösungen, in Anlehnung an [SaWeWi92], S. 10

sen, folgt, daß die Problemlöser bereits selbst *dezentral* Kontrollfunktionalität übernehmen können:

- Aufgrund der Eigenschaft der Problemlöser, jeweils gute Lösungselemente aus ihrer lokalen Subdomänensicht anzubieten, sowie infolge der Tatsache, daß sich bei Wertadditivität Lösungselemente und ihre Werte additiv auf die Gesamtlösung übertragen, ist bei der heuristischen Vorgehensweise der impliziten Kollaboration diesbezüglich keine globale Kontrolle erforderlich: Die Problemlöser können selbst die Kontrolle ihrer lokalen Aktivitäten übernehmen.
- Durch die einheitliche Repräsentation von Problemen – unabhängig davon, ob es sich um das Ausgangsproblem, ein verbleibendes Restproblem oder um Teilprobleme handelt – können alle in der Datenbasis repräsentierten Probleme gleichbehandelt werden: als (standardisierte) für alle offene „Problemausschreibung". Eine explizite Kontrolle abhängig von der Problemlösungsstrategie (Such- oder Erkennungsprozeß) ist folglich ebenfalls nicht erforderlich.

Da allerdings kein Problemlöser Wissen über die Anzahl und die Aktivitäten der anderen Problemlöser besitzt, verbleiben *global wahrzunehmende Steuerungsaufgaben*. Zum einen ist aufgrund des heuristischen Charakters der impliziten Kollaboration nicht garantiert, daß bei einem derartigen Pfad im Suchbaum eine Lösung gefunden wird. Dementsprechend sind „zu tiefe"

Lösungsäste, die bei Einbeziehung von Gebühren und sonstigen Transaktionskosten auch aus finanzwirtschaftlicher Sicht nicht sinnvoll sind, zu terminieren.

Zum anderen hat das Kontrollsystem die *Endebedingung* zu überprüfen. Diese ist offensichtlich dann erfüllt, wenn alle Zustände entweder Zielzustände sind oder aber auf alle Zustände, die keine Zielzustände darstellen, keine Produktionsregeln (bzw. in unserer Terminologie: Problemlöser) mehr anwendbar sind. In finanzwirtschaftlicher Interpretation bedeutet dies, daß keine weiteren kundenindividuellen Problemlösungen mehr erstellbar sind. Da bei der erfolgten Modellierung allerdings nicht garantiert ist, daß alle durch implizite und explizite Kollaboration eröffneten Lösungsäste auch hinreichend schnell (während einer Finanzberatung) in einem Zielzustand enden, ist die Endebedingung so zu definieren, daß der Problemlösungsprozeß nach Überschreitung einer maximalen Problemlösungszeit terminiert.

Ist die Endebedingung erfüllt, hat das Kontrollsystem nach Beendigung aller nebenläufigen Problemlösungsaktivitäten die Phase *Lösungspräsentation* zu initiieren. Tabelle 8.2.2 stellt die wesentlichen Modellierungsentscheidungen nochmals zusammenfassend (aus betriebswirtschaftlich orientierter Sicht) dar.

Tabelle 8.5. Spezifikation eines maschinellen Problemlösungsprozesses zur Erstellung kundenindividueller Problemlösungen

Datenbasis:	finanzwirtschaftliches Nachfragerproblem Restprobleme Teilprobleme Lösungselemente (Finanzprodukte) Teillösungen und Lösungen (Kombinationen von Finanzprodukten)
Produktionsregeln:	spezialisierte Problemlöser für finanzwirtschaftliche Sparten spartenspezifische Problemlösungsmethoden Problemlöser bei Vorliegen von Kombinationswissen Interaktion über *implizite Kollaboration* Interaktion über *explizite Kollaboration*
Kontrollsystem:	verteilt auf *globale* Kontrolle des *Suchprozesses* und *lokale* Kontrollsysteme der *Problemlöser* Suche *mehrerer* Lösungen Terminierung von „zu tiefen" Ästen Terminierung des Lösungsprozesses bei Zeitüberschreitung

8.3 Bewertung und Zusammenfassung

Gegenstand dieses Kapitels war die Ableitung von Aussagen für die Gestaltung des Prozesses der Erstellung kundenindividueller Problemlösungen. Hierzu haben wir zunächst ausgehend von den bisherigen Ergebnissen der vorliegenden Arbeit *betriebswirtschaftliche Rahmenbedingungen* herausgearbeitet, die bei der Gestaltung eines entsprechenden Angebotsprozesses zu berücksichtigen sind. Anschließend haben wir dargestellt, daß die derzeitigen Ansätze in der Praxis vor dem Hintergrund der dargestellten Rahmenbedingungen als *unbefriedigend* zu beurteilen sind.

Aufbauend auf wesentlichen Ergebnissen des Projekts ALLFIWIB haben wir einen entsprechenden Angebotsprozeß ausgehend von den Rahmenbedingungen entwickelt, wobei als Modellierungsformalismus der Produktionssystemansatz gewählt wurde. Der entwickelte Prozeß erfüllt die Rahmenbedingungen, da dieser

- dem *Prozeßablauf* in der Finanzberatung entspricht (Rahmenbedingung **B1**),
- durch den *Lösungsansatz des verteilten Problemlösens* die inhärente räumliche, funktionale und logische *Verteilung* von Wissen, Daten und Informationen bei der Angebotserstellung (**B2**) berücksichtigt,
- durch die Konzeption von *Problemlösern mit eigenem Kontrollfluß* die Verwendung der jeweils geeigneten *Problemlösungsmethoden* (**B3**) ermöglicht,
- durch die Modellierung als verteilter *Suchprozeß* die *Konstruktion kundenindividueller Problemlösungen auch in wissensarmen Situationen* ohne explizites Kombinationswissen (**B4**) ermöglicht, bei dem *während* einer maschinellen Lösungssuche mittels der Vorgehensweise der *impliziten* Kollaboration eine Reihenfolge von Lösungsaktivitäten konstruiert wird, die Ausgangszustände („Nachfragerprobleme") in Zielzustände („kundenindividuelle Problemlösungen") transformiert,
- durch
  - die *einheitliche Abbildung* von spartenspezifischem und spartenübergreifendem Wissen *als spezialisierte Problemlöser* sowie durch
  - eine einheitliche Steuerung von vollständigem Problemlösen, impliziter und expliziter Kollaboration aufgrund einer einheitlichen Realisierung als *Vorwärts-Produktionssystem*

  eine weitgehend *einheitliche (standardisierte) Vorgehensweise* während des Problemlösungsprozesses (**B5**) ermöglicht,
- durch Verwendung *von Ansätzen und Methodik des maschinellen Problemlösens* für eine *Implementierung als Anwendungssystem* (**B6**) geeignet ist.

Da diese Prozeßeigenschaften aufgrund des „axiomatischen Vorgehens" der Ableitung von Gestaltungsentscheidungen aus den Rahmenbedingungen heraus entwickelt wurden, kann hier diesbezüglich auf einen weiteren Nachweis der Erfüllung der Rahmenbedingungen verzichtet werden.

Weiterhin folgt aus der Prozeßgestaltung, daß

- durch die Fähigkeit der Problemlöser, bei der Selektion/Konfiguration von einzelnen Lösungselementen lokal optimierte (und „unvollständige") Teillösungen erstellen zu können, das ***steuerliche Gestaltungspotential*** zumindest teilweise realisierbar ist,
- durch die Modellierung als verteilter Suchprozeß Voraussetzungen geschaffen sind, ***kundenindividuelle*** Finanzprodukte und Produktkombinationen auf bei fehlendem Kombinationswissen erstellen zu können,
- durch die Berücksichtigung der jeweiligen Zulässigkeitsbedingung während des verteilten Suchprozesses sowie durch die Bewertung erstellter Problemlösungen anhand der jeweiligen Bewertungsfunktion Voraussetzungen für die informationsbedingte Integration der Nachfrager in den Leistungsprozeß geschaffen sind.

Damit sind durch die Prozeßgestaltung wesentliche Grundlagen geschaffen, um bei der Gestaltung des Informations- und Kommunikationssystems die in Abschn. 4.9[97] identifizierten Bedingungen für einen erfolgreichen Direktvertrieb kundenindividueller Problemlösungen erfüllen zu können.

Im folgenden sollen kurz mit der

- *Monotonie* des Problemlösungsprozesses und der
- *Kommutativität* des Produktionssystems

noch zwei weitere (vorteilhafte) Eigenschaften des Problemlösungsprozesses dargestellt werden.

Monotonie bedeutet hier, daß während des Problemlösungsprozesses Finanzprodukte und neue Rest- bzw. Teilprobleme der Datenbasis jeweils nur *hinzugefügt* werden und nicht geändert bzw. gelöscht werden. Es kann damit nicht der Fall eintreten, daß ein Lösungsast (der vielleicht sogar zu einem Zielzustand führt) während des Problemlösungsprozesses zu „revidieren" ist, etwa weil ein Knoten in diesem Ast durch die Aktivitäten eines Problemlösers geändert wurde. Dies ist insofern vorteilhaft, als daß auf (zumindest laufzeit-)aufwendige Mechanismen aus den Bereichen *„Default Reasoning"*[98] und *„Truth Maintenance Systems"*[99] verzichtet werden kann, mit denen die Konsistenz von nicht monotonen Problemlösungsprozessen überprüfbar bzw. sicherstellbar ist.

---

97 Siehe Seite 80.

98 Derartige Ansätze beziehen sich auf die Durchführung von Schlußfolgerungsprozessen, wenn nicht alle relevanten Fakten bekannt sind und Schlußfolgerungen darum auf „Defaults" aufbauen, vgl. [RuNo95], S. 459; grundlegend ist die Arbeit von [Reit80], eine Diskussion aktueller Ansätze erfolgt in [Brew95].

99 Unter diesem Begriff sind (etwas vereinfachend) Systeme zu verstehen, in denen die Annahmen von Schlußfolgerungen in maschinellen Problemlösungsprozessen gespeichert werden, so daß hiervon ausgehend eine Revision von Schlußfolgerungen erfolgen kann, vgl. [LuSt93], S. 333. Grundlegende Einführungen geben [Doyl79], [Klee86a], [Klee86b], [Klee86c].

Weiterhin ist das Produktionssystem *kommutativ*:[100] Wenn ein Zustand während des Problemlösungsprozesses gegeben ist, dann ist es im obigen Prozeß weitgehend unerheblich, in welcher Reihenfolge anwendbare Problemlöser das mit *diesem* Zustand assoziierte Problem bearbeiten, insbesondere können sie ein Problem gleichzeitig oder auch jeweils nacheinander bearbeiten. Neben der Möglichkeit, durch Parallelisierung Laufzeitvorteile erzielen zu können, heißt dies insbesondere, daß Entscheidungen des Kontrollsystems, welcher Problemlöser (etwa bei knappen Rechnerressourcen) zuerst ausgeführt werden soll, grundsätzlich unerheblich ist, da durch solche Entscheidungen der mittels Suche konstruierte Lösungsgraph nicht beeinflußt wird. Für die Realisierung dieses Prozesses in einem Anwendungssystem heißt dies, daß (wenn bei knappen Rechnerressourcen nicht alle anwendbaren Problemlöser gleichzeitig ausführbar sind) durch Priorisierungsentscheidungen grundsätzlich keine Lösungsäste bzw. Problemlösungen ausgeschlossen werden.[101]

Kritisch anzumerken ist, daß aufgrund der heuristischen Vorgehensweise bei der impliziten Kollaboration keine Lösungsgarantie gegeben ist. Dieses Problem ist jedoch weniger durch die Prozeßgestaltung bedingt, sondern vielmehr durch *fehlendes Kombinationswissen*: Bei der Prozeßgestaltung wurde versucht, durch die Erstellung lokal optimierter Finanzprodukte, deren (hoffentlich) hohe Werte der Bewertungsfunktion sich bei Wertadditivität additiv auf den Wert der Bewertungsfunktion der Problemlösung übertragen, auch bei fehlendem Kombinationswissen vorteilhafte Problemlösungen erstellen zu können. Sofern Kombinationswissen vorliegt, wird dieses zudem ausgewertet und ist als *Referenzlösung* heranziehbar.

Zusammenfassend kommen wir zu der Aussage, daß mit den abgeleiteten Gestaltungsaussagen ein wesentlicher Beitrag zur Bearbeitung des Problemfelds *„Gestaltung Leistungsprozeß“*[102] geleistet wurde: Der konzipierte verteilte und hybride Such- und Erkennungsprozeß ermöglicht eine Erstellung kundenindividueller Problemlösungen unter Berücksichtigung relevanter betriebswirtschaftlicher Rahmenbedingungen. Weiterhin zeigt die obige

---

[100] Produktionssysteme sind *kommutativ* wenn bezüglich ihrer Datenbasis D gilt (s. [Kain89], S. 11):

- Jedes Element der Menge von Regeln, das bezüglich D anwendbar ist, ist auch bezüglich jeder beliebigen Datenbasis anwendbar, die durch Anwendung einer Regel bezüglich D erzeugt wird.
- Wenn die Endebedingung durch D erfüllt ist, dann ist sie auch durch jede globale Datenbasis erfüllt, die durch Anwendung einer Regel bezüglich D erfüllt wird.
- Die globale Datenbasis, die durch Anwendung jeder beliebigen Folge von bezüglich D anwendbarer Regeln entsteht, ist invariant gegenüber Permutationen dieser Folge.

Kommutativität liegt in unserem Fall indes nur vor, wenn der Problemlösungsprozeß nicht aufgrund einer Überschreitung der maximalen Lösungszeit durch das Kontrollsystem vorzeitig beendet wird.

[101] Dieses ist bei Produktionssystemen im allgemeinen nicht gegeben, vgl. [DaJo84], S. 48ff.

[102] Vgl. Abschn. 2.3, S. 22.

Darstellung exemplarisch, daß eine betriebswirtschaftlich vorteilhafte Prozeßgestaltung insbesondere unter konsequenter Berücksichtigung von informationstechnologischen Gestaltungsoptionen (z. B. Realisierung eines maschinellen Problemlösungsprozesses als verteilten Suchprozeß) erreichbar ist.

Im folgenden Kapitel sollen aufbauend auf den hier erarbeiteten Ergebnissen *Gestaltungsaussagen für das IKS* zur Erstellung kundenindividueller Problemlösungen im Direktvertrieb abgeleitet werden.

9. Gestaltung des Informations- und Kommunikationssystems für den Direktvertrieb kundenindividueller Problemlösungen

Zur Ableitung von Aussagen für eine zieladäquate Gestaltung des Informations- und Kommunikationssystems für den Direktvertrieb kundenindividueller Problemlösungen soll von den drei Phasen

- *Problemformulierung*
- *Problemlösung* und
- *Lösungspräsentation*

des Angebots- und (Direkt-)Vertriebsprozesses[1] sowie den in ihnen jeweils zu bewältigenden *Aufgaben* ausgegangen werden.

In den Phasen *Problemformulierung* und *Lösungspräsentation* stehen mit der Erfassung von finanzwirtschaftlichen Nachfragerproblemen, der Darstellung sowie der Erläuterung kundenindividueller Problemlösungen und der damit verbundenen interaktiven Kommunikation zwischen Anbieter und Nachfrager aus informations- und kommunikationstechnologischer Sicht Aufgaben der Informations*erfassung*, der Informations*darstellung* und der Informations*übermittlung* im Vordergrund. In der Phase *Problemlösung* ist hingegen mit der Erstellung kundenindividueller Problemlösungen die Informations-, Wissens- und Daten*verarbeitung* von wesentlicher Bedeutung.

Die weitere Vorgehensweise ist folgendermaßen: In Abschn. 9.1 fokussieren wir mit der Gestaltung des *Informationssystems* insbesondere auf die Ableitung von Gestaltungsaussagen für die Phase *Problemlösung* und (damit eng gekoppelt) auf die zieladäquate Implementierung des oben entwickelten maschinellen Lösungsprozesses; wir berücksichtigen dabei auch die informationsverarbeitenden Aktivitäten während der anderen beiden Phasen. Anschließend wird in Abschn. 9.2 auf die Gestaltung des *Kommunikationssystems* eingegangen und es werden Gestaltungsaussagen zur Unterstützung der interaktiven Kommunikation zwischen Anbieter und Nachfragern entwickelt, die für die Phasen *Problemformulierung* und *Lösungspräsentation* von wesentlicher Bedeutung sind. In einem dritten Schritt folgt in Abschn. 9.3 die Untersuchung, wie die beiden Teilsysteme Informations- und Kommunikationssystem zu einem „ganzheitlichen“ IKS zu integrieren sind. Anschließend werden wir die abgeleiteten Aussagen vor dem Hintergrund

---

[1] Vgl. Abschn. 4.5, S. 59ff.

der in Abschn. 4.8[2] abgeleiteten Anforderungen an das IKS und dem im letzten Kapitel abgeleiteten Problemlösungsprozeß zusammenfassend bewerten.[3] Abschließend werden in einem Exkurs darüber hinaus *organisatorische Gestaltungsoptionen* aufgezeigt, die aus der Nutzung telematischer Dienste bei der Gestaltung des Kommunikationssystems bezüglich Erstellung und Vertrieb von Finanzdienstleistungen resultieren. Bei der weiteren Untersuchung wird der Schwerpunkt auf die Gestaltung des *Anwendungssystems* gelegt[4].

9.1 Gestaltung des Informationssystems

Ein wesentlicher Schritt bei einer methodischen Informationssystemgestaltung ist die Auswahl eines geeigneten *Problemlösungsmodells*[5], mit der ein erster *konzeptioneller Rahmen* für die Gestaltung von Informationssystemen festgelegt wird. Dieser Rahmen dient dann in einem zweiten Schritt als Ausgangspunkt für die Ableitung detaillierter Gestaltungsaussagen.

9.1.1 Auswahl eines Problemlösungsmodells

Die Auswahl eines Problemlösungsmodells erfolgt in vier Schritten: Zunächst stellen wir zwei Klassen von Problemlösungsmodellen vor und untersuchen, welche dieser beiden Klassen für unsere Zwecke geeigneter ist. In einem zweiten Schritt arbeiten wir die besonderen Charakteristika der einzelnen Problemlösungsmodelle dieser Klasse heraus und untersuchen im dritten Schritt die einzelnen Ausprägungen von (relevanten) Problemlösungsmodellen genauer. Im vierten Schritt erfolgt dann die begründete Auswahl eines geeigneten Problemlösungsmodells. Ein Problemlösungsmodell soll dann als für unsere Zwecke „geeignet" bezeichnet werden, wenn es konzeptionelle Voraussetzungen für die Gestaltung eines Informationssystems schafft, welches einerseits die (diesbezüglich relevanten) Anforderungen erfüllt[6] und andererseits eine einfache und leistungsfähige Umsetzung des im letzten Kapitel erarbeiteten Problemlösungsprozesses ermöglicht.

---

[2] Vgl. S. 78ff.

[3] Wir folgen mit dieser Vorgehensweise der *rationalen Methode* von Descartes, der zufolge bei (wissenschaftlichen) Untersuchungen unter anderem *„größere Probleme in kleinere aufzuspalten"* sind, *„vom Einfachen zum Zusammengesetzten hin zu argumentieren"* ist sowie die Ergebnisse einer Prüfung zu unterwerfen sind, s. [Valk97], S. 98; vgl. auch [DaHe88].

[4] Eine Ableitung von Gestaltungsaussagen für Arbeitsplatzgestaltung, Personalschulung und ähnlichem liegt außerhalb des (Wirtschaftsinformatik-)Schwerpunkts dieser Arbeit.

[5] Vgl. [MaRoSa93], S. 2. In der englischsprachigen Literatur wird von *problem solving model* gesprochen, vgl. [Nii89b], S. 4.

[6] Vgl. Abschn. 4.8, S. 78ff.

Klassifikation von Problemlösungsmodellen. Unter einem *Problemlösungsmodell* ist nach Nii ein Schema

„for organizing reasoning steps and domain knowledge to construct a solution to a problem“[7]

zu verstehen; der Begriff *„reasoning“* bezieht sich hier auf einen Rechenprozeß, in dem benötigte Informationen sowie Daten und relevantes Wissen aus bereits bekannten Informationen, Daten und Wissen (maschinell) berechnet werden. Zwischen einem *Problemlösungsmodell* und einem Modell eines *Problemlösungsprozesses* besteht damit ein enger Zusammenhang, wobei der erste Begriff aufgrund seines engeren Bezuges auf die Spezifizierung konkreter Berechnungsstrukturen wesentlich *implementierungsorientierter* ist.

In Anlehnung an Roemer et al. können grundsätzlich zwei Klassen von Problemlösungsmodellen unterschieden werden[8], s. auch Abb. 9.1:

- Problemlösungsmodelle mit *zentral gesteuertem Kontrollfluß* und
- Problemlösungsmodelle mit *dezentraler Kontrollautonomie.*

Problemlösungsmodelle mit ***zentral gesteuertem Kontrollfluß*** sind dadurch gekennzeichnet, daß der Rechenprozeß zur Durchführung von Problemlösungsoperationen von *einer* zentralen Kontrollinstanz gesteuert wird. Eine typische Instanz derartiger Problemlösungsmodelle ist das *konventionelle Problemlösungsmodell.* Dieses ist in Anlehnung an das Von-Neumann-Rechnermodell dadurch charakterisiert, daß ein *Programm Daten instruktionenorientiert* verarbeitet, vergleiche auch Abb. 9.2(a): Ein Rechenprozeß führt die einzelnen Instruktionen eines algorithmischen Programms *sequentiell* aus, bei dem der Programmentwickler das benötigte Wissen zur Lösung eines Problems in die Kontrollstruktur des Programms (starr) codiert; der Ablauf aller Problemlösungsoperationen derartiger Programme wird somit zentral durch die Kontrollstruktur gesteuert.[9]

Eine weitere wichtige Ausprägung dieser Klasse von Problemlösungsmodellen ist das *wissensbasierte Problemlösungsmodell*[10]: Bei diesem „programmiert“ der Systementwickler den Kontrollfluß nicht mehr explizit, sondern repräsentiert das benötigte Problemlösungswissen *symbolisch*, welches dann durch maschinelle Anwendung von Problemlösungsstrategien mittels einer *Inferenzmaschine* ausgewertet wird[11], vergleiche Abb. 9.2(b). Der Schlußfolgerungsprozeß selbst erfolgt hier ebenfalls *sequentiell* und wird zentral durch die Inferenzmaschine gesteuert. Neben diesen Problemlösungsmodellen, die

---

[7] Siehe [Nii89b], S. 4.
[8] Vgl. [RoSaWi92], S. 11ff.
[9] Vgl. [EnMoNi88], S. 3.
[10] Vgl. [EnMoNi88], S. 3.
[11] Eine *Inferenzmaschine* stellt im allgemeinen keine *Hardware* dar, sondern *Software*, die über diesen symbolischen Wissensrepräsentationen mittels symbolverarbeitender Operatoren neues Wissen ableitet, das als logische Inferenz aus dem repräsentierten Wissen interpretierbar ist; vgl. beispw. [Stef95], S. 298.

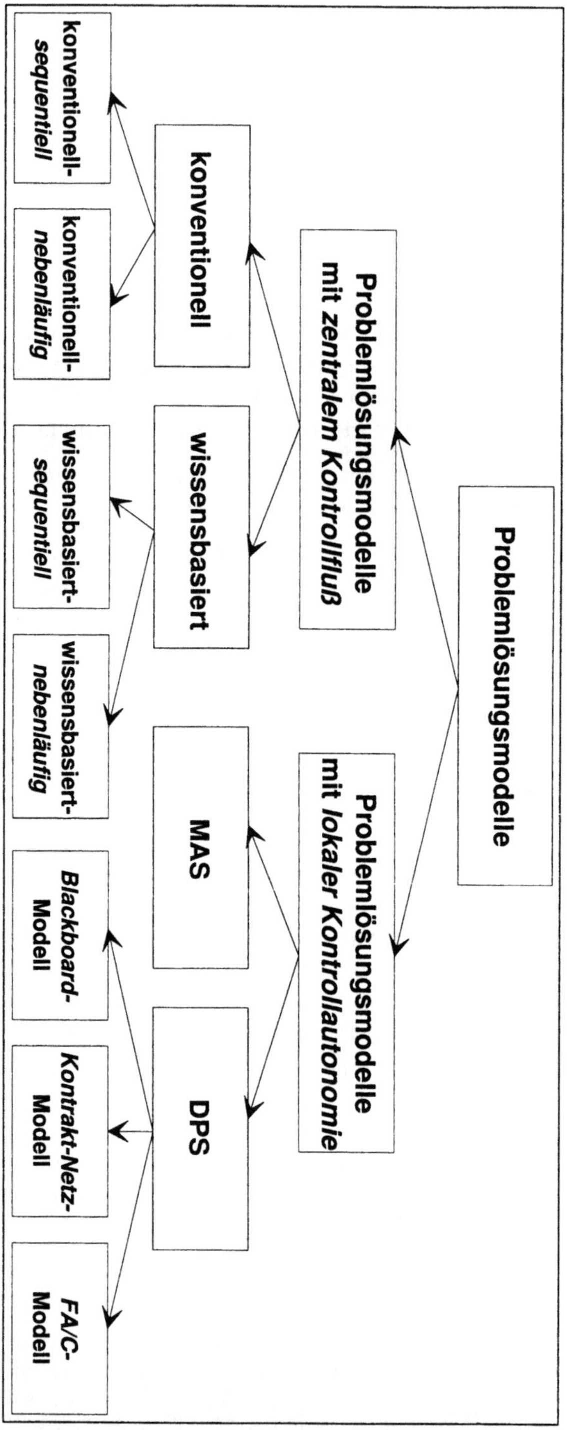

Abb. 9.1. Typen von Problemlösungsmodellen

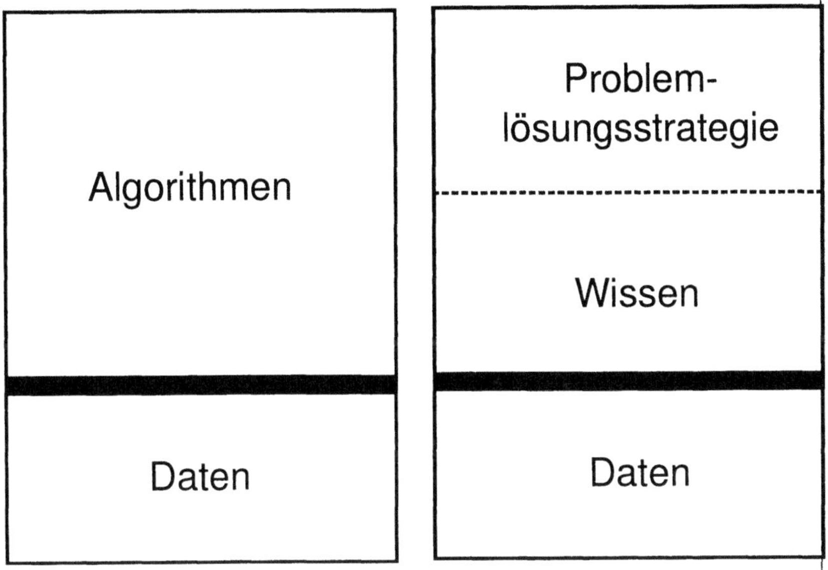

(a) Das *konventionelle* Problemlösungsmodell

(b) Das *wissensbasierte* Problemlösungsmodell

Abb. 9.2. Schematische Darstellung des *konventionellen* und des *wissensbasierten* Problemlösungsmodells, aus [Pupp91], S. 2

durch ihre strenge *Sequentialität* aller Rechenschritte gekennzeichnet sind, gibt es weiterhin auch Ausprägungen mit *nebenläufigen* Rechenoperationen[12]. Bei diesen sind insbesondere *Daten*, *Funktionen* und *Last*[13] Gegenstand der Verteilung; die Kontrolle über die verteilten Rechenaktivitäten selbst hingegen ist (nur sehr begrenzt) Gegenstand der Verteilung[14] und verbleibt zentral bei einem Prozeß[15]. Anschaulich wird dies beim *Client/Server*-Konzept: Hier besteht eine *Auftraggeber – Auftragnehmerbeziehung*: Der Client-Prozeß gibt an einen Server-Prozeß den Auftrag, für diesen genau spezifizierte Dienste auszuführen, der Server-Prozeß hat hierbei *keine* eigene Entscheidungsmög-

[12] Unter *nebenläufiger Programmausführung* wird verstanden, daß entweder einzelne Rechenschritte (präziser: Instruktionen) *parallel* von mehreren (Rechen-) Prozessen ausgeführt werden oder aber, daß die Rechenschritte in einer *beliebigen Reihenfolge* auf einem Prozessor sequentiell ausführbar sind („logische" Verteilung); vgl. [HeHo94], S. 15.

[13] Vgl. [MüSc92], S. 9f.

[14] Es werden nur solche Kontrollsequenzen nebenläufig ausgeführt, die unabhängig voneinander sind, vgl. [Jenn92], S. 17.

[15] Vgl. [Mart92], S. 7. Derartige Ansätze werden auch als *Master-Slave*-Modelle bezeichnet.

lichkeit bzw. Kontrolle darüber, den Auftrag anzunehmen oder abzulehnen, sondern *muß* den spezifizierten Dienst erbringen. Die Kontrolle über den eigentlichen Problemlösungsprozeß verbleibt somit zentral beim jeweiligen Client. Neben den instruktionsorientierten Ansätzen des verteilten Rechnens sind weiterhin auch Modelle zur nebenläufigen Ausführung eines wissensbasierten Systems der Klasse von Problemlösungsmodellen mit zentral gesteuertem Kontrollfluß zuzurechnen[16].

Bei Problemlösungsmodellen mit ***dezentraler Kontrollautonomie*** existieren hingegen mehrere Rechenprozesse, die *jeweils* über eigene Kontrollautonomie verfügen; derartige Rechenprozesse werden auch als *Agenten* bezeichnet.

Der Agentenbegriff ist derzeit weder in der *Informatik* noch in der *Künstlichen Intelligenz* einheitlich definiert: Es gibt sowohl schwache als auch starke Anforderungen an die Agenteneigenschaft[17]. So werden in einer Arbeit von Seele Agenten als *„handelnde"* Einheiten verstanden, *„which in some sense can be called intelligent"*[18]. Eine derartig schwache Begriffsdefinition kann nicht überzeugen, da einerseits bis heute die konstitutiven Eigenschaften von „intelligenten" Rechenprozessen ungeklärt sind und andererseits bei einem derartigen Definitionsansatz die Agenteneigenschaft stark von *subjektiven* Bewertungen abhängig ist, da die Formulierung *„in some sense ... intelligent"* einen erheblichen Interpretationsspielraum ermöglicht. In starken Anforderungen wird soweit gegangen, zu verlangen, daß Agenten über *„mentale"* bzw. *„emotionale"* Eigenschaften verfügen sollen, da nur derartige Eigenschaften ein „autonomes" Handeln von Rechenprozessen ermöglichen[19]. Derartige Begriffsdefinitionen können genauso wenig überzeugen, da bis heute die (stark philosophische) Diskussion darüber, ob *„mentale"* Zustände eine Funktion physischer Umgebungsvariablen sind oder nicht, nicht abgeschlossen ist;[20] eine Abbildung und Realisierung von „mentalen" bzw. „emotionalen" Eigenschaften maschineller Berechnungsprozesse setzt jedoch zwingend eine (überzeugende und) positive Beantwortung dieser Frage voraus.

Wir sehen hier deshalb eine kurze Begriffsabgrenzung als notwendig an. Wir wählen hierzu bewußt einen Mittelweg zwischen den beiden skizzierten Extrempositionen, der an das Verständnis autonomen Handelns von Wirt-

---

[16] Mit derartigen Ansätzen beschäftigt sich insbesondere die Forschungsdisziplin der *parallelen* Künstlichen Intelligenz; vgl. beispw. auch [Mart92], S. 7. Für theoretische Grundlagen s. z. B. [Ishi94].

[17] Eine Kurzübersicht über Definitonsansätze in der *Informatik* und in der *Künstlichen Intelligenz* gibt [Zele93]; für ausführlichere Übersichten vgl. [Sund93] und [WoJe95b].

[18] Siehe [Seel91]. Der Begriff „Einheit" bezieht sich hier auf „Recheneinheiten".

[19] Vgl. beispw. [Shoh93], [Bate94] und [Müll96], S. 46ff.

[20] Mit der Ablehnung derartiger Agentendefinitionen aus dem Blickwinkel der Konstruktion eines Informationssystems zur Lösung von (finanzwirtschaftlichen Nachfrager-)Problemen soll keinesfalls ausgeschlossen werden, daß derartige Agentenbegriffe aus Sicht anderer Anwendungsszenarien sehr wohl hilfreich und aussagekräftig sein können.

schaftssubjekten in ökonomischen Systemen angelehnt ist; ähnliche Definitionsansätze wie der hier gewählte finden sich auch in der „agentenorientierten" Literatur der Informatik bzw. der künstlichen Intelligenz[21]:

Problemlösungsmodell mit dezentraler Kontrollautonomie:
Unter einem Problemlösungsmodell mit dezentraler Kontrollautonomie wird (hier) eine Organisation von Domänenwissen verstanden, bei dem das Wissen zur Lösung von Problemen durch mehrere Rechenprozesse (Agenten) repräsentiert und ausgewertet wird, die über die Eigenschaften:

- *Autonomie*,
- *Rationalität* und
- *Interaktionsfähigkeit*

verfügen.

Unter *Autonomie* soll hierbei die Eigenschaft verstanden werden, daß ein Agent Teilprobleme *„ohne direkte menschliche Anleitung [... und ...] ohne Anleitung durch andere Agenten bearbeiten kann"*[22]; ein Agent kann also Teilprobleme mittels individueller Problemlösungsfähigkeit und ohne Arbeitsanweisung von Umweltsystemen (menschlicher oder maschineller Art) bearbeiten[23], insbesondere folgen sie keinem übergeordneten Kontrollfluß[24]. Die Eigenschaft *Rationalität* soll hier in Anlehnung an ökonomische Modell-Systeme ein Verhalten beschreiben, bei dem ein Agent sein Verhalten an einer Zielfunktion ausrichtet; er löst Teilprobleme dahingehend, daß er seinen (lokalen!) Zielfunktionswert optimiert[25]. Diese Annahme ist hilfreich, um nicht Systeme zu betrachten, bei denen Rechenprozesse sich beliebig und unvorhersehbar verhalten. Die dritte Eigenschaft (*Interaktionsfähigkeit*[26]) bringt zum Ausdruck, daß ein Agent (als ein Rechenprozeß mit eigener Kontrollautonomie) über die Fähigkeit verfügt, bei der Problemlösung mit anderen Agenten (bzw. menschlichen Aufgabenträgern) zu interagieren bzw. zusammenzuarbeiten – sofern dies für die Optimierung seines Zielfunktionswertes vorteilhaft ist. Diese Eigenschaft sollte zweckmäßigerweise vorliegen, da ansonsten eine Abbildung von Wissen, Informationen und Daten einer Domäne auf (verteilte) Agenten zur Lösung von Problemen wenig sinnvoll ist. Zudem beschreibt die Fähigkeit zur Interaktion, daß Agenten gemeinsam und ohne zentrale Steuerung an *einem* Problem arbeiten[27], während bei Ansätzen

---

[21] Vgl. z. B. [Sund93], S. 26f und [WoJe95b], S. 2.

[22] Siehe [Sund93], S. 27.

[23] Hiermit erfolgt noch keine Aussage, *wie* diese *lokale* „Problemlösungsfähigkeit" eines Agenten zu realisieren ist, grundsätzlich besteht hierbei wiederum die Wahlmöglichkeit der Realisierung mittels *Such-* oder *Erkennungsprozeß*.

[24] Dies ist das wesentliche Unterscheidungsmerkmal zu Problemlösungsmodellen mit zentralem Kontrollfluß.

[25] Vgl. [Gall88], S. 49ff, [Sund93], S. 27, und [Toko96], S. 2f.

[26] [Sund93] und [WoJe95b], S. 2 bezeichnen diese Eigenschaft auch als *soziale* Fähigkeit; wir sind der Ansicht, daß die hier vorgeschlagene Bezeichnung präziser ist.

[27] Vgl. [Deck87].

des verteilten Rechnens jeweils nur voneinander unabhängige Programmteile verteilt berechnet werden.[28]

Zusammenfassend sind *verteilte Problemlösungsmodelle* also dadurch charakterisiert, daß in ihnen Wissen zur Lösung von Problemen in einem Verbund von Agenten repräsentiert wird, die gemeinsam (als Verbund!) Problemstellungen bearbeiten, deren Bearbeitung die Problemlösungsfähigkeit der einzelnen Agenten jeweils überfordern würde. Dabei ist jeder Agent für sich ein autonomer Problemlöser, der unter Verwendung seiner lokalen Ressourcen (z. B. Information, Wissen, Daten) und seiner Zielfunktion Lösungen zu Teilproblemen entwickelt. Sowohl die Dekomposition eines Problemes in Teilprobleme, die Allokation der Teilprobleme als auch die Integration bzw. Synthese der zugehörigen Lösungen zu einer Gesamtlösung ist aufgrund einer (entsprechend zu gestaltenden!) Interaktionsfähigkeit der Agenten zur Ausführungszeit eines Systems („zur Laufzeit") durch den Agentenverbund *selbst* möglich. Ein solches gemeinsames Problemlösen wird auch als *verteiltes kooperatives Problemlösen* bezeichnet[29]. Anzumerken ist, daß Kooperation nicht *„Wohlwollen"* der einzelnen Agenten voraussetzt. Sich kooperativ verhaltende Agenten können trotz individueller, teilweise konträrer Ziele und Absichten und daraus folgenden Konflikt- und Konkurrenzsituationen gemeinsam Lösungen erarbeiten, die der an den gesamten Verbund gerichteten Problemstellung gerecht werden.[30]

Ausgehend von der obigen Darstellung von Problemlösungsmodellen mit zentralem Kontrollfluß (im folgenden auch kurz als „zentralistische" Modelle bezeichnet) und von Problemlösungsmodellen mit dezentraler Kontrollautonomie (im folgenden auch als „dezentrale" Modelle bezeichnet), soll im folgenden untersucht werden, welche Klasse von Modellen für unsere Zwecke als geeignet anzusehen ist; anschließend wird dann ein geeignetes Modell aus der entsprechenden Klasse ausgewählt.[31]

Vergleich *„zentralistischer"* und *„dezentraler"* Problemlösungsmodelle als konzeptionelle Grundlage der IKS-Entwicklung. Ausgehend von den Anforderungen 6 und 10 sowie ausgehend von dem im letzten Kapitel entwickelten Problemlösungsprozeß für die Erstellung kundenindividueller Problemlösungen sind offensichtlich die dezentralen Modelle den zentralistischen Modellen überlegen, da sie für die Informationssystemgestaltung unter anderem folgende potentielle Vorteile bieten[32]:

---

[28] Vgl. [Jenn92], S. 17.

[29] Vgl. z. B. die einführenden Übersichtsdarstellungen [Deck87], [DuLeCo87] und [DuLeCo89].

[30] Vgl. beispw. [DuLeCo89], S. 67.

[31] Wir wählen diese sequentielle Vorgehensweise, um nicht jeweils Modelle in einer nicht geeigneten Klasse zu betrachten.

[32] Vgl. allgemein z. B. [Huhn87b], S. vi, [Mart92], S. 8f, [Roem94], S. 18, [Will95], S. 122ff. Wir sprechen (zunächst) hier von *potentiellen* Vorteilen, da eine Realisierung dieser Vorteile dementsprechende Designentscheidungen bei der Gestaltung des Informationssystems voraussetzt.

- **Adäquatheit:**
  Der im letzten Kapitel entwickelte Problemlösungsprozeß zur Erstellung kundenindividueller Problemlösungen ist ein verteilter Prozeß mit mehreren Problemlösern, die über dezentrale Kontrollautonomie verfügen. Damit ermöglichen dezentrale Problemlösungsmodelle die Implementierung dieses verteilten Problemlösungsprozesses grundsätzlich besser als zentralistische Modelle: Die Problemlöser sind auf „natürliche" Weise als Agenten realisierbar.
- **Modularität, Entwickelbarkeit und Wartbarkeit:**
  Ein auf Basis eines dezentralen Problemlösungsmodells implementiertes Informationssystem ist hochgradig modular. Das komplexe Wissen über den Bereich „kundenindividuelle Problemlösung finanzwirtschaftlicher Nachfragerprobleme" wird in einzelne Module – die Agenten – partitioniert, die weitgehend unabhängig voneinander – und damit gut verteilt erstellbar und wartbar – sind: Lokale Änderungen, z. B. aufgrund von Anpassungen der rechtlichen und steuerlichen Bedingungen in einer finanzwirtschaftlichen Subdomäne, betrifft nur den jeweiligen Problemlöser/Agenten, die anderen Agenten bleiben von derartigen Änderungen (weitestgehend) unberührt.
- **Erweiterbarkeit:**
  Aufgrund der inhärenten Modularität dezentraler Problemlösungsmodelle sind auf diesen basierende Informationssysteme gut erweiterbar: Das Einfügen von neuem Wissen erfolgt entweder lokal in den einzelnen Agenten oder – etwa bei der Erweiterung des Angebotsspektrums um weitere finanzwirtschaftliche Sparten – durch Erstellung und Einbindung neuer Agenten. Damit ist das Informationssystem an sich über die Zeit ändernde Anforderungen flexibel anpaßbar. Eine phasenorientierte Einführung und Realisierung des IKS wird ebenfalls unterstützt: So ist ein derartiges System zunächst mit wenigen Agenten (z. B. nur jeweils ein bis zwei Anlage- und Finanzierungsagenten) in den praktischen Einsatz einführbar und dann schrittweise um weitere Agenten erweiterbar.[33]
- **Integrative Auswertung:**
  Durch den modularen Aufbau einerseits und die Fähigkeit von Agenten zur Interaktion während eines Problemlösungsprozesses andererseits ist die Integration von verteilt vorliegendem Produkt- und Kombinationswissen möglich und die Spartentrennung überwindbar.
- **Skalierbarkeit:**
  Auf Basis von dezentralen Problemlösungsmodellen zu realisierende IKS sind aufgrund der durch die weitgehende Modularität dieser Systeme gegebene Möglichkeit eines dynamischen Hinzufügens und Entnehmens von Agenten gut skalierbar und an wechselnde Problemstellungen anpaßbar.
- **Geschwindigkeit:**
  Die einzelnen Agenten sind (bei Vorliegen mehrerer Prozessoren) aufgrund

[33] Vgl. auch [DeRoRo94].

ihrer lokalen Kontrollautonomie weitgehend parallel ausführbar; Geschwindigkeitsvorteile gegenüber einer rein sequentiellen Bearbeitung sind erzielbar.

- **Wiederverwendbarkeit:**
  Da Agenten jeweils über lokale Kontrollautonomie verfügen, sind bestehende Bestandteile von spartenspezifischen Beratungssystemen grundsätzlich gut integrierbar, da an deren lokalen Kontrollabläufen – und damit letztlich an deren lokalen Lösungsabläufen – (häufig) keine umfassenden Anpassungen erforderlich sein werden.[34]

Aufgrund dieser bezüglich der Anforderungen und der einfachen Implementierbarkeit des entwickelten Problemlösungsprozesses erheblichen Vorteile ist die Wahl eines dezentralen Problemlösungsmodells als konzeptionelle Grundlage der Informationssystementwicklung als *geeignet und daher empfehlenswert* zu beurteilen.

Im folgenden Abschnitt sollen dementsprechend die für die Erstellung eines Informationssystems relevanten dezentralen Problemlösungsmodelle genauer untersucht werden; hieran schließt sich dann die begründete Auswahlentscheidung an.

Dezentrale Problemlösungsmodelle. Mit der Entwicklung dezentraler Problemlösungsmodelle beschäftigt sich vor allem die Forschungsdisziplin der *verteilten künstlichen Intelligenz* (VKI), die sich in zwei wesentliche Forschungsrichtungen gliedert[35]:

> *„Research in* **Distributed Problem Solving** *(DPS) considers how the work of solving a particular problem can be divided among a number of modules, or ‚nodes', that cooperate at the level of dividing and sharing knowledge about the problem and about the developing solution.*
>
> *In a second area, which we shall call* **Multiagent (MA) Systems,** *research is concerned with coordinating intelligent behavior among a collection of (possibly) preexisting autonomous intelligent ‚agents' [...] how they can coordinate their knowledge, goals, skills, and plans jointly to take action or to solve problems."*[36]

Ein wesentliches Forschungsergebnis ist diesbezüglich, daß Agenten bei der Problemlösung im allgemeinen keine vollständige Information und vollständiges Wissen über die Ziele, Aktionen, Fähigkeiten und Interaktionen der anderen Agenten besitzen, da:

- *„Bandwidth limitations make it impossible for agents to be constantly informed of all developments in the system"*[37].
- *„A local perspective simplifies conceptualisation and implementation. Problems become more complex if agents have to monitor the activities of all the others – the theory of bounded rationality"*[38].

---

[34] Diese wird exemplarisch in [EiWi96], S. 52ff, gezeigt.

[35] Vgl. auch Abb. 9.1, S. 250.

[36] Siehe [BoGa88b], S. 3.

[37] Siehe [Jenn92], S. 26; vgl. auch [SmDa83].

[38] Siehe [Jenn92], S. 26; vgl. auch [Simo64].

Da Agenten zum einen im allgemeinen nicht über vollständige Information über den Lösungsprozeß verfügen und andererseits eine *Kohärenz* des Prozesses sicherzustellen ist[39], besteht bei dezentralen Problemlösungsmodellen ein Bedarf zur *Koordination* von Agenten während des Problemlösens. Da in unserem Kontext die gemeinsame Lösung einer Problemstellung durch mehrere Agenten im Vordergrund steht und ein entsprechendes Informationssystem neu zu entwerfen ist, sollte bereits *während* des Systementwurfs (weitgehend) festgelegt werden, welche Agenten Probleme wie zerlegen und wie Agenten Lösungen und Probleme miteinander austauschen sowie gemeinsam eine Lösung entwickeln sollen. Damit sind die Koordinationsstrategien bzw. die Vorgehensweisen zur gemeinsamen Problemzerlegung, Problembearbeitung und Lösungssynthese zur Laufzeit des Systems festgelegt, die Agenten selbst müssen diese „nur" noch ausführen. Der Koordinationsaspekt zur Laufzeit spielt damit nur noch eine untergeordnete Rolle[40], die allerdings trotzdem rechenzeitintensiv sein kann. Für uns sind dementsprechend vor allem die *Problemlösungsmodelle des distributed problem solving* relevant, die es ermöglichen, die wesentlichen Interaktionsstrategien bereits zum Entwurfszeitpunkt des Systems festzulegen[41].

Nach Mack et al. sind

- das *FA/C-Modell*,
- das *Kontrakt-Netz-Modell* und
- das *Blackboard-Modell*

die wesentlichen Problemlösungsmodelle des *distributed problem solving*[42] (vgl. auch Abb. 9.1); diese sind im folgenden näher zu untersuchen.[43]

Das FA/C-Modell. Besonderes Merkmal des FA/C-Modells ist es, daß die Problemlösungsaktivitäten so organisiert und auf Agenten abgebildet werden,

---

[39] Vgl. [BoGa88b]. Auch bei vollständiger Information der Agenten über den Lösungsprozeß kann Koordinationsbedarf bestehen, wenn diese konfligierende Ziele besitzen.

[40] Diese Koordinationsaspekte sind bei verteiltem Problemlösen nach Woitass von Bedeutung, *„wenn es keine fest vorgeschriebene Aktionsabwicklung für die kooperative Problemlösung durch eine Gruppe von Agenten gibt"*, s. [Woit91], S. 115; genau die Festlegung derartiger Aktionsabwicklungen bezeichnen wir hier als Koordination und plädieren dafür, diese nach Möglichkeit während des Systemdesigns festzuschreiben: Durch die Verlagerung von Koordinationsaufwand in die Phase der *Systementwicklung* entsprechen wir letztlich der Aufforderung, möglichst wenig Suche (also dynamisches Festlegen von Operatorreihenfolgen während des (verteilten) Problemlösens) bei maschinellen Problemlösungsprozessen anzuwenden; vgl. Fußnote 66, S. 225.

[41] Vgl. [Mart92], S. 7f. Da demzufolge die Problemlösungsmodelle der Multi-Agentensysteme hier nicht relevant sind, werden wir diese nicht weiter betrachten; aus diesem Grund haben wir diese in Abb. 9.1 auch nicht explizit dargestellt.

[42] Vgl. [MaRoSa93], S. 11ff.

[43] Die folgende Darstellung basiert auf Beiträgen des Autors zu der Arbeit [MaRoSa93].

daß Agenten auch bei inkonsistentem, unvollständigem, sich überschneidendem und unsicherem Domänenwissen in der Lage sind, *konsistente* Problemlösungen komplexer Probleme zu erarbeiten.[44] Dies wird im FA/C-Modell durch einen *result sharing-Ansatz* erreicht[45]: Die Agenten tauschen ihre eigenen (partiellen und teilweise hypothetischen) Lösungen solange iterativ untereinander aus, bis eine konsistente Lösung erarbeitet ist. Die Vorgehensweise zur Problemlösung ist als *bottom up-Vorgehensweise* zu bezeichnen, da einzelne Lösungsteile zu einer Gesamtlösung durch iterativen Austausch *synthetisiert* werden.

Das Modell läßt sich an einem Beispiel anschaulich erläutern: Agenten überwachen gemeinsam einen räumlichen Bereich mittels Sensoren, wobei jeder Agent eine Teilregion überwacht; diese Teilregionen überschneiden sich, damit keine unüberwachten Regionen entstehen. Durch diese Regionen fahren Fahrzeuge und es ist Aufgabe der Agenten, sowohl die Fahrzeuge als auch die jeweiligen Routen zu identifizieren. Aufgrund von Störsignalen sowie Meßfehlern und ähnlichem können die einzelnen Agenten zu Fehlidentifizierungen gelangen. Da die Fahrzeuge mehrere Regionen durchqueren, teilen sich die Agenten ihre jeweiligen hypothetischen und partiellen[46] Ergebnisse mit. Die benachbarten Agenten beziehen die empfangenen Lösungshypothesen der anderen Agenten in ihre Schlußfolgerungen und Lösungsaktivitäten ein und überarbeiten ihre Interpretationsergebnisse. Durch wiederholten Lösungsabgleich werden für immer größere Teilbereiche wechselseitig konsistente Interpretationen entwickelt, bis letztlich für den gesamten Überwachungsraum eine konsistente Interpretation aller Meßergebnisse vorliegt.

Die Agenten im FA/C-Modell sind als *reflexiv* zu bezeichnen, da sie bei widersprüchlicher Meßinformation Schlußfolgerungen über die Qualität der eigenen Meßergebnisse sowie über die Qualität von Meßergebnissen und Interpretationen der anderen Agenten vornehmen und das entsprechende Wissen in ihren eigenen Schlußfolgerungsprozeß einbeziehen. Insbesondere müssen sie in der Lage sein, bisherige Schlußfolgerungen bei neuen Umweltinformationen zu revidieren.[47]

Das FA/C-Modell wurde zunächst zur Lösung räumlich verteilter Probleme entwickelt, läßt sich aber auch zur Modellierung anderer Problemstellun-

[44] Vergleiche ausführlich die Arbeiten [LeCo81], [BoGa88b] und [Less91]. Das Akronym FA/C steht für *functionally accurate, cooperative problem solving*.

[45] Bei *result sharing* tauschen die einzelnen Agenten *(Teil-)Lösungen* untereinander aus, vgl. [AlBu93], S. 60.

[46] Sie können immer nur eine *Teil*route direkt wahrnehmen, die ein Fahrzeug zurücklegt, da sie jeweils nur eine Teilregion betrachten.

[47] Dieses Szenario dient in der VKI vor allem auch der Untersuchung weiterer Techniken zur Reduzierung von *Steuerungs-* und *Lösungsunsicherheit* der Agenten bei verteilten Problemlösungsaktivitäten; Beispiele sind *organizational structuring* (vgl. [Fox81], [Hewi86]), *negotiation* (vgl. [Smit80], [SmDa83], [CoMeLe88]), *tolerance of inconsistency* (vgl. [Hewi86], [LeCo81]), *sophisticated local control* (vgl. [DuLeCo87]), die auch in den nachfolgenden Modellen jeweils einsetzbar sind; diese sind hier für die weitere Betrachtung nicht relevant.

gen einsetzen. Die Realisierung eines Systems, das auf dem FA/C-Modell basiert, ist relativ *aufwendig*: Das Modell impliziert zum einen ein *umfangreiches* Agentenmodell, da *reflexive* Agenten sowohl umfangreiches Wissen über ihre Umwelt benötigen, um Interpretationsergebnisse anderer Agenten beurteilen zu können, als auch über entsprechende Operatoren zur Auswertung dieses Wissens verfügen müssen. Zum anderen ist durch die entsprechende Gestaltung der dezentralen Steuerungsmechanismen ein koordiniertes Agentenverhalten sicherzustellen, damit Agenten bei widersprüchlichen Meßergebnissen auch zu konsistenten Lösungen gelangen[48].

Die relative Komplexität dieses Modells erscheint angemessen, wenn bei Systemdesign (wie im oben skizzierten Beispiel) der Fall von unvollständigem, sich überschneidendem und inkonsistentem Wissen nicht vermeidbar ist. Dies ist aber (offensichtlich) bei dem im letzten Kapitel entwickelten Problemlösungsprozeß zur Erstellung kundenindividueller Problemlösungen nicht der Fall, da dort die Problemlöser jeweils das Wissen *einer* finanzwirtschaftlichen Sparte repräsentieren und Finanzprodukte jeweils für eine Sparte erstellen. Zudem ist in unserem Kontext aufgrund fehlendem Kombinationswissen sowie fehlender Optimalitätsbedingungen die Erstellung alternativer Lösungsvorschläge ein gewünschtes(!) Merkmal des Problemlösungsprozesses und nicht unerwünschte Folge von Meßfehlern. Weiterhin tauschen im modellierten Problemlösungsprozeß Problemlöser im wesentlichen *Problem*informationen (sie verfolgen also einen *task sharing*-Ansatz) und nicht *Lösungs*informationen (*result sharing*) untereinander aus.

Das Kontrakt-Netz-Modell. Ein Kontrakt-Netz[49] besteht aus einer Menge von Agenten, die ebenfalls (wie im FA/C-Modell) direkt miteinander kommunizieren. Allerdings liegt hier ein *task sharing*-Ansatz vor[50], bei dem im Gegensatz zum FA/C-Modell Probleminformationen der wesentliche Gegenstand der Agentenkommunikation sind (und nicht wie im FA/C-Modell) (Teil-)Lösungen. Weiterhin wird eine *top down*-Vorgehensweise realisiert, bei der Probleme hierarchisch in einfachere Teilprobleme zerlegt werden (FA/C-Modell: *bottom up*-Vorgehensweise). Die Koordination basiert auf einem *Verhandlungsmechanismus* und sich aufgabenabhängig sowie dynamisch während eines Problemlösungsprozesses herausbildenden Kontrollstrukturen[51]: Die Agenten nehmen aufgabenabhängig entweder die Rolle eines Auftraggebers (*„manager“*) oder eines Auftragnehmers (*„contractor“*) ein.

Ein Manager zerlegt eine Problemstellung, deren Lösung seine individuellen Problemlösungsfähigkeiten übersteigt, in einfachere Teilprobleme. Für jedes Teilproblem, welches ein Auftraggeber nicht selbst bearbeiten kann, erzeugt er eine Ausschreibung (*„task announcement“*). Die Ausschreibung kann ein Manager an alle anderen Agenten *global* oder auch nur an ausgewähl-

[48] Vgl. [Less91].
[49] Vgl. allgemein [Smit80], [SmDa81] und [SmDa83].
[50] Vgl. [AlBu93], S. 60.
[51] Vgl. [Smit80] und [SmDa83].

te Agenten *selektiv* verschicken; ein *Manager* kann wiederum von anderen Managern *task announcements* erhalten. Agenten beantworten Problemausschreibungen, für die sie Lösungsbeiträge leisten können, mit einem Angebot (*bid*). Durch die eingehenden Bewerbungen erhalten die jeweiligen Manager Informationen über zur Zeit im Verbund verfügbare Problemlösungsfähigkeiten und senden einem jeweils als geeignet erscheinendem Anbieter eine Zusage (*award*). Kann ein Auftragnehmer Teilprobleme *selbst* nicht vollständig lösen, nimmt er eine Managerrolle ein und schreibt diese wiederum an andere Agenten aus.[52]

Das Kontrakt-Netz-Modell besitzt zwar eine konzeptionelle Ähnlichkeit zu den Problemlösungsmodellen mit zentralem Kontrollfluß und verteilter Ausführung; allerdings besteht hier ein wesentlicher Unterschied: Agenten können jeweils selbst über die Annahme von Aufträgen und die Vergabe von Aufträgen an sich bewerbende Agenten entscheiden, ein für den gesamten Verbund *zentrales* Kontrollregime existiert also nicht.

Die oben dargestellten Kooperationsformen *explizite* und *implizite* Kollaboration[53] sind im Kontrakt-Netz-Modell einfach abbildbar, da dieses einen *task sharing*-Ansatz verfolgt. Indes wird die Verfolgung alternativer Lösungsäste nicht direkt unterstützt: Ein Manager vergibt für jedes von ihm ausgeschriebene Teilproblem *eine* Zusage an den vermeintlich bestgeeigneten Anbieter bzw. Agenten; wir wünschen hingegen die Verfolgung aller möglichen Lösungsalternativen. Zwar ließe sich das Kontrakt-Netz-Modell (informationstechnisch problemlos) um diese Eigenschaft erweitern, indes wäre dann ein gewisser *Kommunikations-Overhead* gegeben, da Bewerbungen auf Ausschreibungen nicht mehr notwendig wären. Wesentlicher ist diesbezüglich jedoch, daß jeder Manager in diesem Fall selbst den Eingang der einzelnen Teillösungen überwachen sowie die entsprechenden Lösungsäste selbst aggregieren müßte. Zudem wird das für den entwickelten Problemlösungsprozeß spezifizierte Kontrollregime[54] nur schwer realisierbar: Da kein Manager weiß, wieviele Subkontraktoren ein von ihm beauftragter Anbieter wiederum selbst beauftragt hat, sind tiefe Äste nur schwer erkennbar und entsprechende Terminierungsentscheidungen können nur schwer getroffen werden.

Das Blackboard-Modell. Im Blackboard-Modell[55] erfolgt die Kommunikation über einen zentralen, für alle Agenten zugänglichen globalen Speicher, dem *Blackboard*. Die Idee, die diesem Modell zugrunde liegt, wurde bereits 1962 von Newell formuliert:

> „*Metaphorically we can think of a set of workers, all looking at the same blackboard: each is able to read everything that is on it, and to judge when he has*

[52] Die Realisierung von IKS, die auf dem Kontrakt-Netz-Modell basieren, wird in letzter Zeit für den Logistikbereich intensiver untersucht, vgl. beispw. [FiKuMü93], [MeFaSp96], [GoScWe97].

[53] Vgl. Abschn. 8.2.2, S. 238ff, und Abschn. 8.2.2, S. 233ff.

[54] Vgl. Abschn. 8.2.2, S. 240f.

[55] Vgl. auch die ausführlichen Darstellungen in [Nii86], [Nii89b], [Adle92].

something worthwile to add to it. This conception is just that of Selfridge's Pandemonium[56]*: a set of demons, each independently looking at the total situation in proportion to what they see that fits their nature ...* "[57]

Das Blackboard-Modell ist dementsprechend gekennzeichnet durch zwei konzeptionelle Bestandteile (vgl. Abb. 9.3):

– mehreren *Agenten*[58] und
– einem *Blackboard*.

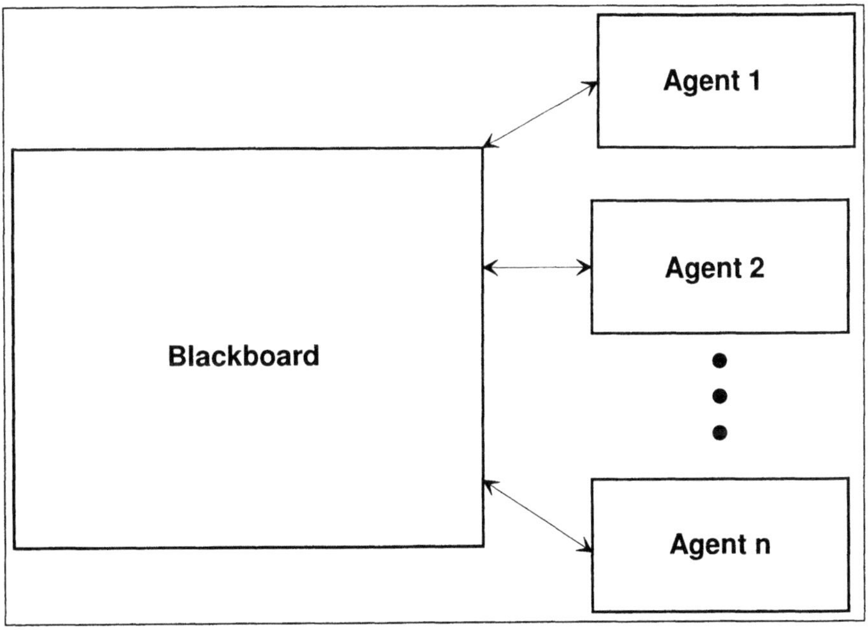

Abb. 9.3. Schematische Darstellung des Blackboard-Modells, aus [Nii86], S. 36

[56] Das *Pandemonium* von Selfridge war eine der ersten Systemarchitekturen, mit denen maschinelle Lernvorgänge realisierbar sein sollten, und hat erstmalig die Bedeutung von „Mustererkennung" (*recognition of patterns*) sowie der Strukturierung von Zusammenhängen mittels Hierarchien zur Reduktion von Komplexität für maschinelle Problemlösungsprozesse bzw. von Lernprozessen hervorgehoben. Insbesondere wurden im Zusammenhang mit dieser Architektur die ersten konzeptionellen Grundlagen für verteilte Problemlösungsansätze gelegt; allerdings besitzen diese eine größere Nähe zu künstlichen neuronalen Netzwerken als zu dezentralen Problemlösungsmodellen im heutigen Sinn; vgl. auch [Self92] und [LuSt93], S. 699. Für die Originalarbeit s. [Self59].

[57] Siehe [Newe62]; zitiert nach [Nii86], S. 46.

[58] Diese werden im Blackboard-Modell (aus historischen Gründen) auch als *knowledge source* bezeichnet.

In den Agenten wird das Wissen über den Anwendungsbereich abgebildet, diese sind wie in den anderen beiden Modellen voneinander unabhängig, eine *direkte Agentenkommunikation* findet aber (im Gegensatz zum FA/C- und zum Kontrakt-Netz-Modell) nicht statt. Die Aufgabe der Agenten ist es, Lösungsbeiträge zur Problemlösung entsprechend ihrer individuellen Problemlösungsfähigkeiten zu erstellen. Hierzu „betrachten" sie das *Blackboard*: In dem Blackboard werden alle relevanten Probleminformationen und alle Lösungsinformationen abgelegt. Jeder Agent weiß selbst, unter welchen Bedingungen er aufgrund seiner Lösungsfähigkeiten Lösungsbeiträge entwickeln kann. Erkennt ein Agent aufgrund der im Blackboard eingetragenen Informationen, daß er einen Lösungsbeitrag leisten kann, wird er selbst aktiv und leistet Lösungsbeiträge, welche wiederum Inputinformation für die Tätigkeiten anderer Agenten darstellen können.

Das Blackboard erfüllt in dem Problemlösungsmodell zwei wesentliche Aufgaben[59]: Zum einen ist es ein *Kommunikationsmedium*, da *alle* Agenten ausschließlich über dieses Blackboard miteinander Informationen austauschen (*shared memory-Konzept*). Zum anderen kommunizieren die Agenten über das Blackboard sowohl Lösungs- als auch Probleminformationen – das Blackboard enthält damit jeweils ein Abbild des Zustands von noch zu bearbeitenden (Teil-)Problemen und von bereits erstellten Lösungsbeiträgen. Da alle Agenten Zugriff auf diese Informationen haben, repräsentiert das Blackboard für die Agenten (im Sinne der Produktionssystem-Terminologie) die *globale Datenbasis.*

Für eine einfache Kommunikation der Agenten über das Blackboard sowie für einen „schnellen" Zugriff auf die jeweils für die einzelnen Agenten relevanten Problem- bzw. Lösungsinformationen wird ein Blackboard in realen Systemen im allgemeinen *vertikal* in *Abstraktions-* bzw. *Zerlegungs*ebenen und *horizontal* in *komplementäre* oder *alternative Lösungsschritte* zerlegt (vgl. Abb. 9.4): Die Informationen auf einer Blackboard-Ebene werden dann bestimmten Agenten zugeordnet, so daß Agenten „wissen", bei welchen Blackboard-Ebenen für sie relevante Änderungen eintreten können. Agenten müssen dann nicht das gesamte Blackboard, sondern nur einen ausgewählten definierten Bereich „überwachen"[60]. Diese Vorgehensweise entspricht der Definition von handlungsaktivierenden Ereignissen, bei deren Eintritt die Agenten prüfen, ob und wie sie Lösungsbeiträge leisten. Zusätzlich wird für die Agenten jeweils definiert, auf welchen Blackboard-Ebenen sie ihre Lösungsbeiträge einzuordnen haben.

Da im Blackboard-Modell selbst nicht spezifiziert ist, ob im Blackboard Probleme oder Lösungen zur Aktivierung von Agenten führen, sind ausgehend vom Blackboard-Modell sowohl *task sharing* als auch *result sharing* An-

---

[59] Vgl. [Velt92], S. 10ff.

[60] Derartige „Änderungen" können grundsätzlich neue Information, Abänderungen bestehender Informationen und das Löschen von bestehenden Informationen umfassen.

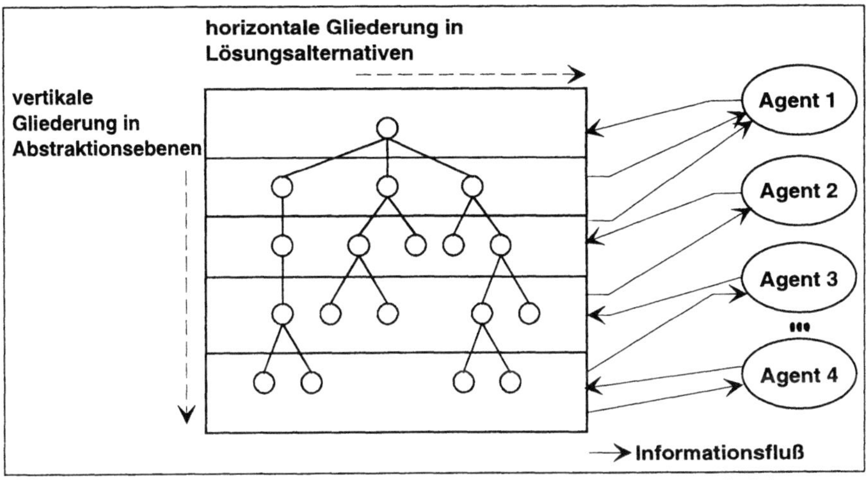

Abb. 9.4. Schematische Darstellung Blackboard-Strukturierung, in Anlehnung an [Nii86], S. 42

sätze realisierbar. Ebenso sind mit dem Blackboard-Modell *top down*-, *bottom up*- oder auch *opportunistische* Vorgehensweisen[61] umsetzbar und verschiedene Kooperationsmechanismen und Organisationsstrukturen abbildbar[62]; das Blackboard-Modell ist somit sehr flexibel einsetzbar.

Das Blackboard-Modell selbst sieht keine globale Kontrolle von Problemlösungsaktivitäten vor. Da jedoch in realen Systemen häufig systemtechnische Restriktionen bezüglich zur Verfügung stehender Hard- und Softwareressourcen gegeben sind (z. B. wenn aufgrund von Hardware- und Betriebssystemrestriktionen jeweils nur eine Problemlösungsaktivität/ein Agent gleichzeitig ausführbar ist) und bei Suchverfahren häufig das Problem einer kombinatorischen Explosion auftritt, wird dies im Blackboard-Modell durch eine Einführung eines Kontrollmoduls berücksichtigt, das als *scheduler* bezeichnet werden kann. Agenten reagieren auch hier auf Blackboard-Änderungen, führen jedoch nicht sofort Lösungsaktivitäten aus, sondern melden zunächst ihren „Aktivierungswunsch" über sogenannte *activation records* (AR) beim *scheduler* an, der entsprechende Aktivierungsentscheidungen vornimmt (vgl. Abb. 9.5).

Werden die Eigenschaften der oben vorgestellten Problemlösungsmodelle für die Implementierung des spezifizierten Problemlösungsprozesses vergli-

---

[61] Unter einer *opportunistischen* Vorgehensweise ist zu verstehen, daß erst während des Problemlösungsprozesses entschieden wird, ob *top down* oder *bottom up* vorgegangen wird.

[62] Vgl. [Stei91].

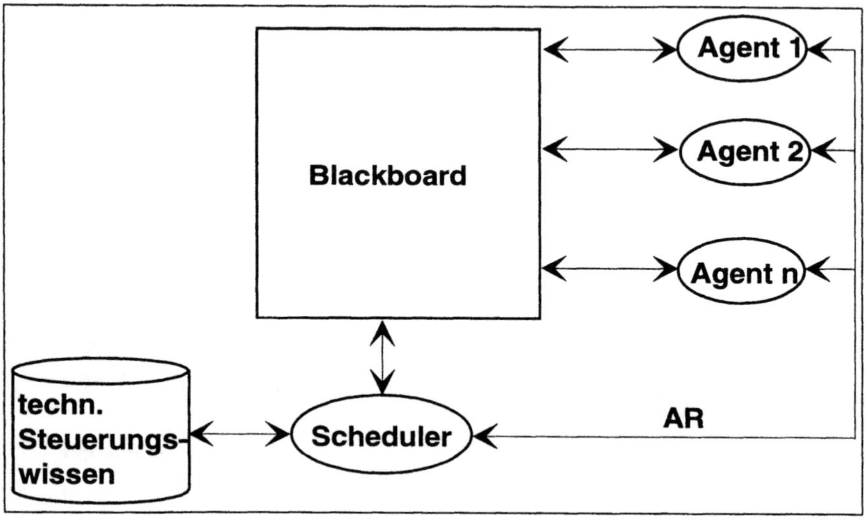

Abb. 9.5. Schematische Darstellung Steuerungsmodul, in Anlehnung an [Nii86], S. 44

chen[63], so ist das Blackboard-Modell das am besten geeignete dezentrale Problemlösungsmodell. Diese Aussage ist im folgenden zu begründen.

Auswahlentscheidung. Durch die Blackboard-Eigenschaften wird eine Lösungssuche mittels *impliziter Kollaboration* und *vollständigem Problemlösen* einfach realisierbar: Ein finanzwirtschaftliches Nachfragerproblem wird formalisiert auf einer Hierarchieebene des Blackboards eingetragen; damit ist es für alle Agenten (die den Problemlösern entsprechen) sichtbar (Nutzung der *task sharing*-Funktionalität des Blackboards). Nach einem Problemeintrag im Blackboard ist das Problem von den Agenten entsprechend ihren lokalen Problemlösungsfähigkeiten zu bearbeiten. Mit dem Blackboard-Modell ist dies einfach implementierbar: Jeder Agent, der ein Finanzprodukt als finanzwirtschaftliches Lösungselement erstellen kann, reagiert (*datengetrieben*) auf das eingetragene Problem, bearbeitet es entsprechend seiner Fachkompetenz und trägt das Finanzprodukt formal repräsentiert als Lösungselement im Blackboard ein. Im Fall eines Lösungselements, das die Zulässigkeitsbedingung erfüllt, hat der entsprechende Agent mittels *vollständigem Problemlösen* einen Zielzustand erreicht bzw. eine Problemlösung erstellt.

Bei *impliziter Kollaboration* ist das erstellte Finanzprodukt eines Agenten aus finanzwirtschaftlicher Sicht indes „nur" eine lokal optimierte Teillösung. Die „Differenz" zwischen Teillösung und Ausgangsproblem wird durch den

[63] Da die obige Diskussion in Abschn. 9.1.1, S. 254f, gezeigt hat, daß die Anforderungen 6 und 10 (vgl. Abschn. 4.8, S. 78f), die sich auf die Informationssystemgestaltung beziehen, von dezentralen Problemlösungsmodellen im allgemeinen gut erfüllt werden, brauchen diese hier nicht weiter berücksichtigt zu werden.

Agenten bestimmt und wiederum im Blackboard mittels *task sharing* als (Rest-)Problem „ausgeschrieben“. Die anderen Agenten erstellen dann für das verbleibende Teilproblem erneut Finanzprodukte als Lösungselemente, welche anschließend mit der zuvor erarbeiteten Teillösung zu Problemlösungen synthetisierbar sind.

Die dynamische und inkrementelle Vorgehensweise der impliziten Kollaboration kann damit in einem blackboardbasierten Informationssystem zieladäquat realisiert werden. Die Synthese der einzelnen einander ergänzenden Lösungselemente zu einer Problemlösung kann grundsätzlich durch den zerlegenden Agenten oder aber durch einen auf diese Syntheseaufgabe spezialisierten Agenten erfolgen. Da im Blackboard nicht nur Problem-, sondern auch Lösungsinformation speicherbar ist, sind beide Ansätze zur Lösungssynthese aufgrund eines *result sharing* der Agenten über das Blackboard realisierbar.

Ebenso wird durch das Blackboard-Modell die *explizite Kollaboration* unterstützt. Bei expliziter Kollaboration ist bekannt, welche Kombination von Finanzprodukten ein finanzwirtschaftliches Problem gut löst. Im Blackboard-Modell läßt sich dies gut abbilden, indem das Nachfragerproblem (oder bei impliziter Kollaboration ein Restproblem) durch einen Kombinationsagenten mit dem entsprechenden Kombinationswissen in Teilprobleme zerlegt wird, welche wiederum in das Blackboard eingetragen werden (*task sharing*); diese (Teil-)Probleme sind dann wieder *datengetrieben* von den anderen Agenten zu lösen.

Da als finanzwirtschaftliche Problemlösung immer eine Produktkombination als ganzes zu bewerten ist, muß es möglich sein, unterschiedliche Teillösungen für ein Nachfragerproblem zu verfolgen und mehrere Lösungspfade zu bewerten. Durch die Blackboard-Eigenschaften wird dies einfach erreichbar, da das Blackboard als Speichermedium sowohl für Probleme als auch für Lösungselemente letztlich ein Abbild des Lösungsgraphen darstellt und dementsprechend im Sinne der „Datenbasis“ eines Produktionssystems die unterschiedlichen Lösungspfade „mitprotokolliert“; diese Eigenschaft ist insbesondere auch vorteilhaft für die Gestaltung einer Erklärungskomponente und zur Visualisierung von Problemlösungsprozessen nutzbar. Da Agenten im Blackboard-Modell ausschließlich über das Blackboard interagieren, wird bei der Gestaltung des Informationssystems als blackboardbasiertes System auch das für den dargestellten Problemlösungsprozeß wesentliche Merkmal des unabhängigen Bearbeitens von Teilproblemen ermöglicht.

Weiterhin bietet das Blackboard-Modell gegenüber den anderen beiden dezentralen Problemlösungsmodellen des *distributed problem solving* den Vorteil, die Agenten sowie die Interaktionen der Agenten möglichst einfach und mit nur geringem „Koordinations-Overhead“ realisieren zu können. Die Agenten müssen erstens nicht über umfangreiche Kommunikationsfähigkeiten verfügen, da sie nur über eine (anwendungsspezifisch zu definierende) Schnittstelle mit dem Blackboard kommunizieren; eine direkte Agentenkommunikation findet im Blackboard-Modell nicht statt: Änderungen im Blackboard sind als Ereignisse oder *Stimuli* definierbar, welche die Agenten aktivieren, aus bisherigen Blackboard-Einträgen neue Lösungselemente zu erstellen. Insbesondere benötigen die Agenten damit kein umfangreiches Wissen über ihre Umwelt, keine entsprechenden Schlußfolgerungsfähigkeiten und müssen zur Laufzeit keine Koordinationsaktivitäten durchführen; die Agenten sind damit als *reaktive* Agenten realisierbar.

Darüber hinaus ermöglicht das Blackboard-Modell die einfache Einführung einer zentralen Instanz, die die dezentralen Problemlösungsfähigkeiten bezüglich knapper Rechnerressourcen, Lösungsdauer und Tiefe einzelner Lösungsäste im Blackboard überwacht. Beschränkt sich diese Koordination nur auf derartig *technische* Fragestellungen, benötigt diese Steuerungskomponente im Sinne eines *Schedulers von Rechenprozessen* selbst kein finanzwirtschaftliches Wissen. Dies führt zu einer klaren Partitionierung von technisch orientiertem Steuerungswissen und finanzwirtschaftlichem Lösungswissen: Eine Doppelerfassung von finanzwirtschaftlichem Wissen in der Steuerungskomponente zusätzlich zu den Agenten ist damit nicht notwendig, so daß Redundanzen, Inkonsistenzen usw. vermeidbar sind. Durch die Partitionierung von Domänenwissen und technischem Steuerungswissen in Agenten und Steuerungskomponente werden zudem die Agenten von der Durchführung technisch bedingter Koordinationsaufgaben entlastet. Die Modularität des Blackboard-Modells bezieht sich damit nicht nur auf die Möglichkeit einer sinnvollen Partitionierung von Domänenwissen in Agenten, sondern auch auf die Trennung von technisch orientiertem Steuerungswissen und Domänenwissen[64]. Herauszuheben ist, daß der Scheduler so gestaltbar ist, daß er nur aus *globaler Sicht* Entscheidungen trifft und dabei nicht in die lokale Kontrollautonomie der Agenten eingreift. Letztlich ermöglicht das Blackboard-Modell damit auch eine adäquate Realisierung des Kontrollsystems des modellierten Problemlösungsprozesses.

Vor dem Hintergrund der vorangegangenen Analyse kommen wir damit zu der Schlußfolgerung:

> *Das Blackboard-Modell erfüllt für unseren Anwendungskontext alle relevanten Anforderungen und hat (insbesondere im Vergleich mit dem FA/C-Modell und dem Kontrakt-Netz-Modell) den wesentlichen Vorteil einer einfachen Realisierbarkeit des entwickelten Problemlösungsprozesses verbunden mit einem nur geringen Koordinationsaufwand zur Laufzeit.*

Kritisch ist anzumerken, daß das Blackboard im Vergleich zum FA/C-Modell und zum Kontrakt-Netz-Modell mit dem Blackboard und der Steuerungskomponente zwei zentrale Komponenten besitzt, so daß bei der Systemgestaltung darauf zu achten ist, daß diese keinen „Flaschenhals" darstellen.

---

[64] Vgl. hierzu ausführlich [Nii89b], S. xxvi: „*This separation also allows the domain knowledge to be expressed, at least in principle, in a ‚pure' form, unencumbered by information on how or when or where it is to be used. If the application of knowledge is in itself a complex task, then the blackboard model allows for control to be encoded as knowledge sources that specialize in reasoning about knowledge application*".

Ausgehend von der Entscheidung für das Blackboard-Modell als geeigneter konzeptioneller Rahmen für die Implementierung eines Informationssystems zur Erstellung kundenindividueller Problemlösungen im Direktvertrieb soll nun im folgenden dargestellt werden, wie der Problemlösungsprozeß zieladäquat realisierbar ist.

9.1.2 Wesentliche Designentscheidungen für die Gestaltung des Informationssystems

Aus der Entscheidung für die Realisierung des Informationssystems als *Blackboard-System* folgt, daß das Informationssystem aus drei wesentlichen Komponenten besteht (vgl. Abb. 9.6):

- einem *Blackboard*,
- mehreren Agenten und
- einer *Steuerungskomponente.*

Eine zieladäquate Gestaltung dieser Komponenten soll im folgenden genauer dargestellt werden und baut (ebenfalls) auf Ergebnissen des Forschungsprojekts ALLFIWIB auf[65]. Die Darstellung hat stark *beschreibenden* Charakter, da viele Designentscheidungen aus den bisherigen Überlegungen folgen und damit unmittelbar verständlich und nachvollziehbar sind; auf eine explizite Ableitung der Designentscheidungen aus den Anforderungen an das Informationssystem bzw. ausgehend von der Prozeßmodellierung kann daher (weitgehend) verzichtet werden. Die hier vorgestellten Designentscheidungen wurden unter Mitarbeit des Verfassers in einem *evolutionären* und *explorativen Prototypingprozeß* implementiert; anhand des entstandenen Prototyps konnten sowohl deren *technische Umsetzbarkeit* als auch deren *grundsätzliche Leistungsfähigkeit* aus Anwendungssicht demonstriert werden.[66]

Ausgehend von der schematischen Übersicht in Abb. 9.6 über die wesentlichen Bestandteile eines geeignet gestalteten Informationssystems sollen im weiteren die einzelnen Bestandteile und ihre Beziehungen zueinander genauer vorgestellt werden; falls erforderlich werden die wesentlichen Designentscheidungen jeweils kurz begründet. Um eine vollständige Übersicht zu erhalten, stellen wir alle (wesentlichen) Komponten des Informationssystems dar: Wir beschränken uns also bei der Darstellung nicht nur auf diejenigen Komponenten des Informationssystems, die auf eine Unterstützung der Phase *Problemlösung* zielen, sondern gehen auch auf die Komponenten ein, die sich auf die informationsverarbeitenden Aspekte der Phasen *Problemformulierung* und

[65] Die nachfolgende Darstellung ist eine überarbeitete Fassung der Arbeit [Roem94].

[66] Für eine kurze Darstellung der prototypischen Realisierung s. beispw. [Will95], S. 160ff, und [Roem94], S. 22. Auch wenn die folgende Darstellung weitgehend beschreibenden Charakter besitzt, so bezieht sich diese auf den SOLL-Zustand eines Informationssystems für die Erstellung kundenindividueller Problemlösungen und nicht auf die Beschreibung des IST-Zustands des realisierten Prototyps.

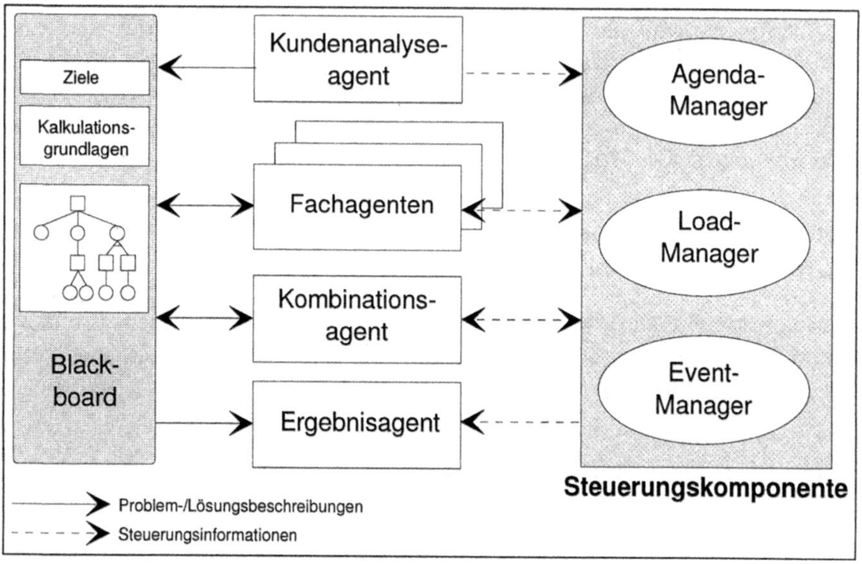

Abb. 9.6. Schematische Darstellung der Informationssystemgestaltung, aus [Roem94], S. 17

Lösungspräsentation beziehen. Die Gestaltung des *Kommunikationssystems* bezüglich der Unterstützung der interaktiven Kommunikation zwischen Anbietern und Nachfragern wird anschließend in Abschn. 9.2 untersucht.

Konzipierung des Blackboards. Bei der Gestaltung des *Blackboards* sind vor allem die folgenden Fragen zu beantworten:

- *Was* ist im Blackboard darzustellen?
- *Wie* ist das Blackboard zweckmäßigerweise *vertikal* und *horizontal* zu strukturieren?
- *Wie* ist das Blackboard zu realisieren?

Da das Blackboard sowohl zur Repräsentation des jeweiligen *Lösungsgraphen* als auch als *Kooperations-* bzw. als *Kommunikationsmedium* für die Agenten dient, sind im Blackboard entsprechend dem spezifizierten Problemlösungsprozeß *finanzwirtschaftliche Probleme* (Ausgangs-, Teil- und Restprobleme) sowie die während des Problemlösens erstellten *Finanzprodukte als erstellte Lösungselemente* abzubilden. Eine Darstellung von finanzwirtschaftlichen Problemen muß dabei zum einen die im Problemlösungsprozeß benötigten problembeschreibenden Informationen zur Verfügung stellen, zum anderen sollte die Repräsentation im Blackboard einfach und operabel sein, um effizient Lösungsoperationen durchführen zu können.

Ausgehend von der *bipartiten Struktur* des Lösungsgraphen mit den *disjunkten* Knotenmengen *„Problemknoten“* und *„Lösungsknoten“* scheint in einem ersten Schritt die Strukturierung des Blackboards in zwei logische Ebenen naheliegend. Bei der Repräsentation von finanzwirtschaftlichen Problemen ist indes eine Unterscheidung zwischen den nachfragerbezogenen Daten, die während eines Beratungsprozesses konstant sind, und denjenigen Daten hilfreich, die jeweils ein konkretes finanzwirtschaftliches Ausgangs-, Teil- oder Restproblem repräsentieren und die während des Problemlösungsprozesses generiert werden. Damit ist in Konsequenz eine vertikale (logische) Teilung des Blackboards in drei Ebenen zweckmäßig (vgl. Abb. 9.7):

- *Konsultationsebene*,
- *Problemebene* und
- *Lösungsebene.*

Die Konsultations- und Problemebene enthalten jeweils *problem*orientierte Daten, die obere Ebene (Lösungsebene) umfaßt hingegen *lösungs*orientierte Daten.

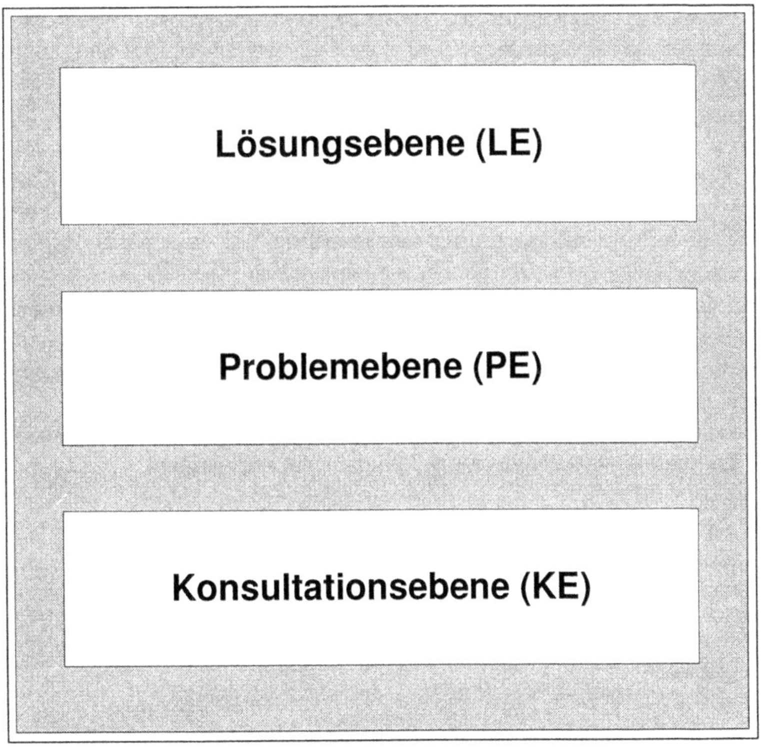

Abb. 9.7. Vertikale Blackboard-Gliederung

In der *Konsultationsebene* als unterster Abstraktionsebene wird ein finanzwirtschaftliches Nachfragerproblem (bis auf die Zulässigkeitsbedingung) repräsentiert: Diese Repräsentation stellt sowohl die persönliche als auch finanzwirtschaftliche Situation eines Nachfragers dar und umfasst Informationen wie etwa Alter, Familienstand, Kalkulationszinssätze, (Grenz-)Steuersätze usw. eines Nachfragers. Weiterhin enthält die Konsultationsebene auch die Beschreibung des Zielsystems eines Nachfragers (insbesondere die *Bewertungsfunktion* eines Nachfragers) sowie den Beratungsgegenstand, z. B. die Finanzierung einer gewerblich genutzten Immobilie. Die Daten der Konsultationsebene bleiben während der Dauer einer Nachfragerkonsultation konstant und dienen neben einer reinen Beschreibung eines Nachfragerproblems auch als Kalkulationsgrundlage für die Erstellung von Allfinanzdienstleistungen.

Sowohl Ausgangsprobleme als auch Teil- und Restprobleme sind jeweils durch Zielfunktion und Zulässigkeitsbedingungen beschreibbar, dementsprechend sind diese formal *einheitlich* repräsentierbar. Für ein *Ausgangs*problem ist dies unmittelbar einsichtig; bei einem *Teil-* bzw. einem *Restproblem* ist die „Zulässigkeitsbedingung“ eines derartigen Problems als „Differenz“ zwischen dem Zahlungsstrom der bisher erstellten Problemlösung und der Zulässigkeitsbedingung des Ausgangsproblems interpretierbar. Da die Bewertungsfunktion für das Ausgangsproblem sowie die weiteren „Rahmenbedingungen“ einer Finanzberatung (z. B. Beratungszweck, Kalkulationszinssätze usw.) während eines Lösungsprozesses als konstant anzusehen und damit für die jeweiligen Teil- und Restprobleme gleich sind, ist eine einmalige Darstellung dieser Daten in der Konsultationsebene für die Repräsentation von Ausgangs-, Teil- und Restproblemen somit ausreichend. Ausgangsproblem sowie die während eines Problemlösungsprozesses erstellten Teil- und Restprobleme unterscheiden sich also im wesentlichen nur hinsichtlich ihrer *Zulässigkeitsbedingung*, so daß sich die spezifische Darstellung eines Problems (aufbauend auf den in der Konsultationsebene dargestellen „Rahmenbedingungen“) im Blackboard auf die Beschreibung der entsprechenden Zulässigkeitsbedingung beschränken kann, diese erfolgt in der *Problemebene*.

Diese formale Repräsentation der Zulässigkeitsbedingung eines Ausgangs-, Teil- oder Restproblems soll kurz beispielhaft erläutert werden:[67]

Beispiel:
Kunde K möchte heute ein Haus in einem Wert von DM 880.000 finanzieren. Zunächst benötigt er eine Einzahlung, um das Haus bezahlen zu können. Über die nächsten 22 Jahre hinweg möchte er jährlich konstante Zahlungen z leisten; als Entscheidungskriterium wird der Barwert der Nach-Steuer-Zahlungen zugrunde gelegt. K hat ein Finanzierungsproblem, welches in der Problemebene durch den Problemvektor P_1 formalisiert und repräsentiert wird: $P_1 = (+880.000, \underbrace{z, \ldots, z}_{22 mal})$.

Neben diesen finanzwirtschaftlich orientierten Informationen enthält die Problemebene darüber hinaus noch zusätzliche, informationstechnisch orientierte Informationen wie beispielsweise eindeutige Identifikatoren für den Zugriff auf in der Problemebene repräsentierte Probleme sowie Identifikatoren

[67] Im Beispiel ist die Darstellung etwas vereinfacht, da die Problemmatrix nicht explizit berücksichtigt wird; für eine ausführliche Darstellung s. [Will95], S. 134ff. Das nachfolgende Beispiel wurde [SaWeWi92] entnommen.

für die zu einem finanzwirtschaftlichen Problem generierten Lösungselemente[68].

In der *Lösungsebene* als dritter Abstraktionsebene werden Finanzprodukte als Lösungselemente repräsentiert. Diese Finanzprodukte werden ebenfalls durch einen Vektor („Produktvektor") repräsentiert. Erfüllt der Produktvektor die Anforderungen von Problemvektor und -matrix, so löst das Finanzprodukt das Problem vollständig; andernfalls ist das Finanzprodukt eine Teillösung.

Beispiel – Fortsetzung:
Ein „Kreditagent" A_K bietet K einen Kredit über DM 880.000 an und fordert hierfür 22 Jahre lang Zahlungen, die bei K Belastungen nach Steuern in Höhe von DM 67.000 induzieren. Dieses Finanzprodukt „Annuitätendarlehen" wird im Blackboard durch einen Produktvektor F_1 repräsentiert:
$F1 = (+880.000, \underbrace{-67.000, \ldots, -67.000}_{22mal})$.

F_1 deckt sich mit dem spezifischen Muster des Problemvektors P_1, d.h.: F_1 löst das Ausgangsproblem. Dies entspricht dem in Abschn. 8.2.2[69] modellierten vollständigen Problemlösen.

Ein Leasingvertrag mit einer Einmalzahlung heute von DM 800.000 und einer Kaufoption in $T = 22$ in Höhe von DM 185.000, repräsentiert durch $F_2 = (+880.000 - 830.000, 0, \ldots, -185.000)$ ist demgegenüber nur eine Teillösung, denn Einmalzahlung und Kaufoption müssen noch finanziert werden, es verbleibt ein Restproblem $P_1 = F_2 - P_1 = (+800.00, z, \ldots, z + 185.000)$.

Die verwendete Repräsentation von Nachfragerproblemen bietet zwei Vorteile: Zum einen weist die abstrakte, auf Vektor und Matrix basierende Abbildung von finanzwirtschaftlichen Problemen in der Problemebene aus finanzwirtschaftlicher Sicht eine *ausreichende Semantik* zur Repräsentation der Zulässigkeitsbedingung auf. Aus informationstechnischer Sicht erlaubt diese zusammen mit der Lösungsrepräsentation durch einen Produktvektor eine *einfache Durchführung von Operationen auf Problem-* und *Lösungsrepräsentation*; z. B. zur Überprüfung der Zulässigkeit einer Lösung und zur Bestimmung eventuell verbleibender Restprobleme. Falls während eines Problemlösungsprozesses ein Problem in einfachere Teilprobleme zerlegt wird, können diese Teilprobleme ebenfalls formal und gut operabel in der Problemebene repräsentiert werden. Die Problemebene bietet damit eine leistungsfähige Grundlage für die Repräsentation der „Problemknoten" des Lösungsprozesses und für die Kooperation der Agenten. Dabei steht den Agenten während des Problemlösungsprozesses über die *Konsultationsebene* des Blackboards weiterhin detailliertere Information über den Nachfrager zur Verfügung.

Ähnlich wie die Problemebene umfaßt auch die Repräsentation eines Finanzprodukts in der Lösungsebene neben diesen finanzwirtschaftlichen In-

[68] Diese Identifikatoren beschreiben, welche Lösungselemente (bzw. Finanzprodukte) unmittelbar für ein Problem erstellt wurden und repräsentieren damit die „Kante" zwischen einem Problem- und einem Lösungsknoten in dem entsprechenden Lösungsgraphen.

[69] Vgl. S. 233.

formationen weiterhin auch informationstechnisch orientierte Informationen wie beispielsweise eindeutige Identifikatoren für die Finanzprodukte sowie Verweise auf jeweils verbleibende Rest- oder Teilprobleme. Diese Verweise sind offensichtlich erforderlich, um für ein finanzwirtschaftliches Nachfragerproblem aus den im Blackboard gespeicherten Problem- und Lösungsknoten den entsprechenden Lösungsgraphen rekonstruieren zu können. In der Lösungsebene des Blackboards wird ein Finanzprodukt letztlich nur formal als Zahlungsstrom dargestellt; allerdings resultiert dieser Zahlungsstrom aus einem konkreten Finanzprodukt mit definierten rechtlichen Merkmalen. Um in der Phase *Lösungspräsentation* die Beziehung zwischen den vertraglichen Merkmalen und den Zahlungsströmen der Finanzprodukte einer Problemlösung einfach herstellen zu können, sollte die Repräsentation eines Finanzprodukts in der Lösungsebene weiterhin einen *Verweis* auf das zugehörige Vertragsangebot umfassen.

Neben der hier ausführlich dargestellten *vertikalen* Gliederung des Blackboards ist jede Ebene zusätzlich *horizontal* zu gliedern, so daß im Blackboard auf jeder Ebene jeweils mehrere finanzwirtschaftliche Probleme bzw. Finanzprodukte gleichzeitig eingetragen werden können. Damit wird zum einen erreicht, daß mehrere Nachfragerkonsultationen gleichzeitig über das Blackboard abwickelbar sind. Zum anderen sind innerhalb einer Konsultation für ein Nachfragerproblem mehrere Teil- und Restprobleme darstellbar. Damit wird letztlich ermöglicht, daß für jedes finanzwirtschaftliche Problem alternative, miteinander *konkurrierende* Lösungen darstellbar sind.

Die im Blackboard repräsentierten Informationen sind problemlos als Daten in einer Datenbank speicherbar. Für die Realisierung des Blackboards ist daher die Verwendung eines *(relationalen) Datenbanksystems* vorteilhaft. Die Implementierung als Datenbank hat gegenüber der Verwendung von *Blackboard-Shells*[70] den Vorteil einer standardisierten Schnittstelle (SQL) zwischen Blackboard und Agenten, die von einer Vielzahl von Plattformen und Entwicklungswerkzeugen unterstützt wird. Zudem unterstützen alle relevanten kommerziellen Datenbanksysteme *Client/Server-Architekturen*: Dies ermöglicht, das datenbankbasierte Blackboard als Server und die Agenten als Clients einzusetzen sowie transparent verteilt in einem Rechnernetz und auf jeweils geeigneter Hardware auszuführen. Weiterhin gibt es für die kommerziellen Datenbanksysteme mittlerweile eine Vielzahl an Werkzeugen und Lösungen, um auch aus Online-Netzen unter Wahrung von Sicherheitsstandards auf Datenbanken zuzugreifen – aus Sicht des Direktvertriebs von Finanzdienstleistungen über Online-Netze ein entscheidender Vorteil. Darüber hinaus werden zusätzliche Funktionalitäten wie Transaktionsmanagement, *concurrency control*, *roll back* usw. zuverlässig unterstützt, wodurch *Konsistenz* des Blackboards und *Betriebssicherheit* gewährleistet werden. Auch werden durch die

[70] Es gibt mittlerweile eine ganze Reihe von Blackboard-Shells, unter anderem AGE (vgl. [NiAi88]), BB1 (vgl. [Haye85]), BB* (vgl. [Haye85]), ATOME (vgl. [LaMa89]), GBB (vgl. [CoGaMu88], [GaCo89]) und Erasmus (vgl. [BaDoJa89]), von denen GBB auch kommerziell vertrieben wird.

Sicherheitsmechanismen von Datenbanksystemen die (sensiblen) Blackboard-Einträge vor unberechtigten Zugriffen geschützt.

Neben diesen technischen Vorteilen bei einer datenbankbasierten Blackboard-Realisierung gibt es darüber hinaus weitere *Vorteile aus Sicht des Beratungsprozesses*: Die Verwendung einer relationalen Datenbank ermöglicht die *persistente Speicherung* des Lösungsgraphen während eines Problemlösungsprozesses und damit eine Unterbrechung und spätere Wiederaufnahme der Finanzberatung. Dies ist wiederum im Direktvertrieb von besonderer Bedeutung, da ein Nachfrager (ähnlich wie in der Filiale) bei bisherigen Beratungsergebnissen anküpfen kann; was nicht zuletzt zu einer deutlich verbesserten Kundenbindung führen kann. Weiterhin können bei einer persistenten Speicherung der Ergebnisse diese analysiert und entweder für die Ableitung von explizitem Kombinationswissen oder für den Aufbau einer Fallbasis für *case based reasoning* herangezogen werden.

Konzipierung der Agenten und der Realisierung der Kooperationsformen. Bei der Gestaltung der *Agenten* ist festzulegen:

- *Welche* Agenten übernehmen *welche* Aufgaben?
- *Wie* interagieren die Agenten miteinander, auf *welche* Blackboard-Ereignisse reagieren sie und auf *welche* Blackboard-Ebenen greifen sie zu?
- *Welche* Agentenarchitektur ist zu wählen?

Die Beantwortung dieser Fragen wird sich im wesentlichen auf die *globale Sicht* des verteilten Problemlösungsprozesses beschränken, für eine Darstellung der Gestaltung *lokaler Problemlösungsaktivitäten* eines Agenten sei auf die in den Fußnoten zu Tabelle 8.3 angegebene Literatur verwiesen[71].

Gegenüber Systemen, die auf Problemlösungsmodellen mit zentralem Kontrollfluß basieren, benötigen Agenten in einem kooperativen Verbund *zusätzliche Funktionalität*: Die Agenten müssen nicht nur über Fähigkeiten zur Bearbeitung und Lösung ihrer jeweiligen lokalen Aufgaben verfügen, sondern müssen (im allgemeinen) darüber hinaus noch (direkt oder indirekt) miteinander *kommunizieren*, miteinander *kooperieren* und (falls notwendig) sich während des Problemlösens (entsprechend der festgelegten Koordinationsstrategien) miteinander *koordinieren*.

Ausgehend von der Entscheidung für das Blackboard-Modell folgt, daß wir auf ein *Koordinationsmodul* zur Implementierung von Wissen über andere Agenten, deren Fähigkeiten, Absichten usw. sowie zur Auswertung dieses Wissens zur Laufzeit verzichten können. Wichtig sind hingegen die Fähigkeiten eines Agenten, mit anderen Agenten indirekt über das Blackboard zu *kommunizieren* und Probleme lokal sowie in *Kooperation* mit anderen Agenten *lösen* zu können. Damit resultiert für unseren Anwendungsbereich eine dreigeteilte Agenten-Architektur in Anlehnung an das *Mund-Kopf-Körper-*

71 Vgl. Abschn. 8.1.2, S. 213.

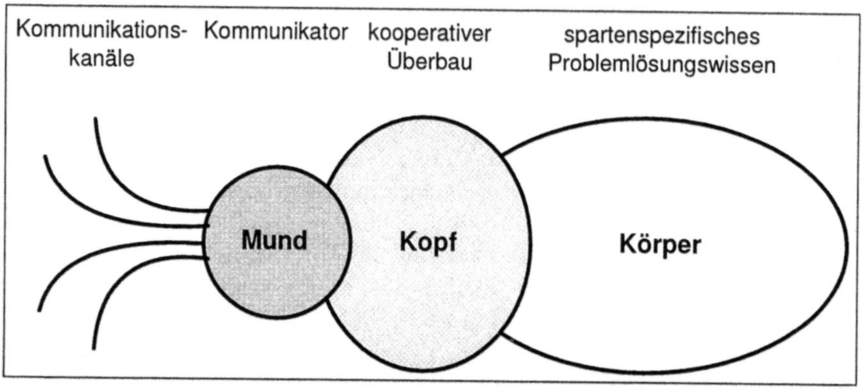

Abb. 9.8. Mund-Kopf-Körper Agentenmodell, aus [StKo92], S. 61

Modell[72] (vgl. Abb. 9.8). Der *Körper* eines Agenten manifestiert dessen individuelle Problemlösungsfähigkeit und umfaßt Funktionen, die ein Agent auch als Einzelsystem ausführen könnte (z. B. eine Konfiguration von Leasingverträgen). Der *Kopf* eines Agenten stellt Funktionalität und Wissen zur indirekten Kooperation mit anderen Agenten zur Verfügung, die über das Blackboard erfolgt. Aufgabe des Mundes ist es, Dienstleistungen für die Kommunikation eines Agenten mit dem Blackboard und den Steuerungsmodulen zu erbringen. Zur Verdeutlichung wird die Agentenstruktur bei der weiter unten erfolgenden Darstellung des *Kundenanalyseagenten* exemplarisch herausgearbeitet.

Aus der *Modularität* dieses Agentenkonzepts folgt, daß insbesondere bestehende spartenspezifische Beratungssysteme für ein blackboardbasiertes Beratungssystem wiederverwendbar sind: Die bisherige Beratungsfunktionalität wird als Körper eines entsprechenden Agenten realisiert. Im Kopf erfolgt eine Abbildung von Daten, die bisher über die Benutzeroberfläche des „Altsystems“ erhoben bzw. dargestellt wurden, auf Daten(strukturen), die nun im Blackboard repräsentiert sind, sowie eine Erweiterung um die Möglichkeit, Probleme zur Kooperation mit anderen Agenten im Blackboard eintragen sowie Finanzprodukte als Lösungselemente im Blackboard darstellen zu können. Im Kopf wird die Kommunikationsfunktionalität bereitgestellt.[73]

Weiterhin greifen die Agenten über ihren Mund auch auf die *operativen* Datenbestände eines Finanzdienstleisters zu, die sie für die Erstellung von Finanzprodukten benötigen, z. B. auf Zinsstrukturen oder prognostizierte Konjunkturdaten. Ein Agent wird oft den Zugriff auf mehrere Datenbanken benötigen; so kann es erforderlich sein, für die Auswahl von Wertpapieren zum einen auf eine Wertpapierdatenbank zuzugreifen und zum anderen auf

[72] Für die theoretischen Grundlagen dieses Modells s. [StMaHa90], S. 115ff, und [StKo92].
[73] Vgl. hierzu ausführlich die Arbeiten [DeRoRo94], [EiRoRo96] und [EiWi96].

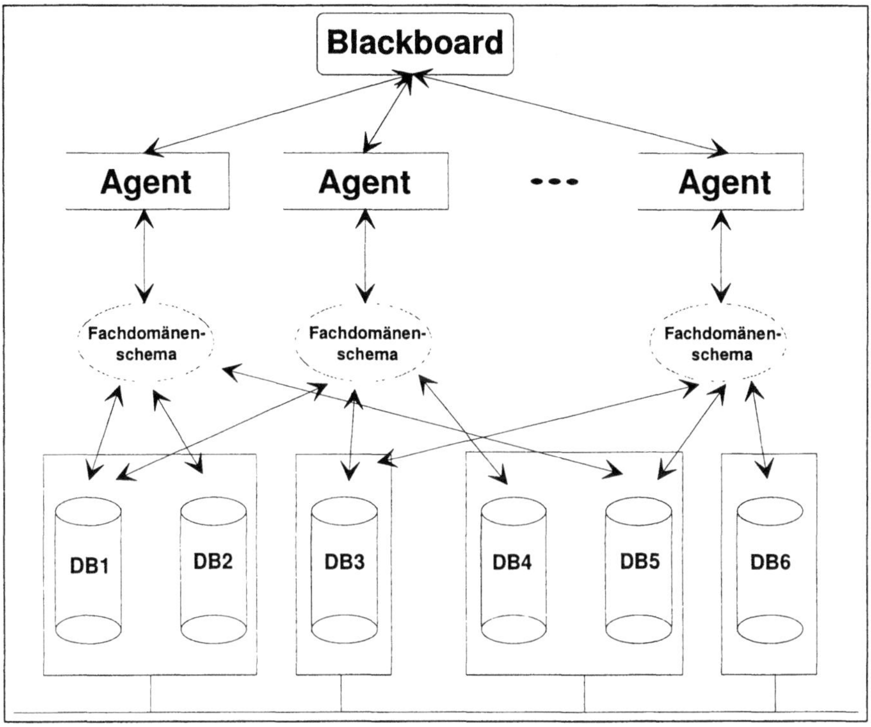

Abb. 9.9. Schematische Darstellung der Fachdomänenschemata, aus [Köni93], S. 49

die Zinsstrukturdaten in einer volkswirtschaftlichen Datenbank. Umgekehrt kann eine Datenbank auch von verschiedenen Agenten benutzt werden[74].

Wenn kein datenbankübergreifendes Schema zur Verfügung steht[75], müssen die Informationen über die Datenverteilung anders verwaltet werden. Da für einen Agenten die Verteilungsaspekte indes nicht „sichtbar" sein sollten[76], sollte hierfür das Konzept der Fachdomänenschemata (FDS) verwendet werden: *„Ein FDS ist die logisch integrierte Beschreibung aller Daten [...], welche ein Problemlösungsagent im Zuge seiner Konsultation als Fakten benötigt."*[77]. Durch die Verwendung von agentenspezifischen Fachdomänen-

[74] Für eine diesbezügliche Analyse s. [Köni94], der Strategien für eine Allokation und Replikation von Daten in einer Multi-Server-Architektur unter ökonomischen und informationstechnischen Aspekten untersucht.

[75] König spricht in diesem Fall von einer *„Multi-Server-Datenbank-Architektur"*, vgl. [Köni93], S. 46.

[76] In der Terminologie der Informatik wird diesbezüglich von *„Verteilungstransparenz"* gesprochen.

[77] Siehe [Köni93], S. 10. Ein (FDS) ist (vereinfacht) mit einem datenbankübergreifenden *View* vergleichbar, die einem Agenten eine integrierte Sicht auf die von ihm benötigten Daten bietet: Zugriffe auf diese Daten formuliert ein Agent als

schemata ist die Verteilung der Daten über die Datenbanken für die Agenten *transparent* und die benötigten Daten stehen den Agenten *logisch integriert* zur Verfügung. Bei Veränderung der logischen bzw. internen Datenbankschemata der einzelnen Datenbanken genügt es darüber hinaus, die betroffenen Transformationsregeln des FDS-Systems anzupassen. Benötigt ein Agent Zugriff auf Daten zusätzlicher Datenbanken, so ist in der Regel lediglich eine entsprechende Modifikation des FDS und der zugehörigen Transformationsregeln erforderlich[78]; durch Verwendung des FDS-Konzepts ist darüber hinaus auch ein hohes Maß an *Datenunabhängigkeit* erreichbar.

Entsprechend dem entwickelten Problemlösungsprozeß sowie aufgrund der informationsverarbeitenden Aspekte in den Phasen *Problemformulierung* und *Lösungspräsentation* sind vier Agententypen identifizierbar (vgl. Abb. 9.6):

- ein *Kundenanalyseagent*,
- mehrere *Fachagenten*,
- ein *Kombinationsagent*,
- ein *Ergebnisagent*

Diese sollen in den nächsten Abschnitten näher dargestellt werden.

Kundenanalyseagent. Wesentliche Aufgabe der Phase *Problemformulierung* ist die strukturierte Erfassung finanzwirtschaftlicher Nachfragerprobleme, die Identifikation von Bewertungsfunktion und Zulässigkeitsbedingung und die Transformation dieser Information in eine formale Repräsentation, die von maschinellen Problemlösern (bzw. Agenten) bearbeitbar ist. Diese Aufgabe ist vom Körper eines *Kundenanalyseagenten*[79] erfüllbar. Die Erfassung der Kundendaten muß gemäß der Struktur einer Problemrepräsentation in der Konsultationsebene im Blackboard unter anderem persönliche Daten eines Nachfragers, den Konsultationszweck, den Kundentyp (privat oder gewerblich), bestehende Guthaben und Verbindlichkeiten, laufende Ein- und Auszahlungen, gewünschte Finanzierungsmodalitäten (z.B. linear, degressiv) usw. umfassen. Der Kundenanalyseagent benötigt hierzu über sein spezifisches Fachdomänenschema (*Mund*) Zugriff auf die entsprechenden Datenbanken des Finanzdienstleisters, so daß bereits in früheren Konsultationen erfaßte Daten nicht wiederholt zu erheben und geänderte bzw. neue Daten *persistent* speicherbar sind. Der Erfassungsvorgang darf nicht starr vorgegeben sein, sondern muß in Abhängigkeit von Konsultationszweck sowie Kundentyp erfolgen und ist durch eine graphische Benutzeroberfläche zu unterstützen[80].

SQL-Anfrage gegen ein (agentenspezifisches) FDS. Eine Instanz mit der Bezeichnung *FDS-System* zerlegt diese Anfrage in Querys gegen die einzelnen Datenbanken, bereitet die Queryergebnisse entsprechend der Agentenanfrage auf und stellt sie dem anfragenden Agenten zur Verfügung.

[78] Vgl. [Köni93], S. 50.

[79] Für eine Darstellung und Beschreibung eines prototypischen Kundenanalyseagenten s. [Roßb93].

[80] Für die Gestaltung von Benutzeroberflächen für Finanzanalysesysteme s. ausführlich [Schn97], Abschnitt 3.1.3.

Der *Kopf* des Kundenanalyseagenten sollte die Struktur der Konsultations- sowie der Problemebene kennen und wissen, daß die erfaßten Informationen formal für eine Bearbeitung durch weitere Agenten im Blackboard einzutragen sind. Er hat deshalb aus den erfaßten Daten die benötigten Daten für die Konsultationsebene zu extrahieren und die Transformation des Nachfragerproblems in die formale Problemrepräsentation durchzuführen. Anschließend erfolgt der Eintrag in Konsultations- und Problemebene durch den *Mund* des Agenten. Damit ist das Kundenproblem im Blackboard eingetragen, formal repräsentiert und steht (mittels *task sharing*) zur Bearbeitung und Lösung durch die „Problemlöser" des oben gestalteten Problemlösungsprozesses zur Verfügung. Bezogen auf die Blackboardebenen transformiert der Kundenanalyseagent damit externen Benutzer-Input in Blackboard-Einträge in der Konsultations- und der Problemebene (vgl. Abb. 9.10).

Fachagenten und implizite Kollaboration. Die Problemlöser sollten als *Fachagenten* realisiert werden, in welchem entsprechend dem oben spezifizierten Problemlösungsprozeß das relevante Wissen einer finanzwirtschaftlichen Subdomäne zur Erstellung von Finanzprodukten dieser Domäne abzubilden ist. Wesentliche Aufgabe der Fachagenten ist dementsprechend das Bearbeiten von in der Problemebene repräsentierten finanzwirtschaftlichen (Ausgangs-, Teil-, Rest-)Problemen. Als Beispiel sei ein Leasingagent angeführt, der zur Objektfinanzierung kundenorientiert Leasingverträge konfiguriert. Aufgrund der weitgehenden Unabängigkeit von (Fach-)Agenten, die aus der Modularität des Blackboard-Modells folgt, sollte insbesondere in jedem Fachagenten diejenige Problemlösungsmethode implementiert werden, die den Domäneneigenschaften am besten entspricht (z. B. Selektion von Wertpapieren, Konfiguration von Leasingverträgen).

Um sicherzustellen, daß das in den Fachagenten abgebildete Domänenwissen auch problemadäquat eingesetzt und ausgewertet wird, sollten Fachagenten als „Spezialisten" selbst entscheiden, ob sie zur Problemlösung Finanzprodukte ihrer Domäne anbieten können. Fachagenten sind deshalb in einen *Konditionen-* und einen *Aktionenteil* zu gliedern. Im Konditionenteil sind die Bedingungen zu spezifizieren, die erfüllt sein müssen, damit ein Problem durch einen Fachagenten erfolgreich bearbeitbar ist: Jeder Fachagent kann dann durch Vergleich seines *Konditionenteils* mit den Problemanforderungen *autonom* und *selbstselektierend* über eine Problembearbeitung entscheiden. Jedes in der Problemebene abgebildete Problem wird von den Fachagenten analysiert; bearbeiten mehrere Agenten das gleiche Problem, so *konkurrieren* die Agenten bei der Problemlösung.

Die Problembearbeitung selbst erfolgt durch den *Aktionenteil* eines Fachagenten. Hierzu ist die Problemrepräsentation in der Problemebene zu lesen, falls notwendig sind zusätzliche Informationen aus der Konsultationsebene zu entnehmen und/oder über das agentenspezifische Fachdomänenschema ist auf benötigte Daten in den operativen Datenbanken zuzugreifen. Anschließend sind durch die Fachagenten Finanzprodukte ihrer jeweiligen Domäne

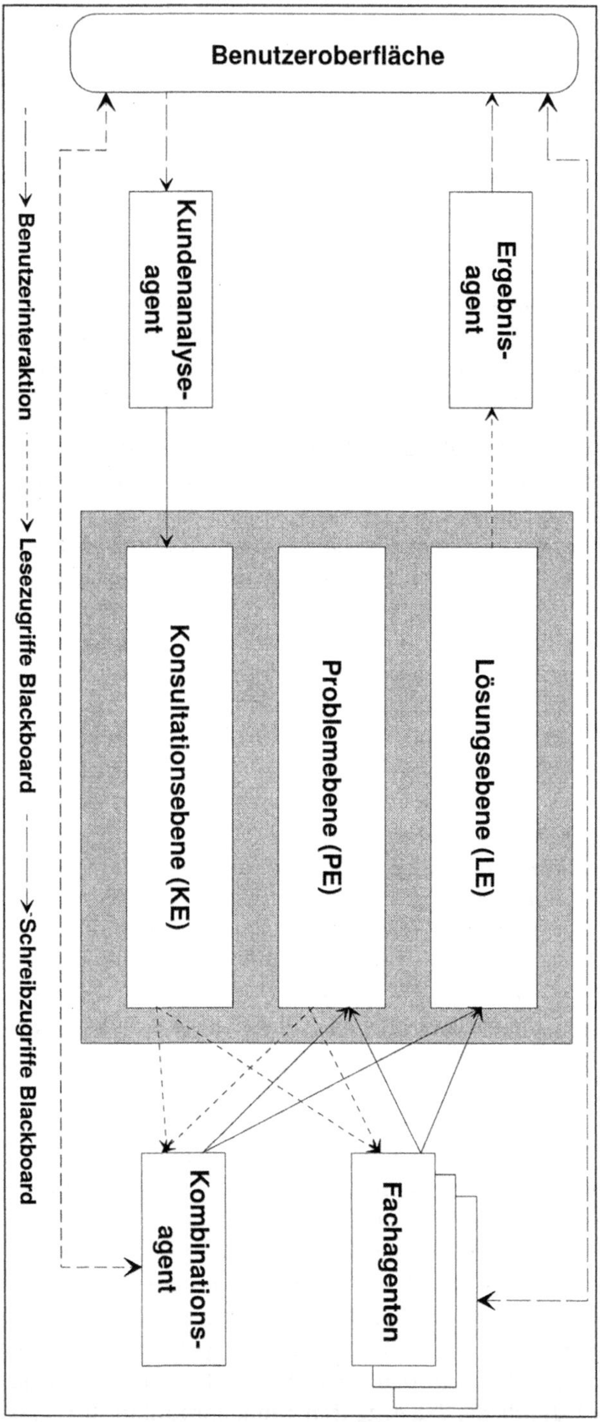

Abb. 9.10. Agenteninteraktionen über Blackboard und Benutzeroberfläche

zu selektieren, zu konfigurieren und/oder zu kombinieren und diese lokal zu optimieren. Abschließend ist der das Finanzprodukte repräsentierende Produktvektor zu generieren und in die Lösungsebene einzutragen. Spezifische Informationen über ein Finanzprodukt, z. B. der Emittent einer Anleihe, sowie während der Problembearbeitung erzeugte Vertragsunterlagen (z. B. den genauen Wortlaut eines Leasingvertrages) sind dabei von den Fachagenten nicht im Blackboard, sondern in anderen Datenbanken zu speichern und mit dem zugehörigen Lösungsvektor in der Lösungsebene über logische Referenzen mittels Identifikatoren zu verknüpfen. Damit wird das Blackboard als *Kooperationsmedium* der Agenten von nicht kooperationsrelevanter Information entlastet.

Ein Fachagent besteht dementsprechend aus den beiden Modulen *Konditionenteil* und *Aktionenteil*; die Teilung in Konditionenteil und Aktionenteil realisiert zugleich die Modellierung von Problemlösern als „Produktionsregel" und das Verhalten von Agenten, in Blackboard-Systemen autonom und selbstselektierend über die Bearbeitung von im Blackboard eingetragenen Problemen zu entscheiden. Da Fachagenten bezüglich der in ihrem *Körper* abgebildeten Problemlösungsfähigkeiten *lokale Kontrollautonomie* besitzen, aufgrund des Moduls *Mund* über eigene Kommunikationsfähigkeiten verfügen und bezüglich ihrer unabhängigen Problembearbeitung kaum Koordinationsbedarf aus Sicht des Problemlösungsprozesses besteht, sollten die Agenten jeweils als *eigene Rechenprozesse* realisiert werden[81].

Bei der Lösung von im Blackboard eingetragenen Problemen soll ein Fachagent bei lokaler Problemlösung entsprechend der oben herausgearbeiteten Interaktionsform der *impliziten Kollaboration* zur Ausnutzung steuerlicher Gestaltungsmöglichkeiten auch lokal optimierte Lösungselemente erstellen können, die die Zulässigkeitsbedingung nicht erfüllen. In diesem Fall muß ein Fachagent durch Vergleich des Produktvektors des von ihm erstellten Lösungselements mit Problemvektor und -matrix das verbleibende Restproblem bestimmen und ebenfalls in die Problemebene eintragen (*task sharing*). Die anderen Fachagenten oder der Kombinationsagent (s. u.) bearbeiten dann das Restproblem gemäß ihren Fähigkeiten: Sie kooperieren über das Blackboard mit dem ersten Fachagenten und realisieren so diese Interaktionsform.

Bezogen auf das Blackboard-Modell „beobachtet"[82] ein Fachagent somit die *Problemebene*, reagiert auf das Blackboardereignis „Neuer Problemeintrag" im Blackboard und transformiert derartige Blackboardeinträge in neue Einträge in der *Lösungsebene* sowie (sofern er das Ausgangsproblem nicht vollständig gelöst hat) wiederum auf der *Problemebene* (vgl. Abb. 9.10). Benötigt ein Fachagent weitere Informationen von einem Benutzer, so sollte er diese über eine einheitliche Oberfläche direkt vom Nachfrager erfragen

[81] Hierauf gehen wir unten noch ausführlicher ein.

[82] Die Bezeichnung „Beobachten einer Blackboard-Ebene" sei hier noch als Metapher zu verstehen. Wie dieses informationstechnisch zu realisieren ist, wird bei der Konzipierung der Steuerungskomponente geklärt.

können. Weiterhin erzeugen die Fachagenten entweder neue Blackboard-Einträge oder aber lesen bestehende Blackboard-Einträge. Änderungen oder Löschungen von Blackboard-Einträgen während des Problemlösungsprozesses erfolgen hingegen nicht; dies entspricht der *Monotonie*-Eigenschaft des Problemlösungsprozesses.

Kombinationsagent und explizite Kollaboration. Die *explizite Kollaboration* ist entsprechend dem modellierten Problemlösungsprozeß durch die Einführung eines *Kombinationsagenten* zu realisieren, in dem das *explizite* und spartenübergreifende *Kombinationswissen* abzubilden ist. Der Kombinationsagent bearbeitet in der Problemebene repräsentierte Probleme konkurrierend zu den Fachagenten. Erkennt der Kombinationsagent, daß für ein Problem *Kombinationswissen* verfügbar ist, so zerlegt er das Problem explizit in einfachere Teilprobleme und speichert diese wiederum formalisiert in der Problemebene (*task sharing*)[83]; die Teilprobleme werden anschließend von den Fachagenten bearbeitet und gelöst. Die Kombination der Einzellösungen der Fachagenten ergibt die Lösung für das zerlegte Ausgangsproblem. Weiterhin erstellt der Kombinationsagent auch einen Eintrag in der Lösungsebene: Dieser Eintrag repräsentiert zwar kein Finanzprodukt, da der Kombinationsagent selbst keine Lösungselemente selektiert/konfiguriert. Weil wir aber die Problem- und Lösungsebene zur Repräsentation des während eines maschinellen Problemlösungsprozesses konstruierten bipartiten Lösungsgraphen verwenden, ist ein Eintrag in der Lösungsebene durch den Kombinationsagenten hilfreich und sinnvoll: Dies ermöglicht eine konsistente Repräsentation von Lösungsgraphen im Blackboard und damit eine einfache Synthese der auf einem Lösungspfad des Lösungsgraphen erstellten Finanzprodukte zu kundenindividuellen Problemlösungen.

Da Fachagenten und Kombinationsagent in der Regel Probleme *konkurrierend* bearbeiten, ist sichergestellt, daß auch in Fällen, in denen Kombinationswissen vorliegt, innovative und unter Umständen bessere Lösungen durch implizit kollaborierende Fachagenten erarbeitet werden können. Durch Zusatzinformation bei der Problemrepräsentation in der Problemebene kann der Problemlösungsagent gegebenenfalls spezifizieren, daß jedes Teilproblem von genau einem speziellen Fachagenten vollständig zu lösen ist; derartige Zusatzinformationen sind insbesondere für den Fall relevant, daß keine Zahlungsstrom- und Wertadditivität vorliegt, und somit eine implizite Kollaboration über lokal optimierte Teillösungen finanzwirtschaftlich nicht sinnvoll ist. Damit auch der Kombinationsagent *autonom* und *selbstselektierend* über eine Problembearbeitung entscheiden kann, sollte auch dieser Agent in einen *Konditionen-* und *Aktionenteil* gegliedert werden; ebenso sollte er (falls nötig) über ein eigenes Fachdomänenschema verfügen.

Dementsprechend „beobachtet" der Kombinationsagent in Analogie zu den Fachagenten die Problemebene, reagiert auf das Blackboardereignis

[83] Mögliche Vorgehensweisen eines Kombinationsagenten bei der Problemzerlegung werden in [Neef93] ausführlich dargestellt.

„Neuer Problemeintrag" im Blackboard und transformiert derartige Blackboardeinträge in neue Einträge auf der Lösungsebene sowie wiederum auf der Problemebene. Ebenso erzeugt auch der Kombinationsagent in Analogie zu den Fachagenten entweder neue Blackboard-Einträge oder greift lesend auf bestehende zu; Änderungen oder Löschungen von Blackboard-Einträgen durch den Kombinationsagenten erfolgen nicht. Fachagenten und Kombinationsagent werden im folgenden zusammenfassend auch als *Problemlösungsagenten* bezeichnet.

Zusammenfassend zeigen diese Gestaltungsentscheidungen, daß durch die *task sharing*-basierte Interaktion von Fach- und Kombinationsagenten erstens die modellierten Interaktionsformen von Problemlösern zieladäquat implementierbar sind und zweitens eine dynamische Bestimmung geeigneter Operatorensequenzen *während* des verteilten Problemlösens zur Lösung von finanzwirtschaftlichen Nachfragerproblemen realisierbar ist.

Ergebnisagent. Nach der Beendigung der Erstellung von einzelnen Finanzprodukten durch Fachagenten und Kombinationsagent sollte ein spezieller *Ergebnisagent*[84] die einander ergänzende Finanzprodukte zu den entsprechenden kundenindividuellen Problemlösungen synthetisieren[85]; hierzu sind die Informationen in Problem- und Lösungsebene im Blackboard heranzuziehen (*result sharing*)[86].

Der Ergebnisagent sollte diese weiterhin anhand des in der Konsultationsebene spezifizierten Bewertungskriteriums bewerten, mittels dieser Bewertungen eine Rangfolge erstellen und damit eine benutzerfreundliche Entscheidung für ein Allfinanzangebot unterstützen. Für diese Aufgabe sind finanzmathematische Berechnungen erforderlich, so daß der Ergebnisagent über eine (im Vergleich zu anderen Agenten) umfangreiche prozedurale Komponente verfügen wird.

Im Gegensatz zu den Problemlösungsagenten muß der Ergebnisagent nicht fortwährend das Blackboard beobachten und auf Blackboard-Ereignisse reagieren, sondern es ist ausreichend, wenn dieser *nach* Abschluß der Lösungsaktivitäten der Problemlösungsagenten für ein finanzwirtschaftliches Nachfragerproblem aktiviert wird und die entsprechenden Aktionen zur Lösungs-

---

84 Diese Aufgabe sollte von einem hierauf spezialisierten Agenten übernommen werden, um zu vermeiden, daß der jeweils zerlegende Problemlösungsagent diese Aufgabe übernehmen muß. Dieses würde dem angestrebten Ziel einer möglichst großen *Lokalität* von Problemlösungsaktivitäten (vgl. Abschn. 9.1.1, S. 256) widersprechen: Erstens müßte dann jeder zerlegende Agent (genauer: der zugehörige Aktionenteil) über diese Funktionalität verfügen und zweitens müßte jeder dieser Agenten alle nachfolgenden Problemlösungsaktivitäten (im Blackboard) solange überwachen, bis alle nachfolgenden von ihm erzeugten Rest- oder Teilprobleme bearbeitet sind.

85 Vgl. Abschn. 8.2.2, S. 227.

86 Es sei daran erinnert, daß eine Problem- bzw. Lösungsrepräsentation jeweils auch Verweise auf die „Vorgänger-" bzw. „Nachfolgerknoten" umfaßt.

aggregation vornimmt[87]. Da für die Benutzer die Verteilungsaspekte des Problemlösungsprozesses irrelevant sind, sollte das Informationssystem eine durchgängig und konsistent gestaltete Oberfläche besitzen. Dies impliziert, daß alle Agenten über diese Oberfläche mit den Systembenutzern interagieren, so daß diese als eigenständiger Diensteanbieter (Server) zu realisieren ist; die Agenten selbst sollten dementsprechend über keine eigene Benutzeroberfläche verfügen, sondern sowohl zur Problemerfassung als auch zur Lösungspräsentation nur unter Nutzung der Oberflächendienste mit den Benutzern kommunizieren (vgl. auch Abb. 9.10).[88]

Prozeßarchitektur. Um die durch parallele Ausführung von Agenten potentiellen Geschwindigkeitsvorteile realisieren zu können[89], sollten Kundenanalyseagent, Ergebnisagent sowie der Konditionen- und Aktionenteil eines Problemlösungsagenten als jeweils ein Rechenprozeß realisiert werden; die Architektur des Informationssystems sollte dementsprechend als *parallele Blackboard-Architekur* gestaltet werden.[90] Dies bietet darüber hinaus den Vorteil, bei der Agentenrealisierung nicht nur jeweils die geeigneten Problemlösungsmethoden anwenden, sondern auch spezielle Hardware für die Ausführung von Agenten einsetzen zu können[91].

Die *Konditionenteile* der Problemlösungsagenten sollten aus Gründen der Laufzeiteffizienz als Prozeß ständig aktiv sein[92]: Sie werden im Vergleich mit den Aktionenteilen im Hauptspeicher relativ wenig Platz benötigen und prüfen weiterhin für jedes in der Problemlösungsebene neu eingetragene Problem, ob eine Problembearbeitung durch den zugehörigen Aktionenteil möglich und sinnvoll ist. Die Aktionenteile (sowie Kundenanalyse- und Ergebnisagent) werden demgegenüber aufgrund ihrer Konzeption als spartenspezifische Problemlöser über umfangreiche Wissensbasen und Daten verfügen[93] und sollten deshalb aus Gründen der Speicherplatz- und Laufzeiteffizienz jeweils nach einer positiven Evaluation des Konditionenteils als Prozeß neu erzeugt werden. Damit kann gleichzeitig erreicht werden, daß der Aktionenteil eines Problemlösungsagenten bei Bedarf gleichzeitig (und auf verschiedenen Rechnern im

[87] Welche Systemkomponente eine derartige Aktivierung veranlassen kann, wird bei der Gestaltung der Steuerungskomponente dargestellt.

[88] Wer diese „Benutzer“ sind, wird bei der Gestaltung des Kommunikationssystems herausgearbeitet.

[89] Dies unterstützt die Erreichung einer hohen Bedienschnelligkeit, vgl. Anforderung 8, S. 9.

[90] *„Parallel blackboard architectures are characterised by concurrently executed knowledge sources communicating via a single, shared memory blackboard“*, s. [Velt92], S. 26.

[91] Vor allem wenn der Körper eines Agenten als künstliches neuronales Netz realisiert wird, kann spezielle Hardware zu deutlich größerer Lösungsgeschwindigkeit des Agenten führen.

[92] Derartige Prozesse werden (in Anlehnung an vergleichbare Dienstprozesse des Betriebssystems UNIX auch als *„demon“* („Dämonenprozeß“) bezeichnet.

[93] Letztlich stellt der Aktionenteil eines Fachagenten jeweils ein spartenspezifisches Beratungssystem (wenn auch ohne Oberfläche) dar.

Rechnernetz, s. u.) unterschiedliche in der Problemebene eingetragene Probleme bearbeiten kann. Ebenso sind durch die Prozeßarchitektur mehrere Prozeßinstanzen des Kundenanalyse- und Ergebnisagenten gleichzeitig ausführbar, was die nebenläufige Durchführung Beratungsprozesse ermöglicht. Durch diese Prozeßarchitektur wird denn auch die Konzeption des verteilten Problemlösens konsequent bis auf Prozeßebene umgesetzt, so daß die obigen potentiellen Vorteile dezentraler Problemlösungsmodelle weitestgehend realisiert werden.[94]

Konzipierung Steuerungskomponente. Nach Ableitung und Darstellung von Aussagen zur Blackboard- und Agentengestaltung ist abschließend auf die Gestaltung der *Steuerungskomponente* einzugehen.

Für die Gestaltung der Steuerungskomponente sind drei wesentliche Fragen zu beantworten:

- *Wie* „beobachten" die Agenten die ihnen zugeordneten Blackboard-Ebenen?
- *Welcher* informationstechnische Koordinationsbedarf besteht und *wie* soll diese Koordination erfolgen?
- *Wie* sollte die Ausführung von Aktionenteilen gesteuert werden?

Entsprechend dieser Aufgabenbündel ist die Steuerungskomponente in die drei Module *Event-Manager*, *Agenda-Manager* und *Load-Manager* zu gliedern (vgl. Abb. 9.6); diese Module werden im folgenden dargestellt.

Event-Manager. Für die „Beobachtung" bzw. die Information der *Konditionenteile* der Problemlösungsagenten über Blackboard-Ereignisse bestehen zwei grundsätzliche Möglichkeiten:

- **ereignisbasierter Ansatz:**
  Jeder Schreibzugriff, der zu einer Veränderung von Blackboard-Inhalten führt, ist als *Ereignis* definiert. Bei Eintritt eines Ereignisses werden die zugeordneten Agenten (hier: deren Konditionenteile) über dieses Ereignis *informiert*;
- **agentenbasierter Ansatz:**
  Jeder Agent (hier: Konditionenteil) überwacht das Blackboard und wartet auf Blackboard-Änderungen. Dieser Ansatz wird auch als *polling* bezeichnet.

Aus *Laufzeitgründen* sollten Problemlösungsagenten einerseits *schnell auf Blackboard-Änderungen reagieren* können und andererseits sollte für die „Beobachtung" von Blackboard-Änderungen möglichst *wenig Prozessorzeit* verbraucht werden. Unter Berücksichtigung dieser Kriterien hat der *agentenbasierte Ansatz* einige *wesentliche Nachteile*: Wenn Problemlösungsagenten das Blackboard selbst überwachen, so muß erstens *jeder* Agent über die Funktionalität verfügen, Blackboard-Änderungen identifizieren zu können. Dies

[94] Vgl. Abschn. 9.1.1, S. 254.

setzt voraus, daß entweder die Agenten den jeweils letzten für sie relevanten Blackboard-Ausschnitt als lokale Kopie vorhalten, um diesen zur Identifikation von erfolgten Blackboard-Änderungen mit dem aktuellen Zustand vergleichen zu können, oder daß mittels Zeitstempelverfahren an einer Stelle des Blackboards die erfolgten inkrementellen Blackboard-Änderungen protokolliert werden[95], so daß die Agenten in regelmäßigen Abständen überprüfen können, ob für sie relevante Blackboard-Änderungen eingetreten sind. Hieraus folgt zweitens, daß jeder Agent *regelmäßig* das Blackboard überwachen muß, um Änderungen zu identifizieren: Diese Überprüfung verbraucht auch dann Rechenzeit, wenn *keine Änderungen* eingetreten sind. Treten jedoch Änderungen ein, so können die Agenten erst bei einem wiederholten Blackboard-Zugriff auf dieses Ereignis reagieren, so daß eine Verlängerung der Lösungszeiten resultiert. Eine Untersuchung von Velthuijsen zeigt denn auch, daß in nahezu allen blackboardbasierten Systemen der *ereignisbasierte* Ansatz realisiert wird.[96]

Eine *ereignisbasierte* Realisierung ist auch in unserem Anwendungskontext sinnvoll. Hierfür sind zunächst die relevanten „Blackboard-Ereignisse" zu definieren. Da Blackboard-Ereignisse gemäß dem Blackboard-Modell Änderungen im Blackboard voraussetzen, können wir zwei potentielle Blackboard-Ereignisse identifizieren:

- Eintragung eines *Problems* in der *Problemebene* und
- Eintragung eines *Lösungselements* in der *Lösungsebene*.

Berücksichtigen wir weiterhin, daß für die Aktivitäten von *Problemlösungsagenten* nur Problemeinträge relevant sind und der Ergebnisagent erst nach Beendigung aller Lösungsaktivitäten durch die Problemlösungsagenten zu aktivieren ist, verbleibt letztlich *ein* zu betrachtendes Blackboard-Ereignis: Der Eintrag eines Problems in der Problemebene; über dieses sind die *Konditionenteile* der Problemlösungsagenten zu informieren. Zur Realisierung des ereignisbasierten Ansatzes ist hier die Einführung einer Instanz sinnvoll, die Blackboard-Ereignisse verwaltet und als *Event-Manager* bezeichnet werden soll: Trägt ein *Aktionenteil* eines Problemlösungsagenten oder der Kundenanalyseagent ein Problem im Blackboard ein, so informiert der Aktionenteil mittels dem Versenden einer *Nachricht* den Event-Manager über den erfolgten Problemeintrag; wesentlicher Nachrichteninhalt ist insbesondere der *Identifikator* eines neu in der Problemebene eingetragenen Problems.[97] Der

[95] Bei einer datenbankbasierten Realisierung des Blackboards wäre dies beispw. eine definierte Tabelle.

[96] Vgl. [Velt92], S. 195.

[97] Diese und die weiteren im folgenden erwähnten Nachrichten sollten mittels *message passing* übermittelt werden, eine *remote procedure call*-Semantik ist (bis auf einen Sonderfall, den wir gesondert betrachten) nicht erforderlich, da der Empfänger für den Sender keinen Dienst in dem Sinne leistet, daß er für den Sender ein von diesem zu verwertendes Leistungsergebnis erstellt. Da der Aufbau dieser Nachricht und der weiteren Nachrichten sehr einfach gehalten werden kann

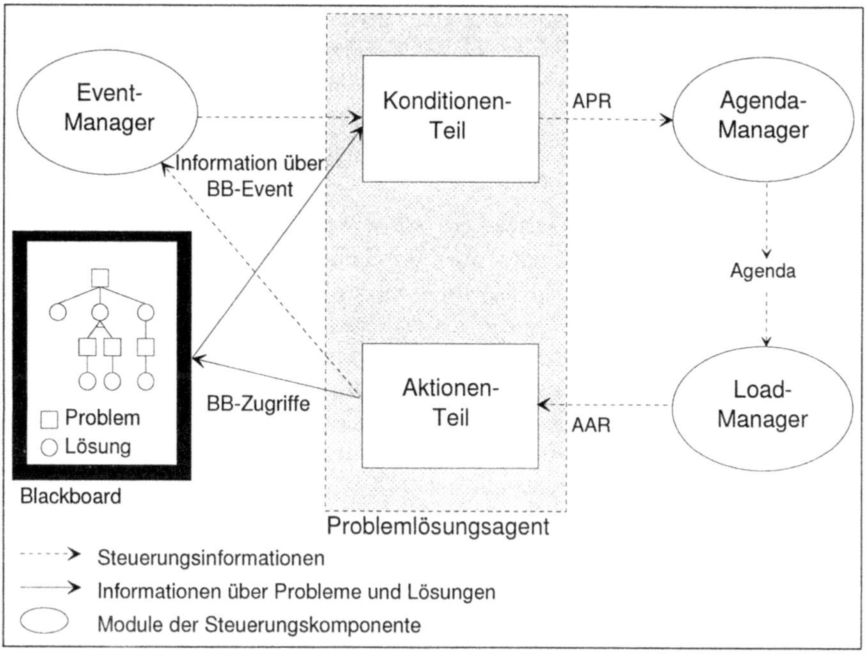

Abb. 9.11. Informationsfluß und Steuerungszyklus während des verteilten Problemlösens, in Anlehnung an [Roem94], S. 21

Event-Manager vervielfältigt diese Nachricht und sendet sie an alle *Konditionenteile* der Problemlösungsagenten (vgl. Abb. 9.11); Inhalt ist wiederum der Identifikator des eingetragenen Problems.

Die zentrale Dienstleistungsfunktion des Event-Managers entlastet die Agenten also *zweifach*: Zum einen müssen die Konditionenteile nicht ständig die Problemebene des Blackboards überwachen, sondern können *passiv*[98] warten, bis sie über neue Ereignisse informiert werden. Zum anderen werden die Aktionenteile davon entlastet, mit den Konditionenteilen direkt kommunizieren zu müssen. Zudem benötigt der Aktionenteil eines Agenten keine Information über die anderen Agenten im System. Auch der Event-Manager

(Absender, Empfänger und Inhalt, Inhalt ist im wesentlichen ein Problemidentifikator), wird hier nicht im Detail auf diese eingegangen, sondern auf [Thur93] verwiesen. Für die Realisierung des Nachrichtenaustausches sollten standardisierte Ansätze wie die *common object request broker architecture* (CORBA) verwendet werden, um nicht an herstellerspezifische Standards gebunden zu sein.

[98] *Passives* Warten eines Rechnerprozesses bedeutet, daß der Prozeß bis zum Eintritt eines definierten Ereignisses (z. B. Eingang einer Nachricht) vom Betriebssystem keine Prozessorzeit zugewiesen bekommt. Systemtechnisch sind die Ereignisse über *Semaphoren*konzepte definierbar und implementierbar. Diese systemtechnisch orientierten Ereignisse sind nicht mit *Blackboard-Ereignissen* zu verwechseln, bei denen es sich um Ereignisse aus Sicht des verteilten Problemlösens handelt.

selbst sollte nach dem Vervielfältigen einer Nachricht an die Konditionenteile *passiv* auf das Eintreffen neuer Nachrichten von Aktionenteilen über erfolgte Einträge in der Problemebene warten[99]. Durch das Konstrukt des Event-Managers sind damit die beiden obigen Kriterien einer *kurzen Reaktionszeit* der Konditionenteile auf Blackboard-Ereignisse sowie eines *nur geringen Verbrauchs an Prozessorzeit* erfüllbar.

Agenda-Manager. Aus *Sicht des verteilten Problemlösens* besteht zunächst kein Koordinationsbedarf, der über die Information der Problemlösungsagenten über Blackboard-Ereignisse hinausgeht: Zwar bearbeiten Problemlösungsagenten nebenläufig – und bei mehr als einem vorhandenen Prozessor aufgrund der Gestaltung als paralleles Blackboard-System auch parallel – in der Problemebene eingetragene Probleme. Da die Agenten aber unabhängig voneinander in der Problemebene des Blackboards eingetragene Probleme bearbeiten und die Erstellung zueinander alternativer Lösungselemente gewünscht wird, besteht diesbezüglich kein Koordinationsbedarf[100]. Allerdings ist sicherzustellen, daß der *Ergebnisagent* nach Abschluß der Problemlösungsaktivitäten für ein gegebenes Nachfragerproblem aktiviert wird. Aus der im letzten Kapitel erfolgten Modellierung des Problemlösungsprozesses resultiert indes folgender Koordinationsbedarf: Zu tiefe Lösungsäste sind zu terminieren und bei Überschreiten einer maximalen Lösungszeit ist der Lösungsprozeß zu beenden[101].

Darüber hinaus besteht weiterhin ein *technisch bedingter Koordinationsbedarf*, der sich aus einer *Knappheit von Rechnerressourcen* ergibt. Zwar ermöglicht die Gestaltung als *paralleles Blackboard-System* grundsätzlich bei Bedarf die Ausführung von Agenten auf weiteren Prozessoren mit freier Kapazität; allerdings ist damit nicht garantiert, daß diese im allgemeinen ausreichend zur Verfügung steht. Auch wenn moderne Betriebssysteme *technisch* die nebenläufige Ausführung von Prozessen auf einem Rechner dahingehend beherrschen, daß sie in dieser Situation den auszuführenden Prozessen im Zeitscheibenverfahren jeweils Rechenzeit zuteilen und die anderen Prozesse „warten" lassen, sollten trotzdem nicht immer alle Aktionenteile, die ausführbar sind, unmittelbar ausgeführt werden: Bei Überschreitung eines Schwellenwertes bezüglich der Prozessorlast tritt im allgemeinen eine deutlich überproportionale Verschlechterung der Antwortzeiten ein[102].

---

[99] Für den Eventmanager wurde ein Programmiermodell entwickelt, das die spezifische Aufgabe dieses Kontrollmoduls explizit berücksichtigt, vgl. hierzu ausführlich [Mack93] und [Thur93].

[100] Natürlich ist ein Rest- oder ein Teilproblem erst dann durch Problemlösungsagenten bearbeitbar, wenn dieses im Blackboard eingetragen ist. Diese aus dem verteilten Problemlösen der Agenten resultierende Sequentialität wird aber mittels *task sharing* durch die Agenten selbst koordiniert, so daß diesbezüglich kein Steuerungsbedarf durch eine Steuerungskomponente besteht.

[101] Vgl. Abschn. 8.2.2, S. 240ff.

[102] Vgl. beispw. [LiKe87], [CaKu88], S. 1583.

Dementsprechend sollte ein derartiger Schwellenwert nicht überschritten werden. Hieraus folgt ein Koordinationsbedarf bezüglich der *Reihenfolge* der Ausführung der ausführbaren Aktionenteile; diese Reihenfolge wird vom *Agenda-Manager* festgelegt. Evaluiert der Konditionenteil eines Problemlösungsagenten, daß durch die Ausführung des Aktionenteils des Agenten ein Lösungselement erstellbar ist, so wird dieser nicht automatisch als Rechenprozeß ausgeführt, sondern es ist zunächst von dem entsprechenden Konditionenteil eine Nachricht (*Agent Application Record*, kurz *APR*) zu generieren und an den Agenda-Manager zu senden. Die Nachricht repräsentiert eine Bewerbung des Agenten, deren wesentlicher Inhalt der entsprechende *Problemidentifikator* ist. Der Agenda-Manager priorisiert die eingehenden APRs und erstellt eine nach Prioritäten geordnete Agenda (vgl. Abb. 9.11).

Bezüglich der Priorisierungsentscheidung ist zu berücksichtigen, daß aufgrund der Kommutativität des Problemlösungsprozesses durch Priorisierungsentscheidungen keine Lösungspfade ausgeschlossen werden, sondern nur die Reihenfolge beeinflußt wird, in der Äste der Lösungsgraphen (bzw. kundenindividuelle Problemlösungen) konstruiert werden. Weiterhin ist jedoch zu berücksichtigen, daß die Kommutativität nur solange vorliegt, solange nicht der Lösungsprozeß aufgrund des Überschreitens einer maximalen Zeitdauer durch das Kontrollregime vorzeitig beendet wird. Um sicherzustellen, daß in solchen Fällen nicht viele Lösungsäste im Sinne einer *Breitensuche* konstruiert werden, jedoch innerhalb der Lösungszeit keine Zielzustände erreicht werden, sollte die Priorisierung so erfolgen, daß Zielzustände zunächst im Sinne einer *Tiefensuche* konstruiert werden.

Im Fall einer *expliziten Kollaboration* liegt im Gegensatz zu einer impliziten Kollaboration, explizites Problemlösungswissen vor; für ein im Blackboard eingetragenes Problem ist in diesem Fall also eine kundenindividuelle Problemlösung bekannt. Dementsprechend besteht in diesem Fall Sicherheit, auf dem entsprechenden Lösungsast eine kundenindividuelle Problemlösung erstellen zu können. *Bewerbungen des Kombinationsagenten* sowie *Bewerbungen von Fachagenten auf vom Kombinationsagenten ausgeschriebene Teilprobleme* sollten dementsprechend höher priorisiert werden als Bewerbungen auf Restprobleme bei einer impliziten Kollaboration.

Die Information über eine explizite Kollaboration kann der Agenda-Manager der Bewerbung des *Kombinationsagenten* entnehmen. Bewerben sich hingegen Fachagenten auf vom Kombinationsagenten ausgeschriebene Teilprobleme, ist für den Agenda-Manager nicht ohne weiteres festzustellen, daß sich die Bewerbungen von Fachagenten auf eine explizite Kollaboration beziehen. Diese Information kann am einfachsten durch spezifische Merkmale des Problemidentifikators bereitgestellt werden, den der Kombinationsagent bei der Speicherung von Teilproblemen in der Problemebene des Blackboards erzeugt und der Teil einer Bewerbung ist[103]. Wird der Problemidentifikator darüber hinaus so gestaltet, daß er Informationen über die *Tiefe* eines

[103] Vgl. S. 287. Eine ausführliche Darstellung findet sich [Roßb97].

Problemknoten im Lösungsgraphen enthält, so kann der Agenda-Manager anhand dieser Information entscheiden, eine Bewerbung „abzulehnen“, so daß auch Lösungsäste mit entsprechender Tiefe terminierbar sind.

Weiterhin soll der Agenda-Manager entsprechend dem in Abschn. 8.2.2[104] modellierten Kontrollsystem die Beendigung von „zu langen“ Beratungsprozessen steuern. Überschreitet die Dauer eines Problemlösungsprozesses eine vorgegebene Lösungsdauer, so soll der Agenda-Manager zu diesem Zeitpunkt eine Aktivierung des *Ergebnisagenten* veranlassen, damit dieser die bereits erstellten Lösungselemente zu kundenindividuellen Problemlösungen (soweit möglich) synthetisieren und dem Nachfrager anbieten kann. Damit sollten indes die Problemlösungsaktivitäten noch nicht abschließend terminiert werden: Werden in der Folgezeit weitere Zielzustände erzeugt, ist hierüber jeweils der Ergebnisagent zu informieren, der daraufhin die entsprechenden Problemlösungen synthetisiert, bewertet und (bei besserer Lösungsqualität als die bisherigen Lösungen) ebenfalls dem Nachfrager anbieten kann.

Ist die Agenda leer und gehen für eine Konsultation keine APRs mehr ein, so terminiert die Phase *Problemlösung* ebenfalls. Dies erkennt der Agenda-Manager und kann hieraufhin die Aktivierung des Ergebnisagenten veranlassen.

Zusammenfassend realisiert der Agenda-Manager damit das in Abschn. 8.2.2 entwickelte Kontrollsystem für das verteilte Problemlösen, trifft darüber hinaus für den Fall knapper Rechnerressourcen Priorisierungsentscheidungen und koordiniert den Ergebnisagenten bei Beendigung der Aktivitäten der Problemlösungsagenten.

Load-Manager. Die dritte wesentliche Aufgabe der Steuerungskomponente wird vom *Load-Manager* wahrgenommen. Dieser liest hierzu die vom Agenda-Manager jeweils aktualisierte Agenda (vgl. Abb. 9.11), entfernt aus der Agenda die APRs mit der höchsten Priorität, ermittelt anhand eines APRs den auszuführenden Aktionenteil und veranlaßt bei freier Prozessorkapazität dessen Ausführung. Anschließend wird vom Load-Manager in einer Nachricht (*„Agent Activation Record“*, kurz: AAR) der Identifikator des zu bearbeitenden Problems an den neu gestarteten Aktionenteil-Prozeß mittels *message passing* übermittelt (vgl. Abb. 9.11).

Erfolgt die Ausführung des Gesamtsystems in einem *Rechnernetz*, sind aufgrund der Konzipierung des Informationssystems als *paralleles* Blackboardsystem Aktionenteile auch parallel auf mehreren Rechnern ausführbar. Dementsprechend sollte der Load-Manager die Ausführung der Aktionenteile *lastabhängig*[105] steuern, um eine gleichmäßige Ressourcenauslastung und

[104] Vgl. S. 240.

[105] In der Informatik umfaßt der Begriff der Lastverteilung zwei wesentliche Dimensionen. Zum einen wird untersucht, auf welchen Rechnern ein Prozeß zu *starten* ist, zum anderen wie Prozesse während der Ausführung auf andere Rechner *migriert* werden sollen. Da zum einen eine Prozeßmigration im allgemeinen nicht durch marktübliche Betriebssysteme unterstützt wird und zum anderen Unter-

eine höhere Laufzeiteffizienz zu erreichen[106]. Hierfür müssen zwei Voraussetzungen erfüllt sein:

- der Load-Manager benötigt *Information über die Prozessorauslastung* auf den einzelnen Rechnern und
- auf dem jeweiligen Rechner muß ein Dienst angeboten werden, der das *entfernte Ausführen von Aktionenteilen* ermöglicht.

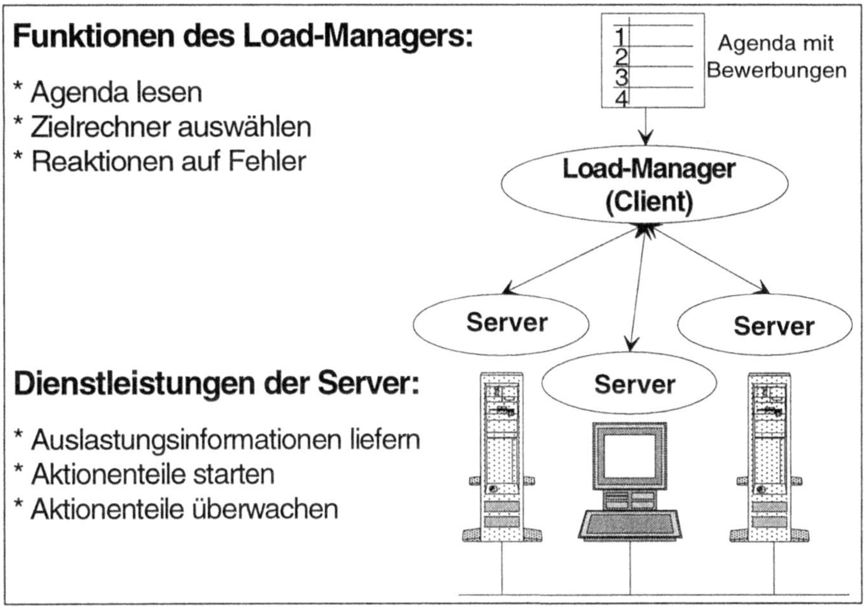

Abb. 9.12. Client/Server-Architektur des Load-Managers

Dementsprechend ist der Load-Manager als (verteiltes) *Client/Server-System* zu realisieren (vgl. Abb. 9.12). Auf jedem entsprechenden Rechner wird ein *Server-Prozeß* ausgeführt, der zum einen die auf dem Rechner *vor-*

suchungen der Informatik gezeigt haben, daß Prozeßmigration in der Regel nicht sinnvoll ist (vgl. beispw. [EaLaZa88] und [ShKrSi92]), ist diese Dimension aus Sicht der *Wirtschaftsinformatik* nicht weiter zu verfolgen.

106 Dies entspricht einem *zentralen* Schedulingverfahren. Simulationen anhand von *job traces* eines Produktionssystems haben (überraschenderweise) gezeigt, daß diese in der Praxis dezentralen Schedulingverfahren überlegen sein können, vgl. beispw. [ZhFe88]; [Milo94], S. 27, faßt die Ergebnisse dieser Arbeit diesbezüglich wie folgt zusammen: „*The overall improvement is achieved for each of the algorithms. The centralized algorithms may be more appropriate than the distributed ones ...* “, zu ähnlichen Ergebnissen kommen auch [ThLa89]. Diese Ergebnisse sind allerdings nicht eindeutig, vgl. [BaLi85].

herrschende Prozessorauslastung an den Load-Manager übermittelt[107] und zum anderen den *Dienst zum Start von Aktionenteilen* auf diesem Rechner anbietet. Während für die Übermittlung der Lastsituation ein *message passing*-Ansatz ausreichend ist, sollte die Dienstbereitstellung über einen *remote procedure call* erfolgen, da für diesen eine *Fehlersemantik* definiert ist, so daß der Client-Prozeß bei Fehlern des Prozeßstarts hierauf angemessen reagieren kann[108].

Weiterhin existiert genau ein *Client-Prozeß*, der die eigentliche Load-Manager Funktionalität realisiert. Dieser ermittelt die zur Ausführung von Aktionenteilen zur Verfügung stehenden Rechner, nimmt die übermittelten Lastinformationen entgegen, entscheidet lastabhängig, auf welchem Rechner im Netz ein Aktionenteil auszuführen ist[109] und reagiert auf Fehler beim entfernten Start sowie bei der entfernten Ausführung eines Aktionenteils.[110].

Die abgeleiteten Aussagen für die Gestaltung des Informationssystems sind in Abb. 9.13 nochmals zusammenfassend dargestellt; die Numerierung der Pfeile beschreibt den Ablauf der maschinellen Konstruktion kundenindividueller Problemlösungen mit Hilfe des Informationssystems. Aufgrund der oben erfolgten Darstellung der einzelnen Bestandteile des Informationssystems und deren jeweiliger Wechselwirkungen kann hier auf eine zusätzliche Erläuterung der Abbildung verzichtet werden; es sei nur erwähnt, daß die Pfeilsequenz (1)-(4) *einmal* während der Phase *Problemformulierung*, die Pfeilsequenz (5)-(13) *zyklisch mehrmals* während der Phase *Problemlösung* und die Pfeilsequenz (14)-(16) *einmal* während der Phase *Problemlösung* „durchlaufen“ werden.

Nach der Ableitung von Aussagen für eine zieladäquate Gestaltung des *Informationssystems* wird im folgenden auf die Gestaltung des *Kommuni-*

---

[107] Für die Messung der *Prozessorauslastung* auf einem Rechner sind in der Informatik verschiedene Ansätze zur Ermittlung eines *load index* untersucht worden, vgl. beispw. [FeZh86], [HwCrWa82] und [Ezza86]. Diese sind unter anderem abhängig vom zugrundeliegenden Betriebssystem; teilweise kann bei einigen Betriebssystemen nicht auf die Berechnung eines *load index* relevante Information zugegriffen werden, so daß in diesem Fall ein einfaches *Benchmarkprogramm* zur Ermittlung der Prozessorlast heranzuziehen ist. Dies gilt z. B. für das Betriebssystem OS/2; [OrHa92] stellen ein entsprechendes Benchmarkprogramm vor. Aufgrund dieser Betriebssystemabhängigkeiten soll hier für die Konstruktion eines *load index* auf die bereits erwähnte Literatur verwiesen werden; eine kurze Übersichtsdarstellung bietet [Milo94], S. 19ff. In [ZhFe88] wird gezeigt, daß die Übermittlung von Lastinformation im Abstand von einer Sekunde sinnvoll ist.

[108] Vgl. hierzu ausführlich [MüSc92], S. 92ff.

[109] Da wir hier die Gestaltung der Architektur des Informationssystems in den Vordergrund stellen, sollen geeignete Schedulingverfahren hier nicht genauer untersucht werden; hierzu kann insbesondere auf entsprechende Arbeiten der Informatik zurückgegriffen werden, z. B. [Stum88].

[110] Zur Realisierung dieser Client/Server-basierten Load-Manager-Architektur ist insbesondere das *Distributed Computing Environment* (*DCE*), das auf nahezu allen in der Praxis relevanten Plattformen angeboten wird, als geeignet einzuschätzen; vgl. hierzu beispw. [BeKiRa93] und [Lipp94].

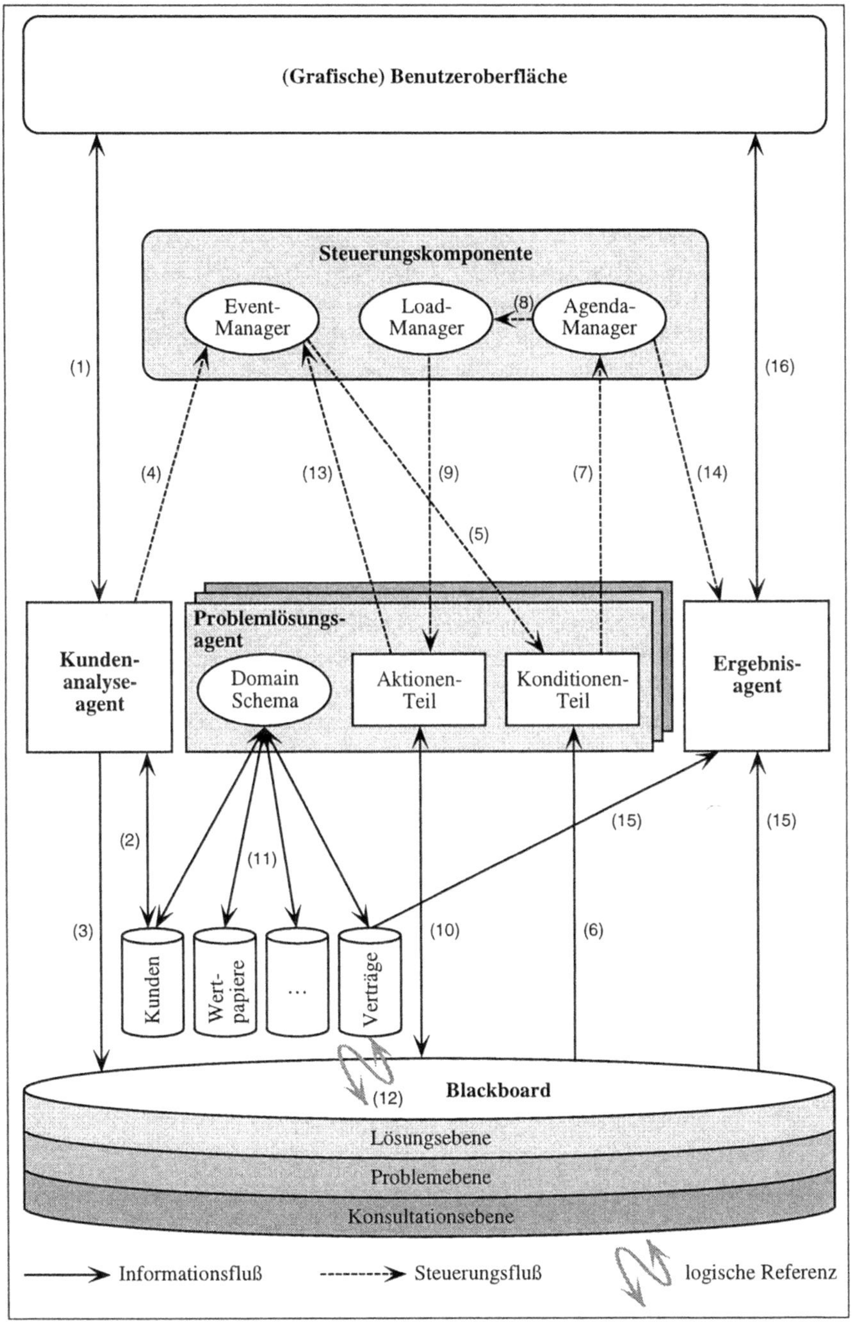

Abb. 9.13. Zusammenfassende Darstellung der Informationssystemgestaltung, aus [Krap96], S. 30

kationssystems eingegangen; eine beide Teilsysteme umfassende Bewertung dieser Gestaltungsaussagen für das IKS erfolgt in Abschn. 9.4[111].

9.2 Gestaltung des Kommunikationssystems

Kommunikation dient – entsprechend dem Begriffsverständnis der Wirtschaftsinformatik – der *Koordination* von menschlichen und maschinellen Aufgabenträgern bei arbeitsteiliger Leistungserstellung[112] durch den wechselseitigen Austausch von *Information*. Der Kommunikation zwischen Anbieter und Nachfrager kommt damit bei der Erstellung kundenindividueller Problemlösungen im Direktvertrieb entscheidende Bedeutung zu: Der Nachfrager ist letztlich aufgrund der *informationsbedingten Integration* ein wesentlicher externer „Produktionsfaktor" bzw. Aufgabenträger im Vertriebs- und Leistungsprozeß[113]. Insbesondere in den Phasen *Problemformulierung* und *Lösungspräsentation* besteht erheblicher Kommunikationsbedarf: In der Phase *Problemformulierung* hat der Finanzdienstleister als Voraussetzung einer Leistungserstellung das Nachfragerproblem mittels Kommunikationsprozeß zu erfassen. In der Phase *Lösungspräsentation* sind die erarbeiteten kundenindividuellen Problemlösungen einem Nachfrager mittels Kommunikationsprozeß (abschlußorientiert) zu erläutern[114]; darüber hinaus kann Kommunikationsbedarf auch in der Phase *Problemlösung* bestehen[115]. Im Unterschied zu anderen Absatzmethoden ist der Direktvertrieb dadurch gekennzeichnet, daß während des Kommunikationsprozesses eine *räumliche Trennung* zwischen Finanzdienstleister und Nachfragern besteht[116].

Dementsprechend ist die zieladäquate Gestaltung des *Kommunikationssystems* notwendige Voraussetzung für das Zustandekommen und die Durchführung von Kommunikationsprozessen zwischen Finanzdienstleister und Nachfragern. Vor dem Hintergrund der oben abgeleiteten Anforderungen an eine zieladäquat zu gestaltende Systemunterstützung[117] ist dabei die Beantwortung der folgenden Fragen von Bedeutung:

1. Unter Nutzung welcher *telematischen Dienste* soll die Kommunikation erfolgen?
2. Wie sind die Teilsysteme *Informationssystem* und *Kommunikationssystem* zu integrieren?

---

111 Vgl. S. 306ff.
112 Vgl. Fußnote 13, S. 3.
113 Vgl. Abschn. 4.4, S. 56ff.
114 Vgl. Abschn. 4.5, S. 59ff.
115 Vgl. Anforderung 5, S. 79.
116 Vgl. die Definition des Begriffs *Direktvertrieb* in Abschn. 3.2.2, S.45.
117 Vgl. Abschn. 4.8, S. 78ff.

Die Beantwortung der ersten Frage wird Gegenstand dieses Abschnittes 9.2 sein, auf die zweite Fragestellung wird in Abschn. 9.3 eingegangen.[118]

Für die Beantwortung der ersten Frage ist es naheliegend, insbesondere die Eignung des *World Wide Web* (WWW) näher zu untersuchen, das in letzter Zeit für den Vertrieb von Finanzdienstleistungen immer stärkere Bedeutung gewinnt. Hierzu untersuchen wir ausgehend von einer Darstellung der *vertriebsrelevanten* Eigenschaften des WWW (Abschn. 9.2.1) dessen *Potential* und *Grenzen* als telematischer Dienst für den Direktvertrieb kundenindividueller Problemlösungen (Abschn. 9.2.2) und zeigen, daß die Nutzung des WWW einen wichtigen Baustein für eine zieladäquate Gestaltung des Kommunikationssystems darstellt. In Abschn. 9.2.3 wird dann betrachtet, wie Nachteile bei der Kommunikationssystemgestaltung, die bei alleiniger Nutzung des WWW resultieren würden, durch die integrierte Nutzung eines weiteren telematischen Dienstes vermeidbar sind.

9.2.1 Wichtige Eigenschaften des WWW für den Vertrieb von Finanzdienstleistungen

Das Internet ist das größte Computernetzwerk mit den meisten Benutzern weltweit; die Zahl der Nutzer wächst weiterhin stark[119]. Gegenüber anderen, traditionellen Informationsmedien und elektronischen Vertriebswegen von Finanzdienstleistungen zeichnet sich insbesondere der Internet-Dienst *WWW* – neben *E-Mail* aufgrund seiner Leistungsfähigkeit und Benutzerfreundlichkeit der wichtigste Internet-Dienst – durch die Kombination der Merkmale[120]

- *Multimedialität*,
- *Interaktivität*,
- *Offenheit*,
- *Schnelligkeit* und
- *Verfügbarkeit*

aus; auf diese Merkmale ist aufgrund ihrer Bedeutung für den Direktvertrieb kurz einzugehen.

- **Multimedialität:**
  Das WWW ist als Dienst des digitalen Rechnernetzes „Internet" grundsätzlich für die Kommunikation und (analoge) Darstellung sämtlicher digital codierbarer Informationen geeignet und bietet damit eine *multimediale* Benutzeroberfläche für das Internet und auf weitere in diesem Netzwerk bereitgestellte Dienste. Es unterstützt aufgrund seiner *Multimedialität* deshalb sowohl *textuelle*, *visuelle* (Einzelbilder wie auch Bewegtbilder/Videosequenzen), *tabellarische* und *akustische* Informationsdarstellungen. Indes

[118] Die Darstellung basiert auf Beiträgen des Autors zu der Arbeit [RoBu96a].

[119] Für die aktuelle Entwicklung und das Nutzerprofil des Internets vgl. Fußnote 3, S. 1.

[120] Vgl. [Hans96].

ist das WWW aufgrund der *paket*vermittelnden Übertragungstechnologie für *interaktive* Sprachkommunikation *in Echtzeit* (derzeit) nur sehr bedingt geeignet.[121]
Durch die multimedialen Darstellungsformen bietet das WWW im Vergleich zum im Direktvertrieb bisher überwiegend eingesetzten Kommunikationsmedium *Telefon* die Möglichkeit, auch *komplexe* Sachverhalte durch multimediale (vor allem graphische) Darstellung anschaulich, verständlich und nachvollziehbar darstellen zu können.
Im Gegensatz zu anderen Medien können im WWW Informationen nicht nur angeboten bzw. nachgefragt werden, sondern aufgrund der Unterstützung einer *Online-Codierung* von Information in digitale Darstellungen auch *ohne Medienbruch* digital an Kommunikationspartner übermittelt, weiterverarbeitet und gespeichert werden.

- **Interaktivität:**
  Das WWW ermöglicht – anders als konventionelle Medien mit visueller, textueller und tabellarischer Informationsdarstellung – einen *direkten interaktiven* Informationsaustausch zwischen den beteiligten Kommunikationspartnern *online.*
- **Offenheit:**
  Das WWW baut auf *offenen, weitestgehend herstellerunabhängigen* Kommunikationsprotokollen (Protokollsuite *TCP/IP*) auf und bietet damit für den Nachfrager einen offenen und leichten Zugang zu dem Medium, der auch von kommerziellen Online-Diensten aus und unabhängig von spezifischen Hardware- und Betriebssystemplattformen für potentielle Kunden einfach realisierbar ist. Zudem ist das WWW aufgrund dieser weitgehenden Standardisierung offen für *technische Innovationen* zur weiteren Steigerung der Leistungsfähigkeit.
  Beispiele sind etwa die derzeit intensiv diskutierte Integration von *kryptografischen Verfahren* sowie die Programmiersprache *JAVA*[122], die das verteilte – und für den Anwender transparente – Ausführen von im Netz bereitgestellten JAVA-Programmen auch auf dem Arbeitsplatzrechner eines

[121] Bei einer *paketvermittelnden* Übertragungstechnologie wird zwischen den beiden Kommunikationspartnern („Rechnern“) keine logische, für die Kommunikationspartner reservierte Kommunikationsverbindung (wie im Telefonnetz) aufgebaut, sondern die zu übertragende Information wird in einzelne „Datenpakete“ zerlegt, welche jeweils einzeln zwischen den Vermittlungsknoten ausgetauscht werden (vgl. beispw. [Kauf94], S. 45). Damit ist nicht garantiert, daß die einzelnen Datenpakete die *gleiche* Übertragungszeit besitzen und die gleiche „Route“ durch das Kommunikationsnetz zurücklegen; beispielsweise können sich Pakete auch überholen, so daß der Empfänger die Reihenfolge wieder herstellen muß. In Konsequenz ist bei einer paketvermittelnden Sprachübertragung eine Gleichmäßigkeit des analogen Sprachsignals bei einer Übertragung nicht garantierbar, so daß die *Verbindungsqualität* häufig unbefriedigend sein wird.

[122] Siehe z. B. [HoSh96].

Nachfragers *bei Erfüllung weitgehender Sicherheitsstandards* erlaubt[123]. Ein weiterer Aspekt wird die *Einführung elektronischer Zahlungsmöglichkeiten* im Internet sein, wobei in Deutschland mit der Entscheidung der Deutschen Bank für das *Digi-Cash System* erste Entscheidungen bereits getroffen sind[124].

- **Schnelligkeit:**
Das WWW ermöglicht eine schnelle Verbreitung von Informationen, Daten und Programmen aus Anbietersicht sowie aus Nachfragersicht den schnellen Zugriff auf diese. Derzeitige Bandbreitenprobleme werden durch den starken, staatlich forcierten Ausbau der Netzinfrastruktur, die zunehmende Verbreitung von ISDN-Anschlüssen sowie durch den steigenden Wettbewerb von Netzanbietern aufgrund der Entmonopolisierung im Telekommunikationsbereich Anfang 1998 zumindest im deutschsprachigen Raum abnehmen.[125]
- **Verfügbarkeit:**
Im Gegensatz zu anderen innovativen elektronischen Vertriebsmedien (Bildtelefon, Videokonferenzen) ist der WWW-Zugang technisch flächendeckend und mit für den Nachfrager vertretbarem Kostenaufwand möglich. So haben derzeit über 1 Million *T-Online*-Nutzer die Möglichkeit eines WWW-Zugangs; insgesamt sollen bis Ende 1997 ungefähr *8 Millionen* Nachfrager über einen Netzzugang verfügen. Darüber hinaus wird allgemein erwartet, daß in Zusammenhang mit dem 1998 bevorstehenden Fall des Fernmeldemonopols der *Deutschen Telekom* die Nutzung von Online-Diensten aufgrund dann fallender Kommunikationskosten weiter steigen wird[126].
Aus Vertriebssicht ist ebenfalls wichtig, daß die Nutzer dieser Dienste als *jung*, *dynamisch*, *gut ausgebildet* charakterisierbar sind und dazu noch über ein *relativ hohes Einkommen* verfügen[127] - und damit eine für Finanzdienstleister sehr *interessante und wichtige Zielgruppe* darstellen[128].

Nach der Darstellung der vertriebsrelevanten Merkmale des WWW sollen im folgenden *Potential* und *Grenzen* eines Direktvertriebs kundenindividueller Problemlösungen über das WWW analysiert werden.

---

[123] Für eine Diskussion über Anforderungen an Sicherheitsstandards für die Abwicklung von Bankgeschäften über das Internet und deren Erfüllung durch die derzeitige Technologie s. die Diskussion in [PeRö97] und [DüLu97].

[124] Vgl. Abschn. 45, S. 89.

[125] Vgl. [DüLu97], S. 193.

[126] Vgl. Fußnote 3, S. 1.

[127] Vgl. [Hans96], S. 117.

[128] Vgl. [Pola95], S. 42.

9.2.2 Potential und Grenzen des WWW für den Direktvertrieb kundenindividueller Problemlösungen

Potential des WWW. Das Internet/WWW bietet also aufgrund der dargestellten Merkmale die Funktionalität, um Daten, Informationen und Dokumente zwischen Kunde und Finanzdienstleister in kurzer Zeit auszutauschen, und schafft damit die Voraussetzung, einen *interaktiven, zeitlich synchronen und multimedialen Kommunikationsprozeß* zwischen Anbieter und Nachfrager zum Vertriebs- und Leistungserstellungszeitpunkt aufbauen zu können. Der telematische Dienst WWW leistet also einen entscheidenden Beitrag, die *räumliche Trennung* zwischen beiden Akteuren zum Vertriebszeitpunkt zu überwinden, ohne daß ein Nachfrager die Filiale (bzw. ein Außendienstmitarbeiter den Nachfrager) aufsuchen muß. Damit wird letztendlich durch die Möglichkeit eines schnellen Informations- und Datenaustausches eine *quasiräumliche Synchronität zwischen Anbieter und Nachfrager* ***virtuell*** erzeugt.

Die *multimediale Informationsdarstellung* im WWW schafft weiterhin im Zusammenspiel mit dem Kundenanalyse- und Ergebnisagenten des oben dargestellten blackboardbasierten Informationssystems die Voraussetzungen, den Kunden trotz räumlicher Distanz auch phasenübergreifend bei *Datenerfassung*, *Problemformulierung*, *Problemlösung* sowie *Interpretation und Verständnis der angebotenen Leistungen* geeignet multimedial zu unterstützen. Weiterhin wird mittels WWW durch die Eigenschaften *Interaktivität und Schnelligkeit* die notwendige informationsbedingte Integration des Nachfragers während der Finanzberatung in den Leistungserstellungsprozeß ermöglicht, so daß das WWW auch die geforderte *Interaktion* von Kunde und Finanzdienstleister in den einzelnen Phasen des Vertriebsprozesses unterstützt.Wir kommen zu der Feststellung:

Die geforderte – und für einen erfolgreichen Marktauftritt notwendige[129] – Bedienschnelligkeit ist damit durch Nutzung des WWW als telematische Schnittstelle zu den Nachfragern weitgehend erreichbar.

Darüber hinaus unterstützt das WWW durch graphische *Formulare bzw. Tabellen* sowie neuerdings durch *JAVA-Applets* die Gestaltung leistungsfähiger, graphisch animierter und nachfragerfreundlicher Oberflächen die direkte Erfassung von Kundendaten und -problem; die erfaßten Daten und Informationen sind bei Nutzung von Internet/WWW *medienbruchlos* über normierte Schnittstellen in das Informationssystem des Anbieters übertragbar; ebenso sind die Angebotsinformationen medienbruchlos durch den Ergebnisagenten aus dem Informationssystem des Anbieters zum Nachfrager übertragbar. Schnittstellen von WWW-Servern zu kommerziellen relationalen Datenbanksystemen schaffen die Möglichkeit, daß Nachfrager ihre Input-Daten und -Informationen für den Leistungserstellungsprozeß (unter Nutzung der Funktionalität des Kundenanalyseagenten) in der Blackboard-Datenbank

---

129 Vgl. Abschn. 5.3ff, S. 95ff, und Abschn. 6.2.5ff, S. 122ff.

abspeichern und damit den verteilten Problemlösungsprozeß initiieren können.

Durch *Integration von Sicherheitstechnologien* wie z. B. *S-HTTP*[130] oder einfachen *Hardwaresystemen* zur Verschlüsselung (wie sie derzeit z. B. von der SPARDA-Bank Hamburg eingesetzt werden[131]) sind auch die Sicherheitsanforderungen aus Kundensicht weitestgehend erfüllbar. Für den Schutz der internen Netze des Finanzdienstleisters kann auf verfügbaren *Firewall-*[132], *Authentisierungs-* sowie *Authorisierungstechnologien* aufgebaut werden[133]. Weiterhin sind durch den typischen Aufbau von WWW-Anwendungen, die aus miteinander über *Hyperlinks* verbundenen einzelnen *HTML-Skripten*[134] und einzelnen JAVA-Anwendungen bestehen, diese für den Vertrieb von kundenindividuellen Finanzdienstleistungen *modular* – und damit auch *gut wartbar und erweiterbar* – realisierbar.

Wir kommen damit bezüglich der Gestaltung des IKS zu der Schlußfolgerung:

Die Nutzung des WWW als telematischen Dienst für den Direktvertrieb kundenindividueller Problemlösungen schafft die ***kommunikationstechnologischen*** *Voraussetzungen für die Erfüllung der Anforderungen 2-10 – sofern diese nicht auf* ***sprachliche*** *Kommunikation zielen.*

Nach der Analyse des *Potentials* des WWW als telematischer Dienst zur Überwindung der räumlichen Distanz zwischen Nachfrager und Anbieter beim Direktvertrieb kundenindividueller Problemlösungen sollen nun im nächsten Abschnitt die *Grenzen* dieses Kommunikationsmediums näher untersucht werden.

---

130 *S-HTTP*: *Secure Hypertext Transfer Protocol. S-HTTP* ist ein sicheres Protokoll für die Kommunikation zwischen WWW-Browser und WWW-Server, das die *Authentizität* von Transaktionen und die *Vertraulichkeit* über *S-HTTP* ausgetauschter Daten durch *kryptografische Verfahren* wahrt, insbesondere soll *S-HTTP* mittel- bis langfristig *fälschungssichere digitale Unterschriften* ermöglichen (vgl. beispw. [LiPe95], S. 383ff). Damit kann dann langfristig weitgehend auf die (derzeit noch notwendige) Nutzung postalischer Dienste verzichtet werden.

131 Bei dieser Lösung wird ein Kästchen von der Größe einer Zigarettenschachtel zwischen Tastatur und Parallel-Port des Kunden-PC's gesteckt, das automatisch die relevanten Daten zur Übertragung an den Server auf Bankenseite verschlüsselt bzw. von der Bank zum Kunden-PC übertragene Daten entschlüsselt, der Schlüssel kann bis zu 256 Byte lang sein. Die Bank übernimmt hier die Haftung für die Datensicherheit und die korrekte Ausführung von *Transaktionen*, Überweisungslimits existieren nicht; vgl. [Chri96], S. 102.

132 Ein *Firewall* hat die Aufgabe, den nicht authorisierten Zugriff zwischen Netzen zu verhindern; für eine Einführung vgl. beispw. [LiPe95], S. 583ff.

133 Mit diesen Technologien wird sicherlich keine 100%-Sicherheit erzielbar sein, allerdings werden diese in naher Zukunft realistischen Anforderungen an produktive Systeme Genüge leisten; vgl. hierzu auch [PeRö97] und [DüLu97].

134 HTML: *HyperText Markup Language*, Hypertext-Sprache zur Erstellung von verteilten WWW-Dokumenten; für eine Einführung vgl. [LiPe95], S. 383ff.

Grenzen des WWW. Das Internet/WWW kann als *allein* verwendetes Medium *nicht* alle Anforderungen erfüllen: Zum einen bietet es trotz der Programmiersprache JAVA derzeit nur recht geringe Möglichkeiten, die notwendige Back-Office Funktionalität zu unterstützen, die für die Erstellung rechen- und beratungsintensiver kundenindividueller Problemlösungen erforderlich ist (Anforderung 1), zumindest fehlt bisher der empirische Nachweis. Allerdings ist diese Anforderung durch eine *Kombination* des WWW (als Basis des *Kommunikationssystems*) mit dem oben gestalteten blackboardbasierten *Informationssystem* erfüllbar[135].

Zum anderen besitzt das WWW auch bezüglich der geforderten „Front-Office" Funktionalität aufgrund der mangelhaften Unterstützung *sprachlicher* Kommunikation zwei wesentliche Unzulänglichkeiten:

- **große Anonymität:**
  Beim Direktvertrieb kundenindividueller Problemlösungen ausschließlich über das WWW besteht eine große *Anonymität* zwischen Nachfragern und Anbieter, da beide aufgrund der ungenügenden Sprachkommunikation über das WWW in der Regel nur „stumm" *und* unpersönlich miteinander kommunizieren können und ein (zumindest indirekter) persönlicher Kontakt über sprachliche Kommunikation und Nutzung des telematischen Dienstes „Telefon" nicht zustande kommt.
- **geringe Individualisierbarkeit:**
  Aufgrund der fehlenden sprachlichen Kommunikation ist es schwer, *situativ* und nachfragerindividuell in der Beratungssituation auf beispielsweise einfache Verständnis- oder Interpretationsschwierigkeiten eines Nachfragers *individuell* einzugehen. Dies gilt auch dann, wenn wissensbasierte Erklärungskomponenten sowie kontextsensitive Hilfefunktionen u. ä. realisiert sind. Weiterhin kann der Finanzdienstleister bei einer Kommunikation ohne menschliche Aufgabenträger einen Nachfrager nicht von sich aus flexibel auf Mißverständnisse u. ä. hinweisen, da diese dann nicht vom Finanzdienstleister unmittelbar wahrnehmbar sind. Bei einer rein WWW-basierten Vertriebsunterstützung ohne Möglichkeit einer (zumindest indirekten) persönlichen Kommunikation fehlt also die Möglichkeit, auf „weiche" Kommunikationsbotschaften von Nachfragern wie Zögern, Unsicherheit, Irritationen über Aussagen und Handlungen des Anbieters usw. mit der notwendigen Flexibilität und einem entsprechenden Einfühlungsvermögen reagieren zu können. Damit ist dann eine *individuelle* Betreuung, Ansprache und Beratung von Nachfragern kaum möglich.

Hohe Anonymität verbunden mit einer *nicht nachfragerindividuellen Kommunikation* zwischen Finanzdienstleister und Nachfragern werden dann

[135] Wie die Integration von blackboardbasiertem Informationssystem und WWW-gestütztem Kommunikationssystem erfolgen sollte, wird in Abschn. 9.3, S. 302ff, herausgearbeitet; eine Überprüfung der diesbezüglich abgeleiteten Gestaltungsaussagen erfolgt in Abschn. 9.4, S. 306ff.

bei vielen Nachfragern bei Vorliegen technischer Probleme oder bei einfachen fachlichen Verständnisschwierigkeiten zu *Frustration* und *Unzufriedenheit* führen. Zudem wird bei einer derartigen Gestaltung des Kommunikationssystems der *Anspruch*, kundenindividuell Problemlösungen erstellen zu wollen und zu können, für viele Nachfrager im Widerspruch zum direkt wahrnehmbaren Kommunikationsverhalten und Auftreten eines Anbieters stehen. In Konsequenz wird der Aufbau von *Vertrauen* der Nachfrager in die Leistungsfähigkeit und die Leistungsbereitschaft – und damit der notwendige Aufbau von *Reputation* – schwerlich gelingen: Die Nachfrager werden häufig das Leistungspotential „kundenindividuelle Finanzberatung" eines Anbieters gar nicht erst abnehmen – und damit die Leistungsfähigkeit eines Anbieters anhand hoher Werte der Bewertungsfunktion nicht erfahren und kennenlernen.

Wir kommen zu folgendem Resultat:

Das Internet/WWW ist als alleiniges Kommunikationsmedium für den Direktvertrieb kundenindividueller Problemlösungen ungeeignet, da es eine persönliche Kommunikation zwischen Anbieter und Nachfrager aufgrund der (derzeit) fehlenden Unterstützung einer interaktiven Sprachkommunikation nur unzureichend unterstützt.

9.2.3 WWW und Telefon als kombinierter 2-Kanal-Vertriebsweg

Zusätzlich und parallel zum Kommunikationsmedium WWW ist deshalb für den Direktvertrieb kundenindividueller Problemlösungen mit dem *Telefon* ein weiteres Medium zur Unterstützung *sprachlicher Kommunikation* einzusetzen (vgl. Abb. 9.14).

Beide Kommunikationsmedien *komplementieren* einander in nahezu idealer Weise: Für die notwendige medienbruchlose Datenkommunikation und die Unterstützung des Vertriebsprozesses durch multimediale Informationsdarstellungen wird die notwendige Unterstützung durch das WWW bereitgestellt; für die Realisierung der zur digitalen Datenkommunikation parallelen Sprachkommunikation ist das Telefon nutzbar – beide Medien sind technisch dabei sowohl von Nachfragern als auch vom Finanzdienstleister (quasi-)parallel nutzbar.

Die erfolgreiche praktische Realisierung dieses 2-Kanal-Vertriebsweges setzt voraus, daß genügend Kunden der Zielgruppe technisch über die Voraussetzungen verfügen, sowohl Telefon als auch Internet/WWW nutzen zu können. Hierfür sollte der Kunde idealerweise entweder über einen ISDN-Anschluß oder zwei Analoganschlüsse verfügen. In der Bundesrepublik gibt es (Stand Jahresende 1996) ungefähr 2 Millionen ISDN-Basisanschlüsse[136] – mit weiter wachsender Tendenz; hinzu kommt eine Vielzahl an Haushalten mit mehr als einem Analoganschluß. Darüber hinaus stehen bereits heute (ebenfalls mit stark steigender Tendenz) vielen Nachfragern am Arbeitsplatz

[136] Vgl. [Schm96].

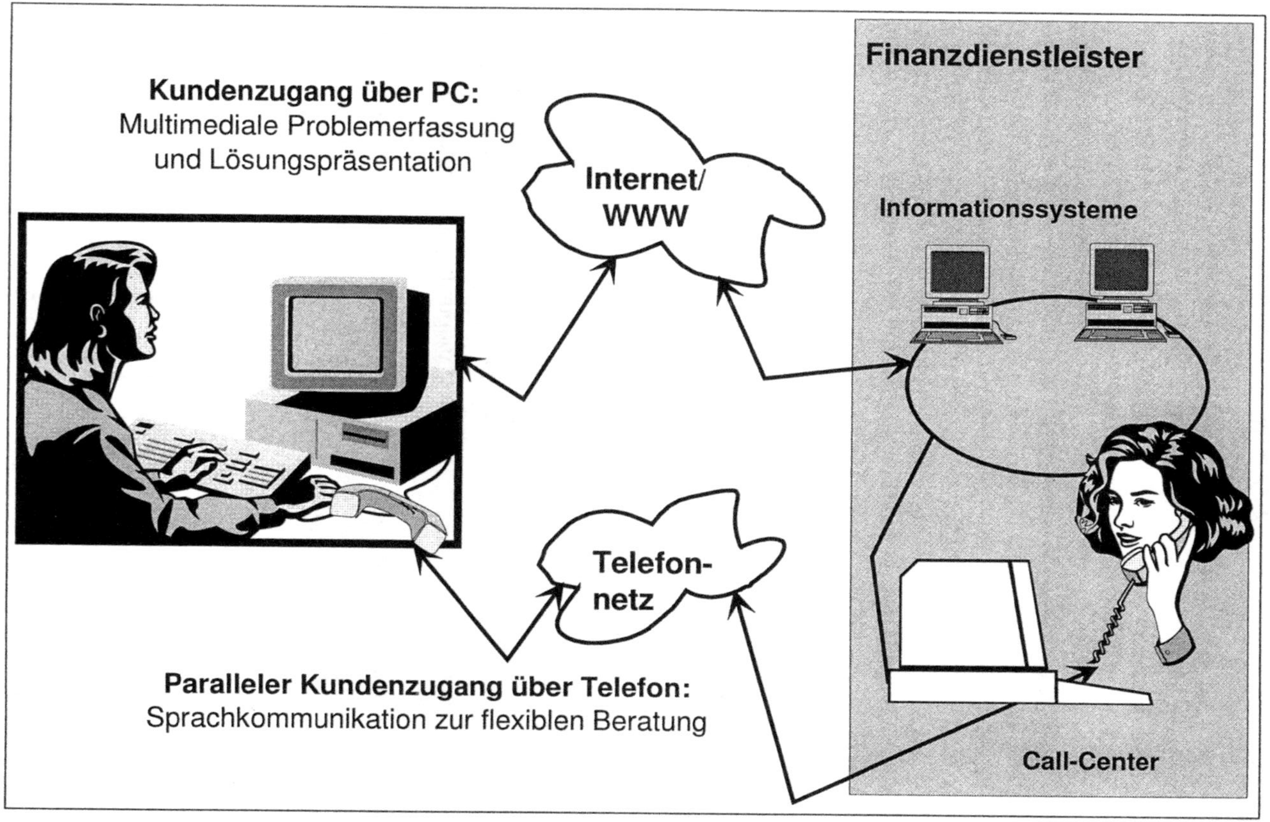

Abb. 9.14. Integrierter 2-Kanal Vertrieb kundenindividueller Problemlösungen, aus [RoBu96a], S. 572

sowohl Telefon als auch Internet/WWW parallel zur Verfügung. Damit sind also bereits heute häufig die technischen Voraussetzungen für eine parallele Nutzung beider Kommunikationsmedien gegeben, mittelfristig dürfte die gleichzeitige Verfügbarkeit keine Restriktion mehr bedeuten. Dies gilt vor allem, wenn die Technologie der Internet-Telefonie (in absehbarer Zeit) einen entsprechenden Standard erreicht, so daß sowohl Sprach- als auch Datenkommunikation über einen Anschluß abwickelbar sind.

Weiterhin ist anzumerken, daß Sprach- und Datenkommunikation nicht *„echt"-parallel* abgewickelt werden muß. Die Datenkommunikation muß letztlich nur zu wenigen Zeitpunkten erfolgen: zu Beginn der Finanzberatung, um die Benutzeroberfläche aus dem WWW auf den PC des Nachfragers zu übertragen, zum Abschluß der Phase *Problemformulierung* und zu Beginn der Phase *Lösungspräsentation*. Während der Phasen *Problemformulierung*, *Problemlösung* und *Lösungspräsentation* ist – sind die Daten erst einmal übermittelt – eine Online-Verbindung nicht mehr zwingend erforderlich, da die Daten und Informationen in der Zwischenzeit *offline* weiterhin im Internet-Browser des Nachfragers darstellbar sind. Dementsprechend wäre also *ein* Kommunikationskanal als Zwischenlösung ausreichend, der sowohl als Zugang zum Datennetz als auch als Zugang zum Telefonnetz dient. Allerdings hat dies den Nachteil, daß eine eventuell bestehende Telefonverbindung zwischen Anbieter und Nachfrager zur Datenkommunikation zu unterbrechen und wieder neu aufzubauen wäre. Ein etwas umständliches Verfahren, das es aber ermöglicht, auch bei einer Verfügbarkeit nur eines Netzzugangs während einer Finanzberatung beide telematischen Dienste zu nutzen.

Insgesamt schafft also die *Kombination* der elektronischen Vertriebswege Telefon und Internet/WWW die kommunikationstechnischen Voraussetzungen, auch im *Direktvertrieb* kundenindividuelle Problemlösungen hoher Qualität erstellen und anbieten zu können, da die betriebswirtschaftlichen Rahmenbedingungen durch diese informationstechnisch realisierbare Medienkombination geeignet berücksichtigbar sind. Damit ist für (viele) kundenindividuell zu erstellende Finanzdienstleistungen das kommunikationstechnische Potential gegeben, durch kombinierte Nutzung dieser beiden elektronischen Vertriebswege die bisher vielfach notwendige direkte personelle Kommunikation zwischen Finanzdienstleister und Kunde mit zeitlicher *und* räumlicher Synchronität auf eine Kommunikation mit nur noch zeitlicher Synchronität zu reduzieren. Das Potential des WWW ist als wesentliches Element eines 2-Kanal-Direktvertriebs damit aus Sicht des Finanzdienstleistungsmarketings besser und umfassender als bisher nutzbar[137]: Die Nutzung des WWW als telematischen Dienst stellt für die Unterstützung des Direktvertriebs kundenindividueller Problemlösungen einen notwendigen kommunikationstechnischen Baustein dar, der es bei Ergänzung durch das traditionelle Direktvertriebs-

[137] Derzeit dient das WWW vor allem als multimediales Informationsmedium über das Leistungsangebot von Finanzdienstleistern sowie für die Abwicklung standardisierter Transaktionen; vgl. [RoBu96a], S.568.

medium Telefon ermöglicht, auch kundenindividuelle und beratungsintensive Finanzdienstleistungen im Direktvertrieb anzubieten.

Insgesamt kommen wir damit bezüglich der Gestaltung des *Kommunikationssystems* zu der Schlußfolgerung:

Durch die ***Kombination der Medien Internet/WWW und Telefon zu einem logisch integrierten 2-Kanal-Vertriebsweg*** *sind die oben aufgestellten Anforderungen umfassend erfüllbar.*

Nachdem eine Ableitung von wesentlichen Gestaltungsaussagen bezüglich des Informations- *und* Kommunikationssystems erfolgt ist, ist noch auf die *Integration* der beiden Teilsysteme in ein *ganzheitliches* IKS einzugehen.

9.3 Integration von Informations- und Kommunikationssystem

Für eine ganzheitliche Integration kommt dem Blackboard zentrale Bedeutung zu. Einerseits spielt es als Teil des Informationssystems bei der Erstellung kundenindividueller Problemlösungen eine wesentliche Rolle: Im Blackboard werden die Lösungsgraphen von jeweils einzelnen nachfragerspezifischen Angebotsprozessen gespeichert. Durch den inkrementellen Problemlösungsprozeß der Agenten über das Blackboard ist damit die Möglichkeit gegeben, mittels Kundenanalyseagent Nachfragerprobleme im Blackboard zu speichern und darüber hinaus während einer Konsultation einzelne Problemstellungen zu variieren und Alternativangebote erstellen zu lassen, ohne den gesamten Lösungsprozeß wiederholen zu müssen. Zudem kann durch die Realisierung des Blackboards als relationale Datenbank eine Finanzberatung einfach unterbrochen und später fortgesetzt werden, was im Direktvertrieb die Bedienfreundlichkeit und die Kundenbindung an einen Finanzdienstleister deutlich erhöht[138]. Um weiterhin die in Anforderung 9 geforderte hohe *Bedienschnelligkeit* zu erreichen sowie um Nachfrager mit möglichst wenig Personalaufwand durch den Angebotsprozeß zu leiten, müssen Nachfrager durch die WWW-basierte Kundenschnittstelle in die Lage versetzt werden, sich weitgehend „selbst" beraten zu können. Damit stellt das Blackboard andererseits als *Kommunikationsmedium*, über das Probleme und Lösungen nicht nur zwischen Problemlösungsagenten, sondern letztlich auch zwischen Nachfragern und Anbieter ausgetauscht werden, insbesondere einen wesentlichen Bestandteil des Kommunikationssystems dar.

Dementsprechend muß das Blackboard die „Trennlinie" zwischen den internen Netzen des Anbieters und dem „externen" Internet bilden, an welches die Nachfrager angeschlossen sind. Die Blackboard-Datenbank sowie der

[138] Hierzu ist aus Gründen des *Datenschutzes* und der *Datensicherheit* automatisch ein Paßwort zu generieren, mit dem sich ein Nachfrager gegenüber der Blackboard-Datenbank bei erneutem Zugriff auf die Konsultationsdaten identifiziert.

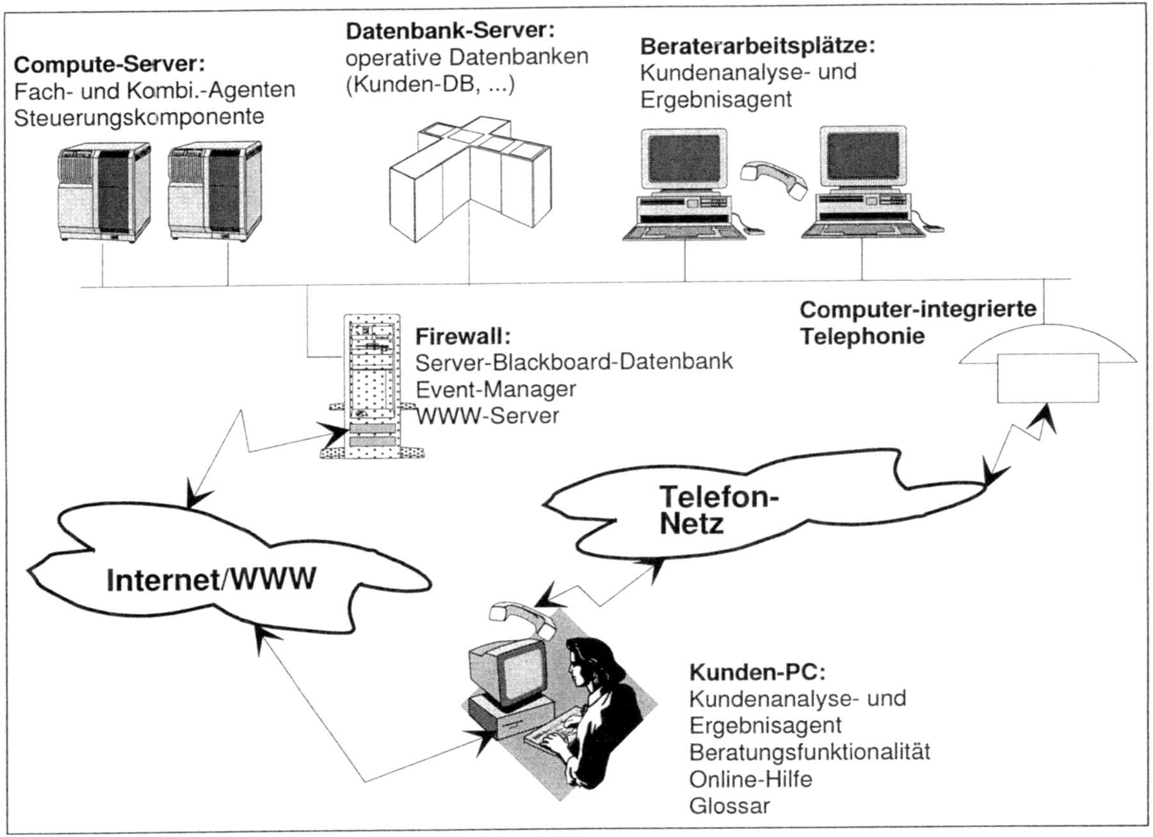

Abb. 9.15. Schematische Darstellung eines IKS für den Direktvertrieb kundenindividueller Problemlösungen, aus [RoBu96a], S. 575

Event-Manager sind damit auf den Rechnern zu installieren, die die Schnittstelle zwischen den internen und externen Netzen bilden.[139] Zudem ist auf diesen Rechnern ein WWW-Server zu implementieren, von dem aus Nachfrager die entsprechende von ihnen benötigte Software[140] auf ihre lokalen PC's übertragen können.

Da die Problemlösungsagenten jeweils ein spartenspezifisches Beratungssystem darstellen, werden sie im allgemeinen „umfangreichere" Anwendungen darstellen, die nicht unerhebliche Anforderungen an Rechnerressourcen bezüglich Speicherplatz und Prozessorzeit stellen und – bei einer Übertragung ihres Programmcodes in einem Rechnernetz – entsprechende Bandbreite bzw. Übertragungszeiten benötigen. Aus Gründen einer hohen *Bedienschnelligkeit* ist es deshalb sinnvoll, die Problemlösungsagenten nicht auf den Nachfrager-PC's auszuführen, sondern auf den im Vergleich zu den Nachfrager-PC's wesentlich leistungsfähigeren Hardwaresystemen des Finanzdienstleisters. Darüber hinaus wird durch diese Maßnahme erreicht, daß *während* der Phase „Problemlösung" (nahezu) keine Kommunikation über das WWW zwischen Anbieter und Nachfragern erforderlich ist, da die Problemlösungsagenten in diesem Fall jeweils über ihre FDS lokal auf die Datenbanken des Finanzdienstleisters zugreifen und mit den Modulen der Steuerungskomponente *lokal* kommunizieren können. Somit umfassen die *internen* Informationssysteme eines Finanzdienstleisters (vgl. Abb. 9.15):

- einen oder mehrere *Datenbank-Server* für die Datenbanken mit den operativen Datenbeständen (z. B. Kundendatenbank, Interessenten-/Marketingdatenbank, Konditionendatenbank usw.),
- einen oder mehrere *Compute-Server* zur Ausführung der Problemlösungsagenten und der Steuerungskomponente,
- mehrere *Beraterarbeitsplätze*,
- einen *Firewall* mit *Datenbank-Server für Blackboard-Datenbank*, *Event-Manager* und *WWW-Server* sowie
- eine entsprechend *leistungsfähige Computer-integrierte Telephonie*.

Weiterhin setzt eine hohe Bedienschnelligkeit sowie eine weitgehende Selbstberatung von Nachfragern eine hohe *Bedienungsfreundlichkeit* der WWW-Anwendungen, d. h. hohe Intuitivität der Bedienung und eine gute Benutzerführung voraus. Hierzu ist eine ausführliche *Online-Hilfe* Voraussetzung, die Nachfragern typische finanzwirtschaftliche Fragen ebenso beantwortet wie Fragen zur Bedienung der Benutzeroberfläche; die Online-Hilfe

[139] Technisch übernehmen diese Rechner Firewall-Funktionalität (vgl. Fußnote 132, S. 297, sowie Abb. 9.15). Der Firewall kann grundsätzlich *dual homed gateway* oder als *screened subnet* realisiert werden. Im Falle der ersten Lösung besteht der Firewall aus einem Rechner, im Falle des zweiten Lösungsansatzes aus mehreren Rechnern. Welche Lösung zu wählen ist, hängt von mehreren Parametern ab, die hier nicht im einzelnen zu untersuchen sind.

[140] Hierauf gehen wir unten nochmals genauer ein.

ist durch ein *Glossar* mit den notwendigen Fachbegriffen und deren beispielhafter Erläuterung inklusive Beispielrechnung zu ergänzen. Die durch den WWW-Browser bzw. die JAVA-Anwendungen von den Nachfrager-PC's zum Finanzdienstleister und umgekehrt zu übertragenden Daten sind zu verschlüsseln und es ist jeweils die Identität des Empfängers und des Senders bei Datenübertragungen sicherzustellen.

Die Kundenschnittstelle muß somit insbesondere für die Teilphasen *Problemformulierung* und *Lösungsdarstellung* Beratungsfunktionalität bieten. So sollten Nachfrager etwa im Falle einer gewünschten Immobilienfinanzierung die Möglichkeit haben, sich die steuerlichen Auswirkungen *unterschiedlicher* Tilgungs- und Disagiovarianten berechnen zu lassen. Dementsprechend sind Teile der Kundenschnittstelle als JAVA-Anwendung zu realisieren, da HTML hierfür nicht genügend (benutzerfreundliche) Funktionalität bereitstellt. Um während den Teilphasen *Problemformulierung* und *Lösungsdarstellung* nicht fortwährend alle über die Benutzeroberfläche einzugebenden bzw. darzustellenden Daten unmittelbar über das Netz an den Kundenanalyse- bzw. den Ergebnisagenten übertragen zu müssen, ist es darüber hinaus empfehlenswert, diese beiden Agenten auf dem jeweiligen Nachfrager-PC auszuführen, die dementsprechend ebenfalls in JAVA zu realisieren sind. Die von Nachfragern benötigte Software umfaßt damit:

- graphische *Benutzeroberfläche*,
- einen *Kundenanalyse-* und einen *Ergebnisagenten*[141],
- *HTML-Seiten* mit entsprechenden allgemeinen Informationen über den Anbieter und sein Leistungs- und Absatzprogramm sowie
- einen *JAVA-fähigen WWW-Browser*.

Aus technischer Sicht ist es in Konsequenz empfehlenswert, die aufgeführten Agenten nicht wie die Problemlösungsagenten als jeweils eigenen Rechnerprozeß, sondern als jeweils einen *Thread*[142] der JAVA-basierten Benutzeroberfläche zu implementieren. Bis auf den Browser ist diese Software direkt durch Finanzdienstleister über den WWW-Server bereitzustellen[143]. Auf eine detaillierte Diskussion der Konzeption der Kundenschnittstelle kann hier verzichtet werden. Damit der Finanzdienstleister während der Finanzberatung mittels 2-Kanal-Beratung eine nachfragerindividuelle Unterstützung leisten

[141] Für den Nachfrager ist die modulare Zerlegung in Benutzeroberfläche, Kundenanalyse- und Ergebnisagenten nicht wahrnehmbar.

[142] *„A thread is a dispatchable piece of code that merely owns a stack, registers and its priority. It shares everything else with all the other active threads in a process"*, s. [OrHa92], S. 201. In modernen Betriebssystemen ist ein Prozeß in kleinere Einheiten zerlegbar, die als *Threads* bezeichnet werden und als Einheiten vom Betriebssystem logisch nebenläufig ausgeführt werden; alle Threads eines Prozesses teilen sich die Prozeßressourcen, so daß Threads eines Prozesses weniger Ressourcen verbrauchen als wenn sie als jeweils ein Prozeß ausgeführt werden.

[143] Aus Marketinggründen kann es natürlich auch sinnvoll sein, diese Software inklusive WWW-Browser und weiterer WWW-Zugangssoftware auf CD-ROM postalisch an potentielle Nachfrager zu versenden.

kann, sollten auf den Beraterarbeitsplätzen ebenfalls Benutzeroberfläche mit Kundenanalyse- und Ergebnisagent zur Verfügung stehen. Das Blackboard ist in diesem Fall nicht nur ein *shared memory* für die Problemlösungsagenten, sondern auch für den Finanzdienstleister und Nachfrager.

Im folgenden sollen die aufgestellten Aussagen über eine zieladäquate Gestaltung des IKS zusammengefaßt und bezüglich der Anforderungen bewertet werden.

9.4 Zusammenfassung und Bewertung

Ein derartig gestaltetes *blackboardbasiertes* IKS mit integrierter *2-Kanal-Beratung* ist aufgrund der konsequent umgesetzten Kundenorientierung, des *modularen* Blackboard-Ansatzes sowie einer informationsbezogenen Integration von Nachfragern in den Angebotsprozeß gut für die Unterstützung des Direktvertriebs kundenindividueller Problemlösungen geeignet und erfüllt alle in Abschn. 4.8[144] abgeleiteten Anforderungen:

- Das Informationssystem unterstützt die *kundenindividuelle Selektion/Konfiguration* sowohl von einzelnen Finanzprodukten als auch von Angebotskombinationen und erfüllt damit Anforderung 1 umfassend. Aufgrund der Gestaltung des Informationssystems als Blackboard-System, in dem Agenten kooperativ Probleme lösen, sowie durch die Verwendung des Konzepts der FDS ist darüber hinaus auch Anforderung 6 erfüllt. Weiterhin verfügt das Informationssystem über die in Anforderung 10 geforderten Eigenschaften *Modularität*, *Wartbarkeit* und *Erweiterbarkeit*.
- Die Anforderungen 2, 3, 4, 5 und 8 implizieren, daß zum Vertriebszeitpunkt sowohl der Nachfrager als auch der Finanzdienstleister *zeitlich synchron* auf die Repräsentation eines Nachfragerproblems sowie auf die Repräsentation von angebotenen Lösungen zugreifen können, da ansonsten eine vertrauenschaffende Beratung kaum realisierbar ist. Zudem sollten beide Akteure gemäß diesen Anforderungen die repräsentierten Informationen – falls erforderlich – ergänzen und/oder verändern können (z. B. den Planungshorizont bei Anlageproblemen), wobei nach einer vorgenommenen Ergänzung/Änderung der jeweiligen Gegenseite die geänderten Daten ebenfalls (schnell) vorliegen sollten.

  Das Blackboard stellt im Sinne eines *„shared memory“* einen zentralen Ort bereit, an dem (formal repräsentiert) Nachfragerprobleme und Problemlösungen gespeichert werden und auf den zum Beratungszeitpunkt sowohl der Kunde als auch der Finanzdienstleister interaktiv zugreifen können[145].

---

[144] Vgl. S. 78ff.

[145] Bei der Realisierung des Blackboards als relationale Datenbank kann die Koordination der Zugriffe über das Transaktionsmanagement des Datenbankmanagementsystems erfolgen; eine weitere explizite Zugriffskoordination ist aufgrund der *Monotonie* und *Kommutativität* des Problemlösungsprozesses nicht erforderlich.

Der Event-Manager stellt die notwendige Funktionalität bereit, die jeweilige Gegenseite über Änderungen im Blackboard zu informieren, so daß ein aktives *„polling“* der Blackboard-Datenbank vermeidbar ist. Der Agentenansatz in Kombination mit dem Blackboard schafft zudem die Voraussetzung dafür, daß Nachfrager und Finanzdienstleister über jeweils ein eigenes *Front-End* (das jeweils die Funktionalität von Kundenanalyse- und Ergebnisagent umfaßt) zum Zugriff auf die jeweils benötigten Daten verfügen können. Damit werden bezüglich der Informationssystemgestaltung die Anforderungen 2, 3, 4, 5 und 8 erfüllt.
Darüber hinaus ist durch das Konzept des *integrierten 2-Kanal-Vertriebs* auch die in den Anforderungen 3, 4, 5 und 8 verlangte Unterstützung von *digitaler Datenkommunikation* und von *Sprachkommunikation* realisierbar.

- Das Blackboard als (logische) Datenbank ist getrennt von den operativen Datenbanken des Finanzdienstleisters betreibbar: Die Daten der Nachfrager werden zur Problemlösung zunächst im Blackboard gespeichert, auf die die Agenten dann zum Lösen eines Nachfragerproblems zugreifen (bzw. ein Kundenberater zur Unterstützung eines Nachfragers bei der Problemerfassung). Nach Abschluß des Lösungsvorgangs werden die Lösungen wiederum im Blackboard gespeichert, auf die dann der entsprechende Nachfrager (und eventuell auch der Kundenberater) zugreift.
  Eine direkte Datenkommunikation zwischen der Kundenschnittstelle (Kundenanalyse- und Ergebnisagent) mit den Problemlösungsagenten erfolgt nicht, so daß das unbefugte Eindringen in die internen Netze und operativen Systeme des Finanzdienstleisters unterbunden wird[146].
  Das Blackboard als indirektes Kommunikationsmedium bildet damit eine klare *Trennlinie* zwischen dem Internet/WWW und den internen Netzen des Finanzdienstleisters: Erst wenn ein Nachfrager sich für den Kauf einer erstellten Problemlösung entschieden hat und ein Vertrag abgeschlossen ist, kann der Finanzdienstleister die relevanten Daten kontrolliert (und medienbruchlos) aus dem Blackboard in die operativen Datenbanken übertragen; das Blackboard übernimmt die logische Funktionalität eines Firewalls zur Trennung interner und externer Netze. Den Sicherheitsanforderungen des Finanzdienstleisters kann Rechnung getragen werden (Anforderung 9).
- Durch die Konzeption als *paralleles Blackboard-System* wird eine parallele Ausführung von Agenten auf einem Multiprozessorsystem oder in einem Rechnernetz bzw. Rechnercluster ermöglicht. Zusammen mit den Möglichkeiten, durch den inkrementell gestalteten Problemlösungsprozeß ohne Wiederholung des gesamten Problemlösungsprozesses
  - *einzelne Problemstellungen variieren* zu können und
  - *alternative Problemlösungen erstellen* zu können,

  sowie der Möglichkeit zu
  - einer *weitgehenden Selbstberatung* durch Online-Hilfen u. ä.

[146] Eine weitere Bedingung hierfür ist, daß auch der Event-Manager auf dem Server-Rechner der Blackboard-Datenbank ausgeführt wird.

ist *hohe Bedienschnelligkeit* erzielbar – und Anforderung 9 ebenfalls erfüllbar.

Diesen Vorteilen steht eine *umfangreiche Systementwicklung* und *hohe Ressourcenbelastung* gegenüber: Für jede zu berücksichtigende finanzwirtschaftliche Sparte ist ein Agent zu entwickeln, der im Vergleich zu konventionellen Finanzberatungssystemen zusätzlich über *Mund* und *Kopf* (vgl. Abb. 9.8) verfügt; weiterhin sind *Blackboard* und die *Steuerungsmodule* zu realisieren. Da über das Blackboard aufgrund der horizontalen Partitionierung *mehrere* Konsultationen gleichzeitig abwickelbar sind, in denen wiederum jeweils mehrere Problemlösungsagenten bzw. Aktionenteile gleichzeitig ausführbar sind, resultiert eine hohe Belastung von Rechnerressourcen, die aber durch die Gestaltung als *paralleles* Blackboard-System beherrschbar ist. Erfolgt eine Realisierung in einem Rechnernetz, ist darüber hinaus durch die Funktionalität des Load-Managers, der eine Lastbalancierung im Rechnernetz ermöglicht, eine rechnerübergreifende Nutzung verfügbarer Prozessorleistung erzielbar.

Aufgrund des derzeitigen Wachstums und den Prognosen für die weitere Entwicklung von Internetanschlüssen ist weiterhin davon auszugehen, daß bereits für ein großes Nachfragersegment ein „2-Kanal-Zugang" bereits gegeben ist oder aber zumindest mittelfristig gegeben sein wird[147]. Zudem wird durch die vorgeschlagenen Entscheidungsmöglichkeiten erreicht, daß eine Online-Verbindung zwischen Anbieter und Nachfrager über das Internet/WWW nur zu einigen wenigen definierten Zeitpunkten erfolgen muß, so daß in einer Übergangszeit auch eine „quasi-parallele" Nutzung von Telefon und WWW möglich – und damit *ein* Netzanschluß ausreichend – ist[148].

Zusammenfassend kommen wir damit zu der Aussage:

Die in diesem Kapitel abgeleiteten Gestaltungsaussagen

- *Realisierung des Informationssystems als blackboardbasiertes System* (entsprechend den Ergebnissen in Abschn. 9.1)
- *Realisierung des Kommunikationssystems als 2-Kanal-Vertriebssystem unter integrierter Nutzung sowohl von Telefon als auch von Internet/WWW* (entsprechend den Ergebnissen in Abschn. 9.2),
- *Integration dieser beiden Teilsysteme in ein ganzheitliches IKS* über einen *Blackboard-Firewall* (entsprechend Abschn. 9.3)

ermöglichen

- die *strukturierte Erfassung* von Nachfragerproblemen durch Erhebung und formalisierte Repräsentation von Zulässigkeitsbedingung, Bewertungsfunktion und steuerlicher Situation,
- die *informationsbedingte Integration* von Nachfragern in den Angebotsprozeß,
- die Erstellung *kundenindividueller* Finanzprodukte/Produktkombinationen auch in Situationen ohne explizites Kombinationswissen,

---

[147] Es sei daran erinnert, daß Schätzungen davon ausgehen, daß Ende 1997 bereits über acht Millionen Zugänge zum Internet/WWW vorhanden sein sollen, vgl. Fußnote 3, S. 1.

[148] Vgl. Abschn. 9.2.3, S. 301.

- die *Nutzung steuerlicher Gestaltungsmöglichkeiten* bei der Konfiguration bzw. Selektion kundenindividueller Finanzprodukte,
- *die Erfüllung der in Abschn. 4.9 spezifizierten Anforderungen*[149] an ein geeignet gestaltetes IKS

und *schaffen die informations- und kommunikationstechnischen Voraussetzungen für einen erfolgreichen Direktvertrieb kundenindividueller Problemlösungen.*

Mit diesem Ergebnis konnten wir einen wesentlichen Beitrag zur Bearbeitung des Problemfelds *„Gestaltung Informations- und Kommunikationssystem“*[150] leisten. Nach der Ableitung von Aussagen für eine geeignete Gestaltung der maschinellen Komponenten des Informations- und Kommunikationssystems sollen in einem Exkurs abschließend einige *organisatorische Gestaltungsoptionen* aufgezeigt werden, die aus der Nutzung telematischer Dienste für die *Erstellung* und die *Bereitstellung* von Finanzdienstleistungen folgen.

9.5 Exkurs: Einige resultierende organisatorische Gestaltungsoptionen

Finanzdienstleister stehen bei der organisatorischen Gestaltung der Leistungserstellung unter anderem vor dem Entscheidungsproblem, an wievielen Standorten sie Leistungen erstellen und welche Leistungskapazität sie an den jeweiligen Standorten bereitstellen sollen. Für einen erfolgreichen Marktauftritt ist diese Entscheidung insofern von weitreichender Bedeutung, als durch die Anzahl der Standorte und der jeweils realisierten Leistungskapazität der *Servicegrad* eines Anbieters determiniert wird. Unter einem hohen *Servicegrad* sollen hier niedrige *„Aufenthaltszeiten“* (Beratungszeiten, Zeit für das Verkaufsgespräch und eventuelle Wartezeiten) von Nachfragern bei der Inanspruchnahme des bereitgestellten Leistungspotentials verstanden werden.[151]

[149] Vgl. S. 80.

[150] Vgl. Abschn. 2.3, S. 22.

[151] Die verschiedenen Zeitarten, die bei der Beschaffung von Finanzdienstleistungen aus Nachfragersicht von Bedeutung sind, wurden in Abschn. 6.2.6, S. 134f, dargestellt. Die dort angeführten Wegezeiten zur und von der Filiale sind bei Nutzung telematischer Dienste im Fall des Direktvertriebs durch die (sehr kurzen) Zeiten des Verbindungsaufbaus zum Finanzdienstleister bzw. des Verbindungsabbaus nach Beschaffungsende zu ersetzen. Wir fokussieren im folgenden die *Aufenthaltszeiten* (Beratungszeiten, Zeit für das Verkaufsgespräch und eventuelle Wartezeiten), da die anderen beiden Zeitarten (Zeiten für den Zugang zum Leistungspotential eines Anbieters sowie für den abschließenden Verbindungsabbau) bei Nutzung telematischer Dienste zum einen sehr kurz und zum anderen für einem Finanzdienstleister nicht (oder nur in einem geringen Ausmaß) beeinflußbar sind. Weiterhin beziehen wir die Semantik des Begriffs *Servicegrad* hier nur auf die Aufenthaltszeiten, da wir davon ausgehen, daß die Entscheidung über Umfang und Qualität des anzubietenden Leistungsprogramms bereits getroffen ist.

Bei der Festlegung des Servicegrads steht ein Anbieter letztlich vor einem *Optimierungsproblem*: Auf der einen Seite ist ein *niedriger* Servicegrad – also nur wenig bereitgestellte Leistungskapazität – mit geringeren Investitionen und Betriebskosten realisierbar als ein hoher Servicegrad. Auf der anderen Seite resultieren aber aus einem niedrigen Servicegrad längere Aufenthaltszeiten der Nachfrager in dem Absatzsystem des Anbieters. Kurze Aufenthaltszeiten sind indes entsprechend dem in Kap. 6 modellierten Entscheidungskalkül der Nachfrager bei der Vertriebswegewahl von wesentlicher Bedeutung:[152] Bei „zu langen" Aufenthaltszeiten werden Nachfrager (auch bei überlegener Produktqualität) die Absatzsysteme anderer Anbieter bevorzugen. *Ein zu niedriger Servicegrad wird dementsprechend aus Anbietersicht in (zu) hohen Opportunitätskosten resultieren, da der Anbieter bei langen Aufenthaltszeiten seiner Nachfrager potentielle oder bereits bestehende Kundenbeziehungen verlieren wird.* Mit anderen Worten: Ein „optimaler Servicegrad" im Sinne „optimaler Aufenthaltszeiten" der Nachfrager setzt eine entsprechende Skalierung des oben entwickelten IKS (dieses stellt letztlich das „Produktionssystem" eines Anbieters dar) durch Wahl einer geeigneten Standortanzahl und jeweils bereitgestellter Leistungskapazitäten voraus.

Bis zum Beginn der verstärkten Technologisierung der Vertriebswege[153] war diesbezüglich die *Organisationsstruktur* von Finanzdienstleistern für die Durchführung von Vertriebsaufgaben sowie für die Leistungserstellung weitgehend vorgegeben. *Vertriebs-* und *Beratungs*leistungen wurden durch zahlreiche räumlich verteilte Vertriebseinheiten (Filialen bzw. Außendienstmitarbeiter) *dezentral* erstellt; *Zahlungsverkehrs-* sowie *Transaktions*leistungen wurden hingegen (weitgehend) *zentral* produziert. Die auf der Nutzung telematischer Dienste basierende Absatzmethode *Direktvertrieb* schafft vor diesem Hintergrund *für die Gestaltung der Organisationsstruktur neue Optionen*:

– **Weitere Dezentralisierung der Schnittstellen zu den Nachfragern:** Zum einen schafft der Direktvertrieb Voraussetzungen, die Schnittstellen zu den Nachfragern weitergehend zu dezentralisieren, als dies bei dem (überwiegend filialgestützten[154]) Vertrieb von Bankdienstleistungen bisher üblich ist: Der Ort des Kontakts mit den Nachfragern kann durch Nutzung telematischer Endgeräte wie Telefon oder PC mit Modem bzw. ISDN-Karte an nahezu jedem von einem Nachfrager gewünschten Ort erfolgen und ist somit nicht mehr an vorgegebene Filiallokalitäten gebunden – bei Nutzung von Handys bzw. von Laptops mit Funkmodems kann der Kontakt zu ei-

[152] Die bei der Beschaffung von Finanzdienstleistungen benötigte Zeit ist aus Nachfragersicht eine wesentliche Entscheidungsgröße bei der Vertriebswegewahl (vgl. Abschn. 6.2.5ff, S. 122ff); die Erzielung hinreichend kurzer Aufenthaltszeiten beim (Direkt-)Vertrieb von Finanzdienstleistungen ist dementsprechend eine wesentliche Voraussetzung für einen mittel- bis langfristigen Markterfolg eines Anbieters.

[153] Vgl. Abschn. 1.3.2, S. 8ff.

[154] Vgl. Abschn. 1.3.3, S. 11.

nem Nachfrager sogar während einer Standortveränderung des Nachfragers erfolgen.

- **Zentralisierung der Leistungserstellung:**
  Zum anderen ermöglicht der Direktvertrieb einem Finanzdienstleister durch die Nutzung von telematischen Diensten gleichzeitig die *zentralisierte* Durchführung sowohl von Back-Office- als auch von bisherigen Front-Office-Tätigkeiten (wie beispielsweise die Erstellung von Vertriebs- und Beratungsleistungen bei der kundenindividuellen Lösung finanzwirtschaftlicher Probleme) an einer oder wenigen zentralen „Produktionsstätten".

Aus Sicht der Organisation von Vertriebsaufgaben ermöglicht der Direktvertrieb damit gegenüber bisherigen Absatzmethoden die *Kombination* einer weitestgehend *dezentralisierten Leistungsinanspruchnahme* durch die Nachfrager mit einer gleichzeitig *zentralisierten Leistungserstellung*. Dementsprechend finden sich in der Literatur wiederholt Aussagen dahingehend, daß ein wesentlicher Vorteil der Absatzmethode *Direktvertrieb* insbesondere darin zu sehen ist, daß er durch die Nutzung telematischer Dienste die kostengünstige *Leistungserstellung* an *einem zentralen Leistungsort* ermögliche.[155]

Nachdem wir bei der bisherigen Ableitung von Gestaltungsaussagen den Schwerpunkt auf die *informations- und kommunikationstechnische* Unterstützung des Angebots- und Leistungsprozesses gelegt haben, sollen mit der Untersuchung der beiden Fragestellungen

1. *Sollte die Erstellung kundenindividueller Problemlösungen im Direktvertrieb an einem zentralen Ort erfolgen?*
2. *Welche Gestaltungsoptionen bestehen bei Nutzung telematischer Dienste bezüglich der Organisation von Leistungserstellung und Leistungsbereitstellung?*

abschließend *organisatorische* Gestaltungsoptionen aufgezeigt werden, die aus der Nutzung telematischer Dienste im Direktvertrieb resultieren und die Skalierung des entwickelten IKS beeinflussen.

Die Beantwortung dieser beiden Fragestellungen soll ausgehend von einem einfachen *warteschlangentheoretischen* Modell erfolgen, dessen Annahmen in Abschn. 9.5.1 vorgestellt werden. In Abschn. 9.5.1 wird anschließend das zugrundeliegende Entscheidungsproblem formalisiert und gelöst. Aus der ökonomischen Interpretation des formalen Modellergebnisses in Abschn. 9.5.2 werden abschließend die Antworten der beiden herausgearbeiteten Fragestellungen abgeleitet. Wir werden in der folgenden Untersuchung entsprechend des Schwerpunkts dieser Arbeit hierbei vor allem die Absatzmethode Direktvertrieb fokussieren.

155 Vgl. beispw. [Ausf96], S. 49, [ReDi97], S. 133. Kostenvorteile seien diesbezüglich nach [Ausf96] vor allem durch die Zentralisierung von Routineaufgaben mit Massencharakter, verstärkte Automation bei der Entgegennahme und Abwicklung von Nachfrageraufträgen sowie aufgrund der Minderung der Personal- und Sachkosten (durch Reduzierung von Geschäftsstellen bzw. von Personalabbau in bestehenden Geschäftsstellen) erzielbar; vgl. auch [WiWü93] und [BoIa93].

9.5.1 Ein Entscheidungsmodell für die Bestimmung des Servicegrades

Für eine modellanalytische Betrachtung ist ein Leistungsort als eine *Bedienstation* interpretierbar, wobei eine Bedienstation wiederum aus verschiedenen *Bedienschaltern* bestehen kann, die die Leistungskapazität bereitstellen. Im traditionellen Fall des räumlich verteilten *Filialvertriebs* entspricht *jede Filiale* einer Bedienstation. Eine derartige FilialBedienstation besteht dann im allgemeinen aus *mehreren* Bedienschaltern, an denen zu einem Zeitpunkt jeweils ein Nachfrager bedient werden kann; befinden sich mehr Nachfrager als Bedienschalter in einer Bedienstation (bzw. in einer Filiale), so reihen sich die Nachfrager in eine *Warteschlange* ein. Im Fall des *Außendienstes* ist ein Außendienstmitarbeiter als *eine* „Bedienstation" interpretierbar, die aus genau *einem* „Bedienschalter" (dem Mitarbeiter selbst) besteht. Im Fall einer markttypischen *Direktbank*, die ihr Leistungsangebot von einem zentralen Leistungsort aus vertreibt, liegt mit dem zentralen Leistungsort *eine* Bedienstation vor, die wiederum aus *mehreren* Bedienschaltern besteht; wollen mehr Nachfrager Leistungen in Anspruch nehmen als Bedienschalter verfügbar sind, werden diese in eine „elektronische" Warteschlange eingereiht.

Bei der Gestaltung des Bediensystems sind damit bezüglich der Festlegung des Servicegrads zwei grundsätzliche „Stellgrößen" identifizierbar, die bei einer modellanalytischen Untersuchung der ersten Fragestellung als zentrale Gestaltungsparameter zu berücksichtigen sind:

- die *Zahl der zu realisierenden Bedienstationen* und
- die *Zahl der zu realisierenden Bedienschalter je Bedienstation.*

Für die Aufstellung eines entsprechenden Entscheidungsmodells werden in einem ersten Schritt zunächst die Modellannahmen herausgearbeitet.

Modellannahmen. Für die weitere Untersuchung der beiden herausgearbeiteten Fragestellungen sollen die folgenden *Annahmen* zugrundegelegt werden:

1. An jedem *Bedienschalter* werde das gleiche Leistungsangebot vertrieben und die Technologie jedes Bedienschalters sei identisch. Bezeichne im folgenden i den Index eines Schalters, s_i die Technologie sowie das Leistungsangebot des i-ten Schalters und $S \in \mathbb{N}_+$ die Summe aller Bedienschalter des gesamten Bediensystems, dann soll also gelten:

$$\forall i \in \{1, \ldots, S\}: \quad s_i = s. \tag{9.1}$$

2. Jeder Nachfrager möchte ein individuelles Nachfragerproblem lösen lassen, so daß wir annehmen, daß die *Bedienzeit* je Nachfrager unterschiedlich sei; die mittlere (erwartete) Bedienzeit hänge insbesondere von der eingesetzten Beratungstechnologie ab. Da nach obiger Annahme alle Bedienschalter auf der gleichen Technologie basieren und jeweils über die

gleiche Leistungsfähigkeit verfügen, sei die *erwartete* Bedienzeit an allen Bedienschaltern gleich.
Die erwartete Anzahl μ_i an Nachfragern, die in einer Zeiteinheit an einem Bedienschalter i bedient werden, ist damit für jeden Schalter gleich und werde als *Bedienrate* bezeichnet. Für die Bedienrate eines Schalters μ_i gilt also:

$$\forall i \in \{1, \dots, S\}: \quad \mu_i = \mu. \tag{9.2}$$

3. Nachfrager wenden sich unter *Nutzung telematischer Dienste* an einen Finanzdienstleister. Die Zeit, die zwischen der Ankunft zweier Kunden liegt („Zwischenankunftszeit"), sei nicht fest vorgegeben, sondern vielmehr eine Zufallsgröße. Die mittlere *„Ankunftsrate"* (erwartete Anzahl an Nachfragern, die sich je Zeiteinheit an einen Finanzdienstleister wenden) werde im folgenden mit λ_g bezeichnet. Zur Vereinfachung nehmen wir im weiteren an, daß jede Bedienstation j über die gleiche Anzahl S_j an Bedienschaltern verfüge und daß durch informations- und kommunikationstechnische Maßnahmen sichergestellt sei, daß sich die *Ankunftsrate des Gesamtsystems* λ_g gleichmäßig auf alle Bedienstationen aufteilt.[156]
Bezeichnen wir also mit j die j-te Bedienstation, mit S_j die Anzahl der Bedienschalter der j-ten Bedienstation, mit λ_j die Ankunftsrate der j-ten Bedienstation und mit $F \in \mathbb{N}_+$ die Anzahl an Bedienstationen, die ein Anbieter implementiert, dann gelte somit:

$$\forall j \in \{1, \dots, F\} \quad : \quad \frac{S}{F} = S_j = \hat{S}, \tag{9.3}$$

$$\forall j \in \{1, \dots, F\} \quad : \quad \frac{\lambda_g}{F} = \lambda_j = \lambda. \tag{9.4}$$

Die Anzahl an Bedienschaltern S bezeichne den *Servicegrad* eines Anbieters. Da für den Servicegrad S entsprechend Beziehung (9.3) der Zusammenhang $S = \hat{S} \cdot F$ gilt, hängt der Servicegrad entsprechend unserer obigen Überlegung[157] sowohl von der Anzahl $\hat{S}$ an Bedienschaltern je Bedienstation als auch von der Anzahl F an Bedienstationen ab.
4. Die *Ankunfts-* und *Bedienprozesse* sollen folgende Bedingungen erfüllen:[158]

---

[156] Informations- und kommunikationstechnisch ist dies realisierbar, indem der Zugang zu dem Leistungsangebot über *eine* Telefonnummer bzw. *eine* Internet/ WWW-Adresse erfolgt und jeder Nachfrager bei Verbindungsaufbau an eine Bedienstation so „weitervermittelt" wird, daß der n-te bei einem Finanzdienstleister „eintreffende" Nachfrager der Bedienstation n mod F zugewiesen wird, wobei F die Anzahl der verfügbaren Bedienstationen bezeichne und „mod" den *Modulo*operator. Dieser Vermittlungsvorgang kann für die Nachfrager in dem Sinne „transparent" erfolgen, daß diese einen entsprechenden Vermittlungsvorgang nicht wahrnehmen.

[157] Siehe S. 312.

[158] Die Erfüllung dieser Bedingungen impliziert, daß die Zwischenankunftszeiten bzw. die Bedienzeiten *exponentialverteilte* Zufallsgrößen sind, und daß Ankunfts-

a) Die Wahrscheinlichkeit für das Eintreffen eines oder mehrerer Nachfrager in einem beliebigen Zeitintervall sei unabhängig von der Anzahl der Nachfrager in einer Bedienstation; zudem treffen die Nachfrager einzeln ein.[159]
b) Die Nachfrager werden einzeln abgefertigt; die Wahrscheinlichkeit für die Abfertigung eines Nachfragers in einem beliebigen Zeitintervall sei unabhängig von den Abfertigungszeiten der anderen Nachfrager.[160]
c) Die Anzahl der in disjunkten Zeitintervallen eintreffenden Nachfrager bzw. die Anzahl der in disjunkten Zeitintervallen bedienten Nachfrager seien unabhängige Zufallsgrößen. Weiterhin seien die Wahrscheinlichkeiten für das Eintreffen (bzw. für die Bedienung) einer bestimmten Anzahl an Nachfragern in Zeitintervallen gleicher Länge gleich groß.

5. Sollte jeder Bedienschalter einer Bedienstation besetzt sein, so wird ein einer Bedienstation zugewiesener Nachfrager in eine „elektronische" Warteschlange eingereiht. Der Warteraum der Warteschlange sei unendlich groß; die Warteschlange arbeite nach dem Prinzip *„first in, first out"*. Ist ein Bedienschalter einer Bedienstation frei, so werde der nächste Kunde der Warteschlange dieser Bedienstation sofort bedient.
6. Das Betreiben eines Bediensystems führt zu *Betriebskosten*; diese setzen sich zusammen aus:
   - *Fixkosten* C_{fix} zum Betreiben einer Bedien*station* j
   - *Schalterkosten* C_{s_i} zum Betreiben eines Bedien*schalters* s_i.
7. Empfinden Nachfrager die Aufenthaltszeiten in einer Bedienstation (eventuelle Wartezeit, Beratungszeit sowie Zeit für das Verkaufsgespräch) subjektiv als „zu lang", so werden sie *nach* der erfolgten Bedienung aufgrund Ihrer Unzufriedenheit weniger Finanzdienstleistungen von diesem

---

sowie Bedienprozeß *Poissonprozesse* sind; weiterhin folgt, daß Ankunfts- und Bedienprozeß jeweils einen (homogenen) *Markow-Prozeß* darstellen; vgl. beispw. [HiLi74], S. 386ff, und [Neum76], S. 370ff.

159 Die formal exakte Formulierung lautet (vgl. [Kist89]): Die Wahrscheinlichkeit, daß ein Nachfrager in einem beliebigen Zeitintervall $[t, t + \Delta t)$ mit der Länge $\Delta t > 0, t \in \mathbb{R}_+$, in einer Bedienstation eintrifft, sei $\lambda \Delta t + o(\Delta t)$ mit $\lambda \geq 0$. Die Wahrscheinlichkeit, daß mehr als ein Nachfrager in einem solchen Intervall eintrifft, sei $o(\Delta t)$. o ist das „Landausche Symbol" und definiert als:

$$\lim_{\Delta t \to 0} \frac{o(\Delta t)}{\Delta t} = 0.$$

160 Die formal exakte Formulierung lautet: Die Wahrscheinlichkeit, daß ein Nachfrager in einem beliebigen Zeitintervall $[t, t + \Delta t)$ der Länge $\Delta t > 0, t \in \mathbb{R}_+$, in einer Bedienstation bedient wird, sei $\mu \Delta t + o(\Delta t)$ mit $\mu \geq 0$. Die Wahrscheinlichkeit, daß mehr als ein Nachfrager in einem solchen Intervall bedient wird, sei $o(\Delta t)$. o sei definiert wie in der Fußnote zuvor. Weiterhin sei die Wahrscheinlichkeit für das Bedienen eines Nachfragers, wenn kein Nachfrager sich in einer Bedienstation aufhält, gleich Null.

Anbieter als im Fall einer „hinreichend" kurzen Wartezeit nachfragen[161]. Ein Anbieter habe damit neben den Betriebskosten zusätzlich *„Wartekosten"* $C_{\mathcal{W}}$ zu berücksichtigen, die als *lost profit from lost business* interpretierbar sind.
Da der Ankunftsprozeß entsprechend Annahme 4 einen stochastischen (Markow-)Prozeß darstellt, hängen die Wartekosten von einer Zufallsvariablen $\mathcal{W}$ ab, die die gesamte Aufenthaltszeit eines Nachfragers in dem Bediensystem des Anbieters repräsentiere. Der Funktionswert $h(\bar{w})$ beschreibe die Wartekosten *je Nachfrager*, falls die Zufallsvariable $\mathcal{W}$ die Ausprägung $\mathcal{W} = \bar{w}$ annimmt. Die Funktion $h(\mathcal{W})$ sei eine lineare Funktion, es gelte also:

$$h(\mathcal{W}) = c_w \cdot \mathcal{W}; \tag{9.5}$$

c_w bezeichne die (durchschnittlichen) „Wartekosten" je Nachfrager und Zeiteinheit. Weiterhin bezeichne $h_{\mathcal{W}}(\bar{w})$ die Dichtefunktion von $\mathcal{W}$.

8. Der Anbieter entscheide bei der Festlegung der Anzahl der einzurichtenden Bedienstationen F und der Anzahl der je Bedienstation einzurichtenden Bedienschalter $\hat{S}$ *risikoneutral*. Er minimiere als Zielfunktion den *Erwartungswert der Gesamtkosten* des Bediensystems.

Nach der Darstellung der Modellannahmen erfolgt nun im folgenden Abschnitt die formale Darstellung und Lösung des Entscheidungsproblems.

Formalisierung Entscheidungsproblem und Problemlösung. Die *Gesamtkosten* C_{ges} eines *Bediensystems* setzen sich entsprechend der oben angenommenen Kostenstruktur zusammen aus den *Wartekosten* $C_{\mathcal{W}}$ und den *Betriebskosten* C_B.[162] Die *Betriebskosten* sind nach Annahme 6 wiederum eine Funktion der Fixkosten C_{fix} je Bedienstation sowie der Kosten C_{s_i} für den Betrieb eines Bedienschalters i. Da nach Annahme 1 gilt, daß alle Bedienschalter auf der gleichen Technologie basieren und über sie das gleiche Leistungsangebot vertrieben wird, gilt also:

$$\forall i \in \{1, \dots, S\}: \quad C_{s_i} = C_s. \tag{9.6}$$

Da nach Annahme 3 alle Bedienstationen über die gleiche Anzahl $\hat{S}$ an Bedienschaltern verfügen, gilt für die Betriebskosten C_{B_j} einer beliebigen Bedienstation j:

$$C_{B_j} = C_{fix} + C_s \cdot \hat{S}. \tag{9.7}$$

Hieraus ergeben sich unmittelbar die *Betriebskosten* C_B *für das gesamte Bediensystem*:

[161] Wir unterstellen also, daß Nachfrager eine Warteschlange nicht vorzeitig verlassen.
[162] Vgl. Annahmen 6 und 7.

$$C_B = C_{B_j} \cdot F = \left(C_{fix} + C_s \cdot \hat{S}\right) \cdot F. \tag{9.8}$$

Die Betriebskosten steigen also streng monoton mit der Anzahl Bedienschalter $\hat{S}$ je Bedienstation und der Anzahl an Bedienstationen F.

Allerdings kann eine Auslegung des Bediensystems mit $\hat{S} = 1$ und $F = 1$ bei gegebener Bedienrate μ je Bedienschalter zu langen Warteschlangen führen – und zu entsprechend hohen *Wartekosten*. Für den *Erwartungswert der Wartekosten je Nachfrager* gilt entsprechend den Definitionen in Annahme 7:

$$E[h(\mathcal{W})] = \int_0^\infty h(\bar{w}) \cdot h_{\mathcal{W}}(\bar{w}) d\bar{w}. \tag{9.9}$$

Für die Ermittlung der *erwarteten Wartekosten* $E[C_{W_j}]$ *einer Bedienstation* j sind die erwarteten Wartekosten $E[h(\mathcal{W})]$ für einen Nachfrager mit der Ankunftsrate λ der Nachfrager zu multiplizieren, die dieser Bedienstation zugewiesen werden.[163] Damit gilt für die erwarteten Wartekosten $E[C_{W_j}]$ *einer* Bedienstation j:

$$E[C_{W_j}] = \lambda \cdot E[h(\mathcal{W})] = \lambda \cdot \int_0^\infty h(\bar{w}) \cdot h_{\mathcal{W}}(\bar{w}) d\bar{w}. \tag{9.10}$$

Nach Annahme 7 ist $h(\mathcal{W})$ eine lineare Funktion, es gilt:

$$E[C_{W_j}] = \lambda \cdot E[c_w \cdot \mathcal{W}] = c_w \cdot \lambda \cdot E[\mathcal{W}]. \tag{9.11}$$

Aus den Annahmen folgt weiterhin, daß die Ankunfts- und Abfertigungsprozesse *Markow-Prozesse* darstellen[164] und daß damit die Zwischenankunftszeiten sowie die Bedienzeiten unabhängige und mit den Parametern λ und μ *exponentialverteilte* Zufallsvariablen sind. Eine Bedienstation ist damit warteschlangentheoretisch als $M/M/\hat{S}$-System charakterisierbar. In derartigen Systemen gilt nach *Little's Formel*:[165]

$$L = \lambda \cdot E[\mathcal{W}]; \tag{9.12}$$

wobei L die erwartete Anzahl der Personen in einer Bedienstation j bezeichne, wenn diese Bedienstation im „Gleichgewicht" (bzw. „eingeschwungen") ist[166]. Nach Annahme 7 und unter Berücksichtigung von Little's Formel steigen die

[163] Nach Annahme 3 sei die Ankunftsrate λ für alle Bedienstationen gleich.

[164] Vgl. Fußnote 158, S. 313.

[165] Vgl. beispw. [Neum76], S. 399; für die Originalarbeit s. [Litt61].

[166] Die Anzahl n an Personen in einer Bedienstation zum Zeitpunkt t ist unter den getroffenen Annahmen ein *homogener Markow-Prozeß* $(L(t))_{t \geq 0}$; die Bestim-

Wartekosten mit steigender Anzahl an Personen L in einer Bedienstation j. Für den Erwartungswert der Wartekosten $E[C_{W_j}]$ einer Bedienstation folgt aus Gleichung (9.12) und Gleichung (9.11):

$$E[C_{W_j}] = c_w \cdot \lambda \cdot E[\mathcal{W}] = c_w \cdot L.$$

Für die erwarteten Wartekosten $E[C_W]$ des Gesamtsystems folgt damit unmittelbar:

$$E[C_W] = E[C_{W_j}] \cdot F = c_w \cdot L \cdot F; \tag{9.13}$$

wobei L für $M/M/\hat{S}$-Systeme gegeben ist durch:[167]

$$L = \frac{\rho^{\hat{S}+1}}{(\hat{S}-1)! \cdot (\hat{S}-\rho)^2 \sum_{i=1}^{\hat{S}-1} \frac{\rho^i}{i!} + (\hat{S}-\rho)\rho^{\hat{S}}} + \rho; \tag{9.14}$$

mit $\rho = \frac{\lambda}{\mu} < \hat{S}$.

Für die (erwarteten) *Gesamtkosten* $E[C_{ges}(\hat{S}, F)]$ gilt entsprechend den Gleichungen (9.8) und (9.13):

$$E[C_{ges}(F,\hat{S})] = C_B + E[C_W] = \underbrace{(C_{fix} + C_s \cdot \hat{S}) \cdot F}_{C_B} + \underbrace{c_w \cdot L \cdot F}_{E[C_W]} \tag{9.15}$$

Es ergibt sich für einen Finanzdienstleister somit folgendes Optimierungsproblem **OPT 3** bezüglich der Minimierung der Gesamtkosten[168] des Bediensystems:

$$\textbf{OPT 3:} \begin{cases} \min\limits_{\{\hat{S},F\}} \{E[C_{ges}(F,\hat{S})]\} = \underbrace{(C_{fix} + C_s \cdot \hat{S}) \cdot F}_{C_B} + \underbrace{c_w \cdot L \cdot F}_{E(C_W)} \\ \text{u. d. N.:} \quad \hat{S}, F \in \mathbb{N}_+,\ \lambda = \frac{\lambda_g}{F},\ \text{und } \frac{\lambda}{\mu} < \hat{S} \end{cases} \tag{9.16}$$

mung der Wahrscheinlichkeit $p_n(t)$, daß sich zu einem Zeitpunkt t n Personen in einer Bedienstation aufhalten, erfolgt durch ein Differentialgleichungssystem. Bei Vorliegen der Bedingung $\lambda < \mu \cdot \hat{S}$ existieren die Grenzwahrscheinlichkeiten $p_n \equiv \lim_{t\to\infty} p_n(t), \forall n \in \mathbb{N}$. Die Länge der Warteschlange ist in diesem Fall also allein durch die Angabe der stationären Wahrscheinlichkeiten p_n bestimmbar; ein Lösen des entsprechenden (unendlichen) Differentialgleichungssystems ist somit nicht erforderlich. Insbesondere kann der Erwartungswert L der Anzahl an Nachfragern in einer Bedienstation bei $t \to \infty$ durch Little's Formel bestimmt werden. Die Bedingung $\lambda < \mu \cdot \hat{S} \Leftrightarrow \frac{\lambda}{\mu} \equiv \rho < \hat{S}$ heißt anschaulich, daß die Ankunftsrate einer Bedienstation λ kleiner als die gesamte „Bedienkapazität" einer Bedienstation sein muß (also kleiner als das Produkt der Abfertigungsrate μ eines Bedienschalter mit der Anzahl $\hat{S}$ der Bedienschalter einer Bedienstation). Für den Fall $\rho \geq \hat{S}$ gilt $\lim_{t\to\infty} p_n(t) = 0, \forall n \in \mathbb{N}$, die Warteschlange wird für $t \to \infty$ also unendlich groß. Vgl. für diese Darstellung ausführlich z. B. [HiLi74], S. 391ff, [Neum76], S. 370ff.

[167] Siehe z. B. [Neum76], S. 398, [Kist89], S. 266f.

[168] Vgl. Annahme 8.

Es läßt sich in Anlehnung an Stidham[169] zeigen, daß für das obige Optimierungsproblem $F^\star = 1$ optimal ist.[170]

Auch wenn der genaue mathematische Beweis dieser Aussage hier nicht von Interesse ist, so soll das Ergebnis doch kurz anhand einer Plausibilitätsüberlegung veranschaulicht werden[171].

Den Term C_B der Zielfunktion von Problem OPT 3 kann man durch Einsetzen von Beziehung (9.3) umformen in:

$$\begin{aligned} C_B &= C_{fix} \cdot F + C_S \cdot \hat{S} \cdot F \\ &= C_{fix} \cdot F + C_S \cdot S. \end{aligned}$$

Damit ist der erste Summand C_B der Zielfunktion, der die Kosten für den Betrieb der Bedienstationen darstellt, streng monoton wachsend in der Anzahl F der Bedienstationen – und somit unter Beachtung der Restriktion $F \in \mathbb{N}_+$ für $F^\star = 1$ minimal.

Den zweiten Term $E[C_W]$ der Zielfunktion, der die erwarteten Wartekosten repräsentiert, können wir durch Einsetzen von Little's Formel[172] sowie unter Berücksichtigung der Nebenbedingung $\frac{\lambda_g}{F} = \lambda$[173] umformen in:

$$\begin{aligned} E[C_W] &= c_w \cdot L \cdot F \\ &= c_w \cdot \lambda \cdot E[\mathcal{W}] \cdot F \\ &= c_w \cdot \frac{\lambda_g}{F} \cdot E[\mathcal{W}] \cdot F \\ &= c_w \cdot \lambda_g \cdot E[\mathcal{W}]. \end{aligned} \tag{9.17}$$

Da der Ausdruck $c_w \cdot \lambda_g = const.$ für das Optimierungsproblem eine Konstante darstellt, ist der Term $E[C_W]$ der erwarteten Wartekosten proportional zu der *erwarteten Aufenthaltszeit* $E[\mathcal{W}]$ *eines Nachfragers* in dem Bediensystem.

Um plausibel zu veranschaulichen, warum $F^\star = 1$ auch für den zweiten Term optimal ist, betrachten wir beliebige zulässige Lösungen $(F', \hat{S}')$ mit $F' > 1$. Diese Lösung besitzt dann insgesamt die Bedienkapazität $S' = \hat{S}' \cdot F'$. Wir vergleichen nun eine derartige Lösung $(F', \hat{S}')$ mit der Lösung $(1, S')$; beide Lösungen sollen also über die *gleiche* Bedienkapazität verfügen.

Bei der Lösung $(F', \hat{S}')$ mit $F' > 1$ kann offensichtlich das Phänomen eintreten, daß Nachfrager einer Bedienstation zugewiesen werden, in der keine freien Bedienschalter mehr vorhanden sind, während hingegen in anderen Bedienstationen sehr wohl noch freie Bedienschalter verfügbar sind. Damit haben die Nachfrager längere durchschnittliche Aufenthaltszeiten als bei der Lösung $(1, S')$, bei der die Nachfrager solange direkten Zugang zu einem freien Bedienschalter besitzen, solange nicht alle Bedienschalter belegt sind.

---

169 Siehe [Stid70].

170 Vgl. z. B. [HiLi74], S. 452, [Neum76], S. 440f.

171 Vgl. [HiLi74], S. 451f, und [Neum76], S. 440f.

172 Siehe Gleichung (9.12).

173 Vgl. 3, S. 313.

Nach Kistner kann denn auch allgemein gezeigt werden[174], daß bei mehreren Bedienschaltern, die aus einer gemeinsamen Warteschlange gespeist werden, die mittlere Schlangenlänge (und damit die erwartete Aufenthaltszeit) immer kleiner ist als die mittlere Schlangenlänge eines Bediensystems, bei dem für mehrere Bedienschalter *mehr* als eine Warteschlange implementiert ist. Für jede gegebene Bedienkapazität S' gilt also:

$$E[C_{ges}(1, S')] \leq E[C_{ges}(F', \hat{S}')], \quad \text{mit: } F' > 1 \text{ und } S' = F' \cdot \hat{S}'.$$

Ursache für dieses Ergebnis ist anschaulich, daß im Fall $F^\star = 1$ das gesamte Bediensystem nur über *eine* Warteschlange verfügt. Die Lösung $(1, S')$ führt somit zu einer effektiveren Auslastung verfügbarer Kapazität als die Lösung $(F', \hat{S}')$ mit $F' > 1$ bei gleicher Bedienkapazität.

Da das Ergebnis $F^\star = 1$ also unabhängig von der Anzahl an Bedienschaltern eines Bediensystems ist, vereinfacht sich das Problem OPT 3 zu:

$$\textbf{OPT 3':} \begin{cases} \min\limits_{\{S\}}\{E[C_{ges}(1, S)]\} = \underbrace{C_{fix} + C_s \cdot S}_{C_B} + \underbrace{c_W \cdot L}_{E[C_W]} \\ \text{u. d. N.:} \quad S \in \mathbb{N}_+ \text{ und } \frac{\lambda}{\mu} < S \end{cases} \tag{9.18}$$

Aus $F^\star = 1$ und Beziehung (9.3) folgt, daß $S = \hat{S}$ ist. Für die Bestimmung von L kann damit bei Berücksichtigung dieses Zusammenhangs weiterhin Beziehung (9.14) herangezogen werden.

Da die Fixkosten C_{fix} zum Betrieb der einen Bedienstation jetzt einen konstanten Summanden darstellen, der *unabhängig* von der zu optimierenden Variablen S ist, ergibt sich die weiter vereinfachte Problemformulierung:

$$\textbf{OPT 3'':} \begin{cases} \min\limits_{\{S\}}\{E[C_{ges}(S)]\} = \underbrace{C_s \cdot S}_{C_B} + \underbrace{c_W \cdot L}_{E[C_W]} + \underbrace{C_{fix}}_{const.} \\ \text{u. d. N.:} \quad S \in \mathbb{N}_+ \text{ und } \frac{\lambda}{\mu} < S \end{cases} \tag{9.19}$$

Nach Kistner gilt für die optimale Anzahl $S^\star$ an Bedienschaltern die Bedingung:[175]

$$E[C_{ges}(S-1)] \geq E[C_{ges}(S^\star)] \leq E[C_{ges}(S+1)]. \tag{9.20}$$

Da das Optimierungsproblem OPT 3'' aufgrund von Beziehung (9.14) nicht analytisch lösbar ist, ist unter Berücksichtigung der Nebenbedingungen $\frac{\lambda}{\mu} < S$ und $S \in \mathbb{N}_+$ der Gestaltungsparameter S solange *iterativ* um jeweils 1 zu erhöhen, bis diese Bedingung erfüllt ist.[176]

[174] Vgl. [Kist89], S. 267f; entsprechende Aussagen treffen auch [HiLi74], S. 452, und [Neum76], S. 441.

[175] Vgl. [Kist89], S. 271.

[176] In der weiteren Darstellung bezeichnen wir diese Vorgehensweise bei der Lösung von OPT 3'' in Anlehnung an Neumann als *„Probieren"*, vgl. [Neum76], S. 438.

Beispiel:
Ein Finanzdienstleister, der seine Finanzprodukte bisher ausschließlich mittels der Absatzmethode „Filialvertrieb“ abgesetzt hat, möchte seine Vertriebsaktivitäten in Zukunft aus Wettbewerbsgründen ausschließlich über eine neu zu gründende Direktbank abwickeln und ausschließlich beratungsintensive Problemlösungen vertreiben.[177]

Er steht damit vor dem Problem, die optimale Anzahl F^* an Bedienstationen und die optimale Anzahl an Bedienschaltern $\hat{S}^*$ je Bedienstation zu bestimmen. Der Dienstleister legt seiner Entscheidung die obigen Modellannahmen sowie die folgenden Planungszahlen zugrunde: Durch entsprechende Marketingmaßnahmen und durch weitgehendes „Überwechseln“ bestehender Kunden wird die neue Direktbank bereits bei Eröffnung über einen Kundenstamm von 32.400 Kunden verfügen, die im Schnitt jeweils einmal im Monat eine Beratung in Anspruch nehmen. Dies entspricht 388.800 Kundenkontakten im Jahr bzw. bei einer Öffnungszeit von 360 Tagen im Jahr und 18 Stunden am Tag einer Ankunftsrate von $\lambda_g = 60$ Nachfragern in der Stunde. Eine Beratung dauert im Schnitt inklusive Problemerfassung, Problemlösung und Lösungspräsentation ca. 15 Minuten, so daß die Bedienrate an einem Bedienschalter $\mu = 4$ beträgt.

Bezüglich der Kostensituation geht der Anbieter davon aus, daß die Fixkosten einer Bedienstation pro Jahr 5 Millionen DM und daß die Kosten für den Betrieb eines Bedienschalters 250 Tausend Mark im Jahr betragen. Dies entspricht Fixkosten C_{fix} 771,40 DM und Schalterkosten von C_s in Höhe von 38,58 DM je Bedienstunde. Der Anbieter geht davon aus, daß Nachfrager mit zunehmender Wartezeit aufgrund zunehmender Unzufriedenheit zunehmend weniger Wiederholungskäufe tätigen; er schätzt, daß er durchschnittlich je Minute Wartezeit eines Nachfragers einen Deckungsbeitrag in Höhe von DM 4,17 DM verliert.

Dem Anbieter stellt sich zunächst folgendes Minimierungsproblem:

$$\textsf{OPT DB:}\begin{cases} \min\limits_{\{\hat{S},F\}} \{E[C_{ges}(F,\hat{S})]\} = \underbrace{(771,40 + 38,58 \cdot \hat{S}) \cdot F}_{C_B} + \underbrace{250 \cdot L \cdot F}_{E(C_W)} \\ \text{u. d. N.:} \quad \hat{S}, F \in \mathbb{N}_+, \ \lambda = \frac{60}{F}, \text{ und } \frac{60}{4} < \hat{S} \end{cases} \tag{9.21}$$

Abbildung 9.16 zeigt die Werte der Zielfunktion in Abhängigkeit von den zu optimierenden Variablen F und S[178], die senkrechte Achse bezeichnet die erwarteten Gesamtkosten. Es ist erkennbar, daß *entsprechend den obigen Plausibilitätsüberlegungen für den Finanzdienstleister für jedes S die Realisierung* einer *Bedienstation gegenüber der Realisierung* mehrerer *Bedienstationen vorteilhaft ist.* Dementsprechend wird der Anbieter sein Leistungspotential mittels *einer* Bedienstation ($F^* = 1$) bereitstellen.

Für den Anbieter stellt sich damit noch das Problem der Bestimmung der optimalen Anzahl S an zu realisierenden Bedienschaltern; entsprechend unseren Überlegungen stellt sich ihm damit das Optimierungsproblem OPT DB":

---

[177] Um das Beispiel einfach zu halten und um die wesentlichen obigen Aussagen anschaulich zu erläutern, wird aus didaktischen Gründen dieses (auf den ersten Blick etwas realitätsfern wirkende) Szenario zugrundegelegt. Im folgenden Abschnitt werden dann die (realitätsnähere) Möglichkeiten einer (virtuellen) Integration von Filial- und Direktvertrieb ökonomisch analysiert.

[178] Es wird darin erinnert, daß entsprechend (9.3) $\hat{S} = \frac{S}{F}$ gilt.

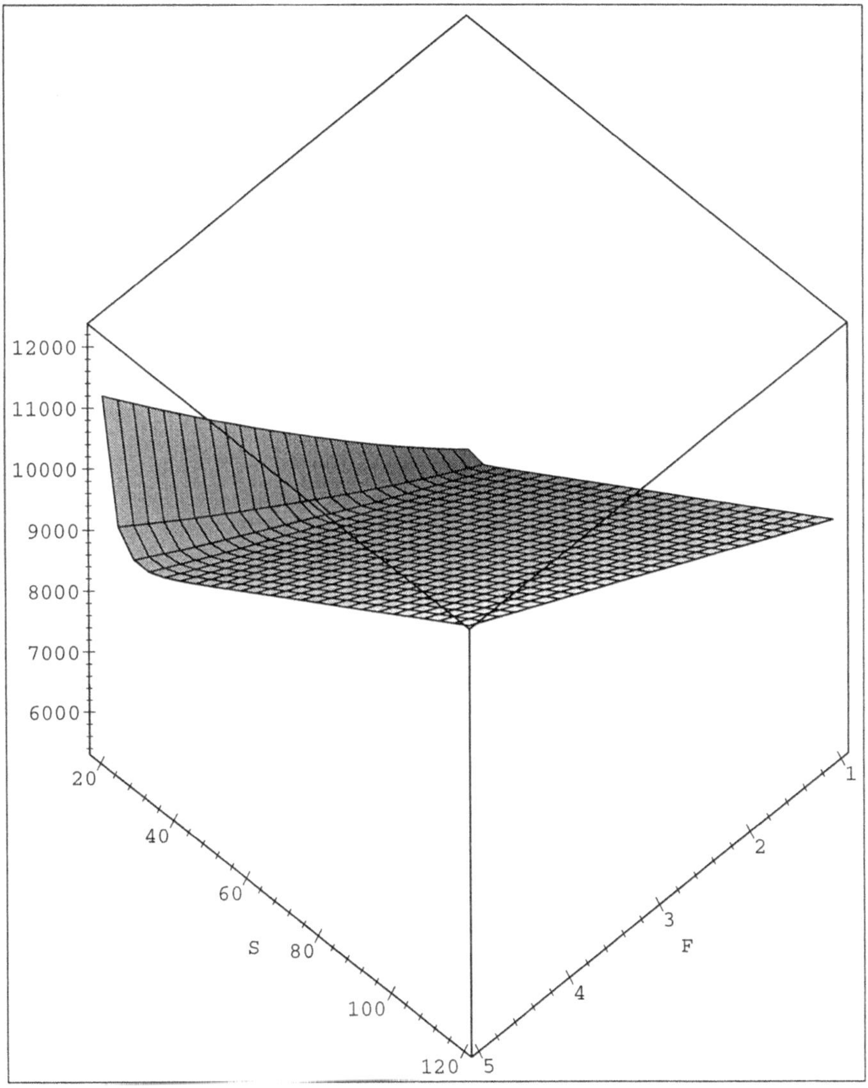

Abb. 9.16. Gesamtkosten des Bediensystems in Abhängigkeit von F und S

$$\text{OPT DB}'': \begin{cases} \min_{\{S\}}\{E[C_{ges}(S)]\} = \underbrace{38,58 \cdot S}_{C_B} + \underbrace{250 \cdot L}_{E[C_W]} + \underbrace{771,40}_{const.} \\ \text{u. d. N.:} \quad S \in \mathbb{N}_+ \text{ und } \frac{60}{4} < S \end{cases} \tag{9.22}$$

Da das Problem OPT DB" analytisch nicht lösbar ist, löst der Anbieter es unter Beachtung der Bedingung (9.20) durch „Probieren". Abbildung 9.17 veranschaulicht für den Fall $F^\star = 1$ die erwarteten Gesamtkosten in Abhängigkeit von S. Es ist erkennbar, daß in diesem Fall die erwarteten Gesamtkosten bei einer Implementierung von $S^\star = \hat{S}^\star = 21$ Bedienschaltern minimal sind: Der Finanzdienstleister errichtet also *optimalerweise eine Bedienstation mit 21 Bedienschaltern.*

Tabelle 9.1. Vergleich der minimalen Gesamtkosten des Bediensystems bei vorgegebener Anzahl an Bedienstationen F

F	$\hat{\mathbf{S}}$	$\mathbf{S = F \cdot \hat{S}}$	$\mathbf{C_{ges}} \frac{\text{DM}}{\text{Std.}}$
1	21	21	5.396
2	12	24	6.298
3	9	27	7.182
4	7	28	8.038
5	6	30	8.896

In Tabelle 9.1 sind zum Vergleich weiterhin noch für $F = 2, 3, 4, 5$ die jeweils optimalen $\hat{S}$ und die entsprechenden Gesamtkosten in DM je Bedienstunde angegeben; die jeweiligen minimalen Gesamtkosten steigen offensichtlich mit zunehmender Anzahl an Bedienstationen. Bereits für den Fall $F = 2$ beträgt im Vergleich zu $F^\star = 1$ der Unterschied in den Gesamtkosten je Stunde für den Betrieb des Bediensystems 902 DM bzw. 17% (bezogen auf $F^\star = 1$); die optimale Gestaltung des Bediensystems kann damit *für eine Erreichung einer günstigen Kostenstruktur von wesentlicher Bedeutung sein.*

Nach der Darstellung der Lösung des obigen Entscheidungsproblems bezüglich der optimalen Anzahl zu realisierender Bedienstationen sollen im folgenden einige *organisatorische Implikationen* dieses Ergebnisses herausgearbeitet werden. Hierbei wird kurz auch auf interessante Modellerweiterungen eingegangen.

9.5.2 Ergebnisinterpretation und organisatorische Implikationen

Aus dem Ergebnis $F^\star = 1$ folgt zunächst in ökonomischer Interpretation, daß in einem (bestehenden oder geplanten) Bediensystem die Zusammenfassung mehrerer unabhängiger Warteschlangen zu einer Warteschlange zu einer gleichmäßigeren und besseren Auslastung der einzelnen Bedienschalter führt; der Aufbau nur *einer* Bedienstation bietet damit für Anbieter die Möglichkeit, einen ökonomisch vorteilhaften *Pooling*-Effekt nutzen zu können.

Pooling-Effekt:
Bei gegebenen Bedienstationen ist *durch deren Zusammenfassung zu einer Bedienstation* bei gleichen Kosten ein höherer Servicegrad realisierbar, bzw. ein vorgegebener Servicegrad ist durch bessere Kapazitätsauslastung (teilweise wesentlich) kostengünstiger realisierbar.

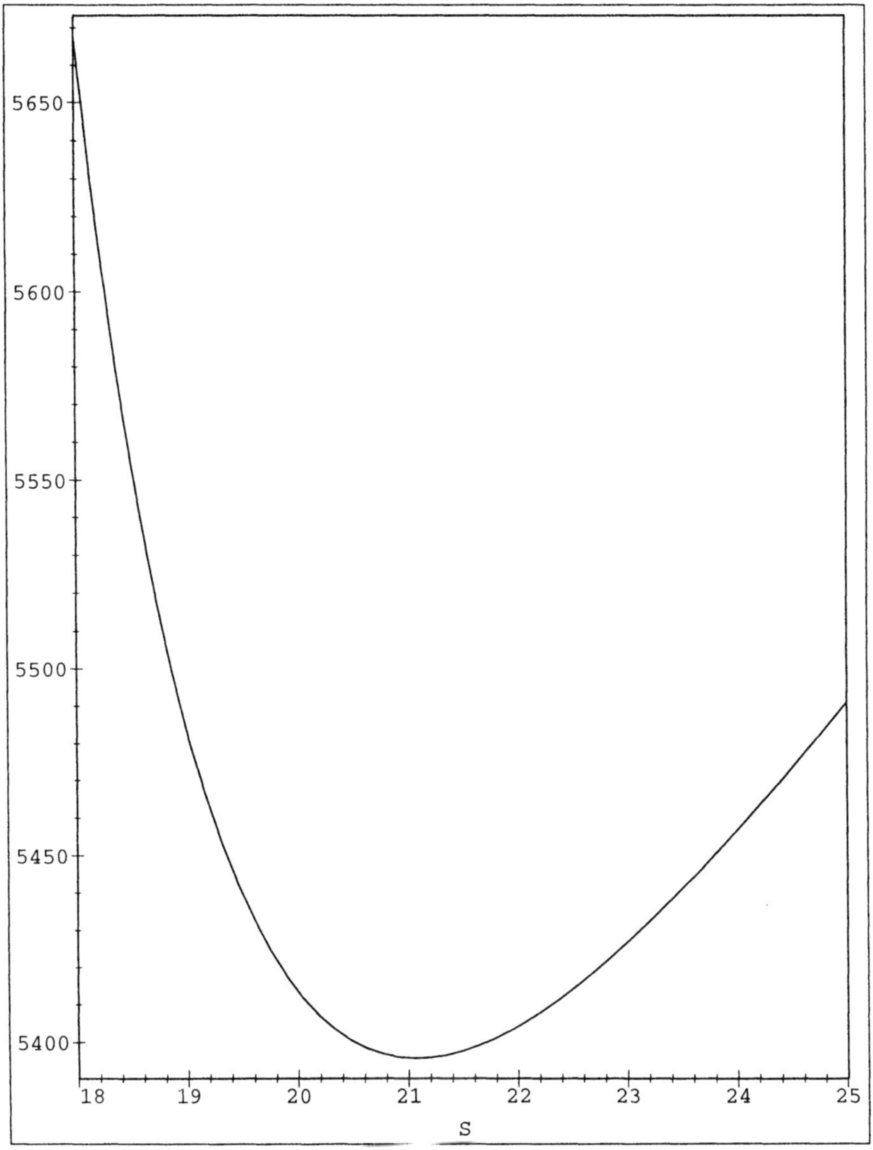

Abb. 9.17. Gesamtkosten des Bediensystems in Abhängigkeit von S für $F^{\star} = 1$

Mit der Absatzmethode Direktvertrieb ist (bei Realisierung nur einer Bedienstation) demzufolge im Vergleich zum Filialvertrieb grundsätzlich eine kostengünstigere Leistungserstellung sowie Leistungsbereitstellung möglich; dies gilt insbesondere auch für Finanzdienstleistungen *mit geringem Standardisierungsgrad sowie hoher Beratungsintensität*. Die Kostenvorteile der Absatzmethode Direktvertrieb resultieren damit nicht nur aus Größendegressionseffekten (*Economies of scale*[179]) beim Aufbau und Betrieb von zentralisierten Leistungskapazitäten, sondern auch aus einer besseren Kapazitätsauslastung.

Sowohl für Anbieter, die neu in den Markt eintreten möchten, als auch für Anbieter, die aufgrund der ökonomischen Auswirkungen des zunehmenden Wettbewerbsdrucks[180] Kosten reduzieren wollen, bietet somit der Direktvertrieb die Gestaltungsoption, durch eine Leistungserstellung sowie Leistungsbereitstellung von *einer* Bedienstation aus bestehende Marktsegmente durch Kostenvorteile sichern bzw. neue Marktsegmente durch Kostenführerschaft erschließen zu können. Wir können damit zunächst folgendes Ergebnis festhalten:

Organisatorische Gestaltungsoption 1:
Der Direktvertrieb von Finanzdienstleistungen von *einer Bedienstation* aus bietet Anbietern die Möglichkeit, *durch Nutzung des dargestellten Pooling-Effektes bei sonst gleichem Leistungsangebot und gleichem Servicegrad Finanzdienstleistungen günstiger erstellen sowie vertreiben zu können, als dies bei Aufbau mehrerer Direktvertriebs-Standorte oder gar eines neuen (bzw. bei Ausbau eines bestehenden) Filialnetzes mit einer Vielzahl an „Bedienstationen" möglich wäre*. Die dadurch erzielbaren Kostenvorteile können an die Nachfrager zur Erzielung von Wettbewerbsvorteilen (zum Teil) weitergegeben werden.

Diese Gestaltungsoption ist insofern von weitreichender Bedeutung, als die Absatzmethode „Direktvertrieb" bei Realisierung einer zentralisierten Bedienstation auch für den Vertrieb kundenindividueller Problemlösungen einen systematischen Kostenvorteil (im Vergleich zum Filialvertrieb) bietet.[181]

---

[179] Größendegressionseffekte haben wir in der obigen Modellformulierung nicht berücksichtigt.

[180] Vgl. Abschn. 5.2, S. 90ff.

[181] Im obigen Modell haben wir eine konstante Ankunftsrate λ unterstellt. Berücksichtigen wir weiterhin, daß die *Bereitstellungszeiten* (bzw. die Öffnungszeiten) im Fall einer filialgestützten Organisation der Vertriebsaktivitäten *kürzer* als im Falle einer direktvertriebsgestützten Organisation sind, so werden die kürzeren Öffnungszeiten im Filialvertrieb dazu führen, daß (eine jeweils gleiche Anzahl an Nachfragern vorausgesetzt) die Ankunftsrate λ_{FB} im Filialvertrieb (bezogen auf dessen Öffnungszeiten) im allgemeinen *größer* als die Ankunftsrate λ_{DB} im Direktvertrieb sein wird, da die zu bedienenden Nachfrager während eines kürzeren Bereitstellungszeitraums eintreffen. In Konsequenz werden also aufgrund der kürzeren Öffnungszeiten für die Bedienung einer bestimmten Anzahl an Nachfragern im Fall des Filialvertriebs im allgemeinen höhere (erwartete) Gesamtkosten (aufgrund höherer erwarteter Wartekosten und/oder aufgrund zusätzlich erforderlicher Bedienschalter) entstehen. Damit besitzt die Absatzmethode Direktvertrieb *ceteris paribus* neben dem dargestellten Pooling-Effekt einen weiteren

Aus den bisherigen Überlegungen folgt indes nicht, daß der oben dargestellte Pooling-Effekt aus einer *räumlichen* Zentralisierung von Leistungserstellung sowie -bereitstellung resultiert: Es ist vielmehr entscheidend, daß alle Bedienschalter über *eine gemeinsame Warteschlange* verfügen und neu eintreffende Nachfrager jeweils solange an einen freien Bedienschalter vermittelt werden, bis tatsächlich alle Bedienschalter besetzt sind. Berücksichtigen wir weiterhin, daß im Direktvertrieb Nachfrager die Bedienschalter nicht physisch „aufsuchen", sondern unter Nutzung telematischer Dienste „nur" eine Kommunikationsverbindung zu diesen herstellen, stellt der Aufbau *einer virtuellen Bedienstation* unter Nutzung telematischer Dienste eine weitere informations- und kommunikationstechnische Gestaltungsmöglichkeit dar: Es wird durch Nutzung moderner Telekommunikationstechnologie nur eine *zentrale* „elektronische" Warteschlange implementiert, *die Bedienschalter dieser Bedienstation selbst sind indes räumlich verteilt.* Nachfrager mit einem Leistungsbegehren, die unter Nutzung telematischer Dienste an einen Finanzdienstleister herantreten, bauen zunächst eine Kommunikationsverbindung zu dieser elektronischen Warteschlange auf und werden von dieser (elektronisch) nach dem Prinzip *first in, first out*[182] an freie Bedienschalter dieser virtuellen Bedienstation weitervermittelt.

Die räumliche Verteilung von Bedienschaltern auf unterschiedliche Lokationen ist *ceteris paribus* dann vorteilhaft, wenn für einen Anbieter (bei zunächst gleichen erwarteten Wartekosten) durch diese Maßnahme geringere Betriebskosten C_B realisierbar sind. Vor dem Hintergrund einer gewachsenen Filialstruktur, über die viele Anbieter von Bankdienstleistungen bereits verfügen sowie angesichts der dort häufig nicht ausgelasteten Kapazitäten, erscheint es zumindest plausibel, daß die Nutzung der bereits gegebenen Infrastruktur für den Direktvertrieb zu geringeren Betriebskosten[183] führen kann als der ausschließliche Aufbau einer neuen Infrastruktur an einer räumlich zentralisierten Lokation. Allerdings ist durch kommunikationstechnische Maßnahmen sicherzustellen, daß der Zugang zu diesem räumlich dezentral organisierten Leistungsangebot unter Nutzung telematischer Dienste über einen *zentralisierten Kommunikationsknoten* erfolgt, damit zur Realisierung des Poolingeffekts trotz räumlicher Verteilung der Bedienstationen eine gemeinsame Warteschlange implementierbar ist.

---

systematischen Kostenvorteil gegenüber der Absatzmethode Filialvertrieb. Die weitere Analyse von Gestaltungsoptionen für die Organisation der Leistungsbereitstellung und der Leistungserstellung bei Nutzung telematischer Dienste wird den Pooling-Effekt fokussieren.

182 Hier sind grundsätzlich auch andere Warteschlangenausprägungen denkbar, etwa prioritätsgesteuerte Warteschlangen.

183 Sind die Betriebskosten in den einzelnen Perioden unterschiedlich und dominieren nicht in jeder Periode die Betriebskosten einer Realisierungsalternative, so ist der jeweilige Barwert der Betriebskosten als Entscheidungskriterium heranzuziehen.

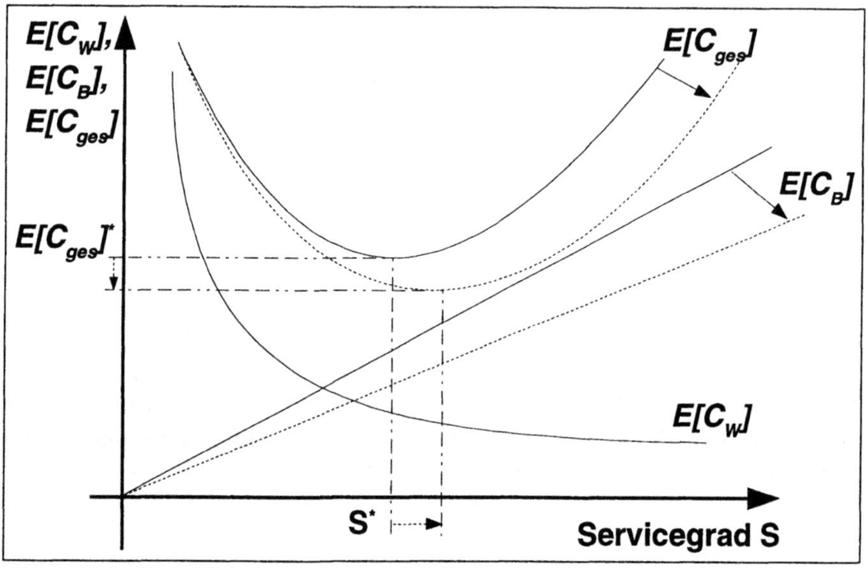

Abb. 9.18. Verschiebung des optimalen Servicegrads bei niedrigeren Betriebskosten C_W

Abbildung 9.18 veranschaulicht das bei der Implementation *einer* Bedienstation für die Bestimmung des optimalen Servicegrads[184] zu lösende Optimierungsproblem OPT3'': Kann ein Anbieter *ceteris paribus* im Vergleich zu Anbietern, die über kein Filialnetz verfügen, durch Nutzung bestehender Standorte für die Durchführung von Direktvertriebsaktivitäten Betriebskostenvorteile realisieren, entspricht dies in Abb. 9.18 einer Verschiebung der Kostenkurve C_B nach rechts[185]. In Folge dessen verschiebt sich auch die Gesamtkostenkurve $E[C_{ges}]$ nach rechts unten[186]: Für einen derartigen Anbieter kann die Minimierung der Gesamtkosten unter Umständen also zu dem Ergebnis führen, daß es (bei niedrigeren erwarteten Gesamtkosten!) optimal ist, einen höheren Servicegradmehr Bedienschalter – und damit mehr Bedientschalter – als ein neu auf den Markt eintretender Anbieter zu realisieren (vgl. Abb. 9.18[187]). Dies ist dadurch plausibel erklärbar, daß im Falle niedrigerer Betriebskosten die Kosten für einen oder mehrere zusätzliche Bedienschalter niedriger als die damit erzielbaren Einsparungen an Wartekosten sein können. Damit können Anbieter, die einen Direktvertrieb aufbauen und

[184] Für die Definition des Servicesgrads s. Abschn. 3, S. 313.
[185] Die „rechts verschobene" Kurve C_B ist in der Abb. 9.18 gestrichelt dargestellt; auf die explizite Darstellung der Fixkosten wurde verzichtet.
[186] Die „rechts verschobene" Kurve $E[C_{ges}]$ ist wiederum gestrichelt dargestellt.
[187] Diese Aussage ist grafisch in Abb. 9.18 einfach nachvollziehbar: Das Kostenminimum der gestrichelten Gesamtkostenkurve $E[C_{ges}]$ führt zu einem höheren Servicegrad bei gleichzeitig geringeren erwarteten Kosten als das Kostenminimum der durchgehenden Gesamtkostenkurve.

gleichzeitig hierzu ihr Filialnetz für den Aufbau von Bedienschaltern nutzen, ihren Nachfragern sowohl einen höheren Servicegrad als auch günstigere Preise für Direktbank-Leistungen (bei Weitergabe der Kostenvorteile) als ein neu in den Markt eintretender Wettbewerber bieten.

Diese Überlegung führt uns zu einem interessanten Ergebnis: Bestehende Filialnetze bilden für neu in den Markt eintretende Anbieter nicht nur bezüglich des teuren Aufbaus eigener Filialnetze, sondern auch bezüglich des Aufbaus von Direktvertriebsaktivitäten eine *Markteintrittsbarriere*. Die mögliche Implementierung einer virtuellen Bedienstation ermöglicht damit insbesondere für Anbieter mit bestehenden Filialnetzen eine *zweite organisatorische* Gestaltungsoption:

Organisatorische Gestaltungsoption 2:
Die Möglichkeit der Implementierung *einer virtuellen Bedienstation* (zentraler Kommunikationsknoten, Nutzung bestehender bzw. Implementierung neuer Bedienschalter in (einigen) Filialen) ermöglicht *Finanzdienstleistern mit bestehendem Filialnetz unter Umständen die Realisierung von Direktvertriebsaktivitäten mit günstigeren Kostenstrukturen als bei Implementierung einer räumlich zentralisierten Bedienstation.*

Die Bestimmung von Standorten für die „Aufstellung“ von Bedienschaltern wird im allgemeinen nicht analytisch lösbar sein, da die Anzahl der benötigten Bedienschalter insbesondere von den erwarteten Wartekosten und damit von dem Parameter L abhängt[188], der nur durch „Probieren“ bestimmbar ist. Eine einfache *heuristische* Vorgehensweise bestünde darin, zunächst alle potentiellen Standorte[189] entsprechend ihren Betriebskosten aufsteigend anzuordnen. An demjenigen Standort mit den jeweils günstigsten Betriebskosten ist dann solange ein zusätzlicher Bedienschalter einzurichten bis entweder an diesem Standort keine freien Kapazitäten mehr bestehen oder aber die Kosten für die Einrichtung eines zusätzlichen Bedienschalters größer als die gesparten erwarteten Wartekosten sind. Die mit diesem heuristischen Vorgehen erzielten Ergebnisse können anschließend durch Sensitivitätsanalysen (z. B. aufgrund von Simulationsstudien) überprüft und eventuell verbessert werden.[190]

Wir können damit bereits jetzt als Ergebnis bezüglich der ersten zu untersuchenden Fragestellung festhalten:[191]

Die durch den Direktvertrieb erzielbaren Zentralisierungsvorteile liegen nicht in einer räumlichen Zentralisierung von Bedienschaltern, sondern vielmehr in einer logischen Integration mehrerer Warteschlangen zu einer Warteschlange. Der Aufbau

[188] Vgl. Problem OPT 3", S. 319.

[189] Hierbei kann es sich sowohl um bereits bestehende als auch um potentiell neu zu gründende Standorte handeln.

[190] Auf die exakte Problemformulierung sowie eine methodische Herausarbeitung und Überprüfung eines Lösungsalgorithmus für das formulierte Problem soll verzichtet werden, da dieses weit über das hier verfolgte Ziel hinausführt, abschließend einige Gestaltungs*optionen* vorzustellen.

[191] Vgl. S. 311.

einer **räumlich** *zentralisierten Bedienstation ist damit nicht notwendigerweise vorteilhafter als der Aufbau einer räumlich dezentralisierten Bedienstation; allerdings sollte der Pooling-Effekt der Warteschlangenzusammenfassung auch bei räumlich verteilten Bedienschaltern realisiert werden.*

Das im letzten Abschnitt erzielte Ergebnis, daß die Realisierung einer Bedienstation optimal ist, resultiert unter anderem daraus, daß wir oben keine Kosten für die Kommunikation der Anbieter mit ihren Nachfragern berücksichtigt haben. In der Praxis übernehmen (vor allem aus Marketinggründen) Direktbanken indes in vielen Fällen zumindest einen Teil der *Telefonkosten* ihrer Nachfrager. Im Sinne konventioneller Standortprobleme sind diese Telefonkosten als *Transportkosten* interpretierbar, die einem Anbieter für den „Transport" seines Leistungspotentials zu seinen Nachfragern für die Nutzung telematischer „Transportdienste" entstehen. Dementsprechend hat ein Anbieter bei der Berücksichtigung von Telekommunikationskosten ein betriebliches *Standortproblem in der Ebene zu lösen*; bei derartigen Problemen können im allgemeinen *mehrere* Standorte optimal sein. Allerdings sollte ein Anbieter auch hier die Möglichkeit des Aufbaus einer *virtuellen Bedienstation* nutzen, und wieder einen zentralen Kommunikationsknoten mit einem zentralisierten Zugangspunkt einrichten, von dem aus eintreffende Leistungsbegehren an diejenige freie Bedienstation mit den niedrigsten Telekommunikationskosten weitergeroutet wird. Da nach Wissen des Verfassers derzeit von den Netzanbietern keine Dienste angeboten werden, die eine derartige Routingfunktionalität unterstützen, ist diesbezüglich zur Zeit die Realisierung einer virtuellen Bedienstation (noch) nicht möglich. Würde dies so bleiben, so wären tatsächlich mehrere Bedienstationen mit jeweils einer eigenen Warteschlange einzurichten.

Wir erhalten damit eine dritte organisatorische Gestaltungsoption, die im Gegensatz zur zweiten Gestaltungsoption sowohl auf Anbieter zielt, die bereits über ein Filialnetz verfügen, als auch auf Anbieter, die neu in den Markt eintreten:

Organisatorische Gestaltungsoption 3:
Wenn durch den Aufbau mehrerer räumlich verteilter Bedienstationen die erwarteten Einsparungen an Telekommunikationskosten die Kosteneinsparungen aus der Wahrnehmung des Pooling-Effekts dominieren, dann wird die Realisierung mehrerer räumlich verteilter Bedienstationen ökonomisch vorteilhaft.

Das zu lösende Optimierungsproblem wird ebenfalls kaum exakt lösbar sein, da hierzu sowohl die Anzahl an Bedienschaltern als auch die Verteilung von Bedienschaltern auf Standorte sowie die Auswahl an Standorten für eine optimale Lösung *simultan* erfolgen muß – und bereits das einfachere Problem OPT 3" nur durch „Probieren" lösbar ist; weiterhin ist davon auszugehen, daß in der Praxis die Nachfrager nicht homogen in die Ebene verteilt sind. Eine naheliegende Heuristik ist, zunächst durch Lösen von Problem OPT 3" die Anzahl an Bedienschaltern festzulegen und diese dann potentiellen Standorten zuzuordnen. Als potentielle Standorte können wiederum bereits bestehende Filialen bzw. Niederlassungen herangezogen werden. Anzumerken ist, daß Organisationsempfehlungen 2 und 3 offensichtlich zueinander *komplementär* sind.

Aufgrund

- der schnellen Entwicklung der Call Center Technologie, die dazu führen wird, daß die Call Center sich mittel- bis langfristig zu multimedialen „Interaktionscentern" mit den Nachfragern entwickeln[192],
- der zunehmenden Bedeutung des Telefonmarketings allgemein und
- dem mit dem Fall des Fernmeldemonopols der Deutschen Telekom AG zum 1. Januar 1998 zu erwartenden intensiven Wettbewerb mehrerer Telekommunikationsnetz- und -diensteanbieter um (attraktive) Geschäftskunden

ist indes die mittel bis langfristige Einführung derartiger Routing-Dienste als wahrscheinlich anzusehen, so daß dann auch in diesem Fall der Realisierung einer virtuellen Bedienstation möglich wäre. In diesem Fall ergibt sich komplementär zu Gestaltungsoption 3 zusätzlich Gestaltungsoption 3':

Organisatorische Gestaltungsoption 3':
Bei Angebot entsprechender Routing-Dienste sind durch Implementation einer virtuellen Bedienstation mit räumlich verteilten Bedienschaltern Kostenvorteile durch gesparte Telekommunikationskosten und durch Wahrnehmung des Pooling-Effekts erzielbar.

Für die Realisierung der Gestaltungsoptionen 3 bzw. 3' ist ein Stufenkonzept sinnvoll: Solange die entsprechenden Routing-Dienste noch nicht von Telekommunikations-Dienstleistungsunternehmen angeboten werden, sind in der *ersten Stufe* Einsparungen von Telekommunikationskosten durch den Aufbau *mehrerer* räumlich verteilter Bedienstationen mit jeweils einer eigenen Warteschlange erzielbar (Gestaltungsoption 3). Sobald derartige Dienste am Markt eingeführt und kommunikationstechnisch beherrscht werden, sind in einer *zweiten Stufe* die verschiedenen Bedienstationen und deren Warteschlangen zu einer Warteschlange einer virtuellen Bedienstation zu integrieren (Übergang zu Gestaltungsoption 3'), so daß zusätzliche Kostenvorteile durch die komplementäre Wahrnehmung des Pooling-Effekts realisierbar sind.

Kritisch ist bezüglich der Gestaltungsoptionen 2 und 3 bzw. 3' festzustellen, daß für den Aufbau einer virtuellen Bedienstation einige wesentliche Schwierigkeiten zu überwinden sind. Zum einen sind die derzeitig implementierten Finanzberatungssysteme als unbefriedigend anzusehen:[193] Der Aufbau einer neuen zukunftsgerichteten IKS-Unterstützung, die zudem den Erfordernissen des Direktvertriebs entspricht, dürfte in einer neuen und räumlich zentralisierten Bedienstation erheblich einfacher und schneller möglich sein als in einer virtuellen Bedienstation, bei der dann in den einzelnen Standorten traditionelle Filial- und neuartige Direktvertriebssysteme parallel

[192] Siehe beispielsweise [Wale97].
[193] Vgl. Abschn. 8.1.1, S. 208ff.

betrieben werden. Insbesondere erscheint eine schnelle Anpassung des umfangreichen IKS einer Großbank bei weiter laufendem Filialgeschäftsvertrieb kaum in kurzen Zeiträumen möglich[194]. Weiterhin bestehen in Direktbanken aufgrund des Leistungsangebots „rund um die Uhr" in der Regel andere Arbeitsbedingungen (wie z. B. Schichtarbeit) als dies im Filialvertrieb bisher üblich ist. Darüber hinaus ist der für den Direktvertrieb eine Voraussetzung darstellende Betrieb eines Call Centers technisch in einer bestehenden Filiale nicht einfach realisierbar, da hierfür zum einen spezielles Management- und Technikwissen erforderlich sind und zum anderen Filialen (derzeit) vor allem für die Abwicklung von Front-Office Tätigkeiten ausgelegt sind.

Bei der Realisierung von Direktvertriebsaktivitäten sind denn auch zwei gegensätzliche Entwicklungsrichtungen identifizierbar:[195]

- die *strikte Trennung* von Filialvertrieb und Direktvertrieb und
- eine *weitestgehende Integration* von Filialvertrieb und Direktvertrieb.

Die erste Entwicklungsrichtung wird vor allem von den großen *privatwirtschaftlichen Kreditinstituten* verfolgt, die (beginnend mit Gründung der Direktbank *Commdirect Bank* durch die Commerzbank) jeweils eigene Direktbanken als Tochtergesellschaften gegründet haben.[196] Wesentliches Merkmal dieser Entwicklungsrichtung ist, daß die neugegründeten Direktbanken ihre Leistungen (zumindest derzeit) in *einer* zentralen Lokation erstellen und von dieser aus auch zentral vertreiben. Auch wenn aufgrund der oben dargestellten Schwierigkeiten diese Entscheidungen (insbesondere in einer kurz- bis mittelfristigen Betrachtungsweise) durchaus nachvollziehbar sind, so stehen indes die Großbanken vor der paradoxen Situation, für unterschiedliche Absatzmethoden (Filialvertrieb und Direktvertrieb) gleichartiger Finanzdienstleistungen jeweils unterschiedliche „Produktionssysteme" aufgebaut zu haben; mögliche Pooling-Effekte bezüglich der *Leistungserstellung* sind damit nicht wahrnehmbar. Im Gegensatz dazu wird bei der zweiten Entwicklungsrichtung versucht, eine weitgehende *Integration* von Filialvertrieb und Direktvertrieb zu erreichen, um neben einer Produktivitätssteigerung durch zentralisierte Leistungserstellung für unterschiedliche Absatzmethoden auch eine Optimierung der Vertriebsstruktur durch das Angebot eines Vertriebswege-Mixes innerhalb einer Bankbeziehung zu erreichen;[197] diese Strategie wird vor allem von den *Sparkassen* und *Kreditgenossenschaften* verfolgt.[198]

Zumindest in langfristiger Perspektive erscheint es für die Großbanken vor dem Hintergrund der obigen Ergebnisse sowie angesichts des zunehmenden

---

194 Vgl. z. B. [ReDi97].
195 Vgl. [Krup96], S. 713.
196 Vgl. Abschn. 1.3.3, S. 9ff.
197 Vgl. beispw. [Heit97], S. 21; ähnlich auch [VeGe97], [Rode96], [Heit96].
198 Diese Entwicklung dürfte indes in keinem kausalen Zusammenhang mit dem oben entwickelten Konzept einer virtuellen Bedienstation stehen, zumindest ist der Literatur diesbezüglich kein Hinweis entnehmbar.

Wettbewerbs und den daraus resultierenden ökonomischen Folgen[199] sinnvoll, die unterschiedlichen Leistungspotentiale zu konsolidieren, um durch deren Zusammenfassung die Synergiepotentiale aufgrund einer besseren Kapazitätsauslastung realisieren zu können. Eine Möglichkeit dürfte die konzeptionelle Trennung von *Leistungsbereitstellung* und *Leistungserstellung* darstellen; dies soll im folgenden näher begründet werden.

Im Sinne der in Kap. 3 aufgegriffenen Betrachtungsweise, daß Nachfrager mit der Inanspruchnahme von Finanzprodukten letztlich Zahlungsströme nachfragen, die ihre jeweiligen Bewertungsfunktionen maximieren, fordern sie auch bei der Nutzung unterschiedlicher Absatzmethoden grundsätzlich vergleichbare Leistungen ein; ähnliches gilt für die Nachfrage nach weiteren Finanzdienstleistungen (z. B. Transaktionsleistungen, Zahlungsverkehrsleistungen). Weiterhin ist angesichts der Gliederung eines Angebotsprozesses in drei Phasen[200] eine absatzmethodenunabhängige Leistungserstellung grundsätzlich möglich: Während die Leistungs*erstellung* in der Phase *Problemlösung* erfolgt und aufgrund der *informationsbedingten* Integration von Nachfragern weitgehend unabhängig von den Besonderheiten der jeweiligen Absatzmethode durchführbar ist, erfolgt die Leistungs*bereitstellung* während der Phasen *Problemformulierung* sowie *Lösungspräsentation*. Da somit zum einen die Nachfrager absatzmethodenübergreifend jeweils weitgehend vergleichbare Kernleistungen nachfragen und zum anderen eine klare Trennung zwischen *Leistungserstellung* und *Leistungsbereitstellung* möglich ist, erscheint (zumindest langfristig) eine getrennte, absatzmethodenspezifische Leistungserstellung durch zwei separate Bedienstationen weder technisch notwendig noch ökonomisch sinnvoll.

Nach Reimers-Mortensen et al. deuten denn auch neuere Entwicklungen darauf hin, daß die Trennung zwischen *Leistungserstellung* und *Leistungsbereitstellung* in Zukunft an Bedeutung gewinnen wird. So ist bereits jetzt zu beobachten, daß[201]

- eine zunehmende Konzentration der Leistungserstellung von Bankleistungen in wenigen, zentralisierten „Verarbeitungszentren“ erfolgt,
- Muttergesellschaften verstärkt Produktionsleistungen zentralisiert für ihre Tochtergesellschaften anbieten,
- Landesbanken Leistungen verstärkt auch für Institute erbringen, die nicht dem Sparkassensektor zuzurechnen sind,
- ein Aufbau von spezialisierten Wertpapierbanken durch Großbanken, Landesbanken und Genossenschaftszentralbanken stattfindet.

Vor dem Hintergrund der dargestellten theoretischen Überlegungen sowie der derzeit in der Praxis zu beobachtenden Entwicklungen ist demzufolge eine (virtuell) zentralisierte Leistungserstellung und eine organisatorisch dezentrale Leistungsbereitstellung durch verschiedene Vertriebseinheiten (Direktbank,

[199] Vgl. Abschn. 5.2, S.90ff.
[200] Vgl. Abschn. 4.5, S. 59ff.
[201] Vgl. [ReDi97], S. 136f.

Filialnetze, *Banking shops*[202], Außendienst usw.) als vorteilhaft anzusehen; vgl. Abb. 9.19. Den Nachfragern kann damit ein Vertriebswege-Mix angeboten werden, der es ihnen erlaubt, (virtuell) zentral erstellte Leistungen entsprechend ihren jeweiligen Präferenzen und fallweise über unterschiedliche Absatzmethoden dezentral in Anspruch zu nehmen, die unterschiedlichen vertriebswegespezifischen Vorteile jeweils zu nutzen und trotzdem von nur *einem Finanzdienstleister* umfassend betreut zu werden. Den Anbietern ermöglicht eine derartig umfassende Betreuung ihrer Nachfrager die Etablierung einer auf Dauer angelegten Kundenbindung und gleichzeitig die Realisierung ökonomischer Vorteile durch Wahrnehmung des Pooling-Effekts.[203]

Die Nutzung telematischer Dienste stellt die hierfür notwendige *kommunikationstechnische* Infrastruktur bereit, um „Produktionseinheiten" und „Vertriebseinheiten" mit den Nachfragern zum Vertriebszeitpunkt miteinander zu verbinden. *Informationstechnisch* ist (ausgehend von der oben konzipierten modularen Systemarchitektur) ein derartiger Vertriebswege-Mix zumindest für den Absatz kundenindividueller Problemlösungen zumindest konzeptionell problemlos möglich: Für jeden Vertriebsweg sind Kundenanalyse- und Ergebnisagenten jeweils so zu implementieren, daß den Spezifika der einzelnen Vertriebswege angemessen Rechnung getragen wird. Die kundenindividuelle Lösung finanzwirtschaftlicher Probleme erfolgt dann während der Phase *Problemlösung* durch die Problemlösungsagenten; die verteilte Ausführung von Problemlösungsagenten in einer *virtuellen* (räumlich verteilten) Bedienstation ist darüber hinaus aufgrund der Funktionalität des Load-Managers einfach realisierbar.[204]

Insgesamt können wir damit als *vierte organisatorische Gestaltungsoption* festhalten:

Organisatorische Gestaltungsoption 4:
Die Nutzung telematischer Dienste ermöglicht *die Realisierung einer klaren organisatorischen Trennung von (virtuell) zentralisierter Leistungserstellung und räumlicher und organisatorischer dezentralisierter Leistungsbereitstellung.*

Damit besteht die Option für die *Realisierung eines Vertriebswege-Mixes bei gleichzeitiger, absatzmethodenübergreifender Wahrnehmung des Pooling-Effekts bezüglich der Leistungserstellung.*

Zusammenfassend können wir damit konstatieren, daß bei der Realisierung von Direktvertriebsaktivitäten eine räumlich zentralisierte Leistungserstellung und Leistungsbereitstellung einer dezentralen Lösung nicht überlegen

[202] Vgl. Abschn. 1.3.2, S. 8.

[203] Eine erfolgreiche Umsetzung dieses Konzepts setzt weiterhin eine entsprechende Preisgestaltung voraus: Werden die (hohen) Betriebskosten des Filialnetzes auch auf die Leistungen verrechnet, die im Direktvertrieb abgesetzt werden, so können derartig kalkulierte „Direktvertriebsleistungen" im Vergleich zu den Leistungen spezialisierter direktvertreibender Finanzdienstleistungen zu teuer – und für die Nachfrager unattraktiv – werden.

[204] Für den Fall der Anbindung von Außendienstmitarbeitern an eine entsprechende Bedienstation konnte die grundsätzliche technische Realisierbarkeit bereits prototypisch gezeigt werden, s. [Krap96].

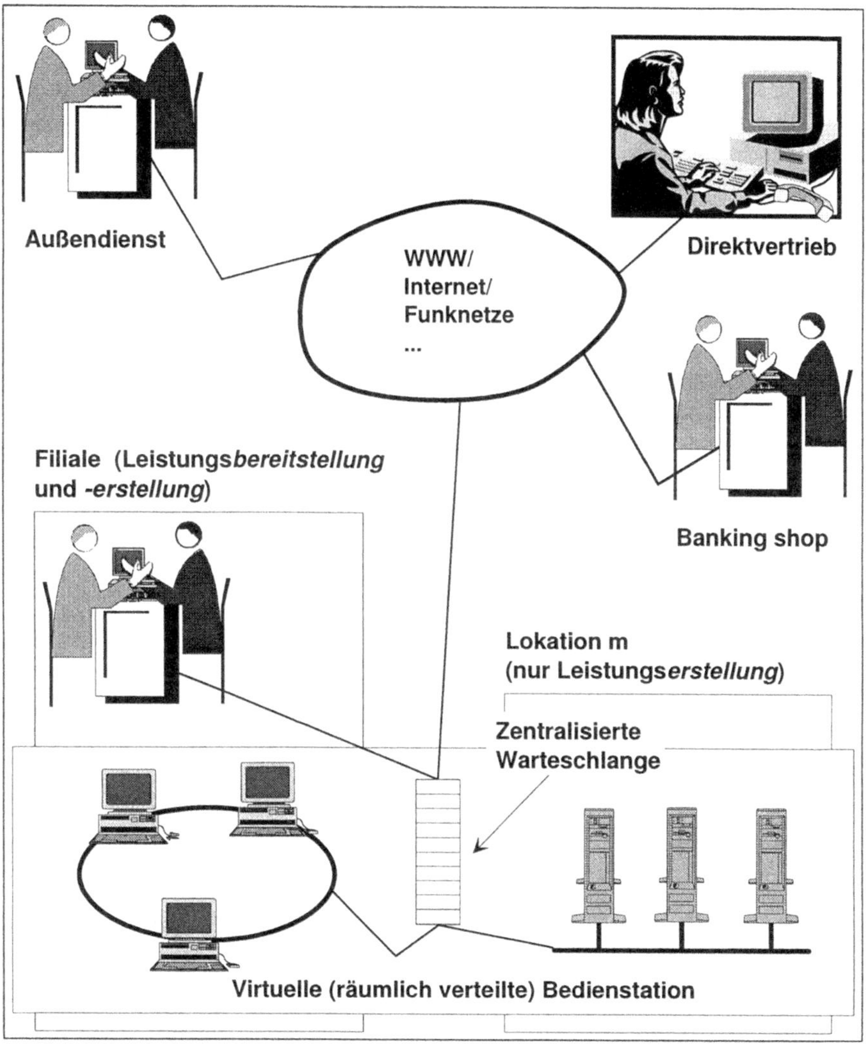

Abb. 9.19. *Virtuell zentrale* Leistungserstellung und *dezentrale* Leistungsbereitstellung

sein muß. Insbesondere wenn ein Anbieter bereits über ein bestehendes Filialnetz verfügt, kann die Errichtung einer virtuellen Bedienstation mit räumlich verteilten Bedienschaltern vorteilhaft sein. Darüber hinaus kann zur Zeit bei Berücksichtigung von Telekommunikationskosten auch die Errichtung mehrerer Bedienstationen mit jeweils eigener Warteschlange ökonomisch sinnvoller als die räumlich zentralisierte Lösung sein. Möchte ein Anbieter zur Erreichung seiner Marketingziele seinen Nachfragern den Zugang zu seinem Leistungsangebot über unterschiedliche Absatzmethoden ermöglichen, so sollte dieser die Möglichkeiten telematischer Dienste nutzen und durch organisatorische Trennung von Leistungsbereitstellung sowie Leistungserstellung den möglichen Pooling-Effekt bezüglich einer absatzmethodenübergreifenden Nutzung von Leistungspotentialen wahrnehmen.

Insgesamt folgt aus diesem Exkurs, daß die Nutzung telematischer Dienste für Produktion und Vertrieb von Finanzdienstleistungen nicht nur bezüglich der (mit der Untersuchung des Direktvertriebs kundenindividueller Finanzdienstleistungen in dieser Arbeit fokussierten) Erreichung der Marketingziele von Finanzdienstleistern erhebliches Potential bietet, sondern darüber hinaus auch erhebliches Potential für eine „ganzheitliche" (absatzmethodenübergreifende) Organisation von Leistungsbereitstellung und Leistungserstellung.

Im folgenden und abschließenden Kapitel sollen die wesentlichen Ergebnisse dieser Arbeit bezüglich der betriebswirtschaftlich fundierten und technisch überzeugenden Implementierbarkeit des Direktvertriebs kundenindividueller Finanzdienstleistungen zusammengefaßt, bewertet und weiterer Forschungsbedarf aufgezeigt werden.

10. Zusammenfassung und Ausblick

Zentraler Untersuchungsgegenstand dieser Arbeit war der Direktvertrieb kundenindividueller Finanzdienstleistungen, der bezüglich der beiden folgenden, im *zweiten Kapitel* herausgearbeiteten Fragestellungen untersucht wurde:

1. *Unter welchen Bedingungen sind kundenindividuelle und beratungsintensive Finanzdienstleistungen im Direktvertrieb betriebwirtschaftlich erfolgreich an Nachfrager absetzbar?*
2. *Wie ist der Absatzprozeß sowohl aus betriebswirtschaftlicher als auch aus systemtechnischer Sicht zu gestalten?*

Das Ziel der Untersuchung bestand darin, einen wissenschaftlich fundierten und praxisrelevanten Beitrag für die Beantwortung vertriebspolitischer Fragestellungen beim Absatz von Finanzdienstleistungen zu leisten und den Spielraum der Anbieter bei der kundenorientierten Gestaltung von Absatzmethoden für die Erzielung von Wettbewerbsvorteilen zu erweitern.

Zur Beantwortung der beiden Fragestellungen konnte im *dritten Kapitel* dieser Arbeit mit der Klärung wesentlicher finanzdienstleistungs- und vertriebsorientierter Begriffe zunächst ein begrifflicher Bezugsrahmen geschaffen werden. Insbesondere wurde mit der Einführung der beiden Begriffe *„finanzwirtschaftliches Nachfragerproblem"* und *„kundenindividuelle Problemlösung"* sowie der Interpretation der Beschaffung von Finanzprodukten als privatwirtschaftlich wahrgenommene Tätigkeiten des Finanzmanagements ein Beitrag zur Präzisierung der betriebswirtschaftlichen Begriffsbildung bezüglich der Individualität von Finanzdienstleistungen geleistet: Ausgehend von der Erkenntnis, daß finanzwirtschaftliche Probleme jeweils durch Zulässigkeitsbedingung und Bewertungsfunktion beschreibbar sind, stellen kundenindividuelle Finanzdienstleistungen in ihrem Kern Zahlungsströme dar, die die Bewertungsfunktionen von Nachfragern bei gleichzeitiger Einhaltung der jeweiligen Zulässigkeitsbedingungen maximieren sollen. Diese Begriffspräzisierung hat sich im Rahmen dieser Arbeit als *tragfähig für die Analyse und Gestaltung von Erstellungs- und Absatzprozessen kundenindividueller Finanzdienstleistungen erwiesen.*

In den weiteren Kapiteln haben wir wesentliche Lösungsbeiträge bezüglich der beiden obigen Fragestellungen leisten können. Mit der Bearbeitung des ersten Problemfelds *„Eigenschaften und Anforderungen“*[1] in Kap. 4 wurden die wesentlichen Eigenschaften kundenindividueller Finanzdienstleistungen und der ihnen zugrundeliegenden Leistungs- und Vertriebsprozesse herausgearbeitet. Anhand einer Analyse dieser Eigenschaften konnten wir zeigen, daß aufgrund der Immaterialität von Finanzdienstleistungen und einer weitestgehend nur *informationsbedingten* Integration von Nachfragern in den Erstellungsprozeß eine kundenindividuelle Lösung finanzwirtschaftlicher Nachfragerprobleme (und demzufolge Erstellung und Absatz kundendindividueller Finanzdienstleistungen) auch bei einer räumlichen Trennung von Anbieter und Nachfrager zum Vertriebszeitpunkt grundsätzlich möglich ist. Diese Erkenntnis ist insofern von weitreichender Bedeutung, als sie verdeutlicht, daß der Direktvertrieb nicht nur (wie bisher üblich und in der Literatur wiederholt behauptet) für den Vertrieb standardisierter Finanzdienstleistungen, *sondern auch für den Vertrieb nachfragerindividuell konfigurierter und selektierter Finanzprodukte eine grundsätzlich geeignete Absatzmethode darstellt.*

Wesentliche Voraussetzungen für einen so verstandenen Direktvertrieb konnten aufgezeigt werden: Zum einen ist ein Informations- und Kommunikationssystem derart zu implementieren, daß die in Abschn. 4.8 dargestellten Bedingungen erfüllt werden[2]; zum anderen ist den herausgearbeiteten fünf Eckpunkten der Erstellung kundenindividueller Problemlösungen bei einer zieladäquaten Gestaltung des Leistungsprozesses Rechnung zu tragen[3]. Darüber hinaus wurde exemplarisch dargestellt, daß bei der Erstellung kundenindividueller Problemlösungen aufgrund einer Vielzahl steuerlicher Einzelfallregelungen ein erhebliches steuerliches Gestaltungspotential besteht: Bei der Realisierung dieses Gestaltungspotentials sind Problemlösungen erstellbar, die sowohl aus Anbieter- als auch aus Nachfragersicht derzeit marktüblichen Standardangeboten teilweise deutlich überlegen sind. In Konsequenz resultiert aus diesen Ergebnissen die Erkenntnis, daß zur Erzielung nachhaltiger Wettbewerbsvorteile *der Vertriebsprozeß kundenindividueller Finanzdienstleistungen sich nicht nur auf den Verkauf vorproduzierter Produktkombinationen beschränken darf, sondern auch die nachfragerindividuelle Leistungserstellung (d. h. die Konfiguration bzw. Selektion geeigneter Finanzprodukte) entsprechend der jeweiligen Zulässigkeitsbedingung und Bewertungsfunktion zum Vertriebszeitpunkt umfassen sollte.*

Bei der Bearbeitung des zweiten Problemfelds *„Wettbewerbssituation“* in Kap. 5 wurden zunächst aus *marktorientierter* Sicht die derzeitigen Wettbewerbstendenzen auf dem Markt für Finanzdienstleistungen und die hieraus resultierenden ökonomischen Auswirkungen auf die Anbieter von Finanzdienstleistungen herausgearbeitet. Es konnte gezeigt werden, daß der Direktvertrieb kundenindividueller Problemlösungen anderen Absatzmethoden vor allem bezüglich der Überwindung von geografischen, zeitlichen und sach-

---

[1] Siehe für die Darstellung der Problemfelder Abschn. 2.3, S. 20ff.

[2] Siehe S. 78ff.

[3] Siehe Tabelle 4.3, S. 77.

lichen Distanzen zwischen Anbietern und Nachfragern überlegen ist. Diese Absatzmethode stellt ein leistungsfähiges produkt-, vertriebs- und preispolitisches Maßnahmenbündel bereit, um die aufgrund der Wettbewerbssituation notwendige Kundenorientierung realisieren zu können. Desweiteren sind für Finanzdienstleister aufgrund der erreichbaren größeren Kundennähe bzw. größeren Kundenzufriedenheit bestehende Marktsegmente zu sichern und zu erweitern bzw. neue Marktsegmente zu erschließen. Im Ergebnis konnten wir deutlich machen, daß der Direktvertrieb kundenindividueller Problemlösungen aus einer marktorientierten Sicht *einen erheblichen Beitrag zur Erreichung der Marketingziele von Finanzdienstleistern leisten kann.*

Eine neue Absatzmethode wird nur erfolgreich einführbar sein, wenn sie Nachfragern einen (wahrnehmbaren) Vorteil gegenüber anderen Absatzmethoden bietet. Wir haben mit der Bearbeitung des dritten Problemfelds *„Bedingungen"* in den Kap. 6 und 7 diesbezüglich das Entscheidungsverhalten der Nachfrager analysiert. In Kap. 6 konnten wir mit der Übertragung des *haushaltsökonomischen* Ansatzes von Becker das Entscheidungskalkül von Nachfragern bei der Wahl einer Absatzmethode zur Beschaffung von Finanzdienstleistungen aus ökonomischer Sicht modellieren; die diesbezüglich bisher überwiegend psychologisch und soziologisch orientierte Konsumentenforschung konnte damit um einen *ökonomischen* Untersuchungsansatz erweitert werden. Anhand einer Analyse des modellierten Entscheidungskalküls wurden sowohl für Nachfrager *ohne* Beratungswunsch als auch für Nachfrager *mit* Beratungswunsch wesentliche Einflußfaktoren identizifiziert und formale Bedingungen abgeleitet, deren Erfüllung Voraussetzung für eine Nachfragerentscheidung für die Inanspruchnahme der Absatzmethode Direktvertrieb ist. Insbesondere folgte aus dieser Analyse, daß gerade durch die mittels Direktvertrieb realisierbare *Kombination* kurzer Beschaffungszeiten, niedriger Beschaffungspreise sowie einer mit der Erstellung kundenindividueller Problemlösungen erzielbaren hohen Beratungsqualität für Nachfrager ein Interesse an der Wahrnehmung dieser Absatzmethode besteht. Indes zeigte sich, daß im Gegensatz zum Direktvertrieb weitgehend standardisierter Finanzdienstleistungen für einen erfolgreichen Direktvertrieb beratungsintensiver Finanzdienstleistungen *niedrige Beschaffungspreise sowie kurze Beschaffungszeit allein nicht ausreichend, sondern durch eine hinreichend hohe finanzwirtschaftliche Qualität erstellter Problemlösungen zu ergänzen sind.*

In Kap. 7 wurde in einer *informationsökonomischen* Untersuchung aufgezeigt, daß aufgrund der in der Finanzberatung gegebenen Informationsasymmetrien der Aufbau einer Vertrauensbeziehung zwischen Anbieter und Nachfragern eine weitere wesentliche Voraussetzung für einen erfolgreichen Direktvertrieb darstellt: Gelingt es nicht, eine derartige Vertrauensbeziehung herzustellen, besteht für Anbieter aufgrund von *moral hazard-* und *adverse selection*-Prozessen kein hinreichend großer Anreiz, Problemlösungen hoher Qualität zu erstellen. Diesbezüglich wurden im weiteren theoriegeleitet Aussagen für die Gestaltung der Kooperationsbeziehung zwischen Anbieter und

Nachfragern abgeleitet und modellanalytisch untersucht. Es konnte gezeigt werden, daß die Wirkungsmechanismen der informationsökonomischen Instrumente der *Zertifizierung und Überwachung, des Reputationsaufbaus sowie der Einsatz der Qualitätssignale „Erfüllung der Zulässigkeitsbedingung und Wert der Bewertungsfunktion dazu führen werden, daß für Anbieter ein hinreichend starker Anreiz besteht, hochwertige Qualität anzubieten.* Damit folgt im Ergebnis, daß die für den Direktvertrieb kundenindividueller Finanzdienstleistungen notwendige Vertrauensbeziehungen zu den Nachfragern herstellbar ist.

Die Gestaltung eines maschinellen Problemlösungsprozesses zur Erstellung kundenindividueller Problemlösungen war Gegenstand von Kap. 8 und diente der Bearbeitung des vierten Problemfelds *„Gestaltung Leistungsprozeß“.* Es zeigte sich, daß bei Zugrundelegung der in Kap. 4 abgeleiteten betriebswirtschaftlichen Rahmenbedingungen der Problemlösungsprozeß als verteilter Suchprozeß zu gestalten ist: Das Wissen der einzelnen finanzwirtschaftlichen Sparten ist in einzelnen „Problemlösern“ mit lokaler Kontrollautonomie abzubilden und zur Lösungserstellung mittels sich dynamisch konfigurierenden „Projektteams maschineller Problemlöser“ problemabhängig zusammenzuführen. Zwar ist aufgrund des *heuristischen* Vorgehens nicht garantiert, daß Problemlösungen mit optimalem Wert der Bewertungsfunktion angeboten werden; indes führt der entwickelte Problemlösungsprozeß weit über die derzeit in der Praxis eingesetzten Beratungsprozesse hinaus: Nicht nur die (derzeit vorherrschende) Erstellung spartenspezifischer oder vorproduzierter Produktkombinationen wird unterstützt, sondern auch bei *ex ante* fehlendem Kombinationswissen sind durch verteilte Suche sowie nachfragerindividuelle Selektion bzw. Konfiguration lokal optimierter Finanzprodukte Problemlösungen hoher Qualität erstellbar. Damit konnten *wichtige Voraussetzungen für die Erstellung kundenindividueller Finanzdienstleistungen zum Vertriebszeitpunkt geschaffen werden.*

Kapitel 9 widmete sich mit der Bearbeitung des fünften Problemfelds *„Gestaltung Informations- und Kommunikationssystem“* der zieladäquaten Gestaltung des Informations- und Kommunikationssystems. Es zeigte sich, daß das Kommunikationsmedium Internet/WWW in Kombination mit dem Kommunikationsmedium Telefon einen geeigneten (2-Kanal-)Vertriebsweg für derartige Finanzdienstleistungen darstellt – und damit ein Potential besitzt, das weit über die derzeitige Nutzung als Werbe- und Informationsmedium hinausgeht. Insofern konnte aus Wirtschaftsinformatiksicht zugleich ein Beitrag zur Diskussion geleistet werden, inwieweit das WWW als neuartige Plattform für elektronische Märkte zum Vertrieb von Dienstleistungen nutzbar ist. Darüber hinaus wurde aufgezeigt, daß ein Informationssystem zur Erstellung kundenindividueller Problemlösungen als Blackboardsystem realisiert werden sollte, bestehend aus einem Blackboard, mehreren Agenten und einer dreigeteilten Steuerungskomponente. Ein wesentliches Ergebnis ist, daß Methoden und Gestaltungsansätze der Verteilten Künstlichen Intelligenz für eine ganzheitliche Systemunterstützung in der Finanzberatung hilfreiche Konstrukte zur Verfügung stellen. Insbesondere haben sich der Agenten-Ansatz und der Blackboard-Ansatz als nützlich erwiesen: Der Agenten-Ansatz ermöglicht es, durch kooperierende Rechenprozesse nebenläufig und echt parallel finanzwirtschaftliche Nachfragerprobleme zu bearbeiten, deren Lösung die Lösungsfähigkeiten einzelner Agenten übersteigt, und schafft damit die Voraussetzung, modulare, gut wartbare und erweiterbare Beratungsunterstützungssysteme zu realisieren. Der Blackboard-Ansatz ermöglicht, die erforderliche Ergebnispräsentation aufgrund der Protokoll-Funktion des Blackboards auf einfache Weise zu unterstützen; das *shared memory*-Konzept erlaubt die einfache Realisierung einer Schnittstelle für die Abwicklung der Agentenkommunikation sowie die klare Trennung von internen Netzen des Anbieters von dem „unsicheren" Internet.

Damit wurden wesentliche Erkenntnisse für die Gestaltung zeitgemäßer Beratungsunterstützungssysteme erzielt: Es konnte eine Systemkonzeption geschaffen werden, die *die Anforderungen an ein geeignet gestaltetes Informations- und Kommunikationssystem für den Direktvertrieb erfüllt*, die darüber hinaus grundsätzlich auch für die Unterstützung anderer Vertriebswege geeignet ist sowie weitere *organisatorische Gestaltungsoptionen* (z. B. für eine virtuell zentrale Leistungserstellung und eine dezentrale Leistungsbereitstellung) unterstützt. Diese Systemkonzeption stellt damit eine informations- und kommunikationstechnische Basis dar, auf der Finanzdienstleister als „Multispezialisten"[4] durch *Erstellung kundenindividueller Problemlösungen zum Vertriebszeitpunkt ihre Wettbewerbsfähigkeit erheblich steigern können.*

Gegen diese Ergebnisse ist einwendbar, daß ihnen noch eine *empirische Validierung* fehle. Eine empirische Validierung setzt indes voraus, daß auf dem Finanzdienstleistungsmarkt der Direktvertrieb kundenindividueller Problemlösungen zumindest von einem, nach Möglichkeit aber von einer größeren Anzahl von Finanzdienstleistern angeboten wird. Eine Implementierung dieser Absatzmethode setzt jedoch umfangreiche Investitionen voraus und wird von den Anbietern mit dem betriebswirtschaftlichen Ziel durchgeführt, mittel- bis langfristig einen positiven Barwert zu erzielen. Mithin stellen diese Ergebnisse aus wissenschaftlicher Sicht zunächst eine methodisch abgeleitete *Hypothesenformulierung* dar, die aus praktischer Sicht von weitreichender Bedeutung ist: Zum einen wird – ausgehend von den Finanzdienstleistungseigenschaften und den Eigenschaften der zugrundeliegenden Leistungsprozesse – mit einem marktorientierten, einem haushaltsökonomischen und einem informationsökonomischen Untersuchungsansatz gezeigt, daß Anbieter durch diese Absatzmethode ihren *vertriebspolitischen Spielraum erweitern, bestehende Marktsegmente sichern und erweitern sowie neue Marktsegmente erschließen* können. Zum anderen zeigen die Ergebnisse wesentliche betriebswirtschaftliche sowie informations- und kommunikationstechnische Gestaltungsempfehlungen auf, die für eine zieladäquate Realisierung in der Praxis

[4] Siehe für diesen Begriff [PiBö96].

wichtige Hinweise geben und zur Vermeidung von Fehlern beitragen können. Zudem zeigt ein erstes Praxisprojekt mit der Münchener Direktbank *Advance Bank*, welches unter anderem auf den Ergebnissen dieser Arbeit aufbaut, daß die Ergebnisse Relevanz für die Praxis besitzen. Eine in diesem Projekt erfolgende praktische Implementierung wird auf längere Sicht auch *die aus wissenschaftlicher Sicht wünschenswerte empirische Validierung dieser Ergebnisse ermöglichen.*

In dieser Arbeit konnten mit den beiden oben dargestellten Fragestellungen nur einige Aspekte des Direktvertriebs kundenindividueller Problemlösungen untersucht werden. Weiterer Forschungsbedarf besteht insbesondere bezüglich zweier Problemstellungen: Zum einen ist ein geeignetes *Controlling-Instrumentarium* zu entwickeln, um sicherzustellen, daß bei der Konfiguration von Problemlösungen auch die Bankinteressen hinreichend berücksichtigt werden; ein Beispiel ist die Einhaltung von Bilanzstrukturnormen. Erste Lösungsansätze bietet diesbezüglich die Arbeit von Sandbiller[5]. Zum anderen liegt Forschungsbedarf in Hinblick auf die Fragestellung vor, inwieweit die sich abzeichnende Entwicklung der *Etablierung von elektronischen Dienstleistungsmärkten auf Rechnernetzen* zu einer Herausbildung „neuartiger" virtueller Finanzintermediäre führt, die eine elektronische Infrastruktur (basierend beispielsweise auf einem Informations- und Kommunikationssystem, wie es in dieser Arbeit konzipiert wurde) bereitstellen, in welche *mehrere unabhängige* Finanzdienstleister ihre Kompetenz in Form von Problemlösungsagenten einbringen, und zugleich konkurrierend sowie kooperierend herstellerspezifische Finanzprodukte zu herstellerübergreifenden Problemlösungen kombinieren. Mit dieser Fragestellung setzt sich die von der Deutschen Forschungsgemeinschaft geförderte ortsübergreifende Forschergruppe *„Effiziente elektronische Koordination in der Dienstleistungswirtschaft"* auseinander.[6]

Aus Sicht der Wirtschaftsinformatik ist noch ein weiteres Ergebnis dieser Arbeit von Interesse: Voraussetzung für die Ableitung von Empfehlungen für die Prozeßgestaltung zur Erstellung von Problemlösungen zum Vertriebszeitpunkt ist die Berücksichtigung von informations- und kommunikationstechnologischen Gestaltungsoptionen bereits bei der Spezifikation dieses Prozesses (also in der Systematik des *Software Engineering* bereits während der *Analysephase*). Folglich ist aber das traditionelle Vorgehensmodell des *Software Engineering* in Frage zu stellen, nach der eine betriebswirtschaftliche Spezifikation des SOLL-Zustandes ohne Berücksichtigung von informationstechnischen Fragestellungen zu erfolgen habe: Da (wie wir im achten und neunten Kapitel gesehen haben) für die Definition eines betriebswirtschaftlich fundierten SOLL-Zustandes Kenntnisse der informations- und kommunikationstechnologischen Gestaltungsspielräume zumindest hilfreich sind (wenn nicht häufig eine notwendige Voraussetzung darstellen), sollten diese bereits in der *Analysephase* Berücksichtigung finden. Dementsprechend ist kritisch

[5] Siehe [Sand97].
[6] Vgl. [WiBu97].

zu fragen, inwieweit die phasenorientierten Vorgehensmodelle des *Software Engineering* zu überprüfen und methodenorientiert so zu erweitern sind, daß die informationstechnologischen Gestaltungsoptionen bereits in der Analysephase besser berücksichtigbar sind. Die in dieser Arbeit vorgeschlagene Verwendung des konzeptionellen Rahmen des *maschinellen Problemlösens* sowie die gewählte *axiomatische Vorgehensweise* für die Ableitung von Gestaltungsaussagen kann bei komplexen und schlecht strukturierten Problemstellungen einen ersten Ansatzpunkt hierfür bieten.

Zusammenfassend leisten die Ergebnisse der vorliegenden Arbeit mit der umfassenden Beantwortung der beiden eingangs gestellten Fragen einen *wesentlichen Beitrag zum Finanzdienstleistungsmarketing*, indem sie zur Ausweitung des vertriebspolitischen Spielraums von Finanzdienstleistern beitragen und eine Steigerung der Wettbewerbsfähigkeit erlauben. Darüber hinaus leisten die Ergebnisse aus Sicht der Wirtschaftsinformatik einen *wichtigen Beitrag für die Gestaltung leistungsfähigerer und kundenorientierter Finanzberatungssysteme* und zeigen, daß der *integrierten Gestaltung* von Absatzmethode und Informations- und Kommunikationssystem im Sinne eines *Simultaneous Engineering* bei der Realisierung von Zielen des Marketing von Finanzdienstleistungen entscheidende Bedeutung zukommt: Durch die *Berücksichtigung der Gestaltungsoptionen moderner Informations- und Kommunikationstechnologie lassen sich innovative Lösungen gestalten, die die aktuellen Wettbewerbsbedingungen berücksichtigen und die Erzielung von Wettbewerbsvorteilen auch auf zunehmend wettbewerbsintensiven Märkten ermöglichen.*

Literaturverzeichnis

[Abel79] *B. Abel.* Denken in theoretischen Modellen als Leitidee der Wirtschaftswissenschaften. In: *[RaAb79]*, S. 138–160, 1979.

[AdBaMe85] *D. Adam; K. Backhaus; H. Meffert et al. (Hrsg.).* Integration und Flexibilität. Eine Herausforderung für die Allgemeine Betriebswirtschaftslehre. Wiesbaden, 1985.

[Adle92] *R. Adler.* Blackboard Systems. In: *[Shap92a]*, S. 116–126, 1992.

[Ahle91] *D. Ahlert.* Distributionspolitik. München, 1991.

[Aker70] *G. A. Akerlof.* The market for lemons. In: *Quarterly Journal of Economics*, 84 (1970) 3, S. 488-500.

[Alba80] *H. Albach.* Vertrauen in der ökonomischen Theorie. In: *Zeitschrift für die gesamte Staatswissenschaft*, 136 (1980) 1, S. 2-11.

[AlBu93] *S. Albayrak; S. Bussmann.* Kommunikation und Verhandlungen in Mehragenten-Systemen. In: *[Müll93]*, S. 55–81, 1993.

[Alle84] *F. Allen.* Reputation and product quality. In: *Rand Journal of Economy*, 15 (1984) 3, S. 311-327.

[AlWo88] *A. A. Alchian; S. Woodward.* The Firm is Dead; Long Live the Firm. In: *Journal of Economic Literature*, 26 (1988) 1, S. 65–79.

[Amar81] *S. Amarel.* Problems of Representation in Heuristic Problem Solving: Related Issues in the Development of Expert Systems. In: *[GrGrBi81]*, S. 245–349, 1981.

[Amar92] *S. Amarel.* Problem Solving. In: *[Shap92b]*, S. 1214–1229, 1992.

[Aren94] *M. Arendts.* Die Haftung der Banken für fehlerhafte Anlageberatung nach der neueren deutschen Rechtsprechung. In: *Österreichisches Bank-Archiv*, 42 (1994) 4, S. 251–257.

[Aren96] *M. Arendts.* Betrügerische Verhaltensweisen bei der Anlageverwaltung und der Vermögensverwaltung. In: *Österreichisches Bank-Archiv*, 43 (1996) 10, S. 775–781.

[ArIn86] *K. J. Arrow; M. D. Intrilligator (Hrsg.).* Handbook of Mathematical Economics, Vol. III. Amsterdam, 1986.

[Arro64] *K. J. Arrow.* The Role of Securities in the Optimal Allocation of Risk-Bearing. In: *Review of Economic Studies*, 31 (1964) April, S. 91–96.

[Arro75] *K. J. Arrow.* On a Theorem of Arrow: Comment. In: *Review of Economic Studies*, 42 (1975), S. 487–488.

[Arro85] *K. J. Arrow.* The Economics of Agency. In: *[PrZe85]*, S. 37–51, 1985.

[Arro86] *K. J. Arrow.* Agency and the Market. In: *[ArIn86]*, S. 1183 1195, 1986.

[Ausf96] *R. Ausfelder.* Die Einführung von Telefonbanking als Vertriebswege-Entscheidung von Kreditinstituten. Frankfurt/M., 1996.

[Aust93] *D. Austin.* Dividing Loyalties. In: *Banking Technology*, (1993) 6, S. 15.

[Bach96] *U. Bacher.* Produktstraffung und Kontodirekt: Alternative zur Direktbank. In: *bank und markt*, 25 (1996) 5, S. 8–12.

[BaCoFe89] *A. Barr; P. R. Cohen; E. A. Feigenbaum (Hrsg.).* The Handbook of Artificial Intelligence. Volume IV. Reading, 1989.

[BaDoJa89] *L. S. Baum; R. T. Dodhiawala; V. Jagannathan.* The Erasmus System. In: *[JaDoBa89]*, S. 347–370, 1989.

[BaHePf95] *A. Bachem; R. Heesen; J.-T. Pfenning.* Digitales Geld für das Internet. In: *Zeitschrift für Betriebswirtschaft*, 66 (1995) 6, S. 697–713.

[BaKe95] *D. Bartmann; B. Kerscher.* Heißer Draht zum Kunden. In: *Business Computing*, (1995) 4, S. 40–47.

[BaLi85] *A. Barak; A. Litman.* MOS: A Multicomputer Distributed Operating System. In: *Software-Practice and Experience*, 15 (1985), S. 725–727.

[Balt80] *E. Baltensperger.* Alternative Approaches to the Theory of the Banking Firm. In: *Journal of Monetary Economics*, 6 (1980), S. 1–37.

[Bäns82] *A. Bänsch.* Einführung in die Marketing-Lehre. München, 1982.

[BaRo93] *O. Barthelt; P. Roßbach.* Konzeption und Implementierung eines Kreditagenten in ALLFIWIB. Disc.paper Abteilung Wirtschaftsinformatik, Universität Marburg, 1993.

[Bart95] *D. Bartmann.* Home Banking: Künftige Relevanz aus Sicht der Kreditinstitute. In: *[Ploe95]*, S. 85–96, 1995.

[Bate94] *J. Bates.* The Role of Emotion in Believable Agents. In: *Communications of the ACM*, 37 (1994) 7, S. 122–125.

[Bäts89] *R. Bätscher.* Financial Services für den privaten Haushalt. St. Gallen, 1989.

[Bech93] *M. v. Bechtolsheim.* Agentensysteme: Verteiltes Problemlösen mit Expertensystemen. Braunschweig, 1993.

[Beck62] *G. S. Becker.* Irrational Behavior and Economic Theory. In: *Journal of Political Economy*, 70 (1962) February, S. 1–13.

[Beck65] *G. S. Becker.* A Theory of the Allocation of Time. In: *The Economic Journal*, 75 (1965) September, S. 493–517.

[Beck71] *G. S. Becker.* Economic Theory. New York, 1971.

[Beck76] *G. S. Becker.* The Economic Approach to Human Behavior. Chicago, 1976.

[Beck93] *G. S. Becker.* A Treatise on the Family. Cambridge, 1993.

[BeGü96] *M. Benkenstein; J. Güthoff.* Typologisierung von Dienstleistungen. In: *Zeitschrift für Betriebswirtschaft*, 66 (1996) 12, S. 1493–1510.

[Behr88] *G. Behrens.* Konsumentenverhalten: Entwicklung, Abhängigkeiten, Möglichkeiten. Heidelberg, 1988.

[BeKiRa93] *A. Beitz; P. King; K. Raymond.* Comparing two Distributed Environments: DCE and ANSAware. In: *[Schi93a]*, S. 21–38, 1993.

[Benc90] *T. J. M. Bench-Capon.* Knowledge Representation. An Approach to Artificial Intelligence. London, 1990.

[Bere74] *L. Berekoven.* Der Dienstleistungsbetrieb. Wesen – Struktur – Bedeutung. Wiesbaden, 1974.

[Bere83] *L. Berekoven.* Der Dienstleistungsmarkt in der Bundesrepublik Deutschland. Göttingen, 1983.

[Berr84] *L. L. Berry.* Services Marketing is Different. In: *[Love84]*, S. 29–37, 1984.

[Betg96] *P. Betge.* Bankbetriebslehre. Berlin, 1996.

[Bett94] *E. Betts.* Understanding the Financial Consumer. In: *[McGr94]*, S. 41–84, 1994.

[BeWi94] *H. Benölken; H. Wings.* Lean Banking – Wege zur Marktführerschaft. Wiesbaden, 1994.

[Beye88] *H.-T. Beyer (Hrsg.).* Neuere Entwicklungen in der Betriebswirtschaftslehre und Praxis. Frankfurt/M., 1988.

[Bial93] *H. Biallo.* Fünfmal so teuer. In: *Wirtschaftswoche*, 47 (1993) 16, S. 40–41.

[Bibe93] *W. Bibel.* Wissensrepräsentation und Inferenz. Eine grundlegende Einführung. Braunschweig, 1993.

[BiFaRü92] *H. Bierer; H. Faßbender; Th. Rüdel.* Auf dem Weg zur „schlanken" Bank. In: *Die Bank*, 32 (1992) 9, S. 500–506.

[Birk95] *J. Birkelbach.* Financial Services im Internet. In: *Die Bank*, 35 (1995) 7, S. 388–393.

[Birk97] *J. Birkelbach.* Cyber Finance. Wiesbaden, 1997.

[Blum85] *U. Blum.* Studienhandbuch Volkswirtschaftslehre. Karlsruhe, 1985.

[BoGa88a] *A. H. Bond; L. G. Gasser (Hrsg.).* Readings in Distributed Artificial Intelligence. San Mateo, 1988.

[BoGa88b] *A. H. Bond; L G. Gasser.* An Analysis of Problems and Research in DAI. In: *[BoGa88a]*, S. 3–35, 1988.

[BoIa93] *P. Bohland; G. Iannance.* Das Telefon – Die neue strategische Waffe? Marktstudie „Telefonbanking: Chancen und Risiken in Deutschland". In: *Geldinstitute*, 23 (1993) 11,12, S. 20–26.

[Brew95] *G. Brewka.* Nichtmonotones Schließen. In: *[Görz95]*, S. 56–86, 1995.

[BrFaKa85] *L. Browston; R. Farrel; E. Kant et al.* Programming Expert Systems in OPS5: An Introduction to Rule-Based Programming. Reading, 1985.

[BrHe91] *W. Brauer; D. Hernandez (Hrsg.).* Verteilte Künstliche Intelligenz und kooperatives Arbeiten. Heidelberg, 1991.

[Bros95] *G. Broschinski.* Performancetestat in der Vermögensverwaltung. In: *Die Bank*, 35 (1995) 11, S. 650–653.

[BrOtWa92] *H. Bruchner; C. Ott; K. Wagner-Wieduwilt.* Verbraucherkreditgesetz. München, 1992.

[Brun93] *W. L. Brunner.* Beratungsqualität ist Schlüsselfaktor im Total Quality Management. In: *Die Bank*, 33 (1993) 8, S. 447–452.

[BuEr91] *H. U. Buhl; N. Erhard.* Steuerlich linearisiertes Leasing – Kalkulation und Steuerparadoxon. In: *Zeitschrift für Betriebswirtschaft*, 61 (1991) 12, S. 1355–1375.

[BuHaMü93] *H. U. Buhl; U. Hasenkamp; M. Müller-Wünsch et al.* Wettbewerbsorientierte IT-Unterstützung in der Finanzberatung. In: *Wirtschaftsinformatik*, 35 (1993) 3, S. 262–279.

[Buhl92a] *H. U. Buhl.* Optimale Kreditfinanzierung im Allfinanz-Kontext. Discussion Paper DP-29; Lehrstuhl für Betriebswirtschaftslehre mit Schwerpunkt Wirtschaftsinformatik, Justus-Liebig-Universität Gießen, 1992.

[Buhl92b] *H. U. Buhl.* Verteilte wissensbasierte Systeme für die Allfinanz-Kundenberatung. In: *[SpZu92]*, S. 733–762, 1992.

[Bühl92c] *W. Bühler.* Bankdienstleistungsmarkt und Wettbewerb, 1992.

[Buhl94] *H. U. Buhl.* Optimale Kreditfinanzierung. In: *Zeitschrift für Betriebswirtschaft*, 64 (1994) 4, S. 519–529.

[Bülo91] *P. Bülow.* VerbrKrG: Kommentar zum Verbraucherkreditgesetz. Köln, 1991.

[BuLö97] *H. U. Buhl; A. Löfflad.* Stichwort Electronic Banking. Erscheint in: *[MeKöKr97]*, 1997.

[BuMe95] *H. U. Buhl; H. Meyer zu Selhausen (Hrsg.).* Informationssysteme in der Finanzwirtschaft. Lehrstuhl für Betriebswirtschaftslehre mit Schwerpunkt Wirtschaftsinformatik, Universität Augsburg, 1995.

[Bund87] *Deutsche Bundesbank (Hrsg.).* Tabellenanhang zu dem Aufsatz „Ergebnisse der gesamtwirtschaftlichen Finanzierungsrechnung für das Jahr 1986". In: *Monatsberichte der Deutschen Bundesbank*, 39 (1987) 5, S. 45–55.

[Bund92] *Deutsche Bundesbank (Hrsg.).* Die Entwicklung des Geld- und Sachvermögens westdeutscher privater Haushalte in den letzten zwanzig Jahren. In: *Monatsberichte der Deutschen Bundesbank*, 44 (1992) 4, S. 14–20.

[Bund93] *Deutsche Bundesbank (Hrsg.).* Die gesamtwirtschaftlichen Finanzierungsströme in Deutschland im Jahre 1992. In: *Monatsberichte der Deutschen Bundesbank*, 45 (1993) 5, S. 19–41.

[Bund95] *Deutsche Bundesbank (Hrsg.).* Die gesamtwirtschaftlichen Finanzierungsströme in Deutschland im Jahre 1994. In: *Monatsberichte der Deutschen Bundesbank*, 47 (1995) 5, S. 21–46.

[Bunk92] *B. Bunk.* Fluktuation minimieren. Was Kunden bindet. In: *Die Absatzwirtschaft*, 35 (1992) 4, S. 36–47.

[Burk95] *Th. Burkart.* Beratung beim Lösen komplexer Probleme. Frankfurt/M., 1995.

[BuRoSa96] *H. U. Buhl; M. Roemer; K. Sandbiller.* Verteiltes Suchen und Erkennen zur Erstellung von Finanzdienstleistungen. In: *Künstliche Intelligenz*, 10 (1996) 4, S. 17–25.

[BuRoSc96] *H. U. Buhl; M. Roemer; J. Schneider.* Skript zur Vorlesung „Betriebswirtschaftliche Anwendung der Künstlichen Intelligenz. Lehrstuhl für Betriebswirtschaftslehre mit Schwerpunkt Wirtschaftsinformatik, Universität Augsburg, 1996.

[BuSaWi93] *H. U. Buhl; K. Sandbiller; A. Will.* Vorteilhaftigkeit und Systemunterstützung kombinierter Allfinanzangebote. Discussion Paper DP-48; Lehrstuhl für Betriebswirtschaftslehre mit Schwerpunkt Wirtschaftsinformatik, Justus-Liebig-Universität Gießen, 1993.

[BuSaWi94] *H. U. Buhl; G. Satzger; A. Wirth.* Die Integration technischer und betriebswirtschaftlicher Aspekte im Technologiemanagement. In: *[Zahn94]*, S. 41–55, 1994.

[BuSaWi97] *H. U. Buhl; K. Sandbiller; A. Will et al.* Zur Vorteilhaftigkeit von Zerobonds. Diskussionspapier WI-32; Lehrstuhl für Betriebswirtschaftslehre mit Schwerpunkt Wirtschaftsinformatik, Universität Augsburg, 1997.

[Büsc79] *H. E. Büschgen.* Absatzwegepolitik. In: *bank und markt*, 8 (1979) 3, S. 33–35.

[Büsc91] *H. E. Büschgen.* Prinzipien, Aufgaben und Teilbereiche der Organisation. In: *[StTe91]*, S. 27–59, 1991.

[Büsc94] *H.-E. Büschgen.* Bankbetriebslehre. Stuttgart, 1994.

[BuSh84] *B. G. Buchanan; E. H. Shortliffe (Hrsg.).* Rule-Based Expert Systems: The MYCIN Experiments of the Stanford Heuristic Programming Project. Reading, 1984.

[Butt77] *G. R. Butters.* Equilibrium Distribution of Sales and Advertising Prices. In: *Review of Economic Studies*, 44 (1977) 3, S. 465–491.

[Butt97] *S. Butterwege.* Die Rolle der Strukturvertriebe im Markt für Finanzdienstleistungen. In: *bank und markt*, 26 (1997) 1, S. 30–36.

[BuWi93] *H. U. Buhl; A. Will.* Unterstützung von Allfinanz-Angebotsprozessen mit verteilten wissensbasierten Systemen (ALLFIWIB). In: *IM Information Management*, 8 (1993) 2, S. 42–50.

[CaFa96] *K. E. Case; R. C. Fair.* Principles of Microeconomics. Upper Saddle River, 1996.

[CaKr80] *T. S. Campell; W. A. Kracaw.* Information Production, Market Signalling, and the Theory of Financial Intermediation. In: *Journal of Finance*, 35 (1980) 4, S. 863–882.

[CaKu88] *T. L. Casavant; J. G. Kuhl.* A Taxonomy of Scheduling in General-Purpose Distributed Computing Systems. In: *IEEE Transactions on Software Engineering*, 14 (1988) 2, S. 1578–1588.

[Case92] *J. Case.* Turing Machines. In: *[Shap92a]*, S. 1622–1624, 1992.

[Cayt92] *I. G. Caytas.* Moderne Finanzinstrumente. Band 1: Theoretische und anwendungsorientierte Grundlagen. Stuttgart, 1992.

[Chan91] *B. Chandrasekaran.* Models versus Rules, Deep versus Compiled, Content versus Form. In: *IEEE Expert*, 5 (1991) April, S. 75–79.

[Chmi68] *K. Chmielewicz.* Grundlagen der industriellen Produktgestaltung. Berlin, 1968.

[Chri96] *J. Christ.* Bitzahler. In: *iX Multiuser Multitasking Magazin*, (1996) 8, S. 92–103.

[Cloo94] *M. Cloos.* Konzeption und Entwicklung einer objektorientierten Benutzerschnittstelle für ein verteiltes Problemlösungssystem zur Erarbeitung von Allfinanzangeboten. Diplomarbeit, Fachbereich Wirtschaftswissenschaften der Justus-Liebig-Universität Gießen, 1994.

[Coas37] *R. Coase.* The Nature of the Firm. In: *Economica*, 4 (1937), S. 386–405.

[CoGaMu88] *D. D. Corkill; K. Q. Gallagher; K. E. Murray.* GBB: A Generic Blackboard Development System. In: *[EnMo88]*, S. 503–518, 1988.

[CoMeLe88] *S. E. Conry; R. A. Meyer; V. R. Lesser.* Multistage negotiation in Distributed Planning. In: *[BoGa88b]*, S. 367–384, 1988.

[Coop96] *Coopers & Lybrand International (Hrsg.).* Die virtuelle Bank – zu erwartende Entwicklungstendenzen der Angebotsstruktur – ein Ausblick. Frankfurt/M., 1996.

[Cors85] *H. Corsten.* Die Produktion von Dienstleistungen. Grundzüge einer Produktionswirtschaftslehre des tertiären Sektors. Berlin, 1985.

[Cors86] *H. Corsten.* Zur Diskussion der Dienstleistungsbesonderheiten. In: *Jahrbuch der Absatz- und Verbraucherforschung*, 32 (1986), S. 263–280.

[Cors89] *H. Corsten.* Dienstleistungsmarketing – Elemente und Strategien. In: *[GfK89]*, S. 23–40, 1989.

[Cors90] *H. Corsten.* Betriebswirtschaftslehre der Dienstleistungsunternehmungen – Einführung. München, 1990.

[CoWe88] *T. E. Copeland; J. F. Weston.* Financial Theory and Corporate Policy. Reading, 1988.

[Coy92] *W. Coy (Hrsg.).* Sichtweisen der Informatik. Braunschweig, 1992.

[Cram93] *J. Cramer.* Financial Engineering durch Finanzinnovationen – Ertrags- und Risikooptimierung bei Banken und Unternehmen. Wiesbaden, 1993.

[DaHe88] *Ph. Davis; R. Hersh.* Descartes' Dream: The World according to Mathematics. London, 1988.

[DaJo84] *R. Davis; R. K. Jonathan.* The origin of Rule-Based Systems. In: *[BuSh84]*, S. 20–54, 1984.

[DaKa73] *M. R. Darby; E. Karni.* Free Competition and the Optimal Amount of Fraud. In: *The Journal of Law and Economics*, 16 (1973) April, S. 67–88.

[Davi92] *M. Davis.* Church's Thesis. In: *[Shap92a]*, S. 163–164, 1992.

[Deck87] *K. S. Decker.* Distributed Problem Solving Techniques: A Survey. In: *IEEE Transactions on Systems, Man and Cybernetics*, 17 (1987) 5, S. 729–739.

[Deen90] *S. M. Deen (Hrsg.).* Cooperating Knowledge Based Systems 1990. London, 1990.

[DeKo92] *H. M. Deitel; M .S. Kogan.* The Design of OS/2. Reading, 1992.

[Demm92] *H. Demmler.* Grundlagen der Mikroökonomie. München, 1992.

[DeMu80] *A. Deaton; J. Muellbauer.* Economics and Consumer Behavior. Cambridge, 1980.

[DeRoRo94] *U. Detloff; M. Roemer; P. Roßbach et al.* Modularität und Erweiterungsfähigkeit von Finanzberatungssystemen durch Methoden der VKI. Beitrag für den 2. Workshop „KI-Methoden in der Finanzwirtschaft", auf der 18. Jahrestagung für Künstliche Intelligenz, Saarbrücken; auch publiziert als Discussion Paper DP-70; Lehrstuhl für Betriebswirtschaftslehre mit Schwerpunkt Wirtschaftsinformatik, Justus-Liebig-Universität Gießen, 1994.

[DeWe94] *U. Detloff; Ch. Weinhardt.* Integration wissensbasierter Problemlösungsmethoden zur Unterstützung einer innovativen Finanzierungsberatung. In: *[KiWe94]*, S. 58–69, 1994.

[Diam84] *D. Diamond.* Financial Intermediation and Delegated Monitoring. In: *Review of Economic Studies*, 51 (1984) 3, S. 393–414.

[Ditt95] *D. Dittmann.* Konzeption und Implementation eines wissensbasierten Bausparagenten in PROLOG und Integration in ein verteiltes Finanzberatungssystem. Diplomarbeit, Fachbereich Wirtschaftswissenschaften der Justus-Liebig-Universität Gießen, 1995.

[DöKrRe83] *D. Dörner; H. W. Kreuzig; F. Reither et al. (Hrsg.).* Vom Umgang mit Unbestimmtheit und Komplexität. Bern, 1983.

[Döri71] *K. Döring.* Zur Theorie der Strukturierung einer optimalen Absatzorganisation. München, 1971.

[Dörn83] *D. Dörner.* Die Anforderung komplexer und unbestimmter Probleme. In: *[DöKrRe83]*, S. 19–53, 1983.

[Doyl79] *J. Doyle.* A Truth Maintence System. In: *Artificial Intelligence*, 12 (1979) 3, S. 231–272.

[Drew92] *W. Drewes.* Qualitätsmangement in Kreditinstituten. In: *Zeitschrift für Betriebswirtschaftslehre*, 62 (1992) 9, S. 937–956.

[Dréz71] *J. Dréze.* Market Allocation under Uncertainty. In: *European Economic Review*, 2 (1971) Winter, S. 133–165.

[DuLeCo87] *E. H. Durfee; V. R. Lesser; D. D. Corkill.* Coherent Cooperation Among Communicating Problem Solvers. In: *IEEE Transactions on Computers*, 36 (1987) 11, S. 1275–1291.

[DuLeCo89] *E. H. Durfee; V. R. Lesser; D. D. Corkill.* Trends in Cooperative Problem Solving. In: *IEEE Transactions on Knowledge and Data Engineering*, 1 (1989) 1, S. 63–83.

[DüLu97] *J. Dütz; A. Lucks.* Sichere Technik ist verfügbar. Wir müssen sie nur nutzen. In: *Wirtschaftsinformatik*, 39 (1997) 2, S. 193.

[Dunc35] *K. Duncker.* Zur Psychologie des produktiven Denkens. Berlin, 1935.

[Dunz95] *M. Dunzendorfer.* Geschäfte von Geisterhand in einer Geisterbank. In: *bank und markt*, 24 (1995) 12, S. 41–42.

[EaLaZa88] *D. Eager; E. Lazowska; J. Zahorjan.* The limited Performance Benifits of Migrating Active Processes for Load Sharing. In: *Performance Evaluation Review*, (1988) May, S. 63–72.

[Eich72a] *W. Eichhorn.* Die Begriffe Modell und Theorie in der Wirtschaftswissenschaft, Teil I. In: *Wirtschaftswissenschaftliches Studium*, 2 (1972) 7, S. 281–288.

[Eich72b] *W. Eichhorn.* Die Begriffe Modell und Theorie in der Wirtschaftswissenschaft, Teil II. In: *Wirtschaftswissenschaftliches Studium*, 2 (1972) 8, S. 335–344.

[EiRoRo96] *U. Einsfeld; M. Roemer; P. Roßbach et al.* Supporting the Process of Customer Consulting in Financial Services with Distributed Knowledge Based Systems. In: *[KöKuMe96]*, S. 213–228, 1996.

[EiWi96] *U. Einsfeld; A. Will.* Blackboardbasierte Systemunterstützung von Allfinanzangebotsprozessen. In: *Künstliche Intelligenz*, 10 (1996) 4, S. 49–54.

[Endr92] *M. Endres.* Überlegungen zur Entwicklung des Bankgeschäfts in der letzten Dekade dieses Jahrhunderts, 1992.

[Endr93] *M. Endres.* Lean Production im Bankgeschäft. In: *bank und markt*, 22 (1993) 3, S. 5–15.

[Endr94] *M. Endres.* Entwicklungslinien bei der Bankorganisation. In: *Die Bank*, 34 (1994) 1, S. 4–11.

[EnFr95] *W. H. Engelhardt; J. Freiling.* Die integrative Gestaltung von Leistungspotentialen. In: *Schmalenbachs Zeitschrift für betriebswirtschaftliche Forschung*, 47 (1995) 10, S. 899–918.

[Enge87] *W. Engels (Hrsg.).* Wettbewerb am Markt für Finanzdienstleistungen. Frankfurt a. M., 1987.

[Enge90] *W. H. Engelhardt.* Dienstleistungsorientiertes Marketing – Antwort auf die Herausforderung durch neue Technologien. In: *[AdBaMe85]*, S. 269–288, 1990.

[EnKlRe93] *W. H. Engelhardt; M. Kleinaltenkamp; Reckenfeldbäumer.* Leistungsbündel als Absatzobjekte. In: *Schmalenbachs Zeitschrift für betriebswirtschaftliche Forschung*, 45 (1993) 5, S. 395–426.

[EnKoBl68] *J. F. Engel; D. T. Kollat; R. D. Blackwell.* Consumer Behavior. New York, 1968.

[EnMo88] *R. S. Engelmore; A. J. Morgan (Hrsg.).* Blackboard Systems. Workingham, 1988.

[EnMoNi88] *R. S. Engelmore; A. J. Morgan; H. P. Nii.* Introduction. In: *[EnMo88]*, S. 1–22, 1988.

[EnPuSt94] *A. Enzinger; F. Puppe; F. Strube.* Problemlösen ohne Suche? In: *Künstliche Intelligenz*, 8 (1994) 1, S. 73–81.

[EnSc82] *W. H. Engelhardt; W. Schwab.* Die Beschaffung von investiven Dienstleistungen. In: *Die Betriebswirtschaft*, 42 (1982) 4, S. 503–513.

[ErJoKl96] *B. Erlingheuser; W. Johannsen; M. Klein.* Banking auf dem elektronischen Marktplatz. In: *bank und markt*, 36 (1996) 11, S. 12–17.

[Ewe95] *J. Ewe.* High-touch mit Human Touch. In: *Geldinstitute*, 26 (1995) 10, S. 70–71.

[Ezza86] *A. Ezzat.* Load Balancing in NEST: A Network of Workstations. In: *Proceedings of the ACM INFORMAT*, S. 1138–1149, 1986.

[Fahn96] *A. Fahndrich.* Aktuelle Rechtsprechung zur Anlageberatung. In: *Die Bank*, 36 (1996) 10, S. 626–631.

[Farn86] *D. Farny.* Entwicklungen bei den Vertriebsverfahren für Versicherungen. In: *Die Betriebswirtschaft*, 46 (1986), S. 421–437.

[Farn91] *D. Farny.* Allfinanz – Das betriebswirtschaftliche Konzept. In: *[KrReSi91]*, S. 161–176, 1991.

[FaSp91] *H. Faßbender; F. Spellerberg.* Lebensstil als Bestimmungsfaktor der Nachfrage nach Finanzdienstleistungen. In: *[KrReSi91]*, S. 121–157, 1991.

[FeZh86] *D. Ferrari; S. Zhou.* A Load Index for Dynamic Load Balancing. In: *Proceedings of the 1986 Fall Joint Computer Conference*, S. 684–690, 1986.

[FiHüMü93] *M. Fischer; A. Hüser; C. Mühlenkamp et al.* Marketing und neuere ökonomische Theorie: Ansätze zu einer Systematisierung. In: *Betriebswirtschaftliche Forschung und Praxis*, 45 (1993) 4, S. 444–470.

[FiKuMü93] *K. Fischer; N. Kuhn; H.-J. Müller et al.* Verteiltes Problemlösen im Transportwesen. In: *IM Information Management*, 8 (1993) 2, S. 32–40.

[Fox81] *M. Fox.* An Organizational View of Distributed Systems. In: *IEEE Transactions on Systems, Man and Cybernetics*, 11 (1981) 1, S. 70–80.

[Frie95] *H. H. Friedl.* Bringen die nächsten Jahre einen grundlegenden Wandel im Bankwettbewerb in der Europäischen Union? In: *Bankarchiv*, 43 (1995) 7, S. 489–494.

[FrMa89] *E. Frese; W. Maly (Hrsg.).* Kundennähe durch moderne Informationstechnologien, Schmalenbachs Zeitschrift für betriebswirtschaftliche Forschung, Sonderheft 25. 1989.

[FrSc94] *D.-Ch. Frehrking; O. Schöffski.* Strukturvertrieb von Finanzdienstleistungen. In: *Zeitschrift für Betriebswirtschaft*, 64 (1994) 5, S. 571–591.

[FrWe89] *E. Frese; A. v. Werder.* Kundenorientierung als organisatorische Gestaltungsoption der Informationstechnologie. In: *[FrMa89]*, S. 1–26, 1989.
[GaCo89] *K. Q. Gallagher; D. D. Corkill.* Performance Aspects of GBB. In: *[JaDoBa89]*, S. 323–346, 1989.
[Gaer95] *A. Gaertner.* Die Entwicklung des Direktbankgeschäfts in Deutschland. In: *[Pisc95]*, 1995.
[Gal89] *T. Gal (Hrsg.).* Grundlagen des Operations Research. Band 3: Spieltheorie – Dynamische Optimierung – Lagerhaltung – Warteschlangentheorie – Simulation – Unscharfe Entscheidungen. Berlin, 1989.
[Gall88] *J. R. Galliers.* A Theoretical Framework for Computer Models of Cooperative Dialogue, Acknowledging Multi-Agent Conflict. PhD Thesis. Open University, 1988.
[Gerh95] *Th. Gerhardt.* Theorie und Realität ökonomischer Organisation. Wiesbaden, 1995.
[GeWi95] *P. Gerad; R. G. Wild.* Die virtuelle Bank oder „Being Digital". In: *Wirtschaftsinformatik*, 37 (1995) 6, S. 529–538.
[GfK89] *Gesellschaft für Konsumforschung (Hrsg.).* Jahrbuch der Absatz- und Verbrauchsforschung. Wiesbaden, 1989.
[Gies93] *H. Giesler.* Direkt-Marketing bei Banken – Ein Instrument der Qualitätspolitik. Wiesbaden, 1993.
[Görz95] *G. Görz (Hrsg.).* Einführung in die Künstliche Intelligenz. Bonn, 1995.
[GoScWe97] *P. Gomber; C. Schmidt; Ch. Weinhardt.* Elektronische Märkte für dezentrale Transportplanung. In: *Wirtschaftsinformatik*, 39 (1997) 2, S. 137–145.
[Gräf94] *J. Gräfingholt.* Konzeption und Implementierung eines wissensbasierten Anlageagenten für festverzinsliche Wertpapiere. Diplomarbeit, Fachbereich Wirtschaftswissenschaften der Justus-Liebig-Universität Gießen, 1994.
[GrEmKe91] *F. Graf von Westphalen; V. Emmerich; R. Kessler.* Verbraucherkreditgesetz: Kommentar. Köln, 1991.
[GrGlPr95] *A. Griffin; G. Gleason; R. Preiss et al.* Die besten Methoden zu mehr Kundenzufriedenheit. In: *Harvard Business Manager*, 17 (1995) 3, S. 65–76.
[GrGrBi81] *R. Groner; M. Groner; M. W. Bischof (Hrsg.).* Methods of Heuristics. Hillsdale, 1981.
[Gron77] *R. Gronau.* Leisure, Home Production, and Work – the Theory of the Allocation of Time Revisited. In: *Journal of Political Economy*, 85 (1977) 6, S. 1099–1123.
[Grön89] *Ch. Grönroos.* Defining Marketing: A Market-Oriented Approach. In: *European Journal of Marketing*, (1989) 1, S. 52–60.
[Gros81] *S. J. Grossman.* The Informational Role of Warranties and Private Disclosure about Product Quality. In: *Journal of Law and Economics*, 24 (1981), S. 461–483.
[Gute76] *E. Gutenberg.* Grundlagen der Betriebswirtschaftslehre, Band 1: Die Produktion. Berlin, 1976.
[Gute79] *E. Gutenberg.* Grundlagen der Betriebswirtschaftslehre, Band 2: Der Absatz. Berlin, 1979.
[Güth95] *J. Güthoff.* Qualität komplexer Dienstleistungen. Wiesbaden, 1995.
[Hahn77] *O. Hahn.* Die Führung des Bankbetriebes. Stuttgart, 1977.
[Hann93] *S. Hannemann.* Vertrieb von Finanzdienstleistungen – Einsatz von Maklern, Handelsvertretern und Franchise-Systemen. Wiesbaden, 1993.
[Hans96] *H. R. Hansen.* Klare Sicht am Info-Highway – Geschäfte via Internet &Co. Wien, 1996.
[Hart93] *P. Hartmann.* Telefon-Banking – eine sichere Sache? In: *Banken & Versicherungen*, (1993) 1, S. 76–79.

[Haye45] *F. A. v. Hayek.* The Use of Knowledge in Society. In: *American Economic Review*, 35 (1945) 4, S. 519–530.

[Haye76a] *F. A. v. Hayek (Hrsg.).* Individualismus und wirtschaftliche Ordnung. Salzburg, 1976.

[Haye76b] *F. A. v. Hayek.* Die Tatsachen der Sozialwissenschaften. In: *[Haye76a]*, Salzburg, 1976.

[Haye85] *B. Hayes-Roth.* A Blackboard Architecture for Control. In: *Artificial Intelligence*, 26 (1985) 3, S. 251–321.

[Heem88] *K. Heemann.* Hypothekenzinsen – Lawine losgetreten. In: *Wirtschaftswoche*, 42 (1988) 39, S. 82–85.

[HeHo94] *R. G. Herrtwich; G. Hommel.* Nebenläufige Programme. Berlin, 1994.

[Heil89] *H. Heilmann.* Integration: Ein zentraler Begriff in der Wirtschaftsinformatik. In: *Handbuch der modernen Datenverarbeitung*, 26 (1989) 150, S. 46–58.

[Hein95] *H. Heine.* SB-Terminals – Wohin geht die Technologie-Entwicklung? In: *[Ploe95]*, S. 245–161, 1995.

[Heit91] *H.-M. Heitmüller.* Auswirkungen der Selbstbedienung auf das Vertriebssystem. In: *[SüHo91]*, S. 191–209, 1991.

[Heit96] *H.-M. Heitmüller.* Direktvertrieb im Sparkassenverbund – ein strategisches Doppel. In: *bank und markt*, 25 (1996) 10, S. 12–14.

[Heit97] *H.-M. Heitmüller.* Privatkundengeschäft: Mehr als Steckdosen-Banking. In: *bank und markt*, 26 (1997) 4, S. 18–22.

[HeMeMü93] *T. Heissel; U. Meyer; M. Müller-Wünsch.* Rechnerunterstützte Allfinanzberatung mit MAGNIFICO (Multi-Agent-System for Intelligent Financial Consulting). Arbeitsbericht des Fachgebietes Systemanalyse und EDV RAP/8/1993. TU Berlin, 1993.

[Hent92] *B. Hentschel.* Dienstleistungsqualität aus Kundensicht. Wiesbaden, 1992.

[Henz88] *H. A. Henzler (Hrsg.).* Handbuch Strategische Führung. Wiesbaden, 1988.

[HeQu71] *J. M. Henderson; R. E. Quandt.* Microeconomic Theory – A Mathematical Approach. New York, 1971.

[Herd89] *K. Herdzina.* Einführung in die Mikroökonomik. München, 1989.

[Herr88] *A. Herrhausen.* Strategische Führung – Mehr als nur Strategie. In: *[Henz88]*, S. 59–68, 1988.

[HeTe95] *P. Heucke; S. M. Tern.* Zukunftsmarkt Private Banking – Von anderen Märkten lernen. In: *Die Bank*, 35 (1995) 2, S. 74–79.

[Hewi86] *C. Hewitt.* Offices are Open Systems. In: *[BoGa88b]*, S. 321–330, 1986.

[HiLi74] *F. S. Hillier; G. J. Lieberman.* Introduction to Operations Research. San Francisco, 1974.

[Hilk89a] *W. Hilke (Hrsg.).* Dienstleistungs-Marketing. Wiesbaden, 1989.

[Hilk89b] *W. Hilke.* Grundprobleme und Entwicklungstendenzen des Dienstleistungsmarketing. In: *[Hilk89a]*, S. 5–44, 1989.

[Hipp86] *E. v. Hippel.* Verbraucherschutz. Tübingen, 1986.

[Hipp94] *C. Hipp (Hrsg.).* Geld, Finanzwirtschaft, Banken und Versicherungen. Karlsruhe, 1994.

[HiRi79] *J. Hirshleifer; J. G. Riley.* The Analytics of Uncertainty and Information – An Expository Survey. In: *Journal of Economic Literature*, 17 (1979) 12, S. 1374–1421.

[Hofm95] *N. Hofmann.* Menschliche Nähe. In: *Wirtschaftswoche*, 49 (1995) 44, S. 168ff.

[Holm85] *B. Holmstrom.* The provision of services in a market economy. In: *[Inma85]*, S. 183–214, 1985.

[Homb95] *Ch. Homburg.* Closeness to the Customer in Industrial Markets. In: *Zeitschrift für Betriebswirtschaftslehre*, 65 (1995) 3, S. 309–331.

[Homb96] *H.-D. Homberg.* Taunus: Ein Beispiel für veränderte Ersparnisbildung. In: *bank und markt*, 25 (1996) 2, S. 14–18.

[HoSh96] *A. v. Hoff; S. Shaio.* Hooked on JAVA. Reading, 1996.

[Huhn87a] *M. N. Huhns (Hrsg.).* Distributed Artificial Intelligence. London, 1987.

[Huhn87b] *M. N. Huhns.* Foreword. In: *[Huhn87a]*, S. v–ix, 1987.

[HwCrWa82] *K. Hwang; W. Croft; B. Wah et al.* A UNIX-Based Local Computer Network with Load Balancing. In: *IEEE Computer*, 15 (1982) April, S. 55–66.

[Inma85] *R. P. Inman (Hrsg.).* Managing the Service Economy – Prospects and Problems. Cambridge, 1985.

[Ishi94] *T. Ishida.* Parallel, Distributed and Multiagent Production Systems. Berlin, 1994.

[Jaco90] *A.-F. Jacob (Hrsg.).* Marketing für Finanzinnovationen. Stuttgart, 1990.

[JaDoBa89] *V. Jagannathan; R. Dodhiawala; L. S. Baum (Hrsg.).* Blackboard Architectures and Applications. Boston, 1989.

[JaFö90] *A.-F. Jacob; G. M. Förster.* Marketingansätze für Finanzinnovationen. In: *[Jaco90]*, S. 1–39, 1990.

[JaMa96] *H.-R. Jacob; H. H. May.* Auch Banken müssen verkaufen. In: *Die Bank*, 36 (1996) 2, S. 108–111.

[Jasn96] *R. Jasny.* Vermögensanlage: Marketing für Marken. In: *bank und markt*, 25 (1996) 8, S. 24–27.

[Jenn92] *N. R. Jennings.* Joint Intention as a Model of Multi-Agent Cooperation. Technical Report 92/18, Knowledge Engineering Applications Group; Queen Mary and Westfield College, University of London, 1992.

[Kaas90] *K. P. Kaas.* Marketing als Bewältigung von Informations- und Unsicherheitsproblemen im Markt. In: *Die Betriebswirtschaft*, 50 (1990) 4, S. 539–548.

[Kaas91] *K. P. Kaas.* Marktinformationen: Screening und Signaling unter Partnern und Rivalen. In: *Zeitschrift für Betriebswirtschaft*, 61 (1991) 3, S. 357–370.

[Kaas92a] *K. P. Kaas.* Kontraktgütermarketing als Kooperation zwischen Prinzipalen und Agenten. In: *Schmalenbachs Zeitschrift für betriebswirtschaftliche Forschung*, 44 (1992) 10, S. 884–901.

[Kaas92b] *K. P. Kaas.* Marketing und Neue Institutionenlehre. Arbeitspapier Nr. 1 aus dem Forschungsprojekt Marketing und ökonomische Theorie. Universität Frankfurt/M., 1992.

[Kain89] *H. Kaindl.* Problemlösen durch heuristische Suche in der Artificial Intelligence. Wien, 1989.

[Kain94] *H. Kaindl.* Problemlösen durch Suche. In: *Künstliche Intelligenz*, 8 (1994) 1, S. 81–84.

[KaKu88] *L. Kanal; V. Kumar (Hrsg.).* Search in Artificial Intelligence. New York, 1988.

[Kars95] *P. Karst.* Das Telefon-Banking-Konzept der Nassauischen Sparkasse. In: *[Ploe95]*, S. 97–107, 1995.

[Kato60] *G. Katona.* Das Verhalten der Verbraucher und Konsumenten. Tübingen, 1960.

[Kauf94] *F.-J. Kauffels.* Moderne Datenkommunikation: Eine strukturierte Einführung. Bergheim, 1994.

[Kave87] *J.-K. Kaven.* Banken und Versicherungen zwischen Konkurrenz und Kooperation. In: *Zeitschrift für das gesamte Kreditwesen*, 40 (1987), S. 148–150.

[Kirk87] *P. Kirkman.* Electronic Funds Transfer Systems. Oxford, 1987.

[Kist89] *K.-P. Kistner.* Warteschlangentheorie. In: *[Gal89]*, S. 253–289, 1989.

[Kist93] *K.-P. Kistner.* Produktions- und Kostentheorie. W rzburg, 1993.

[KiWe94] *S. Kirn; Ch. Weinhardt (Hrsg.).* Künstliche Intelligenz in der Finanzberatung. Wiesbaden, 1994.

[Klee86a] *J. de Kleer.* An Assumption-Based TMS. In: *Artificial Intelligence*, 28 (1986) 2, S. 127–162.

[Klee86b] *J. de Kleer.* Extending the ATMS. In: *Artificial Intelligence*, 28 (1986) 2, S. 163–196.

[Klee86c] *J. de Kleer.* Problem Solving with the ATMS. In: *Artificial Intelligence*, 28 (1986) 2, S. 197–224.

[Klei95] *M. Kleinaltenkamp (Hrsg.).* Dienstleistungsmarketing – Konzeptionen und Anwendungen. Wiesbaden, 1995.

[KlLe81] *B. Klein; K. Leffler.* The role of market forces in assuring contractual performance. In: *Journal of Political Economy*, 84 (1981), S. 615–644.

[KlMe89] *M. Klein; L. B. Methlie.* Expert Systems. A Decision Support Approach. Workingham, 1989.

[KlSt88] *N. Kloten; J. H. von Stein (Hrsg.).* Obst/Hintner: Geld, Bank und Börsenwesen: Ein Handbuch. Stuttgart, 1988.

[Koch88] *D. Koch.* Kooperation und Konkurrenz zwischen Banken und Versicherungen. In: *[Beye88]*, 1988.

[Köch92] *R. Köcher.* Was erwartet der Kunde von seiner Bank? In: *Bankkaufmann*, (1992) 11, S. 41–44.

[KoJa90] *A. J. Kohli; B. J. Jaworski.* Market Orientation: The Construct, Research Propositions and Managerial Implications. In: *Journal of Marketing*, 54 (1990) April, S. 1–18.

[KöKuMe96] *W. König; K. Kurbel; P. Mertens et al. (Hrsg.).* Distributed Information Systems in Business. New York, 1996.

[Koll92] *B. Kollenda.* Allfinanzanbieter und ihre Privatkunden. Wiesbaden, 1992.

[Köni93] *H.-J. König.* Dezentrale Datenhaltung in der Allfinanzkundenberatung. In: *Informationstechnik it-ti*, 35 (1993) 1, S. 45 -54.

[Köni94] *H.-J. König.* Ökonomische Datenhaltung in der Unternehmung – Förderierte Architekturen als Integrationsplattform wettbewerbsorientierter Systeme. Wiesbaden, 1994.

[Korf92a] *R. E. Korf.* Heuristics. In: *[Shap92a]*, S. 611–615, 1992.

[Korf92b] *R. E. Korf.* Search. In: *[Shap92b]*, S. 1460–1467, 1992.

[Kotl74] *Ph. Kotler.* Marketing-Management. Stuttgart, 1974.

[Krap96] *M. Krapp.* Kundennähe in der Finanzberatung: Integration des Außendienstes in ein verteiltes IKS. Diplomarbeit, Universität Augsburg, Lehrstuhl für Betriebswirtschaftslehre mit Schwerpunkt Wirtschaftsinformatik, 1996.

[Krei97] *M. Kreileder.* Zielgruppenforschung in einem sich wandelnden Bankenmarkt. In: *bank und markt*, 26 (1997) 2, S. 28–31.

[Krem94] *M Kremer.* Das Nachfrageverhalten Versicherungs- und Bankkunden aus ganzheitlicher Sicht – Konsequenzen für den Finanzdienstleistungsgedanken. St. Gallen, 1994.

[Kroe92] *W. Kroeber-Riel.* Konsumentenverhalten. München, 1992.

[Krön86] *M. Kröner.* Verrechnungsbedingte Verluste im Ertragsteuerrecht: Materiellrechtliche Grundlagen und systematische Gestaltungssuche. Wiesbaden, 1986.

[Krön94] *H.-D. Krönung.* Chancen und Risiken von Lean Banking. In: *Die Bank*, 34 (1994) 6, S. 324–329.

[KrReSi91] *H.-J. Krümmel; H. Rehm; D. B. Simmert (Hrsg.).* Allfinanz – Strukturwandel an den Märkten für Finanzdienstleistungen. Berlin, 1991.

[KrThOl92] *W. Krüger; E. Theissen; Th. Olemotz.* Erfolgsfaktoren im Bankenbereich. In: *Die Bank*, 32 (1992) 5, S. 254–262.

[Krüm91] *H.-J. Krümmel.* Allfinanz und die sortimentspolitischen Grundlagen des Privatkundengeschäfts. In: *[KrReSi91]*, S. 33–50, 1991.

[Krup96] *G. Krupp.* Erfolgsstrategien für parallele Vertriebskanäle im Privatkundengeschäft. In: *Die Bank*, 36 (1996) 12, S. 712–718.

[KrWi82] *D. M. Kreps; R. Wilson.* Reputation and Imperfect Information. In: *Journal of Economic Theory*, 27 (1982), S. 253–279.

[Kuhn72] *T. S. Kuhn.* Postscript: – 1969: Zur Analyse der Struktur wissenschaftlicher Revolutionen. In: *[Wein72]*, S. 287–319, 1972.

[Kurb92] *K. Kurbel.* Entwicklung und Einsatz von Expertensystemen. Eine anwendungsorientierte Einführung in wissensbasierte Systeme. Berlin, 1992.

[Kurb93] *K. Kurbel (Hrsg.).* Wirtschaftsinformatik '93 – Innovative Anwendungen – Technologie – Integration. Heidelberg, 1993.

[Küsp92] *A. Küspert.* Kundengruppenbildung im Privatkundengeschäft von Kreditinstituten – eine Fallstudie. In: *Zeitschrift für Bankrecht und Bankwirtschaft*, (1992) 3, S. 184–201.

[Lach94] *R. Lacher.* Realisierung von Service-Qualität in Finanzdienstleistungsunternehmen. Winterthur, 1994.

[LaMa89] *H. Laasri; B. Maitre.* Flexibility and Efficiency in Blackboard Systems: Studies and Achievements in ATOME. In: *[JaDoBa89]*, S. 309–322, 1989.

[Lang97] *G. Lang.* Wettbewerbsverhalten deutscher Banken – Eine Panelanalyse auf Basis der Rosse-Panzer Statistik. Erscheint in: *Jahrbuch für Wirtschaftswissenschaften*, 47 (1997) 1.

[LaRö95] *R. Lasch; K. Röder.* Das Börsenangebot der Direktbanken: Eine Analyse des deutschen Marktes. In: *Zeitschrift für Bankrecht und Bankwirtschaft*, (1995) 4, S. 342–356.

[LeCo81] *V. R. Lesser; D. D. Corkill.* Functionally Accurate, Cooperative Distributed Systems. In: *IEEE Transactions on Systems, Man and Cybernetics*, 11 (1981) 1, S. 61–70.

[Lehm89] *A. Lehmann.* Dienstleistungsmanagement zwischen industriell-orientierter Produktion und zwischenmenschlicher Interaktion – Reflexe in der Versicherung. St. Gallen, 1989.

[Lena82] *B. Lenat.* The Nature of Heuristics. In: *Artificial Intelligence*, 19 (1982) 2, S. 189–249.

[LePy77] *H. E. Leland; D. H. Pyle.* Informational Asymmetrics, Financial Structure and Financial Intermediation. In: *Journal of Finance*, 32 (1977) 2, S. 371–387.

[Less90] *V. R. Lesser.* An Overview of DAI: Viewing Distributed AI as Distributed Search. In: *Journal of Japanese Society of Artificial Intelligence – Special Issue on Distributed AI*, 5 (1990) 4, S. 392–400.

[Less91] *V. R. Lesser.* A Retrospective View of FA/C Distributed Problem Solving. In: *IEEE Transactions on Systems, Man and Cybernetics*, 21 (1991) 6, S. 1347–1362.

[LiKe87] *F. C. H. Lin; R. M. Keller.* The Gradient Model Load Balancing Method. In: *IEEE Transactions on Software Engineering*, 13 (1987) 1, S. 32–38.

[LiPe95] *C. Liu; J. Peek.* Internet-Server: Einrichten und Verwalten. Bonn, 1995.

[Lipp94] *Th. Lippert.* Client/Server-basierte Verteilung von Problemlösungsaktivitäten in einem Finanzberatungssystem. Diplomarbeit, Fachbereich Wirtschaftswissenschaften der Justus-Liebig-Universität Gießen, 1994.

[Litt61] *J. D. Little.* A Proof for the Queueing Formula: $L = \lambda W$. In: *Operations Research*, 9 (1961) 3, S. 383–387.

[LiWi92] *J. D. Lichtenthal; D. T. Wilson.* Becoming Market Oriented. In: *Journal of Business Research*, (1992) 24, S. 191–207.

[Löbl97] *H. Löbler.* Kundennah durchs Internet? In: *Information Management*, 12 (1997) 1, S. 13–20.

[Love84] *Ch. H. Lovelock (Hrsg.).* Services Marketing. Englewood Cliffs, 1984.

[LuSt93] *G. F. Luger; W. A. Stubblefield.* Artificial Intelligence: Structures and Strategies for Complex Problem Solving. Redwood City, 1993.

[LwPeGö93] *H.-J. Lwowski; B. Peters; W. Gößmann.* Verbraucherkreditgesetz: Kreditverträge – Leasing – verbundenes Geschäft. Berlin, 1993.

[Mack93] *B. Mack.* Synchronisation und Kommunikation in nebenläufigen verteilten Anwendungssystemen unter dem Betriebssystem OS/2 2.0. Dokumentation 8; Lehrstuhl für Betriebswirtschaftslehre mit Schwerpunkt Wirtschaftsinformatik, Justus-Liebig-Universität Gießen, 1993.

[MaCr94] *Th. W. Malone; K. Crowston.* The Interdisciplinary Study of Coordination. In: *ACM Computing Surveys*, 26 (1994) 1, S. 87–119.

[MaGö96] *A. Mahler; G. Göbel.* Internetbanking: Das Leistungsspektrum. In: *Die Bank*, 36 (1996) 8, S. 488–492.

[Maie96] *J. Maier.* Finanzmarketing von Kreditinstituten für Finanzinnovationen. Frankfurt/M., 1996.

[Male73] *R. Maleri.* Grundzüge der Dienstleistungsproduktion. Berlin, 1973.

[Male91] *R. Maleri.* Grundlagen der Dienstleistungsproduktion. Berlin, 1991.

[Mark59] *H. Markowitz.* Portfolio Selection: Efficient Diversification of Investments. New York, 1959.

[MaRoSa93] *B. Mack; M. Roemer; K. Sandbiller et al.* Problemlösungsmodelle der Verteilten Künstlichen Intelligenz für die Allfinanz-Kundenberatung. Discussion Paper DP-43; Lehrstuhl für Betriebswirtschaftslehre mit Schwerpunkt Wirtschaftsinformatik, Justus-Liebig-Universität Gießen, 1993.

[Mars56] *A. Marshall.* Principles of Economics. London, 1956.

[Mart92] *F. v. Martial.* Einführung in die verteilte künstliche Intelligenz. In: *Künstliche Intelligenz*, 6 (1992) 1, S. 6–11.

[Mayr96a] *M. Mayr (Hrsg.).* Beherrschung von Informationssystemen. Wien, 1996.

[Mayr96b] *M. Mayr (Hrsg.).* Informatik '96: Technische Beiträge und Praxisprogramm. Universität Klagenfurt, Institut für Informatik, 1996.

[McGr94] *P. J. McGoldrick; S. J. Greenland (Hrsg.).* Retailing of financial services. London, 1994.

[McNe83] *J. McDermott; A. Newell.* Estimating the Computational Requirements for Future Expert Systems. Technical Report, Computer Science Department. Carnegie-Mellon University, 1983.

[MeBa97] *B. Melzer-Lena; I. Barlovic.* Zielgruppe Jugend – die unbekannte Generation. In: *bank und markt*, 26 (1997) 2, S. 24–27.

[MeEhGr92] *P. Mertens; D. Ehrenberg; J. Griese et al.* Studien- und Forschungsführer Wirtschaftsinformatik. Berlin, 1992.

[MeFaSp96] *P. Mertens; J. Falk; S. Spieck et al.* Decentralized Problem Solving in Logistics with partly Intelligent Agents and Comparison with Alternative Approaches. In: *[KöKuMe96]*, S. 87–103, 1996.

[Meff89] *H. Meffert.* Marketing. Wiesbaden. Grundlagen der Absatzpolitik, 1989.

[Meff94] *H. Meffert.* Marktorientierte Führung von Dienstleistungsunternehmen – neuere Entwicklungen in Theorie und Praxis. In: *Die Betriebswirtschaft*, 54 (1994) 4, S. 519–541.

[MeKöKr97] *P. Mertens; W. König; H. Krallmann et al. (Hrsg.).* Wirtschaftsinformatik-Lexikon. Berlin, 1997.

[MeMe93] *P. W. Meyer; A. Meyer (Hrsg.).* Marketing-Systeme: Grundlagen des institutionalen Marketing. Stuttgart, 1993.

[MeMe97] *U. Meister; H. Meister.* Kundenzufriedenheit im Dienstleistungsbereich. München, 1997.

[MeMüMü93] *U. Meyer; A. Mühlheims; M. Müller-Wünsch et al.* Multi-Agent-Architecture for Intelligent Financial Consulting (MAGNIFICO): Eine kooperierende wissensbasierte Anwendung zur Unterstützung der Allfinanzberatung. In: *[Kurb93]*, S. 271–286, 1993.

[MeSc96] *P. Mertens; P. Schuhmann.* Electronic Shopping - Überblick, Entwicklungen und Strategie. In: *Wirtschaftsinformatik*, 38 (1996) 5, S. 515–530.

[Metz89] *H. O. Metzger.* Interview mit Willy Soquet: Heißer Draht für Geldgeschäfte. In: *Finanzpressedienst*, (1989) 10, S. 3f.

[Metz91] *H. O. Metzger.* Interview mit Willy Soquet: KKB-Vorstand zeigt neue Kundentrends. In: *Finanzpressedienst*, (1991) 2, S. 5f.

[Meye92a] *A. Meyer.* Dienstleistungsmarketing: Erkenntnisse und praktische Beispiele. Augsburg, 1992.

[Meye92b] *A. Meyer.* Finanzinnovationen: Optimale Verträge im Rahmen von Ein- und Mehr-Agenten-Ansätzen der Prinzipal-Agent-Theorie. Frankfurt/M., 1992.

[Meye93] *A. Meyer.* Dienstleistungs-Marketing. In: *[MeMe93]*, S. 173–220, 1993.

[Milg81] *P. Milgrom.* Good News and Bad News: Representation Theorems and Applications. In: *Bell Journal of Economics*, 12 (1981), S. 380–391.

[Milo94] *D. S. Milojicic.* Load Distribution. Implementation for the Mach Microkernel. Braunschweig, 1994.

[MiRo86] *P. Milgrom; J. Roberts.* Relying on Information of Interested Parties. In: *Rand Journal of Economics*, 17 (1986), S. 18–32.

[MüHa91] *W. Münstermann; R. Hannes.* Verbraucherkreditgesetz. Münster, 1991.

[Müll93] *J. Müller (Hrsg.).* Verteilte Künstliche Intelligenz. Methoden und Anwendungen. Mannheim, 1993.

[Müll94a] *M. Müller (Hrsg.).* Lean Banking. Wien, 1994.

[Müll94b] *M. Müller.* Vom Fremdsteuerungsanspruch zur bedingten Selbstregulierung? – Entwicklungschancen für Kreditinstitute. In: *[Müll94a]*, S. 33–52, 1994.

[Müll96] *J. P. Müller.* The Design of Intelligent Agents. Berlin, 1996.

[Murp97] *C. Murphy (Hrsg.).* Proceedings of the 5th European Conference on Information Systems, Cork/Ireland. 1997.

[MüSc92] *M. Mühlhäuser; A. Schill.* Software Engineering für verteilte Anwendungen. Berlin, 1992.

[MüSm96] *M. Müller; G. Smolka.* Oz: Nebenläufige Programmierung mit Constraints. In: *Künstliche Intelligenz*, 10 (1996) 3, S. 55–61.

[Nade95] *G. Nader.* Zufriedenheit mit Finanzdienstleistungen – Erfolgswirksamkeit, Messung und Modellierung. Wien, 1995.

[Neef93] *M. Neef.* Konzeption und Implementierung eines Kombinationsagenten zur Unterstützung der expliziten Kollaboration finanzwirtschaftlicher Problemlösungsagenten. Diplomarbeit, Fachbereich Wirtschaftswissenschaften der Justus-Liebig-Universität Gießen, 1993.

[Nels70] *P. Nelson.* Information and Consumer Behaviour. In: *Journal of Political Economy*, 78 (1970) 2, S. 311–329.

[Nels74] *P. Nelson.* Advertising as information. In: *Journal of Political Economy*, 82 (1974), S. 729–754.

[NeRö96] *D. Neven; L.-H. Röller.* An Aggregate Structural Model of Competition in the European Banking Industry. Wissenschaftszentrum Berlin, 1996.

[NeSi72] *A. Newell; H. Simon.* Human problem solving. Englewood Cliffs, 1972.

[Neub94] *P. Neubauer.* Telefon Banking – Der direkte Zugang zum Konto. In: *Österreichisches Bank-Archiv*, 41 (1994) 4, S. 258–264.

[Neum75a] *K. Neumann.* Operations Research Verfahren. Band I: Lineare Optimierung – Spieltheorie – Nichtlineare Optimierung – Ganzzahlige Optimierung. München, 1975.

[Neum75b] *K. Neumann.* Operations Research Verfahren. Band III: Graphentheorie – Netzplantechnik. München, 1975.

[Neum76] *K. Neumann.* Operations Research Verfahren. Band II: Dynamische Optimierung – Lagerhaltung – Simulation – Warteschlangen. München, 1976.

[Newe62] *A. Newell.* Some Problems of Basic Organization in Problem Solving Programms. In: *Proceedings on the Conference of Self-Organizing Systems*, Washington, 1962.

[Newe82] *A. Newell.* The Knowledge Level. In: *Artificial Intelligence*, 18 (1982) 1, S. 87–127.

[NiAi88] *H. P. Nii; N. Aiello.* AGE: A Knowledge-Based Program for Building Knowledge-Based Programs. In: *[EnMo88]*, S. 251–280, 1988.

[NiDiHö88] *R. Nierschlag; E. Dichtl; H. Hörschgen.* Marketing. Berlin, 1988.

[Nieh83] *J. Niehans.* Financial Innovation, multinational banking, and monetary policy. In: *Journal of Banking and Finance*, 7 (1983), S. 537–551.

[Nii86] *H. P. Nii.* Blackboard Systems: The Blackboard Modell of Problem Solving and the Evolution of Blackboard Architectures. In: *AI Magazine*, 7 (1986) Summer, S. 37–52.

[Nii89a] *H. P. Nii.* Blackboard Systems. In: *[BaCoFe89]*, S. 1–82, 1989.

[Nii89b] *H. P. Nii.* Introduction. In: *[JaDoBa89]*, S. xix–xxix, 1989.

[Nils80] *N. J. Nilsson.* Principles of Artificial Intelligence. Palo Alto, 1980.

[Nirk81] *R. Nirk.* Gewerblicher Rechtsschutz. Stuttgart, 1981.

[Oehl96] *A. Oehler.* Kundenorientierte Organisationsstrukturen in Filialbanken – Grundlegende Realisierungsvoraussetzungen und Implementierungsprobleme. Arbeitsbeitrag 04; Lehrstuhl für Betriebswirtschaftslehre, insbesondere Finanzwirtschaft, Universität Bamberg, 1996.

[OrHa92] *R. Orfali; D. Harkey.* Client/Server Programming with OS/2 2.0. New York, 1992.

[oV85] 277 Zweigstellen bieten in Zukunft auch die eigenen Versicherungspolicen. In: *Handelsblatt v. 1.4.1985.*

[oV88a] Bank-Überweisungen – Im Schnecken-Tempo. In: *DM*, (1988) 12, S. 143–147.

[oV88b] Die Strategie der Aachener und Münchener für die neunziger Jahre. In: *Frankfurter Allgemeine Zeitung v. 25.11.1988.*

[oV93] Fauler Zauber. In: *Finanztest*, (1993) 4, S. 14–19.

[oV94] In: *Finanztest*, (1994) 5.

[oV95] Geldvermögen der privaten Haushalte. In: *Handelsblatt v. 13.01.1995.*

[oV96a] Advance Bank übertrifft eigene Ziele. In: *Stuttgarter Zeitung Nr. 186 (August 1996).*

[oV96b] Ansprüche unterschätzt. In: *Der Spiegel*, (1996) 34, S. 77–80.

[oV96c] Bank 24 will 1999 schwarz schreiben. In: *Suttgarter Zeitung v. 12.10.1996.*

[oV96d] banking shop. In: *Die Bank*, 36 (1996) 12, S. 715.

[oV96e] Cybergeld Anfang des Jahres 1997 im Test. In: *Frankfurter Allgemeine Zeitung v. 12.10.1996.*

[oV96f] Direktbanken haben noch zu wenig Kunden. In: *Generalanzeiger v. 14. November 1996.*

[oV96g] Direktbanken kämpfen um neue Kunden. In: *Die Welt v. 09.05.1996.*

[oV96h] Direktbanking: pro und contra. In: *Die Bank*, 36 (1996) 2, S. 112–113.

[oV96i] Einige Banken erwägen die Ausgliederung ihrer Filialen. In: *Frankfurter Allgemeine Zeitung v. 12.02.1996.*

[oV96j] Finanzinstitute etablieren sich im World Wide Web. In: *bank und markt*, 25 (1996) 10, S. 36–37.

[oV96k] Neuer Direktbanktyp soll den Markt aufrollen. In: *Börsenzeitung v. 14. November 1996.*

[oV97a] Advance-Bank ermöglicht Transaktionen im Web. In: *Computerwoche*, (1997) 17, S. 89–90.

[oV97b] Begeisterung und Skepsis über die Einführung der Geldkarte. In: *Frankfurter Allgemeine Zeitung v. 15.03.1997.*

[oV97c] Direktbanken im Vergleich: Das Angebot wächst. In: *bank und markt*, 26 (1997) 1, S. 32–33.

[oV97d] Elektronisches Portemonnaie auch im Internet. In: *Frankfurter Allgemeine Zeitung v. 15.03.1997.*

[oV97e] Hardwarelösungen für Netzzugang beim Electronic Commerce werden vielfältiger. In: *Computerzeitung v. 20.03.1997.*

[oV97f] Intuit macht Bazar auf. In: *Computerzeitung v. 20.03.1997.*

[Paul74] *M. V. Pauly.* Overinsurance and Public Provision of Insurance: The Role of Moral Hazard and Adverse Selection. In: *Quarterly Journal of Economics*, 88 (1974) 1, S. 44–64.

[Pear84] *J. Pearl.* Heuristics: Intelligent Search Strategies for Computer Problem Solving. Reading, 1984.

[PeMü96] *J. W. Perram; J.-P. Müller (Hrsg.).* Distributed Software Agents and Applications. Berlin, 1996.

[Penz91] *H. G. Penzel.* Die Informatikabteilung auf dem Weg in neue Organisationsformen. In: *IBM Nachrichten*, 41 (1991) 305, S. 7–15.

[Penz96] *H.-G. Penzel.* Zurück in die Zukunft. In: *Geldinstitute*, 26 (1996) 10, S. 6–14.

[PeRö97] *G. Pernul; A. W. Röhm.* Mängel in der Verfügbarkeit, Transparenz und Sicherheit im Internet schrecken den Anwender ab. In: *Wirtschaftsinformatik*, 39 (1997) 2, S. 192.

[PeWa82] *T. Peters; R. H. Waterman.* In Search of Excellence. New York, 1982.

[Pfei94] *H. Pfeiffer.* Individuelle Gestaltung von Kreditverträgen unter Berücksichtigung von Nach-Steuer-Zahlungswünschen des Kreditnehmers. Diplomarbeit, Fachbereich Wirtschaftswissenschaften der Justus-Liebig-Universität Gießen, 1994.

[PiBö96] *A. Picot; A. Böhme.* Multispezialist im Bankgeschäft. In: *Die Bank*, 36 (1996) 1, S. 30–36.

[Pisc95] *H. Pischulti (Hrsg.).* Direktbanken – Die moderne Bankverbindung. Frankfurt/M., 1995.

[Pisc96] *H. Pischulti.* Produktpolitik bei Banken – Ein systematischer Überblick. In: *bank und markt*, 25 (1996) 5, S. 13–16.

[Plin92] *W. Plinke.* Ausprägungen der Marktorientierung im Investitionsgüter-Marketing. In: *Schmalenbachs Zeitschrift für betriebswirtschaftliche Forschung*, 44 (1992) 9, S. 830–846.

[Ploe94] *Ploenzke AG (Hrsg.).* Studie: Elektronische Vertriebswege im Privatkundenbereich der Kreditinstitute. Wiesbaden, 1994.

[Ploe95] *Ploenzke AG (Hrsg.).* Electronic Banking im Vertrieb. Wiesbaden, 1995.

[Pola95] *R. Polan.* Ein Meßkonzept für die Bankloyalität – Investition in Bank/ Kunde-Beziehungen unter Risikoaspekten. Wiesbaden, 1995.

[Post43] *E. Post.* Formal Reductions of the General Combinatorial Problem. In: *American Journal of Mathematics*, 12 (1943), S. 197–268.

[PoWa75] *R. Pollak; M. L. Wachter.* The Relevance of the Household Production Function and Its Implications for the Allocation of Time. In: *Journal of Political Economy*, 83 (1975) 2, S. 255–277.

[PoWi89] *M. Poweleit; W. Wilhelm.* Auf Nummer sicher. In: *Manager Magazin*, 19 (1989) April, S. 38–46.

[Prie87] *E. Priewasser.* Die Banken im Jahr 2000: Eine Analyse der Umweltbedingungen, der Bankpolititk und des Bankwachstums in den 80er und 90er Jahren. Frankfurt a. M., 1987.
[Prie94] *E. Priewasser.* Die Priewasser-Prognose – Bankstrategien und Bankmanagement 2009. Frankfurt/M., 1994.
[PrZe85] *J. W. Pratt; R. J. Zeckhauser (Hrsg.).* Principals and Agents: The Structure of Business. Cambridge, 1985.
[Pupp90] *F. Puppe.* Problemlösungsmethoden in Expertensystemen. Berlin, 1990.
[Pupp91] *F. Puppe.* Einführung in Expertensysteme. Berlin, 1991.
[QuLa94] *A. Q. Quartapelle; G. Larsen.* Kundenzufriedenheit. Wie Kundentreue im Dientsleistungsbereich die Rentabilität steigert. Berlin, 1994.
[RaAb79] *H. Raffée; B. Abel (Hrsg.).* Wissenschaftstheoretische Grundfragen der Wirtschaftswissenschaften. München, 1979.
[Raff84] *H. Raffée.* Marktorientierung der Betriebswirtschaftslehre zwischen Anspruch und Wirklichkeit. In: *Die Unternehmung*, (1984) 1, S. 3–18.
[Rapo88] *I. Rapold.* Qualitätsunsicherheit als Ursache von Marktversagen: Anpassungsmechanismen und Regulierungsbedarf. München, 1988.
[ReDi97] *S. Reimers-Mortensen; G. Disterer.* Strategische Optionen für Direktbanken. In: *Die Bank*, 37 (1997) 3, S. 132–139.
[Redl97] *J. Redl.* Von der Universal- zur Zielgruppenbank. In: *bank und markt*, 26 (1997) 2, S. 19–22.
[Reit80] *R. Reiter.* A Logic for Default Reasoning. In: *Artificial Intelligence*, 13 (1980) 1-2, S. 81–132.
[ReSa90] *F. F. Reichheld; W. E. Sasser.* Zero Defections: Quality Comes to Services. In: *Harvard Business Review*, (1990) Sept./Oct., S. 105–111.
[ReSi91] *H. Rehm; D. B. Simmert.* Allfinanz – Befund, Probleme, Perspektiven. In: *[KrReSi91]*, S. 9–32, 1991.
[ReVoKr92] *H. Rehkugler; M. Voigt; B. Kraus et al.* Die Qualität der Anlageberater. In: *Die Bank*, 32 (1992) 6, S. 316–322.
[Rich94] *R. Richter.* Institutionen ökonomisch analysiert: Zur jüngeren Entwicklung auf dem Gebiet der Wirtschaftstheorie. Tübingen, 1994.
[Riec93] *Ch. Rieck.* Spieltheorie. Einführung für Wirtschafts- und Sozialwissenschaftler. Wiesbaden, 1993.
[Ried94] *G. Riedl.* Ansatzpunkte zur kundenorientierten Bank. In: *[Müll94a]*, S. 53–82, 1994.
[Rieg62] *H. Rieger.* Der Güterbegriff in der Theorie des Qualitätswettbewerbs. Berlin, 1962.
[Robb62] *L. Robbins.* The Nature and Significance of Economic Science. London, 1962.
[RoBu96a] *M. Roemer; H. U: Buhl.* Das World Wide Web als Alternative zur Bankfiliale: Gestaltung innovativer IKS für das Direktbanking. In: *Wirtschaftsinformatik*, 38 (1996) 6, S. 565–577.
[RoBu96b] *M. Roemer; H. U. Buhl.* Direktvertrieb kundenindividueller Finanzdienstleistungen mit integrierter Telefon- und Internet/WWW-Unterstützung. Beitrag für die 7. Tagung Geld, Finanzwirtschaft, Banken und Versicherungen, Karlsruhe, Dez. 1996, 1996.
[RoBu96c] *M. Roemer; H. U. Buhl.* Entwicklung und Anwendung dezentraler Problemlösungskompetenz in Finanzdienstleistungsunternehmen mit verteilten wissensbasierten Systemen. In: *[Mayr96a]*, S. 143–144, 1996.
[RoBu96d] *M. Roemer; H. U. Buhl.* Entwicklung und Anwendung dezentraler Problemlösungskompetenz in Finanzdienstleistungsunternehmen mit verteilten wissensbasierten Systemen. In: *[Mayr96b]*, S. 27–36, 1996.

[Rode96] *B. Rodewald.* Direkt Banking und Verbundstrukturen – allen Gefahren begegnet? In: *bank und markt*, 25 (1996) 10, S. 8–10.

[Roem94] *M. Roemer.* IV-Unterstützung zur Erstellung wettbewerbsorientierter Allfinanzangebote: Konzeption und prototypische Realisierung. In: *Wirtschaftsinformatik*, 36 (1994) 1, S. 15–24.

[Roge91] *M. Rogerson.* Home-Banking – A Commercial Proposition? Dublin, 1991.

[RöLa96] *K. Röder; R. Lasch.* Angebot und Preise der Direktbanken für den Handel an ausländischen Börsen. In: *Zeitschrift für Bankrecht und Bankwirtschaft*, (1996) 4, S. 336–360.

[Rolf92] *A. Rolf.* Sichtwechsel, Informatik als (gezähmte) Gestaltungswissenschaft. In: *[Coy92]*, S. 17–32, 1992.

[RoSaWi92] *M. Roemer; K. Sandbiller; A. Will.* Ein Modell zur verteilten Problemlösung im Allfinanzbereich: Anforderungen, Eigenschaften, Auswahl. Discussion Paper DP-27; Lehrstuhl für Betriebswirtschaftslehre mit Schwerpunkt Wirtschaftsinformatik, Justus-Liebig-Universität Gießen, 1992.

[RoSc94] *K. Rosenhagen; J. Schwarze.* Einsatzmöglichkeiten von Expertensystemen in der Kreditwürdigkeitsprüfung. In: *[KiWe94]*, S. 97–123, 1994.

[Roßb93] *P. Roßbach.* Konzeption eines Kundenanalyseagenten als Bestandteil eines Verteilten Wissensbasierten Systems für den Allfinanzbereich und dessen prototypische Realisierung. Disc.paper Abteilung Wirtschaftsinformatik, Universität Marburg, 1993.

[Roßb94] *P. Roßbach.* Aufbau eines Kombinationsagenten für die Anlageseite von ALLFIWIB. Disc.paper Abteilung Wirtschaftsinformatik, Universität Marburg, 1994.

[Roßb97] *P. Roßbach.* Ganzheitliche Systemunterstützung für die Finanzberatung im Privatkundengeschäft. Habilitation, Universität Marburg, 1997.

[RoSt90] *J. Robert; D. O. Stahl.* Informative Price Advertising in a Sequential Search Model. In: *Econometrica*, 61 (1990) 3, S. 657–686.

[Roth73] *M. Rothschild.* Models of Market Organization with Imperfect Information. In: *Journal of Political Economy*, 81 (1973), S. 1283–1308.

[Rück95] *H. R. G. Rück.* Dienstleistungen – ein Definitionsansatz auf Basis des „Make or Buy"-Prinzips. In: *[Klei95]*, S. 1–31, 1995.

[RuNo95] *S. J. Russell; P. Norvig.* Artificial Intelligence: A modern Approach. Upper Saddle River, 1995.

[Sand74] *C. Sandig.* Bedarf, Bedarfsforschung. In: *[Tiet74]*, Sp. 313–326, 1974.

[Sand93] *H. Sandmann.* Strukturierter Vertrieb kontra Strukturvertriebe. In: *bank und markt*, 22 (1993) 5, S. 12–20.

[Sand97] *K. Sandbiller.* Dezentralität und Markt in Banken. Dissertation, Universität Augsburg, 1997.

[SaRo94] *K. Sandbiller; M. Roemer.* Anwendungen der Verteilten Künstlichen Intelligenz im Finanzdienstleistungsbereich. In: *[Hipp94]*, S. 821–842, 1994.

[Satz97a] *G. Satzger.* System Integration in Information Technology – An Intermediation rather than a Procurement Task. Erscheint in: *[Murp97]*, 1997.

[Satz97b] *G. Satzger.* Zur Komplexität von Leistungen als Basis von Marketing-Entscheidungen – Ergänzung zum Beitrag „Typologisierung von Dienstleistungen". Erscheint in: *Zeitschrift für Betriebswirtschaft*, 67 (1997).

[SaWeWi92] *K. Sandbiller; Ch. Weinhardt; A. Will.* Cooperating Agents Solving Financial Problems. Beitrag für das 5. Arbeitstreffen des GI-Arbeitskreises „Verteilte Künstliche Intelligenz", Erlangen 17./18.12.92. Discussion Paper DP-26; Lehrstuhl für Betriebswirtschaftslehre mit Schwerpunkt Wirtschaftsinformatik, Justus-Liebig-Universität Gießen, 1992.

[ScAp82] *D. T. Scheffman; E. Appelbaum.* Social Regulation in Markets for Consumer Goods and Services. Toronto, 1982.

[Schä95] *H. Schäfer.* Information und Kooperation im Absatz von Bankdienstleistungen. In: *Schmalenbachs Zeitschrift für betriebswirtschaftliche Forschung*, 47 (1995) 6, S. 531–544.

[Scha96] *Ch. Schade.* Marketing für Unternehmensberatung: Ein institutionenökonomischer Ansatz. Wiesbaden, 1996.

[Schi93a] *A. Schill (Hrsg.).* DCE – The OSF Distributed Computing Environment. Client/Server Model and Beyond. Berlin, 1993.

[Schi93b] *H. Schierenbeck.* Grundzüge der Betriebswirtschaftslehre. München, 1993.

[Schi94] *H. Schierenbeck.* Ertragsorientiertes Bankmanagement: Controlling in Kreditinstituten. Wiesbaden, 1994.

[Schl87] *P. F. Schlenzka.* Marktentwicklungen und Ertragspotentiale der Anbieter von Finanzdienstleistungen. In: *[Enge87]*, S. 35–50, 1987.

[Schl91] *H. Schlomann.* Der Einfluß von Lebenszyklus und Familiensituation auf das Sparverhalten. In: *[KrReSi91]*, S. 97–120, 1991.

[Schm78] *R. Schmalensee.* A model of advertising and product quality. In: *Journal of Political Economy*, 86 (1978) 3, S. 485–503.

[Schm91] *W. Schmähl.* Alterssicherungssysteme in der Bewährung: Sozial- versus Privatversicherung. In: *[KrReSi91]*, S. 145–157, 1991.

[Schm92] *U. Schmidt-Mohr.* Informationsökonomische Theorien der Bankunternehmung und des Bankverhaltens. Dissertation, Universität des Saarlandes, 1992.

[Schm93] *B. Schmid.* Elektronische Märkte. In: *Wirtschaftsinformatik*, 35 (1993) 5, S. 465–480.

[Schm94] *B. Schmid.* Electronic Banking – Strategien der Zukunft. In: *Geldinstitute*, 25 (1994) 7/8, S. 46–57.

[Schm95] *A. Schmid.* Die Entwicklung einer Bankstrategie – Am Beispiel der Vereinsbank. In: *Schmalenbachs Zeitschrift für betriebswirtschaftliche Forschung*, 47 (1995) 7/8, S. 744–757.

[Schm96] *F. J. Schmidhäusler.* Modemhersteller müssen mit Einbußen rechnen. In: *Computer Zeitung v. 20.06.1996.*

[Schn91] *U. H. Schneider.* Die rechtlichen Rahmenbedingungen der Allfinanz. Vertragsrechtliche, gewerberechtliche, firmenrechtliche, wettbewerbsrechtliche, arbeitsrechtliche und steuerrechtliche Probleme bei Allfinanz. In: *[KrReSi91]*, S. 301–326, 1991.

[Schn93] *D. Schneider.* Betriebswirtschaftslehre. Band 1: Grundlagen. München, 1993.

[Schn96] *J. Schneider.* Entwicklung finanzwirtschaftlicher Planungssysteme. In: *[Mayr96a]*, S. 197–214, 1996.

[Schn97] *J. Schneider.* Finanzanalysen in der Investitions- und Finanzierungsberatung. Dissertation, Universität Augsburg, 1997.

[Schu64] *J. A. Schumpeter.* Theorie der wirtschaftlichen Entwicklung – Eine Untersuchung über Unternehmensgewinn, Kapital, Kredit, Zins und den Konjunkturzyklus. Berlin, 1964.

[Schu93] *H. Schulz.* Vertrieb von Lebensversicherungen über Banken. In: *Die Bank*, 33 (1993) 11, S. 630–636.

[Schw93] *R. Schwebler.* Banken und Versicherungen: Im Zweifel für die Kooperation. In: *bank und markt*, 22 (1993) 8, S. 5–9.

[ScPo83] *W. Schertler; W. Popp.* Attraktivitätsanalyse von Dienstleistungen. München, 1983.

[Seel91] *N. Seel.* Perspectives for Distributed Artificial Intelligence. In: *AISB Quaterly*, 76 (1991) Spring.

[Seil96] *M. Seiler.* Internet-Banking befindet sich auf dem Vormarsch. In: *Computerwoche*, (1996) 50, S. 24f.

[Self59] *O. Selfridge.* Pandemonium: A Paradigm for Learning. In: *Proceedings of the Symposium on the Mechanization of Thought Processes*, S. 511–529, London, 1959.

[Self92] *O. G. Selfridge.* Pandemonium. In: *[Shap92b]*, S. 1081, 1992.

[Selt65] *R. Selten.* Spieltheoretische Behandlung eines Oligopolmodells mit Nachfrageträgheit. In: *Zeitschrift für die gesamte Staatswissenschaft*, 121 (1965) 4, S. 301–324.

[Shap83a] *C. Shapiro.* Optimal Pricing of Experience Goods. In: *Bell Journal of Economics*, 14 (1983), S. 497–507.

[Shap83b] *C. Shapiro.* Premiums for high quality products as returns to reputation. In: *Quarterly Journal of Economics*, 97 (1983), S. 659–679.

[Shap86] *C. Shapiro.* Investment, moral hazard and occupational licensing. In: *Review of Economic Studies*, 53 (1986), S. 843–862.

[Shap92a] *S. A. Shapiro (Hrsg.).* Encyclopedia of Artificial Intelligence. Volume 1. New York, 1992.

[Shap92b] *S. A. Shapiro (Hrsg.).* Encyclopedia of Artificial Intelligence. Volume 2. New York, 1992.

[Shet77] *J. N. Sheth.* Demographics in consumer behavior. In: *Journal of Business Research*, 5 (1977) June, S. 129–138.

[ShKrSi92] *N. Shivaratri; P. Krueger; M. Singhal.* Load Distribution for Locally Distributed Systems. In: *IEEE Computer*, 25 (1992) 12, S. 33–44.

[Shoh93] *Y. Shoham.* Agent-oriented programming. In: *Artificial Intelligence*, 60 (1993) 1, S. 51–90.

[Shos87] *G. L. Shostack.* Service Positioning through Structural Change. In: *Journal of Marketing*, 51 (1987) January, S. 34–43.

[SiLa95] *H. Simon; M. Laker.* Kundennähe – Herausforderung für Banken. In: *Die Bank*, 35 (1995) 8, S. 464–465.

[Simo64] *H. Simon.* Models of Man. Social and Rational, Mathematical Essays of Rational Human Behavior in a Social Setting. New York, 1964.

[Simo81] *H. Simon.* The Science of the Artificial. Cambridge, 1981.

[Simo85] *H. Simon.* Goodwill und Marketingstrategie. Wiesbaden, 1985.

[Simo95] *H. A. Simon.* Artificial Intelligence: An empirical Science. In: *Artificial Intelligence*, 77 (1995), S. 95–127.

[SlGi92] *J. Slange; M. Gini.* Problem Reduction. In: *[Shap92b]*, S. 1209–1214, 1992.

[SmDa81] *R. D. Smith; R. Davis.* Frameworks for Cooperation in Distributed Problem Solving. In: *IEEE Transactions on Systems, Man and Cybernetics*, 11 (1981) 1, S. 61–70.

[SmDa83] *R. D. Smith; R. Davis.* Negotiation as a Metaphor of Problem Solving. In: *Artificial Intelligence*, 20 (1983) 1, S. 63–109.

[Smit80] *R.G. Smith.* The Contract Net-Protocol: High-Level Communication and Control in a Distributed Problem Solver. In: *IEEE Transactions on Computers*, 29 (1980) 1980, S. 1104–1113.

[Söhn92] *D. Söhnholz.* Diversifikation in Finanzdienstleistungsmärkte. Wiesbaden, 1992.

[Spen73] *M. Spence.* Job Market Signalling. In: *Quarterly Journal of Economics*, 87 (1973), S. 355–374.

[Spen77] *M. Spence.* Consumer misperceptions, product failure and producer liability. In: *Review of Economic Studies*, 44 (1977), S. 561–572.

[Spie89] *Spiegel-Verlag (Hrsg.).* Soll und Haben. Hamburg, 1989.

[Spre90] *K. Spremann.* Asymmetrische Information. In: *Zeitschrift für Betriebswirtschaftslehre*, 60 (1990) 5/6, S. 561–586.

[Spre91] *K. Spremann.* Investition und Finanzierung. München, 1991.

[SpZu92] *K. Spremann; E. Zur (Hrsg.).* Controlling: Grundlagen – Informationssysteme – Anwendungen. Wiesbaden, 1992.

[Stah93] *P. Stahlknecht.* Einführung in die Wirtschaftsinformatik. Berlin, 1993.

[StBe77] *G. J. Stigler; G. S. Becker.* De Gustibus Non Est Disputandum. In: *American Economic Review*, 67 (1977) 2, S. 76–90.

[Stef95] *M. Stefik.* Introduction to Knowledge Systems. San Francisco, 1995.

[Stei91] *H. Steiner, D. Haugeneder.* Cooperation Structures in Multi-Agent Systems. In: *[BrHe91]*, S. 160–171, 1991.

[Stic94] *E. Stickel.* Konzeption eines wissensbasierten Systems zur Unterstützung der Produktentwicklung in Kreditinstituten. In: *[KiWe94]*, S. 43–56, 1994.

[Stid70] *S. Stidham.* On the Optimality of Single-Server Queueing Systems. In: *Operations Research*, 18 (1970), S. 708–732.

[Stig61] *G. J. Stigler.* The Economics of Information. In: *Journal of Political Economy*, 69 (1961) June, S. 213–225.

[StKo92] *H. Steiner, D. Haugeneder; M. Kolb et al.* Mensch-Maschine Kooperation. In: *Künstliche Intelligenz*, 6 (1992) 1, S. 59–63.

[StMaHa90] *D. Steiner; D. E. Mahling; H. Haugeneder.* Collaboration of Knowledge Bases via Knowledged Based Cooperation. In: *[Deen90]*, S. 113–129, 1990.

[Stoy91] *H. Stoyan.* Wissensrepräsentation oder Programmierung? In: *[Stru91]*, S. 42–59, 1991.

[Stoy92] *H. Stoyan.* Programming Styles. In: *[Shap92b]*, S. 1235–1237, 1992.

[Stra66] *G. Stracke.* Financial Services in Deutschland (V): Marktstrategien der Banken. In: *Die Bank*, 28 (1966) 7, S. 590–607.

[Stra90] *E. Straub.* Electronic Banking: Die elektronische Schnittstelle zwischen Banken und Kunden. Bern, 1990.

[Stru91] *P. Struß(Hrsg.).* Wissensrepräsentation. München, 1991.

[StTe91] *J. H. v. Stein; J. Terrahe (Hrsg.).* Handbuch Bankorganisation. Wiesbaden, 1991.

[Stum88] *M. Stumm.* The Design and Implementation of a Decentralized Scheduling Facility for a Workstation Cluster. In: *Proceedings of the Second Conference on Computer Workstations*, S. 12–22, 1988.

[Süch72] *J. Süchting.* Die Bankloyalität als Grundlage zum Verständnis von Absatzbeziehungen. In: *Kredit und Kapital*, 5 (1972), S. 269–300.

[Süch88a] *J. Süchting.* Marketing. In: *[KlSt88]*, S. 882–922, 1988.

[Süch88b] *J. Süchting.* Noch mehr zur Attraktivität des Allfinanzangebotes. In: *bank und markt*, 17 (1988) 3, S. 23–25.

[Süch91] *J. Süchting.* Zur Organisation von Allfinanzangeboten. In: *[KrReSi91]*, S. 177–192, 1991.

[Süch92] *J. Süchting.* Bankmanagement. Stuttgart, 1992.

[SüHo91] *J. Süchting; E. van Hooven (Hrsg.).* Handbuch des Bankmarketing. Wiesbaden, 1991.

[Sund93] *K. Sundermeyer.* Modellierung von Agentensystemen. In: *[Müll93]*, S. 22–44, 1993.

[Tane91] *P. Tanew.* Vermögenshandbuch. Wien, 1991.

[Thed92] *J. Thede.* Finanzdienstleistungen und Absatzwege im deutschen Privatkundenmarkt. Kiel, 1992.

[ThLa89] *M. H. Theimer; K. Lantz.* Finding Idle Machines in a Workstation-Based Distributed System. In: *IEEE Transactions on Software Engineering*, 15 (1989) 11, S. 1444–1458.

[Thur93] *A. Thurek.* Entwurf eines Protokolls und Realisierung eines Kommunikationsmoduls für ein verteiltes Finanzberatungssystem. Diplomarbeit, Fachbereich Wirtschaftswissenschaften der Justus-Liebig-Universität Gießen, 1993.

[Tiet74] *B. Tietz (Hrsg.).* HWA-Handwörterbuch der Absatzwirtschaft. Stuttgart, 1974.

[Tiet81] *M. Tietzel.* Die Ökonomie der Property Rights: Ein Überblick. In: *Zeitschrift für Wirtschaftspolitik*, 30 (1981) 3, S. 207–243.

[Tiro88] *J. Tirole.* The Theory of Industrial Organization. Cambridge, 1988.

[Toff80] *A. Toffler.* Die Zukunftschance. München, 1980.

[Toko96] *M. Tokoru.* Agents: Toward a Society in Which Humans and Computers Cohabitate. In: *[PeMü96]*, S. 1–10, 1996.

[Toll94] *E. Tolle.* Informationsökonomische Erkenntnisse für das Marketing bei Qualitätsunsicherheit der Konsumenten. In: *Schmalenbachs Zeitschrift für betriebswirtschaftliche Forschung*, 46 (1994) 11, S. 926–938.

[Uhle93] *C. Uhle.* Lean Banking. Köln, 1993.

[Unge84] *T. v. Ungern-Sternberg.* Zur Analyse von Märkten mit unvollständiger Nachfragerinformation. Berlin, 1984.

[Utzi96] *S. Utzig.* Das Vermögen der Deutschen. In: *Die Bank*, 36 (1996) 8, S. 457–461.

[Vahr91] *K. Vahrenkamp.* Verbraucherschutz bei asymmetrischer Information: Informationsökonomische Analysen verbraucherpolitischer Maßnahmen. München, 1991.

[Valk97] *R. Valk.* Die Informatik zwischen Formal- und Humanwissenschaften. In: *Informatik Spektrum*, 20 (1997) 2, S. 95–100.

[VeGe97] *P. Vetter; M. Geisert.* Genossenschaft heute: Partner der Region. In: *bank und markt*, 26 (1997) 4, S. 28–30.

[Velt92] *H. Velthuijsen.* The Nature and Applicability of the Blackboard Architecture. Maastricht, 1992.

[Vort91] *J. Vortmann.* Verbraucherkreditgesetz. Stuttgart, 1991.

[Wale97] *E. Wales.* Das Internet strickt die Call Center von heute in „Interaction Center" um. In: *Computer Zeitung v. 30.05.1997.*

[Walt78] *C. G. Walters.* Consumer Behavior – Theory and Practice. Homewood, 1978.

[Walz91] *H. Walz.* Unabhängiger Vertrieb von Finanz- und Vorsorgedienstleistungen für private Kunden in der Bundesrepublik Deutschland – Eine Analyse unter dem Transaktionskostenaspekt. Dissertation, Universität Mannheim, 1991.

[Wasc95] *H. Waschkowski.* SB-Terminals: Künftige Relevanz aus Sicht der Kreditinstitute. In: *[Ploe95]*, S. 19–47, 1995.

[WeDeGo94] *Ch. Weinhardt; U. Detloff; P. Gomber et al.* IV-Unterstützung in der Finanzierungsberatung. Integration und Methoden. In: *Wirtschaftsinformatik*, 36 (1994) 1, S. 5–14.

[Weig95] *P. Weigert.* Elektronische Vertriebswege in der Finanzindustrie. In: *[Ploe95]*, S. 299–331, 1995.

[Wein72] *P. Weingart (Hrsg.).* Wissenschaftssoziologie, Band 1: Wissenschaftliche Entdeckungen als sozialer Prozeß. Frankfurt/M., 1972.

[Wein95] *Ch. Weinhardt.* Financial Engineering – Innovative Gestaltung von Finanzkontrakten mit Informationssystemen. Wiesbaden, 1995.

[Weis97] *U. Weiss.* Allfinanz in Deutschland: Mehr als „stocks and socks". In: *bank und markt*, 26 (1997) 1, S. 23–27.

[Weiz80a] *C. C. v. Weizsäcker.* Barriers to Entry: A Theoretical Treatment. Berlin, 1980.

[Weiz80b] *C. C. v. Weizsäcker.* A Welfare Analysis of Barriers to Entry. In: *Bell Journal of Economics*, 11 (1980), S. 399–420.

[WeKiGo96] *Ch. Weinhardt; St. Kirn; P. Gomber.* KI-Methoden in der Finanzwirtschaft: Grundlegende Fragen, Stand der Forschung, Einsatzpotential. In: *Künstliche Intelligenz*, 10 (1996) 4, S. 8–17.

[Wend96] *D. Wendelen-Münchow.* Erfolg der elektronischen Geldbörse wird von unausgereiften Lesegeräten gebremst. In: *Computer Zeitung v. 24.10.1996.*

[West89] *M. West.* Managing Distribution and Change. Chichester, 1989.

[WiBeAl96] *W. Wilke; R. Bergmann; K.-D. Althoff.* Fallbasiertes Schließen in der Kreditwürdigkeitsprüfung. In: *Künstliche Intelligenz*, 10 (1996) 4, S. 26–33.

[WiBu97] *A. Will; H. U. Buhl.* Finanzintermediation und technologischer Wandel aus Markt und Produktionssicht. Angenommener Beitrag für: Wissenschaftliche Jahrestagung 1997 des Verbandes der Hochschullehrer für Betriebswirtschaft, Halle/S.; Abstract verfügbar als: Diskussionspapier WI-32, Lehrstuhl für Betriebswirtschaftslehre mit Schwerpunkt Wirtschaftsinformatik, Universität Augsburg, 1997.

[WiBuWe93] *A. Will; H. U. Buhl; Ch. Weinhardt.* Immobilienleasing und Steuern im Allfinanzkontext. In: *Zeitschrift für Betriebswirtschaft*, 63 (1993) 9, S. 933–959.

[Will85] *O. E. Williamson.* The Economic Institutions of Capitalism: Firms, Markets and Relational Contracting. New York, 1985.

[Will95] *A. Will.* Die Erstellung von Allfinanzprodukten – Produktgestaltung und verteiltes Problemlösen. Wiesbaden, 1995.

[Wisw73] *G. Wiswede.* Motivation und Marktforschung. Grundlagen der Motivforschung. München, 1973.

[WiWü93] *H.-A. Wieck; G. Wünsche.* Lean Banking für das Filialnetz. In: *Die Bank*, 33 (1993) 8, S. 442–446.

[WKWI94] *Wissenschaftliche Kommission Wirtschaftsinformatik.* Profil der Wirtschaftsinformatik. In: *Wirtschaftsinformatik*, 36 (1994) 1, S. 80–81.

[Wöhe86] *G. Wöhe.* Einführung in die Allgemeine Betriebswirtschaftslehre. München, 1986.

[Woit91] *M. Woitass.* Koordination in strukturierten Konversationen – Ein Kooperationsmodell für kooperierende Agenten und seine Anwendung im Bereich Computer-Supported Cooperative Work (CSCW). München, 1991.

[WoJe95a] *M. J. Wooldridge; N. R. Jennings (Hrsg.).* Intelligent Agents. ECAI-94 Workshop on Agent Theories, Architectures, and Languages. Berlin, 1995.

[WoJe95b] *M. J. Wooldridge; N. R. Jennings.* Agent Theories, Architectures, and Languages: A Survey. In: *[WoJe95a]*, S. 1–39, 1995.

[Wolp96] *A. Wolpers.* Fernmündlich anlegen. In: *Direct Banking. Verlagsbeilage von „Die Woche" v. 26. April 1996.*

[Zahn94] *E. Zahn (Hrsg.).* Technologiemanagement und Technologien für das Management. Jahrestagung 1993 des Verbandes der Hochschullehrer für Betriebswirtschaft. Stuttgart, 1994.

[Zele93] *S. Zelewski.* Agenten. In: *IM Information Management*, 8 (1993) 2, S. 79–81.

[ZePaBe85] *V. Zeithaml; A. Parasuraman; L. L. Berry.* Problems and Strategies in Service Marketing. In: *Journal of Marketing*, 49 (1985) Spring, S. 33–46.

[ZhFe88] *S. Zhou; D. Ferrari.* A Trace-Driven Simulation Study of Dynamic Load Balancing. In: *IEEE Transactions on Software Engineering*, 14 (1988) 9, S. 1327–1341.

[Zimm95] *H.-D. Zimmermann.* Die Integration von Finanzdienstleistungen in eine Electronic Mall. In: *[BuMe95]*, S. 257–266, 1995.

[Zoll95] *G. Zollner.* Kundennähe in Dienstleistungsunternehmen – Empirische Analyse von Banken. Wiesbaden, 1995.

[Züge87] *W. Zügel.* Entwicklungstendenzen am Finanz-Dienstleistungsmarkt. In: *[Enge87]*, S. 11–33, 1987.

Weitere Quellen

- Bundessteuerblatt Teil II (1978)
- Bundessteuerblatt Teil II (1989)
- Gesetz gegen den unlauteren Wettbewerb (UWG)
- Gesetz über Bausparkassen (BSpKG)
- Gesetz über das Kreditwesen (KWG)
- Gesetz über den Wertpaperhandel (WpHG)
- Gesetz über die Beaufsichtigung der privaten Versicherungsunternehmen (VAG)
- Gesetz über Verbraucherkredite (VerbrKrG)
- Verordnung zur Regelung der Preisangaben (PAngV)

Abbildungsverzeichnis

Tabellenverzeichnis

Abkürzungsverzeichnis

AAR	Agent Activation Record
Abb.	Abbildung
Abschn.	Abschnitt
AG	Aktiengesellschaft
ALLFIWIB	*Allfi*nanzangebotserstellung mit verteilten *wi*ssensbasierten Systemen (Projektname)
APR	Agent Application Record
AR	Activation Record
beispw.	beispielsweise
BSpKG	Gesetz über Bausparkassen (Bausparkassengesetz)
BTX	Bildschirmtext
ca.	circa
CORBA	Common Object Request Broker
DAI	Distributed Artificial Intelligence
DCE	Distributed Computing Environment
d. h.	das heißt
DM	Deutsche Mark
DPS	Distributed Problem Solving
EFTPOS	electronic funds transfer at point of sale
E-mail	electronic mail
etc.	et cetera
f	[und] folgende Seite
FDS	Fachdomänenschema
ff	[und] folgende Seiten
GmbH	Gesellschaft mit beschränkter Haftung
Hrsg.	Herausgeber
HTML	Hypertext Markup Language
HTTP	Hypertext Transfer Protocol
IEEE	Institute of electrical and electronics engineers
IKS	Informations- und Kommunikationssystem(e)
ISDN	Integrated Services Digital Network
Kap.	Kapitel
KKB	Kunden-Kredit-Bank
KWG	Gesetz über das Kreditwesen (Kreditwesengesetz)

MA	Multi-Agent(en)
MAGNIFICO	*M*ulti-*Agent* Architecture for *I*ntelligent *Fi*nancial *Co*nsulting (Projektname)
MAS	Multi-Agenten System
PAngV	Verordnung über die Regelung von Preisangaben (Preisangabenverordnung)
PC	Personal Computer
s.	siehe
S.	Seite
S-HTTP	Secure Hypertext Transfer Protocol
s. o	siehe oben
Sp.	Spalte
s. u.	siehe unten
USA	United States of America
usw.	und so weiter
UWG	Gesetz gegen den unlauteren Wettbewerb
WpHG	Gesetz über den Wertpapierhandel (Wertpapierhandelsgesetz)
WWW	World Wide Web
VAG	Gesetz über die Beaufsichtigung der privaten Versicherungsunternehmen (Versicherungsaufsichtsgesetz)
VerbrKrG	Gesetz über Verbraucherkredite (Verbraucherkreditgesetz)
vgl.	vergleiche
VKI	Verteilte Künstliche Intelligenz
z. B.	zum Beispiel